The New Cambridge Modern History

VOL.5: The Ascendancy of France, 1648-1688

新编剑桥世界近代史

法国的优势地位 1648—1688年

[英] F. L. 卡斯滕 (F. L. Carsten) 编

中国社会科学院世界历史研究所组译

CAMBRIDGE

中国社会科学出版社

图字：01－2018－7949 号

图书在版编目（CIP）数据

新编剑桥世界近代史．第 5 卷，法国的优势地位：1648－1688 年 /（英）F. L. 卡斯滕（F. L. Carsten）编；中国社会科学院世界历史研究所组译．—北京：中国社会科学出版社，2018.12（2023.2 重印）

书名原文：The New Cambridge Modern History Ⅴ, The Ascendancy of France, 1644－1688

ISBN 978－7－5203－2591－2

Ⅰ.①新…　Ⅱ.①F…②中…　Ⅲ.①世界史—近代史—1648－1688 年　Ⅳ.①K14

中国版本图书馆 CIP 数据核字（2018）第 242321 号

出 版 人	赵剑英
责任编辑	郭沂纹
特约编辑	张　湉
责任校对	朱妍洁
责任印制	李寡寡

出　　　版	中国社会科学出版社
社　　　址	北京鼓楼西大街甲 158 号
邮　　　编	100720
网　　　址	http://www.csspw.cn
发 行 部	010－84083685
门 市 部	010－84029450
经　　　销	新华书店及其他书店

印刷装订	北京市十月印刷有限公司
版　　　次	2018 年 12 月第 1 版
印　　　次	2023 年 2 月第 3 次印刷

开　　　本	650×960　1/16
印　　　张	45
字　　　数	713 千字
定　　　价	168.00 元

This is a Simplified-Chinese translation edition of the following title published by Cambridge University Press:

The New Cambridge Modern History, Vol. 5: The Ascendancy of France, 1648 – 1688

ISBN 978 – 0521045445

出 版 前 言

英国剑桥大学出版的世界通史分为古代史、中世纪史、近代史三部。近代史由阿克顿勋爵主编，共14卷。20世纪初出版。经过几十年后，到50年代，剑桥大学出版社又出版了由克拉克爵士主编的《新编剑桥世界近代史》。新编本仍为14卷，论述自文艺复兴到第二次世界大战结束，即自1493—1945年间共400多年的世界历史。国别史、地区史、专题史交错论述，由英语国家著名学者分别执笔。新编本反映了他们最新的研究成果，有许多新的材料，内容也更为充实，代表了西方的较高学术水平，有较大的影响。

为了供我国世界史研究工作者和广大读者参考，我们将这部书分卷陆续翻译、出版(地图集一卷暂不出)。需要指出的是，书中有些观点我们并不同意，希望读者阅读时注意鉴别。

前　　言

　　本卷前八章致力于叙述 17 世纪下半叶欧洲史中的共性，而后的九章论及西欧国家——法国、联合省、英国、西班牙和葡萄牙——以及它们在美洲和亚洲的属地、欧洲和其他大洲之间的联系，最后八章则叙述中欧、东南欧、东北欧和东欧诸国，这一世界与该时期贸易和企业迅速发展的西欧大相径庭。本卷涵盖的年代为 1648—1688 年这一段时间，但不可能总是严格按照该断限撰写，特别是在这两个断限并非很明确的时代标志之处。在论述法国和英国以及欧洲与北美的章节中，将投石党之乱和王位虚悬之变放在第四卷叙述，而将路易十四的亲政和查理二世的复辟作为本卷之始较为符合逻辑。其他若干章有始于某个新国君登基或结束于某个国王去世的，因而逾越了断限，以致或多或少涉及 1648 年之前和 1688 年之后的事情：于是有关斯堪的纳维亚的一章延至瑞典查理十一世的去世，有关波兰的一章延至国王扬·索比斯基的去世。哲学、政治思想、艺术和建筑，欧洲与亚洲，三十年战争之后的神圣罗马帝国以及勃兰登堡的兴起的各章涵盖了第五卷和第六卷两个时期，即从 1648 年至 1715 年，因为在这几方面将两个时期合并起来叙述更为适宜。本时期中的其他某些领域，例如音乐，将放在第六卷中讨论。

　　本卷主编希望借此机会向伦敦大学的诸位同仁致以谢忱，他们承担了艰苦的翻译任务，在许多章节中，这意味着重著和诠释。他们是：国王学院的 J. F. 博什博士，翻译了法国的外交和对外政策一章；韦斯特菲尔德学院的 A. D. 戴耶蒙德先生，翻译了有关西班牙和葡萄牙的各章；伦敦经济和政治学院的拉恩希尔德·哈顿博士，翻译了斯堪的纳维亚一章；斯拉夫和东欧学学院的 J. L. H. 基普博士，翻译了有关波兰和俄国的各章；伦敦经济和政治学院的 W. 皮克尔先生，翻译了政治思想一章；韦斯特菲尔德学院的 P. 韦利夫人，翻译了意大利一章。本卷主编向妻子致以最深挚的谢意，因她自始至终襄助编辑、比较和审核众多历史学家的来稿工作。

F. L. 卡斯滕

1960 年 3 月

于伦敦，韦斯特菲尔德学院

目　　录

第 一 章

导言：路易十四时代

曾为伦敦大学中欧历史教授

F. L. 卡斯滕　主编

第 二 章

经济问题与经济政策

剑桥大学经济史荣誉教授

D. C. 科尔曼　主编

17 世纪下半叶的欧洲人口趋势 ………………………………………（20）

瘟疫作为死亡的因素 ……………………………………………………（21）

战争作为直接与间接的死亡因素 ………………………………………（21）

三十年战争期间和之后蒙受的损失 ……………………………………（22）

谷物歉收和饥荒 …………………………………………………………（23）

人口的变动 ………………………………………………………………（23）

人口减少和经济衰退的地区 ……………………………………………（24）

人口增多和经济发展的地区 ……………………………………………（24）

农业技术的进展；英国的农业著作 ……………………………………（25）

食品贸易 …………………………………………………………………（25）

谷物价格的趋势 …………………………………………………………（26）

地主与佃户 ………………………………………………………………（27）

意大利、西班牙和西属尼德兰的工业和贸易下降 ……………………（27）

战争给帝国经济带来的后果 ……………………………………………（28）

瑞典的工业和贸易 ………………………………………………………（28）

英国和法国贸易的扩张 …………………………………………………（29）

印度和美国货物输入欧洲 ………………………………………………（29）

贸易公司和对殖民地贸易的争夺 ……………………………………… (30)

国内工业;偶见的大企业 ……………………………………………… (30)

大宗和小宗金融往来 …………………………………………………… (31)

公共财政问题;多种解决办法 ………………………………………… (31)

科尔培尔和"人头税";英国的逐月估税和炉灶税 ………………… (32)

间接税 …………………………………………………………………… (33)

荷兰的税收制度 ………………………………………………………… (33)

各国的新间接税 ………………………………………………………… (34)

消费税 …………………………………………………………………… (34)

出卖官职和承包税收 …………………………………………………… (34)

举公债的各种方式 ……………………………………………………… (35)

货币的短缺;增加使用信贷交易和非贵金属造币 ………………… (36)

控制贵金属流出国境 …………………………………………………… (37)

为国际贸易进行斗争;英国的《航海条例》 ………………………… (38)

法国诸贸易公司的创立 ………………………………………………… (39)

商务条约 ………………………………………………………………… (40)

作为科尔培尔经济政策的工具的关税和贸易禁运;英法对抗 …… (41)

法国的奢侈品制造商 …………………………………………………… (42)

科尔培尔对纺织业和其他工业的发展 ……………………………… (42)

在欧洲其他地区对工业和贸易的促进 ……………………………… (43)

社会政策;救济贫民和限制无业游民 ……………………………… (44)

食品贸易的管控 ………………………………………………………… (45)

重商主义 ………………………………………………………………… (46)

有关经济事务的著作 …………………………………………………… (47)

体现重商主义政策的科尔培尔 ………………………………………… (48)

第 三 章
科 学 活 动
伦敦大学帝国理工学院科技史学退休教授
A. R. 霍尔　主编

法国科学的卓越贡献;笛卡儿思想的时代 ………………………… (49)

皇家学会的开端;笛卡儿的影响 …………………………………… (50)

伽利略以后的意大利科学;奇梅托科学院 ………………………… (51)

早期科学协会的性质 …………………………………………………… (51)

皇家学会的早期活动;皇家科学院的不同性质 …………………… (52)

欧洲科学家之间的相互交流 ……………………………………………………（54）

替代关于自然定则的旧概念；牛顿的《自然哲学的数学原理》 ……………（55）

伽利略和笛卡儿对准确的天文几何学的忽视；望远镜的发展 ………………（55）

确立用数学术语表示星球运动的理论的困难 …………………………………（56）

惠更斯在力学方面的工作 ………………………………………………………（57）

开普勒定律：对其意义的认识缓慢 ……………………………………………（58）

牛顿的工作；他作为力学哲学家的地位 ………………………………………（58）

英国科学家接受笛卡儿科学的基本原则 ………………………………………（60）

波义耳对笛卡儿某些概念的怀疑；波义耳的化学理论 ………………………（61）

有关燃烧的理论 …………………………………………………………………（63）

有关光线和色的构成理论 ………………………………………………………（64）

笛卡儿和牛顿的机械论 …………………………………………………………（65）

机械理论扩展到生理学 …………………………………………………………（68）

对于呼吸和其他生物学问题的研究 ……………………………………………（69）

动物学方面的实验；关于物种的不变性的概念 ………………………………（70）

显微术 ……………………………………………………………………………（71）

分类学的问题 ……………………………………………………………………（73）

约翰·雷的工作 …………………………………………………………………（74）

17 世纪科学的生物学和物理学方面 …………………………………………（75）

第　四　章
哲　学

杜伦大学哲学专业高级退休讲师

W. 冯·莱顿　主编

17 世纪哲学思想和科学思想之间的紧密关系 ………………………………（77）

数学方法从科学扩展到其他学术领域，特别是哲学领域 ……………………（77）

笛卡儿哲学的统治地位；《沉思录》和对它的《反论》 ………………………（78）

笛卡儿哲学的基础；他主张上帝的存在的论点；他的物质理论 ……………（79）

教会对笛卡儿的反对；帕斯卡的态度 …………………………………………（82）

马勒伯朗士：他对笛卡儿理论的观点及其学说和影响 ………………………（82）

笛卡儿思想的各流派，与之相对抗的体系 ……………………………………（83）

斯宾诺莎——“陶醉于上帝的人” ……………………………………………（84）

斯宾诺莎关于物质的概念及其伦理学 …………………………………………（85）

莱布尼茨：他的“单子论”学说 ………………………………………………（87）

莱布尼茨的充足理由原则和不可分辨者的同一性原则 ………………………（88）

莱布尼茨的逻辑体系;《神正论》的影响; ···················· （89）

莱布尼茨对后来的哲学家们的影响 ···················· （90）

形而上学的理性主义与经验主义之间的论争 ··········· （91）

伽桑狄:英国经验主义者的先驱 ······················· （91）

伽桑狄的"哲学体系" ································· （92）

伽桑狄的学说和影响 ································· （92）

培根:关于"增进学识"的总概念的重要性 ············· （93）

霍布斯:经验主义者、唯物主义者、理性主义者 ········ （94）

剑桥的柏拉图主义者 ································· （95）

洛克:他对知识的性质、根源和范围的研究 ··········· （96）

自笛卡儿至洛克时期的哲学的主要特征 ··············（100）

第 五 章
政 治 思 想

萨尔布鲁根大学近代史教授

史蒂芬·斯卡维特 主编

17 世纪思想的主要特征 ·····························（102）

基本政治态度:王权神授说和基于理性的民族论 ········（102）

路易十四的君主制 ·································（103）

路易十四的《回忆录》;君主专制的概念 ··············（104）

波舒哀:"来自圣经的政策"在圣经上的根据 ··········（105）

霍布斯可能对波舒哀产生的影响 ····················（106）

波舒哀对专制政府和专横政府的区别论证 ············（107）

《根据经文论政治》一书中的思想矛盾;合法性和传统之间的混乱 ·····（108）

主权在民原则的预兆 ·······························（108）

英国的宪章斗争 ···································（109）

霍布斯的《利维坦》;他关于国家的建立与机能的学说;他对王权

　　神授的否定 ····································（109）

在王政复辟后的英国恢复了王权神授说;菲尔默的《家长》 ·······（110）

斯宾诺莎:其思想和霍布斯的思想之间相似与不同之处 ·····（112）

斯宾诺莎的《神学政治论》;关于国家的起源和主权的性质的理论 ·····（113）

对《神学政治论》中的理论的修改 ···················（114）

走向政治理论和政治经验的结合 ····················（115）

在德意志诸侯国里关于世俗化的自然法的概念 ·········（116）

普芬道夫:对自然法和国家主权之间的关系的观点 ·······（117）

帝国和自治诸侯国之间的关系问题;普芬道夫的《德意志帝国状况》········（118）

普芬道夫体现当时的政治思想倾向 ·····················（120）

莱布尼茨:他政治思想的不完全的表现 ·················（121）

莱布尼茨的哲学中的本国和世界倾向 ···················（122）

重新联合基督教世界的"和平"斗争 ···················（123）

莱布尼茨认识到基督教与当代科学之间的分歧 ·············（123）

个人的"天赋"权利和主权在民概念的出现 ···············（124）

洛克的《政府论》和"光荣革命"的合拍 ·················（125）

洛克的政治理论和他那时代的气质相协调 ···············（126）

洛克对英国宪法的构想;他在 18 世纪的影响 ·············（127）

第　六　章
教会和国家

牛津大学玛格丽特夫大学院副院长及导师

安妮·惠特曼　主编

威斯特伐利亚和约之后继续存在宗教分歧 ···············（128）

专制主义的增长:教会被视为国家的一个部门 ·············（128）

重新统一分裂了的教会的计划 ·····················（129）

世俗统治者的野心和严格的宗教生活之间的斗争 ···········（130）

各派宗教势力的力量有所不同 ·····················（130）

《奥斯纳布吕克条约》在德意志产生的后果 ···············（131）

德国教会和国家的各种问题 ·······················（132）

在德意志的新教与天主教的政治领导 ···················（133）

宗教狂热下,西班牙教会的财富和权力受到限制 ···········（134）

西班牙政府与罗马教廷的关系 ·····················（135）

政治危机的葡萄牙教会 ·························（135）

威尼斯与罗马教廷之间的麻烦 ·····················（136）

法国的教会与国家之间的各种斗争 ···················（137）

限制教皇权力运动的各种不同解释 ···················（137）

不赞成限制教皇权力运动的教派:耶稣会和托钵修会;精神改革的

　　各中心和它们的"虔信者" ·····················（138）

《奥古斯丁书》的出版:扬森主义 ···················（139）

对五条主张的谴责和制定反对扬森派教义的仪式书 ·········（140）

路易十四获得罗马教皇的协助,强迫在仪式书签字 ·········（141）

关于世俗特权和宗教特权的斗争 ···················（142）

路易十四再次敌视扬森主义：与英诺森十一世日益敌对 ……………（142）

路易十四召集教士大会；"四项条款"；英诺森十一世关于特权的敕书 …（143）

法国和罗马对"四项条款"的反应 …………………………………（144）

特许权事件；将拉瓦尔丹开除教籍；路易入侵阿维尼翁 …………（145）

英诺森十一世逝世；在亚历山大八世之下采取和解步骤；

　　在英诺森十二世之下达成妥协 ………………………………（145）

在路易亲政之前的胡格诺派教徒 …………………………………（146）

对新教徒特权的限制；对教堂的破坏 ……………………………（146）

设置"改宗基金" ……………………………………………………（147）

路易的迫害政策 ……………………………………………………（147）

反对胡格诺派教徒的措施；枫丹白露敕令 ………………………（148）

欧洲突然转而反对路易的政策 ……………………………………（149）

西欧新教诸国的教会与国家 ………………………………………（149）

荷兰共和国对宗教的宽容 …………………………………………（150）

王政复辟后在英国重新建立圣公会教义 …………………………（15）

反对非国教教徒的措施 ……………………………………………（151）

尽管查理二世同情天主教，却仍执行反天主教政策 ……………（152）

苏格兰对主教制度的反抗 …………………………………………（152）

重新统一教会的运动：莱布尼茨、波舒哀和斯宾诺莎的努力 ……（153）

赞成对宗教采取宽容态度的理论上和实践上的论点 ……………（154）

反对已有教会的形式主义和排他性的反应；国家对教会的

　　责任日益减少 …………………………………………………（155）

第 七 章

艺术和建筑

哥伦比亚大学艺术史教授

R. 威特考尔　主编

罗马作为巴洛克艺术的中心；巴洛克艺术的第一、第二和第三代

　　艺术家们 ……………………………………………………（157）

罗马作为欧洲艺术之都的衰落；在威尼斯、热那亚、皮埃蒙特和那不勒斯的

　　艺术活动增加 ………………………………………………（158）

巴黎的挑战；贝尔尼尼为卢浮宫的设计而作的无结果的访问 …（159）

17 世纪的倾向：巴洛克风格、古典主义和现实主义 ……………（160）

贝尔尼尼、普桑和伦勃朗作为巴洛克风格、古典主义和现实主义的

　　代表人物 ……………………………………………………（161）

"巴洛克古典主义"的出现 …………………………………………… (162)

1650 年以后的巴洛克壁画;高利和波佐的作品 ………………… (163)

马拉蒂将巴洛克风格和古典风格融合在一起 …………………… (163)

意大利的个人主义者 ……………………………………………… (164)

贝尔尼尼派的雕塑 ………………………………………………… (164)

法国对罗马雕塑的影响 …………………………………………… (165)

罗马作为雕塑的国际中心 ………………………………………… (165)

贝尔尼尼将雕塑和建筑融合在一起 ……………………………… (166)

贝尔尼尼的革命形式的宫殿设计;圣彼得广场 ………………… (166)

博罗米尼和科尔托纳的作品 ……………………………………… (167)

贝尔尼尼、博罗米尼和科尔托纳对建筑史的影响 ……………… (168)

雷纳尔迪和古阿里尼 ……………………………………………… (169)

路易十四以前时期的法国艺术家 ………………………………… (170)

科尔培尔控制了法国艺术活动;各个学院贝洛里的理论和普桑的

　　方法成为 17 世纪后期艺术的基础 ………………………… (171)

路易十四风格 ……………………………………………………… (173)

花园和城镇设计 …………………………………………………… (173)

法国雕刻的复活：吉拉尔东、科伊瑟福和皮热 ………………… (174)

西属尼德兰艺术和荷兰艺术之间的对比 ………………………… (175)

在绘画的各个领域里出现高度的专门化 ………………………… (176)

风格所给予的限制;彼得·德·霍什和其他人的发展 ………… (177)

南北尼德兰的雕刻和建筑 ………………………………………… (179)

王政复辟后的英国艺术 …………………………………………… (180)

克里斯托弗·雷恩爵士的统治地位 ……………………………… (181)

罗杰·普拉特爵士、休·海和其后的英国建筑家 ……………… (182)

英国雕塑家缺少杰出人才 ………………………………………… (183)

肖像画 ……………………………………………………………… (183)

在英国的外国画家 ………………………………………………… (183)

三十年战争之后在德意志和奥地利艺术的恢复缓慢 ………… (184)

德意志和奥地利在复兴雕塑和建筑中所得到的意大利的影响和本国的

　　贡献 …………………………………………………………… (184)

十七世纪下半叶西班牙绘画的衰落 ……………………………… (185)

西班牙的后期巴洛克建筑 ………………………………………… (186)

罗歇·德皮莱领导的对法兰西学院所强加的国际古典主义的运动 ……… (187)

第 八 章

国家的社会基础

曾为牛津大学万圣学院研究员

已去逝乔治·克拉克爵士 主编

欧洲的"军事革命" ………………………………………………………… （189）

陆军和海军的规模扩大,吸收更大一部分人口 ………………… （189）

人口统计的状况和战争的起因 ………………………………… （190）

军事革命中的变化因素;科学运动 …………………………… （191）

科学运动和技术的社会影响 …………………………………… （191）

将数学知识应用到行政工作中:德·维特对终身年金的改革 …… （192）

埃德蒙·哈雷和威廉·佩第爵士的工作;全面、系统地收集事实 …… （193）

英国和法国通过调查了解社会情况 …………………………… （193）

路易十四在政府工作中的作用 ………………………………… （194）

将宫廷移至凡尔赛;法国君主制的工具 ……………………… （195）

法国的贵族,特权地位;佩剑贵族 …………………………… （196）

贵族和教会的联系 ……………………………………………… （196）

穿袍贵族 ………………………………………………………… （197）

资产阶级的发展;追求特权和地位的恶果 …………………… （198）

法国社会分裂为有特权者和无特权者 ………………………… （198）

中央政府和个人之间缺乏联系 ………………………………… （199）

广泛采用路易十四的君主制方法 ……………………………… （199）

殖民地体现出的法国和英国政府制度之间的不同 …………… （200）

英格兰与爱尔兰和苏格兰的关系 ……………………………… （201）

英国缺乏政府机器 ……………………………………………… （202）

英国的贵族 ……………………………………………………… （202）

教会的地位 ……………………………………………………… （203）

城镇内外的独立地方政府 ……………………………………… （203）

各种职业的发展;它们在社会结构中的地位 ………………… （204）

荷兰共和国的社会组织及其影响 ……………………………… （205）

在尼德兰联省共和国的思想自由、文化和公共精神 ………… （206）

东欧和西欧的农民地位的不同 ………………………………… （207）

德意志的行政措施;对官员的法律训练 ……………………… （207）

德意志诸侯国的中央集权政府 ………………………………… （208）

勃兰登堡—普鲁士;大选侯的统治 …………………………… （209）

第　九　章

欧洲舞台上的法国外交和对外政策

已去逝的曾任索邦大学近代史荣誉教授

G. 策勒　主编

常驻外交使团的建立　路易十四的使节们 ………………………（211）

路易十四的外交政策；付给友邦和盟国的津贴的作用 …………（212）

取得国际均势的想法 ………………………………………………（213）

国际法的开端；格劳秀斯的《战争与和平法》 ……………………（213）

海上战争及其实践 …………………………………………………（214）

法国、荷兰和英国对海上礼仪问题的关心 ………………………（214）

与西班牙舰队的关系 ………………………………………………（215）

关于海上礼仪的规定；和热那亚人发生的事件 …………………（215）

在奥斯曼和北非伊斯兰教国家的关系；终于放松礼仪上的要求 …………（215）

在早期海洋法中的沿海水域和邻近水域的概念 …………………（216）

对战时产生的其他国际问题的解决 ………………………………（216）

领事馆的设置 ………………………………………………………（217）

确定中立地位 ………………………………………………………（217）

拉丁文作为外交语言失去地位 ……………………………………（218）

关于路易十四外交政策的中心思想的意见 ………………………（219）

路易十四对"荣耀"的追求；他对外交官的错误选择和对宣传的忽视 …………（219）

马扎然的外交；与西班牙达成和平约定并收复敦刻尔克 ………（221）

路易十四掌握了控制权；同洛林的查理签订蒙马特尔条约 ……（221）

路易十四加给西班牙政府和罗马教廷的屈辱 ……………………（222）

王位转让问题；关于西班牙王位继承问题的推测 ………………（222）

路易十四为王位转让战争而进行的外交准备工作 ………………（223）

路易十四对西属尼德兰的入侵；约翰·德·维特试图调解 ………（224）

英国、联合省和瑞典之间的三国同盟 ……………………………（225）

埃克斯—拉—夏佩勒条约 …………………………………………（225）

法国和荷兰之间的商业战 …………………………………………（226）

路易十四对其他国家的行政体制的态度 …………………………（226）

对联合省的入侵 ……………………………………………………（227）

德意志日益敌视法国的扩张；美因茨大主教的活动 ……………（228）

法荷战争初期法国取得的成功 ……………………………………（229）

反法联盟的成长；英荷之间的和平 ………………………………（230）

和平谈判和尼曼根条约 ……………………………………（231）

"收复属地" …………………………………………………（231）

土耳其对维也纳的威胁：扬·索比斯基进行干预；雷根斯堡停战协定 ……（231）

南特敕令的废除；奥格斯堡联盟 …………………………（232）

路易十四统治时代中期的法国的地位 ……………………（233）

第 十 章

路易十四统治下的法国

曾担任杜伦大学法语教授

J. 洛　主编

路易十四未成年时期的法国的状况 ………………………（234）

路易执掌政权后留任利奥内、勒泰利埃和富凯 …………（234）

光辉的军事成就和经济萧条形成对照 ……………………（235）

法国社会分裂为贵族和平民 ………………………………（236）

教士之间的贫富两极 ………………………………………（237）

贵族之间财富与地位的差别；佩剑贵族和穿袍贵族 ……（237）

社会声望和官职的获得 ……………………………………（238）

贵族和财政家之间相互通婚 ………………………………（239）

出卖官职的经济后果 ………………………………………（239）

贸易和工业的组织 …………………………………………（239）

城镇和乡村的人口 …………………………………………（240）

农民、教士和贵族的土地所有制 …………………………（241）

地租：农民的致富和贫穷 …………………………………（242）

成为农民重担的封建赋税 …………………………………（242）

原始的耕作方法和歉收的风险带来更大的负担 …………（243）

农民暴动 ……………………………………………………（243）

路易十四的性格 ……………………………………………（244）

他和他的大臣们的关系 ……………………………………（245）

他在理论上和实际上的亲政 ………………………………（246）

逐渐建立一个中央集权官僚机构 …………………………（246）

地方行政长官的职权 ………………………………………（247）

三级会议和最高法院被剥夺权力，但未被取消 …………（247）

各省省长的权力被缩小 ……………………………………（248）

城镇的地方政府 ……………………………………………（248）

限制"国中之国"的特权 …………………………………（248）

建立绝对专制 …………………………………………………（249）

教会的独立受到限制 …………………………………………（249）

佩剑贵族的变化 ………………………………………………（250）

贵族完全依赖国王；竞相表现得殷勤和顺从以获得赏赐 ……（251）

科尔培尔对财政和经济的指导 ………………………………（251）

科尔培尔的"重商主义理论" …………………………………（251）

科尔培尔恢复财政状况的努力 ………………………………（252）

科尔培尔重新组织和扩大工业的尝试 ………………………（253）

科尔培尔利用关税 ……………………………………………（253）

科尔培尔建立贸易公司 ………………………………………（254）

科尔培尔的成就 ………………………………………………（254）

法国官方路易十四的绝对专制主义；与政府的传统决裂 ……（255）

法国社会未发生根本变化 ……………………………………（255）

法国官方对路易十四的极度的公开赞扬；暗中的不满 ………（256）

路易统治时期法国在欧洲的优越地位；路易时代中期 ………（256）

第 十 一 章
法国在艺术、思想和文学方面的成就
已逝的牛津大学新学院的荣誉研究员

大卫·奥格　主编

在路易十四统治时代前半期文学达到全盛 …………………（258）

艺术受到中央控制 ……………………………………………（258）

戏剧免受监督 …………………………………………………（259）

建造凡尔赛宫 …………………………………………………（259）

凡尔赛的影响；法国绘画的潮流 ……………………………（260）

从蒙田、笛卡儿和扬森主义得到影响 ………………………（261）

帕斯卡的《论思想》 …………………………………………（262）

口头语言；传神 ………………………………………………（263）

妇女在社会上的影响；沙龙 …………………………………（264）

哲学家 …………………………………………………………（264）

法国语言更加丰富，进一步发展 ……………………………（265）

法文代替拉丁文成为国际语言 ………………………………（266）

莫里哀 …………………………………………………………（266）

拉辛 ……………………………………………………………（268）

波舒哀 …………………………………………………………（271）

布瓦洛 …………………………………………………………（272）

宫廷芭蕾舞发展成为歌剧 ………………………………………（274）

拉罗什富科 ………………………………………………………（275）

拉封丹 ……………………………………………………………（275）

塞维尼夫人 ………………………………………………………（278）

费奈隆 ……………………………………………………………（279）

从幻想的成就转变到对政治制度的批判 ………………………（280）

妇女在路易统治时代早期的影响 ………………………………（281）

欧洲对路易的反感 ………………………………………………（281）

王政复辟的英国除外：查理二世的影响 ………………………（282）

法国对英国文艺批评的影响 ……………………………………（282）

法国和英国天才的折中；德莱顿 ………………………………（283）

第 十 二 章
荷兰共和国

格罗宁根大学近代史教授

E.H. 考斯曼　主编

17 世纪下半叶是巩固时期而不是变动时期 ……………………（285）

各省之间的基本差别；荷兰的社会结构 ………………………（285）

荷兰的资产阶级 …………………………………………………（286）

出卖官职；这种做法在荷兰和法国的不同根源 ………………（286）

联合省议会和省议会的组成和作用 ……………………………（287）

省议会议长和执政的职务；奥兰治家族的地位 ………………（287）

荷兰省议会和执政之间的紧张关系 ……………………………（288）

威廉二世去世后的政府 …………………………………………（288）

约翰·德·维特政权 ……………………………………………（289）

各宗教派别对共和制的广泛支持 ………………………………（289）

新教的荷兰共和国里存在多种宗教信仰 ………………………（290）

复杂的宗教派别是政府常常更迭的原因 ………………………（290）

反对这一政权的各种因素 ………………………………………（290）

奥兰治派总督的影响日益增大 …………………………………（291）

德·维特政权和经济发展减缓之间的偶合 ……………………（291）

英国和奥兰治家族的问题成为德·维特下台的原因 …………（292）

英国和荷兰在经济上的对立；第一次英荷战争 ………………（292）

《排斥法案》；威斯敏斯特和约（1654） ………………………（294）

德·维特派得到巩固;在其他省份里的影响 ……………………………（295）

他的外交政策 ………………………………………………………………（296）

法荷同盟 ……………………………………………………………………（297）

第二次英荷战争;布雷达条约 ……………………………………………（298）

三国同盟 ……………………………………………………………………（299）

废除《排斥法案》 ……………………………………………………………（299）

德·维特计划由荷兰省议会教育威廉三世 ………………………………（300）

永久条令 ……………………………………………………………………（300）

德·维特的权力达到顶点;衰落的开始 …………………………………（300）

荷兰未察觉外国对它的敌视 ………………………………………………（301）

多佛条约中表现出的反荷感情 ……………………………………………（301）

英国和法国对荷兰共和国的进攻 …………………………………………（302）

威廉三世被选为只指挥一次战役的陆军统帅 …………………………（302）

路易十四在乌得勒支的司令部;降服或占领其他省份 ………………（302）

罗马天主教的解放 …………………………………………………………（302）

奥兰治派攻击德·维特;荷兰省议会和法国谈判 ………………………（303）

废除永久条令;威廉被宣布为荷兰执政,陆军统帅和海军统帅 ………（303）

与法国的谈判中断 …………………………………………………………（303）

德·维特的辞职和被刺 ……………………………………………………（303）

德·维特派的总督被奥兰治派取代;民众骚乱结束 …………………（303）

法国的撤军;英荷威斯敏斯特和约(1674) ……………………………（304）

威廉三世的婚姻;英荷防御同盟(1678) ………………………………（305）

在尼曼根的谈判;威廉三世反对荷兰和法国单独媾和 ………………（305）

威廉对1683年法西战争的态度;雷蒂斯堡停战协定 …………………（306）

废除南特敕令后的反法联合 ………………………………………………（306）

威廉三世前往英国(1688) ………………………………………………（306）

1674年以后的威廉的政策 ………………………………………………（307）

在威廉统治之下,德·维特曾采用的寡头政治变质 …………………（308）

1680年以后荷兰文明逐渐衰落 …………………………………………（308）

第 十 三 章

王政复辟后的英国

大卫·奥格　主编

法国和英国处于君主个人统治的初期 ……………………………………（310）

导致查理二世继承王位的种种事件 ………………………………………（310）

王政复辟后的各种态度和期望 …………………………………………（311）

议会未能为查理强行规定一些条件 ……………………………………（312）

给查理提供的岁收；他后来财政独立的原因 …………………………（312）

废除监护法庭 ……………………………………………………………（313）

1660 年之后土地不动产持有者的有利地位 …………………………（314）

为了填补王位空白时期和君主制之间的空隙而进行的立法工作 ……（314）

骑士党议会；《市政机关法》；《信仰划一法》 …………………………（314）

处罚不信奉国教者；《克拉伦登法典》 …………………………………（315）

查理的加冕典礼和婚事 …………………………………………………（315）

王政复辟后在爱尔兰实施的解决方案；解决土地问题的困难 ………（316）

斯图亚特王朝在苏格兰的严厉统治 ……………………………………（316）

查理与路易十四的关系 …………………………………………………（317）

第二次英荷战争造成外交上的困难；多佛秘密条约 …………………（319）

《免罪宣言》；第三次英荷战争 …………………………………………（320）

约克公爵詹姆士和摩德纳的玛丽之间的婚姻 …………………………（320）

《宣誓法》的各种规定 ……………………………………………………（321）

公众对天主教的怀疑日益增加；约克公爵不受欢迎 …………………（322）

天主教徒阴谋案 …………………………………………………………（322）

泰特斯·欧茨的假指控 …………………………………………………（323）

近代政党制的起源；辉格党和托利党 …………………………………（323）

拒绝《排斥法案》；拉依豪斯阴谋案 ……………………………………（326）

反对自治市政机关的措施；实施反对不信奉国教的新教徒的法律 …（326）

查理二世去世：英国经历了短暂的"大陆"政治制度 …………………（327）

英国的法律程序 …………………………………………………………（327）

查理二世统治时期对法令全书所作的增添 …………………………（328）

习惯法；议会中下议院的作用 …………………………………………（329）

地方政府 …………………………………………………………………（329）

伦敦市和威斯敏斯特市的区别 ………………………………………（330）

伦敦的规模和重要性日益增加 ………………………………………（331）

自然资源；耕作的增加；工业 …………………………………………（332）

对外贸易的扩大；各贸易公司 ………………………………………（335）

海洋政策；《航海条例》 …………………………………………………（336）

日益富裕繁荣（1675—1688） …………………………………………（336）

税收制度；过时的会计制度 ……………………………………………（337）

尽管有斯图亚特王朝的国王们，英国仍取得进展 …………………（338）

第 十 四 章

欧洲和北美

已故的剑桥大学帝国史教授及圣凯瑟琳学院教师

E. E. 里奇　主编

法国和英国殖民政策的不同 ……………………………………………（339）

英国殖民地缺乏内在联系 ………………………………………………（339）

王政复辟时期的殖民政策 ………………………………………………（339）

法国和英国共同奉行的反荷殖民政策;1675 年以后的对立竞争 ………（340）

重新颁布英国的《航海条例》;枢密院下属各委员会管理不善 …………（341）

沙夫茨伯里的殖民地行政管理 …………………………………………（341）

贸易委员会的政策;防止逃避《航海条例》的努力 ……………………（342）

贸易委员会对西印度群岛的态度 ………………………………………（344）

在新英格诸多殖民地中马萨诸塞的支配地位 …………………………（344）

新英格兰各殖民地地位的变化时期 ……………………………………（345）

康涅狄格,它的繁荣和领地扩张 ………………………………………（345）

罗得岛获得皇家特许状 …………………………………………………（346）

马萨诸塞不遵守《航海条例》;议会派出委员会进行调查 ………………（346）

约克公爵詹姆士给新尼德兰颁发特许状;荷兰的投降 …………………（347）

第二次英荷战争之后英国殖民地边界的变化 …………………………（348）

在新泽西发生的麻烦 ……………………………………………………（349）

在第三次英荷战争中新尼德兰的变迁 …………………………………（349）

詹姆士作为领主的态度 …………………………………………………（349）

教友派的居留地 …………………………………………………………（350）

威廉·佩恩劝说詹姆斯 …………………………………………………（350）

纽约的几任总督:尼科尔斯、安德罗斯和唐甘 …………………………（351）

卡罗来纳的领地特许状 …………………………………………………（352）

巴巴多斯殖民地 …………………………………………………………（353）

卡罗来纳的《基本法》;有关《航海条例》的麻烦 ………………………（353）

创建宾夕法尼亚;佩恩的行政措施 ……………………………………（355）

在弗吉尼亚的骚动和反叛 ………………………………………………（356）

巴尔的摩勋爵及其子治理下的马里兰 …………………………………（358）

在马萨诸塞的印第安人战争;特许状被宣布为无效 …………………（358）

各殖民地走向联合的动向;短命的自治领 ……………………………（361）

法国在北美洲的势力范围 ………………………………………………（362）

法国与易洛魁人的斗争 ·· (363)

在第二次英荷战争期间法国与英国在西印度群岛的斗争 ·········· (364)

法国不支持加拿大行政长官塔隆 ································ (365)

西印度公司 ·· (366)

法国毛皮商人和传道士的远征 ·································· (367)

对密西西比河流域的探查 ······································ (367)

由于路易在欧洲进行战争,法国的扩张受到限制 ················ (368)

英国的哈得孙湾公司;法国在这一地区的活动 ·················· (368)

取消西印度公司的特许状;毛皮贸易 ·························· (369)

法国向南和向西推进;法国国内对进一步扩张的反对 ············ (371)

设立"哈得孙湾公司"和"北方公司" ·························· (372)

法国对易洛魁人的不成功的作战 ································ (374)

在哈得孙湾成功地打击了英国人;由于 1686 年的条约英国人的

　　地位受到损害 ·· (374)

法国人遭到易洛魁人的屠杀 ···································· (375)

第 十 五 章

西班牙及其殖民帝国

巴伦西亚大学近代史教授

胡安·雷格拉　主编

从经济萧条中缓慢恢复(1648—1688);中央集权倾向遭到挫折 ······ (377)

西班牙不再是一个强大国家 ···································· (377)

人口趋势 ·· (378)

社会的两极分化;贵族和教士的增多 ·························· (378)

贵金属的进口减少;相继发生的通货膨胀和通货紧缩 ············ (379)

1656—1680 年的货币灾难 ······································ (379)

贵族作为统治集团的失败;对荣誉的过分崇拜 ·················· (380)

教士的人数过多 ·· (381)

贸易的萧条 ·· (382)

加泰罗尼亚的经济恢复;与王国的合作 ························ (382)

在西班牙的外国居民;宗教宽容态度的缓慢成长 ················ (383)

英国和荷兰商人的活动 ·· (383)

农民和手工业工人的状况 ······································ (384)

贫困;驱逐摩尔人对农业的打击 ································ (384)

对外籍人士贸易上的让步带来不利后果 ························ (385)

国王的财政困难 ……………………………………………（385）

西属美洲的经济衰退 ………………………………………（386）

西印度群岛的社会结构 ……………………………………（386）

出卖官职 ……………………………………………………（387）

农业上的困难;贸易垄断被打破;走私增加 ………………（387）

西班牙殖民体系崩溃的原因 ………………………………（387）

西班牙的君主制 ……………………………………………（388）

菲利普四世的晚年 …………………………………………（388）

母后摄政时期;卡洛斯二世的统治 ………………………（389）

比利牛斯和约;法国的收获和西班牙的损失 ……………（390）

同法国又进行战争;西班牙又遭到的损失 ………………（390）

西班牙在艺术、文学和学术方面的伟大成就 ……………（391）

第 十 六 章

葡萄牙及其殖民帝国

里斯本海外研究院经济社会史教授

V. M. 戈迪尼奥　主编

葡萄牙帝国的版图;非洲和巴西作为其基础 ………………（394）

从巴西向葡萄牙出口货物的价值 …………………………（394）

巴西和西属美洲之间的贸易 ………………………………（395）

葡萄牙在非洲沿海领地的脆弱地位 ………………………（395）

亚速尔群岛和马德拉群岛 …………………………………（395）

葡萄牙的出口 ………………………………………………（396）

物价的动向和货币政策 ……………………………………（397）

英国和荷兰东印度公司的挑战 ……………………………（397）

巴西贸易公司的建立 ………………………………………（398）

对公司的反对;它最终改变为皇家委员会 ………………（398）

恢复独立 ……………………………………………………（398）

议会的作用和组成 …………………………………………（399）

在由各委员会和最高法院领导政府还是由国王领导政府这二者

　　之间摇摆 ………………………………………………（399）

国务秘书处;国务委员会、国防委员会和财政委员会 ……（400）

"三级会议" …………………………………………………（400）

司法制度 ……………………………………………………（401）

大贵族、教会上层人士和法官控制国家机器 ……………（401）

王政复辟的背景;葡萄牙和西班牙的关系 ……………………………（401）

与荷兰人的关系;在欧陆停战,但在海上继续战争;荷兰在巴西投降 ……（402）

与西班牙的战争 ………………………………………………………（403）

与法国和英国的关系 …………………………………………………（403）

若奥四世的继承人问题 ………………………………………………（404）

母后的摄政 ……………………………………………………………（404）

卡斯特洛·梅略尔使阿丰索掌权;重新组织葡萄牙军队 ……………（404）

葡西战争尾声 …………………………………………………………（405）

卡斯特洛·梅略尔的失败;阿丰索让位给佩德罗 …………………（406）

葡萄牙王朝复辟后的政治 ……………………………………………（406）

第 十 七 章

欧洲和亚洲

一　欧洲与亚洲的联系

伦敦大学亚非学院南亚史讲师

J. B. 哈里森　主编

葡萄牙、荷兰和英国在 16 世纪扩大了欧洲与亚洲的贸易 ……………（408）

1650 年以后贸易的扩大 ………………………………………………（409）

英国、荷兰共和国和法国进口咖啡和茶叶;咖啡馆 …………………（409）

亚洲棉布受到欢迎 ……………………………………………………（409）

法国和英国制造商敌视进口亚洲纺织品 ……………………………（410）

金银通货主义者、重商主义者和保护主义者对亚洲贸易的反对 ………（412）

在亚洲的新教传教活动较少 …………………………………………（413）

荷兰的传教活动 ………………………………………………………（414）

英国和丹麦的传教士 …………………………………………………（415）

法国、意大利和天主教德意志的传教活动 …………………………（416）

罗马教廷给予西班牙和葡萄牙的特许引起的麻烦;关于教皇派遣名誉

　　主教问题同罗马发生的争执 …………………………………………（417）

各教派之间的对立;对耶稣会的攻击 ………………………………（417）

东方的陶瓷和漆器受到欢迎;为了适应欧洲的要求而改变样式 ………（419）

对植物学和动物学研究的促进 ………………………………………（421）

地理学和制图法进步;游记 …………………………………………（422）

传教士成为把亚洲介绍给欧洲的人 …………………………………（424）

对各种亚洲文明的不同程度的了解 …………………………………（424）

比较语言学研究的开始 ………………………………………………（425）

对孔子和印度教道德的兴趣 ……………………………………（426）
欧洲和亚洲的经济和政治制度之间的比较 …………………（426）

二　英国和荷兰东印度公司

伦敦大学亚非学院东南亚史教授
C. D. 考恩　主编

荷兰东印度公司的强大地位 …………………………………（427）
开设在亚洲独立国家管辖区域之内的贸易商站 ……………（428）
英国东印度公司的地位 ………………………………………（429）
荷兰公司的资源、组织和权力 ………………………………（430）
英国公司的权力、领导和章程 ………………………………（430）
荷兰公司取得巩固地位 ………………………………………（431）
苏门答腊的亚齐和望加锡被征服；荷兰在爪哇的势力扩张 …（431）
在印度的英国殖民地里清教徒和保皇党之间的斗争 ………（424）
在维持英国殖民地中军事因素日益变得重要 ………………（435）
乔赛亚爵士和约翰·柴尔德爵士的政策；和奥朗则布达成的协议 …（436）
1688 年以后英国东印度公司的衰落；"英国东印度贸易商人联合
　公司"的建立 ………………………………………………（437）
18 世纪的英国和荷兰的公司 ………………………………（438）

第 十 八 章
三十年战争之后的神圣罗马帝国

F. L. 卡斯滕　主编

1648 年之后帝国内部的和平年代 …………………………（440）
和约的条件带来外国的干涉 …………………………………（440）
莱茵同盟 ………………………………………………………（440）
皇帝的地位 ……………………………………………………（441）
帝国内部缺乏统一；诸侯的权力没有明确限度 ……………（441）
1648 年之后宗教疆界变得稳定 ……………………………（442）
吸收雇佣兵的问题；经济状况危急 …………………………（442）
三十年战争期间农村人口减少 ………………………………（444）
人口减少在巴伐利亚造成的后果 ……………………………（444）
各种形式的农奴制 ……………………………………………（445）
与东北部相比，德意志西部和南部的农民生活得到改善 …（446）
当时对农民和贵族的描写 ……………………………………（447）
贵族的衰落 ……………………………………………………（449）

帝国自由市和诸侯国内的城镇的衰落 ⋯⋯⋯⋯⋯⋯⋯⋯⋯⋯（449）

沉重的通行税和货物税 ⋯⋯⋯⋯⋯⋯⋯⋯⋯⋯⋯⋯⋯⋯⋯（450）

诸侯控制城镇的权力的后果 ⋯⋯⋯⋯⋯⋯⋯⋯⋯⋯⋯⋯⋯（451）

由于国内的衰落,外国商人和金融家获得机会 ⋯⋯⋯⋯⋯（452）

三十年战争对德意志历史进程的影响 ⋯⋯⋯⋯⋯⋯⋯⋯⋯（453）

帝国的体制得以保存 ⋯⋯⋯⋯⋯⋯⋯⋯⋯⋯⋯⋯⋯⋯⋯（453）

帝国议会的构成;三个议院 ⋯⋯⋯⋯⋯⋯⋯⋯⋯⋯⋯⋯⋯（453）

1654 年的议事总结;诸侯们施加压力要对其三级会议采取法律措施⋯⋯（455）

议会成为常设机构;它的工作 ⋯⋯⋯⋯⋯⋯⋯⋯⋯⋯⋯⋯（456）

移归权战争时期议会的态度 ⋯⋯⋯⋯⋯⋯⋯⋯⋯⋯⋯⋯（456）

帝国的军队 ⋯⋯⋯⋯⋯⋯⋯⋯⋯⋯⋯⋯⋯⋯⋯⋯⋯⋯⋯（457）

帝国法院;宫廷会议和帝国最高法院 ⋯⋯⋯⋯⋯⋯⋯⋯⋯（458）

德意志诸侯日益增长的专制主义;凡尔赛的魅力 ⋯⋯⋯⋯（459）

巴拉丁的衰落 ⋯⋯⋯⋯⋯⋯⋯⋯⋯⋯⋯⋯⋯⋯⋯⋯⋯⋯（460）

在中央集权政府统治下巴伐利亚的发展 ⋯⋯⋯⋯⋯⋯⋯⋯（461）

三十年战争之后萨克森的发展;波兰问题 ⋯⋯⋯⋯⋯⋯⋯（462）

汉诺威;选侯们专心关注英国 ⋯⋯⋯⋯⋯⋯⋯⋯⋯⋯⋯⋯（463）

荷尔斯泰因和巴登—杜拉赫:三级会议失去其影响 ⋯⋯⋯（464）

在梅克伦堡和符腾堡发生的公爵和三级会议之间的斗争 ⋯（465）

德意志宪政的发展表现多样 ⋯⋯⋯⋯⋯⋯⋯⋯⋯⋯⋯⋯⋯（466）

第 十 九 章

三十年战争后的意大利

佛罗伦萨大学历史教授

乔治·斯皮尼 主编

威斯特伐利亚条约在意大利历史上的根本重要性 ⋯⋯⋯⋯（467）

在意大利的西班牙势力遭到法国势力的反对 ⋯⋯⋯⋯⋯⋯（468）

与法西对立相关连的意大利的内部斗争 ⋯⋯⋯⋯⋯⋯⋯⋯（468）

黎塞留和马扎然治理时期在意大利的法西关系 ⋯⋯⋯⋯⋯（469）

屠杀瓦尔登西安教派教徒事件(1655 年)的反应 ⋯⋯⋯⋯（470）

意大利的政治停滞状态;罗马教廷的衰落 ⋯⋯⋯⋯⋯⋯⋯（470）

威尼斯和土耳其进行的干地亚战争 ⋯⋯⋯⋯⋯⋯⋯⋯⋯⋯（471）

罗马教皇的威信下降 ⋯⋯⋯⋯⋯⋯⋯⋯⋯⋯⋯⋯⋯⋯⋯（473）

法国和罗马教廷之间不友好的关系 ⋯⋯⋯⋯⋯⋯⋯⋯⋯⋯（474）

三十年战争造成的政治停滞和人口减少 ⋯⋯⋯⋯⋯⋯⋯⋯（476）

城镇的衰落 ……………………………………………………（476）

不善经营的贵族地主使农业的发展受到挫折 …………………（477）

到 16 世纪末期经济进展缓慢 …………………………………（478）

不能保持过去的知识水平 ………………………………………（478）

统治家族的衰败 …………………………………………………（479）

皮埃蒙特和查理·埃曼努尔公爵的野心 ………………………（479）

西班牙的行政管理不力；墨西拿的命运 ………………………（480）

路易十四对卡萨列和热那亚的企图 ……………………………（480）

英诺森十一世的神圣同盟的成就 ………………………………（481）

路易对萨伏伊的统治；维克托·阿马戴乌斯的政变企图 ………（481）

派卡蒂纳前往皮埃蒙特，再次迫害瓦尔登西安派教徒 ………（482）

维克多·阿马戴乌斯对法国的蔑视 ……………………………（483）

第 二 十 章

哈布斯堡诸领地

已逝的伦敦大学中欧历史教授

R. R. 贝茨　主编

16 世纪哈布斯堡帝国的兴起 …………………………………（484）

哈布斯堡王朝的特征 ……………………………………………（484）

奥地利哈布斯堡家族对责任和皇帝的权利的看法 ……………（485）

1648 年时斐迪南三世的领地范围 ……………………………（486）

圣文采斯拉斯王室的领地；波希米亚成为中央集权专制制度的

　　试验场地 ……………………………………………………（486）

斐迪南以圣斯蒂芬王室的名义拥有的各种称号；匈牙利的行政管理 ………（487）

三十年战争期间造成的破坏和人口减少 ………………………（488）

贵族对土地的开发利用；不出租而自己经营 …………………（490）

城镇的衰落 ………………………………………………………（491）

文学和艺术的状况 ………………………………………………（492）

"反宗教改革"的成功 …………………………………………（492）

哈布斯堡帝国的中央机构 ………………………………………（495）

斐迪南对继位问题的关心；利奥波德一世在普雷斯堡和布拉格加冕 ………（496）

瑞典和波兰之间的战争，斐迪南三世去世 ……………………（497）

利奥波德一世继位；作为波兰的盟国和瑞典作战；在法兰克福加冕 ………（497）

在穆罕默德·柯普律吕领导下土耳其重新开始入侵 …………（498）

土耳其人征服特兰西瓦尼亚 ……………………………………（499）

为了保卫奥地利而进行援助;圣戈特哈德战役和沃什堡和约 ……………（501）

利奥波德对西班牙王位继承问题的兴趣 ……………………………（502）

匈牙利的民族主义阴谋的失败;奥地利的占领 ……………………（503）

匈牙利强制重新信奉天主教 …………………………………………（505）

利奥波德缔结反法同盟 ………………………………………………（505）

波希米亚的"黑暗时代";1680 年的农民叛乱 ………………………（506）

匈牙利流亡者企图解放匈牙利北部地区 ……………………………（507）

英诺森十一世为和解作出的努力;利奥波德恢复了匈牙利的自由权利 ……（508）

乔凯伊和卡拉·穆斯塔法征服匈牙利 ………………………………（508）

维也纳被土耳其人包围,被扬·索比斯基解救 ……………………（509）

维也纳胜利之后奥地利的地位上升;英诺森的神圣同盟 …………（509）

驱逐出土耳其人之后匈牙利降到行省的地位 ………………………（510）

驱逐出土耳其人之后特兰西瓦尼亚的宪法地位 ……………………（511）

第二十一章
穆罕默德四世统治下的奥斯曼帝国

安卡拉大学历史教授

A. N. 库尔特　主编

穆罕默德四世的帝国的人口和版图 …………………………………（513）

农业和贸易 ……………………………………………………………（514）

陆军和海军 ……………………………………………………………（514）

庄严的苏莱曼之后政府机构的衰落 …………………………………（515）

宰相、总法典官和法官的职务 ………………………………………（515）

各省政府;某些省份的特殊地位 ……………………………………（516）

制度和社会的腐败 ……………………………………………………（517）

废黜易卜拉欣苏丹;幼儿穆罕默德登基 ……………………………（517）

穆罕默德的母亲图尔汉掌握政权 ……………………………………（517）

宰相塔尔洪丘·艾哈迈德帕夏恢复经济的企图 ……………………（518）

民众的担忧;柯普律吕·穆罕默德被任命为宰相 …………………（519）

柯普律吕对政府官员的清洗;在小亚细亚镇压叛乱 ………………（519）

在爱琴海恢复支配地位 ………………………………………………（520）

争夺匈牙利和特兰西瓦尼亚的斗争 …………………………………（520）

柯普律吕作为宰相的成就;法泽尔·艾哈迈德·柯普律吕继任 ………（521）

法泽尔·艾哈迈德·柯普律吕的对内政策 …………………………（522）

对外政策;在克里特岛的成功;对维也纳的威胁 …………………（522）

圣哥特哈德战役和沃什堡和约 ……………………………………（523）

土耳其在乌克兰的影响 ……………………………………………（524）

卡拉·穆斯塔法帕夏成为宰相;他对维也纳的企图 ……………（524）

土耳其拒绝重订沃什堡和约;土耳其向维也纳进军 ……………（525）

基督教统治者们援助奥地利;利奥波德和约翰·索比斯基结盟 ……（526）

土耳其军队在维也纳城外的溃败 …………………………………（527）

卡拉·穆斯塔法被处决 ……………………………………………（529）

穆罕默德四世被废黜;苏里曼二世继位;奥斯曼帝国的衰落 ……（529）

第二十二章

斯堪的纳维亚和波罗的海地区

隆德大学历史教授

雅克·罗森　主编

三十年战争后瑞典在国内和国外的地位 …………………………（531）

波罗的海的制海权 …………………………………………………（531）

赋税的负担;民众的骚动;等级之间的不和 ……………………（532）

克里斯蒂娜女王让位,查理十世即位 ……………………………（533）

查理十世的扩张主义外交政策;在波兰的战争 ………………（533）

瑞典战胜丹麦;罗斯基勒和约 ……………………………………（534）

丹麦丧失东部各省的后果 …………………………………………（534）

弗雷德·里克三世即位后丹麦王室的财政困难日益增加 ………（535）

财政和宪法改革;采用世袭君主制 ………………………………（535）

弗雷德里克被宣布为君主;新宪法 ………………………………（535）

进一步的行政、财政和司法改革;有力的贸易政策 ……………（536）

改变了的贵族的地位 ………………………………………………（537）

农业方式的变化;农民的状况 ……………………………………（537）

瑞典的查理十世去世;母后摄政 …………………………………（538）

与波兰和俄国达成和议;瑞典的国力达到顶峰 ………………（538）

丹麦和瑞典之间经常的对立 ………………………………………（539）

瑞典在费尔贝林被勃兰登堡击败;丹麦在隆德的战败 ………（540）

隆德条约;传统的丹麦与瑞典的对立得到缓和 ………………（541）

查理十一世未成年时期的瑞典政府 ……………………………（542）

查理掌握政权;军事改组 …………………………………………（543）

对摄政政府成员的判决;查理被赋予无限的立法权 …………（544）

恢复王室土地和农民地位的改善 ………………………………（545）

丹麦和瑞典的专制主义之间的不同与相似之处 ················· (546)

瑞典国王和波罗的海各省之间的关系 ····················· (547)

立窝尼亚和爱沙尼亚的瑞典化 ··························· (548)

北方大战之前的查理的专制主义 ························· (549)

阿勒费尔特治理时期的丹麦外交政策;取消同瑞典的同盟 ········· (549)

瑞典—荷兰和平条约;海牙条约(1681 年) ················· (549)

路易十四对北方的和平条约以及同丹麦和勃兰登堡的谈判的态度 ······· (550)

瑞典参加奥格斯堡同盟;与勃兰登堡结盟 ··················· (551)

丹麦的侵略政策;查理十一世和吕内堡的公爵们结成防御同盟 ········· (551)

解决荷尔斯泰因—哥托普争端的谈判 ····················· (552)

英国和荷兰两国间的同盟给斯堪的纳维亚带来的后果;丹麦和瑞典

　　缔结的武装中立条约 ···························· (552)

瑞典和法国;在里斯维克和议中进行调停 ··················· (552)

第二十三章

勃兰登堡的兴起

F. L. 卡斯滕　主编

16 世纪时勃兰登堡的情况 ······························· (554)

三十年战争前后霍亨索伦家族获得的领地 ··················· (555)

大选侯腓特烈·威廉;他的目标是将分散的各个领地连接成为

　　一个国家 ································· (555)

为他的军队获得补给金同等级会议进行谈判 ··················· (556)

在北方战争期间选侯和等级会议之间关系的变化 ··············· (558)

腓特烈·威廉在普鲁士的主权得到承认 ··················· (558)

他在克莱沃和马克建立了统治地位 ······················· (559)

在勃兰登堡摧毁了等级会议的势力 ······················· (560)

军事官僚制的发展;勃兰登堡贵族对此默认 ··················· (560)

在普鲁士对反对派采取严厉措施 ······················· (560)

征收城市货物税,出现军事权力机构,削弱各等级 ··············· (561)

作战总部和它的活动 ······························· (561)

常备军及其管理 ································· (563)

腓特烈·威廉的经济、海军、殖民和外交政策 ··············· (564)

他的成就 ···································· (566)

腓特烈三世继位;没有进一步获得领地 ··················· (567)

利奥波德一世承认普鲁士王国的建立;腓特烈在柯尼斯堡加冕 ········· (567)

腓特烈仿效路易十四；他对艺术的支持 ………………………………（568）

腓特烈·威廉一世的不同政策 …………………………………………（569）

第二十四章

扬·索比斯基去世前的波兰

波恩大学东欧历史教授

霍斯特·雅布伦斯基　主编

十七世纪中叶的波兰—立陶宛的版图和人口 …………………………（570）

社会结构；贵族的领导作用 ……………………………………………（570）

法国和哈布斯堡王朝对波兰竞相给予的影响；米哈伊尔·维什涅维茨基

　被选为国王 ……………………………………………………………（571）

选举扬·索比斯基 ………………………………………………………（572）

自由否决权在议会中起了破坏作用 ……………………………………（572）

为了阻碍改革而进行的外部干涉 ………………………………………（573）

扬·卡西米尔试图进行宪法改革 ………………………………………（574）

反对扬·索比斯基的改革企图 …………………………………………（575）

罗马天主教会的统治地位 ………………………………………………（575）

东正教会的地位 …………………………………………………………（576）

经济、社会和政治的衰落 ………………………………………………（576）

1654 年俄国对波兰—立陶宛的入侵；哥萨克人的反叛 ………………（577）

瑞典的干预和占领；波兰又起而反抗 …………………………………（577）

通过神圣罗马帝国皇帝的调解，波兰和俄国达成和议 ………………（578）

在波兰国土上建立亲波兰和反波兰的联盟的斗争；波兰和勃兰登堡

　结盟 ……………………………………………………………………（578）

重新同俄国开战；安德鲁索沃停战协定 ………………………………（579）

1672 年土耳其的入侵；布贾克条约；索比斯基在霍廷赢得胜利 ……（580）

索比斯基和其他基督教国家结盟；他在维也纳的胜利，但未能

　对土耳其取得进一步胜利 ……………………………………………（581）

第二十五章

俄国：欧化的开端

柏林自由大学东欧史教授

维尔纳·菲利甫　主编

阿列克塞·米海伊洛维奇即位时俄国的状况 …………………………（582）

在赫梅尔尼茨基的领导下乌克兰哥萨克反对波兰统治的起义 ………（583）

1654 年哥萨克和莫斯科的联合的性质 …………………………………（584）

对波兰的战争：瑞典和俄国之间的斗争 ……………………………（585）

在伊万·维戈夫斯基的领导下哥萨克人加入波兰；在尤里·赫梅尔

　　尼茨基的领导下回到俄国 …………………………………………（586）

多罗森科宣誓哥萨克效忠于克里米亚的可汗 ………………………（587）

安德鲁索沃停战协定之后的波兰、乌克兰和俄国："永久的和平"………（587）

莫斯科的政治视界扩大 ………………………………………………（588）

军队的现代化 …………………………………………………………（589）

专制主义的增长；强迫社会为国家服务 ……………………………（590）

贸易和商业，外国商人 ………………………………………………（591）

教士 ……………………………………………………………………（592）

行政机构 ………………………………………………………………（592）

民众对重税和官僚主义增长的不满；城市起义 ……………………（595）

降低硬币成色引起的危机 ……………………………………………（595）

斯杰潘·拉辛的叛乱 …………………………………………………（596）

新法典 …………………………………………………………………（597）

"骚乱"之后专制主义倾向日益增长 …………………………………（598）

尼康企图使教会权力凌驾于世俗力之上 ……………………………（599）

尼康被剥夺大主教职权 ………………………………………………（599）

俄国教会的亲希腊改革 ………………………………………………（600）

教会分裂：旧信徒 ……………………………………………………（601）

俄国的虔诚传统和西方的独立思想格格不入；旧俄国的结束 …………（602）

索　引 …………………………………………………………………（603）

第 一 章

导言：路易十四时代

　　缔结于本卷起始年代的威斯特伐利亚和约不仅结束了欧洲历史上最具有灾难性的战争之一，而且标志着欧洲历史上最重要的时期之一，即宗教改革和反宗教改革时期的终结。尽管宗教事件和宗教动因仍然在许多欧洲国家，比如法国、英国和哈布斯堡帝国的历史中至关重要，但是宗教疆界却无进一步变化：欧洲大大小小的国家都保住了1648 年确立的国教。只有一些宗教少数派，或离乡背井、迁往他国，比如奥地利的新教徒和法国的胡格诺教徒；或获得正式承认，如英国的非国教教徒。当然，在本卷和下卷所涵盖的时期中，东南欧的伊斯兰教统治确实趋于瓦解，但这是一个政治上的变化；它使匈牙利人和其他巴尔干基督徒得以从土耳其宗主统治下解放出来，但并没有改变其居民的宗教信仰。甚至在四分五裂的德意志，1648 年缔和以后宗教疆界依然维持稳定。尽管在随后数十年中若干德意志公侯家族改变了其信仰，主要由路德宗改奉罗马天主教，但其臣民没有追随其后，而是保持着他们原有的宗教信仰。恐怕只是由于连年战争而两败俱伤，宗教冲突才极其缓慢地趋于平息，宗教仇恨才开始减少；于是法国龙骑兵对新教徒的迫害和南特敕令的废止（1685）重又煽起新的仇恨的火焰。当时欧洲一些主要思想家和作家试图使基督教各派信仰能和睦相处或者梦想一种无所不包的宗教。在许多领域里也出现了对世界及其存在的问题进行较为理性的探讨的情况，而科学和知识的长足发展则对此起了促进作用。这种探讨实为18 世纪理性主义和启蒙运动之发轫。

　　威斯特伐利亚和约还标志着神圣罗马帝国改造和统一梦想的破灭，马克西米连一世和查理五世曾一直怀有这样的梦想，而在三十

2　年战争的过程中斐迪南二世皇帝再次企图使之变为现实。此后，该帝国只是一个由许多邦国组成的松散联盟，尽管它存在到 19 世纪初叶，然而，就连在表面上也不再是一个头号的基督教国家。尽管1648 年之后帝国内部多次试行进一步改革，但几乎没有产生什么实际效果。更为重要的是，主宰欧洲一个多世纪的大联盟，即西班牙哈布斯堡和奥地利哈布斯堡两大王室的联盟，不再是一个强大的联合。"战无不胜的"西班牙军队在罗克鲁瓦被孔代率领的法国军队所击败不仅标志着哈布斯堡权力的衰落，而且对未来事件来说也是一个不祥之兆。

尽管帝国在持续不断地解体，但这种衰落对诸奥地利哈布斯堡王室的影响还是比对他们的西班牙同宗的影响要小得多。但是他们受到土耳其人的强大压力，这些土耳其人在柯普吕利父子的有效治理下重又采取征服政策，直到 1683 年维也纳之围以后巴尔干的局势才发生逆转，此后哈布斯堡的军队征服了大片匈牙利和特兰西瓦尼亚的领土，但是统一的哈布斯堡国家仍然未能产生。奥地利哈布斯堡王室继续是欧洲的主要王族之一，他们的存在确要比其他统治家族长得多，因为他们的对手柏林和莫斯科在 17 世纪下半叶才刚刚开始奠定其未来强盛的基础。然而，最为重要的地位无疑属于波旁王朝：威斯特伐利亚和约正是法国优势最为显著的标志，尽管和约签订之时路易十四年方 10 岁，而法国和西班牙之间的战争还将持续 11 个年头。

在 1661 年亲政之初，年轻的路易十四审视欧洲的形势时，他的秘书能够按照他的命令以充分的理由写道：

> 西班牙不能从其巨大的损失中迅速恢复过来；它不仅没有资财，而且亦无威信，就金钱或人力而言都不能有所作为，并受制于与葡萄牙的战争……其国王年事已高，健康状态令人怀疑；他仅有一子，年幼且相当孱弱……
>
> 我一点不惧怕皇帝，他当选只是因为他是奥地利王室的成员，而且受到有关帝国各邦领地之协议的多方束缚……①首先

---

① 参见本卷第 18 章原文第 446 页。

是选侯们将如此苛刻的条件强加给他并几乎不用怀疑他会愤恨，因而始终对他不信任。帝国中另有一群诸侯则正在为我所用。

瑞典只会与我保持真诚和持久的关系，它刚刚失去一位伟大的国王①，在其新国王尚属年幼之时，它所期望的只是维持其所征服之地的统治。丹麦由于先前与瑞典的战争而遭到削弱，其境况已濒于崩溃的边缘，因而只想和平与恢复。

英国在祸乱之后还没有恢复过来，只想在重新拥立的国王的统治下加强其政府，而且那位国王对法国是素抱好感的。

荷兰及其统治者的全部政策只有两个目标：维持贸易和削弱奥兰治家族，哪怕最小的战争也会阻碍他们这一和那一目标的实现。我持友善态度就是对他们的最大的支持……

如果说这就是路易十四统治之初的时势，那么在随后的岁月中这种势力均衡朝着甚至更加有利于法国的方向变化。在这一时期中，法国对欧洲的控制远比罗马时代之后任何一国对欧洲的控制要全面得多。当法国在拿破仑一世统治下重现这种辉煌时，那在时间上要短得多，而严格说来拿破仑的权力也只限于欧洲大陆；至于路易十四则权倾部分美洲，威震斯图亚特的英国。在胜利结束 1672—1678 年战争后，路易十四能够写道：

在这场战争中我展示了法国单靠自己的力量所能取得的成就，对此我感到荣耀。法国向我的盟国提供了数百万*，我随心所欲地花费我的金钱；我找到了吓破敌胆、震慑邻国以及使诋毁者陷于绝望的办法。我所有的臣民竭尽全力地支持我：在军队中他们骁勇善战，在我的王国里他们群情激昂，在外国土地上他们勤勉灵活。简言之，靠着自己的成就，法国证明了它与其他国家的迥异之处。

---

① 参见本卷第 22 章原文第 522—523 页，有关查理十世的去世和丹麦战败等情况。
* livres, 里弗赫，时法国货币单位，价值相当于当时 1 磅白银。——译者注

法国强大端赖于其四分五裂的邻国的孱弱，端赖于其自身的资源、财富、人口和陆海军。法国拥有 1800 万至 1900 万居民，是西班牙、意大利或英格兰的 3 倍多，是联合省或葡萄牙的 8 倍多，甚至比俄国莫斯科还要多。大量的人口和财富使法国能够维持一支平时可达10 万之众而战时远远超过此数的军队。在杰出的将领孔代、蒂雷纳和卢森堡的统率下，它领先于对手，成为其他欧洲国家军队的楷模。在军事教育、城市攻防技术以及有效的军队管理等方面树立了榜样。由陆军大臣勒泰利埃所创设的军队总监理顺了混乱的军队财政和在被占领国家中征收特别税的制度。尽管许多外国雇佣军团仍在其中服役，法国军队却不再由一些半独立的部队组成而是正在向一支国家军队发展；绝大部分法国贵族也选择了职业化军官的生涯，表明了这一发展趋势。法国的军事重心依然集中在欧洲和陆地上，但科尔培尔建立了一支海军，这使法国成为大西洋上第三大和地中海第一大海上强国；法国的征兵制度，即适用于所有海员和渔民的海军征兵令，使法国在海上与其对手相比处于有利地位。

尽管农业耕作方式原始且农民负担沉重，但法国肥沃的土地仍能够养育大量且相对密集的人口。在 17 世纪后半叶，虽然农业的状况没有得到改善，工业仍在科尔培尔有效的指导下获得了长足发展。国家的干预、指导和支持在一个资产阶级宁可投资土地、公债和官位而不是贸易和工业的国家几乎是不可避免的。科尔培尔伟大的功绩在于他提供了法国工业所需要的资本和更为重要的首创精神，以及向路易十四提供了其野心勃勃的外交政策所需要的财政手段。科尔培尔这一榜样鼓舞了许多欧洲国家，特别是那些比法国更不得不以国家行为替代中产阶级自发活动的国家。在法国，不仅奢侈品工业，而且基础性的纺织品工业、铸造炼铁业以及兵工和造船业都从国家的津贴和保护中大获其益。双海运河（Canal des Deux Mers）和其他运河的开凿大大改善了内陆交通系统。法国与其他欧洲国家和亚洲，尤其与西印度群岛的贸易得到大幅度扩张。但是，科尔培尔按照荷兰和英国公司的模式建立起来的贸易公司易于对创建它们的国家形成依赖，并因政府的干预而阻碍其发展。

法国的主导作用不仅表现在政治和军事领域，而且扩展到文学、思想、艺术、教育、生活方式和时尚等领域。几乎在所有方面法国都遭到受法国直接威胁的国家的批评和谴责，但在"伟大的世纪"* 中，这些攻击并不能阻止法国文化的胜利进军。法语越来越成为欧洲许多地区上流社会、有教养者和上层阶级的通用语言。由欧洲最擅于社交的女士所主持的巴黎沙龙甚至在俄国莫斯科也很快为人们所模仿，而凡尔赛宫的艺术和建筑、歌剧和芭蕾舞、排场和风格更是令欧洲每一个王公倾倒，他们为之殚思竭虑，竞相仿效。就富人和上层阶级而言，在服饰和发型、烹调和园艺、家具和室内装饰等方面，法国的时尚独占鳌头。甚至驱逐胡格诺教徒之举也完全出人意料地导致在收留他们的国家里奢侈品工业的建立、法国语言和文学的扩散以及法国艺术和文学的传播，那些流亡者对于收留他们的国家之发展有着极其深远的影响。反过来，欧洲王公贵族的子弟被送往法国瞻仰凡尔赛宫的瑰丽恢宏，就地学习法国的成就和生活方式。1651 年凡尔赛第一次上演芭蕾舞剧《爱神的胜利》时，观众中就有安斯巴赫侯爵、汉诺威公爵、荷尔斯泰因公爵和符腾堡公爵以及其他王公。

　　由于罗马的贫困与意大利城市共和国和教廷的衰落，法国遂成为艺术的中心。而在法国，巴黎和凡尔赛又成为新的艺术之都。宫廷单靠自己的财力就能提供像意大利城市在三十年战争之前所提供的那种大规模艺术发展所需要的资金和赞助。科尔培尔使国王成为艺术和各皇家学院的主要资助者，这些机构则受科尔培尔的控制，他是艺术鉴赏的最高仲裁者。国家组织艺术创作，使之成为渗透于社会每一个领域并企图自上而下地规范一切的绝对专制主义的一个有机组成部分。在法国，巴洛克文化几乎为宫廷所垄断，它奠定了指导艺术的原则。像国家的政府机构一样，艺术必须一统、严谨和鲜明，必须由具有约束力的规章制度管束，艺术家个人像社会的任何其他成员一样，除了为国家服务和服从它的法规之外，不允许有任何自由。艺术的职责是为路易十四歌功颂德，这一任务由各皇家学院实施。画家勒布朗被任命为皇家绘画雕塑学院和设在罗马的法兰西学院院长、皇家首席画师以及戈布林花毯工场经理，在这些地方他开展了大量的活动。勒布朗监督它们的制作计划的实施，且亲自设计了许多作品。用于皇家宫殿

---

　　* 专指 17 世纪的法国而言。——译者注

和花园的装饰品和雕塑从它们的工场中被生产出来，因而凡尔赛艺术的发展是以勒布朗独裁的规程和原则为基础的，正是以这种方式，国家至高无上的地位被突出地树立起来，法国文化成了绝对专制主义驱使的女仆。不计其数的"太阳王"*的半身和全身雕塑、浮雕和画像从工场向四面八方输送，或者说，受国家之命播撒国王的光辉。各皇家学院的专制成为欧洲许多国家类似的学院的榜样，带来了甚至更为不幸的影响。勒布朗是一位卓越的工匠，但"路易十四风格"呆板单调，我们自己时代中的例证足够生动地表明，艺术不可能像军队一样统率而无灾难性的后果。

然而，这一时期在文学领域法国首先展示了自己的天才。没有其他任何一个国家能够夸耀能在如此短暂的时期内出现如此众多璀璨夺目的名字，如莫里哀、拉辛、拉封丹、塞维尼夫人、帕斯卡、波舒哀、布瓦洛和拉罗什富科等。他们中的许多人（但绝不是全部）的迅速成功归因于国王的荫庇。的确，路易十四对文学施加的有益影响要远比对艺术和建筑的大得多，因为他公开声称欣赏富丽堂皇的场面之言对后两者来说有着相当不幸的后果，正是这种欣赏给予其同时代人以如此深刻的印象并为如此众多的欧洲国家的官方艺术树立了标准。但事实仍然是，在他的荫庇和监督下，艺术和文学繁荣了起来，并使法国成为一个不止在军事领域领先的国家。

以其名字命名其时代的国王是怎样一个人，他的动机是什么，他是怎样统治法国的？就连他的批评者和敌人也不得不崇拜他。因其贬低法国贵族而对路易十四耿耿于怀的圣西门公爵在他的《回忆录》中写道：

> 路易十四生来要君临一个辉煌的宫廷。于衮衮诸公之中，路易十四像蜂王一样以其体态、勇气、优雅、俊美、神采甚至声调以及所有威严高贵和与生俱来的人格魅力而卓尔不群，并显示出如果他生来只是一个不仕绅士，他同样会出类拔萃，在喜庆娱乐场合独领风骚，以豪侠义举为人称道，以及会极尽风流倜傥之能事……①

---

* 指路易十四。——译者注
① 《圣西门公爵回忆录》(The Memoirs of the Duke Saint-Simon)，贝尔·圣约翰译，伦敦 1900 年版，第 2 卷，第 357 页。

另一位观察家威尼斯大使普里米·维斯康蒂后来报告说：

> 国王对国家事务守口如瓶。大臣们参加枢密会议，但只有当考虑成熟并做出明确决策时他才向他们吐露自己的计划。我真希望您能见见这位国王。他的表情神秘莫测，眼睛像狐狸的一般。除了在枢密会议上与他的大臣讨论外，其他场合他对国事闭口不谈。当他训谕廷臣时，也仅仅说限于他们的特权和职责范围之内的话。他的言论即使再毫无意义也犹如宣示圣谕一样……①

路易十四的确从两位红衣主教的统治和自己童年的经历中吸取了教训：绝不能有一位首相，绝不能让高级教士和大贵族参与军国大政。在写于 1661 年亲政之初的《回忆录》的开头部分中，他就强调："从我童年起，每每有人当我的面提起'懒王'和'宫相'的名称时我就感到痛心疾首……"② 路易十四决心从一开始就亲自掌权并承受因此而必须承受的沉重工作负担——忠于职责绝不仅仅是某些 18 世纪的统治者才具有的特征。他的日常生活有条有理，从醒来到就寝，事无巨细均必躬亲。工作占据了他许多时间，还去参加精心组织的宫廷仪式，这种仪式是在他统治时期从西班牙宫廷引进的，甚至更加令人劳累。正如国王训导王太子所说："但是我要很简要地告诉你，无论这个工作会如何令人不快乐，我觉得它还是不像其他活动那样使我厌恶，因为我总是认为，一个人在他履行职责时所得到的满足是他最大的愉悦。我经常感到奇怪的是，尽管热爱工作是一位君主至关重要的品质，但人们还是发现，它又是君主中如此缺乏的品质之一……"③ 虽然这只是一幅具有理想色彩的图画，但毋庸置疑，路易十四毫无怨言地将其一生奉献给了那些极其辛苦的日常工作，在半个多世纪中他是法国真正的主宰。遗憾的是，路易十四的告诫在 18 世纪没有被遵从，法国国王们又成为"懒王"了。

　　路易十四视监督政府和行政机构的一切细枝末节为自己的职

---

① 路易斯·伯特兰：《路易十四》（Louis XIV），纽约和伦敦 1928 年版，第 292—293 页。
② 《路易十四文集》（Euvres de Louis XIV），巴黎 1906 年版，第 1 卷，第 6 页。
③ 《路易十四文集》，第 1 卷，第 105 页（1661 年）。

责，然而政府的体制并无改变。尽管经科尔培尔和其他大臣的努力它得到整治并提高了效率，但对"旧制度"基本特征却未做任何革新，这就最终在后来导致了它的垮台。特权阶级，尤其是贵族免纳赋税制度仍在实施，虽然科尔培尔设法减少享受人头税和其他赋税豁免权的人数并强迫那些不够资格享受特权者纳税。然而，路易十四需要越来越多的金钱来实施其野心勃勃的外交政策。因此，卖官鬻爵继续进行，数以千计无用的官职仍在被设置出来，它们的拥有者可以享受赋税的豁免。官僚机构越来越庞大臃肿，成为经济和社会发展的障碍。一方面行会的垄断权得到扩大，新的工业部门受到它们的控制，另一方面工匠们还是出于纯粹经济的原因被迫加入行会。如果说私人创新精神和私人资本投资缺乏的话，那部分是因为法国国家提供了不用负担风险并导致社会地位提高的投资机会。最高官职的拥有者最终会有资格进入贵族这个主要社会集团的行列，或者与之通婚。尽管贵族在衰落，法国社会还是受他们的准则而不是受资产阶级的准则支配的。

　　路易十四既不是改革家，也不是伟大的将军。奥兰治的威廉、瑞典的查理十世和查理十一世、丹麦的弗雷德里克三世、波兰的扬·索比斯基、勃兰登堡的大选侯都统率自己的军队亲临战场；但路易只有在他的臣仆眼中才似乎是一位军事天才。1673 年 7 月马斯特里赫特陷落后，甚至伟大的科尔培尔也奉承国王说："国王陛下所有的战役都有那种令人惊讶和目瞪口呆的特征，它们摄人心魄，使人除了崇拜之外别无其他念头……人们得承认，这种获得荣耀的非凡方式除了陛下尚无人敢想象……"[1]　10 个月后占领了贝桑松，科尔培尔写道："主上啊，人们不得不每日静心屏气，来崇拜、感激上帝，因为我们生于像陛下这样一位国王的统治之下，他那无边无际的威权只有他自己的意志才能加以限制……"[2]　路易十四干预军事行政和管辖的具体事务，这大概是因为他意识到自己作为军事领袖的不足之处，希望也在这个领域体现他的意志，因为正是在他统治期间国家对军队的统治权建立了起来。1674 年德·丹皮尔军团的一位上士因在荷兰服役功

---

　　① 《路易十四文集》，第 3 卷，第 412—413 页。
　　② 同上书，第 503 页。

绩卓著而受到表扬时，他的将军得到通知说：“国王陛下要求德·丹皮尔军团有空缺时将拉弗勒提升为中尉，同时奖赏 500 里弗赫。”① 1683 年一名士兵因组织抗议非法克扣个人军饷受到军事法庭审讯并被枪决，卢瓦奉命写下指令道：“陛下认为对该士兵的处理等于谋杀……没有任何理由可以证明对他的惩办是正确的……我正命令德·拉谢塔迪先生拘留主持军事法庭的军官，逮捕同意扣留军饷的指挥官……”② 国王在诸如此类的行动中表露出来的形象多少异于教科书上的陈词滥调。即使认为这是他进行控制的手段，那也显示了他对为他赢得荣耀的各色人等的关心。

　　的确，获得荣耀是路易十四实行其对外政策的主要动机。为了训导王太子，国王在《回忆录》中写道：“你可以观察到我总是工作持之以恒，决策当机立断，一贯热爱我的人民，渴望国家的伟大，对真正的荣耀锲而不舍地追求……”③ 国王甚至因此牺牲了自己的爱情生活，路易十四认为“我们在自身的爱情上所耗费的时间绝不能损害我们的公务，因为我们的主要目标应该总是维持我们的荣耀和我们的权威，不经过辛勤的劳动二者绝不可能得到维持……”

　　荣耀的追求不仅通过战争和征服来进行，而且还运用了外交手段。在路易十四亲政之初，西班牙和法国两国驻英大使因位次问题曾导致了一场伦敦大街上的斗殴，尽管法国方面有着特地派去的军官和士兵的帮助，但还是吃了大亏。西班牙的菲利普五世被迫为此道歉并不得不把在所有宫廷的优先地位让给法国的外交代表。这次“胜利”后路易十四评论道：“我不知道自有此王国以来曾否发生过任何更加令人荣耀的事情，……我要一直为此感到开心的……”接着对王太子训导说道：“如果发生的问题就像我刚刚对你讲的那样，即涉及你在世上所拥有的地位、你的王权也就是涉及国王之事而不是个人私事，你就要赴汤蹈火，在所不辞；决不要背叛你的先辈的荣耀，也不要抛弃你的后代的利益，你只不过是这些荣耀和利益的保管人……”④

　　路易十四在《回忆录》中一再强调维护王国的光荣和力量、国王

---

① 转引自 W. H. 刘易斯《光辉的世纪》（The Splendid Century），伦敦 1953 年版，第 149 页。
② 转引自 W. H. 刘易斯《路易十四外传》（An Informal Portrait），伦敦 1959 年版，第 129 页。
③ 《路易十四文集》，第 2 卷，第 4 页（1666 年）。
④ 同上书，第 292 页（1667 年）。

君临百姓的崇高地位以及"我们所拥有的位置的主要魅力所在的卓越超群"的极端重要性。下面是一幅路易十四眼中有关国王的图画：

> 所有的目光都注视着他，所有的愿望都向他诉说；只有他能够接受所有尊崇，只有他是一切希望之所在……每一个人都视他的恩赐为所有利益的唯一源泉，只有逐渐亲近国王或引起他的注意，一个人才可能升官晋爵，所有其他的人都是渺小、无能、劳而无功的；人们甚至可以说，他在自己领土上所放出的光芒通过传播辐射到外国的省份。他的声誉之翼将他隆盛的辉煌崇高形象带向四面八方。犹如是自己臣民的崇拜偶像那样，他很快引起邻国的惊叹，如果他能利用这种优势的话，那么无论在帝国内外，一切都是他的囊中之物……①

国王不仅是绝对统治者，而且"天生拥有对教会领主和世俗领主所有的一切物业的充分和自由的支配权"②。任何针对君主的叛乱，无论该君主是如何的无道，路易认为都是弥天大罪，因为"让国王君临百姓的上帝要求把他们视为他的代表而加以尊敬，只有他自己才有权力去审查他们的行为。他希望无论是谁生为臣民都必须无条件地服从；这条法则如此清楚和普遍适用，它的制定不仅仅有利于君主，而且也有益于那些作为实施对象的人民；他们如若违犯它，就决不能不使自己面临较之他们假装防止的过失远为严重的邪恶……"③ 上帝是君主的唯一仲裁者，而运筹决断之权又只为君主所有，社会的其他成员只有一种功能，即执行统治者颁布给他们的命令。④ 君权神授之理论没有比这位最强大的拥护者阐述得更淋漓尽致的了。

路易十四既然笃信君权神授，便不能容忍他的臣仆和盟友的批评或反对，他们只能接受他们不得不服从的敕令。1684年萨伏伊公爵维克多·阿马德乌斯接到一份粗鲁的通知说，国王希望加快剿灭皮埃蒙特韦尔多教派所据谷地的异教徒，为此他要借给公爵法国士兵和一

---

① 《路易十四文集》，第2卷，第66—69页（1666年）。
② 同上书，第121页（1666年）。
③ 同上书，第336页（1667年）。
④ 同上书，第26页（1666年）。

位将军。于是卡蒂纳率兵侵入这些谷地，他对待韦尔多教派信徒的方式甚至连法国驻都灵大使都提出了抗议，但是国王却回答说："萨伏伊公爵真幸运，他的患病使他免去了一大堆对付那些叛成者的麻烦，我毫不怀疑他会从中得以自慰，因为所失去的那些臣民，可以用更为俯首帖耳的人来替代。"[①] 但是，路易十四也将付出代价，尽管胡格诺教徒的迁移仅使法国失去很少一点人口，可是失去他们的技能和失去那些曾在法国舰队服役的新教水手的代价却远非能轻易得到弥补。法国的天主教徒不能填补因南特敕令废止令所造成的损失。国王的政策在欧洲所引起的震惊成了组成反对他的联盟的黏合剂，许多著名的胡格诺派军人，如舍姆贝格元帅在反法联军中任职。如果路易十四真诚地相信他是在秉承上帝意志的话，那么不是法国而是它的敌人从中大获其益。的确，当时的欧洲各国所承认的各种政治权利和公民权利无不与宗教教条有关。天主教阴谋事件表明，在英国对天主教徒的迫害也是严重的，但比起法国龙骑兵对新教徒的迫害来，这一事件就显得小巫见大巫了。自三十年战争以来，欧洲尚未见宗教迫害达到如此大的规模，并伴之以如此严重的恐怖，直至二百五十年之后迫害犹太人事件才又出现此类情况。如果说反对路易十四的许多呼声是出于私利和偏见的话，那么他个人要对这种政策负责也是事实，至少在诸新教国家中信仰的多样性越来越为人们所接受。在一些小公国里，例如在特兰西瓦尼亚，它们所实施的宗教宽容是颇为突出的；有不少国家统治者信仰的宗教迥异于其大多数臣民的，这一事实易使当局采取较为宽容的态度。皮埃尔·贝勒、洛克和莱布尼茨的著作有着类似的作用。尽管存在路易十四的政策，但较为宽容的精神已开始传播，宗教狂热的风暴趋于平息。

　　然而，在另一个领域，即政府和行政管理领域，欧洲的统治者们不仅崇拜路易十四的制度，而且迫切想要在自己的国家里仿效。法国拥有欧洲最发达的官僚制度，这对加强君主的权力至关重要。1660年查理二世在"周游"后回国，他对法国的治理规则印象至深并试图将之引入英国，但不很成功。除法国外，各国的国家机器仍然是初级的，所谓国家机器往往为大贵族家族所控制，具有封建性而非听命

---

① 转引自 W. H. 刘易斯《光辉的世纪》，第 46 页。

于君主的特点。通过其示范作用，法国显示了名门望族的权力是如何受到削弱的，国王是怎样使自己摆脱领主和诸大家族的牵制，从而将自己的权力建立在官僚机器和常备军之上得以成为专制君主的。在巴伐利亚，三十年战争期间马西米连一世使自己成为绝对专制君主，他的继承人斐迪南·马利亚（1651—1679 年）于 1669 年最后一次召集议会，之后便将领主一脚踢开，尽管他们愿意向他提供一大笔款项。在勃兰登堡，大选侯腓特烈·威廉（1640—1688 年）破坏了领主的权力，按照法国军队总监的原型建立起一个强大的军事官僚机构。正是因为三十年战争之后境内的精疲力竭和经济衰落使得他能够将自己的愿望强加给本邦。在满目疮痍的巴拉丁和同样遭劫的巴登—杜拉赫侯国，君主由于类似的原因使自己成为绝对专制君主，1668 年该侯国最后一次召开议会，而荷尔斯泰因公国议会也在 1675 年最后一次举行。帝国内各邦君主的官员开始替代领主所组成的机构，国家地位之重要是三十年战争之前所未有的。尽管在一些地方作为一种体制，领主尚未消失，但他们的权力被削弱了。在哈布斯堡的领土上，三十年战争期间随着斐迪南二世和反宗教改革对各地主要是新教领主的胜利，同样的过程开始了，并随着战胜土耳其人、夺得匈牙利的进程而继续发展，尽管那里的领主尚有着某些影响。

　　在丹麦，情况亦复如此，在那场国家被征服和打败的战争结束后，绝对专制主义被引了进来，因为统治阶级，即贵族，拒绝缴纳偿还因战争而背上的巨额债务所需要的赋税。贵族对任何修改宪法的顽抗遭到削弱后，通过与三级会议签订条约，权力转到国王弗雷德里克三世（1648—1670 年）手中。1665 年新宪法作为"国王之法"被制定出来并颁行。在瑞典，则是一场不成功的战争及因之而欠下的大量债务导致采取绝对专制统治的，在时间上要比丹麦晚 20 多年。查理十一世（1660—1697 年）的财政困境迫使他强迫贵族归还已让渡的王家土地，该政策得到了其他等级的支持，所以在上述两个斯堪的纳维亚国家中，绝对专制主义的发展是以君主与没有特权的阶级之间的联盟为基础的。另外，在勃兰登堡以及某种程度上的巴伐利亚，绝对专制统治是建立在君主和贵族之间的有效联盟基础之上的：贵族的特权，尤其是赋税豁免权得到确认，贵族占据国家和军队的高级职位，成为担任公职的贵族；而在法国，路易十四则将贵族排除在政府之外，他在政府中所录用的是资产阶级成员。在瑞典，像在巴伐利亚和勃兰登堡那样，向绝对专制统治的过渡花费了许多年的岁月，在这期间议会逐渐失去其重要性，会议开得越来越短。绝对君主专制的采用与其说是一项君主预先策划好的政策，不如说似乎经常是环境使然，尤其是一场灾难性的或失利的战争之后王室捉襟见肘而陷于财政困境；同样重要的原因是统治者希望拥有一支常备军以加强自己在国内外的地位。因此绝对君主专制往往是一步一步建立起来的，几乎难以察觉，也决不声张。

在许多国家中，等级会议继续召开，但已丧失了过去的权威，例如西班牙和葡萄牙的议会，或者中欧哈布斯堡领土上的各议会。在英国，查理二世在他统治行将结束之时成功地使自己独立于议会，并且更改城市特许状（borough charters），此举旨在保证将来议会对他俯首帖耳，反对党辉格党弄巧成拙，为国王的狡猾战术所击败，遭受迫害后瓦解。后来只是因为詹姆斯的冥顽不灵才使其兄的成就毁于一旦。直到1688年革命，英国的宪政发展并未十分迥异于大陆各国，而是显现出类似的轨迹，常备军的建立增强了查理二世的控制能力，犹如瑞典的查理十一世和大选侯的常备军那样。专制统治似乎在整个欧洲获得了胜利，君权神授论达到了鼎盛。法国和其他国家的政治作家与国教教会所传播的教义提供了新型君主国家得以建立于其上的意识形态基础。这种公认的理论的统治地位，其终结的标志是光荣革命和约翰·洛克的著作。

另一些欧洲国家，例如瑞士、威尼斯和波兰，不存在更大的集权化或者更大的君主权力的趋势，但它们是些衰落的、相对较小的国家，在其疆界之外没有多大影响。只有一个国家提供了不同于一般趋势的例证，即联省，它是一个拥有联邦宪法的贵族共和国。的确，它的宪法具有如此浓厚的联邦性以致只有荷兰省的优势地位才给予整个结构以某种凝聚力和目的性，而且1672年革命后奥兰治家族在战争中重振其权势并提供联合省所需要的领导。整个17世纪荷兰人称霸波罗的海贸易，该贸易为欧洲的舰队提供了木材和海军补给品，同时他们还在与东方的贸易中独占鳌头，那是他们从葡萄牙人手中争得的，并企图把其他国家排斥在外。如果说在其他领域法国的模式为人尊崇的话，那么在商业和造船方面荷兰的榜样则是无与伦比的。荷兰的大贸易公司，尤其是荷兰的东印度公司得到了从法国到勃兰登堡，从瑞典到葡萄牙等国的仿效。

联合省的力量基于其良好的财政状况。当所有其他欧洲国家的国库匮乏，收入不稳时，荷兰人是大借贷者并向许多国家提供援助。该共和国总是拥有清偿能力，它的各公司总是能够调集新的财政资源；其股票和证券的买卖是任何其他欧洲国家所未见的。阿姆斯特丹银行是欧洲（不仅仅是欧洲）的金融中心，英国或法国的任何类似机构均不是其对手。英国企图将荷兰人排斥在它与其殖民地的贸易之外，但几无作用。作为统治阶级，摄政者们与商人和放债人有着密切的联系，这样共和国的政策就可能根据他们的利益而制定。贸易和企业经营的成功导致令人惊叹的繁荣，至今在贵族邸宅和流经阿姆斯特丹、多尔德雷赫特、哈勒姆、莱登和其他城镇的运河沿途，昔日的富庶依然可见。它也导致了艺术的兴盛，部分是因为有钱的荷兰市民对群像、内部装饰的需求以及他们对绘画的投资。肖像画，陆地和海上风景画，有关旅舍、市民住宅、船舶以及都市生活的绘画使荷兰共和国的黄金时代流芳百世。如果说法国的文化具有严重贵族化的特点并主要影响欧洲上层社会的话，荷兰文化在很大程度上是中产阶级的；但是荷兰在欧洲的影响局限于贸易和金融范围内。

然而，甚至荷兰的繁荣也经不起持续不断的战争的消耗，因为像17 世纪上半叶一样，其下半叶也是一个战争频仍的时期。在西欧，法国和西班牙之间的大战持续到 1659 年，而 1667 年当菲利普四世驾崩后路易十四入侵西属尼德兰，战端再起。孱弱的西班牙不得不发动一场战争，反对正在为赢得自由而战的葡萄牙人；只是到经历了 28 年战争后的 1668 年，葡萄牙的独立才获得承认，以后再也未引起问题。接着轮到葡萄牙人与荷兰人进行一场旷日持久的冲突，这期间他们丧失了其东方帝国的绝大部分，但成功地重新占领巴西。在西欧结束上述战争后仅仅数年，1672 年路易十四入侵荷兰共和国，再次发动了一场大战，这场战争持续到 1678 年。该共和国还与英国展开了三次海上战争。直到 1648—1688 年这一时期中的最后十年，和平才重新回到西欧。但很快，路易十四的另一次进攻又打破了和平，而和平间歇期的所谓收复属地、占领斯特拉斯堡以及他向巴拉丁提出的要求均已预示了这场战争。战事不仅连绵不断，而且经常残酷异常。法国军队在尼德兰和巴拉丁的行径尤其引起欧洲的强烈反应，这种反应也许标志着如此的军事方式不再被认为是正常的了。但是，当时最严重的暴行恰好发生在这一时期刚结束之后，那是在 1689 年头几个月中，这期间巴拉丁遭受了第二次浩劫。

战争同样普遍发生在北欧和东欧，但是，除了与所有西欧国家有关的波罗的海霸权问题，这些战争总的说来与西欧的那些战争是分别进行的。1655—1660 年的北方战争不仅是瑞典与波兰、丹麦争夺北欧霸权的战争，而且俄国、勃兰登堡、哈布斯堡，甚至特兰西瓦尼亚也逐渐卷了进来；一支荷兰舰队介入战争，帮助丹麦人反对荷兰在波罗的海的对手瑞典。战争的结果是瑞典的权势达到巅峰，占据斯堪的纳维亚半岛南部，另一方面勃兰登堡获得对普鲁士公国的主权，这对未来的发展极为重要，为 18 世纪初普鲁士王国的建立铺平了道路。丹麦和瑞典之间的另一场战争没能打破瑞典在波罗的海的权势，瑞典海军仍然控制着这一海域。直至 17 世纪末，环绕波罗的海沿岸所建立的广袤而分散的瑞典帝国仍然在它的控制之下，向它提供相当多的收入和开展兴隆的贸易。虽然 17 世纪下半叶在罗曼诺夫朝沙皇统治下的俄国开始了西方化的进程，迄至当时瑞典帝国尚未出现崩溃的迹象，但该帝国行将被罗曼诺夫朝最著名的沙皇所毁灭。只是在波兰、奥斯曼帝国和俄国争夺乌克兰的斗争中，俄国的扩张获得重大进展，到达第聂伯河，占领位于其西岸的基辅，在南方建立了对哥萨克人的统治。尽管俄国此时还不是一个大国，但它日后的伟大已初显端倪，只是未为西方所注意罢了。对西方至关重要的是波罗的海的贸易，而瑞典通过其贸易和在威斯特伐利亚和约中获得的德意志领土已与西方紧密地联系在一起；但是争夺乌克兰和进取黑海地区的斗争却完全超出了西方列强关心的范围。

然而，东欧的另外一场大冲突确实在西方得到了回响：反对奥斯曼土耳其的斗争，当时在柯普吕利家族两代能干的宰相治理下的土耳其已获得引人注目的复兴。在威尼斯共和国和土耳其争夺克里特岛的旷日持久的战争中，威尼斯人没有获得任何有效的援助。通过海战的大获全胜，1669 年干地亚要塞终于投降，土耳其人把东地中海变成了他们的内湖。然而，他们向多瑙河流域的挺进因开始威胁维也纳而引起某些反应。一支法国部队和大量德意志部队参加了拉包河畔的圣

戈塔德战役（1664 年），此役蒙泰库科利将军使土耳其人遭受了一次
重大挫败，其后的和平持续了将近 20 年。1683 年土耳其人的另一次
大进军使他们直逼维也纳城下，此为苏莱曼大帝以来他们所未竟之伟
绩。维也纳被围的消息引起西方基督教国家的忧虑。由于此"皇帝
驻跸之所维也纳确受 20 万土耳其人和鞑靼人围困之噩耗并因之震惊
莫名"，符腾堡等级会议中断了其议程。① 但是西方国家几乎没有进
行军事援助，路易十四无意将哈布斯堡从困难中解救出来，倒是波兰
国王扬·索比斯基伸出援救之手。这是土耳其人最后一次对欧洲形成
威胁：奥斯曼帝国的衰落已经开始了。

　　土耳其人没能使自己适应西方军事战术的变化，也未能吸收西方
科学和技术进步的成果，因而他们迅速被逐出匈牙利。与他们作战的
军队不仅由奥地利军即哈布斯堡军组成，而且包括许多德意志国家的
军队，它们由洛林的查理公爵、巴伐利亚的马克斯、埃曼纽尔选侯、
巴登的路易侯爵以及萨伏伊尤金亲王所统帅。帝国诸邦在反对异教徒
的斗争中恢复了某些它们昔日的团结；这大概是欧洲最后一次显示其
十字军精神。只有最信仰基督的国王* 有意从西部袭击帝国以使土耳
其人摆脱哈布斯堡的压力，因而恢复了弗朗西斯一世与苏莱曼大帝之
间原有的联盟。人们也不能真的认为基督徒们是张开双臂欢迎他们的
解放者的，匈牙利和特兰西瓦尼亚的新教徒与不信奉国教者担心哈布
斯堡会采取反宗教改革的步骤，一直密谋反对哈布斯堡并举行起义的
马扎尔贵族怀疑他们会压制匈牙利人的政治自由。一位曾参加圣戈塔
德战役的人怨气冲天地说："由于人们不知怎地感到绝望，宁愿希望
土耳其人到来，而不是我们，他们到处啸聚在一起，杀害落到他们手
中的人，因而他们几乎比主要的敌人更对我们造成危害……那些居心
叵测的匈牙利人和克罗地亚人的不可靠性难以形诸笔墨……"② 基督
教军队确实优于穆斯林军队，但是巴尔干人依然提出了胜利者不能解
决，也不能用军事手段解决的问题。

　　欧洲还是在很大程度上局限于自身范围之内，欧洲国家的贸易主
要在它们相互之间进行。但是这是一个大海外公司的时代，殖民冲突

---

① 斯图加特国家档案馆，大事卷，第 91 卷，第 7 页（1683 年 7 月 12 日）。
* 指路易十四。——译者注
② 斯图加特国家档案馆，大事卷，第 64 卷，第 573—574 页（1664 年 8 月 8/18 日）。

在大国之间的斗争中所起的作用与日俱增。在东方，荷兰东印度公司将葡萄牙人从印度尼西亚群岛赶走，建立起对利润颇丰的香料贸易和与日本贸易的垄断权；恰在17世纪中期过后它占领了好望角和锡兰岛，因而获得通向东印度群岛的航路。在与东方的贸易中，英国的东印度公司仅占据第二位，1682年它被荷兰人从爪哇的万丹赶走而丧失了在印度尼西亚的据点。法国人和葡萄牙人在亚洲的地位甚至更为软弱，尽管通过他们的传教活动那里信奉天主教的国家远远多于信奉新教的国家。美洲的图景相当不同。在那里葡萄牙人成功地从荷兰西印度公司手中夺回巴西，1654年荷兰西印度公司交出其一块属地。虽然荷兰、英国和法国在西印度群岛确立自己的地位获得成功，但是西班牙在美洲的殖民帝国依然没有受到影响。西班牙在欧洲的衰落在美洲尚未有直接的政治后果，但是它的大部分贸易落入了闯入者之手。

在北美洲，荷兰人甚至更加不成功。建立于17世纪初的新阿姆斯特丹及其外围据点没有发展成为荷兰人的大属地，在第二次英荷战争（1665—1667年）中没有进行多少抵抗，它们就为美洲殖民地要大得多、人口也较多的英国人所占，就这样沿海岸建立起来的英国属地之间的空隙得到了弥合。虽然荷兰曾成功地收复新阿姆斯特丹，但布雷达条约（1667年）确认它归属英国，从此以纽约之名成为英属美洲帝国中最重要的城市之一。因为这是英国国务活动家正在美洲建立的一个帝国，所以尽管在殖民地及其业主中出现离心倾向，但是一种帝国的政策仍在缓慢地形成。英国殖民地的主要威胁不是来自荷兰，而是来自法国。甚至当英国和法国在欧洲还是亲密盟友时，法国就威胁要阻止英国人翻越阿勒格尼山脉并挺进其殖民地腹地。然而，加拿大法国人的地位要比英国殖民地的地位低得多，其人口要少得多，越发需要依赖法国的移民和援助（实际获得的甚少），还一直受到来自法国的干预的妨碍。在北美洲，国家行动和国家干预代替不了英国殖民者的开创精神和他们从国内中产阶级那里得到的财政支持，这一点被证明是毋庸置疑的，本来可以向法国的殖民地主动提供这种支持的胡格诺教徒未被允许向美洲殖民提供，就连法国对加拿大的军事援助也是远非充足的，因为陷于欧洲战场的路易十四不允许这样分散兵力，以至于本时期结束时法国的殖民地在收缩而不是在扩张。首先法国仍然是一个欧洲国家，它的影响主要局限于欧洲。

　　只有在这两个海上国家，工商业才得到了更为自由的发展，我们才能真正地谈论这一时期的"中产阶级的崛起"。在欧洲主要国家中，也只有这两个国家的贵族及其准则没有左右社会生活，国家没有具体干预经济生活，那里上上下下的充分"社会流动"使自发的增长成为可能，个体企业家能够主动地在海内外开发新的事业，贸易无须国家的强有力支持和保护也能繁荣起来。甚至复辟时期英国的辉格党贵族和托利党乡绅也与城市中产阶级及其经济活动结成千丝万缕的联系。在其他欧洲国家，例如西班牙，或者意大利，或者三十年战争后的神圣罗马帝国，中产阶级处于衰落之中；在东欧他们还尚未产生。在法国，他们的雄心严重局限于购买官职、头衔以及当国家的官吏，私人投资和私人资本积累微乎其微，本来可资利用的剩余资本为几乎毫无间断的战争所强加的庞大军队和沉重负担所吞没。因此，尽管较之中欧和东欧各国远为先进，法国在与海上国家的竞争中仍落在了后面。在另一个至关重要的领域，即科学和技术及其在工业中的应用，荷兰和英国也处于领先地位；该领域的发展看来也是与存在于这两国的更为主动的经济氛围和那里正取得的社会进步相联系的。这一时期对英国来说的确是一个伟大的时代，它拥有伊萨克·牛顿、罗伯特·波义耳、威廉·哈维、理查德·洛厄、克里斯托弗·雷恩以及皇家学会（1660年建立），任何其他国家几乎都无法与之比肩。法国拥有笛卡儿和帕斯卡尔，但他们俩却都属于上一代人；路易十四时代没有产生任何伟大的法国科学家。

　　1648—1688年是法国不仅在政治和军事领域，而且在文化、文学和艺术领域辉煌荣耀的时期。但从更为全面的角度来看，其他一些领域的发展对未来更为重要，如金融和经济、社会结构、中产阶级和工业的发展、海外贸易和殖民地、宗教的更为多样性和宽容。在这些领域，不是法国，而是两个海上国家荷兰和英国处于领先地位。荷兰行将把第二把交椅让给英国，这一变化在这一时期已因它丧失其北美殖民地而显露出来。但这首先归因于它较为有限的资源、较少的人口以及由于路易十四的征战而使联合省卷入旷日持久的战争。这是历史上最具有讽刺意味的事件之一：这些战争并没有使法国获益，获益者是荷兰最大的海上对手，并且为路易十四徒劳地指望将其领回天主教世界的另一个新教国家。对英国来说，这一政策的实施结果不是增强了天主教的力量，而是导致了一场使英国加入路易的敌人一边，因而从物质上对于挫败他野心勃勃的计划做出贡献的新教革命。因此，路易十四弄巧成拙，当法国盛极之时，即为它的衰落之始。英国和荷兰在奥兰治王室的统治下联合起来成功地击败了欧洲最大的军事强国。本卷结束的年代为光荣革命之年：不祥之兆已经显现。

（洪邮生　吴世民　译）

第 二 章

经济问题与经济政策

　　人们有时说，政治史上的里程碑，诸如那些用来划分本卷所涉及时期的事件，同经济史很少或根本没有关系。这句话只说对了一半。而且，如果这话导致人们认为，撰写各国的经济史居然可以不提及政府的行动，就好像经济生活存在于真空之中，与政治风马牛不相及，那这句话将极其有害。诚然，在经济生活的某些方面，政治事件和政治人物确实没有留下任何实际影响。在英国农夫或西班牙农民日复一日、年复一年的生活中，英国的查理丢掉脑袋或西班牙的查理丢掉帝国等事件与他们关联甚微。从威斯特伐利亚和约到英国革命之间的40年里，没有任何创新大大改变欧洲各种主要经济活动的成本、产量或生产方式。这并非总是因为人们不做努力；今天科学所能做的事情，当时的国家都曾努力予以鼓励，虽然无所成效。这并不是说经济生活完全停滞不前，而仅仅是强调两个事实：其一，对延续和变革必须予以谨慎的衡量；其二，虽然在某些层次上进展缓慢，不太注意政治史上的突发事件，但在另一些层次上，这些突发事件却是实实在在的。而对于足智多谋者的所有创造，没有任何现成的历史法则可循。

　　本章的第一部分将概括地评述人口、农业、工业、商业和金融的主要趋势。在这里，国家政策的影响基本上是不被涉及的。本章的第二部分将考察呈现在当时政府面前的一些经济和社会问题的性质，以及为解决这些问题所做出的种种努力。在本章的最后部分，我们将简单地讨论"重商主义"思想及其与经济政策和经济思想的关系。

　　从仅存的有关17世纪的零星而又杂乱的人口统计资料中，我们可以对当时的人口总趋势有一个大致的印象。

16 世纪的人口增长似乎到 17 世纪 30 年代就已结束，在某些地区甚至更早。随后，在 17 世纪中后叶，欧洲绝大部分地区的人口发展进入了一个下降、停滞期，或至多也是缓慢增长而已。17 世纪 30—90 年代，瘟疫、战争、饥荒以及其他导致死亡的事件以非同寻常的剧烈程度时时袭击欧洲各族人民，尽管它们在各地的频率明显不同。

继 17 世纪 30 年代遭受瘟疫的沉重打击后，欧洲许多地区在随后的 30 年里被瘟疫再度光顾。1646—1648 年，伦敦、柴郡和英国其他城镇再次遭到瘟疫袭击；1648—1650 年西班牙部分地区，1649—1650 年慕尼黑，1654 年哥本哈根，1655 年阿姆斯特丹和莱登也再次发生瘟疫。1656—1657 年在意大利许多地区暴发的那场瘟疫死亡人数更多。利古里亚和那不勒斯王国所受的打击最大。仅那不勒斯城可能就丧失了其人口的 50%。有人估计，当 1665—1666 年瘟疫最后一次大规模降临英格兰时，大伦敦地区死于这场灾难的可能有 10 万人之多。虽然英格兰东南部的一些城镇也损失惨重，但其他地区所受的打击却不那么严重。英格兰大瘟疫是这一时期瘟疫的最后一次大暴发，尽管瘟疫在欧洲肯定还没有绝迹。例如，曾在 1653 年和 1657 年严重受损的但泽，在 1660 年再次遭到瘟疫的袭击；此外还有 1664 年和 1666 年的阿姆斯特丹和法兰克福，1679—1680 年的西班牙南部以及 1680—1681 年在三十年战争中伤亡巨大的马格德堡和莱比锡，也都再次受到瘟疫的侵袭。

周而复始的流血战争，是 17 世纪历史的一个重要主题。然而战争作为死亡的直接杀手，其意义并不很大；但作为死亡的间接杀手，一些战争却非常重要。几乎可以肯定，以海战为主的英荷战争对英国和荷兰的人口发展来说没有产生什么影响；但三十年战争，或在此以后 30 年里席卷波兰和普鲁士的各种战争，对某些参战国家的某些地区的人口和经济产生了重要的影响。几乎可以肯定，死于战斗的人数远远少于死于战争所造成之状况的人数。以三十年战争那样的方式进行的战争对人口有三种主要影响：第一，它刺激战争地区的人口迁移到较可安身的城镇。第二，由于战争既加重食物供应的负担，同时又破坏农业，因此它很容易使粮食歉收转为地方性的饥馑。第三，由于战争促进人口流动并降低原本已经很低的营养标准，它就为传染病的发展与传播提供了现成的渠道。①

　　故三十年战争期间和三十年战争之后所发生的人口减少在其性质和起因方面是极其复杂的。各地的减少数量也相差很大。德意志的西北部、从卢森堡到吕贝克一线以北地区以及瑞士、奥地利的阿尔卑斯山区几乎完全没有受到战争的影响。波希米亚、萨克森、西里西亚和摩拉维亚只遭受了很一般的损失，而弗赖堡的某些城市则损失惨重。受战争影响最大的地区是从德意志西南至东北一线，大致从斯特拉斯堡到斯特拉尔松。据估计，勃兰登堡、马格德堡、图林根、巴伐利亚和法兰克尼亚平均损失 50% 的人口；梅克伦堡、波美拉尼亚、科堡、黑森、符腾堡和巴拉丁平均损失 60%—70% 的人口。不过，历史学家对这些数字的看法不完全一致，数字很可能过高。而且，这些损失也不能完全归因于战争及战争所造成的各种状况或后果。例如，在 17 世纪的前 30 年，奥格斯堡的平均人口约 4.5 万人，1630—1680 年只有约 2.2 万人，但在战争爆发前，其人口就一直在下降。范围广泛的战事并没有因威斯特伐利亚和约的签订而结束，其影响也不只限于德意志。法国东部一些地区也饱受三十年战争之苦。在 1648 年后漫长的战争岁月里，波兰的情形同样是到处村庄荒芜、房屋倒塌、人口流徙、经济衰退；普鲁士在经受了 1655—1660 年的瑞典—波兰战争后，也是如此。再向西，长期遭受战争厄运的西属尼德兰，1667 年又再次遭受战争的厄运。而由于路易十四在 1672 年发动的战争，历史还将再次重现：三十年战争期间，德意志农民从萨克森和威斯特伐利亚移居荷兰，现在他们又从荷兰逃走，以避开长驱直入的法国人；巴拉丁刚刚从先前的浩劫中慢慢恢复元气，1674 年，它再次受到战争的劫掠，1688—1689 年则又遭到更野蛮的劫掠。

　　战争对 17 世纪欧洲人口和经济生活的危害被夸大了，这对于三十年战争和德意志来说更是如此。人们指责战争，往往是因为战争太轻易地被认为意味着死亡，也许还意味着迁徙。一个地区的人口减少没有被另一个地区的人口增长所抵消，人们往往过低估计战后恢复的程度，并把许多主要由其他原因造成的损失归之于战争。

　　16 世纪后期至 18 世纪初，发生了几次欧洲历史上最严重的歉

---

　　①　详见本卷第 18 章边码第 434—435 页。

收。导致歉收的部分原因是气候恶化，尤其是交替发生的暴雨和严重干旱，这些歉收对人口的消长产生了重要的后果。像 16 世纪 90 年代和 17 世纪 90 年代那样影响深远、最具破坏性的饥馑没有发生于1648—1688 年；但在这 40 年中却有三个歉收期，其中有些歉收是非常严重和广泛的。1648—1652 年，欧洲各国的庄稼相继歉收。在阿姆斯特丹、巴黎、莱比锡和但泽，粮价猛涨到饥馑年月的水平。1649年，英国的粮价达到了该世纪的最高点；西班牙和瑞典的歉收也都产生了灾难性的后果。紧接着是 10 年的粮食丰收和粮价下跌，随后欧洲许多地方的粮食又一次歉收，主要是 1660—1663 年。这次危机的程度因地而异，最严重的是在法国，那里出现了地方性饥馑。1662年 3 月，布卢瓦的一名医生写道："我从未见过像布卢瓦现在这样凄凉的景象，这里有 4000 名从邻近教区逃来的［穷人］。在乡村，饥馑更为严重。农民没有面包。他们寻找各种各样的肉食，一旦一匹马倒毙，他们便蜂拥而上，分而食之。"[①] 这种情形并不只是法国和1662 年所特有的。在较长一段时间的粮食丰收之后，1675—1679 年，欧洲又出现了第三次粮食歉收。这次歉收的范围不大，也不如前两次严重。尽管佛罗伦萨、西班牙、德意志和瑞典部分地区的粮价猛涨，但英国和法国几乎没有受到影响。到本卷所涉及时期临结束时，各国不时出现零星的歉收，在一些国家，1683—1685 年是荒年，但未造成严重和广泛的粮荒。

瘟疫、战争和饥馑的意义不能单纯从人口减少的角度去衡量。人口的迁徙和流动也同样促使流民、贫困、济贫等问题变得紧迫且严重，并改变了经济繁荣或衰落的地理格局。这些格局的持续又同死亡浪潮过后的人口增长密切相关。当然，有些地区没有能够从人口减少中恢复元气，但另一些地区却随出生率的迅速上升而出现了人口的骤增。这将产生进一步的负担，使已经很高的儿童人口比例更高，并使对食物和就业的需要大大增加。当时欧洲的人口状况——整个欧洲大陆约有 1 亿人——很不稳定、波动性大、年轻人的比例居高不下，而由于死亡率比较高，人的寿命比较短（平均为 30—32 岁）。

我们只能大致地指出人口下降和增长的地区。西班牙、意大利、

---

① A. P. 乌什：《法国 1400—1710 年粮食贸易史》（哈佛，1913 年）第 210 页上所引。

西属尼德兰、德意志和哈布斯堡帝国的部分地区、波兰以及匈牙利似乎不仅是人口减少，而且经济也处于衰退之中。但在这些国家，并非所有地区的人口都在下降，也不是一直都在下降。尽管西班牙的人口据估计在该世纪从约 800 万下降到了 600 万，但人口下降绝大部分发生在 17 世纪 60 年代前；尽管卡斯提尔的许多城镇人口下降了，但加的斯和马德里的人口却大大增长。尽管那不勒斯的人口从 1656 年瘟疫发生时的 3 万人减少到 1688 年的 1.86 万人；但在威尼斯，虽然 1630 年也发生了瘟疫，其人口却得到回升，而其在 17 世纪 90 年代的人口数约为 13 万人，这与它 1630 年之前相差不大。随着米兰的衰落，都灵和里窝那的人口却因此迅速增长。在德意志，奥格斯堡、爱尔福特和纽伦堡的人口有所下降，而柏林的人口虽然也曾减少，但在 1688 年时却迅速增加到了约 2 万人；尽管但泽和吕贝克的人口下降，但汉堡、不来梅和维也纳的人口却上升了；尽管威斯特伐利亚的许多地区人口丧失严重，但埃森镇的人口却有较大幅度的增长。

法国、英国和荷兰的情形基本相似。这些国家在经济和政治上都处于上升阶段，其人口状况不管发生了什么具体变化，都可能缓慢地增长了，至少也是持平。这些国家都躲过了最激烈的战争暴行。法国没有遭受意大利那样的瘟疫；1649 年之后的几次歉收对英国的影响比较小；荷兰各城镇的人口继续增长，移居荷兰的人口可能超过荷兰移居国外的人口，在南特敕令被废止以后尤其如此，这有助于保持人口的稳定。伦敦的人口肯定有所增长，17 世纪 30—90 年代可能翻了一番，达到 50 万——比整个英国的人口增长速度快得多——这就使伦敦和巴黎一样，成为欧洲仅有的两座人口超过 40 万的城市。整个 17 世纪，瑞典、挪威和瑞士的人口似乎也与这几个国家一样稍有增长。

在整个欧洲，农业仍然是绝大多数人主要的经济活动。1688 年所采用的耕作方法仍同 1648 年时大同小异。确实，这一时期过于短暂，处于一个技术发展非常缓慢的时代中，人们还无法看到什么具有深远意义的变革。在某些地区，一些在 16 世纪引进的新作物和新技术得到了进一步传播，更多的土地得到开垦，专业化有了一定的发展。农业成为有利可图的行业。例如，在此前几十年间，荷兰在土地排水和土壤改良方面的先进性就得到了成功的展示，到这时，英国和法国便进一步仿效这些技术。在其他地区，由于大自然再次成为主宰，田野里又杂草丛生，庄稼汉纷纷离开土地，即使一些人留了下来，他们的耕作方法也很原始且效益不高，他们一如既往地穷困潦倒，即使连当时那么低的生活水准也达不到。例如，在西班牙，由于早就松垮的牧主公会组织进一步衰败，那些耕作业凋敝而畜牧业兴盛的地区状况毫无改善；在德意志和波兰，一些荒芜地区在这个时期内并未轻易地恢复其土壤潜能。

在欧洲的许多地区，古老的条耕制、敞地制和两到三年轮播一次的做法仍然以这样或那样的方式盛行；与法国北部和不列颠西部地区一样，其间散布着源自克尔特人宅边地和远田耕作相结合的耕地制，或点缀着大量沼泽、森林、荒地和粗放畜牧业，这是一切公认的耕作制度中很少见的。在耕作方法和租佃关系上，各地区和各国都不尽相同，五花八门，应有尽有。尼德兰（尤其是佛兰德）在当时的人看来似乎是小规模集中耕种蔬菜、蛇麻草和水果等专门作物的典范。大约在这个时候，用三叶草和其他"人造草"改良牧场的做法也从低地国家传到了英国。另一项重要的农业变革是在轮耕地中播种萝卜之类的饲料，这项变革常常被认为是在 18 世纪发明的，但事实上它在这个时期已在英国东部出现了。尽管农业作家们日益提倡这些做法，但这些做法还远未流行。至于作为这个时代标志的农业专家，几乎只有英国才有，如理查德·韦斯顿爵士、约翰·沃利奇、威廉·布利思和塞缪尔·哈特立伯都是英国活跃于 17 世纪中叶为数颇多的农业专家中的几位，欧洲其他国家很少有谁能与他们媲美。他们大量利用佛兰德和荷兰地区盛行的做法，但这些国家本身却似乎没有产生什么有关农业改良的著作。

这些年间，欧洲粮食的专业化和贸易模式随各个地区的变革进程而有所变更。尽管东欧仍是主要产粮区，但从波罗的海沿岸诸港口出口的粮食却削减了。从但泽港运出的粮食（主要是裸麦），在 1618 年达到了顶峰；在三十年战争期间其出口量波动极大，到 1649 年达到了一个颇高的数字，在随后的 19 世纪 50 年代又急剧下降，尽管在此后有所上升，但再也未达到世纪初的水平。尽管如此，这些地区谷物的生产对欧洲经济的发展仍然至关重要。粮食贸易仍由荷兰控制，它将别国的粮食运往国内，养活本国众多的人口，或再出口给其他国家，尤其是输往地中海各国。一般来说，法国和英国生产的粮食能够自给。尽管这两个国家在歉收年里也从东欧进口粮食，但在这一时期，它们还是产生了日益增加的剩余粮食以供出口。法国的粮食定期销往荷兰、西班牙或葡萄牙；而在17世纪70—80年代，少量但源源不断的英国剩余粮食也从伦敦运出，主要运往荷兰和美洲殖民地。肉类食品或特殊作物继续外销，尽管其数量一般来说都不大，但有时在出口国的对外贸易中占有重要的比例，这类东西有：荷兰的黄油和奶酪、佛兰德的蛇麻草、爱尔兰的牛和牛肉、法国的酒等。

从上述的人口趋势我们可以看到，这个时期的粮价出现了暂时性的急剧下降和持久性的上涨，1620—1650年，欧洲绝大多数国家的粮价达到了当时的最高点，随后40年的粮价便呈现稳定或稍稍下降的趋势，尽管有些国家年与年之间波动很大。这些情况对社会不同阶层所产生的影响不一。小农业生产者由于余财不足，而且在总是不景气的市场出售粮食，因而受到不利的影响；挣工资的劳动者在有工可做之时，其实际工资略有增长，但在当时动荡不安的经济条件下，他们常常没有工作；对土地拥有者来说，很少有迹象表明，价格过程的变化本身显著到会产生严重的问题或挑战。而且大体上说来，这时地主和佃农的关系继续按15世纪和16世纪形成的方式向前发展。

在易北河以东的德意志、波兰以及东欧各地，土地贵族对已沦为农奴的农民丝毫没有放松控制。勃兰登堡和普鲁士的容克尽管受到某些暂时的挫折，但一般都能巩固自己的政治和经济权力，并进而加强对劳动力的控制。在西欧，法国的农民虽然基本上不受农奴制的束缚，但由于地主不断兼并土地，并通过各种办法使土地获得更大的收益，农民的封建负担日益加重。穿袍贵族和资产阶级增加了对土地财产的占有权。例如，在第戎附近肥沃的粮食和葡萄产区，资产阶级通过对土地的投资，努力改善自己的社会地位和经济收益，并帮助备受战争蹂躏的地区恢复生产。在瑞典，由于国王将先前转让给贵族的土地重新收回，对相当一部分农民来说，农奴制的威胁已经消除。这项从1654年开始，在1680年以后更加有力地实行的"还原"（源自瑞典语的reduktion）政策就其内容而言主要是财政方面的；尽管这种政策肯定没有使贵族破产，但它明显减少了贵族的土地份额。[1] 各地的情况有所不同：在实行分成租耕制（法国的平分交租制、西班牙或意大利的大庄园制）的大地产旁边进行耕作的是拥有土地的富裕农民，他们自己又雇用工薪工人，并跻身较高的社会阶层；在荷兰省，与自由农民并存的是奥弗利塞尔和格尔代尔兰德的农民，由于沉重的封建负担，他们的自由受到削弱；在英国，随着土地资产和租佃农场继续其逐渐的但又成功的发展，庄园及其封建结构日益失去其重要性，这在地产管理和租佃关系两方面都是如此。许多敞地依然存在。但在本时期明显日益受到重视的圈地却越来越多地用于耕作而不是畜牧；农业专家极力推崇圈地是改善耕作的一种办法，在实践中有时也确实如此。由于粮价下跌和小地产的适应能力不强，中农和小农压力重重，尽管他们的命运可能仍然比欧洲大陆的许多中农和小农要好得多。土地乡绅阶层，常常由于日趋富裕的资产阶级以及律师、商人的加入而扩大，以其地产为生并乐于将之租出作为农场，他们是英国农村特有的阶层。在本时期，尽管土地乡绅也受到内战及战后余殃的影响，但作为一个阶层，其日益增加的重要性并未受什么损害。

工业和贸易上的变化走势遵循了一种类似于人口和农业之变化的地理模式。此前业已开始走下坡路的意大利和西班牙工业，在本时期也未能有所好转。例如，威尼斯布匹的产量早在 17 世纪 20 年代就在迅速下降，到 80 年代已下降到大约 100 年前的 1/10。甚至在利凡特市场，威尼斯的布匹也正被英国布匹、荷兰布匹及日益优良的法国布匹所取代。佛罗伦萨和米兰的情况也未见好转；尽管一些古老的中心仍然保持其作为奢侈品产地的重要地位，意大利北部的一些农村工业有所发展，但这些不足以抵消总的衰落。里窝那是意大利最耀眼的明珠，它的繁荣主要得益于其鼓励外国商人的自由主义政策，以及外国商人特别是英国商人带到这个港口的生意，它成了英国在地中海地区贸易的主要集散中心。与意大利工业的命运密切相连的是，随着菲利普四世和查理二世统治时期西班牙在政治、军事和经济各方面更为明显的衰落，[2] 西班牙的市场继续萎缩。纺织业和金属工业萎靡不振；

26

---

① 见本卷第 22 章边码第 521、533—544 页。
② 见本书后第 15 章边码第 369—377 页。

羊毛出口贸易由于意大利需求的下降而损失惨重，尽管它继续供应着北方的工业，但却日益受到外国商人的控制。殖民地贸易也越来越成为除西班牙商人外的其他各国商人互相争夺的肥肉，这些国家主要包括荷兰、英国和法国。西属尼德兰也进一步失去昔日的荣耀。由于屡经战祸，饱受法国的威胁，地位又为荷兰所取代，西属尼德兰的贸易和工业开始衰落，例如，翁斯科特连同其著名的纺织业原本就已经衰落，1657 年又最终受到法国的劫掠。1648 年由于荷兰继续坚持些耳德河禁止航行，安特卫普港因此进一步衰落。

在东方，帝国法定疆界内的各类领地的经济也在继续衰落。在战乱袭来之前，德意志南部各大城市的商业活动就一直在减少；如果说纽伦堡和奥格斯堡在这些年间几乎没有恢复它们往昔的富裕，这部分是由于商业活动已普遍地由地中海转移到了大西洋。汉萨同盟早在战前就打了败仗，而瑞典人则使其情况变得更糟。荷兰、英国、瑞典和丹麦等国及其商人进一步加强对从莱茵河到奥得河的德意志贸易的北部重要出口进行控制。妨碍德意志经济发展的壁垒是难以逾越的：远离日益扩展的新兴贸易地区，无力参与殖民争夺；由于经济与政治的分裂，沿河商路上关卡林立，再加上帝国各地的度量衡和货币五花八门；此外，农民生活贫困且缺乏自由。我们不能因为深恶痛绝三十年战争而无视这些壁垒的存在，但也不能夸大绝对衰落的程度。西里西亚的亚麻布工业成为欧洲的主要纺织制造业；莱比锡在颇大程度上恢复了昔日的繁荣，汉堡则蒸蒸日上，在商业和金融方面获得了十分重要的地位；西欧崇尚商业的国家对木材的需求日益增长，为波罗的海沿岸地区经济的发展起了日益重要的作用。

瑞典令人惊诧地跻身于欧洲强权政治之后，其主要经济力量仍然在于铜和铁。1650 年，瑞典的铜产量达到了顶峰，尽管此后略有下降，但在 1687 年前仍保持相当高的水平。经过 16 世纪后期的技术革新，瑞典的冶铁工业发展迅速，在本时期，瑞典出口的铁在欧洲市场上居于支配地位。其他次要的大宗出口商品还有焦油和木材。有相当一部分焦油来自瑞典统治下的芬兰森林；而在这个对造船业至关重要的物品上，瑞典享有像对铜和铁那样的近乎垄断的控制权。至于在木材生产方面，挪威仍然领先于瑞典。

羊毛和精纺绒线在英国的工业和贸易中仍占有重要地位。然而，随着金属制品、煤和粮食在其出口中占有较大（尽管仍然很小）的份额，尤其是随着转口贸易的迅速发展，到本时期结束时，羊毛和精纺绒线的地位下降了。英国从美洲进口的烟草和蔗糖以及从印度进口的白布和丝绸，其数量均迅速上升，伦敦成为将这些商品转口欧洲的贸易中心，以及将欧洲货物转运到殖民地的运输中心。

　　英国贸易模式的这些变化不是英国所特有的，法国也出现了类似的情况。这些变化是对荷兰商业优势最初的实质性挑战的组成部分，荷兰的商业优势在 1649 年前后达到了顶峰，此后虽然有所削弱，但在本卷所涉及的时间内依然保持着。荷兰的船只和商人仍然支配着波罗的海的粮食和木材贸易、东方的香料贸易、输往西印度群岛的奴隶贸易以及有"荷兰最主要的行业和主要的金矿"之称的北海鲱鱼业。如果说 17 世纪 40—50 年代法国商业有很大一部分在荷兰人手中，那么在 17 世纪 70—80 年代，已有较大部分的法国商业掌握在了法国人手中。来自波尔多和南特以及来自伦敦和布列斯托尔的商人开始在对加勒比海和西非的复合贸易中起越来越重要的作用。由于英国东印度公司的继续发展，以及 1664 年法国东印度公司的创立，[①] 在亚洲的国际竞争加剧了。

　　欧洲海域内的贸易在欧洲的贸易中显然仍占最大的份额。但英国和法国商业新的急剧扩张导致了来自美洲种植园主和殖民者或印度和非洲商站的较小但却持续的需求，这些需求有助于刺激供应布匹、陶瓷、盆子、铁钉和纸张等普通生活必需品的国内产业。转口贸易的不断增长，也鼓励这两个国家的加工业同荷兰的加工业一争高下，例如这些年间在英国和法国发展起来的食糖加工业。尽管人们很迟才感到进口印度纺织品所产生的巨大影响，但到 17 世纪 80 年代，这些纺织品的巨大进口量终于导致国内怨声四起，并刺激有关人士进一步努力促使国内生产的多样化。与此同时，由于印度和美洲这些商品的产量和输入欧洲的数量日益增加，它们的价格不断下降。在 17 世纪初至 80 年代间，伦敦的弗吉尼亚烟草的价格猛跌；糖和印花布的价格也呈相似的趋势。一方面，这些价格下降的趋势加速了农业价格的下跌，并使绝大多数工业品价格大体上保持稳定，或稍稍下降。另一方

28

---

　　① 见本卷第 17 章，边码第 418—421 页，第 427—429 页。

面，有些工业由于实行保护政策而日益繁荣。在令人心悸的投石党运动以后，法国的工业和商业生活在国家的坚决保护下再度恢复生机。科尔培尔建立的许多新兴工业，例如挂毯、鞋带、镜子、奢侈品，常常是手工制作的，很不经济；但麻布、丝绸、羊毛、纸张和金属工业却正在成为大宗的出口行业。尽管这些行业和其他经济部门受到1685年废除南特敕令①这一蠢行和悲剧的冲击，但当时法国仍可能是欧洲最大的工业生产国。

在本时期，工业和贸易组织变化不大。尽管当时已出现一些大的企业，但生产活动的单位一般来说仍然很小，这与当时的技术和金融状况是一致的。

一些大型的由国家特许的垄断性贸易公司的存在，并不能妨碍个体商人或合伙商人的稳定发展，他们有时侵入也就是"闯入"公司的活动范围，有时则在公司的范围之外活动。在欧洲海域里，合股的或"有规章的"庞大组织要么无能为力，要么无法给人以希望。英国商人冒险家公司——它在1655年将其活动中心迁往多德雷赫特——面对闯入者的咄咄逼人之势以及特权贸易招致普遍反对的情况，早已节节败退，终于在1689年丧失了它的垄断权；利凡特公司、东方公司和俄罗斯公司也逐渐衰落，例如，到1673年，波罗的海的贸易实际上已不由东方公司控制。科尔培尔对他创建的各种贸易公司所寄予的很高期望，也极少是由与欧洲贸易有关的人士实现的。另外，在争夺殖民地贸易的斗争中，大公司则仍然占有优势；而新的公司，尤其是法国的新公司，纷纷建立，加入英荷两国原有的大公司的行列。② 然而，尽管像英国皇家非洲公司那类由国家倡办的公司在开拓贸易方面取得了进展，但却没有哪个公司获得荷兰东印度公司那样的财富和影响，也没有哪个公司不受在其控制之外非法活动的商人的困扰，这些商人逐渐获得了越来越多的生意。

在工业方面，一旦技术允许，欧洲各国都越来越多地使用某种家庭作业或外包制作业的办法。在佛兰德或朗格多克，德文郡或西里西亚，绝大多数纺织品都是由从事纺织挣工资的农民在家里制作，再由

---

① 见本卷第7章，边码第141页。
② 见本卷边码第36—37页。

熟练的城市工匠最后完成的。在整个欧洲，成千上万的小作坊日益证明将风力或水力（主要是水力）运用于工业过程是可能的：如小麦的碾磨、漂洗、造纸、铁的切割和矿石的碾碎等。在冶铁和玻璃制造业方面，偶尔也有一些比较大的生产单位，这反映了技术对集中的需要。当然，还有为数不多的特大企业。有些是国家创办的，如由于当时海军的不断发展而不得不建立的大型兵工厂和船坞；另一些则是因一些著名企业家的个性而规模特大，其中最引人注目的有荷兰商人、金融家、工业家兼军火商路易·德·海尔在瑞典建造的大企业。作为瑞典最大的铁器制造商、船主、造船商和各种制品的制造商，他于阿姆斯特丹的货栈为三十年战争的交战双方、葡萄牙的革命军和英国的王党分子提供军火。尽管他在瑞典建造了一幢著名的豪华邸宅，但1652年他却是在其故乡阿姆斯特丹去世的。

就金融状况而言，一方面仍然是以诸如农民、劳动者、织工等众多老百姓为对象所从事的小生意，他们通常欠了当地商人、农场主或发放纱线的外包商大量的钱；而且随着工业的发展或农民所承受的各种赋税的增加，无论是威尔特郡，还是博韦地区，信贷网络都有所增长。另一方面，正如路易·德·海尔从交战国家无止境的军事需求中发财致富一样，一些大金融家（例如给马扎然贷款的银行家巴泰勒米·埃尔瓦）也从这些国家的财政需求中大发横财。伦敦的银行家有些原来是金匠，他们的出现也许是本时期英国金融史上的主题；斯图亚特王朝复辟以后，经营政府债务的私营银行家变得举足轻重。在这时，英法两国尽管有过规划，却都还没有建立诸如著名的阿姆斯特丹银行、热那亚和威尼斯的古老基金会、生意兴隆的汉堡银行或1656年在瑞典建立的银行那样的公共银行，最后那家银行于1661年在欧洲首次发行了寿命很短的纸币，并在1668年成为瑞典银行。1683年，阿姆斯特丹银行开始在兑付金银硬币存款方面获得进展，即发行随即在商界广泛流通的票据。与此同时，1672年爆发的战争导致了一场类似于金融危机的事件，汉堡银行暂时中止付款；英国国库也停止支付而使伦敦的某些金匠受到损失，尽管这肯定没有使他们破产。任何一个国家都经受不起太过频繁地侵犯金融家的利益。

各国政府都一再面临有关国家财政的种种紧迫性的问题：如何敛

钱以求实现国家或王朝的野心，如何搜刮以满足宫廷奢侈生活的需要，尤其是如何筹款以进行战争。尽管曾试图节约，却都是偶一为之而且很不得力；开支通常总是上升，于是收入不得不也要与之相称。于是不得不在一个国民收入增长非常缓慢的社会里，迅速征收较多的税收；再者，在这样的社会里，社会的财富主要由一心要求特权和权势的小集团或阶级拥有，对于这些人，没有哪个统治者能泰然加以藐视。针对这些问题提出的各种解决办法，常常对各国的社会和经济发展产生重要的影响，而财政需要则影响了政策的许多方面。

　　对土地和财产增收直接税是人们熟知的办法，但这种办法的可行性不大。例如在法国或西班牙那样的地方，贵族和教士之类皆豁免了许多税项，要对他们征税既是危险之举也是绝无可能的，而从较为贫穷的阶层中勒索更多的钱财，也往往不是易事；又如在英国，由占有土地的财产税缴纳者控制的议会，其权力是对国王和克伦威尔之流的野心的有效制动闸。

　　作为法国最大的一个税收来源，人头税显然是科尔培尔改革所关注的。征集人头税的方法多种多样，而各种异常状况和免交的名目也极其繁多；结果，实际缴纳人头税的是那些比赤贫者境况稍好的普通乡村群众，因为要求赤贫者纳税毫无意义。贵族和教士可以不交人头税，为数不少的富人、有权势者和有些特权的人则逃税。科尔培尔千方百计降低人头税的税率，改善人头税的征收办法，但由于战争的需要，人头税又被提高，1667—1668 年略有上升，1674—1678 年则上升幅度较大；尽管如此，在科尔培尔掌权结束时，法国人头税的税率仍比富凯掌权时低 20% 左右。然而，即使当人头税的税率下降时，科尔培尔采取严厉的征税办法仍然使负有其他越来越重的税收负担的阶层不堪重负。因此，当战时税率提高时，抗议之声四起，紧张形势加剧，拖欠情况增多。与法国的人头税恰好相反，英国的直接税并不31 专以穷人为征收对象而对富人有所豁免。因此，英国的直接税额较有弹性。但早期的这些税种没有一个能有效地汲取商人、金融家或律师的收入——这些人的财富积累可能最为迅速。1644 年英国所采取的逐月估税办法，在护国公时期一直是主要的税法，而在查理二世和威廉三世统治时期有时也使用过，这种征税办法很可能比其他大多数办法要好。克伦威尔统治时期，沉重的战争负担使直接税的税率居高不下。尽管如此，直到王位虚悬时期的最后年月，英国才出现严重拖欠税款的情况，并且这种直接税也没有成为人们主要抱怨的对象。1662年开征的炉灶税则不是如此。征收炉灶税主要是为了补充在复辟时授予查理二世的明显不敷的年金。同以往的课税或古老的补助金相比，炉灶税涉及更低的社会阶层。因此，它立即产生了麻烦，实践证明这种税很难征收，并且因为它是从大陆引进的一项新税而进一步引起了反感。

激起公众更为强烈反对和不满的是一些间接税以及当时统治者经常征收的各种临时税。本时期内，欧洲各国政府越来越多地征收某种形式的货物税或营业税。这样做有各种各样的原因。由于征收直接财产税的可行性有限，关税和货物税便成为特别重要的税收来源。但要提高关税的税额，就要有蓬勃发展的海外贸易，或者大幅度提高当时的关税税率，或者两者兼得。很少有国家能做到这些，尽管英国可能最接近这样的水平。还有调节关税，也正是在这个时候成为国际经济战中日益重要的武器，有时这种调节甚至会损害关税在国内财政中的重要性。再者，未经彻底改革的旧式关税管理体制有时也会严重妨碍提高岁入的努力。于是对国内货物的生产或销售进行征税的办法就被采纳或扩大使用范围，因为这样可以触及比土地税或财产税所能触及的更为广泛的财富，并可为降低出口税率或关税领域的其他动作提供方便。

对众多日用商品征收数额巨大的货物税，构成了荷兰税收制度中关键的一部分。荷兰通常尽量避免采取增加海外贸易负担的财政措施，而是采取那些能将负担转嫁到普通人日常生活开支中去的措施。一般来说，其关税都比较低，这一点对荷兰的重商主义经济至关重要，1651 年战争爆发后，荷兰不得不增加关税。但荷兰的贸易不再迅速发展，关税收入也趋于减少。因此，即使为财政目的而调节关税曾是政治或经济上的权宜之计，关税此时也已是一项没什么前途的国家财政来源了。结果，在本时期，荷兰开征货物税并扩大其范围；此税日益引起愤慨，并使联合省在其鼎盛时期成为欧洲课税最为繁重的国家之一。

其他国家提高间接税之事也时有所闻，西班牙的宫廷生活奢侈无度，并在经济不断恶化、帝国日益衰落的情况下进行持久的不成功的战争，这就意味着要有一个必然使事态更加恶化的征税规模，在本时期，大宗物品税*和商业税都提高了；商业税 1664 年提高了 14%，而作为可以对所有交易征收的销售税，商业税代表着对经济生活的一个沉重负担。在法国，科尔培尔一方面降低人头税，另一方面又提高倍遭憎恨的盐税和国王特享税；1661—1683 年，特享税的征收量增加到 4 倍。[①] 由于勃兰登堡选侯国对外贸易不多，仅有的一点也都很不景气，且贵族大多享受免税特权，故关税或直接税几乎不能为大选侯提供多少收入。因此，所有税收特别是货物税——17 世纪 70 年代，货物税占普鲁士公国全部税收的 60% 以上——在大选侯与三级会议的斗争中越来越显得突出。他的胜利和战争所花的是绝大部分由城镇和农民承担的沉重的赋税。尽管英国的关税收入有所上升，但如果没有货物税，克伦威尔和斯图亚特王朝的岁入都将远远不敷支出。1643 年，为了筹措内战费用，英国开征货物税，它迅速成为从事其他战争和镇压暴乱的支柱。在斯图亚特王朝复辟时期，仅存的对啤酒和其他一些饮料征收的货物税作为国内间接税仍被保留下来，但数额大大增加，到 16 世纪 70 年代，该税约占总税收的 1/3。

　　鬻官制作为屡试不爽的筹措应急资金的方法，在法国继续得到广泛的利用。许多官职伴有豁免人头税的特权；而在第一次投石党运动期间，法国又设置并出卖了许多官职，以渡过国家实际上濒临破产的难关。尽管科尔培尔在对荷兰开战前进行的改革使得用于紧急用途的收入迅速增加，但他最终仍发现自己无法摒弃那种造就一个追官逐爵之资产阶级的办法，因为它有助于财政紧缺的国家。这种做法在其他地方虽然也有所闻，但在国家的收入中通常不占重要份额，尽管本时期西班牙政府的财政困难使得它卖官鬻爵的举措达到了登峰造极的地步。与鬻官相仿的是出售征税权。这是标准的一箭双雕之举：既提高税收的数量，又从包税人那里预支税款而先行动用收入。因此，包税人自然成了当时最遭人忌恨的人物。在荷兰，货物税很早以前就已包出，此时也仍是如此。在英国，关税承包制在王位虚悬时期一度被废除，1662 年恢复，1671 年终被永远废除；不过，在本时期的相当一

33

---

　　* 大宗物品税（Millones），指对酒、醋、油、肥皂和蜡烛所征的税。——译者注
　　① 关于法国诸税，见本卷第 10 章边码第 230—231 页，第 242 页。

部分时间里，货物税仍被包出去，炉灶税也断断续续被包出。法国的间接税仍然由包税人征收；尽管科尔培尔热忱地清除富凯掌权时期的混乱，但他很快又增加了包税人的数目。例如，1674 年，法国设立烟草专卖，将专卖权包给一个金融家联合组织；这引起了骚乱，同时也带来了日益增加的收入。1673 年，科尔培尔颁布重要敕令，要求所有行业都要组成公会，并向国家交费以换取国家颁布其组织规程——他将此项费用的征收权正式包了出去——这种财政措施与英国在伊丽莎白一世时代和斯图亚特王朝早期大量的管理特许令或行会垄断特许状非常相似。

关于各国的财政措施，我们还可以列举很多：英国的长期议会出售国王、主教和债务拖欠人的土地；瑞典将王室土地重新收回；科尔培尔整顿王室地产，使其收入大大增加；17 世纪 80 年代奥罗佩萨试图整顿西班牙财政，其努力不可避免地以不受欢迎而告终，他本人被撤职，而西班牙的国库收入仍居低不升。但还有一个重要问题即国家借贷问题要进行考察。

荷兰公共借贷体系在效率上远远领先于欧洲其他国家：如果没有这种效率，荷兰人就难以幸存了。尽管荷兰人要承受税收和大量国债负担，但他们仍然以很低的利率投放公共贷款，并且还有可能进一步降低利率。1649 年联合省国会仿效荷兰省的做法将利率降低到 5%，从第一次英荷战争起荷兰的国债增加，德维特在 1655 年设法将利率降低到 4%，尽管这也受到一些反对；此后的另一次兑换举措又使利率降低到了 1672 年的 3.75%。与此同时，一些城市以更低的利率贷款，如阿姆斯特丹 1664 年的贷款率为 3% 左右。相反，他们的对手英国，由于没有行之有效的备有公共资金以偿付债务的制度，仍然像以往那样得过且过。在护国公时期，各类商人纷纷预付金钱作为特别税的保证金；而查理二世则从金匠的银行或东印度公司的巨头那里借债。王位虚悬时期利率为 8% 的"国家信用票"根本无法兑现；而此后滥发国库券之举又最终导致 1672 年的"停兑"事件。未能组织起有效的公共借贷体系是削弱英国国力并进而导致国王的外交一塌糊涂的一个重要因素。1675 年后，查理二世竟成为领取路易十四津贴的傀儡。在本时期，法国在安排自己的公共借贷方面也无所进展。未能支付国债券到期利息的失措，促使法国 1648—1649 年投石党运动的爆发。贿赂、贪污和混乱是马扎然和富凯掌权时法国财政的特征。科尔培尔抨击国债券以及领年金者并大大减轻国家的利息负担。不过，人们对 1672 年利率为 5.5% 的公债和 1674 年发行的利率为 6.25% 的国债券反应极为冷淡，这也许表明，在科尔培尔将法国誉为欧洲信用最好的国家之时，这个太阳王之国的信用并不好。

　　与国家财政问题密切相关的是货币问题。如何维持并恰到好处地增加国内硬币的数量呢？货币的匮乏会阻碍赋税的交付，或导致通货紧缩和经济生活的不景气。从美洲流入的金银已逐渐变得无足轻重。考虑到欧洲总体经济活动量的可能增加，因同东部、地中海东岸及波罗的海贸易的扩展而对贵金属需求的确凿增长，以及政府税收和开支的明显上升，美洲白银流入量的缩减就意味着在对作为流通手段的贵金属的需求日益增长的情况下，其供应量却日益减少了。因此，在这个世纪，欧洲各国的信贷业务和用于铸币的非贵重金属（尤其是铜）的使用大大增加。

　　在西班牙，菲利普四世进一步滥发原已相当可观的维隆币①。这种铜币似乎占这个时期西班牙货币量的 90% 以上；贵金属实际上已不再进入流通领域；1650—1680 年，银行对维隆币的溢价增加了 4 倍；西班牙政府忽而实行通货膨胀，忽而实行通货收缩，这种摇摆不定的政策使金融极不稳定，使经济衰落雪上加霜。② 1640—1680 年法国的铸币量大为增加，金块源源不断地从西班牙流入，尽管如此，科尔培尔仍由于经济中缺乏货币而迭遭麻烦。相当一部分流通媒介，尤其是 17 世纪 60—70 年代的流通媒介，由劣质的银币和铜币（1655—1658 年铸造了大量铜币）构成，人们不断抱怨许多优质的金银已流出法国。成色最足的荷兰铸币到处受到欢迎，它们被出口用于苏格兰、印度、俄国或地中海沿岸国家的商业活动。佛莱芒的利克斯银圆和杜加通金币一直大量进入荷兰的流通渠道，经过 1659 年的改革，这两种铸币正式被纳入荷兰共和国的金融体系；"银行票据"和"通行货币"之间长期存在的差异被合法化了。在这一时期，英国的基尼初次亮相，这是刚刚成立的非洲公司的黄金产品。1663 年，饰有

----

① 　一种含铜的银合金币。——译者注
② 　见本卷第 15 章边码第 370—372 页。

花边的铸币（法国已经使用）被引入英国；对造币厂的种种训令被取消了；1672 年和 1684 年，铸币中又增加了铜锡合金的半便士和 1/4 便士的硬币。瑞典货币的发展最非同寻常。1625 年，瑞典实际上采用了铜本位制（意在既想增加铜在国外的价格也想维持铜的生产水平），这迅速导致了铜币的产生，并基本上以之替代了银币。这种铜币奇大奇重；一枚面值 10 塔勒的铜币重约 43.6 磅，1649 年面值 2 塔勒的矩形标准铜币宽 9.5 英寸。

    各国对控制贵金属流出国境的问题反应不一。尽管荷兰偶尔也做出控制的姿态，但实际上却继续充分允许这种流动；欧洲和新世界的金银源源不断地流入荷兰，其中相当一部分又重新流出荷兰，以资助贸易或供应西方世界的造币厂。1663 年，英国最终废除了禁止金银出口这一古老的做法，一方面是由于东印度公司的压力，另一方面也是法律对实际上早已发生的事实的追认。

    西班牙继续禁止贵金属出口，但在整个欧洲都明显出口贵金属的情况下，这种立法徒劳无益。在法国，政府圈内仍以"保护金银派"的观点占上风；当时一方面在地中海东岸贸易中大量金银财富的外流引起了国内的极大震惊，另一方面在与加的斯的贸易中大量金银财富的流入也得到国内的赞同。① 尽管存在过某些例外情况，但科尔培尔继续实行禁止铸币和金银出口的政策，千方百计保证法国在世界各国的商业活动只是出口法国的货物，而不是法国的金钱，然而实际上往往做不到。

    这些限制贵金属外流的努力，不仅是金融政策，而且也是商业政策不可分割的组成部分。在当时的政府看来，有两个相互联系的问题亟待解决，一是如何在一般被认为是大致恒定的国际贸易总量中为本国争得最大的份额；二是如何控制本国的份额，造成贸易顺差和贵金属的净进口。对于那些从事较广泛的国际贸易斗争的国家来说，还有更为复杂的问题，即如何扩大对殖民地贸易的控制。所有这些问题都不是到本时期才有的，解决这些问题也都有历史先例可循。但正是在这个时候，在争取欧洲经济霸权的战斗中出现了一些最早最大的搏击。

---

① 见本卷第 15 章边码第 376 页和第 17 章第 402 页。

1651 年，英国颁布《航海条例》，规定所有进入英国的货物都应直接来自生产国或用产地的船只运输；亚洲、非洲和美洲的所有产品，只能用英国人或殖民地人民拥有并由他们担任船员的船只运输进口；《航海条例》还作了各种旨在使捕渔业和海岸贸易操纵在英国人手中的规定。该条例符合英国人的各种愿望（很容易获得公众利益认同），也符合诸如利凡特公司和东方公司这些急于要减少正与它们竞争之舶来品的贸易集团之要求。之所以在这个时期颁布《航海条例》，并在此以后发动战争，在某种程度上与当时的商业不景气有关。该条例打击了荷兰，而在由此引发的战争中，荷兰的贸易和船运所受的损失比英国大。但从长远来看，由于该条例并不切实可行，它为经过修改，更具强制性的 1660 年《航海条例》的出台铺平了道路，这一条例与 1662 年、1663 年、1664 年和 1673 年的有关条例一起，形成了后来所谓的"航海法"或"旧殖民体系"的核心。

这些法律规定，同殖民地的贸易只能用英国人或以英国船员为主的殖民地船只运输；殖民地的一些货物，如蔗糖、烟草、棉花、生姜、靛蓝和其他染料木，只能出口到英国本土或英国的另一处殖民地。1663 年，英国颁布《大宗货物法》，将集散地的旧规则运用到殖民地贸易中，以利于英国商人：欧洲的货物不能直接运往殖民地，而必须运往母国，然后再在母国改用英国建造的船只运往殖民地。欧洲的某些特定货物只能用英国的船只或货物生产国的船只运往英国；出自汉堡和阿姆斯特丹的某些货物则被完全禁止进口。1673 年颁布的法案规定，当法案列举的商品从一殖民地运到另一殖民地时，必须征收关税，这主要是与设置一个班子以便对殖民地贸易进行限制有关。

在这一系列立法中，没有什么新的思想。长期以来西班牙就一直试图阻止外国人染指其殖民地贸易。在英国、法国和其他地方，都有大量鼓励本国运输业发展的先例。然而，英国的立法具有更突出更持久的重要性：由于英国工业、贸易和船运发展迅速，这就使英国有可能满足殖民地越来越多的需求，因而有可能保证这些法律的实施；就西班牙而言，则是完全不可能的。尽管英国的航海法常常遭到破坏，同时不断修改，并且它们与英国在非洲、亚洲或地中海东岸地区的商业关联不大；但由于这些法律有效地将殖民地贸易同母国联系起来，因而毫无疑问有利于英国在美洲的贸易，抵挡住了在欧洲其他势力的竞争，并有助于伦敦转口贸易的发展。

在这场国际经济战中，法国的政策也同样富有活力。建立拥有垄断权并得到国家许诺或实际支持的特许公司以促进本国贸易、反对外国竞争，这种久试不爽的伎俩，早为欧洲各国所采用。科尔培尔也不例外。他一方面清理早期遗留下来的公司，另一方面带着羡慕荷兰东印度公司的目光，1664 年建立了法国的东印度公司和西印度公司，1665 年建立了在北非开展贸易活动的公司，1669 年建立了北方公司，1670 年和 1673 年先后建立了利凡特公司和塞内加尔公司。东印度公司和西印度公司规模庞大，拥有巨大的权力和王室的订单，但在本时期东印度公司却是一场失败的投资，尽管它为以后法国在印度的发展打下了基础。西印度公司则于 1674 年被解散，法国的移民地成为国王直辖的殖民地。① 虽然如此，法属加勒比海的贸易和蔗糖的生产仍然增长迅速（尽管相当一部分是在公司管辖范围以外生产的），荷兰的控制被削弱了。与西班牙和英国的殖民地一样，这里也采用了排外制度：所有外国船只都不能进入法属安的列斯群岛。科尔培尔以海军为后盾有力地实行了这一政策。由于法国的贸易和运输业不断发展并逐渐能够发挥其应起的作用，法国的强制措施获得了相当大的成功，虽然不时也发生冲突，这与英国的商业一样，但与西班牙的商业不同。其余的公司中以北方公司最为重要。该公司的创立是科尔培尔建立海军这一庞大计划的一部分，它的主要任务是打破荷兰对波罗的海木材和海军用品的控制，但这一任务实际上并没有完成。到 17 世纪70 年代末，该公司实际上已处于瘫痪状态，尽管它的特权到 1689 年才被最后取消。

在本时期，瑞典、丹麦和勃兰登堡表面上都在非洲、印度或西印度群岛拥有贸易公司，而且有时还很活跃，但事实上，它们大都是那些寻求在荷兰东西印度公司范围外活动的荷兰商人经营的公司。在英国，对垄断组织的日益厌恶，大大阻止了人们更多地依靠建立新公司的做法。除为了争夺荷兰的渔业生意而不得不建立的且不很成功的一些渔业公司外，本时期建立的仅有的大公司是 1670 年由国王特许的哈得逊湾公司以及 1672 年建立的皇家非洲公司。前者在创建初期的

---

① 见本卷第 14 章边码第 357、361 页。

大部分时间主要在加拿大同法国的移民争夺生存权。① 而皇家非洲公司直到 1689 年前后一直比较成功，从经济上来说，这种成功也许是华而不实的，尽管从国际贸易方面来看，肯定有助于英国对奴隶贸易的参与。

在战争间歇时期，各国试图通过谈判签订商约，以实现用更激烈的办法达到其未能实现的目的。1654—1656 年，克伦威尔同葡萄牙、丹麦、瑞典、荷兰和法国签订了条约，其中最重要的可能是 1654 年从实力地位出发同葡萄牙签订的条约。② 该条约迫使葡萄牙给在葡萄牙及其殖民地的英国商人以充分的贸易自由，它标志着英国开始控制葡萄牙的商业。1661 年，荷兰和葡萄牙也签订商约，允许荷兰参与葡萄牙贸易，但这一商约无损于英国对葡萄牙贸易的控制。1662 年的法荷条约和英荷条约几乎未能遏制不断增强的商业敌对状态；而 1667 年结束第二次英荷战争的和约在某种程度上是双方战时的财政枯竭所致。在某种意义上，它标志着英荷经济冲突时代的结束，这不是因为战争条约已解决了双方之间存在的问题，而是因为这些问题在路易十四和科尔培尔的勃勃野心面前相对沉寂了下去。科尔培尔在 1663 年同丹麦和瑞典谈判的条约都是他为推进法国在波罗的海地区贸易所做之努力的较次要的部分。法国和英国之间日益紧张的经济关系表现在两国 1663—1674 年断断续续进行的商业条约谈判毫无成果。法荷冲突之后，诸如路易十四在 1678 年尼曼根和约中所获得的那些政治好处肯定由于科尔培尔的经济野心受到沉重的打击而抵消了，那打击就是 1667 年关税的放弃。③

关税、关税战和贸易禁运都是具有多重目的的经济武器。在本时期，它们被用于税收利益、贸易平衡、发展船运业，或用以鼓励或保护工业。

科尔培尔是使用这些手段的主要提倡者。首先，他设法整顿长期存在的对国内外货物所征税收的混乱状态，因为它已妨碍法国的经济生活；其次，他把关税用作法国工业的防御性武器以及对付荷兰和英国贸易的进攻性武器。他实现第一个任务的主要手段是 1664 年制定的关税税率，实现第二个任务的主要手段是 1667 年制定的关税税率。这两个税主要关心的都不是增加岁入。尽管 1664 年的改革只限于五大税种这一领域，但它却是能将该领域五花八门的税收统一为单一的关税。这次改革的总倾向带点保护意味，对纺织业来说保护意味还要浓一点。1667 年的关税法则使保护性质几乎变成了侵犯性质。该法只涉及少数货物，但税率常常比以前翻了一番，尤其是对进口的纺织品。尽管该法没有改变五大税种外的税收的混乱状态，但它却覆盖了整个法国。再者，它导致了国际经济关系紧张的加剧，而且这种局面在 1670—1671 年日益恶化，因为科尔培尔加强了 1665 年规定的特惠糖税，此举鼓励了法国蔗糖加工场和种植园贸易的发展，并打击了重要的荷兰糖业利益。1671—1672 年，荷兰随即对法国的酒和白兰地采取了报复措施。正如这一日益扩大的经济争夺是触发随后那场战争的最重要的因素一样，放弃 1667 年关税法对科尔培尔也是一个沉重的打击，科尔培尔在战争情热开始迸发之时，曾使其主上陶醉于法国行将消灭荷兰商业的美梦之中。

对英法争夺而言，1667 年的关税法也是一个划时代的事件。1648—1649 年，双方实行了一阵短暂的贸易禁运之后，有一段时间商业敌对暂时蛰伏。但 1654 年、1664 年，尤其是 1667 年法国对英国棉布所征关税的增加，使伦敦有影响力的商人掀起一阵阵激烈的反法运动。主要是出于感情用事而不是实事求是，英法贸易被说成是英国处于逆差的地位，从而导致英国贵金属流入法国。1678 年，英国禁止法国主要货物进口，理由是这"将使本国的国库枯竭"。尽管英国 1685 年废除过这一禁令，但这只是不断恶化的情况下的一个短暂的停顿。1689 年以后，英法双方重新相互实行货物禁运和寓禁关税。到这时，整个英国的关税才显示明显的保护主义特征。

关税不仅会导致报复，而且，作为保护工业的一种手段，关税也表明值得保护的工业业已存在。可能只有法国在本时期能成功地使用这些手段，因为只有它最接近于当时国家的理想，即国内既拥有各种所需物品，同时也拥有巨大的工业潜能。在荷兰，保护工业关税同这个转口帝国的其他要求相悖；英国的商业则早已因有航海法的保护而招致报复，故而它也承受不了更多的风浪了。但尽管没有哪个政府能指望成功地通过这些办法来振兴工业，它们却都未因此放弃这方面的努力。然而甚至法国都发现自己不能完全不要荷兰的商品；勃兰登堡政府也被迫大大改变以往禁止外国工业品进口的做法，这种由大选侯最初的成功激发出来的做法，并未使该邦的本地工业取得预期的发展。在许多不能或不愿采用科尔培尔式严厉措施的国家，同样的总趋势是很明显的，即降低对工业品出口和必要原料进口的税率，增加对工业品进口和必要原料出口的税率。这种趋势在瑞典很明显，尤其是自17世纪50—60年代起。例如，瑞典对铜和黄铜制品出口所征的税少于对未加工的金属出口所征的税。西班牙在菲利普四世统治时期，关税政策曾实际上有利于外国商人的进口，但即便在该国，17世纪80年代也做出了保护本国的丝绸和羊毛工业的努力。英国对羊毛、漂土和其他原材料出口的禁止，到克伦威尔时仍在继续，并在复辟后的议会法律中得到体现，尽管1668年英国放弃了阻止粗皮革出口的努力。

　　比商业政策更直接的是当时盛行的鼓励、保护或控制经济活动的做法，在这方面，路易十四统治下的法国堪称楷模。科尔培尔认为，在一个井井有条、气势恢宏的经济中，工业应占有巨大的比重。为了实现这一愿望，科尔培尔资助行会，赏赐垄断权，赋予其他特权，发放津贴，对工业生活实行由非常详尽的规章所构成的严密控制。最值得注意的是制造奢侈品的工场，这些奢侈品有挂毯、精致的家具、小地毯、陶瓷、威尼斯玻璃和镜子。哥白林双面挂毯和手工织的绒毛地毯因此获得新生，并发展为皇家制造业；类似的企业在博韦和奥比松也得以建立或受到国家的支持。威尼斯工人被吸引到法国（尽管威尼斯共和国想尽办法使他们待在威尼斯），享有特权的制镜公司也建立了起来：到1680年，科尔培尔夸口，这一项皇家制造业就使威尼斯每年损失100万里弗尔，实际上，这些奢侈品主要是炫耀辉煌而不是其对整个法国经济的重要性；它们的经济价值也远不能与它们在艺术上和文化上对欧洲的巨大影响相提并论。

　　就科尔培尔的思路而言，法国人不应购买外国布这一点似乎也很重要。于是范·罗贝斯被从荷兰挖到法国，并在阿布维尔建立了一个巨大的、具有高度特权的并很快名扬天下的工场，以制造当时在英国和荷兰生产的各种布；在勃艮第建立了一家制造哔叽的公司，由政府给予资助；朗格多克的工业也得到政府的资助，以鼓励它的产品出口

到利凡特。里昂的丝绸工业由于科尔培尔亲自安排的王室大宗订单而
繁荣起来。制铁工业获得某些保护（瑞典的铁不能完全省掉），国家
铸造厂也创办了起来以制造大炮；在罗塞福尔、土伦和布雷斯特建立
了巨大的兵工厂和船舶修造厂，它们都属于当时最大的工业设施之
列。科尔培尔以控制工业作为促进工业发展的一个步骤，在这方面，
他展示了惯有的经济保守主义。他利用现有的陈旧机制，从中形成了
一个集中控制并通过按察使（即新设立的制造业视察员）和行会起
作用的庞大机构。羊毛纺织业备受他热情的倾注。17 世纪 60 年代，
法国将中世纪式的详细规则发往众多城镇，接着实行相应的国家控
制，强调必须实行统一标准以及建立行会组织的必要性。尽管 1673
年敕令①的基本内容是关于财政方面的，但它完全符合科尔培尔的工
业观。他在世时，法国行会的数目有了增加，他死后，数目继续增 41
加。另外，这些行会总是成为行会师傅的排外组织，被中央政府用来
训练工人。随着行会的增加，工匠组织也有了发展。其中的一些组织
尤其是在诸如造纸行业一类的技术工匠组织开始进行罢工。政府便通
过进一步制定规章制度来制止企业纠纷的加剧。

　　各种促进工业和贸易发展的类似例证在整个欧洲到处可以看到，
只不过规模没有这么大罢了。一些经济机构也建立了起来：1650 年
英国设立贸易委员会；1651 年，瑞典建立商业协会；1665 年，维也
纳建立商业同业公会。萨克森、巴拉丁和勃兰登堡也努力维护和开展
由国家予以资助的经济活动；1665 年，慕尼黑建立了包括丝绸制造
公司在内的一批特许公司；南特敕令废止前后，英国、荷兰和勃兰登
堡都不遗余力地鼓励有技艺的工匠移居本国，以吸引新教避难者；与
法国和西班牙一样，英国也允许并鼓励贵族从事贸易或工业活动；运
河纷纷开凿了出来，1666—1681 年，虽然没有法国"双海运河"那
样宏大的工程，但仍有大选侯开凿的连接施普雷河和奥得河的运河
（这样就把柏林和布雷斯劳联结了起来）。几乎在欧洲的每一个地方，
调节都被视为鼓励工业发展不可分割的一部分。例如，荷兰经常调节
其捕渔业，以维护在整个欧洲闻名遐迩并到处销售之产品的质量、声
誉和价格。荷兰在莱登和阿姆斯特丹的纺织工业仍然受到行会的控

---

　　①　见边码第 33 页。

制，所生产的棉布均在行会会所接受检查并打上封印，以核实是否符合详细制定的规格。威尼斯及意大利其他城市的纺织品制造中心也实行类似的控制，尽管它们原是继续想通过维持质量促使工业的发展，但实际上由于这些中心坚持生产人们不再需要的、既过时又昂贵的那种布，便无法满足新的要求。尽管许多农村地区的纺织业逐渐摆脱了行会的控制，像糖类加工或枪炮制造这样的新兴工业常常不受行会的控制，但只有英国能不断地在全国范围内摆脱国家或城市当局的控制。行会是继续趋于衰落了，而英国政府虽然与其他国家政府一样急于提高国家的经济实力，但它倾向于越来越多地通过商业政策，而不是通过对工业的直接补助或类似的办法来达到这一目的。英国最有特色之处是它最感兴趣的工业活动是查塔姆、伍尔威奇和德特福德的海军造船厂。在本时期，这些造船厂都有了很大的发展。

　　将经济史同社会史分离开来，不仅效果不好，而且也不切实际。正如政府要尽力解决经济问题一样，政府也要尽力解决社会问题。在这个时期，政府实际上面临着三个方面的社会问题：济贫、保证就业以及在遇到非常情况时保证食物的供应。对政府的努力，必须放到这样一个背景下来看待，即低就业和广泛贫困持续不断，社会中许多劳工都是工作时有时无，而暴徒和骚乱又时常对专制政府战战兢兢地加以维护的公共秩序构成了地方性威胁。使人们"不偷不饿"（当时的人如是说）是比道德说教更具说服力的政策。而且这几十年欧洲社会的混乱和不稳定状况也促使欧洲许多地区在社会政策方面采取了值得注意的行动。

　　在这被战争搞得困顿不安的年代，各国政府旨在打击乞丐、流浪汉和懒汉（身体健全的失业者）的旧政策具有特别明显的新活力。英国在内战爆发后以及1648—1649年不景气年月里的状况就是如此，此后这种活力又体现在1662年的《社会福利法》之中。在法国，科尔培尔用人们熟悉的法令来对付懒汉；同样，在神圣罗马帝国皇帝统治的波希米亚和瓦萨王朝统治的瑞典，人们对乞丐也啧有烦言，于是政府对乞丐采取了镇压的政策。通常是对懒汉进行体罚或将他们逐出城市或教区，而越来越残暴的措施也并非只是信奉较为严峻新教教义的国家才实行。这个时期，建立各种济贫院以及多少带点强制地将穷人关在里面的做法大为增多。1656年，法国建立了著名的巴黎济贫院；

1673 年，巴黎济贫院收容了 6400 多人，其各个附属机构也收容了不少人，在院内就食的各色人等既有妓女、弃婴，也有老弱病残和在各行各业劳动、身体健康的穷人。此外，尤其是从 17 世纪 50 年代以后，不仅法国的其他城市，而且欧洲各国包括荷兰、瑞士、普鲁士和奥地利的城市，也都建立了许多类型上相似，但规模较小的济贫院。斯图亚特王朝复辟前，英国建立教养所之举并无多大进展，复辟以后，用于济贫院外救济的济贫税日益增加，这就引起了批评并导致英国建立了与伦敦监狱相类似的公共济贫院。创办以上这些机构的动机颇为复杂：或出于宗教上的慈善；或意欲清除街上日益增多的具有潜在危险的流浪汉；或期望通过被收容者学会一门手艺有利于本国的工业（通常是纺织业）。但实际上，这些济贫院几乎没有用提供工作的办法来济贫，更谈不上通过鼓励工业的发展来增加财富了。

控制食品贸易的做法大致遵循传统的方针。对国内的食品贸易有许多规定，尽管具体做起来大相径庭，但通常采取的仍然是交替使用的两套熟悉办法，即丰年允许出口，荒年禁止出口。这几十年间的粮食出口异常自由，主要是因为粮价下跌，以及在两次歉收之间有较长时间的丰年，而不是什么已普遍有了"自由贸易"思想。1647—1650年的危机岁月，欧洲许多地方出现了因食物昂贵而发生暴乱的情形，在这之后便是 17 世纪 50 年代的粮食丰收，各国广泛废除出口限制。1661—1663 年粮食歉收，各国再次限制粮食出口，然后又长期实行出口自由：在大选侯领地，1663—1673 年不限制粮食出口，1665—1688年则完全不限制粮食出口；在法国，1669—1674 年，粮食可以自由出口，1675—1683 年改为禁止出口，1686—1689 年又允许自由出口。这种政策尽管出于社会方面的动因，但其他方面的影响也起了作用：西班牙急需粮食迫使它鼓励进口；荷兰在国际粮食贸易方面的利益促使它实际上对粮食贸易不加任何限制；容克地主在出口粮食方面的利益促使他们反对对德意志北部港口的粮食出口施加任何限制。

只有很少几个国家试图实行长期一贯的农业保护政策：荷兰通过对进口奶品施以高额关税，确实保护了国内奶品制造业；丹麦保护农业的努力往往与限制出口相交替；瑞典在 1672 年实施的保护措施昙花一现；科尔培尔通过免除对大部分粮食课以关税刺激粮食出口，除此之外，他在农业方面的主要兴趣是木材而不是食品，这反映在

43

1669 年的那份著名而又全面的法令——《河泊森林管理法》中。大多数国家总的趋势是为了消费者而非生产者或商人的直接利益偶尔采用控制。只有一个国家明显地朝不同的方向发展，这就是英国。1654—1670 年，当粮价不超过规定的水平时，英国允许粮食出口；而在 1670 年，不管粮价是多少都允许出口；1673 年则又实行了对粮食出口给予补助金的制度，该制度尽管在 1681 年一度被取消，但在 1689 年又再次恢复了。同时，当粮价较低时，对粮食进口便征收高额关税，当粮价较高时，便征收低额关税。这样，英国确立了延续较长时间的、保护英国农场主的体现为谷物法的政策。在此期间，英国也取消了对谷物贸易的各种限制。尽管后来在特殊情况下偶尔也对粮食贸易进行控制，但新政策一直延续下来，并标志着英国已抛开通过控制保证分配平等的旧方法，而转向了保护生产者发展及依靠不断扩大生产以满足消费者需要的新方法。

　　这个时代（实际上是 1500 年前后至 1800 年这 3 个世纪）的经济政策常常被冠以"重商主义"或"重商体系"的名称。亚当·斯密在 1776 年首次阐发"重商体系"这一概念时，将 17 世纪和 18 世纪初商业政策的某些方面系统化，并认为这些政策是荒谬的，因为它们并未带来经济上的效益。1 个多世纪后，施莫勒和坎宁安把重商主义描述成立国的一种理想，从而使"重商主义"这个术语在知识界再次盛行。此后，"重商主义"的思想逐渐演变为模糊的和包罗万象的统一体，它解释不了什么东西，却把很多东西隐藏起来。它究竟是什么意思呢？

　　在本章所考察的种种政策行为背后，肯定有许多各国对社会和经济问题所共有的态度和信念。这些在各种著作、小册子、书信或敕令中所表达的概念，如同这些政策本身一样，在经济思想史中被贴上了"重商主义"的标签。但这种由形形色色的思想、假设和偏见汇成的大杂烩，同当今被称为经济学的系统分析有很大的差别。它们在内容、性质、实践者及与政策的关系等方面都有不同。"重商主义"主要出自两个相互联系的来源：一是那些关心特定问题或进行专项游说的政治家或商人所做的经验性观察；二是对经济生活所长期持有的或很少产生疑问的看法。前者包括诸如出口金银会造成铸币匮乏这类的实际问题，即商人和财政大臣都感困惑的问题。我们似乎不太需要把这些人当作独特的"重商主义者"。他们之所以被贴上"重商主义者"的标签，主要是因为后代人不顾古今时代的不同根据古典自由主义经济学来判断当时所找到的解决这些问题的办法。第一个来源有时无意识地吸收了第二个来源中的一些带有根本性的假设。这些假设中最重要的有：商业、货币和经济活动一般来说多少有一个固定的量；供求两方面的境况通常是不太能变通的；政府应像管理政治事务那样管理经济事务。

　　这些观念不是本时期所特有的，甚至也不是 16 世纪和 17 世纪所特有的。有一些假设就现代工业主义之外的经济生活总环境而言远非毫无道理；有一些甚至在当时就逐渐同现实脱节了。由于这些假设对那些忙于指导当时欧洲新兴国家和日益增强的国际竞争的人们之思维产生了持续影响，因而便具有特殊的历史意义。这些假定不能单独用以解释政策，也没有决定政策。在实践中，经济政策现在也仍然往往是经济假设和直接问题的不知结果如何的产物，取决于杰出人物的个 45性并部分地由经济生活的短暂繁荣或不景气决定其时效。简单地贴上"重商主义"的标签，乃是掩盖对经济政策的制定具有影响之因素的多样性。但历史性的标签一旦被贴上就再也难以揭下；而如果这个特定的标签只是用来表示支配当时行动的各种态度、假设或无系统的概念，那它或许可以为某些分类方面的目的服务。因为这些态度、假设和概念肯定是曾加以利用的，而且它们的故步自封，他们的基本静止和保守的性质也促使当时的紧张局面和冲突更加恶化。

　　这一时期有关经济事务的著作硕果累累，其中的许多著作对要求调查并开发国家资源的种种建议显示了不断增长的兴趣。通过像活跃于维也纳商业同业公会的科学家兼经济学家约翰·约阿希姆·贝歇尔和医生、发明家兼经济学家威廉·贝蒂爵士之类的多才多艺的作家，我们似乎站在了处在科学发现的新世界和固守传统观念的旧世界交界的地带。在 17 世纪 60 年代，贝蒂和约翰·格朗特一起开创了在当时被称为"政治算术"的社会统计学领域。贝蒂积极参与刚刚创建的英国皇家学会的活动，该学会只是当时几个学术机构中的一个（除此以外，还有法国的皇家科学研究会、佛罗伦萨的试验科学院），这些机构有助于激励人们对经济和科学问题感兴趣。

　　事实上，在 17 时期，这个刚刚形成的科学世界对经济政策的影响微不足道。科学界基本的经济思想同当时大多数著作所体现的习惯思想也没有太大的差别。像《荷兰的利益》一书（1662 年出版，主要由彼得·德拉·考特撰写，但通常被认为是扬·德维特所著，该书后来的法文版和英文版即署了德维特的名），似乎散发着经济自由主义的气味。但从一个商业共和国经济利益的角度来看，它大体上只是一篇爱国檄文。当然也有一些例外的著作，例如罗杰·柯克的著作。但更典型的是在冯·霍尼格所写的一本书的书名《奥地利随时都能如愿超越所有国家》（1684 年版）或安德鲁·亚兰顿所写著作的小标题《英格兰的海上和陆上发展或如何使荷兰不战而败》（1677 年版）里所展示的情绪，而乔治·唐宁之类的人物充满活力的活动，则充分体现了重商主义实践的现实。唐宁坚持执行反荷政策，并起草了《航海条例》。

　　在体现"重商主义"政策方面，科尔培尔比其他所有人都更为突出。作为一名天才的行政人员，他对经济生活的理解与当时的普通人并无二致，只不过他的理解更全面而已。他的观点显示了传统"重商主义"著作所有的墨守成规性，而有些观点与他在其中呼风唤雨的缓慢变化着的世界日益不相称。当在美洲和东方的新兴贸易分支迅速开辟显然开始使关于世界亘古不变的古老说法不再确切之时，当他本人忙于建立从事这些贸易的公司之时，他竟仍拘泥于商业活动有一个恒量的观念，并视一些新兴贸易的开发为实际上不可能的事情。故而，他在 1669 年告诉他的主上的话便是合乎逻辑的了。"商业是所有欧洲国家之间无论是平时和战时都在进行的一场永恒的战斗，谁都想从中夺取较好的一杯羹。荷兰、英国和法国皆是这场战斗的参与者。"[①]
46　"重商主义"所有的概括性特征都呈现在了他的内外政策，他对贸易、工业和贫穷的态度之中。对他的记忆以及他的影响，使这些特征永久地存在着。正如路易十四的法国为有抱负的小诸侯们提供了政治和文化模式一样，科尔培尔的国家经济主义也为诸侯们正统的经济保护主义提供了模式。科尔培尔也许是唯一一位真正的"重商主义者"。

（计秋枫　陈祖洲　吴世民　译）

---

① 《科尔培尔书信、指令和备忘录汇编》，P. 克莱蒙编（巴黎 1861 年起陆续出版），第 6 卷，第 266 页。

第 三 章
科 学 活 动

　　1648 年发生了一些引人注目的具有科学革命意义的实验。布莱
兹·帕斯卡的内弟 F. 佩里埃（替代按计划原要亲自进行实验的帕斯
卡）带着一些玻璃管和一定数量的水银攀登奥弗涅的多姆山。他发
现在登山时，每到一个停留地，气压计中的水银柱就下降了一些，及
至到达山顶，水银柱只有 23 英寸高了。这次实验是对下列观点是否
正确的直观验证，即气压计内的水银柱系由其外部气压维持：每当把
气压计带到较高的大气层时，其水银柱就会下降，从而说明气压也下
降了。这种现象本身在意大利早就有人发现；帕斯卡关于随着海拔高
度的增加，气压计内的水银柱就递降的论断并无多少创意；验证这一
论断的实验也极其简单。然而，这是前所未有的科学实验，又是在法
国进行的，且得到广泛的宣传。这种情况可谓理应如此，这是时代特
征之体现，因为这个时候正值法国科学几个具有巨大创新性的时期之
一。科学方面的变革最早是在意大利和德意志发生的；其时宗教狂热
则使 16 世纪中期巴黎大有希望的科学复兴付诸东流，并把发展反亚
里士多德的哲学、进行太阳中心说的大辩论和引入实验研究法拖到路
易十三统治时期才实现。然而从这时起，如同巴黎在政治、生活方式
和文化艺术等方面是欧洲的主宰一样，法国在科学方面也跃居主导地
位，直到英国经验主义发起挑战时，才退到后面。

　　在思考 17 世纪法国的科学时，人们自然而然会首先想到笛卡儿，
而且这样做一点也没有错。① 笛卡儿的著作及其影响在前一卷中业已
加以讨论，但 1648—1688 年这一时期仍可恰如其分地被称作笛卡儿

---

　　①　关于笛卡儿，见本卷第 4 章边码第 74—77 页和第 11 章边码第 251—252 页。

主义时代。笛卡儿逝世于 1650 年，亦即被其追随者奉为圣经的《哲学原理》一书出版 6 年之后，他所提供的科学的解释方式被引用和研究，那是下一个时代之事。笛卡儿祖国的同胞［笛卡儿在国外居住期间，一直通过不屈不挠的马兰·梅森神父（1588—1648 年）同他们保持着密切的联系］和他入籍国荷兰的同胞最为热切地接受了这些解释方式并加以宣传。［有人认为就科学而言荷兰仿佛是法国的一个省份，这种荒谬的看法却提供了多德雷赫特学校校长伊萨克·比克曼（1588—1637 年）为什么能对青年笛卡儿的才智产生影响的理由。］可是如果说笛卡儿在法国占有新的居支配地位的影响，那么这种影响肯定不是唯一的。梅森等人都同样促使法国科学家注意伽利略的发现；培根和哈维的著作都曾为法国科学家读过；还有新出现的化学哲学家这一流派也非常活跃。伽桑狄复兴卢克莱修的原子论与笛卡儿的坚持机构论原则，这两项壮举几乎发生于同时，而在数学领域，笛卡儿也有罗贝瓦尔、德扎尔格和弗马等才智出众的竞争对手。到 17 世纪中叶，法国在科学方面的成就也颇为坚实，梅森同外省的通信表明，法国科学力量已不局限于首都这个中心了。

　　相比之下，牛顿、波义耳、雷恩、雷和霍克少年时，英国由于宗教和政治争论而四分五裂，也就不能自夸在知识领域有什么建树。培根提出的宏伟计划仍然没有落实。年老的哈维已放弃了科学，一心一意侍奉国王，尽管他早年的研究成果在《论动物的生殖》（1651 年）一书中得以保留下来。在伦敦，格雷欣学院几乎已是暮气沉沉，而几所古老的大学则由于内战和宗教清洗而无法专心致志。只有从两件事所表露的大胆精神间或可以预告未来的英国皇家学会在科学上的卓越地位：一是 1645 年前后创立的伦敦一家哲学俱乐部的活动；二是克伦威尔后来对诸如约翰·威尔金斯和约翰·沃利斯等人的庇护。还有笛卡儿的影响也强烈地影响着英国，这一点同样可以证明此时在英国存在着一种激荡人心的科学观。哲学家托马斯·霍布士和外交家威廉·鲍斯韦尔爵士都与笛卡儿保持着通信联系；剑桥大学的亨利·莫尔则在一些重要的论点上对笛卡儿提出异议。数年后，剑桥大学的学生们开始抱怨他们的大学忽视现代思想，因为这里没有像牛津大学那样开设笛卡儿哲学的课程。尽管如此，皇家学会创立伊始的一些年轻会员，如牛顿和霍克，都是在这两所大学中受到笛卡儿思想的哺育才成为坚决的机械论哲学家的。

在意大利，伽利略的朋友和学生没有几个活得比他长；1642 年他的去世（牛顿生于这一年），标志着意大利对现代科学发展做出最大贡献的那个时代的终结。在欧洲的其他地方，每一个严肃的科学家或哲学家都不再理所当然地服膺亚里士多德的论点，或怀疑哥白尼的假设的合理性。在意大利，伽利略本人曾经预言教士态度的影响会越来越小，现在这一点正变得越来越明显。尽管 17 世纪下半叶意大利不乏天才的科学家，但他们的研究仅限于没有争论的问题。意大利天文学家焦万巴蒂斯塔·里乔利为旧世界观作了最后一次精彩的辩护（《新天文观测集》，1651 年）——这是一部大部头的但绝不是荒谬的著作——却没有一位意大利天文学家为新的观测和理论的发展做出巨大的贡献。正如人们所料想的，意大利最为活跃的科学中心是佛罗伦萨。伽利略的关门弟子之一，佛罗伦萨的维琴佐·维维亚尼（1621—1703 年），努力使其老师的名声永垂青史。他是试验科学院的主要人物，该科学社团得到梅迪契家族的庇护，并得到他们的资助，1657—1667 年在佛罗伦萨非常活跃。这是一个人数不多、入会条件非常严格的社团，并能获得一些很好的仪器；但当梅迪契公爵的兴趣下降时，该社团便瓦解了。正如该社团的名称所表明的，其任务多半是从事与物理学有关的实验，但他们试验并无任何计划。许多伽利略曾建议但未实际进行的有关物体运动的试验终于在该院进行，不过并不总是取得成功。此外，托里切利的真空理论为试验提供了很有价值的主题，而波义耳在 1660 年所描述的一些试验也在该院再次得到了验证。为了院内人员进行冷热试验，制造了优美的温度计；受热膨胀、水的不可压缩性、黑色火药的威力以及毛细管的吸附力都得到检验。记载该院活动的《自然试验记事》（1667年）饶有兴味地描述了当时在进行科学试验时所遵循的固定套路。它提供了许多新资料，特别是记载了在进行和解释试验时所遇到的困难；证实了许多早已存在的看法；不过除了验证"大自然是否摒弃真空"这一问题外，并没有解决任何重要的问题。皇家学会创立初期所进行的许多试验也属于这种类型：试验结果多半难以理解且无法做出结论。

《自然试验记事》全是一些纯粹是试验报告的颇受注目的例子，

就其记载对象而言，它不同于科学革命第一阶段的任何著述，就像试验科学院是第一个纯粹为了同仁合作进行试验而成立的社团一样。在古老的科学社团中，林琴科学院最为著名（伽利略曾以自己是其一员而感到骄傲），但实际上它更像一个互助会；从未定期聚会，而其成员也从不进行共同的活动。17世纪下半叶一些规模大得多的科学社团在宗旨上全都或多或少是更为法兰西斯·培根式的，在德意志，人们对科学的兴趣直到这个世纪末，实际上仍然仅限于各城市科学俱乐部的活动；当然，也有数学家和哲学家在大学里从事科学活动，但在莱布尼茨①（1646—1716年）脱颖而出之前，也就是说，直到本时期结束前几年，并没有出现过杰出的人物。德意志的社团有些仅仅致力于医学研究；另一些则专心致志地通过试验（以一种相当陈旧的方式）揭示自然的"奥秘"，即研究仍被看作是神秘或自相矛盾的物理现象。他们所发表的一两本书，如卡斯帕·肖特的《大自然和七艺的魔力》（1657—1659年版）得到相当广泛的流传。

50　　　　在法国，除了皇家科学研究会外，还有各地的科学俱乐部；而英国则是皇家学会一统天下。英国皇家学会的奠基人念念不忘培根的计划，尽管他们从未享有实施计划所必需的财政资助。皇家学会将培根曾经赞同的关于工艺方法的记述汇编成书；将调查表发到海内外征求答案；为旅行者提供建议；制定应从事的试验一览表。皇家学会的程序规定，任何的初次试验必须在每周一次的聚会上进行，而任何假设和原理如无合适的试验可加以证实，都不得提出来讨论。学会还规定，会员所报告的试验结果、解剖分析或自然奇珍，都必须在格雷欣学院当众展出。和《自然试验记事》一样，皇家学会的会议记录也使读者感到迷惑不解；显然，会员们都希望进行试验和了解试验，但试验没有连续性，缺乏计划性和目的性，任何一次讨论题都同下一次讨论题，亦即任何一次聚会都同下一次聚会没有联系。有明显的迹象可以表明，为试验而试验的做法会妨碍有组织的贯彻始终的科学调查研究。最后会员们终于都不再试图进行任何重要的合作活动，以便从事各自的研究并仍不时报告其研究情况。

---

① 关于莱布尼茨，见本卷第4章边码第82—85页；第5章边码第114—117页；第6章边码第145—146页。

　　事实上，英国皇家学会从未制订详细的研究计划，也没有使自己
成为一个严密的组织。其起源可上溯至 1648 年前不久在格雷欣学院
或其附近聚会的一群天文学家、物理学家和数学家所成立的一个非正
式俱乐部，其中有些成员在克伦威尔时代移居牛津，鼓励那里的一些
杰出的年轻人进行科学工作，并且先是于 1660 年组成一个正式社团，
其后于 1662 年又成为皇家特许的社团，可它从未失去其宽松的性质。
经常参加聚会的会员并非全是科学上的饱学之士或关心科学事务的专
业人员。如果我们过分强调皇家学会的业余性和盲从性——尽管这两
种特点偶尔也会表现出来——那就会导致误解，因为一般来说学会的
讨论是切合实际的，也是有根有据的，可它又是一个愿意对任何一时
投其所好的论题加以关注的社团，任何严肃的演讲者在学会中都能一
抒胸臆，并且学会基本上不受外界影响。就其独立性和自由主义性质
而言，英国皇家学会与法国科学研究会十分不同。法国科学研究会
成立的时间稍迟于英国皇家学会，尽管在此以前很久，巴黎科学家
就定期聚会。约从 1648 年开始在原子论哲学家伽桑狄（1592—
1655 年）的主持下和阿贝尔·德·蒙莫庇护下聚会的一班人，于
1657 年通过其研究会的章程，并且大约就从此时起同英国皇家学会
的创立者们进行了联系。正当法国科学研究会内部分歧重重之时，
路易十四开始亲政，这就为在最高当局庇护下重组研究会提供了机
会。经向科尔培尔吁请后，1665—1666 年法国皇家科学研究会形
成。尽管存留至今的该会章程中最早为 1699 年制定的那一份，但是
该会的成员人数是有限制的；他们均由国王任命，获得津贴，并被
要求经常参加研究会的会议，一般来说，这些会议不对参观者开
放。因此，像伊夫林和佩皮斯这样的名家都无缘造访。法国皇家科
学研究会在某种意义上说是一个国家机构（英国皇家学会则不是），
尽管它的成员是多半可以自由思考自己所选定的问题，但偶尔也要
服从官方的要求。其中最著名的成员、荷兰籍物理学家克里斯蒂
安·惠更斯（1629—1695 年）最终由于无法忍受路易十四的穷兵黩
武政策，只好断然辞职，离开巴黎。作为一种补偿，法国皇家科学
研究会也享有一些英国皇家学会所没有的利便。国家出钱建造了一
座很好的天文台供其使用，种种物理试验也在这座天文台进行。一
些耗资巨大的活动，例如在法国测量子午线长度，派遣天文队到卡

51

宴等，都是依靠国家的资助才得以进行的。①

这时的各种科学社团，尤其是英国和法国的全国性社团，不仅给予科学上的才智之士以某国某地的荣誉，也给他们提供了一个讨论和共同进行试验的机会；同时，这些社团在国际上也具有重要地位。除惠更斯外，法国皇家科学研究会还有两名外国的天文学家，即意大利的卡西尼和丹麦的勒默；英国皇家学会选举外国会员，并同欧洲大陆和新英格兰保持广泛的联系。巴黎所取得的科学成就，经常在伦敦得到讨论，反之亦然。拉丁文和法文在学术界仍是通用的国际语言；例如，罗伯特·波义耳的英文著作在阿姆斯特丹用拉丁文重印，英国《皇家学会哲学学报》（后文简称《哲学学报》）也是如此。（法国皇家科学研究会直到 1699 年才出版正式的论文集。）长期以来，科学家们一直通过密切的私人通信网保持联系，早在伽利略之前，人们即通过这种方式通报自己的研究成果或论点。像《学者杂志》《哲学学报》（都创刊于 1665 年）和德意志的《博学学报》（1684 年）等都使这种系统的书信以科学论文的形式广泛流传。17 世纪下半叶的一些最主要的著作，最早都发表在《哲学学报》上，意大利的马尔皮基和荷兰的列文虎克也以之为发表著述的园地。这种学术交流的发展是印刷术发明以来最重要的成就，尤其适合科学的需要。报纸、期刊甚至书籍都比以前流传得快，而以前例如伽利略的研究报告到达法国和北欧要经过很长的时间。因此，有可能参与科学活动的人大大增加，新期刊的涌现是扩大科学活动基础的主要原因。

17 世纪 60—70 年代科学活动和科学宣传的这种迅速扩展，主要表现为国王亲临学会和科学研究会，贵族参与学会和科学研究会的活动，就新旧方法和观点的优劣所展开的讨论，向农民、制造商和航海家所做的宣传，以及国际上著名科学家之间进行的激烈竞争等。这是充满希望的伟大时代（而在这之后，人们的活力和热情逐渐消退）。这部分是欧洲复原的一个方面，部分是法英两国在其他方面十分显著的民族自信心的表露；这更可以说是一种胜利在望的情绪之产物。在伽利略时代，人们仍然要同以往的压迫做斗争，备受保守批评的折

---

① 相形之下，一方面英国国王对格林威治皇家天文台（1675 年）的资助总是非常有限；另一方面，却为埃德蒙·哈雷提供航海设备，使他能测定恒星在南方天空的位置。

磨。他们不能不满怀渴望祈求成功；他们的后人则由于意识到业已取得的成功而十分振作。他们只需继续做下去，毫不怀疑自己有能力在业已证明是成功的道路上取得进步。然而，这并不意味着在这个世纪中期"新哲学"不再需要更牢靠的证据了。人们仍然希望地球的运动能得到证明；用望远镜观天的效果仍不完善；化学家和医生的种种推测仍遭到激烈的辩驳；血液的循环仍有待于证明和解释；力学的基本理论仍迫切需要准确的阐述。尤其是，机械论哲学中有关自然奥秘的新思想互相矛盾，并且不可靠。笛卡儿哲学仍然需要作进一步的考察并加以验证，新科学观的核心是机械论哲学。在对重新描述自然界做出明显重要贡献的因素中，有许多还未越出观测性描述、纯数学理论或经验主义试验的范围。这类发现不管如何重要，其本身都不能像笛卡儿所谋求的那样，对自然现象提供更深层的解释，它们既不能阐明物质始终如一的特性，也不能阐明自然得以永恒活动所依赖的力量。因此在这种情况下，旧哲学更深奥的信条，如经院哲学家对形式和本质的区分，除非受到具有同样普遍性的理论结构的挑战，否则仍然神圣不可侵犯。这里存在着一个真正的有关观念的问题，也就是说，要用新的自然秩序观完全代替旧的自然秩序观；只有当这一任务取得巨大的成功时，人们才能证明它是否合理。

　　这种成功是由牛顿在 1687 年出版的《自然科学的数学原理》一书赢得的，事实上这也是在反对笛卡儿主义（但不反对他曾谆谆教诲的科学态度）的情况下取得的。科学革命的这种成功概括了科学革命最近所取得的许多进展，尽管这种成功并非直接依赖所有这些进展。因此，对其中的一些进展，必须首先加以描述。 53

　　伽利略为哥白尼的天文学所作的辩护极其有说服力，他驳倒了物理学上所有反对地球运动的意见，并提出新的观测证据反对托勒密的太阳静止体系，但也造成了几何学上的混乱。他的天体物理学过于简单，以至难以令人相信。笛卡儿的宇宙论解释了恒星、太阳、行星和地球的性质；陈述了引力的由来，解释了行星为何公转以及它们的轨道如何保持其稳定性；但与伽利略一样，笛卡儿也不太注意天文几何学的精确性。至于物理学理论也不能使数学天文学家感到满意。当时无人注意到解开这个问题的钥匙存在于开普勒所提出的定律之中，而行星理论（天文学家专心致志于此理论已有 1500 余年）也被忽视了；人们的注意力全被望远镜吸引住了。多年来，望远镜一直是一种很小的粗糙的仪器，它的使用者常常观测不到伽利略用他所喜爱的"眼镜"所观测到的东西。后来有了改进，即用凸型放大镜替代伽利略望远镜中的凹透镜，并提高磨镜技术。到1680年前后，40—50英尺长的望远镜已不新鲜，100—200英尺长的巨型望远镜也曾试制过。放大的水平已提高到足以解开土星变化无常的外观之奥秘①，甚至足以观察到土星光环区。除了环绕土星运行的四颗著名的"梅迪契星"外，天文学家又发现了土星的五颗卫星。借助在望远镜视镜上增设的测距器，天文学家可以准确测量它们的运行轨道和运转周期。根据这种对土星诸卫星的观测，勒莫在1676年推断出，光束绕地球轨道一周的时间约为20秒。赫维留在但泽研究了彗星和月面学；弗拉姆斯蒂德在格林威治重新编绘恒星图，并观察月亮的运动。这种探测望远镜几乎还要经过1个世纪才能测及太阳系以外的范围，但到1687年人们已收集到足够而又准确的资料，使万有引力的理论可以根据行星、彗星和月亮的行为来加以证实。事实上，天文学让人浮想联翩；它所揭示的这些截然不同的新世界是否像丰特纳尔在1686年所设想的那样也有人住呢？功效最大的望远镜能使肉眼深入银河和太空的深邃之外，却探测不出群星有何近似，也未使人产生遥远的太空有极限的印象：宇宙是否是无限的？经过1个世纪的观测活动，乔尔达诺·布鲁诺的想象已变为合理的科学推测。

　　观测天文学能否定或支持一个对其复杂但有清晰格局的现象所做的解释；此外，要做出一种解释还需要许多别的学问，尤其是适合的数学分析。17世纪初，开普勒在力求确定行星轨道的真正形状时，尽量利用传统的几何学手段，然而以数学方式来表述一个有关行星运动的物理学理论，其所涉及的问题要艰难得多。笛卡儿没有进行过这样的尝试，他曾断定行星是在一种以太涡流中环绕太阳运转的，不过他未从数学上检验这种运动的状况。（牛顿进行了这种检验并证实一种涡流不能使行星具有其已被测出的速度。）尽管如此，由于笛卡儿将代数学和几何学结合起来，为可用以驳斥其自身物理学的数学演算打下了基础。问题的实质是，用数学的方法处理物体的曲线运动这一

---

① 这是由于其光环的不同倾角造成的，这使土星有时看起来像是伴有两个相邻的星座。

问题，已大大接近于解决。① 希腊的几何学家解决了所有情况中最简单的一种，即圆周运动问题；17 世纪末的数学家则能处理比较复杂的曲线——抛物线、椭圆和双曲线（在古代，人们也已熟悉这些）、摆线以及重曲线等——而且他们所使用的方法既方便又普通。事实上，绝大多数数学家所关心的在纯数学领域的一些发展——导致微积分学产生的一些发展——其主要特征都因不断解决了力学上的问题而顿时成为人们注意的焦点，所解决的问题如：根据沿水平旋转的一个转盘上的一点找出其旋转曲线的特征；或两端悬起的一条完整的链条所呈现的曲线的特征。尽管诸如此类的问题在被提出之时用数学方法来加以解决是颇为困难的，但所取得的计算结果却对物理学的价值不大；而当各种力对物体的作用得到研究时，由此所产生的类似问题才对物理学具有十分重要的意义。

　　先进的数学对力学理论的发展至关重要，而力学理论又对天体力学的发展至关重要。在本时期的前半段，惠更斯的力学研究出类拔萃；尽管他在纯数学方面没有展示出最高的创新才能，但他的成就如同牛顿的一样，是任何缺乏杰出数学才能的人无法达到的。这些成就直到 1673 年才全部发表（《摆动的时钟》），却是很早即 1657 年就已 55 开始研究的成果。惠更斯对摆动物体的动力学进行了充分的研究（从中他意外地获得了重力加速度的准确数值），并进而发现了计算做圆周运动之物体的向心加速度的方法。他也研究了弹性和非弹性物体的冲击力，修正了笛卡儿所论述的各种错误原则。然而，惠更斯没有努力把他力学上的理论运用到天体运动中去；更为奇怪的是，天体运动提出的问题似乎也没有引起他的兴趣，尽管他是一位热心的观测天象者，并花了大量精力来建造自用的天文望远镜。虽然他十分清楚笛卡儿在《哲学原理》一书中的许多错误以及笛卡儿的推理具有先验性，但他基本上仍是笛卡儿主义者，尤其是在宇宙论方面。他坚持这样的看法，即地球的引力和行星的公转是由一种以太涡流引起的，因此牛顿所遵循的思路他是没有的。

　　与绝大多数科学家一样，惠更斯可能也没有觉察到开普勒定律的

---

　　① 正如《哲学原理》指出的，这并不意味着物理学中遇到的每一个数学问题都能得到解决。到这一世纪末，纯数学思想中与当时物理学有关的一些重要领域几乎还未得到开拓。不过，在惠更斯、牛顿、莱布尼茨及其继承者的著作中，主要的直接障碍已经克服。

极端重要性。约在 1645 年，有些天文学家承认开普勒解决了行星运行的准确轨道这一古老的问题，尽管一般来说这个有争论的问题是从哥白尼和伽利略反对托勒密和蒂科·布拉赫这个角度加以考察的；这一引起论战的问题使开普勒在数学方面所付出的复杂劳动被掩盖了。从 1660 年起，行星运动的轨道是椭圆形的观点才为人普遍接受，例如意大利的笛卡儿信徒阿方索·博雷利就是在 1666 年接受的。更为重要的是，大约在相同时候，牛顿通晓了开普勒的第三定律。与惠更斯一样，牛顿也计算了作圆周运动之物体的向心加速度（不是在 1665 年就是在 1666 年）；他把这一数据同开普勒的行星运行第三定律联系起来①，承认各行星的向心加速度是同其至太阳之平均距离的平方值成反比。

　　一旦理解了这一点，就有可能提出一个重大的具有变革性的概念。笛卡儿早已非常清楚，如果不是有某种力量将行星推向太阳，各行星就会沿直线进入太空——事实上，正是笛卡儿最早正确阐述了惯性定律，而这正是惯性的结果。据此他解释了太阳周围的以太涡流如何（按他的想法）促使行星向心旋转，以致它永远只能围绕轨道旋转，而不会逸出。如今牛顿相信这种朝着太阳的向心力必定总是与至太阳之距离的平方值成反比的：他闯入全新的思想领域，提出这种朝着太阳的向心力就是称为地球表面引力的另一种力量。既然地球有这种引力，为什么体积要大得多的太阳以及其他行星就不会有这种引力呢？而且为什么这种引力不会从物体的近处无限地扩大到太空呢？经过简单运算，牛顿再次相信，如果地球对月亮有着一种吸引力，就像地球对靠近它表面的重物体具有的那种吸引力，只是其力量和地球与月亮之距离的平方值成反比，那么这种吸引力的大小就会是"十分接近"防止月亮通过自己的运动完全脱离地球所需的力度。（如果牛顿在 1666 年更正确地了解地球的大小，那么他所提出的意见就几乎是完善的了。）如果所有这些推测都是正确的，笛卡儿所提出的以太涡流就会对解释行星运动的原因毫无作用了。

　　在 1666 年，牛顿对这些推测是否正确并没有把握；因为他有关月球运动的试验似乎表明有点不一致。当时还没有其他现成的手段可

---

① 该定律规定：各行星至太阳的平均距离的立方值同其运转周期之间有一固定的比率。

用来修正这些推测。他缺乏详尽的天文实际资料；更为严重的是，他那初步的颇为粗疏的研究是建立在圆周运动这一不精确的假设之上的，而他从开普勒那里得知行星运动的轨道是椭圆形的，又从英国天文学家霍罗克斯那里得知月球的运动轨道也是椭圆形的。用动力学分析这些实际运动，在数学上有巨大的困难。除此以外，还有一个严重的问题，它再次将牛顿的研究同其前辈笛卡儿的研究联系起来。因为牛顿无疑是一位机械论哲学家；他无疑认为，所有物质都是由粒子构成的，物质的每一个特性或特质可以根据其粒子做出解释，引力也不例外。如果由无数粒子构成的凝聚体具有引力，那么构成这种凝聚体的每一个粒子肯定也具有引力。而要说明庞大物体的引力特性如何从粒子的引力中产生，是一件十分不容易的事。

　　由于这些原因，牛顿闭口不向别人谈自己关于天体力学的思想达20年。他不对任何人提起他自知无法证明的一个假定，看来他甚至低估了这个假定的重要性。实际上，摆在他面前的有两个任务：第一个任务是更深入地探究力学，尤其是在向心力作用下运动的物体的力学（这一点他后来是在《自然哲学的数学原理》的第一篇中做到的），并进一步表明这些力学原则适用于天体运动（这一点他后来是在《自然哲学的数学原理》的第三篇中做到的）；第二个任务是理顺引力确切的来龙去脉，认清它是与物体最终的粒子结构因而也与物体的总质量相联系的基本自然力之一。说得明白一点，这样做可以对引力做出解释。如果牛顿做到这一点，他的研究就完全可以同笛卡儿等量齐观，尽管在数学和力学方面牛顿要高明得多；不过，牛顿从未称心如意地完成第二个任务，因此只好把物体的万有引力（他表述了万有引力的作用定律）视为事实上存在的某种事物，尽管其由来无法加以说明。遵循这一方针，牛顿在发表《自然哲学的数学原理》时，删去了他原已写好的大胆地把引力作为一项力学原则加以申述的一个结论。① 在《自然哲学的数学原理》一书中，牛顿作为机械论哲学家的地位仍然昭然若揭，不过这一点不是通过做出引力起因的推测这一形式显示出来的。人们很难不相信这是牛顿万不得已才采取的一

───────────────

　　① 关于被删去的那个结论的某些内容，见之于牛顿20年后出版的《光学》一书所附的《诘问》篇中。

种方针，也很难不相信他没有想过要像笛卡儿那样完整地用力学来解释引力，而且看来他很可能在这20余年中一直在寻求如何做出这样的解释。

　　牛顿关于用力学解释引力之起因的种种思想，说明他对笛卡儿所提出的原理之反应是复杂的，这在当时英国其他科学家的推理中也很明显。这些科学家接受了笛卡儿提出的一些基本前提并发现其非常有用。这些前提有：物质由粒子构成；自然界的所有现象都是由粒子的相互运动产生的；这些运动与动力学定律相符。他们甚至相信作为中介的以太，其粒子比那些普通物质的粒子要微小得多，分布也宽松得多，而且可能具有不同于普通物质粒子的特性。（牛顿本人在其较为思辨的看法中就是以这种以太为出发点的。）他们像笛卡儿本人一样，相信宇宙的机械结构：在一个毫无中断的连锁过程中总可由结果追溯出原因，直到在物质和以太的结构与特性中找出第一推动力。上帝就是第一推动力，他的创世并不是机械的，而是像生物学家尼赫迈亚·格鲁所写的（使用一个不断重复的明喻）：

　　　　宗教和圣经教导我们万物是由上帝创造的，而哲学则教导我们万物是由大自然创造的，对此［我们不必认为］有什么矛盾之处；这只不过是说：认为表的摆轮是由下一个齿轮的推进而转动的看法就是要否认那个齿轮以及其余的齿轮都是由发条推动的；也就是要否认发条和所有其他部件之所以能一起动起来是由于其制造者的作用。因此，尽管应该假定有上千个原因在起作用，但上帝可能是造成这种结果的真正原因：因为整个大自然是上帝亲手制造和掌握的一架大机器。[①]

　　这些就是17世纪末所有科学家都抱有的主要思想。在他们毫不严密的思想框架中，或多或少偏离笛卡儿本人所设想的对特定现象的解释是十分可能的，也就是否定笛卡儿的以太涡流和笛卡儿关于光的概念等，但他们仍然是机械论哲学家，坚信笛卡儿科学的基本信条，甚至可能比笛卡儿及其一些追随者更坚定。因此，某人赞成机械论的

---

　　① 《植物结构》（伦敦，1682年），第80页。

解释，并不一定就意味着他（如伽桑狄）对希腊的原子论或结构严密的笛卡儿体系完全满意。

最早将这一点表述得十分清楚的是罗伯特·波义耳（1627—1691年）。波义耳信奉机械论哲学，这是从未有人怀疑过的；他常常公开赞扬机械论哲学，把用机械论解释现象视作科学革命的核心，经常通过试验来表明机械论哲学的正确。然而波义耳自称在其早年的科学家生涯中为了使自己的思想不受种种体系之武断的摆布，一直避免读笛卡儿和伽桑狄的著作。（人们也许会奇怪，既然如此，他又是如何通过学习成为一位机械论哲学家的呢？）在其第一部重要科学著作（《关于空气的来源及其影响的新的物理力学试验》，1660年版）中，波义耳在计划、实施和解释物理的或化学的试验方面都显示了行将对此后30年的科学具有启发作用的独创性；他对笛卡儿假设的或武断的概念也表示怀疑。他难以确定笛卡儿用广延性来解说物质是否正确；他难以接受笛卡儿对真空的否定。他的试验并未使他完全否定笛卡儿的种种假设；但他要求必须提出试验来证实这些假设。然而他本人也看不出，除了以空气的粒子构成为根据的力学假设，还有什么能解释空气的伸缩性。

波义耳后来出版的一些著作，其书名本身就表明了他的学说的倾向：《形式与特性的起源》（1666年）、《机械论哲学的优点与根据》（1674年）、《挥发性的力学原因》（1675年）、《电的力学结果》（1675年）、《热与冷的力学原因》（1675年），以及其他许多就科学各个方面说明用力学进行解说之优点的著作。特别使波义耳感兴趣的是化学。早在前一个世代，范·海尔蒙特就试图建立化学哲学，但波义耳却是第一个借用他的自然哲学，即机械论或粒子哲学的思想，并以之解释化学现象的人。他宣称他的目的是检验一下"借助粒子哲学……加上化学实验，我是否能比学术界或化学家所惯于分析的更明白地解释一些特殊的问题"①。波义耳的化学理论实质上是一种物理学理论：他是通过研究试剂的物理结构及其粒子运动来解释化学反应的。他既不使用也不发明专门的化学概念（例如，他否定化学元素

59

---

① 《试图使化学实验有助于说明粒子哲学概念的一些实例》，载《论文集》（1772年），第一卷，第356页。

的概念），除非这些概念对描述他所使用的物质和他所进行的试验必不可少。

在这方面，波义耳与他自己那代和他以前的几代化学家十分不同。首先，他之所以对化学现象感兴趣，主要是因为他将之视为一种新的自然哲学的证据——尽管他确实也由于这些化学现象本身而变得对它们十分感兴趣；不过他并不把化学看作是一种基本技艺或技巧。那些稍早于他的敢于阐发一种理论的化学作家，诸如帕拉切尔苏斯和稍微收敛的范·海尔蒙特，曾做出一些故弄玄虚和深不可测的解释，这些解释部分源自炼金术，但与理性哲学几无关联。相应的，哲学家也不重视这些解释。其他不为创设理论狂热所迷惑而像一般人那样著述的化学家，则把他们所研究的科学纯粹看作是溶解、过滤、沉淀、纯化和晶化等技术的综合体，只要将这些技术应用于特定的物质，即可获得特定的产品。这些化学家中的绝大多数人看来，化学是制备有效药物的一种技艺，亦即他们以纯粹的经验主义的方式加以看待的一种功能。对化学持有类似看法的还有那些对冶金、染色、玻璃制造以及其他工业所涉及的科学方面面感兴趣的化学家，正是在这个时候有关这些工业的科学取得了显著的经验主义进步。不过情况依然是，在波义耳强调化学技巧的重要性之前，像笛卡儿那样的自然哲学家几乎对之未加注意。波义耳从事研究之日，正是对化学变化（如燃烧，不管是亚里士多德的还是帕拉切尔苏斯的）的解释已开始变得苍白无力，而对化学的可操作部分正以完备和合理的方式加以描述之时，因此，他既能表明这种被人忽视的实验形式可以提供有关物质属性的极其有价值的资料，又能表明有一种合适的物质理论就可以解释化学家业已知悉的所有事实。别的化学家没有哪一个看得有他这么透彻。事实上，波义耳正在试图将早已在物理学中占支配地位的目标，即用微粒子的结构及其特性来解释一切事物，扩展到凭经验属于化学的领域。这就可以使化学严格地等同于甚至依赖于物理学；而波义耳的应用于化学的机械论哲学所产生之影响，又解释了牛顿为何如此注意化学试验以及用粒子的结构和力量对这些试验所做的解释。

60　　　不难判断，这种用物理学理论解释化学事实的尝试是不成熟的。尽管粒子假设能解释许多单项试验，例如关于在酸中溶解金属以及盐的生成的试验，尽管这种解释能提供有利于深入了解化学反应一般性质的洞察力，但波义耳和牛顿都未能成功地构筑以试验所得事实为坚实基础的完善的理论。他们所做的假设彼此关联并不密切，从未串联成像物理学理论那样的理论。不过，这种欲使化学成为一种理性的和合乎机械论之科学的最早尝试绝不能被认为是徒劳无功的。从此以后，化学被当作自然哲学一个专门的分支，而且很快就不再像其发展初期那样被认为充满异常现象了。再者，像波义耳这样的富于哲理性的化学家都能证明他们在科学操作方面并不比他们以经验为根据的同行逊色，因而做了不少工作使化学试验脱离作坊和厨房的环境。

在当时及其后，燃烧这一特殊问题引起人们特别的注意。燃烧可以被描述为一种特殊类型的发酵，与其他发酵（和腐烂）一样，也是由于使粒子猛烈活动而产生热。燃烧还能同某些化学反应中由于相似的活动所产生的热相比拟。然而，燃烧同热光和火焰有特别的联系，而且与其他产生热的过程不同，一般的燃烧只有当空气存在时才会发生。有些明显发冷的物体——如磷光物体——也会发光，这一事实又增添了复杂性。英国的机械论哲学家（霍克、梅奥、波义耳和牛顿）在这个问题上都曾提出过说法，不过这个问题既不是由他们的粒子假设加以解决的，也不是在 17 世纪得到解决的。尽管如此，他们的理论同热纯粹是一种运动的思想却是一致的（而 18 世纪的化学家则不得不把热描述为一种难以捉摸的液体）。他们认为燃烧是由于所有可燃物质中存在着一种特殊类型的"硫黄"粒子，并进一步认为热活动是这种"硫黄"粒子同另一种粒子，即在空气和其他物质尤其是硝石中存在的"亚硝"型粒子相互作用的结果。就这样，燃烧和产生火焰的现象是借助于被假定在其他化学反应中起作用的某种机械过程来加以解释的；而且在某种程度上，光本身的出现也是用机械论来说明的。

光及其规律、光的传导以及色的形成，对科学一直是种挑战，在应付这种挑战方面，中世纪较古代成功。几何光学——通过反射和折射探讨呈直线的光线——早已达到了相当精确的程度，但有关光的起源和性质的思想却仍然很不成熟。因为几何光学并不解释光是什么、光何以能产生色感以及光为什么会被液体和固体反射和折

61 射等问题。解释光的这些特性的物理学理论实际上始于 17 世纪下半叶，是以笛卡儿的推测为基础的。笛卡儿在几何光学方面作了值得注意的工作；他在关于光的理论中，把光解释为光源放射出的物质以太的压力；从生理学的角度看，光感是这种压力对视神经发生作用的结果。他的后继者则在光学上分成两派，各自继承了他的一部分理论。持发射论的一派，把光看作是发端于四面八方的一股粒子流。持脉冲论（此论颇与声的传导说相似）的一派，则把光源视作在以太中所形成的一种由其中心向外传播的跳动或振动运动。和笛卡儿的想法一样，这两种想法都是机械论的；两者都涉及粒子运动，而且在此后很长一段时间里没有什么可能从实证上将它们区分开来。

牛顿是发射论最强有力和最多产的支持者，尽管他最终承认，不能将光线和粒子流作简单类比。他认为，脉冲论不能解释光的直线传导。他在光学上的一些发现，亦即在 1672 年的《哲学学报》上所描述的，都因他被认为坚持发射论而难以为他人接受。面对人们对他的批评，牛顿论辩说，他的这些发现都是实验所得的事实，或者说都是从这些完全与假设无关的事实中必然会得出的推论。他根据巧妙而准确的试验做出推想：白光并非像人们所一直认为的那样是单一和均一的，而是由各种颜色成分混合而成，如能恰当地将这些成分彼此区分开来——如采取让白光通过玻璃柱的办法——就可证明这些成分才是真正单一和均一的；因此，色并不是像过去人们所认为的那样是由白光的变更引起的。再者，每一种有色的成分都有恒定的折射潜能；不管折射角度的大小如何，蓝色光线的弯曲度总是比红色光线的弯曲度大。分离后的各成分能使之重新聚合在一起产生与未分离前的白光相同的光，但如缺少其中的某一种成分，就不能形成普通的白光。

1665 年，霍克和格里马尔迪两人分别最先描述了我们现在称之为"干扰"的现象和衍射光波，是年，牛顿刚开始进行其光学试验。与霍克和格里马尔迪一样，牛顿发现，除了折射外，其他办法也能使白光产生颜色。他对所有这些现象的研究都是很深入的，但他用以解释有色成分分离的机械论假设却不太成功，也无法验证。他最大的成就是，认为当白光照射到某一物体上时，光中的一个或更多的有色成分能比其余成分得到更强的反射，这是由于物体表面粒子的性质所致。例如，如果绿色反照强烈，其他颜色反照比较弱，被反照物体就呈绿色，这与通过透明物质的透射是相似的。① 在《自然哲学的数学原理》中，牛顿表明了照射在物体表面的粒子流如何能弯曲过来以致再度显现，就是说如何能被反射，同时指出其角度遵循着正确的光学法则。他总是认为，折射、干扰和衍射都是物体内部或其附近的一种力对光束发生作用并使之弯曲的结果。② 色的出现是因为这种力对光束的某些成分有着较之对其余成分较强的作用，因而使它们产生差异。

　　牛顿在出版物中总是（或几乎总是）注意把从实验中直接获得的有关光的结论和还未得到论证的有关光的解释性假设区分开来。他的研究具有持久科学价值的地方在于前者，尽管他的假设有着长达 1 个世纪的影响。在这些假设中，他之一贯使用粒子结构的概念以及物体粒子和光粒子互相吸引的概念也是十分清楚的。就像在万有引力理论中一样，物理学再次基本上被简化成粒子力学。由于脉冲论的提倡者也使用类似的结构概念（尽管他们不同意牛顿关于在粒子内部具有引力和斥力的看法），他们就处于不利的地位，因为要把以太的振动活动同反射和折射物体的粒子结构联系起来不太容易。霍克在《显微术》（1565 年）中用来说明色是如何由于构成白光的脉冲受到扰乱而产生的那一单纯假设，被牛顿在 1672 年发表的文章证明是不成立的。惠更斯准确地为脉冲论创立了反射和折射的几何学（《论光》，1690 年），但他没有试图解释色的形成。尽管后来的理论家是以惠更斯的分析为依据的，但在当时的机械论哲学家看来，牛顿的假设更易于接受，更能说明问题。这些假设之所以看来获得成功，是因为它们满足了当时对物理学的理论或假说该起什么作用的期望。这些期望既在视野上过于短浅又在要求上过于热切，以致限制了这个时代科学思想发展的范围。

　　17 世纪下半叶的科学著作只有一小部分讨论基本理论和基本假定。物理科学多半不是从数学上就是从实验上加以探讨的；虽然波义

---

　　① 牛顿表明，在白光中呈现各种颜色的物体，当其被一种单色光照射时，就会鲜明程度不等地呈现这种颜色。

　　② 《光学》："诘问之五"等。

62

耳就其明确地和详细地为机械论哲学进行辩护而言可算是个例外，但即便是他的著作也有很大一部分是致力于考察自己的试验的。其他物理学家（如惠更斯、牛顿和马略特）所发表的著作，也主要是关于试验的报告或以数学的方式阐述自己的主张。另外，笛卡儿自然哲学的解释者（与在对自己有用时才采用笛卡儿思想的数学家和实验家不同）则几乎不用数学论证，而且进行实验也仅仅是为了阐明自己的学说。由于人们偏向亚里士多德哲学，且对机械论颇有憎厌之情，笛卡儿的科学原则在起初受过抵制，而后才成为一种时尚。这些原则由耶稣会教士广为传授，其中之一名雅克·罗奥尔特的写了著名的有关笛卡儿派科学的教科书（《物理学》，1671 年），此书直到下个世纪仍有很长一段时间备受欢迎。罗奥尔特对笛卡儿的《哲学原理》（1644 年）没有添入什么理论的东西，只是加进了一点实验的结果，似乎却把笛卡儿的物理学和宇宙论解说得十分有理，而且其口吻比笛卡儿更为肯定。笛卡儿的物理学自成体系，其形而上学的基本原理的表述是经过深思熟虑的，因此在把它作为体系进行教授时，必须要强调他用粒子力学普遍解释现象的方式。而且作为一种体系，笛卡儿的物理学之目的是要解释整个宇宙，而不是详尽地描述或分析特定的现象（如笛卡儿本人在其他著作中曾做过的那样）。然而，即使将这类著作以及那些不能算作笛卡儿机械论的解说者，但明显赞同其机械论的作者所写的著作除外，机械论哲学在物理学家中无疑仍占统治地位。正如霍克在谈到其英国皇家学会的同事时所说的，"他们认为有理由可以做出猜想，那些通常被认为由（经院哲学所说的）特性以及公认的超自然因素所引起的物体作用，都是由大自然的一些小机械引起的"。这些"小机械"，亦即物体的复杂结构，就是粒子结构。虽然在基本思想及其运用上取得了共识，也有着大量共同的语言、类推以及对机械论哲学真理的基本阐述，但各科学家（自诩为笛卡儿主义者的仍需除外）在处理特定现象——光学、化学反应、气体力学、燃烧、磁学时，又不尽相同。因此，机械论的解释不是千篇一律或确定的。

　　牛顿的独到之处在于他认为构成物体的粒子之间有着各种引力和斥力在起作用（他未规定其性质和数量）。若干年后他曾这样问道："物体的小粒子是否有着它们在远处能借以不仅对光束而且在彼此之间也发生作用的某种动能、特性和力量，才使自然界的绝大部分现象得以产生的呢？"这一广泛的假设在 1687 年《自然哲学的数学原理》出版时绝未引起注意。另外，地心"引力"概念本身就足以使严格的机械论者尤其是笛卡儿主义者烦扰不安。那种认为物质的粒子和总体该是相互吸引而不是被一种以太物质的压力推到一起的看法，在许多人看来，似乎是已被推翻的超自然力量说法的复活。（牛顿后来曾小心地坚持说他在提到"引力"和"斥力"时，并不想否定这些力有可能是由仍不清楚的机械冲力造成的。）牛顿对粒子机械论的看法 64 在写作《自然哲学的数学原理》时即已基本成形，尽管其思想几乎无人知道。他的粒子机械论比以前的任何粒子机械论都更缜密，更有影响；但是早期机械论哲学原有的那种弹子球撞击似的简单明了却没有了。不过，我们必须把笛卡儿学说信奉者和牛顿学说信奉者之间的争执暂且搁下不提。

这里应该提到的是，《自然哲学的数学原理》是一部将机械论哲学和物质的粒子结构都作为无须论证的普遍假设加以探究的书籍，它为机械论提供了最好的例证。牛顿的宇宙观较之笛卡儿的宇宙观，丝毫不差地也是机械论的。但是笛卡儿所谱写的是"一部物理学的美的传奇"（惠更斯语），其机制是想象的。《自然哲学的数学原理》的宇宙观则在数学上和观测上都是无懈可击的①；牛顿用可以论证的理论替代笛卡儿假设的机械世界。木星和土星的卫星、行星的公转、月亮和潮汐的运动、钟摆的摆动、重物的下落、液体的流动以及回声本身都能证明牛顿理论的正确性。而且正如牛顿不止一次地提醒读者的，适用于整体的真理也适用于局部：我们只能用从我们确信微粒这个无形世界是机械的看法精确地推断出支配可见现象的定律，恰如我们是通过唯一可以办到的对肉眼可见物体的实验来证实我们对微粒世界的看法。牛顿在论述"力"的概念时（例如在论述支配粒子运动之力时）比笛卡儿走得更远，并为 19 世纪和 20 世纪"场"的概念奠定了基础。他认为在微观世界和肉眼可见世界这两个层面上都同样有着不同的力在起作用：其中有三种力（引力、磁力和电力）是可以直接论证的；另一些力，例如物体借以对光产生作用的力以及与化

---

① 至少在原则上如此！正如牛顿的批评者所指出：《自然哲学的数学原理》并非没有错误。

学反应有关的力，能从实验中推断出来；还有一些力，例如使物体坚硬的凝固力，看起来是势所必然的，却较不易由实验加以证实。上述所有这些力既能解释一个由在空间分布得极为稀疏的粒子组成的世界为何是稳定和坚固的，又能说明这样的世界为何能运动、变化、发展和衰落。在所有这些力中，牛顿只熟悉一种力即引力；只有引力在一种数学体系的范围内能加以理解，其定律和作用也能百无一失地通过观测和实验来证实。牛顿的粒子和力的宇宙是机械论的宇宙，而且他展示了引力的机械结构。这是机械论哲学的胜利，但同牛顿的愿望相比，这种胜利也许是"一场卓越实验的微不足道的结果"。正如他在《自然哲学的数学原理》一书前言中所写的：

65

　　　　我希望我们能够通过根据力学原理得出的推理而推知其他自然现象［就像他曾知引力现象那样］，因为有很多理由促使我猜想，这些自然现象全都可能依赖于某些力，由于这些力，物体粒子以迄今尚不清楚的原因或者被彼此驱赶到一起，并凝聚成固定的形状，或者互相排斥和退缩。

　　牛顿的著作有许多段落表明，与其他机械论哲学和笛卡儿哲学的信奉者一样，牛顿也认为，随着对粒子结构解释的日益复杂，错综复杂的粒子结构不仅适于了解物理过程和化学过程，而且也适于了解生物过程。上面引用的尼赫迈亚·格鲁的一段话[1]表明，一个博物学家的要求同物理宇宙者对宇宙的描述没有什么不相容之处。直觉和肌肉的控制、营养与生长、呼吸与心脏的跳动、生命的这些和那些特性都可以用机械论的原则来解释，尽管哲学家们在这样做时保持笛卡儿将心灵和肉体分开的思想[2]。例如，帕拉切尔苏斯和范·海尔蒙特很早以前就强调生物体内的生理过程和生物体外的化学过程的相似；现在既然化学能用机械理论来解释，那么这种理论可扩大应用到生理学上去也就是十分自然的了。实验的进步对此提供了一个天赐良机。波义耳的气泵试验以及其他有关实验使人想到，呼吸与燃烧十分相似，恰

---

　　①　见边码第 57 页。
　　②　牛顿（例如）并不赞赏笛卡儿用以区分心灵和肉体的方式，但他没有对这种区分的基本必要性提出异议。

与古老的生命似火的比喻符合。动物与火都需要空气——或者说，像后来所证明的，需要空气的某些成分，一旦大气层为其他东西所污损，动物与火都不能幸存。再者，一头因故不能正常呼吸的动物，如通过风箱向其肺部注入新鲜空气，则仍能成活。这与解剖学认为肺的功能是使人体全身血液逐渐接触到新鲜空气是一致的；而且明确的结论已由劳尔的论证得出，即静脉血（进入肺部的血）和动脉血（流出肺部的血）外观上的不同是由静脉血接触到的空气所致，这种现象能在体外复制。因此，有人坚持认为，空气中存在的一些物质（当然是一些通称为"亚硝"的粒子）进入血液，为生命所必需，就像这也是为火所必需的一样。这些粒子纯粹是假设的实体，一般来说，它们在改变血液的外观或一般的生理方面说不上有什么貌似有理的作用，但由于使用机械论哲学的方法，新理论使哈维发现的血液循环具有全新的意义，就像马尔皮基对血液从动脉通过毛细血管流到静脉的实际观察从解剖学角度为它提供了确证一样。血液不仅可以看出是流动的，而且血液先是通过肺然后流向全身的运动有何作用得到了一种解释。

有关呼吸的研究提供了一个卓有成效地将物理学的思想移植到生物学中去的例子，这在 17 世纪是不可多得的。这种移植乃是英国医生约翰·梅奥在 1668 年和 1674 年出版的著作之核心，他详述了波义耳、霍克和劳尔的基础工作。梅奥尝试充分揭示"亚硝—动脉"粒子的生理学功能，也把它视作了解各种物理和化学现象的工具；在这方面，这种移植的危险性变得显而易见，因为它模糊了相对简单的物理作用与远为复杂的生物作用之间的差别。化学家们倾向于把有关的有机体活动——例如植物或血液的净化——看作与一个简单的无机体过程完全一样，这是化学理论与实践长期存在的弱点。更糟糕的是，化学家们甚至认为植物像晶体一样"生长"，或认为动物可以说成是一个由轮子和牵线操纵的木偶。原理是说得通的，但劳尔有一段话（1669 年）——"如果你要问我空气中的亚硝精通过肺脏到达血液使其颜色变得更深的途径，那么反过来你能否告诉我，存在于雪中的另一种亚硝精所借以进入品尝家的饮料并使其夏季饮料变冷的微孔呢……"——却令人读后就会意识到这种行将移植的"幼芽"之脆弱以及哲学家对有关环境变化之认识的模糊。从理性上说，这种情况

与有些实验者（包括劳尔）在试图将动物的血移植到人体内这种事
67　实所存在的情况并无二致；如果实验搞得越好，那么结果就越会是不
幸的。

对其他生物学问题的研究——人和动物对食物的摄取和消化，植
物在土壤和水中的生长，直觉尤其是视觉的形式，哺乳动物胎儿的发
育方式等问题——不是尝试将物理学的新技术运用于不同的目的，就
是谋求根据物理学的思想进一步弄清已知的一切。这两种努力都不很
成功，尽管人们或许会提出，像尼赫迈亚·格鲁所做的努力使得未来
很有希望通过化学分析决定植物的成分。生物学领域的活动分为三大
类，且规模要大得多，其取向主要是列举和描述事实，而不是了解功
能与生长。

首先要说的是，绝大部分医学界人士一直对人和其他物种的结构
感兴趣。广而言之，到 17 世纪中叶，一般人体局部解剖学业已相当
发展，除了随后要提到的显微镜观察外，这个时候的侧重点是比较解
剖学，或者像法布里齐乌斯和卡塞利亚很早以前就已开始的对特定器
官或结构进行比较的专门和详尽的检验。以下一些学者积累了大量的
动物学知识，他们是主要解剖哺乳动物和鸟类的克劳德·佩罗
（1613—1688 年）和法国科学研究会其他成员；在 3 本书中描述了
100 多个物种的杰腊德·布莱西斯（1625—1692 年）以及阿姆斯特
丹一些与他保持联系的学者；自然博物馆的成员，尤其是苏黎世的约
翰内斯·冯·穆拉尔特（1645—1733 年）；英国的约翰·威利斯
（1621—1675 年，主要解剖牡蛎、大螯虾和蚯蚓）和爱德华·泰森
（1651—1708 年）。泰森是英国第一个具有实际重要性的动物解剖学
家，他（还有别的人）解剖了美洲的三个物种：响尾蛇、西豭和负
鼠。他有关"小矮人"（黑猩猩）的著作指出，"小矮人"即使不是
人，那也不是猴子。这时的技术发展迅速。杨·斯瓦姆默丹首先采用
将蜡和水银注入标本的有效方法；解剖博物馆纷纷出现，当然例证是
有什么就用什么的。有些动物学家，如斯瓦姆默丹（还有英国的霍
克、劳尔和雷恩）从解剖转向实验；因此用机械刺激青蛙的神经就
可使青蛙肌肉挛缩的现象，引起了强烈的好奇心。有着一个解剖者的
丰富经验的笛卡儿，就曾试图用稀薄液体的流动来解释从外部感觉器
官到大脑的感觉传送以及从大脑到肌肉的"信号"传递；而阿方

索·博雷利在《动物的运动》（1680—1681 年）中更是试图将纯机械论方法推进一步。然而斯瓦姆默丹早已证实，肌肉在收缩时，其体积并未增加；他认为，不如说其体积有所减少。

　　所有这些有关动物学的研究大大纠正了以往的错误并澄清了遗留的问题，尽管动物学家们不顾摆在眼前的解剖证据，仍拒绝将海豚和其他鲸目动物归于动物类而将之归入鱼类。例如，鱼的鳔已经了解清楚，昆虫的眼也是如此，对各种哺乳动物、两栖纲动物、爬行动物和鱼类的循环和生死机制已有可能进行了解和比较，尽管仍有许多空白，也犯了不少错误。某些简单的概括已可勾画出，例如某一动物胃的类型和肠的长度与其通常的食物有关。1668 年，弗兰西斯科·雷迪（实验科学院的成员）为驳倒传统的动物学谬见提供了一个惊人的例证。长期以来，人们一直认为（甚至伟大的哈维在这一点上也自相矛盾），许多动物——青蛙、蜜蜂、"北极鹅"、昆虫，尤其是寄生虫——都是自发地从脏物和腐物中滋生出来的。就像夏天的苍蝇一样，来无影去无踪。经过简单的观察和实验（让肉在细布下腐烂，从而使苍蝇无法接近它）以及解剖，雷迪证明，上述那些被推测是自发产生的动物，都是通过正常的方法繁殖的。只是被苍蝇叮过后，腐烂之物才产生蛆，蛆又变成蛹，同种的苍蝇就是由蛹孵化出来的。他直率地断言（17 世纪后期的绝大部分博物学家也赞同这一断言，尽管后来争论又以新的形式恢复），所有植物和动物只能由同种亲本产生的种子和卵繁衍出来。由于接下来的推论必然是物种的繁衍之所以能维持并非出于偶然而是依靠遗传，因此雷迪就有效地为下列永无改变的物种遗传概念之得到公认扫除了最后一个障碍，该概念就是同类总是由同类遗传而来且无重大变异。

　　一个完全不同的领域也为上述遗传概念提供了其他佐证，这就是依赖显微镜的第二种类型的生物描述。它所提出的思想看来要确立物种的不变性是合乎逻辑的不可避免之事。经过斯泰吕蒂的开创性观察（1618 年）之后，显微镜到 1660 年前后已成为生物学家不可或缺的工具，马尔塞洛·马尔皮基、罗伯特·霍克、杨·斯瓦姆默丹和亨利·鲍尔几乎同时都在使用。马尔皮基和霍克所使用的是复式显微镜，这种显微镜在光学上和机械上都是较为煞费苦心的，但笨重、不稳定，而且有效的放大率只有 60—80 倍。制作真正有效、大功率的显微镜的技术问题要到 1830 年前后才得以解决。与后来的列文虎克一样，杨·斯瓦姆默丹也使用简单的双凸透镜，这种显微镜易于操作，也能放大 60—80 倍。列文虎克是制造专供自己使用的小透镜的能手——他为自己制作过 400 余架显微镜，因为他将之逐一用于不同的目的，并达到放大 300 倍，足以令他观察到某些细菌。即使是马尔皮基（1628—1694 年）和杨·斯瓦姆默丹（1637—1680 年）的功率较差的显微镜也实际上足以令生物学产生新的分支。我们有充分的理由认为，马尔皮基是动植物组织学的奠基人；而马尔皮基和杨·斯瓦姆默丹则分别研究了蚕和蜉蝣由生到死的全过程，从而共同创立了昆虫形态学。马尔皮基对小鸡心脏发育过程的描述，现已被说成"或许是 17 世纪所有生物学家中最惊人的观察成就"[①]，而杨·斯瓦姆默丹则无疑是这个世纪最伟大的昆虫学家。两人对生殖提出了相同的看法：马尔皮基所依据的是其对小鸡结构的追溯，而杨·斯瓦姆默丹所依据的则是其发现，即在昆虫的某一发育阶段，幼体形态、蛹形态和成虫形态可以是此藏于彼地共存的；他们得出结论，胚胎预先就存在于卵中。其结构并未成形，也未发生作为受精结果和发育期间呈现的变化；它只不过是扩大和逐渐明显。根据这种理论，物种变异是不可能的，因为母本无须依赖父本和其他任何环境就预先产生了其后代；事实上，在后来的有些变动的胚胎预存说中，所有的卵都被认为是在创世时产生的，都像囊包似的藏于彼地，直到每一个相继的成体成熟为止。

　　安东尼·范·列文虎克（1632—1723 年）是三大显微镜学家中的第三位，也是一个不折不扣主张胚胎预存说的学者。他声称曾在一个 1/8 豌豆大小的胚胎中观察到一只羊的完整形态；不过，精子的发现（1677 年）使他相信，父本是预先形成的胚胎的真正根源。正如他在给格鲁写信时说的，"如果你们的哈维和我们的德·格拉夫[②]能观察到 1/100，那么他们肯定也会像我一样认为，只有父本的精液才是形成胚胎的唯一根源，而所有妇女所能做出的贡献就是接受精液并培育之"[③]。没有人曾在精子的头部观察到"侏儒"，尽

---

①　F. J. 科尔：《比较解剖学史》（伦敦 1949 年），第 180 页。
②　子宫卵巢滤泡的发现者，当时被误释为哺乳动物的卵（冯·贝尔于 1827 年第一次观察到）。
③　1878 年 3 月 18 日：《书信集》（阿姆斯特丹 1941 年），第二辑，第 335 页。

管出版有种种想象的描述；但支持卵泡学说者和支持精源说者争论了一个多世纪。

列文虎克在其他方面更值得注意。尽管他没有受过科学训练，且仅能用荷兰文写作，但从 1672 年起，在长达 50 年的时间里，他向英国皇家学会和朋友们写了约 300 封信，许多书信涉及面广，绝大多数是谈自己的显微观察。在显微解剖中，他对壁虱、跳蚤、大螯虾、龙虾、蚊子和蚜虫进行了观察，尽管他从未向斯瓦姆默丹那样得心应手。他对精子作了详细的比较研究。他发现了单性生殖（在蚜虫的体内）。他检验了牛奶和鲜血的"小球"以及植物的常规结构——也就是那些赋予粒子理论以直观可信度的现象。与其他早期的显微镜学家一样，他把自己的目光专注于几乎所有看上去大有希望的主题，因此他的书信看上去也是从一个观测跳到另一个观测而没有什么条理或连贯性，尽管列文虎克显然不像表面上看到的那样而是能进行较为连续的和有目的的观察。例如有一天，他在用自己的显微镜观察一滴雨水时，惊奇地发现雨水中充满了微生物（原生动物），他描述了其中许多可以辨认的物种；又有一次，他检验了自己的牙屑，观察到了显然是细菌的物体，而且也描述了其中几个可看作是与从各种不同渠道获得的细菌相同的物种。列文虎克有强烈的好奇心，并且拥有满足好奇心的技术，又是一位兢兢业业、有洞察力的观测者，这就使他成为原生动物学的奠基人。他的显微镜打开了一个以前人们做梦也没有想到过的全新的微生物世界，这比月亮上有动物还不可思议；事实上，正是由于如此不可思议，故而他的许多报告在起初无人相信，因为他的观测只有少数几个（如对"醋鳗"即线虫的观测）是易于用其他显微镜重新进行的。

迄至这时为止，这个新创造出来的亚世界并未造成分类学的问题，但是人们有可能会遇到旧自然科学史经常遇到的由于缺乏合适的描述术语和识别手段而立即产生的问题。这就形成了第三种类型的生物描述。到 17 世纪中叶，生物学的分类问题有着巨大的困难，因为这时的知识还不足以设想出一种"天然"分类（利用许多物种的特性），也无切实可行的"人为体系"（以少数一些经过选择的特性为基础）。在最后一批传统的植物标本集（以英国为例就是 1640 年帕金森的《植物志》）中，有数千种植物及其变种得到描述；但用于专门性描述的语言不足以达到其目的，而且尽管植物标本集的排列十分便于药剂师使用，可这是一种拙劣的植物概略，掩藏了物种之间天然的密切关系和创世"计划"。分类问题在植物学中特别尖锐，但哺乳动物、爬行动物、鱼类、鸟类等的情况也好不了多少。因此，尽管有着自文艺复兴以来博物学家们所做的一切，但有条不紊地列举和描述这一艰巨任务仍有待于其17世纪的后辈去完成。这些后辈刚刚具备了一些条件，即植物学家重新恢复的为了植物本身而不是将之作为药源而进行研究的兴趣，以及动物学家重新恢复的为了动物本身而不是将之作为人类身躯不完整的模型而进行研究的兴趣。这一任务有可能降低为仅仅是收集并分类的狭隘工作，仿佛博物学家的唯一职能就是从事这些活动；不过这种情况在17世纪要比18世纪为少。

特别是，17世纪后半期的杰出博物学家约翰·雷（1627—1705年）就是以他讨论分类原则的广度、他对生态学的关注以及他对比较解剖学和生理学的兴趣而著称的。他的研究范围几乎无所不包：除了植物学方面的庞大工作和未完成的昆虫学工作外，他还同法兰西斯·威洛比一起写了关于鸟类和鱼类的著作。他因此是最后一位伟大的自然百科全书编纂者，他既不是分类学专家（如后来的林奈，其研究有使约翰·雷的研究相形见绌之势），也不是像当时的动物学家那样的专题作家。尽管约翰·雷基本上不是研究功能的专家，但他明智地采纳了其他人的发现。和雷迪一样，约翰·雷认识到自然繁衍这一通常看法的荒谬性；和格鲁一样，约翰·雷相信植物也有性别，这一问题是卡梅拉里乌斯在1694年比较充分地加以解决的；而且约翰·雷被有关体液流动的性质和效用的争论所吸引。他也不相信物种形式永不改变的极端教条主义观点；相反，和霍克尤其是和丹麦人尼尔斯·斯滕森（或斯蒂诺，1638—1686年）一样，他认为化石是可信的有机体遗存。这一观点的论据不可避免地依赖于一些化石（例如斯蒂诺的鲨鱼牙齿）同现存物种的相似结构的不可区分性，因而总是缩小了说明那些显然不同于现存物种的化石问题。但是事情已经十分清楚了，后一种情况确实存在，并且肯定是代表着那些只生活于往昔，也许只生活于某一较早世界的生物。

毫无疑问，生物学的描述性著作尽管就其内在复杂性而言，并未超过同期的物理学同类著作，但无论从数量上，还是质量上来说，都是可以与之相媲美的。在生物学中，实验也是几乎像观察一样必要，而且在某些方面，理论与事实之间的相互关系尽管不是数学的关系，但其复杂性也几乎不亚于物理学的问题。不过，要是人们从牛顿的《自然哲学的数学原理》之博大和机械论哲学中得出这样的看法，即物理学总要成为建立在精确事实构筑起来的较为单薄的基础之上的一种庞大的符合几何原理的上层建筑，那么正相反，生物学总是一味堆积其由事实组成的基础而不建立理论性的上层建筑。17世纪的生物学家不如物理学家或化学家那样勤于思考，他们更多地致力于实干——采集、解剖、绘图、注解。虽然生物学家的思想结构被注入了新的成分，但仍包含各种传统的、不确定的或派生的思路。生物学的概念缺乏那种物理学的概念迅速获得的明确性和权威性。之所以提到这一点，是想表明这两大科学分支之间存在的差异以及它们的历史演化具有不同的特征，而不是将这一分支看得比另一分支进步。17世纪的生物学家的确在科学上造成了革命；但这种革命与实验学家、机械论哲学家、天文学家和数学家所造成的革命不同。它没有带来巨大而又全面的思想革命；它没有改变演员们活动的舞台之范围和质量。

　　因此，尽管当时研究17世纪科学的历史学家，例如威廉·沃顿 72（《对古今学术的反思》，1694年），可能更多地提到其生物学领域而不是物理学领域，尽管更令他留下深刻印象的是哈维的发现和约翰·雷的成就而不是伽利略和牛顿所取得的成果，但最使哲学家们关注的却是物理学和数学的创新（今天的情况大致仍然如此）。正是牛顿在阐明宇宙基本机械法则时所取得的成就之恢宏，令洛克和本特利钦佩不已，后来又招致莱布尼茨和伯克利的批评，更往后又激励了伏尔泰和法国的哲学家。在洛克看来，牛顿所设想的一种证据比《自然哲学的数学原理》一书中所发表的需要用动力学来论证椭圆转道的证据要简单；在本利特看来，牛顿对其引力思想提出了一个详尽的解释。除了《自然哲学的数学原理》中提出的较为专门的哲学问题（如牛顿不止在一处特地加以讨论的归纳法问题以及数学推理与物理现实的关系问题）外，它还促使读者探究上帝在牛顿描述的机械宇宙中的作用，也就是笛卡儿曾使其读者的脑海里也产生过的问题。笃信宗教的牛顿决不会相信上帝在创世完成后就歇了手。相反，他让自己毫无遮拦地受到莱布尼茨的批评，或者说，在牛顿看来，上帝是一位不完美的工人，他得经常维修其机器才能使之运转。因此，要么上帝对创世的干预是不必要的，要么上帝的干预并未像他所可能做到的那么完善。这个各持一端的永远得不到解决的问题，只要哲学家愿意，就可以无休止地辩论下去，但就物理学而言，实际的答案是上帝早已被地球上的聪明才智赶出了宇宙。不管传说的拉普拉斯的嘲讽是如何亵渎神灵，它只是说出了一个公认的主张。在生物学方面，当时的情况却不是这样：没有人能将生命和智慧的概念同神的概念分离开来。在该领域，这场比较复杂和令人激动的辩论一直要拖到很久很久以后才发生。

（吴世民　陈祖洲　译）

第 四 章

哲 学

在哲学史中，17 世纪是同笛卡儿、霍布斯、斯宾诺莎、莱布尼茨以及洛克等人的名字联系在一起的，这些哲学家的学说是欧洲的思想发生重要转折的标志。这些学说之所以得到发展，又同当时正在进行的"科学革命"有密切的关系①；它们采用了新的基本概念和认识方法；它们对整个现代哲学的发展产生了深远的影响。

导致以笛卡儿的哲学解释世界的进程有两个主要方面。

第一，早期文艺复兴思想所特有的认为大自然是一个有机体的概念让位于这样的观点。即所有现象都能设想为近似机械的各种运动。因此，按照这种观点，所有原因都是先期发生的运动，而且本身都是直接生效的原因，亦即所有物理变化都是物质在空间和时间中运动和冲击的结果。随着机械论观点的逐渐得到流行，传统的终极原因论，即主张大自然的各种进程都是由要实现某一特定目的的趋势决定的学说，逐渐失去吸引力。新的解释方法之所以具有吸引力还在于它似乎特别成功。它使一个科学家不仅能解释自然，而且用法兰西斯·培根的话②来说，还能操纵自然，言下之意，只要了解各种现象是如何发生的，就能在特定场合预见它们，因而也就能支配自然。

第二，随着运动被承认为所有自然进程的本源，事情就日益明显，尤其是对凯普勒（1571—1630 年）和伽利略（1564—1642 年）来说，现实世界的结构基本上是量的结构，而不是像亚里士多德认为的那样，可简化为质的区分。因此，合适的科学解释方法应是借助数

---

① 关于科学革命，见本卷第 3 章。
② 《新工具》（1620），第一篇，第三条格言。

学系统地阐述运动的法则。数学所特有的许多特征自然提高了它在以往的声誉：它的术语易于理解；它的定义准确无误；它的命题互有联系；它的论证无懈可击。要使对真理的表述具有必然性和绝对性，舍此可能没有其他更好的办法。由于这个原因，也由于数学方法在 17 世纪解决科学问题方面所取得的成功，它被逐一运用到其他研究领域，例如伦理学、政治理论、法学和神学。它尤其被当作哲学推理的样板。总之，当时的理性主义哲学就存在于一种对清晰之理性直观和严密之演绎体系的渴望之中。对哲学家还有一个期望，即他们应终结地解决，也就是说，通过演绎论证解决各种实际问题和有关整个现实世界根本性质的问题。到这时为止，哲学问题与科学问题在性质上的种种不同还不明显。正如哲学家们通信内容范围之广泛和门类之多样所表明的，他们常常也是博学多才之士，如莱布尼茨；或者至少旁通许多知识分支，如霍布斯。不过，这时总的趋势不是像文艺复兴时那样为积累知识而积累知识，以致才智常被认为等同于学问，而是为了使知识一体化，并获得一种便于推理的判断力和用几何学论证的方法。

在另一层意义上，当时的哲学也是无所不包的。它渗透到整个社会，包括受过教育的妇女的沙龙。哲学的主要工具据称是机智或理性的"自然之光"[1]，而这可以认为是每一个常人都具有的。因此，哲学的真理应该没有问题，一般是明白易懂和放之四海都可接受的。再者，正如当时最伟大的哲学家——法国人勒内·笛卡儿（1596—1650 年）在《方法论》（1637 年）中所表明的，哲学著作有可能用地方语言来写，也有可能写得既清晰易懂又有说服力。笛卡儿自己的哲学享有至高无上的地位，不仅在他生活多年且其所有重要著作都写于那里的法国和荷兰也是如此，而且在他死于瑞典女王克里斯蒂娜的宫廷后在其他国家也是如此。不过，笛卡儿哲学的权威性绝不是无限的：它一直都到处遭到强有力的批评和反对。这是一个以产生众多著名思想家而自豪的"天才的世纪"[2]。甚至笛卡儿的密友和崇拜者——巴拉丁的伊丽莎白公主（1618—1680 年）[3]（笛卡儿 1640 年出版的《哲学原理》就是献给她的）也承认，她发现笛卡儿的学说

---

[1]　笛卡儿：《方法论》，第一部分以下；霍布斯：《利维坦》，第 13 章以下。

[2]　这一提法见 A. N. 怀特黑德：《科学与现代世界》（剑桥 1926 年版），第 3 章。

[3]　巴拉丁选侯腓特烈五世之女，英王詹姆士一世之外孙女。

中有几点既古怪又难懂。此外，笛卡儿哲学本身就有助于破坏人们对
正统哲学的尊重并树立批评性讨论的风气，因而按照这种观点来看，
意味深长的是，笛卡儿的《沉思录》（1641 年）第一版收有为批评
该书而写的 6 篇《反论》以及他本人的《答辩》。对《沉思录》提出　75
《反论》的人士中有托马斯·霍布斯和皮埃尔·伽桑狄。事实上，对
笛卡儿哲学批评最厉害的那些人都是现代经验主义的奠基者。他们也
受到科学发展的激励。但他们认为，所有知识最终都不是建立在先验
和演绎论证的基础之上，而是建立在可感觉证据以及由经验得出概括
的基础之上。因此，尽管经验主义者的方法绝不是反数学的，但它同
笛卡儿哲学特有的形而上学的和思辨的目标却是相悖的。

　　笛卡儿哲学之所以能在 17 世纪占有主要地位有许多原因。第一，
与文艺复兴时代的旧式哲学不同，笛卡儿哲学是系统的，所用术语也
是专业的。笛卡儿本人是位天才的数学家，他发明了解析几何学即坐
标几何学，首倡用数学的广延性、数字和运动对自然做出机械论的描
述。第二，他认为，对外部世界的认识与其说是依赖于已知的知识，
不如说是依赖于自知和认识能力。导致他做出这样判断的是两个假
定：其一，他能仅仅从他在思索这一事实推断出自己的存在；其二，
他所直接感受的一切必然是精神的东西，因而不可能感受独立于思想
之外的物质客体。他那关于对现实的认识总是与心理有关的学说，一
方面导致唯心论和现象论（将认识的客体同思想结合在一起的倾
向）；另外导致哲学上的心理说（即通过对心理状况和心理活动进行
反省解决认识问题的一种主张）。笛卡儿首先把注意点放在认识的方
法而不是放在认识的内容上，亦即放在认识论而不是放在本体论上，
因而他对现代知识出现"分支"是起了促进作用的。

　　笛卡儿的起点是一种怀疑主义态度，不过，他是以此态度作为与
各种在行的怀疑论者进行斗争之武器的。他坚持认为，甚至最一般的
怀疑都意味着思考，而思考又意味着思考者的存在：我思故我在。他
这种方法论上的怀疑，其最大的优点是，怀疑成了过滤器：它从偏见
或权威强使人们相信的事物中分离出人们有权自行相信的事物。事实
上，说"我思"与说"我在"一样，都是在说某种意义上不容置疑
之理：怀疑或否定某一事物都恰恰是在证明它是真实的。另外，现代
存在主义者之所以对笛卡儿称颂备至，是因为笛卡儿是从一种存在判

断前提即从一种事实上的真理着手的①。然而，即使笛卡儿的起点是事实，但它在逻辑上却不是必然的；而且即使它是理性的真理，但它并非是充分增进知识的。笛卡儿的困境在于，他的体系缺乏他认为已经提供了的基础。

为了给自己的体系提供其他必要的佐证，笛卡儿决心要证明全能和真实的上帝之存在。他使用三个论据，其中有一个是 11 世纪坎特伯雷的安塞姆使之著名的所谓本体论的证据。这种精心设想出来的证据也称物理学—神学证据，并不受笛卡儿青睐：它涉及终极原因的概念，而笛卡儿是将终极原因排除在他对自然的机械论解释之外的。所有传统的论据，尤其是本体论论据，现在都已被宣布无效，因为本体论论据基于这样的假定（为休谟和康德所驳斥），即存在是一种属性。不过，要指着任何一位 17 世纪的哲学家说在其体系中上帝并不是一个必要条件，却是非常困难的。牛顿的物理学就非要假设有一个机械师不可，甚至像霍布斯这样的唯物主义者都有保留地接受上帝为第一推动力和最高立法者的思想。

将神学与哲学结合在一起的好处是，这两个领域产生的问题都比较容易得到解决。但上帝的概念尽管这时几乎没有保留什么传统的意义，却仍能在 17 世纪的哲学，尤其是在笛卡儿的哲学中占有极其重要的地位，之所以如此，还有其他一些特殊的原因。其中的一个原因是人们对"实体"普遍感兴趣。笛卡儿给"实体"下的定义是，实体是与上帝一样能自行存在，或者只需要上帝的同意就可存在的。于是由心物并存的双实体论所产生的认识论的困难，笛卡儿的门徒约翰·克劳贝格（1622—1665 年）认为，这就说明要诉诸上帝的干预是合理的。如果说在笛卡儿看来精神世界和物质世界是两种根本不同的实体，那么认识就不会是两者之间发生联系或相互影响的结果，它必然是人类心灵内在特性发生作用的结果，这种特性最终是以上帝独断专行的、高深莫测的旨意为基础的。

由于笛卡儿立论的基点是任何事物的发生都必然有一个原因，因而他认为自己能表明物质是独立于我们的心灵之外而存在的；即表明物质是由原子构成，而它们的基本特性是广延性及类型，即形状、大

---

① K. 雅斯贝斯：《笛卡儿与哲学》（柏林 1937 年版），第 15、30 页。

小、位置和运动。一方面，与伽利略一样，事实上也与当时的绝大多数经验主义和理性主义思想家一样，笛卡儿也认为，上面这些所谓的基本特性（都是可用数量表示的特性）能用数学的方法来论述，因而它们是科学认识唯一合适的对象。另一方面，笛卡儿和其他思想家都认为，像颜色、声音和气味这些可以感知的特性都不能代表物质的真正特性，因为在他们看来，真正的特性只是由运动着的原子构成的。笛卡儿的研究方法特别激进，这表现在他认为所有感知，包括对基本特性的感知，虽然可用作区分事物本质的标志，但至少部分是虚幻的，而且只适用于生物学。尽管笛卡儿在物理学中偶尔也强调经验的价值和必要性，但他的总倾向是认为，我们只能通过先验的直觉和演绎推理的方法来了解客观世界的真正性质。

　　笛卡儿的物理学之主要特性是将物质同广延性等同起来，这一点特别重要。第一，与亚里士多德不同，笛卡儿的这一理论认为，存在着一种始终如一的本体，它无所不在并为天地万物所共有。第二，这一理论表明，既然世界是同质的和无限的，那就没有中心点或固定点。笛卡儿的成就在于：他为这种观点提供了系统的科学表达，这集中表现在他的运动理论中。他认为，既然无限的、同质的空间没有一个地方有绝对的意义，那么运动就不能被理解为严格意义上的位移，即物体从一个地方移动到另一个地方，而应被理解为物体从一个近旁转移到另一个近旁。笛卡儿通过将运动放在一种几何变化中加以考察，证明运动总是相对的：他能表明，正在离开所在环境的物体与所在环境本身的运动是一样的多。笛卡儿利用这种运动的相关性观点阐述了一个原理，这个原理牛顿仅在有限的意义上有所认识，并且将之限制在非加速的运动范围内，因而其论证只能留待爱因斯坦去完成。

　　总的来说，17 世纪人们对相对论问题的兴趣有所增加。这部分是由旅行家所述见闻蕴含的方方面面引发的结果，部分是因为怀疑论思想的传播。霍布斯曾说，老一套的印象等于没有印象；莱布尼茨认为宇宙是一个多视角的体系；帕斯卡和马勒伯朗士则集中思考这样的见解："就事物本身而言，很难说它大或小。"这种思想为莎士比亚所推崇（莎翁发现，"时间的快慢因人而异"[1]），而且行将在斯威夫

①　《皆大欢喜》，第三幕，第二场，第 326 行。

特教长"有关相对论的初级论文"① 《格列佛游记》（1726 年）中得到进一步的阐述。

笛卡儿物理学的许多部分，尤其是被第一个写笛卡儿传记的贝利神父描写为其"自然的传奇"那部分，很快就过时了。其中之一是涡流说，即按照机械论原则对宇宙的起源和构成的一种解释。另一个是他对心灵和肉体相互影响并在松果腺中合二为一的烦琐解释以及对动物是纯粹的自动物这一论断。还有一个障碍是他将物质等同于广延性，这就给圣餐说和创世说提出了难题。

由于以上的原因，遂有笛卡儿是无神论者的指责，并在 1663 年其著作被列入罗马的禁书目录之中，自那以后一直没有被剔除。也是因此之故布莱兹·帕斯卡（1623—1662 年）在其《随想》（1670 年版）中也抱怨道："我无法原谅笛卡儿。在其整个哲学中，他总是想能撇开上帝行事。"② 帕斯卡几乎以现代"存在主义"的方式，用"心灵的理性"和"事实的真理"来反对笛卡儿的机械论观点及其理性至上原则。尽管帕斯卡从小就受到笛卡儿哲学的熏陶，而且本人也是著名的数学家，但他坚决认为，科学方法决不能单凭自己的牌号就产生出确切无疑的道理。他尤其为无限小和无限大这两座"深渊"所困扰，而且由于学术界的种种雄图壮志，向他表明都是无法实行的，他逐渐变得对哲学进行怀疑和嘲弄，并成为宗教信仰中的天启玄义的坚定信徒。

使笛卡儿哲学看上去更加合乎教会当局口味之举是由笛卡儿的主要门徒尼古拉斯·马勒伯郎士（1638—1715 年）完成的。他把笛卡儿的学说同圣奥古斯丁和新柏拉图主义者的论说融合在一起以达到目的。和笛卡儿两个年长的门徒路易·福奇和热罗·德·科德穆尼一样，马勒伯郎士强调笛卡儿"一切事物都需要神的支持才能继续下去"这一论说的重要性；并由此推断，上帝是这个世界上唯一真正的原动力。从这一断言出发，他就能进一步推导出两条学说。第一，偶因论，即把心灵与肉体明显的相互作用解释为上帝干预的结果：每当我决定移动我的身体时，上帝就移动我的身体，同样，每当我的身

---

① 语见 A. S. 爱丁顿：《空间、时间和引力》（剑桥 1920 年版），第 32 页。
② 《随想》，第 77 片段，（布伦奇威克编）。

体改变位置时上帝就使我的心灵产生感受。尽管是安特卫普的阿诺德·海林克斯（1625—1669 年）在其《伦理学》（1665 年版）中第一次精心阐述偶因论使之自成体系，但这种理论此前就已为笛卡儿派普遍接受。偶因论有两种，一种是上帝在每一个特定场合都进行直接干预，另一种是上帝的干预是间接的，只是在创世时一次性干预了事。马勒伯朗士最终采用了第二种偶因论，这种偶因论非常接近于莱布尼茨的预定和谐论。

马勒伯朗士以偶因论为基础，发展了他的第二个主要学说，即万事万物均可归因于上帝之学说。这一学说基于三个假设：（1）我们所知道的一切都是思想；（2）我们所感觉到的东西是不真实的；（3）既然每一个心灵不可能拥有无限的固有思想，那么认识肯定存在于神对才智之士的启发。马勒伯朗士主要著作《追求真理》（1674—1675 年）的纯精神的和唯心主义的认识论以及安托万·阿尔诺（1612—1694 年）的《真假理念论》（1683 年）对这种认识论的激烈批评，引起了一场激烈的争论，这是当时最著名的争论之一。很快在英国，也有一位对《追求真理》进行批评的人士即约翰·洛克与马勒伯朗士的一位著名门徒约翰·诺里斯（1667—1711 年）展开了相似的论战。

马勒伯朗士的影响实际上非常之大。他为皮埃尔·贝勒 79 （1647—1706 年）的怀疑论以及伯克利主教所做的事物最终均是上帝的思想这一结论，提供了前提。他也推动了大卫·休谟（1711—1776 年）提出现象论及其否定经验的必然联系的主张。尽管马勒伯朗士本人是经验主义心理学的研究者而非创立者，也像法兰西斯·培根一样对人类错误的原因特别感兴趣，但他最终是个玄学家，缺乏英国经验主义者所特有的那种常识性的治学方针和分析的方法。莱布尼茨把笛卡儿的绝大多数追随者看作仅仅是注释者①，而马勒伯朗士却毫无疑问是笛卡儿的追随者中最有独创性的，而且确实是他们的公认领袖。但没有哪一种笛卡儿哲学的流派能与竞相辉映的斯宾诺莎、莱布尼茨、牛顿和洛克的体系相抗衡。有一种倾向特别不利于笛卡儿哲

---

① 莱布尼茨 1679 年 6 月 22 日致马勒伯朗士的信，见普鲁士科学院编《文论和书信全编》（达姆施塔特 1906 年版），第二编，第一卷，第 473 页。

学，即逐渐揭示出笛卡儿思想中的唯心主义内涵而破坏了笛卡儿基本的唯实论，这种倾向在海林克斯的《形而上学》（1691 年）及其门徒理查德·伯索吉的《论理性》（1694 年）二书中十分明显。实际上，笛卡儿哲学体系唯一具有持久影响的是其方法，这在西欧已被受过教育的人普遍采用。该方法的主要原则被编入扬森派教徒安托万·阿尔诺和皮埃尔·尼科勒（1625—1695 年）合编的最有影响的有关笛卡儿哲学的教科书——田野静室出版的《伦理学或思维的艺术》（1662 年）中①。

　　笛卡儿哲学中的难点，有一部分（但非全部）是由巴鲁赫（或本尼迪克特）·德·斯宾诺莎（1632—1677 年）克服的。斯宾诺莎是犹太人，其家原在葡萄牙，后定居荷兰。他主要受笛卡儿的启发，但也受惠于新柏拉图主义和文艺复兴时的哲学家，如乔尔达诺·布鲁诺，当然，他还得益于希伯来传统。斯宾诺莎 44 岁即英年早逝，其死后出版的主要著作《伦理学》（1677 年版）给尚未入门的人制造了困难，而且在某些方面确实有点像经文。但有许多人却大为欣赏其宽广的视野、其思想实质以及其道德说教的力度和精妙。该书的独到之处在于它按照定义、公理、证明和推论等步骤进行了几何学似的论述。斯宾诺莎"在考察人类活动及其情绪时就像在考察线、面或体一样"②，这也促进了他力求获得科学客观性的目标。

　　他的第一步是要表明，只能有一个本体即上帝，这个本体必然是广大无边的，因为如果有两个本体，那么它们就会互相限制，就不能像真正的本体那样要求不证自明。由此得出一条十分非正统的信条，那就是就上帝而言不可能有什么创世的行动，因为这样的行动就会包含有上帝与自然的差别，立即包含有两个本体。这种把逻辑运用到神学的做法，还有斯宾诺莎在其《神学政治论》（1670 年）中揭示出基督教是一种历史现象的对《圣经》的评注，对传统教条的根基都是一打击。由于他用机械论的方法解释自然，否定关于上帝的种种拟人的观点以及人有意志自由，因而就像马勒伯朗士这样的笛卡儿派信徒和贝勒这样的怀疑论者都把他谴责为无神论者。毫无疑问，人们对

---

① 关于田野静室和扬森主义，见本卷第六章边码第 132—136 页。
② 《伦理学》，第三篇，前言；《神学政治论》，第一章，第四节。

他的了解往往是不够的，而诺瓦利斯称他是"陶醉于上帝的人"①，尽管此说不无偏颇，却可能较为正确。斯宾诺莎本人把自己的非正统看作知识独立的一种表现，他对知识独立珍视无比，竟在1673年拒绝接受海德堡大学的哲学教席，因为他担心，一旦接受教席，他的教学就必然会贴上官方的标签。尽管他被逐出基督教教门和犹太社区，但他仍是幸福豁达的人。他以磨镜为生，坚持自己的行事准则；生活在无知者中的自由人应尽量不要接受无知者的恩赐。

　　斯宾诺莎哲学其余的所有特征均可根据他的本体观推导出。尽管他着迷于本体必定是绝对的广大无边的这一思想，他仍论证说，本体只有在一个方面（例如空间）不是广大无边，但它肯定也是有无限特性的。在他看来，人类的智慧迄今只弄懂其中的两个特性：广延性和思想。也就是说，在宇宙中，凡是精神的东西，同时也是广延性的一部分，反之，凡是作为物质事件发生的，也会作为心理活动发生。因此，对斯宾诺莎来说，并不存在心灵和肉体，如何能说是互为因果的问题。在他看来，精神和物质是一个本体处在同一状态时不可分割地联系在一起的两个方面。这种观点不可思议的含义是，在斯宾诺莎看来，说我们觉察到物质客体，只是就我们的身体受到物质客体的影响而言的，因而感觉实在是我们身体的一种变化。进一步的含义则是，广延事物或物质变化的次序与上帝和人们头脑中逐一发生的思想之次序完全一样。这就导致斯宾诺莎认为，物质世界中的所有联系单靠先验的推理就能发现，根本无须借助观察。这样，他抹杀了原因与结果这种事实上存在的联系和前提与结论这种逻辑上的联系之间的差别。这是斯宾诺莎为解决精神和物质的关系问题所付出的代价——休谟和康德定会认为这是一个高昂的代价。

　　斯宾诺莎的伦理学可由其形而上学原则直接推断出来。正如米歇尔·德·蒙田（1533—1592年）、尤斯图斯·利普修斯（1547—1606年）和威廉·都·韦尔（1556—1621年）所复兴的古代斯多噶学派一样，斯宾诺莎也会认为，要了解人的性质和目的，就必须了解人在宇宙中的位置。他认为，按照有限的生命所受到周围环境影响的程度，这些生命经受破坏其内在平衡的种种情绪。正如他所设想的，问

---

　　① 《残篇断简》，卡姆尼茨编（德雷斯顿1929年版），第1730条。

题在于如何逃避这种"束缚人类的桎梏"。他以其"自然倾向"理论来解决这一问题。与霍布斯和莱布尼茨一样，斯宾诺莎认为努力维护自己的存在是每一事物的本质。就人类及其比较发达的思想而言，这种倾向表现为希望抵制自身对外部原因的依赖，从而使自己不再成为激情的奴隶，也就是表现为积极的和源自本性的行为。每当我们对我们自身、我们的环境以及我们与上帝的关系进行逻辑思考，或用斯宾诺莎的术语，形成"合适"的看法时，大抵都会产生这种倾向。斯宾诺莎论证说，因此人的自由与幸福是随着他脑海中合适看法的增多而增加的。

有两条重要限定必须牢记。第一，在斯宾诺莎看来，说一个人是自由的，不是指他的行为是不能确定的，而是指他的行为不受外部因素的强制，亦即不由外部因素确定。第二，尽管斯宾诺莎认为，一个人只有当其行为受他的理性支配时才是自由的，但他太像文艺复兴时代的人了，以致不能不赞赏愉悦和有益的情感①。再者，斯宾诺莎对斯多噶派的认为理性有能力驱除激情的唯理智论发起了挑战。他对心理的洞察使他意识到，激情只能被另一种更强烈的激情限制或替代。这种理论传递了一个具有极大教育意义的启示：不是通过反对邪恶来避免邪恶，而是通过唤起爱心和愉悦这些积极的激情来避免邪恶。同样，斯宾诺莎认为，学问必然体现为对知识的爱：对神理智的爱。

斯宾诺莎关于道德进步和个人幸福最令人信服的一个建议是，我们只要对一种困扰人的消极情绪形成清晰和明确的概念，就能使之不产生任何危害。然而，他的伦理学理论中最重要的部分却是，任何事物都必须从其与整个自然秩序的必然联系着眼进行观察，也就是说应视之为"处在一定形式的永恒之中"②。他认为，道德与科学定律的真理相互关联，它不会因颂扬、指责和主观看法中所固有的短视而受到歪曲。斯宾诺莎将所有权威、教条、奖惩从道德领域清除出去，这就使伦理学在这个意义上独立生存。另外，斯宾诺莎的思想中没有"责任"概念；此外，他的一元论的本体观混淆了伦理学、物理学和

---

① 《伦理学》，第四篇，命题第 45，注 ii。
② Sub quadam aeternitatis specie：见《伦理学》第二篇，命题第 44，推论 ii。

逻辑学的一般区别。正是他哲学体系中的这种单一性和无所不包性，使他获得了泛神论者的称号，这也使他在 18 世纪末的英国浪漫主义作家和德国唯心主义者中留下了美名。

斯宾诺莎与德国哲学家戈特弗里德·威廉·莱布尼茨（1646—1716 年）有许多共同之处，但这两位哲学家也有着鲜明的不同，这从他们各自的生活方式来看是显而易见的。斯宾诺莎是一位孤独的几乎是圣徒般的人物，专心致志于单一的目的；莱布尼茨则是一名廷臣和外交家，他既致力于世俗计划和官方活动，也致力于对各种知识的追求。同样，作为哲学家，他们的主要视角也不一样。与斯宾诺莎不同，莱布尼茨的出发点不是一个包罗万象的范畴，亦即不是神本体，而是众多单独的本体，他称之为单子，他的一本主要著作的书名即为《单子论》（1720 年）。他认为，所有的本体都是精神的，即使看起来是物质、运动和广延的事物，实际上也是精神的。尽管莱布尼茨早年曾自许为伽桑狄和霍布斯的信徒，但在巴黎逗留期间（1672—1676 年），他舍弃了他们的机械论体系，这是他一生中最具激励性的大事之一。他发现这些体系赖以存在的原子观尤其不能令人满意。他论证说，真正的本体必须是独一无二的，因而是无广延、不可分割和有机的；它必然是一个不受外部影响的非物质的能量中心。

莱布尼茨之所以得出有许多单个本体的看法，主要是由于两个错误的假设。第一，所有的陈述都能用主语—谓语的形式加以恰切的表达。第二，任何真正肯定陈述的谓语都包括在主语概念中，因此，所有真正的陈述都成了分析性的。这两个假设结合在一起，可以说明莱布尼茨为何深信，一个单个本体的概念实际上永远包含着它所能产生的一切事物。他在《形而上学论》（1685—1686 年）中第一次提出这个问题，但这一重要著作直到 1846 年才面世。不过，曾有一份摘要寄给阿尔诺，在随后的著名通信（1686—1690 年）中，阿尔诺一直反对摘要中主要的学说，因为他认为这些学说的遗患是否认人和上帝的所有自由。

但莱布尼茨的形而上学并不完全基于他的推理[①]。单子论之所以

---

① 不过，这是 B. 罗素的开拓性著作《莱布尼茨哲学评说》（伦敦 1900 年版）以及 L. 库提拉特《根据未刊布的文献论莱布尼茨的逻辑学》（巴黎 1901 年版）两书中的主要论点。

具有吸引力，是因为它是开放的和能动的体系，而不是斯宾诺莎那样的封闭的和静止的体系。莱布尼茨终于认为，上帝的万能在一个丰富多彩的、由无数的本体构成的世界中得到最明显的体现。他和他同时代的许多人都为"无限"的概念所迷住。在数学方面，这导致他不依赖牛顿而独立地提出了微积分（1676 年）。在形而上学方面，这使他假定，每个单子内有无数有意识的下意识的思想状态，形成一个只有一种无限延长的分析才能充分展示的微型宇宙。难怪当他见到有人用显微镜发现细胞和精子这些新事物时欣喜若狂，因为他本人正在试图解释一个不可分割的机体内部究竟是何形状。在他看来，本体的特性是由于一些他称之为"欲求"的内在原则之作用而逐一连接产生的感觉。

莱布尼茨十分重视认定自然界中没有跳跃现象的连续律，而这行将在现代科学中起重要的作用。不过，在他看来，连续律只适用于单子内部的发展，而不适用于单子外部的事物。事实上，他认为单子既不能对它外部的事物产生作用，也不受它外部的事物的影响，每一个单子都是"无窗户的"，也就是说，它们彼此完全分离。他确信，本体的"自给自足"是心灵自由和不朽的保证；这使他的哲学较之其持机械论的对手有很大的优势。然而，单子论的这种优势也伴随着一个不利的方面。笛卡儿将思想和广延性分开的呆板做法，重又出现在任何两个单子的间隔之中。

莱布尼茨的困难在于，按照他的前提来解释譬如作为一个孤立的单子群体的树木是如何能被作为另一个孤立单子群体的心灵感觉到的，同样，一个人又是如何挥动手臂或踢球的。他是以其著名的预定和谐论来解决这个问题——当时最大的哲学问题。他的看法是，对于一个单子在任何特定时间自发产生的无数感觉或内在状态中的任何一种，其他的单子也一定会碰巧产生一种相应的感觉或状态；各种看起来是精神与物质和心灵与肉体之间的相互影响，实际上是彼此独立的心灵各自发展之间存在令人十分惊讶的适应性或同步性的结果。因此，莱布尼茨说，单子从各自的角度"反映"宇宙。

就莱布尼茨看来，单子的透视之所以必定各不相同，是因为他提出的"充足理由原则"，由此他推断出其大部分物理学和自然神学。充足理由原则认为，一个事物该是这样而不是那样，总是有充足理由的，其发展过程完全由根据上帝总是选择最优秀的而来的一条准则决定。莱布尼茨希望他的宿命论为自由意志留下余地，因而他论证说，充分理由是一种"无须强制的倾向"。看来几乎无人相信这一论点，而伏尔泰更是以嘲笑的口吻提到莱布尼茨的"不充足理由"①。莱布尼茨提出的另一条著名原则是不可分辨者的同一性原则（或形形色色事物的不同性原则）。早在他 1663 年写出其博士论文《论个别原则》起，这一原则就一直萦绕在他的心里。在一种像他所提出的那样的哲学体系中，下述两点肯定会成为必然的真理：如果事物是两个，那么它们就可以分辨；如果它们不可分辨，那它们实际上不是两个而是一个。因为根据他的前提，可用以独特地提到一个本体的唯一办法是从其与其他本体没有共同之处的特性着眼。莱布尼茨所说的特性是包括时间和位置这些境遇在内的。他把这些境遇看作现象中的一种秩序而且完全是感性的。由于这一观点，他在晚年一门心思同塞缪尔·克拉克（1675—1729 年）进行了那些著名的而且就他个人而言可以说是才华横溢的通信。克拉克为牛顿的学说辩护，即空间和时间都是真正的实体，也就是说，是自行有权存在的，而不是空幻地存在于思想本体之中。而在莱布尼茨看来，这种学说纯粹是一种虚构，尽管普通人觉得似乎有理，但实际上科学已将之推翻。

莱布尼茨在实现使科学成为统一的百科全书这一理想的道路上迈出了决定性一步，大大超越了雷蒙德·吕里（1235—1315 年）以及他自己的同时代人阿塔纳修斯·基歇尔、乔治·达尔加诺和约翰·威尔金斯所提出的人为符号论。他的目的与其说是要创造一种普遍适用的语言，不如说是构筑一种能使若干部分知识之间的联系不证自明以及能使所有论证都可简化为计算的规则体系。莱布尼茨在其年轻时写的论文《组合之艺术》（1666 年）和后来写的一些文章中，精心设想了一种逻辑计算，也可以说是一种"普遍适用的特征"，其中包括估计种种可能性的精妙方法。他的符号逻辑成为现代数理逻辑的先驱，但其成果不是被人遗忘就是直到他死后 200 年才出版。到这个时候，这些成果早已为后辈逻辑学家独立地做出。莱布尼茨逻辑学的主要缺陷是，他没有考虑种种关系的独立性，他认为这些关系都可归纳

---

① 《书信集·1741 年 5 月 5 日致梅朗》，贝斯特曼编（日内瓦 1955 年版），第 11 集，第 108 页。

为属性。鉴于他对数学推理的分析本该使他意识到这一错误的，故而上述缺陷就更令人惊讶了。此外他知道并欣赏约阿希姆·容的《汉堡派的逻辑学》（1638 年），容第一个探究了种种关系和非三段论推理形式的逻辑，200 年后，波尔、弗雷格、皮尔斯和罗素使之更加完善。另一个引起异议之处是，莱布尼茨自称他的计算能应用到数学以外的领域，甚至能应用到知识的所有分支。这一说法是没有道理的，因为抽象的计算只能在演绎体系，也就是说在那些以某些精确限定的概念为起点的体系内发生作用。计算绝不能展示一般经验主义论述所特有的内涵的广泛性和灵活性，也不能展示构成这些论述一部分的各种含义。

　　莱布尼茨之所以这样自诩，是因为他相信存在着一个和谐的且天生合乎推理的宇宙。故而在他看来，不同思想领域的界限不仅应该忽略不计，而且应该抹去。因此，他在《神学体系》（1686 年）中，设计出一种使基督教的重新统一以之为基础的普世理性神学，因为威斯特伐利亚和约肯定没有解决各教会之间的冲突。由于他具有兼容并蓄的头脑，他无疑是最后一个真正多才多艺的人，因而也是第一个不把未来的科学进步是看作个别天才的工作任务，而是看作共同合作的结果的人。而且正如他大量的通信不顾战争和宗教歧见而能激励当时欧洲整个知识界一样，他那为在德意志、奥地利和俄国建立科学院制订的计划所体现的鼓动精神也大大激励了人们。再者，他毕生都在鼓励远赴中国的耶稣会传教士致力于欧洲和东方的文化融合。尽管莱布尼茨的哲学体系极其全面，但因过于试图同对手——如机械论和目的论的解释，偶然性和必然性——趋于一致，反而难以令人信服。他的世界和笛卡儿的世界一样有着不可思议之处，尽管充满他的宇宙的奇迹，在他看来，仍然都是理性的奇迹。

　　莱布尼茨着重强调的结论是上帝创造了所有可能选择的世界中美好的一个，至少是最可臻完善的一个。他在《神正论》（1710 年）中表达了这种乐观主义，批评了怀疑论者皮埃尔·贝勒。里斯本地震后 4 年，伏尔泰在其《老实人》（1759 年）中通过潘洛斯博士这个人物嘲笑了《神正论》，尽管他在《路易十四时代》（1751 年）中充分承认莱布尼茨的杰出地位。由于通俗易懂，《神正论》与贝勒《词典》都是 18 世纪最有影响的著作。就这样，它导致笛卡儿哲学在欧洲知识界霸权地位的衰落。同时，莱布尼茨的单子论为新教关于上帝和每一个信徒直接交流的教条提供了形而上学的支柱[①]。

在哈雷大学数学教授克里斯蒂安·沃尔弗（1679—1754年）的影响下，莱布尼茨的学说变成了学院哲学，伊曼纽尔·康德（1724—1804年）就是在它的哺育下成长起来的。康德从莱布尼茨那里继承了对洛克经验主义的批判以及知识概念具有先验性的学说。莱布尼茨的个体观和发展观，同样也刺激了浪漫主义的反应；然而由于这些观点同传统的对本体和主谓逻辑的看法联系在一起，已不再令人满意。另外，他对观察力概念的使用却对现代的学说，尤其是对怀特赫特和罗素的学说产生了显著的影响。

莱布尼茨的主要著作之一《人类理解新论》（写于1703年，并于死后即1765年出版）是对约翰·洛克《人类理解论》（1690年）的回答。该书比其他任何著作都更明显地指出了当时的形而上学的理性主义者与当时的经验主义流派之间的争论所涉及的问题。17世纪期间，经验主义已使自身成为主要传统，甚至已开始对笛卡儿哲学的权威发起挑战。两派成为竞争对手的主要原因是，双方都支持并以各自的方式大大得益于当时的科学运动。另外一个原因是他们集中于不同的地区。理性主义流派集中在欧洲大陆，而经验主义流派则集中在英国。新科学观在伦敦皇家学会（建于1660年）中得到特别明显的体现，该学会坚定不移地全力拥护法兰西斯·培根的哲学。英国经验科学的成就，尤其是艾萨克·牛顿的成就，足以使伏尔泰产生深刻印象，以致认为这个世纪可称作"英国的时代"和路易十四时代[②]。这一评论表明了当时的英国对欧洲思想发展所做出的重大贡献；而在此之前，欧洲的思想主要是受意大利、西班牙和法国的拉丁传统影响。

然而，英国经验主义者的一位重要先驱是皮埃尔·伽桑狄（1592—1655年）。与同时代的笛卡儿一样，伽桑狄也是法国人。他本人不是一个十分重要的科学家，没有受过数学的训练，除了最先明确阐述惯性定律外，并无其他什么发现可言。然而，他是一位严格认

[①] 《单子论》，第83页以下。

[②] 《路易十四时代》，第31章，见《全集》（巴黎1878年版），第14卷，第535页。关于英国皇家学会和牛顿，见前第3章，第50—51页；第55—57页，第61—65页。

真的观察者，尤其是在天文学领域，而且是哥白尼和伽利略的崇拜者。他的出名是由于恢复并捍卫古希腊原子论者德谟克利特和伊壁鸠鲁的学说。1647 年和 1649 年之间，他在几篇独立成篇的著述中发表了这种将科学和历史结合起来进行的研究，也就是在他死后出版的文集（1658 年）中的《哲学论文》。最初，原子论假设中大部分貌似有理的东西来自那先验的论证，即世界上唯一的本体是一些数量无限无法察觉的，单一和不易损坏的物质粒子，因为这些粒子的运动和相互关系足以解释自然界的生长和毁灭过程。在伽桑狄的时代，实验证据使原子论受到物理学家和化学家的欢迎，而伽桑狄自己的独特成就则是使早先已有人加以说明的古代的原子论适应新的科学发现，不过，他也将基督教神学和终极推动力的信条以及人的灵性添加在机械论哲学之上，因而他的哲学体系远非同质和系统的。

伽桑狄的一条主要学说是，我们的知识来源于感性知觉。由于他也教导说，刺激我们感官的物质，其特性只产生现象，这就导致他得出以下结论：尽管物质是独立存在的客观现实，但最终是不可认识的。他的这一学说既从古代怀疑论者塞克斯图·埃皮里库斯和皮埃尔·沙朗（1541—1603 年）那里得到佐证，又重现于洛克的著作和英国随后的思想发展之中。因而他采取了一种建立在可能性基础上的实用主义观点，并在颇为重要的对《沉思录》（1641 年）的第五篇《反论》中，用这种观点反对笛卡儿最初的系统怀疑及其科学可论证性的最后概念。伽桑狄怀疑态度的一个含义是，所提出的有关原子和真空的知识，亦即其哲学的基础，本身并不是经验的，只能通过理性的推导才能获得。他实际上归结出这样的论证：一方面，知识必须超越和修正经验。另一方面，他拒绝接受最终未得到观察证实的理论。他的不足之处是未能恰切地表明理性与感知是如何相互联系在一起的。

伽桑狄的影响还由于他的空间和时间的概念而有所增进，他认为时间和空间尽管既不是本体也不是属性，但仍是绝对的实体。一方面，这种观点打破了久受敬仰的亚里士多德的范畴体系；另一方面，它与亨利·莫尔和艾萨克·巴罗类似的理论一起，构成了牛顿科学的形而上学框架。另一个从伽桑狄的学说获益匪浅的科学家是罗伯特·波义耳（1629—1691 年），尽管他的微粒子哲学与伽桑狄的哲学有所不同，亦即他否认运动是物质的内在特征。恰恰正是伽桑狄的这种能动方面的内容引起了年轻的莱布尼茨的兴趣。尽管洛克很少承认自己受惠于前辈的思想家，但仅从莱布尼茨的证词①即可明显看出，他从伽桑狄那里吸收了心像一张白纸的思想以及物质也能思考的主张——这两个概念都触及正统的笛卡儿流派哲学的基础。除了萨米埃尔·索尔比埃雷等为数不多的医生外，伽桑狄并没有真正的信徒，许多人是通过 1615 年法兰西斯·贝尼耶就他的体系所作的节略而又较易理解的表述来了解伽桑狄并表示赞同的。人们之所以很少把伽桑狄作为经验主义的一位开拓者来加以讨论，其原因之一是，他的思想具有无从捉摸的特征②；另一个原因是，同英国经验主义者较为时新的主张相比，他的体系有相当一部分很快显得陈旧。

　　第一个沿着新实验哲学的路线描绘出令人信服的一幅宣扬与宗教经义完全分离的知识和科学方法图景的哲学家是法兰西斯·培根（1561—1626 年）。培根认为，事物的元素和现象的总和在数量上是有限的。因此，借助合适的归纳理论，人们应该能够穷尽对自然的认识。在其《新工具》（1620 年）一书中，他详细阐述了发现因果律的方法，即所谓的消元法，他声称这种方法比传统的单纯列举的论证方法更令人满意。他认为，归纳性证据的基础是观察和收集经验事实。不过，他也承认，除此之外，还必须进行审慎的试验，对实例进行认真筛选，不受拘束地使用新方法。在他看来，实验才能与推进才能的结合有助于实现知识的最终目的，也就是说，能实现增强人对自然的控制这一实际目的。再者，他在其著名的关于"谬论"的学说中，概括了他所认为的阻碍真理和进步的种种谬误和偏见的产生原因。尽管培根关于"增进学识"的总概念非常重要，但他关于理论和科学论证功能的概念却无甚创见。霍布斯、斯宾诺莎和莱布尼茨都感到培根的哲学体系中很少有他们在哲学上感兴趣的东西。培根主要对英国皇家学会的早期会员和 18 世纪法国百科全书派有所影响。

　　托马斯·霍布斯（1588—1679 年）是一位比培根更敏锐更有说

---

① 《人类理解新论》，第一部，第一章开头。
② 与其学说有关的引起争论之点，见《皮埃尔·伽桑狄》中的演说，综合法国际中心（巴黎 1955 年版）。

服力的思想家，尽管由于他的唯物主义、他的人性利己论以及他在《利维坦》（1651 年）① 中设想的人为政治秩序，他在生前和死后都被人斥为激进分子和无神论者。英国内战期间有段时间，他旅居巴黎，这个地方，他曾在 1634—1637 年来住过几年，并被引荐给梅森神父（1588—1648 年）。当时以梅森为中心集结着广泛的形形色色的知识界人士。梅森本人是个折衷主义者，写过几本有关自然哲学的二流著作。他致力于把理性、经验和信仰结合在一起加以宣扬，既不大满意培根的单方面经验论，也不大满意笛卡儿不切实际的形而上学目标。在他的倡议下，伽桑狄和霍布斯各自提出对笛卡儿《沉思录》的批评。促使此二人彼此接近的主要因素并非他们共同信仰的经验主义，而是他们都是笛卡儿的论敌。但霍布斯是一位比伽桑狄更训练有素的数学家，并宣讲一种像霍尔巴哈和拉美特利的伟大 18 世纪体系那样在原则上保持一致的唯物主义。他不仅反对笛卡儿的多元论，而且宁愿根据运动而不是广延性来设想物质。尽管如此，他的机械论哲学与笛卡儿的哲学仍有许多相同之处，事实上，两者是如此相同，以至于他们在 1641 年的通信由于彼此指责对方剽窃而中止。

89

霍布斯对感觉问题特别感兴趣，认为这既是外部物体的运动，也是我们人体组织的运动。虽然在他看来，愉快就是"内心的运动"，思考就是"头脑内的运动"，但他却把一个美好的目的定义为引起向自身运动之运动，而把努力定义为一种开始的运动。这种对运动的强调具有重大的意义。首先，这种观点把宗教信仰中不变的、非物质的目的都排除在他的科学概念之外；其次，这种观点提出了一种以纯几何学来看待自然的思想。

事实上，霍布斯对欧几里得的《几何原本》产生兴趣后的第二年即写出《本原简论》（约 1630 年），这是其主要著作之一《论物体》的雏形。他的主张是，科学或哲学知识无一例外是对运动有效原因的演绎探究，原因和结果的关系就好像一个论点的前提和结论的关系。他的这种理性主义同培根所开创、英国皇家学会加以实践的新实验哲学有很大的不同，在他看来，新实验哲学是"自然史"，而不是"自然哲学"。在这方面，他无疑受到伽利略和哈维的分解—综合

---

① 关于霍布斯及《利维坦》，见本卷第 5 章边码第 103—105 页。

法的影响，这种方法是帕多瓦学派阿威罗伊主义传统的一部分。这种方法向他提出了原因或创始如何解说的思想，据此，各种现象，包括人的本性和世俗社会的本性，都能像几何图形那样按照本原合理地恢复本来面目。当然，霍布斯的问题是要解释在几种有关现象的定义或原因分析中哪一种是正确的。因为他认识到关于构成后果基础的原因之假设是一种推测的结果，事实上有可能是错误的，尽管据以论证的过程是正确的。尽管霍布斯使知识的经验基础处于突出的地位，但他对实验论证或事实真相并不真正感兴趣；总之，他未能表明这些论证或真相与科学的先验推导有联系。

霍布斯的"超唯名论"（莱布尼茨语）[①] 和他一贯的真理论都有着同样的倾向。在霍布斯看来，理性知识是与一般概念息息相关的，因此必然始终都要使用词语；因为他以为，"世界上没有比名更普遍的东西"[②]。再者，他认为将名强加于物体是一种任意的行为，因此所有的定义都是规定性的。他认为，词本身没有实际意义，真理肯定在句子中各个词的逻辑联系中，通过正式的"推断"过程才能掌握；与笛卡儿的由明确而又清楚的思想构成的直观不同，霍布斯的观点并未告诉我们有关事物真正性质的任何东西。

不过，霍布斯就语言所作的分析仍然有助于经验主义的发展，有助于使哲学和科学摆脱有关普遍本质的信条。就此而言，还就他所认为的没有一种演绎论证本身是描述客观现实的观点而言，霍布斯是休谟和现代实证主义的先驱。但是霍布斯除了是坚决的经验主义者和唯物主义者之外，无疑也是 17 世纪最彻底的理性主义者之一。

这个时期，英国绝大多数理性主义者接受了唯灵论者的玄学思想，相信"心灵预感"，也就是说，相信据称独立于经验之外的各种基本观念。事实上，他们的目标是针对霍布斯，毫不奇怪，自从笛卡儿同亨利·摩尔通信以及凯内尔姆·迪格比爵士关于灵魂不死的论文发表（1644 年）以来，笛卡儿在英国的影响就一直在扩展。促使唯心主义和唯理智者观点盛行的另一股思潮尤其具有伦理和宗教的特征。这一思潮由坎布里的赫伯特勋爵（1583—1648 年）发轫，到剑

---

① 尼佐利乌斯版的前言，见《哲学论文和书信》，莱姆克编（芝加哥 1959 年版），第 1 卷，第 199 页。

② 《利维坦》（伦敦 1651 年版），第 13 页。

桥柏拉图主义者这一著名学派时臻于繁荣。该学派的奠基者是本杰明·威奇科特（1610—1683 年），而主要代表则是亨利·莫尔（1614—1687 年）和拉尔夫·卡德沃思（1617—1688 年）。柏拉图主义者的共同特征是寻求将神学同哲学综合起来，这与主张将神学同哲学分离的培根、霍布斯、帕斯卡和贝勒不同。可是这个时代尽管宗教仍占统治地位，但毕竟仍有许多此前一直很神秘的事物成功地得到了解释。具有普遍吸引力的是理性，或者用威奇科特常用的一个词语来说，即"主的烛光"。

赫伯特勋爵在他的《论真理》（1624 年）中主张一种构成许多特定形式信仰基础的宗教真理，对此理智不能不加以同意，因为这是人与生俱来的。承认自然宗教而不是天启宗教，这是无神论者同时也是英国国教无主见派神学家的特征。对于 18 世纪启蒙运动的先驱们特别有吸引力的是如下的争论，即道德判断和所有永恒的真理之所以是正确的，是因为其自身的原因，而非加尔文和笛卡儿所宣扬的是由于神的旨意。柏拉图主义者这种对待伦理的方法是对 17 世纪道德哲学最重要的贡献。在这方面，莱布尼茨有一份功劳，卡德沃思也是如此。卡德沃思写了两本书，即《真正理智的宇宙体系》（1678 年）和他死后于 1731 年出版的《论永恒不变的道德》。他对道德理论中所涉及的逻辑问题的研究，为随后英国道德理性主义的发展开辟了道路。这是与当时法国的格言作者拉罗什富科和拉布里耶尔津津乐道的道德心理学截然相反的。另外，剑桥柏拉图主义者的形而上学著作并非总是消除了奇怪和晦涩的理论，如卡德沃思的"可塑的天性"学说或莫尔的空间具有精神性的观点。他们的著作均有思想漫无边际和存在大量陈腐的学问之弊病。假如第三代沙夫兹伯里伯爵（1671—1711 年）在《特征》（1711 年）中没有对道德理性主义做出更加精炼、更加正式的表述；那它就绝不会在下一个世纪成为一种能打动人们理智的力量。沙夫兹伯里特别喜欢柏拉图关于爱和美的学说。

约翰·洛克（1632—1704 年）一度当过沙夫兹伯里的私人教师，与剑桥柏拉图主义者所讨论的非常相似的问题，促使他对哲学感兴趣。正如其《基督教的合理性》（1695 年）一书表明的，他直到晚年仍受无主见派的影响。另外，甚至在洛克访问法国（1675—1679 年）之前，伽桑狄的经验主义就已对他产生了初步影响。而在法国逗留期间，他遇到了各种各样的科学家和学者，其中有伽桑狄著作的通俗传播者弗朗索瓦·贝尼耶。他也同罗伯特·波义耳以及与创建皇家学会有关的实验科学家们有着私人关系和专业联系。此外，他还是著名医生托马斯·西德纳姆的朋友和门生。洛克本人是医学博士，毕生一直对肉体和心灵保持同样的兴趣。他的具有权威性的著述涉及哲学、宗教、政治学、经济学、教育学和医学等不同学科。他由第一代沙夫兹伯里伯爵安东尼·阿什利·库珀引入公众生活，在库珀垮台后，他逃到荷兰（1683 年），1689 年初，他作为奥伦治威廉的扈从回到英国①。

在其早期著作之一即用拉丁文写的《论自然法则》（写于 1664 年）中，他所选来加以讨论的论题后来成为其在《政府论》（1690 年）②中提出的影响很大的政治学说的基础。洛克对两个问题特别感兴趣：一是自然法是如何成为众所周知的这个认识论问题的；二是自然法的约束力范围中的道德问题。他用经验主义的认识论来回答第一个问题，在《人类理解论》（1690 年）中，他详细阐述了这一理论。该书是他的主要成名作，这在一定程度上是因为他所使用的调查方法，这种方法与该书试图解决的经验主义同理性主义的争执同样具有重要意义。洛克是第一个不再把哲学看作与其他特殊科学基本相似的超级科学，而是把它纯粹看作对其自身问题的一种批判性探究的人。他的目的是要研究知识的性质、起源和范围。在采取这种"历史的简明的方法"和"不太熟练的劳动者"态度时，他表明自己既大胆又不招摇，因为他的许多过于理性的同时代人认为，如果没有巨大的先验的抱负，那就等于宣布哲学破产。洛克另一个很重要但很少受人注意的对哲学的贡献是，他在《人类理解论》第三篇中对词和定义之性质的研究；他期望这会导致"新型的逻辑和批评家的产生"。

然而，洛克的研究一开始便造成了混乱。尽管他在若干重要方面都受到笛卡儿的影响，但他和在他之后的伯克利以及休谟都确信，不仅当一个人在思考时，而且当他感知一个物体时，他所直接面对的都不是真正的事物，而仅仅是他的心理过程或思想。在洛克的著作中，

────────

① 关于第一代沙夫兹伯里伯爵，见本卷第 13 章边码第 306 页，第 314—319 页；第 14 章第 332—334 页，第 344—345 页。

② 关于洛克和《关于政府的两篇论文》，见本卷第 5 章边码第 119—121 页。

"思想"这一关键词一直是十分模糊的，可以指感知的对象、映像、心理活动及概念等不同的事物。另一难题与他那受到莱布尼茨和康德二人攻击的著名信条有关，即他认为我们所有的知识都来源于感官或内省的经验。洛克仅仅对思想的起源作心理学的描写，而没有坚持为了使概念有意义，概念必须得到感官观察的验证，至少是间接的验证，因而削弱了自己的说服力。

不管洛克如何表述，他在《人类理解论》第一部分对先天思想的否定仍具有重要意义。这导致舍弃笛卡儿和当时的许多神学家所声称的只用推理法就能论证宇宙的先验假定。众所公认，与笛卡儿和莱布尼茨一样，洛克也认为知识的基本构成是简单的要素。他的成就在于，他第一个认真地将分析技巧同彻底的经验主义结合起来加以实践。不过他也受到了指责，人们认为他所得出的有意义的简单思想都是简明的观点纯粹是一种假定，并非如他本人所认为的是哲学分析的结果。

构成洛克"新的思想方式"的另一个思考同样具有令人困惑的后果。洛克论证说，如果要保持虚幻感觉和真实感觉之间的区别，那至少必须用一些与我们之外实际存在的事物有因果性依赖关系并且相似的概念来指称这些事物。他自然要将物体的所谓首要特征诸如广延性、形状和运动挑出作为真实：一方面，这些特征均可视为直觉感受的必要条件和充分条件。另一方面，笛卡儿哲学的一条学说，即心灵不能直接感知物质对象而只能感知自己的思想，由于流传已久而很难消除。这样就产生了约翰、萨金特在《坚持实在哲学》（1697 年）中就已注意到的难题：如果一个物体和特性甚至在原则上没有也不能被直接感知，那么我们如何相信该物质实体，如何了解它们的特性，如何说我们的思想与这些物质实体相似。这种学说不仅是个说不通的假设，它简直是哲学神话。伯克利主教（1685—1753 年），一位比洛克较为一贯的经验主义者，就以彻底否定二元论来避免上面提到的难题：在其最重要的著作《人类认识原理》（1710 年）中，他否定世上只有"心灵"及其思想的说法。然而，尽管洛克从未放弃对现实进行现象主义的分析，但他仍然感到不能放弃关于物质特性的传统观念，也就是说不能放弃关于物质本体的传统观念。不过，他把这种观念纯粹看作是理性的假设，在严密的经验主义前提下是无法加以论证的。他承认，尽管物质本体的概念指某些实际的存在，但这是不完善和模糊的，只是意味着"有一些东西，但他不知道是什么东西"①。他那遭到伍斯特主教爱德华·斯蒂林弗利特（1635—1699 年）强烈反对的令人吃惊的观点，即认为上帝可能已赋予物质以思考力，正如伏尔泰正确地指出的②，这种观点不是要否认心灵的非物质性，而恰恰是承认，只好请笛卡儿原谅，物质本体的性质依然处在认识范围之外。

　　因此，洛克重视真实本体和名义本体之间的区别。他认为，一方面我们对譬如说金的实际本质一无所知，另一方面却对金的名义本质，即与其特征中那些被发觉彼此系统地结合在一起的成分有关的思想了如指掌。不过，他指出，经验虽能为我们提供有关个别和特殊的思想，但无法提供任何概念或总体思想，故而不诉诸经验也能解释我们在一个事物的概念中始终发现的特质。他承认这一任务还是只有依靠理性才能解决。他在有关一般概念性质的传统争论中采取了概念论的立场，这是一种与柏拉图派的唯实论、亚里士多德的本体形式论和霍布斯的唯名论均相对立的理论。在他看来，像"金"这种总体名词是头脑中一种抽象的一般概念，归根结底是从事物本性之间的相似性得出的。他的错误在于认为一个思想要成为一般的思想，那它必须显示其本身具有一般性的特征。伯克利发现，一种思想是否具有一般性，完全在于此思想之使用以及它与其他思想的关系，休谟对伯克利的这一成就称颂不已。洛克认为抽象的思想极其重要，在他看来，知识就存在于对这种抽象思想同意或不同意的观念之中。他曾声称我们自身的存在和"一位上帝"的存在是确定无疑的。除此之外，他只承认那些不涉及实际存在的科学才具有认识的确定性。在他看来，纯数学即具有这样的确定性，道德哲学也是如此；他由此得出了他所喜爱的但又难以理解的观点（霍布斯、雨果·格劳秀斯和斯宾诺莎也持相同的看法），即伦理学是可论证的科学。

　　一般来说，一方面，洛克是一位经验主义者，至少他否认笛卡儿的假设，即先验的推导是对世界的描述。他确实毫无怀疑地认为，对

---

① 《人类理解论》，第二部分，第 13 章，第 2 节。
② 《哲学书简》（1734 年），第 13 封，兰森编（巴黎 1909 年版），第 1 卷，第 170 页。

实际存在的物质的知识依赖于特别观察的证据。然而，他没有进一步认为所有推理都是一种归纳或我们在自然科学中总是可以获得确定无疑之事物，因为他决不是一位严格的经验主义者。洛克将理性与经验融合在自己的理论中，无疑扩大了其理论的应用范围，但也产生了一些缺陷。他在自己的体系中未能令人满意地解释这两个因素的各自作用，尽管他肯定已注意到了在伽桑狄和霍布斯的学说中就已十分显著的理性与经验之间的紧张关系，他也未曾试图将之消除。他素不喜欢走极端，这就阻止了他成为贯彻始终的唯心主义者或现象主义者。另一方面，他在某种程度上也是一位怀疑论者，因此不会因他思想中忽视体系而过于不安。虽然他不是一个教条主义者，也是 17 世纪哲学家中最少具备形而上学倾向的，但他却坚定地信奉某些设想，其中之一就是处理哲学问题时采取常识性的方法。这种方法由于简单明了颇具吸引力，但当他在处理某些复杂问题时，却缺乏必不可少的独特技巧。

尽管如此，洛克在许多方面都是开拓者。他的认识论对年轻的伯克利产生了深远的影响，而且被圣公会教士和无神论者用于宗教上的革新。伏尔泰、孔狄亚克和后来所谓的空想家都把他奉为哲学家中最明智的一位：与他的理性主义的先辈一样，他没有写出一部"心灵的传奇"，而是庄重地奉献了心灵的"历史"。因此，在欧洲大陆，他的方法和他的学说或得到诚心诚意的宣传，或被转化为新的感觉论和联想心理学的原则。

故而，广泛地说，从笛卡儿到洛克这一时期，欧洲哲学的主要特征是：一方面，伟大的理性主义的形而上学体系盛行；另一方面，经验主义兴起。整个这一时期的中心问题是非物质的精神与物质的肉体之间的关系以及通过思想的方式加以认识的是否正确。理性主义哲学家热衷于抽象思维，他们的出发点是两个具有深远意义的假定。一是95　哲学问题与数学问题一样，不仅可以通过说理令人信服地论证，而且也可以通过合乎逻辑、令人信服的论证来加以解决。二是哲学推理尽管被视作先验的和演绎的，但仍然是对现实的描述。经验主义者则趋向于认为，认识的所有原料，也就是说，我们的概念的意义和我们的信仰的真理最终都来自观察，任何关于世界的结论都是不可论证的。经验主义的真正成就是它消除了较为深奥费解的传统形而上学，并代之以可以在心理数据、归纳概括和语言分析的基础上加以探究的问题。同时，理性主义玄学家以其自己的方式同样取得了进步。尽管仍为宗教观念所支配，但他们不再是严格意义上的神学家。事实上，他们对人、自然和真理的批评性和科学性的研究，对传统神学产生了潜移默化的影响。哲学思想同刚刚发展起来的科学基本概念的密切联盟（不是融合）——这是 17 世纪的一个普遍特征，而且为欧洲所特有——在笛卡儿、霍布斯和莱布尼茨身上表现得特别明显。这些思想家利用他们在数学上的空间和运动概念以及对合适逻辑学和方法论的重要性之强调，大胆预示了随后科学理论的发展。形而上学体系的一个缺陷是，它们的恢宏气势以及力图使现实完全可以认识的目标，主要是以一切出自人为为代价的。形而上学的本体观依然流行以及普遍不能将因果联系的思想同逻辑意义的思想区别开来，也是产生难题的原因。在道德理论领域，虽然有些理性主义哲学家（如斯宾诺莎）以具有新的洞察力见长，但另一些（如笛卡儿）则无甚贡献。另外，认为道德判断所以正确是因为它们固有的公平和合理性的那种得到广泛传播的观点对启蒙时代仍有吸引力。总的来说，17 世纪的哲学，无论是理性主义类型的，还是经验主义类型的，都为 18 世纪的理想——理性和人道——的发展铺平了道路。这并不是说法国的百科全书派（如狄德罗和达朗伯）或其他任何所谓的启蒙思想家，主要是指某些哲学家。实际上，即使在科学研究中他们也比 17 世纪的任何哲学家更着意于历史。尽管如此，仍然是 17 世纪的哲学提出了并传下来一些重要的新问题；他们毕竟迈开了第一步，尽管不总是对的，但仍然是富有成果的。因为，尽管笛卡儿、霍布斯、莱布尼茨和洛克的许多理论已经过时，但他们的影响，尤其是对认识论的影响，在 3个世纪后仍然存在。

（吴世民 陈祖洲 译）

第 五 章
政 治 思 想

17世纪曾被称作西欧理性主义的英雄时代，而"理性主义"这一术语确实准确表达了这个时期思想的三个基本特征。这就是，第一，伽利略的传统与笛卡儿的传统相结合，也就是说，新的数学—力学科学与自然法思想相结合；第二，政治思想从神学中分离出来；第三，这个时代的大思想家具有创造性思维。很少有哪个世纪在哲学方面如此富有创造能力，很少有哪个世纪的政治理论如此大胆地企求抵达智力思索的最高峰。但这个时期大哲学家所产生的魅力，对研究这个时期思想的历史学家来说是一种威胁。他们极易将这些哲学家的创见与其影响混淆起来，极易将这些哲学家在后来具有的重要性与其在同时代人中的影响混淆起来。这些哲学家的许多重要的思想远远超前于其时代——这些思想在当时的学术氛围下不可能得到充分发挥，而且要到很久以后才在思想史上留下明显的印记。斯宾诺莎的重要性最早系由歌德全面揭示出来的，而莱布尼茨的重要性则首先是由德国唯心主义者全面揭示的。故而，同17世纪以后的任何时期相比，这个时代的思想史更不能置于真空中予以考虑，而是必须将之同这个时代不断变化的条件联系起来，因为此时政治生活的基本问题在不断采取新的形式。

这一点在本卷所涵盖的时期内尤其正确。在本卷所论述的事件中，两种基本政治态度的对比得到了鲜明的呈现，而17世纪的冲突正是围绕这两种基本政治态度发生的———是颂扬王权神授的思想，路易十四的君主制就是这种思想的化身；另一是基于理性的社会契约论，光荣革命赋予这种理论以新的更广泛的历史重要性。这些事件也明确显示了各国中谁有资格在政治理论领域居于领导地位的状况所发生的变化。这个时期的主要政治思想家中没有法国人，这并非偶然。
法国的优势在这整个时期都在其他方面留下了印记，并且扩展到形形
色色的艺术和学术生活领域，但独独未在仅限于少数精英的政治思想
界体现出来。博丹的伟大发现，即他所提出的国家主权是一种不受任
何其他国家控制的统一的和不可分割的权力之概念，是法国在整整
100 年中对这个时代的理论所做出的唯一富有创造性的贡献。这一概
念显而易见是为专制君主有权进行国内外统治的主张提供理论根据
的。在此以后的专制主义政治理论仅仅是对这一概念的发展和阐明。

　　人们常常强调，无论就法国国内还是法国国外而言，路易十四选
择做出赞同个人统治决定的时代都是十分有利于加强王权的。因为做
出这个决定正值两个重要和约签订后国际局势已趋缓和之际，其时宗
教冲突正逐渐不太显眼；而随着"参政的国王"使其自身摆脱了全
权首相的监护且其本人逐渐成为所有政府活动明显的中心，君主制正
越来越牢固地确立起来。通观全欧，17 世纪中叶的革命骚动和其他
危机的迹象导致人们渴望和平，这反映在思想世界中，反而促使人们
看重无可争辩的君主权力的种种好处。

　　所有这一切必须牢记在心，如果我们要了解路易十四的君主政体
在他的时代为何具有如此强大的吸引力的话——这种吸引力部分是基
于他在强权政治上的成功，但至少在某种程度上也与对欧洲各君主均
有影响的一种关于理想统治者的普遍而一致的看法有关。因此研究政
治思想史的学者必须重视路易十四对自己以及对君主这项专职的看
法。积极的政治家——特别是成功的政治家——很少感到有必要使自
己主张的目的和法律根据理论化。他对其职位的权限、责任和伦理的
看法通常来源于他的实际经验；这种看法只写入与其活动有关的预定
逐日付诸实施的文件之中。路易十四的情形也是如此：他的政治思想
和观念只能从这类史料中，亦即从书写日期为 1666 年和 1667 年的
《对王太子的训谕》中推断出来。这些训谕一般都被错误地冠以"路
易十四回忆录"之名，但较为确切的是，这些训谕应归入"政治遗
嘱"一类，因为其最重要的内容是描述法国所需要的模范国王的形
象，也就是国王希望他的王位继承人牢记在心的原则和经验之精髓。
确实，这一著作并非出自国王自己之手，而是侍臣根据记录和一般指
示写成，尽管不乏修饰和文字上的添加之处，但仍有理由认为，这是

路易十四的思想及其君主观的写照。

98　　　　该著述中的专制权力概念一仍旧贯：国王是上帝在尘世的副摄政；他的指路星辰是公共福利；他的行为准则由其自身良知决定，而无须因此对任何凡人负责。然而在这个文件中，神圣的使命仅仅成了一种俗套的表述。国王履行统治者的职能时所采取的方式及其成功的可能性有多大得到了阐释：不是将这些方式归因于一种神圣而又不可思议的恩典的启发，而是以一种明显是合乎理性的心理加以分析。君主高于所有凡人，他的这种地位被视作特殊品质的来源，因而不管统治者的能力和经验如何，他都拥有这样的来源。由于君主凭借出生和继承权，或生来就是统治者，或受命登极，因而只有他拥有无与伦比的广阔视野，致使他获得深刻的政治洞察力和决策力。这就使君主能凭借他与其他凡人所共有的智力和常识得出不寻常的结果。事实上，这种高瞻远瞩使他有能力做更多的事；相当超脱地看待自己身上理性与激情的冲突，并在关键时刻站在正确的一边。然而，只有与其自身热情的操劳，也就是说与其行动和宵衣旰食同时产生效果，才使统治者的崇高地位具有意义，并在上帝和凡人面前证明其合法性。因此，《对王太子的训谕》完全成了要国王不停地勤于政事的一种忠告，也是激起人们对徒有君主之尊，而不积极履行君主职能之统治者的憎恨的一种尝试。

　　　　每每有人指出，《对王太子的训谕》所公开宣扬的只是路易十四本人的光荣。他的努力竟然处处被看作是决定的唯一源泉，以致那些为法国专制君主制铺平道路的先人连一个名字也没有提到。但如果认为这一著述仅仅是对路易十四追逐权力和荣耀的夸张描写，那就将是一个错误。它真正强调的是国家和统治者的完全合二为一。如果人们看到路易十四本人在《回忆录》中对"朕即国家"这句真伪莫辨的警语所做的如下较为完备的表述："当朕为国家着想时，朕是在为自身操劳。国家的昌盛也就是朕的荣耀"，那么就连这一警语也没有了常常被人认为带有的那种轻浮腔调了。统治者这个"朕"体现在行动即体现在宵衣旰食上，因此就成为国家的精髓即主心骨；就这样，国家与国王本人紧密地联系在一起；他有一分荣耀就会增加国家一分权势和威望，因而只有不倦地为国操劳才能使他产生使命感。个人的地位与国家的地位，还有荣耀的企求——统治者的支配欲——与国家的利益在观念上是没有分开的。

在这方面，《回忆录》可以看作专制主义理论经过某种"现代化"洗礼的典型证据。即使是路易十四的思想，其内里仍可清晰地分辨出一种传统的宗教职责观；但这种宗教职责观的真正内容都失去了，因为统治者的自然属性及其发展都以一种新的和纯心理学的方式加以解释——甚至在当时，这种解释看来也难以要求得到任何神学论据和伦理论据的支持。旧的王权神授理论如今可以说是由十分接近于 17 世纪理性主义的论据加以支持和证实，正是这一点将《回忆录》同在路易十四时代的法国达到登峰造极地步的一个伟大文化传统联系起来，也就是同根据人的心理与社会环境的关系对人性进行"教化性"的观察联系起来。总之，有关统治者这位"九五之尊"在紧要时刻不得不予以承认的法律、伦理和宗教种种限制的问题并未被认真地提出来。将所有政治权利和政治智慧都归于统治者"自然属性"的做法，预示着路易十四统治末年的浮夸和衰退。在法国那个伟大君主统治时代灿烂的开端，在那位年轻的统治者陶醉于其最初迅疾获得的胜利之际，他还不可能了解专制君主制的基本道德问题，也就是说，还不可能了解作为凡人的君主拥有的有限能力与他在理论上拥有的无限权力之间不可避免的矛盾。《回忆录》的理性心理学也未能解决这一问题，最多只是隐瞒了这一问题。只有在这个问题本身变得清晰可见时，才会有人谋求从理论上加以解决，而此事之成为可能，又只有在法国专制主义的支持者回顾君主制所负的神圣使命并苦苦加以思索之后。这正是路易十四君主统治最杰出、最雄辩的解释者波舒哀所选择的方法。

波舒哀思想活动的特点是他涉及各种完全不同的领域，并用完全不同的文字形式加以表达。要全面评价波舒哀的政治思想，就必须涉及他的所有活动领域：他是写《世界史教程》的神学家和历史学家；是写《新教演变史》的驳斥谬误的神学家；是写《法国教会》的研究教会政策的专家；是写《悼谏集》的雄辩的布道师；也是 17 世纪各教会大论战中莱布尼茨的对话者。不过在本章中，我们只讨论他一部属于狭义政治学的著作——《根据经文论政治》。该书动笔于其壮年时期（1677 年），并且使他一直为之忙碌到去世之时。

波舒哀的《根据经文论政治》不是一部纯理论著作。相反，它服务于一个突出的实际目的，即教育王太子。在专制君主制度中，教育王太子是一件与公共利益攸关的事。《根据经文论政治》这一奇异的书名既令人发生误解，又是当时条件的产物。该书给人的印象是，波舒哀想否定政治，因而也就是想否定国家有权独立于神学而存在。该书似乎是要用《圣经》的权威来取代对国家性质的理性和系统的检验，事实上人们往往就是这样理解或者说曲解此书的书名的。事实上，波舒哀用以立论的《圣经》根据即便不完全是肤浅的，也肯定不是首要的。有人也许会说，引证的《圣经》根据主要不是用来支持他自身的立论，而是用来驳斥其对手的立论的，尤其是新教的抵抗权理论，由于这种理论用《圣经》来论证，因此必须用《圣经》来驳倒它。

然而，波舒哀经常引证《圣经》并不能掩盖这样的事实，即《根据经文论政治》中所展示的历史观和政治观肯定不是由《圣经》激发的。《圣经》仅仅是用来强调波舒哀认为在任何情况下都是正确的事物。在他看来，理性基本上足以揭示使帝国具有合法性的缘由和回答该世纪的重大问题，即国家与社会的起源和性质问题。因此，波舒哀能够允许世俗世界在一定范围内决定自身的法律并按照对自身和人性的认识来解释历史与政治——因为他以其神学家的身份知道，这些事情都是从属于人类难以理解的神的救世计划的。在波舒哀看来，国家的权力不仅源于神的安排，而且也源于自然的必然性。只有当大自然促使每个人不可避免地服从于君主，乌合之众才会形成国家。这种观点不禁令人吃惊地联想到霍布斯；事实上他们的观点是如此相似，以致有人认为霍布斯对波舒哀有直接的影响。我们既不能证明这种影响的存在，也不能否认它的存在。波舒哀肯定知道霍布斯其人，霍氏的著作有几种译本为路易十四统治时的法国所知。因此，这位17世纪最革命的思想家很可能向保守的波舒哀提供过可用于适合他自己需要并与原罪的教条相一致的论据——这是一种奇怪的理智上自我矛盾的倾向，但如果对照它的时代背景来看，就不太奇怪了。因为最打动霍布斯的读者的以及大陆读者最易了解的，并不是霍布斯学说中隐藏的革命内容，亦即并不是其理性地指出专制权力源自服从之契约的理论，而是这种内容所采取的可用以驳斥抵抗权那种颠覆性理论从而支持正统统治者权力的论述方式。

当然，波舒哀知道自古典时代以来历史上存在过多种形式的国家和政府，而且他谨慎地不把君主制说成唯一合法的权力形式。在他看来，任何一种权力一旦被传统奉为神圣并保持一定程度的稳定，那就基本上不会受到批评。但君主制与神的旨意最为接近，因为它最能摆脱无政府状态，并为和平与秩序提供最好的保证。在《根据经文论政治》中，波舒哀认为君主制有四个基本特征，这就是神圣性、家长式统治、专制性、与理性相协调一致。第一个特征所描述的是君主制的起源，第三个特征所描述的是君主权力的范围，而第二个和第四个特征都与统治者的职责有关，它们所描述的都只不过是道德品质；这种道德品质对君主的行为没有强制力，只有指导力，但它们在波舒哀的政治思想中具有特别重要的意义，因为这些品质构成了波舒哀区分专制政府和专横政府的重要根据。在波舒哀看来，专横政府同任何有序的政权截然对立，因而也与正确理解的专制政府相对立。专制政府和专横政府的共同之处在于：这两种政府的最高权力都不受任何人的制约。但在专横政府中，臣民是奴隶，成了使该政府显得野蛮狰狞的那种无法无天专横的牺牲品；而在专制政府中，臣民则享有受特定传统和理性要求约束的一种权力之有效保护，这是一种承认上帝为所有凡人定下的种种限制之政权。当波舒哀向君王进言时，他竭尽其笔力描述了这些限制："你们都是上帝的孩子，是他在树立你们为人类谋福利的权力。然而，你们这些受人尊崇的君主啊，也是血肉之躯、尘土之身，也要像常人一样死去。"

这种对专横政府和专制政府的区分，包含有对波舒哀生活于其中并为之而写作的那个君主制国家的含蓄颂扬。因为在那里，即在最古老、最值得崇敬的形式——世袭君主制——中，专制政府与一种传统法律秩序的联系，在他看来，肯定以可作样板的方式展现出来。波舒哀知道并使用 lois fondamentales（基本法）这一在法文中具有许多不同含义的概念，不过他在使用该词时超越了他那个时代通常具有的含义，不仅把个人自由，而且把私人财产不可侵犯性也包括在内。在这方面，波舒哀同极端专制主义的提倡者分道扬镳，后者坚持君主的专制权力应扩大到其臣民的生命和财产。拉布里耶尔在《品格论》的一个著名段落中把这种思想描写成"谄媚之语"；但他非常清楚利用这种思想的不仅是奉承之徒，而且也有严肃的作家，在那些作家看来，这一思想是以一定的逻辑源自"绝对权力"这个概念的。而路易十四本人在其《回忆录》中也原则上接受了这一概念。

波舒哀的《根据经文论政治》不能算作 17 世纪最伟大、最深刻的政治著作。该书在将神学与推理结合时过于折中，过多特别的辩护，以致不能纳入该时期大思想家的著作之列。尤其是，《根据经文论政治》不是哲学著作，与其作者以及它所服务的国家一样，该书属于政治与神学合二为一，而且早已被新时代抛诸脑后的那个旧世界。然而，正是这种理智上的矛盾，使《根据经文论政治》能正确表述这样一种权力，即这种权力的存在理由和合法依据在于其本身，在于它体现的给人以深刻印象的权力分量，在于它自身的成就，在于它可能有的保存自己的能力以及在于围绕着它的宗教启示的光环。所有这一切在波舒哀的《根据经文论政治》中都被一一指出并得到发挥，同时有两个对当时人肯定有启发性和极有说服力的论据加以佐证，这就是，他以上帝的旨意和尘世的功利来证明君主制的合理性。一方面，他指出君主制具有使其优于其他所有政府形式的无与伦比的稳定性。另一方面，他以传统作为所有合法性的最有效的根据，因而他也能表明，传统在政府日常活动中的良善影响如何使君主拥有的无限权力变得可以忍受，亦即它如何使国王最恭顺的臣民也感到自己是一个有序社会的一部分，这个社会以法律为基础并为传统所尊崇，同时对专制统治者也具有约束力，因为对他来说关心和保护其臣民是最高职责。波舒哀的"上帝的副手"不是其权力以令人惊恐的一致性扩大到众多孤立个人头上的"利维坦"；他的权力凌驾于国家和各阶层的臣民之上，但反过来，他通常也得尊重古老的习惯和久经考验的宪法。

与所有政治思想领域的伟大传统主义者一样，波舒哀的弱点在于，就他看来，法律和习惯是混同的，因此政权能否存在就成了政权是否合法的决定性标准。值得注意的是，波舒哀政治理论的中心点是"根据因袭习惯（prescription）而取得权利"的思想，100 年后，"prescription"成了伯克保守政治观中的关键词。当波舒哀著书立说之时，法国的专制主义在现实和理论上都达到了登峰造极的地步。波舒哀处在一个漫长的历史成熟过程的最后阶段，他所系统表达的理论彻头彻尾为他所颂扬的政权提供理论的依据。但是人民主权的原则，亦即最终打败波舒哀描述得如此光辉灿烂的君主政权的那股力量，这时已清晰可见且气势逼人。波舒哀活着的时候就已在朱里厄和莱瓦索的争论性著作中看到了这种力量的挑战。不过，《根据经文论政治》是在"伟大君主统治时代"鼎盛期写出的，其时新理论巨大的爆炸力似乎正前所未有地为君主制思想战无不胜、强劲无比的力量所扼制。这是专制主义信条最为盛行的时刻，事实上这种信条行将在其受到最严重挑战的国家——英国——具有最大的吸引力。

　　以历史学家的眼光并从后来的发展着眼，英国斯图亚特王朝复辟看起来就像一场昙花一现的宪法妥协；但在当时的观察者看来，其意义却要大得多。复辟未流一滴鲜血，轻而易举就取得了胜利，看起来就像神通过一个判决来斥责无政府状态和叛乱——这一判决有利于查理一世奉神意为之殉难的世袭君主制。人们或许会感到奇怪，王权神授理论不是在路易十四统治下的法国而在查理二世统治下的英国得到最强烈的表述——这一事实，只有当人们追溯这个世纪上半叶震撼英国的宪法大冲击时才能得到理解。这场大冲突的实质部分是，英国注定要比其他国家更明确地显示这个时代两大相互冲突的政治原则。当争论开始时，没有人能比英国杰出的御用学者以更显著或更具挑战性的方式提出专制主义的政府理论，也没有哪一个地方与专制主义相对立的抵抗权学说得到像在英国那样的强调。在大叛乱中，抵抗权理论所向无敌，并征服了国家本身，直至克伦威尔独裁时期才自行否定。然而，如果抵抗权没有同宗教群众运动的冲突密切联系在一起，就不可能产生如此巨大的力量；斯图亚特君主在同议会的斗争中是注定要失败的，因为它把自己同惹人憎恨的主教制联系在一起，因而对人民群众的宗教信仰进行了挑战。托马斯·霍布斯敏锐地看到了这两者的联系，如果说正是这种认识最早使他的思想发生革命性转变（这是很可能的），那么我们也许可以说，这也是当时条件的产物。

　　尽管霍布斯最伟大的政治著作《利维坦》直到1651年才出版，但仍是其基本特征在早些时候就已得到表述的一个全面的哲学体系的一部分。《利维坦》出自霍布斯的一个信念，即人类活动之间的关系能陈述得像几何学陈述各已知图形大小之间的关系一样精确。在这部著作中，该时期的数学思想（霍布斯是其开拓者之一）被极其大胆、极其严密地运用到社会政治生活中去。就霍布斯看来，只有纯理性和源自理性的数学方法才能有效地应用于对公共生活的观察之中；先前所有关于国家、法律和社会的哲理上的思考，在他眼里都受到激情和教条式偏见的影响。从这一观念出发，托马斯·霍布斯善于思索的头脑形成了一种悲观主义的人类学，这与英国内战令人丧气的经历不无关系。恐惧这一天然推动力，也就是霍布斯亲身体验过的那种力量，成了一种政治思想体系的基本原则。在这种政治思想体系中，人类的所有活动，包括政治行为，都被视作出于安全和自我维护的需要。这是对亚里士多德古典的自然法理论的根本否定。导致人们建立国家的不是其社会属性而是理性的要求，理性教诲人们应把横死视为最大祸害而予以避免。与其他任何持久的人类关系一样，国家的形成不是源于仁慈而是源于彼此的恐惧。为避免自然状态，也就是说，为了避免互相残杀，众多个人同意无条件地服从单个人的意志，这一单个人也就成了具有最高权力的"伟大利维坦"。在这样的情况下，"利维坦"究竟代表何种政府形式相对来说并不重要，但霍布斯明确表示，他认为君主制实际上是最好的政府形式，因为在君主制中国家和君权的合为一体得到最明确的体现。

正是霍布斯对这种在其同时代人中非常流行的君权观念作了最广泛的解释，也正是霍布斯认为君主享有迄今为止一个人让与另一个人的最完全的控制权；在霍布斯看来，君主的权力确实是无限的。君主是正义的源泉和法律的制造者，他的权力可以扩大到私人生活最为隐蔽的领域。对于霍布斯笔下的"利维坦"，财产自由、思想自由和宗教自由是不存在的。国家是所有宗教和世俗法律的唯一解释者。上帝的戒律通过世俗权力之口来传达。教会及其宗教仪式并无真正的宗教使命，他们的职责仅仅是为全权的国家提供宗教权威的外表。总之，国家本身被神化，因为其权威破坏了任何个人的职责，甚至在宗教事务方面也是如此。这一残忍的"人间上帝"之所以能存在，是因为他提供的服务，以及无条件服从他的人所感到的对安全的需要。那就是霍布斯的政治哲学最终可能会陷入的不可思议的窘境。他的政治哲学的出发点和终点都是孤立的个人的自我利益，这些人经过冷静的思考，将自身交由一个全权的国家加以保护。霍布斯思想中的这种功利主义的动机，使他的学说明显不同于现代各种形式的极权主义，尽管人们常常错误地将它与之相提并论。

　　因此，霍布斯的学说一方面为最极端的专制主义思想辩护，另一方面又剥夺了它的迷惑力。在其唯物主义和享乐主义的哲学中，国家完全失去了那种神圣的光环，而这种光环，以往就连最大胆的思想家的想象也认为有必要以之围绕神授的王权及其选定的工具的。这一点较之其他任何事情都更能说明，霍布斯和他所处的国内环境（即复辟时期英国的环境）之间有着不可逾越的鸿沟，而他那长达九十有余的一生是在此环境中结束的。在欧洲大陆，霍布斯长期被视为最伟大的思想家之一，以至于与他完全敌对的人也从他那里借用思想；而在英国人们则一直把他视为"不信教的创始者"，把他声名狼藉的"利维坦"神话视为出现专制主义和专横政府的祸首。霍布斯曾在某种程度上站在克伦威尔专制独裁的一边从而背叛了皇家的大业，"利维坦"不就是因出现克伦威尔的专制独裁而得到唯一体现的吗？在英国人眼里，除了霍布斯狼藉的名声之外，还会联想到那场与传统的大决裂，而霍布斯自己的国家学说事实上正源自那场大决裂。正是要救治这种与传统的破裂才使复辟的君主制具有意义和效用。复辟能够而且必须依据的唯一理论就是已被抛开的英国君主制传统——这是一种专制的却不是暴虐的传统，它既诉诸感情又诉诸政治理性，其基础是自然继承而不是某种人为设立的君权。同其他体制相比，这种体制更不能否认神授是其合法性的源泉。所有这些优点都被统一在古老的王权神授的理论之中，这种理论现在业已以更适合其时代的形式重新振兴。内战时期王党的口号——不抵抗、世袭权不能废除、消极服从——成为极为流行的向复辟君主表示忠诚的口号。

　　王权神授理论的流行及其有限的潜能，都是颇有代表性的，这体现为：在复辟时期的英国，王权神授理论有众多支持者，但缺乏第一流的新理论家。在罗伯特·菲尔默爵士从内战时期就开始撰写的《家长制》中，王权神授理论得到了表述。尽管该书迟至1680年在作者去世多年后才出版，但很快一版再版，变得风靡一时。值得注意的是，这既不是因为其思想深刻，也不是因为其文字优美。如果不是洛克在《关于世俗政府的第一篇论文》中的著名驳斥使它在政治思想史上获得一席之地的话，很可能很早就被人遗忘了。不过，洛克认为该书值得一驳，这一事实本身也表明，该书在当时的政治著作中占有重要的地位。

　　《家长制》之所以获得成功，有一个不小的原因是它把君权至上的两个主要论据，即它源于神授，以及其天然和理智上的合理性，特别巧妙地结合在一起。菲尔默明确地将重点放在第二个论据上，因为他可能隐约地感到，这比任意将他在论证王权神授时不得不依据的《圣经》引文掺和在一起更能令人信服。绝大多数王权神授理论的拥护者在论证世袭君主制的合法性和神的认可时都把《圣经》中存在过王权作为依据，菲尔默则不然。他说，由于君主制同大自然是和谐一致的，因而君主制必然得到上帝的激励和创立。他的整个立论基础是将君主制等同于家庭，将王权等同于家长权。在这一论说中，菲尔默用"国王是其民众之父"这一古老的比喻为专制主义理论提供理性的证据，因此菲尔默事实上成了关于国家和社会的家长制理论的奠基者。这种理论为君主制的捍卫者提供了新的论据，它召来了自然法则的佐证，从而不会对君主制的神圣性产生怀疑。在菲尔默看来，圣经仍是所有政治智慧的最后来源，但菲尔默不是仅仅把圣经看作引经据典的文库，而是看作对早期社会及其君主——家长制政府起源和性质的一种真实描述。他有着霍布斯、洛克以及所有契约论的支持者从未有过的想法，也就是他认为社会是个人存在的天然和必要条件，而不是个人或团体所决定的人为产物。这种论点使他回归到有点像亚里士多德有关国家起源的伟大理论。不过，由于菲尔默认为《旧约》中描写的家长制社会事实上是可供所有时代借鉴的唯一天然典范，这样就使他自己陷于易遭攻击的危险境地，他的理论迟早要成为现代自然法理论无情逻辑的牺牲品。洛克善于批判的眼光很快看到，菲尔默的理论其弱点是，在现代社会与原始形式的家长制国家之间存在着不可逾越的鸿沟，而且他毫不费力就能证明，《圣经》中所显示的政治社会的开端绝不是天然的。由于菲尔默试图使父权成为所有政治权利的来源并把现代国家——在菲尔默看来就是世袭君主制——的产生追溯到亚当时代，因而其论点的说服力不可避免地受到削弱。实际上这是王权神授理论在理性上所达到的最高程度，然而正是这一事实有助于产生一种与之对抗的意见，从而导致最终以新的更合逻辑的有关国家和社会起源的思想替代王权神授理论。

　　当波舒哀在法国写他的《根据经文论政治》，而王权神授理论正在英国取得官方理论的地位之时，在荷兰有一位死于孤独的思想家也不知不觉曾证明专制权力的合理性，尽管他是从完全不同的前提出发，并得出不由自主的结论。这一事实具有一定的历史重要性。巴鲁赫·德·斯宾诺莎常被认为酷似霍布斯——连其同时代人也如此认为，他们对他有误解，尤其是他们把他看作一个大无神论者；事实上，斯宾诺莎和霍布斯的相似性绝不是表面的。他们都急于对宇宙做出理性的解释，都相信以几何学为基础的思想方法，都重视权力和权力欲，都对人性持基本上是悲观的看法，亦即都认为人性是由激情和欲望支配的。但这些相同的观点源于两种完全不同的宇宙观。在霍布斯的体系中，所有关系都是以唯物主义和机械论的思想方法来加以解释的；而在斯宾诺莎的体系中，所有关系则扎根于超验的宇宙体系，在这一宇宙体系中，上帝与大自然合二为一，成为一个整体，而自然界的所有不和谐则永恒地联系在一种神圣的和谐之中。就连各种自然状态的争斗，在霍布斯的机械论思想中，也仅仅被简洁地和严峻地看作一个事实；而在斯宾诺莎的理论中，则以一种兼有一元论和泛神论的哲学加以阐明，使自然事物的力量上升为上帝永恒力量的工具。正是这种确实开黑格尔思想之先河的见解使斯宾诺莎的思想具有历史的重要性，并使他在所处时代的思想家中占有特殊的地位。然而，斯宾诺莎这种严格、冷静、明显不受环境影响的思想同当时的政治现实发生了冲突，作为一个思想家，斯宾诺莎远远走在时代的前面。他的基本政治思想是他的伦理理想与他眼中的现实世界之间处于紧张状态的产物；事实上，有足够的证据可以表明，他的思想是随着现实的变化而变化的。

　　斯宾诺莎在两本著作中详细讨论了政治问题，一本是写于1665年前的《神学政治论》，另一本是《政治论》，该书在他1677年去世时仍未完成。在这两个年代之间，他的亲身经历增加了他对政治的了解，其结果就是他在后一本著作中作了好些独特的修正。斯宾诺莎是在一个当时被当作政治自由之堡垒和宗教宽容之先锋的国度里获得其体验的。正是在荷兰，也许只有在荷兰，那些由于宗教原因而被逐出自己国家的人士才能太太平平地生活。然而就连在这里，这些避难者也完全过着隐匿的生活，在正统教士猜疑的眼光下打发时日，他们所接触的仅限于几个恩主和朋友。斯宾诺莎的《神学政治论》同时受到了荷兰共和国内宗教当局和世俗当局以最严厉言辞进行的评判，这一事实很快使他遭到与诸如门诺派那些教派的信徒相同的命运，门诺派享有的宗教宽容非常有限，并时有被剥夺之虞，他们同代表着英国清教的独立派教徒和公理会教徒保持着密切联系。看来可以肯定：斯宾诺莎对他们是熟悉的，甚至知道他们的某些民主管理教会的理想；这在多大程度上又反过来影响他的基本政治信仰，那是一个至今讨论不休的问题。人们不能不注意到，在《神学政治论》中，直接民主——在平等公民集会上做出的大多数人统治——被描述为"最自然"的统治形式，并被斯宾诺莎用来解释国家的起源和君权的性质。必须承认，以此方式产生的国家有着霍布斯笔下的国家所有的基本特征；但其基本政治民主仍是一种理想，即使它在实践上会导致霍布斯著作中的那种全能国家的产生。在《神学政治论》中有一句名言，即"国家的真正目的是自由"，它提出了作为各种形式政治组织的最终目的之概念。

　　斯宾诺莎最后如何回答"何种类型的国家是最好的？"已不得而知，因为《神学政治论》残本刚好在斯宾诺莎论述民主问题这一关键的地方戛然中止。但他最初的态度到这个时候肯定已变得不那么固执，表明这一点的是如下事实：正是这时，他在其论证中提到了另两种古典型政体，即君主制和寡头政治，并利用两者作为主题，借以进行有关可能有的最好政体之性质和功能的讨论。事实上，有许多迹象可以表明，这一改变是由他对自己生活于其下的特定制度的亲身感受所促成的。与当时所有的"共和国"一样，荷兰共和国的政治结构和社会基础也有着明显的寡头政治的烙印；这一点在斯宾诺莎在世时尤为明显，因为人民大众和王室与寡头政治抗衡的力量——奥伦治几代亲王控制下的执政制——已将其大部分权势让与显要的商人阶级，该阶级的发言人约翰·德维特大议政在国会中是首要人物[1]。这位具有广泛修养和哲学头脑的政治家同斯宾诺莎有过一些交往，这些交往至今常常有人予以过高的评估。不过可以肯定的是，斯宾诺莎是德维特的一名崇拜者，在1669年定居海牙以后对其具有选举倾向的祖国的政治日趋熟悉。他生活在一个鼓励文化繁荣的富裕国家的政治中心。极有可能的是，他目睹的证据使他相信，他如此重视的知识自由

---

[1]　见本卷第12章边码第279—291页。

在这种政体下比在民主政体下能得到更好的保护，因为民主政体中常常会发生未可预料、充满激情的群众运动，而在他所生活的世纪里，这种运动又几乎总是同宗教热情紧紧地联系在一起的。

斯宾诺莎本人肯定目睹了他所欣赏的政权在狂热暴徒的可怕暴力下土崩瓦解。实际上，他看来是 1672 年法国入侵荷兰后[①]，约翰·德维特及其弟被暗杀的见证人。上述入侵是一场持续多年的战争之起点，路易十四在这场战争中暂时取得了胜利。这一胜利也是专制君主制对寡头共和国，大陆强国对商人和水手的国家，进攻政策对防御政策，物质力量对道德原则的胜利。整个事态表明，就连最自由的宪法都不能保证国内外的安全。即使像斯宾诺莎这样遁世的知识分子也不能不注意到这一结论，因而一定是他本人的痛苦经历才导致他在最后一部著作中明显修正自己的政治思想："国家的功能纯粹是而且只能是保证和平与安全；可见，最好的国家是，人们在它那里和睦相处，他们的权利在它那里不受侵犯。"

就这样，斯宾诺莎也委曲求全地仅让知识分子在私人领域享有思想自由，从而结束了其关于理性在国家中的地位的伟大独白。实质上，这是当时明事理的自由思想家同这个世纪的全能国家达成的审慎的妥协。权力属于国家，而且——由于强权和权利是同义的——国家也有权做任何使自己能存在下去的事。然而，正是由于这个原因——为了国家利益——国家愿将思想自由的权利给予无条件承认其权威的人。实际上，导致斯宾诺莎证明全能国家之合理性的是与霍布斯同样的个人主义动机，即国家是个人安全和思想自由的保障者，不过在斯宾诺莎的论证中，这一观点能让人更深刻地感受到，而且也思考得更为透彻。尽管斯宾诺莎哲学骨子里是出于理想主义的冲动，但仍不能摆脱 17 世纪思想的局限所强加给他的功利主义的束缚。这些局限是，第一，由于自然法理论得到普遍接受，习俗总是从众人的共同需要的角度来看待国家。第二，当时的政治和宪法状况，使最富独创性、最有主见的思想家也都经久地意识到自己的思想权以及事实上自己的生存受到威胁。没有一个政治思想家能摆脱安全问题，这个问题在整个时代都居于支配地位，并构成政治思想家与政治现实发生对抗的一个

109

---

① 　见本卷第 12 章边码第 293—294 页。

重要的尽管常常是隐蔽的、未被承认的根由。斯宾诺莎是在做出种种伟大决定之时期的一个主要风暴中心遭遇政治现实的。一个恰好与他同龄的同时代人，塞缪尔·冯·普芬道夫，则是在相对宁静的德意志和斯堪的纳维亚诸邦国遭遇政治现实的。仅仅这一事实就意味深长地说明历史因素和民族因素所赋予德意志17世纪自然法理论的一些特征。

德意志同其他地方一样，17世纪中叶也成了重大的历史转折点：事实上，德意志的变化也许最明显、最清晰可见。威斯特伐利亚和约确认了德意志各诸侯国上升为独立国家这一漫长而艰难的进程。正是在战争留下的废墟上建立起那种专制君主国的胜利的权力，也正是在这些德意志小邦国而不是在大王国，个人对专制主义的压力感受最深。然而，这些国家政治生活的狭隘并非毫无活动余地；在某些方面，德意志的政治思想从中获益匪浅。和其他地方的政治思想家一样，德意志的政治思想家也乐于把新的数学科学和自然法结合在一起，但他们在德意志工作的特殊条件导致他们把在政治思想史上具有一定重要性的新思潮汇入西欧思想的伟大哲学长河之中。在这种面积很容易就丈量清楚的德意志蕞尔小国里，政治思想家不可避免地要同事实密切接触。正是因为国家干预生活的每个方面，而且正是因为这一点使任何可靠的学术生活或科学活动只有采取为君主服务的形式（如大学教师、法律顾问或外交家）才有可能进行，故而政治理论几乎总是关注着日常的政治经验，这就比其他地方更容易倾向于吸收诸如历史学和财政学等以经验为根据的研究之成果，这些研究成果为政治理论提供了可靠的知识领域，使它更接近于现实。

三十年战争的后果有助于加强政治理论和日常政治经验的这种结合；因为战争及其结果给德意志各邦国提出了一系列实际问题以及宪法和公法的问题，这些问题都必须首先从理论的高度加以考虑和解决。各邦国政府在试图解决这两种类型的问题时，从这个世纪最伟大的学术力量，即业已世俗化的自然法观念找到了一个理想的同盟。这种观念为要求君权的主张提供了可能是最强有力的支持，因为这类君权不能像较古老的王国那样诉诸王权神授理论。当这个产生宗教改革的地方其宗教活力业已枯竭之时，这类君权不受教义束缚的特点具有特殊的价值。在这些既小又穷以致强权政治很少有发展余地的邦国，其臣民的物质福利和精神福利就被视为国家最高的而且确实是真正的目的。早在 17 世纪，自然法理论就是使德意志——只有德意志——专制主义和启蒙思想相结合的根源。当斯宾诺莎受到全欧宗教界诋毁之时，却有一位德意志选侯即"一冬国王"之子帕拉丁的查尔斯·路易，给他以大学教席，这绝不是偶然的；因为查尔斯·路易想弥补其父所造成的那场灾难，不仅要采取补偿战争导致的物质损失的办法，而且要采取一种具有远见的宗教宽容政策。

这就是德意志当时最富建设性的政治思想家塞缪尔·冯·普芬道夫在著述时的政治和智力背景。普芬道夫生于 1632 年，其时正是战争犹酣之际。他的家庭环境朴实无华，其父是萨克森的一名新教牧师，希望自己的儿子长大后成为一名神学家，但普芬道夫却致力于研究法律、哲学和自然科学。在耶拿，普芬道夫受到日后也教授过莱布尼茨的数学家兼哲学家魏格尔的影响。正是魏格尔介绍普芬道夫读笛卡儿的《方法论》，或许还曾介绍他读伽利略有关物质世界的描述。因此，普芬道夫接触到了当时新的占支配地位的学术潮流，同时他在雨果·格劳秀斯和托马斯·霍布斯的著作中了解到了自然法这个崭新的世界。作为瑞典驻哥本哈根大使的家庭教师，他不自觉地同世界事务发生了联系，因为 1659 年丹麦—瑞典战争爆发时，他遭逮捕，并被囚禁了 8 个月。他利用狱中空闲的时间写出了他的第一部书《法学知识要义》。对普芬道夫以及当时另一个伟大的法律思想家格劳秀斯来说，无缘无故和纯粹由于政治原因而被囚禁的遭遇为他们提供了一种经验，构成他们对自然法原则进行反思的背景。被释放后，普芬道夫到了荷兰，从而大大拓宽了其政治和历史视野。但是他后来还为一位德意志王公服务，担任海德堡大学政治学和自然法教授，视之为发挥自己专长的所在。不过，普芬道夫在担任这一职务时，与其说他是一位学究式的法律家，不如说是一位哲学家和政治作家。直到他应瑞典国王之邀抵达隆德后，他才成为自然法和国际法教授。正是在瑞典，他于 1672 年出版了以《自然法和国家法》为书名的主要著作，确立了他在欧洲的声誉。晚年，他变成了一位历史学家：这一方面体现在他为瑞典国王服务期间写了一部瑞典帝国史；另一方面体现在他死时是勃兰登堡选侯的宫廷史官。

这些事实指明了 17 世纪一个德意志学者和国际法专家能从事活

动的环境，其中有些方面在这个时代是颇为典型的。它们也展示了普芬道夫在自然法理论发展过程中所具有的特殊地位。普芬道夫的目标是通过把各种学科及其方法结合在一起，使自然法理论形成体系。他把哲学、历史和数理科学的研究结合起来，寻求把这些学科不同的方法熔成一个单一的新统一体。这种将数理证明和经验性调查研究相结合的做法是他对学术最富创造性的贡献，但这也限制了他的视野。因为正是这些完全不同的方法的性质，使得任何将它们结合起来并将成果应用到自然法领域的尝试都不可能完全成功。结果，他内心的理性主义和经验主义发生冲突，尽管他自己并未意识到这一点。理性主义者相信自己通过理性能够找到一条道路通向人们在道德、法律和政治方面必须遵循的那些自然法原则和基本法原则。但经验主义者发现自己一开始就遇到一个问题——自然法的起源问题——尽管通过理性可以认识这一问题，但仅靠理性不能解决这一问题。正是因为普芬道夫认为自然法的起源同历史的经验相矛盾，他才既否定格劳秀斯认为法律源自社会本能的理论，也否定霍布斯认为所有人类社会都源自自我保存本能的与格劳秀斯相反的理论。因此，他不愿做出有关任何社会契约的假定，因为这种假定找不到历史证据；而是假定一种孤苦无依或"低能"的自然状态，这种状态无时无处不在，并迫使个人形成社会。通过这一世俗化的形式，路德认为国家源自上帝所制定的权宜之计的论说清晰地在普芬道夫的思想中得到共鸣。在普芬道夫看来，法律基本上也是必然的产物，不是表达什么神意的，而是表达某种明确是人意的东西。这就产生了普芬道夫毕生对之探讨的问题，即自然法与历史上存在过的真实国家之间的联系问题。诚然，他与霍布斯一样，没能将国家的权力同自然的支配看作是同义的；然而，他已非常接近于这一观点——再次与格劳秀斯形成对照——把体现在国家之中的自然法视为成文法的唯一源泉。

普芬道夫的体系是由在他之前出现的一些观点综合而成，因为作为一位政治思想家，他是博丹而且更是霍布斯的一个信徒。他也追随这个世纪的时尚，认为国家是无限君权的所在地，它不受任何教会或政治权威制约，并在种种权利上与其他所有国家平等。最为清晰地表明这一点的是他那众所周知的对德意志特殊宪法问题，即帝国与各邦的关系的态度。

一方面，德意志人所拥有的同属一个民族的意识同他们在这个世纪政治现实中遇到的新的国家观之间，不可避免地会产生冲突，这种冲突深深扎根于德意志的历史之中。在法国，国王的专制权力连同其宗教基础长期以来一直同国家对统一的要求联系在一起；甚至在英国，国家的利益与统治者的特权之间也从未有根本性的冲突，尽管对王权的范围和限度是有着激烈争议的。另一方面，在德意志新的君权观念只有利于各邦，随着这一观念的深化，不可避免地使帝国形同虚设。自主的小君主国的国家利益同包含所有小国的帝国这座古老大厦的利益之间，小君主国和帝国彼此对帝国传统宪法的解释之间日益增长的反差，在理论上和实践上都增加了重新明确规定帝国和它松散的成员国之间关系的要求。普芬道夫就是众多着手解决这一关键问题的人士之一。早在建立全面的自然法体系之前，他就发表了一部分析和批评帝国宪法的书，这是他最著名的作品，直至今天仍是德国政治文献中的经典著作之一。

当然，在普芬道夫之前，德意志已有许多重要的并广泛被人阅读的论述帝国思想和宪法的论文，而且普芬道夫也充分利用了这些论文；不过这些文章都是政治斗争的产物，因而，在最广泛的意义上来说，是具有党派性的。另外，普芬道夫自称已提出了一些比较现代的而且确实是革命性的东西；他旨在采取一种科学的方法，因而包含了对现存国家进行推理性的评论。他可能意识到了这种做法的危险性，因为他给自己的著作起了个毫无光彩的书名《德意志帝国状况》，并以"意大利旅行家塞维里努斯·德·蒙扎巴诺"这一假名发表。这本篇幅不大的书其独创性并不在于经常被引用的把帝国描写成宪法"怪物"的段落，而是在于其全新的和鲜明的不受当时所有政治权威束缚的独立性。他既不为邦主国君和三级会议的特殊利益辩护，也不为哈布斯堡皇帝的特殊利益辩护。他的立场完全是帝国的立场，但这一帝国由于没有任何单一的君权，因而在普芬道夫看来它是一种国家间的联盟，而不是一个单一国家。不管作为通晓政事者的他对此感到多么遗憾，作为历史学家的他却不能不指出，历史的发展已导致帝国永远背离单一国家的结构；一些持久的事物只能在由许多新的地区性邦国构成的框架内得到发展。由于这一理由，他把帝国视作由各国组成的联盟，而且这种观点在很长时间内对德意志的宪法思想产生了决

113

定性的影响。

这种对历史上不可改变的事实的冷静估计，是同普芬道夫政治思想的一个深层特征，即他对政治世界问题所采取的"资产阶级"态度联系在一起的。当然，他早已从现代社会"统治者"与"臣民"互为对立面的角度来进行思考，视之为理所当然之事。他关于改革的详尽建议表现出同样的"资产阶级"精神。他的许多要求——通用的货币、废除关税和贸易障碍——对德意志市民的法律地位和经济利益具有特别的影响。就这方面而言，普芬道夫堪称18世纪城市文明的前驱者之一，而德意志的城市文明又是在开明专制的保护下并在某种程度上与开明专制结成联盟的情况下发展起来的。因此，他的名字同这种典型的德意志式专制主义不可分割地联系在一起，据说，他的

114　理论就是"创立来衡量"这种专制主义的。然而，他在多大程度上认可这类小专制君主国家却不应估计过高。在普芬道夫看来，君主不如国家重要，因而他必须把国家利益置于自身利益之前。普芬道夫也坚持基督教具有超常性的思想，尽管他摒弃教条那种日益狭隘的影响。国家肯定不是为了教会而存在，但在信仰事务上，国家也没有任何强制权。普芬道夫把教会看作国家这个具有更大包容性的团体的一部分；但他也把每一个有组织的政治社会看作是基督教的——他所说的基督教是新教。纯哲学的自然宗教并未为他所设想的国家提供充分的伦理基础。这一点尤其使他既区别于法国的启蒙运动，又区别于托马西乌斯教条式的理性主义及其对天启宗教的敌视，尽管如此，在后来所有的德意志政治思想家中托马西乌斯仍是与他最为接近的信徒。

普芬道夫以显著的方式体现了他所生活的那个世纪和他所在的德意志环境特有的种种政治思潮。他的明白确切和独到见解足以表达所有这些思潮，但他不是个创世天才。的确，这一点说明了其影响和声名所波及的范围，这种影响和声名在德意志要到克里斯蒂安·托马西乌斯和克里斯蒂安·沃尔弗崭露头角后才暗淡下来。他效法在当时占支配地位的建立体系的做法，但也表明了这个世纪对其政治作家所要求的实际意识和不作空想。他也完全拥有这个世纪乐观地相信理性力量的态度，但仍扎根于自己的新教传统。大思想家的哲学洞察力在他那朴实、缺乏思辨、有时相当枯燥和迂腐的头脑中是没有的。普芬道夫在学术上的这些缺陷，曾被莱布尼茨这样的人物看出过，他曾经说

普芬道夫是"一个少见的干练的法理学家，却是一个渺小的哲学家"。

　　如果将普芬道夫同做出这一评论的那位著名得多的人士对比一下，那么这些缺陷就会表现得十分明显。无疑，莱布尼茨也代表着他所生活的世纪，而且其意义要比普芬道夫重要得多。但每一个天才都会遇到的悲剧就在于：他总是不能同他的时代完全合拍；他的视野超越了他的时代，但又每每受制于这个时代。第一个特点特别适合于莱布尼茨；第二个特点则在一定程度上适合他，即尽管命运注定他有大福，但他最终却死于孤独和失望。他的著作大部分都只完成了一半。造化并未让他记下其毕生的研究成果并使之成为一个整体，因而他的政治思想是混杂在他的基本哲学、科学和宗教伦理思想的总内容之中的。它从未形成一种能使他在政治思想史中占明确地位的精密而又自成一体的理论。他的思想部分的也是由一个卷入政治决策过程的人强烈的愿望所决定和支配的，哪怕他同这种过程只有些许关系。这也使莱布尼茨有别于他同时代的其他大思想家；在他看来，有关政治和政府的资料不仅构成了巨大的观察领域，而且他感到不得不在自己有限的可能范围内积极予以干预。尽管他不是职业的政治家，但他毫不犹豫地使用政治武器为他的庞大计划服务，因此他的生命似乎是同当时的政治和外交问题联系在一起的。他在各种出使活动以及在为王公雇主起草备忘录的过程中，耗尽了某些最好的才能。诚然，没有什么比下列事实更能说明德意志状况之狭隘和贫困了，那就是这个时代最弥足珍惜和最为自由的思想家居然屈居居尔夫世家史官之位，从而依傍于一位王公，以致在几乎是羞辱的依附他人的情况下终其一生。因此，莱布尼茨的许多政治著作纯粹是为了促进王朝的利益而作，或只涉及一时一地的事情。

　　甚至他最著名的政治著作《埃及人的智谋》和《基督教战争》也是如此。因此，这两本著作最好被看作当时历史的史料集，而不是莱布尼茨最深层信念的载体。这些深层信念所涉及的是一些远非纯日常政治领域的思想领域（确实只是在表面上涉及），即涉及莱布尼茨的欧洲文化概念，涉及其建立一个全面的科学组织的计划，以及涉及其基督教情感。这又给他提出了三大问题：一是如何看待德意志，也就是帝国与其他民族和邦国的关系；二是如何克服宗教分裂；三是如何解决基督教信仰和机械科学理论的日益增长的冲突。只有将莱布尼茨对这些问题的态度与他那个时代习惯的思想范畴结合起来考虑时，才能最深切地感受到他体现出来的学术上自相矛盾的困境。一方面，他似乎是预见未来几个世纪的先知，是正在发展的学术力量与政治力量的具有先见之明的向导，而这些力量未来的重要性是其同时代人无法见到的；另一方面，他的思想继续依赖于他那整个时代留下来的传统观念。

这在他对待自身所处的德意志政治环境的态度上表现得尤其明显。在他看来，中世纪的皇帝概念仍具有某种意义；帝国是一个比纯粹的国家联盟要大不知多少的实体；帝国是具有基督教性质的君主机构。尽管他肯定希望帝国首先是德意志的帝国，但他也把帝国看作整个西方的象征以及他所深信不疑的欧洲学术统一体的象征。在他看来，帝国"概念"，也就是他希望看到人们也理解的帝国"概念"，在政治领域的意义与他哲学中"和谐"这一中心概念的意义相同——一种较高层次的统一体，其中的各个部分都保留了自身的特征。由于这一原因，尤其是因为帝国包含多种类型的国家权力，他希望保持古老的帝国宪法。也由于这个原因，他视帝国为欧洲国家共同体和欧洲均势的必不可少的组成部分。在他看来，如果整个欧洲大陆由法国君主进行统治，那么无论是帝国还是欧洲都将受到最严重的威胁，而且当时各国权势关系的变化在他眼里似乎已使法国君主的统治成为可能。

在这里我们找到了莱布尼茨"帝国爱国主义"的根源，这种爱国主义必然是针对法国及其扩张主义外交政策的；不过，莱布尼茨认为，欧洲以及欧洲以外整个世界的统一要比德意志帝国重要。自从他会晤过彼得大帝之后，俄国在他眼里似乎为欧洲精神的发展提供了新的充满希望的园地。同时，他企盼着遥远的中国有可能加入以欧洲观念和基督教观念为基础的世界文明体系。他思想中的本国倾向和世界倾向——德意志的爱国热情连同把欧洲视为一个整体的意识——经常融合在一起。就像他的科学院计划既包括古老的帝国又包括整个文明世界一样，他的爱国主义目标也以谋求一种基本上是世界文明为终极，因而甚至在他充满失望的生命行将结束时，他仍然这样写道："我把天堂看作我的祖国，把所有进行正确思考的人士视为我的同胞。"但这种以普遍和谐为哲学指导的世界文化公民的概念，不止限于思想的领域。尽管带有一清二楚的理性主义色彩，它却有着基督教的背景，因而考察时必须将它置于这种背景之下。

从表面上来看，莱布尼茨一直是路德宗新教徒。但他的基督教信仰具有普世同宗的内容，能摆脱任何教条的束缚；而由于德意志的宗教分裂格外刺眼，也就没有哪一个地方像德意志那样能使他更深切地感到基督教世界分裂的悲惨后果。他把这种分裂看作德意志民族的不幸，同时也看作欧洲宗教和政治和平的障碍。他一生中花去不少时间，积极投身于各种使基督教重新联合的"和解"运动，以此作为实现自己的最高目的即理性统治的各民族基督教大联合的一个步骤。正是在这一努力过程中，他同波舒哀在著名的通信中发生了争论——他这位"新科学"和新教德意志最伟大的代表使自己站到了路易十四的天主教君主最伟大的知识界代表的对立面。"和解"运动失败了，这场运动注定是要失败的，因为它与政教依然联结在一起的政治现实相冲突，也是与特伦托会议后天主教①坚定不移之基本教条相抵牾的。

当莱布尼茨徒劳地弥补敌对宗教信仰之间由来已久的裂口时，他又看到了新旧两教的门下都出现了一条新的很大的裂口——基督教与 117
当代科学之间的裂口。他对这一事实之认识以及对其在未来的重要性之估计，表明他具有非凡的洞察力。莱布尼茨全面接受了他那个时代的理性乐观主义，他始终相信科学知识的理智和道德力量，始终相信通过自己同时在哲学上和科学上进行努力，就能使人类更幸福、更美好。就这一意义来说，莱布尼茨始终是"启蒙运动"的一分子；但与此同时，莱布尼茨也预见到了他自知是其代表之一，且为其提供了推动力的一种趋势之久远后果。他看到了理性主义的理智推断所隐含的危险，因而他试图警告善于应用理性主义的人士，指出他们"是在为威胁欧洲的普遍革命准备着一切"。这些惊人之语是他在世纪之交同约翰·洛克进行论战时写的。他在后半生写出这样的著作绝非偶然，因为这本著作包含了我们最后以一本名作的书名——《欧洲良知的危机》——加以命名的一个重要转变时期。这个时期包括17世

①　见本卷第六章边码第145—146页。

纪的最后 20 年和 18 世纪的第一个 10 年，这是学术生活各个方面发生突然变化的准备时期，也是政治思想潮流显然加速变动的时期。

本章所讨论的政治观点，在一些重要方面彼此颇有差别，而且它们来自十分不同的哲学、个人和民族环境。然而它们都拥有一个尽管也许是表面的但却是明显的共同特征；它们都有助于证明全权国家存在的必要性。甚至那些避免使用任何历史和神学论据而只依据自然法的作家，都把自然法看作强大君权的理性根据；而就 17 世纪的才智而言，专制权力的合法性和功利性正是通过这种理性根据得到最引人注目的显示的。然而，自然法的辩证性质，都导致它从一开始就不可避免地包含证明截然相反的政治概念之合理性所需的一切，只要出现这样的条件，即个人的"自然"权利被置于个人所归入的团体之上，以及有人进而主张国家的基础和维持不是依赖于君主的主权而是依赖于人民的主权。这种学说很久以前就已存在于人类的思想武库之中了。它在中世纪时就有人设想过，但只是在 16 世纪宗教战争期间才成为一种政治武器。以它来反对敌对国家并使其成为宗教肯定之事而充满激情的，不是哲学家富有洞察力的头脑而是加尔文教派的伦理和宗教要求。它是由一位德意志加尔文宗教徒约翰内斯·阿尔特胡修斯在 17 世纪初发展成为有关国家和社会的全面理论的。

然而，甚至这种学说也不能不采纳这个时代思潮中最重要的方法论原则，即契约论；这一理论赋予个人许多权利，尤其是宗教权利，使每个人都感到这些权利是其生来就拥有的，既不能浪费也不能放弃。一系列具体的和含蓄的政治要求都能在这一理论中找到独特的合理性，而这些要求，就像在大叛乱时期的英国提出的，几乎导致国家本身的毁灭。确实，看来是与人民主权原则一起抬头的无政府这一妖魔，成了专制君主制捍卫者最有力的反驳论据之一，而 1660—1685 年，专制君主制在理论上和实践上都达到了顶峰。尽管如此，人民主权仍然是当时最有影响、最具支配力的政治观念。它没有被不利于其发展的条件打败，而仅仅是受到限制，一旦这些不利条件有所变动，就能使它恢复生气。

同一年发生的两个事件造成了这种变动，尽管这两起事件之间没有必然的联系。它们的共同之处仅仅在于，它们以不同的方式威胁大部分人按自己的方式作礼拜的权利。一是路易十四废除"南特赦

令";二是詹姆士二世在英国继位。迫害胡格诺教徒这一反宗教改革
最后的，也是为时已晚的行动，唤醒新教世界的知识分子起来反抗那
位法国君主，而法国的加尔文宗教徒在其新基地荷兰也对专制主义发
起意识形态方面的进攻。在英国，詹姆士二世的政策对一个新教国家
有着这样的作用，即号召人民起来战斗，并使王权神授理论面对一场
挑战。在这两个事件中，人们都提出了政治自由和宗教自由的要求，
而两者的结合又使人民主权的原则具有革命性的力量。然而，法国迫
害胡格诺教徒的后果要到很久以后才显示出来，因此它并未明显削弱
法国的专制主义，而英国统治者更迭的后果却是立即的和革命性的；
因为光荣革命诞生了一位不再依赖神授观念和继承权而是由议会召唤
而登上王位的君主，尽管人们曾极力掩盖这一事实。这是光荣革命的
解决办法在欧洲具有广泛影响的一个不小的原因。光荣革命的解决办
法不仅最终成功地解决了几乎是延续了几个世纪的宪法争执，不仅是
势力均衡发生全面变动的起点，而且无论如何也是政治思想史上的一
个里程碑，即使它没有找到洛克这样一位有影响的诠释者——洛克把
它作为合乎理性地组织国家的典范介绍给整个欧洲——也无关系。

　　在历史上，很少有重大的政治事件和当时思想家对它的诠释能像
光荣革命和洛克的《政府论》那样相互契合并且相互补充。然而，
对此进行研究的学者要是明智，那就不要把洛克的论文看作是纯粹的
应景之作，不要将之看作纯粹出于党派目的有意识地为1688年革命
辩护而写的。洛克的基本政治思想不完全是在革命的影响下才形成
的。在他写《政府论》前，这些政治思想即已在其头脑中趋于成熟。
再者，英国辉格党政治家并没有依赖他的论点，因为他们所需以及所
使用的智力武器在英国宪法冲突所产生的大量论战文章中就可以找
到。人们也常常忘记，洛克的理论同传统的辉格党观点绝不是完全一
致的。一方面，"革命—辉格党"最著名的论点之一就是"国王与人
民的最初契约"，而这种契约——在他们看来——已为詹姆士二世所
破坏。另一方面，在洛克的理论中，并无国王与人民之间的"政府
契约"，而只有共同组成"文明社会"的个人之间的"社会契约"。
因此，洛克的契约是前政治的；国家的权力不是来自一项契约而是来
自由人民交给统治者的一种可以取消的"信托权"。

　　然而，在更深层的意义上，洛克依然是其同时代人和后人所认为

119

的那种辉格党宪法原则的辩护士。因为洛克为这些原则提供的辩护，不仅适合当时的物质和政治需要，而且也与永远正确的纯理性要求相一致。在进行这种辩护时，他以明了、通俗和谦和的笔调对革命解决办法作了极其适合时代倾向的诠释。他先后对其同时代人和整个18世纪的巨大影响均依赖于这两种特色的结合。他的政治哲学肯定不完全是新的，但却是长期广泛涉猎该领域的成果。他据以构筑其体系的材料都可以在无数先驱者和同时代人的著作中找到。事实上，他的许多基本观点，其他人业已更仔细地思考过或更精彩地提出过。但是，洛克以更大的清晰度和更为稳健地对这些观点重新进行系统表述，并将之与对自然状态的人之动人描写结合起来，从而创立了一种体现政治生活中不断变化的事物秩序之整个精神实质的理论。事实上，洛克的理论准确反映了一个时代的特征，即宪法冲突的激情已让位于谋求解决的合理愿望；有所节制的宗教虔诚已促使人们发现米尔顿的宗教激情像霍布斯的所谓"无神论"一样不合时宜；而"经大众同意建立的政府"也被视为安全的保证和安享私有财产的保障。

如果将洛克的学说对照他在写《政治论》时从未忽略的政治现实加以衡量，那么他学说，尤其是其自相矛盾的说法，也就无须解释，或至少消除了其中的某些自相矛盾之处。确实，洛克将其政治理论包裹在一般的哲学概念中，但这无法掩盖17世纪英国宪法的历史特征。洛克所描述的大量拥有天赋权利的彼此一模一样的个人这一虚构图景的背后是其同胞在英国所处的被掩盖了的现实。他以他那个时代的政治哲学语言所描述的，是他通过自己的观察所了解的以及当时所熟悉的英国宪法的机制和运作。事实上甚至他讨论较多的分权理论，也精确表述了英国国家最高机构之间实际权力分配的总情况。凡是看上去似乎描写不对的地方，那只不过是由于后来的宪法发展而有所超越所致；但在当时，他的描述是非常接近于现实的。这种理论之所以将重点置于权力分离之上而忽略权力间可能的联系，是由于当时的具体情况使然，这就是人们对国王时刻怀有戒心的不信任看来已达到十分严重的地步，以致要求最大限度地将立法和行政分开。如果说在他看来司法权力和治理权力在与立法机构对立时总是要合为行政机构的，那么这一事实也仅仅是反映了体现为议会的立法机构具有更大的力量。

洛克可能先是以议会为最高权力，然后又创造另一种"最高权力"即人民来限制议会的权力；初看起来，这似乎有点令人困惑莫解，但事实上这只是对当时"法律上的"统治权和"政治上的"统治权之间区别的典型表述。洛克带着有点近乎恐惧的情绪避免使用"统治权"这个词，因为在他看来，它已被霍布斯用得不可信了，但他知道它的意义以及可能转化的意义。立法机构的"最高权力"只不过是议会的"法律上的统治权"，所采取的是这种统治权在 17 世纪所发展成的并为光荣革命所肯定的形式。同样，人民的"最高权力"只不过是"政治上的统治权"，说到底立法机构是要对之负责的。但人民的权力在通常情况下并不显示出来；只是通过创建国家这一行动来证实自己的存在，而且只有在没有合法的政治权威时，它才重新采取行动。在两次行动之间的那段时间里，人民权力仍是消极的，而立法机构则是"最高权力"。洛克给予作为一个政治群体之人民的唯一权利是当从前合法的立法机构失去信任时才可进行的有限制的反抗权。因为洛克绝不是一个民主主义者，同与他持相同观点的辉格党人一样，他全盘接受传统的宪法，就他们毫不动摇的观点看来，这种宪法业已完全为光荣革命所恢复。

于是 18 世纪的人们从洛克的著作中看到的，是英国宪法这个基本上完整因而是神圣不可侵犯的结构：这就是为什么后代给予他以几乎是典范地位的原因。这同样也是他的思想引起人们很大误解的原因。当产生这些思想的环境早已改变时，这些思想仍被看作政治智慧中的不易之言。他如此有效地帮助炮制的有关英国宪法的神话，像一片灿烂的云彩在他身后飘荡，使他成为西欧启蒙运动的精神之父，以及这一运动产生深远的思想后果和政治后果的精神源泉。另外，在英国本土，他被视作稳定和传统的有力辩护者——这也说明了为什么从洛克到卢梭以及从洛克到伯克之间存在着一条清晰可辨的影响线。

（吴世民　陈祖洲　译）

第 六 章

教会和国家

　　无论是天主教徒，还是新教徒，都对威斯特伐利亚和约感到十分失望：兵刃相见的结果，并不像双方极端分子所曾指望的能给自己带来最后的胜利，而只不过是使宗教分裂的局面长期存在下去；于是天主教徒、路德宗教徒和加尔文宗教徒不得不在一个各种思想以及体现这些思想的制度正发生巨大变化的欧洲和平共处。但是和约签订后的40年，不仅存在着各教派之间的彼此憎恨以及试图消除这种憎恨的努力，而且在西欧和南欧的好几个国家，教会和国家的关系也日趋紧张。有的是，这种冲突单纯表现为世俗权力和官方承认的教派之间的冲突；还有的是，由于存在宗教少数派（天主教徒或新教徒或两者都是），形势更为复杂。

　　乍看起来，政教关系这个地方性问题在本时期似无理由会出现加剧甚或显著变动的情况。17世纪中期并未受到像宗教改革这样尖锐而普通之危机的震撼。然而，还是发生了一些即便不是惊人的，但也是十分重要的变化。其中最重要的是，好几个国家（既有天主教国家，也有新教国家）出现一种趋势，即其政府变得越来越专制，因而越来越难以容忍与己竞争的或自己身旁的权威，这样的权威要数教会最为重要，因为教会要求人们绝对的忠诚。对于这个问题，路易十四做出如下有利于国家的判定："国王是绝对的主上，他们天生对俗人和教会的一切财产均有完全而又自由的处置权，也就是说，可以像一个明智的分配者根据自己国家的需要来使用这些财产"；他又说，"那些神秘的名堂，即教会的特权和特许……与所有信徒，不管他们是俗人还是出家的，都有着同样的关系，因为他们都同样是这同一位母亲的儿子，不过……这些特权和特许既未免除俗人也未免除出家的服从君主的义务，福音就明确告诫信徒：他们得服从君主"。① 随着更明确地视君权为国家象征之思想（不管如何表述）渐渐发展，那种把教会看作平等伙伴的观念就几乎没有什么活动余地了，至于神权政治，那更是一点门儿也没有了。这种政教之间不可避免的冲突绝大部分采取传统的形式。反对教士豁免权以及反对教会司法权并非什么新鲜事，但如今国家更有能力，也更想使之有效。教士缴纳的各种捐税早已成为大多数国家税收的一个重要部分，然而教会那些未经挖掘的财富，对于难以支付其高昂战争费用的政府来说，仍然具有挥之不去的诱惑力。国王及其较有势力的臣下长期以来就在试图将教会的圣职授予权收入囊中，为自己所用，而到这个时候，这种剥夺行动更是无情地进行着。当国家利益更为公开地支配欧洲统治者的内政和外交政策时，王权神授的理论成为强调（尽管有点似是而非）君权的无可置疑的源泉，并给予国家以独特的宗教上的认可。因此，教会看上去越来越像是世俗政府的一个有用的，但绝不是必不可少的支柱，尽管教会的影响是到处都未加以低估的：例如所有统治者都意识到，调节布道坛的声调是一种基本的政治艺术。把教会当作国家一个部门的想法由来已久，但只是到这个时候，才更有实现的可能。

　　然而，在某些方面，最为重要的是智力氛围的变化。开始于 17 世纪上半叶的思想与观点趋于世俗化和理性化的进程加快了步伐，并且随之而来的是一种新的怀疑态度，这种怀疑态度尽管在某些方面是健康的，却不可避免地要破坏旧秩序中的许多事物。笛卡儿哲学开辟了一些连他本人也从未想过要去走的道路。实验科学所促进的实证方法逐渐导致人们对书本权威提出质疑，而对待历史则更带批判性了。尽管这些新的思想方法已在开花结果，但其全部成果是在 1688 年之后而不是之前才明显起来的。在本时期更具即时重要性的是这样一个事实，即有关社会便利和物质繁荣的论点，在对贸易有着直接利害关系的中产阶级获得较多政治权力的地方（如在联合省以及较小范围内的英国），正在赢得一种新的尊重和影响。甚至在神学界，认为强调人们可以接受的观点要比争论其分歧点可能更为有利的思想也逐渐

---

①　《一位国王在治国之道方面的训诫：路易十四致其继承人的信》，J. 朗衣编，赫伯特·威尔逊译（伦敦 1924 年版），第 149 页。

占据上风，不管它在德意志是采取诸说融合的形式，或在英国是采取宗教信仰上自由主义的形式。天主教徒和新教徒都注意到了教会大分裂所带来的耻辱，并谋求促成教会重新联合的计划；新教徒更是开始认真提出信仰自由的主张，尽管这被看作是因未能消除所有宗教分歧，故而退而求其次的方法。

然而，到这时为止，无论是国家提出的新主张，还是思想界的日益自由化，都不表示宗教生活强度的广泛消退，以扬森派、寂静派、虔敬派和清教及其所有变种为形式的宗教生活，显示了基督教在寻找新的表达形式方面的勃勃生机。的确，有一个论点似乎颇为有理，那就是在某些国家，尤其是法国和奥地利，反宗教改革的力量到这个时候才全面展示出来。事实上，正是世俗统治者的野心，与宗教信念的这种强度并驾齐驱，才使得这个时期政教关系具有独特性，仿佛夹入宗教战争时那阵急风暴雨和 18 世纪那种昏昏欲睡局面之间的一个过渡。当然，政教冲突的程度并非到处都一样，在有些国家，这种冲突主要表现为经常发生摩擦，而不是呈公式化的对抗。

与世俗政权对抗的宗教势力在力量上也不尽相同。路德宗由于缺乏国际性的组织，总是倚重于世俗的支持，但绝不是一味屈从。加尔文宗由于 17 世纪初内部发生分裂，开始失去一些冲劲，到 1648 年已不再能赢得超国家的忠诚，尽管它的势力在较小的范围内仍极其强大，罗马依然拥有广泛的影响，操纵着大量一心尊重其权威的坚定信徒。耶稣会和托钵修会属下的国家性机构以及教皇使节坚决拥护教皇至上主义。在激励对土耳其人发动进攻方面，教皇仍然起着举足轻重的作用，但在其他方面，其政治力量已逐渐衰落：自威斯特伐利亚和约以来的所有重要和约都完全置教皇于不顾，这一方面表明教皇的声望江河日下，另一方面也表明欧洲生活日益世俗化。每次教皇选举以及每次新的红衣主教提名，都显示出罗马教廷容易受到法国、西班牙和奥地利等大国的压力。不过，在一位才华出众或充满活力的教皇治下，罗马仍是新教国家和天主教国家需要认真对待的一股力量。由于众多的原因，英诺森十世（1644—1655 年）和亚历山大七世（1655—1667 年在位）都未给人留下深刻印象，而克雷芒九世（1667—1669 年在位）和克雷芒十世（1670—1676 年在位）则通过温和公正的努力，赢得较为普遍的尊敬。不管怎么说，英诺森十一世

（1676—1689 年在位）尽管有这样或那样的缺点，仍是一位无愧于伟大传统的教皇，他那沉着的固执完全堪与路易十四的所有外交手腕和暴力相匹敌，而他的品性也赢得了整个欧洲的称慕。

在德意志，这一时期教会与国家的历史有许多方面都是对奥斯纳布吕克条约的注解。该条约系由神圣罗马皇帝斐迪南三世与瑞典人以及双方的盟国签订于 1648 年 10 月 24 日，而且就其主要宗教条款而言，基本上是奥格斯堡和约（1555 年）的扩充而不是修正。据约，加尔文宗教徒经过多年争吵之后最终获得了与《奥格斯堡信纲》之信徒相同的权利，而信奉加尔文宗的各地君主与信奉天主教和路德宗的各地君主一样，享有决定自己土地上信奉何种宗教的权利（宗教改革权）。还规定了特别办法，以便一旦统治者改变自己的信仰时（例如，1613 年，勃兰登堡的约翰·西吉斯蒙德放弃路德宗而皈依加尔文宗），所在邦国的国教得以保持不变。尽管条约的措辞模棱两可，但也有一些条款允许给予那些与统治者信仰不同的臣民以某些实际的宽容，不过除了几个规定的地区，这不适用于哈布斯堡的任何领地。凡是 1624 年就已存在的各种礼拜自由，包括公众的和私人的，都允许继续存在下去（希尔德斯海姆教区除外），直至教会重新联合时为止。那些在 1624 年除了进行与统治者相同的宗教仪式之外并未享有履行宗教仪式自由的信徒，现在都被给予私人礼拜的权利和用自己的信仰教育自己孩子的权利；这些教徒不会被剥夺任何世俗的权利或死后不能举行基督教葬礼的权利。不过，另有一条款似乎允许将非国教徒强制迁移的行动。这些条款在实际上究竟产生多大的效果，这很难说，但在理论上却是达成了一个相当宽容的解决办法，同欧洲其他许多地区的情况相比，德意志的形势要有利一些。

特别重要的是就三十年战争期间争夺非常激烈的教会领土和圣职任命权进行了裁决。有关这一问题的谈判旷日持久，其主要困难是如何确定一个对解决各种土地的归属具有决定意义的日期，最后选定了 1624 年 1 月 1 日（尽管这不适用于皇帝的世袭土地），这个日期对新教徒有利，因为它无视 1629 年《复原敕令》① 的后果和天主教徒的一些重要军事占领，而仅仅把新教徒所垂涎的许多教堂留给天主教

① 关于《复原敕令》，见第 4 卷第 11 章。

徒。因此除非在条约中有特别规定，不管何种教派在 1624 年 1 月 1
日前所拥有的主教区、宗教设施或教产都保持不变，直到教会实现重
新联合时为止。为使这一裁决具有永久性，做出一条决定：如果神职
人员改变了信仰，其神职也随之失去；此外，如果总教堂的牧师会人
员不属同一教派，则今后在会中天主教徒和新教徒将各占相同的比
例。这些措施阻止了进一步世俗化，也消除了改宗新教的主要物质诱
因。结果，新教势力在北方依然很强，但在南方则是天主教占统治地
位，符腾堡公国和巴拉丁是南方仅有的两个大新教地区。

　　英诺森十世在其 1648 年 11 月颁布的《对主殿之忠诚》的简短
诏书中对上述解决办法的谴责，实际上毫无意义，因为德意志天主教
徒除接受和约外，别无选择。当然，双方都没有得到完全的满足，而
且在某些地区，条约的规定很难实现：例如，在 1634 年后修道院得
到恢复的符腾堡天主教徒慢条斯理地放弃其重新获得的财产。天主教
强有力的传教活动，哈布斯堡强大的政治力量，以及法国以"德意
志自由"的"保护者"自居而时时准备干涉德意志事务的行径，不
断令人萌发新教地位和普遍和平岌岌可危的担心。1653 年由帝国议
会中的新教成员建立的福音派同盟和 1658 年建立的既有天主教诸侯
参加也有新教诸侯参加的莱茵联盟，除了其他较为特定的政治目标之
外都在寻求坚持奥斯纳布吕克条约中有关宗教条款的途径。但是尽管
互不信任，和约的字面意义却并未遭到重大破坏，然而其精神实质则
常被置之不顾。

　　在德意志各邦内部，一时成风的政教问题大相径庭。认为宗教上
一致是国内团结的必要前提这一强烈信念继续支配着信奉天主教的统
治者，尽管 1648 年条约的条款以及（特别是哈布斯堡诸领地内的）
紧急事件都阻碍着完全的重新天主教化。在战争引起的纷乱最为厉害
的地方，对教会进行全面重组有时是必要的，例如查理·路易选侯于
1649 年复位时，莱茵巴拉丁所进行的加尔文宗或归正宗教会的重组
就是如此。同年，宗教法庭恢复原状，但和约措辞的模棱两可，导致
人们经常对以下问题发生争执，即加尔文宗是否将被视作官方宗教，
而查理·路易选侯的宗教宽容观以及对教会重归统一的关心，又使归
正宗无法获得选侯全心全意的支持。在黑森—卡塞尔，信奉加尔文宗
的方伯威廉六世与为决定教团问题而建立起来的委员会发生了严重的

争执，以致 1657 年最终成为法律的那项计划是在不顾归正宗牧师极
力反对的情况下通过的。勃兰登堡大选侯本人是一位加尔文宗信徒，
他发现很难使勃兰登堡和普鲁士的路德宗教徒（在他的臣民中占压
倒性的多数）与加尔文宗教徒和平相处。他本人对神学争论漠不关
心，但路德宗牧师却不是这样，结果在 1662 年引发了严重麻烦，那
年路德宗和加尔文宗的代表被召来柏林讨论重新联合的问题，双方未 127
达成一致意见。牧师们在布道坛上指名道姓地互相谩骂对手的做法发
展到恶意中伤的地步，以致在 1664 年有一敕令禁止这种人身攻击，
禁止公开批评其他教派，并要求牧师在写作时遵守敕令的规定，否则
将被革除教籍。路德宗中有一个强有力的少数派（包括著名的讲道
牧师兼赞美诗作者保尔·热拉尔）进行抵制；腓特烈·威廉千方百
计使热拉尔恢复原职，但他在 1666 年再行辞职去了萨克森，并公开
声明，"我无法把加尔文宗教徒视作基督徒"，这倒是与官方的政策
更为一致。这批不顺从者获得勃兰登堡议会和柏林市镇的支持。在普
鲁士公爵领地，处于正统地位的路德宗特别强大，这里的加尔文宗教
义很迟才被完全宽容，而加尔文宗教徒则不能担任绝大多数重要的官
职。另外，在克莱沃公爵领地，大选侯却是被迫保护路德宗教徒不受
加尔文宗多数派的欺压。尽管腓特烈·威廉反对天主教教义，但对自
己土地上的天主教少数派一般地持宽容的态度，就像他对自己土地上
的索齐尼派教徒和门诺派教徒也持宽容态度一样。他在 1662 年和
1664 年所颁布的信教自由敕令，除了宗教和智力上的信念外，希望
增加本土的人口和促进本土繁荣可能也是一个强有力的原因，不过他
确实对教会重归统一感兴趣，并试图在自己的领地上促进这种统一，
尽管没有取得成功。他对待教会问题基本上持专断和世俗的态度，他
把自己视作自己土地上的最高主教。

　　虽然德意志新教的政治领导权在某种程度上已落到了勃兰登堡手
中，但萨克森（1648 年时，其选侯曾坚决反对加尔文宗教徒在帝国
中享有平等权利）仍然以路德宗为正统，而萨克森的维藤贝格大学
是丝毫未加修改的路德宗信仰的发源地。不伦瑞克开明的黑尔姆施泰
特大学内主张不同信仰妥协调和的思想占据上风，该校有一位温和的
神学家乔治·加里斯都在 1650 年曾评论道，"如果事情继续按萨克森
选侯的主张发展……我们就会有一位新教皇和一种新宗教"。汉诺威

的情况则迥然不同，其统治者约翰·腓特烈公爵已于 1651 年改宗天主教。他虽未能给与其同一教派之臣民以很大的宽慰，但他却把各教派的杰出人物，包括伟大的莱布尼茨，罗致于自己身边。他的继承者埃内斯特·奥古斯都之妻，即不幸的巴拉丁选侯腓特烈五世之女索菲娅，继续支持教会重归统一的计划，而她的影响有助于使汉诺威成为心平气和而又合情合理地讨论宗教问题的中心。

整个这一时期，大家族继续垄断着天主教与新教的主教职位和教会财产。巴伐利亚的维特尔斯巴赫家族控制北德一大批主教区，哈布斯堡家族的成员则常常控制另一些主教教座，而新教的世家大族则更为牢固地控制着世俗化的主教区，尤其是在北德地区。德意志的天主教大教堂和新教大教堂的许多受俸牧师，即便不一定要求由有贵族血统的人士担任，但也要求由有一定社会地位的人士担任，这也就加强了贵族对天主教和新教教堂的控制。不过出身高贵和政治牵连不一定就意味着无能：本时期最著名的两位教区的掌管者是明斯特主教克里斯托费·伯纳德·冯·加伦和帕德博恩主教费迪南德·冯·菲尔斯藤贝格。

西班牙及其欧洲属地的历史、葡萄牙（1640 年获得独立）的历史以及威尼斯的历史，三者都充分表明：尽管统治者和人民同为坚定的天主教徒，不存在宗教少数派问题，而新思想产生的影响也较为微弱，但有关政教关系的各种麻烦还是有可能会发生。在西班牙，教会与国家如此密切地结合在一起，以致西班牙教会有时被说成是国家教会，西班牙国家则被说成是教会国家；而异端裁判所归国王而不是归教皇控制则更是这种政教关系的典型。不过，人们常常会夸大双方利益一致的一面。所有眼光敏锐的批评家都承认，西班牙的教士和僧侣过多，西班牙教会的财产也过多（约占全国 1/5 的土地），而其所缴纳的赋税与其财富很不相称，尽管它对政府贡献甚大，而且一般来说国王也从异端裁判所的聚敛中获益匪浅。教会的状况也难以令人满意。由于特伦托公会后所发起的建立神学院的运动在西班牙里足不前，绝大多数乡村教士穷困潦倒且其中许多人愚昧无知。主教团主要由一些勤奋工作和严肃认真的人组成，不像当时的法国和德意志那样明显具有贵族成分；不过，塞维利亚和巴伦西亚这样的富裕教区与卢戈和奥维多这样的贫穷教区之间仍形成大有关碍的对比。值得注意的是，与法国国王不同，西班牙国王除东西印度外，拥有很少的圣职授予权，即使他们所能行使的圣职授予权中有些也是来自教皇的赐予。与其他国家一样，西班牙的各种教会管理机构也为大小贵族的获利大开方便之门，而种种弊端所受到之欢迎大概也不亚于所受到之谴责。

因此毫不奇怪，尽管西班牙充满崇奉天主教的热情，但菲利浦四世仍在寻求某种办法限制天主教会的财富和权力。部分地在教皇的支持下，他发动了改革教士和各宗教团体的运动，禁止进一步增加永久保有的财产，并对教士征收某些赋税。但反对任何根本性改革的势力过于强大，以致改革未取得多大的成功，而菲利浦本人（1643 年受到修女玛丽亚·德阿格雪达的强烈影响）也没有全身心投入改革运动。在查理二世的未成年时期以及后来在其凄惨的亲政时期，很少有进一步的作为，而事实上其母后的忏悔神父即奥地利耶稣会会士尼塔尔神父于 1665—1669 年掌握政治权力，标志着教士重新控制着这个国家的大政方针。但在 1667 年，改革各教团之议再次引起争论，因而建立新的宗教团体更为困难。尽管 1680 年查理二世同法国的玛丽·路易斯结婚时，宗教裁判所曾做出判决以示庆祝，为此有 118 人被判刑，有些后来还被烧死，但宗教裁判所的权力还是稍稍有所削减；1677 年，查理宣称只在涉及俗人和世俗财产问题时开除教籍的做法才为不合法，故而仍在企图抑制宗教裁判所过多的司法权力。但 ¹²⁹ 这些措施并未预示西班牙崇奉天主教的热情有丝毫真正的减退。相反，作为反宗教改革重要结果的传教活动不断发展，耶稣会的活动尤其大获成功。

在西属尼德兰，尤其是在卢万大学的影响下，扬森派教义（详情见后）传播极广，并使政教之间产生了独特的麻烦，特别是在下列问题上，即教皇的诏书应由什么权力机构来公布，教皇的诏书是否一定要得到国王的认可才具有合法性，以及罗马在该地的司法权限。在那不勒斯和米兰，西班牙当局同教皇也发生冲突，主要是在教皇的权限、避难权以及对被镇压的宗教团体之土地如何处置等问题上。在最后一个问题上，罗马与威尼斯和热内亚两共和国之间也存在冲突。由于西班牙的领土也毗邻教皇国，教皇除了嘴上说说褫夺教权和其他教会惩罚之类的话之外，不敢贸然采取决定性的行动，因而西班牙控制的各地政府与教皇的关系，主要是一些摩擦而不是公开冲突。

在这一时期初期，葡萄牙教会就一种特定意义而言乃是政治的牺牲品。正在领导葡萄牙人进行反对西班牙争取独立斗争的布拉干柴王朝国王若昂，于1654年派索多费塔修道院院长到罗马去游说，要求有权提名主教的主张，这既是为了提高自己的威望，也是为了加强自己对本国的控制。如果教皇同意若昂的这一要求，也就等于承认若昂为合法统治者，由于西班牙仍然非常强大，这样做将十分危险，故而英诺森十世决定自行派主教到出缺的瓜达、米兰达和维塞乌三主教区。在法国的支持下，若昂（他曾威胁要召开全国宗教会议）未经教皇批准就任命了另外三个主教区的主教，这样就关闭了和解的大门。当罗马的亲西班牙派和亲法国派在承认若昂的问题上发生激烈的争执时，葡萄牙教会每况愈下。到1649年，葡萄牙只有一位主教的合法性无可置疑。僵局是直到1668年才打破的，当时葡萄牙与西班牙签订了和约，这也就有可能使出缺的主教区得以按照教规补充主教，国王在未来的提名权得以解决，教会的秩序得以重新建立，而宗教分裂的威胁也终于消失。当1667昏庸无能的阿丰索六世被废黜而由其弟佩得罗二世继位时，又发生了另一场危机[1]。在法国的影响下，阿丰索之妻、萨伏依的玛丽·弗朗索瓦为了使自己能同佩得罗结婚，向里斯本而不是向罗马申请解除同阿丰索的婚姻；再者，特许她同前夫之弟结婚的是她当时在法国的叔叔、红衣主教旺多姆，而不是教皇，因此其合法性颇值得怀疑。路易十四利用玛丽·弗朗索瓦维持法国在葡萄牙的利益，千方百计阻止罗马的干涉；但由于那位王后心存疑虑，克雷芒九世最终将问题提交给红衣主教会议，由其批准此项重新缔结的婚姻。直到这一问题解决后，葡萄牙和罗马才能恢复全面的外交关系。在17世纪后期，双方的摩擦相对来说比较少。

通观本时期，威尼斯与教皇之间的麻烦非常独特。一方面，教皇为支持威尼斯对土耳其进行的战斗而慷慨地从教产和教士赋税中拨出大量补助金充作战费，例如在1653年、1657年、1660年和1667年就是如此；另一方面，双方在教会的司法权、主教的提名权、对宗教裁判所权力的遏制，以及驱逐耶稣会会士（至1657年才重新予以接

---

[1]　见本卷第16章边码第396页。

纳）等问题上常常发生冲突。1684 年威尼斯加入神圣联盟[1]，这在某种程度上是英诺森十一世讨伐土耳其政策的一个胜利，但在教会事务上，威尼斯人决定维持他们自己的独立传统。因此，双方之间依然紧张如故。

法国是政教各种激烈冲突的中心。这不足为奇。第一，路易十四是当时最野心勃勃的统治者，而他那自诩为一个以神授王权、历史传统和国家利益为根据之权威的姿态，更在许多方面同教皇发生冲突；而且由于路易十四可以依赖法国教会中主张限制教皇权力的派别支持自己的反罗马事业，因此这种冲突中含有教会内战的因素。第二，路易十四之尊重正统和偏爱一律又与久已确立的对其新教臣民以及对其天主教的扬森派臣民的宽容政策格格不入。第三，本时期法国的宗教生活明显地富有活力，且形式多样，而众多各阶层各教派的法国人又同样明显地对自己的国王充满了爱戴之情，这就使许多人面临一场以最尖锐形式表现出来的向谁效忠的内心冲突。无论是教皇的政策，还是路易十四的政策，都缺乏一致性。例如，罗马对待扬森派教义的态度，在英诺森十世时和在英诺森十一世时就有很大不同；而路易十四希望宗教一律，也迫使他一方面欢迎，另一方面又反对教皇干预法国的宗教事务。

法国教会中限制教皇权力的传统或多或少限定了路易十四统治时所有的教会争执。但限制教皇权力者的观点不易概括。在 1648 年，既不存在"限制教皇权力主义"一词，也没有任何精确表达的理论可用这个词来称谓，即便在 1682 年出现了"四项条款"，但到 1688 年仍无"限制教皇权力主义"。然而，时人每每谈到"主张限制教皇权力的教会"及其"特权"时，总把它们视为同教皇的企求和教皇至上主义要求相对立的事物，而法国人也怀疑在教皇的企求和教皇至上主义要求背后，西班牙在作祟。然而，对法国国王、巴黎索邦神学院的教师、巴黎高等法院和法国主教而言，这些词的内涵是不同的。国王所持的限制教皇权力主张，是要维持 1516 年的《波伦亚教务专约》和其他协议，而且随着客观形势的需要，更是以法国国王的权力直接来自上帝无须经过任何中介，并有权处置所有世俗财产和教会

131

---

[1] 见本卷第 19 章边码第 471 页；第 20 章边码第 498 页。

财产那种自夸自耀的大话为依据，进而要求控制法国教会。巴黎索邦神学院则谋求维护各种准则，包括捍卫宗教会议的权威，反对教皇至高无上；捍卫主教制这一神圣机制，反对下列主张，即认为教皇是普世主教，教会是教皇属下的一个专制王国，所有其他权威都不过是教皇所差遣的代表。主教们限制教皇权力的活动要软弱无力得多，他们是凭借国王的支持来反对教皇或世俗的侵凌，故而常常成为政治需要的牺牲品。高等法院则急于保证国王在世俗事务方面的独立性，并驳斥任何下列的主张，即认为法国天主教所拥有之权利的基础是教皇可以废除的某种特权，或纯粹是一种惯例。他们以早期教会史的资料为佐证，利用自己的学识对近世教皇的企求发起挑战，并大肆宣传国王应对教会行使君士坦丁尤其是查理曼曾经享有的那种权力。5 年一次的教士大会提供了定期广泛宣传这些观点的场合，在这样的大会上，国王往往能获得宝贵的捐献。

　　然而，并不是所有法国人都赞成限制教皇的权力。事实上某些团体，例如耶稣会和托钵修会，都拥有强烈的教皇至上观点，坚持教皇是教会所有权力的源泉，贬低主教和宗教会议的重要性，并强调教皇在有关信仰的争论方面是永无谬误的。但是尽管修士在有教养的人士中的影响微不足道，可耶稣会会士虽因其神学上的道德观而普遍受到猜疑，仍享有很高的声誉，他们通过听取忏悔指导许多法国人（包括国王）的精神生活，并在他们创办的学校中训练法国名门望族的男孩。在虔信者有着巨大影响的各种宗教改革中心，教皇至上的思想也不弱。称得上是虔信者的那些善男信女绝不是单一的团体，但他们都具有宗教狂热，其天主教教义地道得无懈可击，他们都顺从其精神导师的旨意，且都打心底有着要使主的王国在尘世扩张的个人责任感。他们深受下列著名人物的启发：法国奥拉托利会的创始人皮埃尔·德贝吕勒（1575—1629 年）、强调博爱行善的坚韧改革家圣樊尚·德保罗（约 1580—1660 年）、创立圣苏尔比斯神学院的让 – 雅克·奥利埃神父（1608—1657 年），以及以其力主更好地训练教士的工作和促进人们敬拜耶稣圣心而享有盛名的虔诚传教士圣让·厄德（1601—1680 年）。虔信者既在对人类问题的抨击上注重实际，而在其对上帝的态度上又是神秘莫测的，他们既充满自我克制的理想，但又知道把宗教生活消磨在有效工作之中是最受欢迎的。因此他们通过各种社团开展活动，其中最著名的是成立于 1627 年的"圣礼会"，该会后来在 1666 年由于政府对其秘密活动方式和深不可测的力量产生怀疑而被取缔。"圣礼会"通过其有影响的成员（包括许多有很高社会地位的世俗人士）干预社会生活的各个方面，寻求改革道德之道，促进传教活动，推行慈善事业，抵制假冒新教的异端或扬森派的潜在危险。由于强调有效工作和直接行动，绝大多数虔信者不相信学术，也不相信五花八门的限制教皇权力理论所倚仗的历史论据和法律论据。该团体在政治上和社会上都很有权势，受到法国王后奥地利的安娜和玛丽亚·特利莎以及宫廷中许多显贵的支持。他们所施加的影响，加上马扎然微妙的外交，可能足以解释法国为什么有相当一段时间能同教皇保持比较平和的关系，直到 1661 年路易十四因对其母后进行反抗才改变了法国政策的基调。

扬森派运动是本时期政教关系上发生第一次危机的诱因。扬森派运动得名于 1638 年在伊普尔主教任内去世的科内利乌斯·扬森。卢万和巴黎分别于 1640 年和 1641 年出版了他的《奥古斯丁书》。尽管此书在西属尼德兰影响很大，但其作用却是在法国最为明显，因为法国有扬森的生死之交、圣西尔修道院院长让·迪·维吉耶·德奥拉纳，他在此前 20 年建立了一个以严明戒律和禁欲苦行思想为基础，促进反宗教改革活动的派别，该派别从贝吕勒和奥拉托利会受惠匪浅，并在神学上从圣奥古斯丁的教义中吸收了许多东西。到 1640 年，该派别中最重要的是由温文尔雅的阿尔诺家族把持的田野静室和圣西尔一些赞成他对耶稣会会士及其不严肃神学进行攻击的朋友和崇拜者。扬森派运动也像限制教皇权力的运动一样，都不是有凝聚力和统一的运动。但扬森派的支持者有着一些共同的信念，尤其是关于皈依和命定的信念，他们认为只有当神恩降临时皈依才能有效，并宣告那些未蒙神恩的人将陷于永远沉沦的境地。这种明显苛刻的教义，由于 1643 年安东尼·阿尔诺那本具有广泛影响的《论常领圣体》的出版而有了促使道德和精神生活发生革命的力量。该书批评放任分子和耶稣会会士的思想，并主张在忏悔者的悔悟未经证实之前不能拜领圣体。尽管教皇于 1643 年发布的《最高训谕》诏书谴责《奥古斯丁书》，但扬森派的力量在接着的几年中继续壮大；通常它能获得巴黎高等法院和巴黎索邦神学院部分教师的支持，不过反对扬森派的力量

133

也颇为强大。不仅耶稣会会士是难以和解和强有力的敌人，而且政府原来隐藏未露的不信任感也逐渐变成了公开的敌意，当时有着很高地位的扬森派分子及其支持者，包括巴黎大主教的副于德雷斯红衣主教，被怀疑参与投石党运动①。扬森派运动对教会团结和国家统一的威胁确实不容忽视；但政府进行干预的结果之一却是加强了限制教皇权力运动中国王最不易控制、最可能产生新的摩擦的那些因素。

　　1649 年是新阶段开始的一年，当时巴黎索邦神学院理事尼古拉斯·科尔内拿出一些宗教主张供其同事非难，据说其中有 5 条来自《奥古斯丁书》；尽管当事人上诉巴黎高等法院要求进行干预，但所有主张仍遭到谴责。当教皇被请求对此判定予以确认时，主张限制教皇权力的势力展开了新的反对行动。英诺森十世任命了一个委员会，经过多年的讨论，该委员会的结论体现在 1653 年 5 月教皇颁布的《适逢》诏书中，其内容是对五条主张进行谴责。扬森派分子反驳说，尽管教会在信仰方面永无谬误，谴责那五条主张也是合法的，但问题是这些主张事实上在《奥古斯丁书》中根本找不到，而在这样的情况下，教会就不能说是永无谬误的；于是法律（driot）和事实（fait）之间的这种区别从此成为争论中头等重要的事情。马扎然担心罗马对囚禁德雷斯会感到不满，同意公布教皇的上述诏书，尽管这样做肯定会招致主张限制教皇权力者的批评。在颇费一番功夫之后政府才得以劝使法国教士特别大会于 1654 年 3 月宣称：五条宗教主张是"因其本来的意义即扬森的意义"而遭到非难的，该决议并经英诺森的九月敕书认可。这些裁决摧毁了扬森派关于法律和事实之间有所区别的论点，而马扎然和图卢兹大主教皮埃尔·德马卡计划要所有教会人员都签名同意使用反扬森派信条的礼仪书之措施，又于 1656 年 9 月为教士大会——这次大会也确认了 1654 年特别大会的各项举措——所批准，这就进一步减少了任何和解的机会。与此同时，扬森派遭受着时坏时好的命运。1656 年 1 月，安东万·阿尔诺被逐出巴黎索邦神学院，但布莱兹·帕斯卡（一位与波尔罗亚尔修道院保持密切联系的"大人"之一）为阿尔诺及事业辩护而写的《致外省人书简》却成了扬林派运动进一步发展的刺激剂。然而，尽管礼仪书

---

① 关于投石党运动，见第 4 卷第 16 章。

还没有强制普遍实施，扬森派也还有着反对教皇权力者的支持，但政府与扬森派的敌对状态甚至在 1661 年马扎然去世前就有所增强。

路易十四的亲政开启了一个进行残酷迫害的时期。种种措施用来对付波尔罗亚尔修道院，该院在持对法律与事实之间有所区别的观点仍可予以宽容之时抵制签名同意礼仪书的行动就已颇为广泛；而在宽容取消之后，该院的修女是"完完全全地"拒签，而且还有昂热、博韦、阿莱特和帕米尔四地区的主教加入了反抗的行列。为了结束一小撮妇女、几名主教和神学家违抗教皇、国王和全国教士大会旨意的局面，路易十四于 1665 年 2 月要求亚历山大七世提供一部附有礼仪书的宗教法规并权威性地规定所有教士和修女都应签字予以同意。这位国王的呼吁与他最近对罗马所采取的侮辱性政策却是令人难以理解地很不合拍。1662 年，教皇的科西嘉卫士与法国大使的随员在法尔内斯府邸（法国驻罗马大使馆所在地）发生冲突，此事发生后路易十四拒绝了教廷的任何道歉或和解的举动，出兵侵入阿维尼翁，并威胁教皇国。最后亚历山大七世被迫于 1664 年同意屈辱的比萨条约，据约，要在罗马树立一角锥形石柱，以示教皇接受法国的要求，即从此以后罗马教廷不再雇用科西嘉人为卫士。

然而教皇出于一贯敌视扬森派的信条，难以拒绝路易十四的要求，但 2 月 15 日发布的《传道制度》诏书仍巧妙地强调宗教争论的处置纯属专归罗马管辖的事务，对此国王和主教都是无能为力的。于是需要有一点正当理由来劝使巴黎高等法院登记根据教皇诏书拟出的敕令以及附加的内容，即在签字同意礼仪书时（此事必须在 3 个月内完成）不得使用任何"区别、解释或限制"。四名主教拒绝接受国王的这种限定，并在要求其下属教士签署时听任他们自行判断是否做出法律和事实之间的区别。红衣主教皮里奥西之当选为教皇（克雷芒九世）——主要是法国外交的结果——促使这场如今已是混淆不清而又部分毫无意义的争论得到暂时的解决。通过在里昂进行的卓有成效而有时又不择手段的谈判，四名主教被说服于 1668 年向教皇谢罪，并"真心诚意"签字赞同宗教礼仪书。1669 年年初，为庆祝这一"教会和平"，铸造了纪念章，阿尔诺受到国王和教皇使节的接见，波尔罗亚尔修道院的修女重又被允许拜领圣餐。在接下来的 10 年里，扬森派问题处于沉寂状态，但涉及政教关系的其他争论成了这场运动后期主要的内容。

有关国王特权的冲突涉及各种各样的问题。很早以前，法国国王就得到了所谓的"世俗特权"（regale temporelle），即可收取主教区在主教空缺期间的税收，但有四个大主教区声称有豁免权，故而有关世俗特权实施范围的争论非常激烈。路易十四通过 1673 年颁布的，1675 年又予以重申的敕令，将此项要求扩大到整个王国。他还提出了新的"宗教特权"（regale spirituelle）要求，即当主教区主教空缺时有提名权，对某些女修道院以及对捐献物享有特权而又无须履行教化灵魂之责。此举不是出于财政的目的；事实上，由此获得的税收几乎总是留给下任主教使用，而从 1641 年起习惯的做法是将 2/3 的税收返回该教区，1/3 用于使新教徒改宗。路易十四很可能认为"世俗特权"是国王的不可剥夺的天赋权利，此外还希望达成其所辖领土的行政统一；这对扩大其授职权的范围也显然是有利的。他那意欲充分应用教务专约条款的愿望业已体现在 1668 年将该专约的适用范围扩大到梅斯、图尔和凡尔登三个主教区，而在新获得的阿图瓦和鲁西永，也出现了类似的有待解决的问题。

1673 年和 1675 年的两道敕令均未得到罗马的同意，但同样也未引起罗马即时的抗议。有效的反抗来自两位主教，即阿莱特的主教尼古拉斯·帕维隆和帕米耶的主教弗朗索瓦·德·科莱，这两位主教都赞同扬森主义，都是积极的宗教改革家；他们的教座地处偏僻的比利牛斯山区，远离对他们的富裕教区主教同道有着牢牢控制权的凡尔赛上层世界。争端是政府挑起的，它对自这两位主教任职以来其教区所曾空缺的一切圣职进行了重新提名，理由是这两名主教都没有像世俗权所涉地区的所有教士如今均被要求做到的那样宣誓效忠，因而他们的教会收益从未得到发还。先是帕维隆，接着科莱也步其后尘，将所有接受国王任命的这些教士革除教籍。两人都向各自的大主教乃至教皇申诉，但 1677 年帕维隆去世。于是路易十四采取了一个意在将冲突无限期延长下去的行动。他下令没收科莱的教产收入。英诺森十一世直接进行干预，向法国国王发出一系列批评性的训谕，并设立一个专门委员会来考虑整个国王特权的问题。

相互猜疑，加上一些偶然的事情，加深了裂痕。新教皇十分尊重安东尼·阿尔诺，赞同扬森派教义中严格的道德内容以及法国扬森派

的一些轻率言行，这就使路易十四重新对扬森派运动产生了担心，而
这场运动在 1679 年由于隆格维尔夫人和雷斯的去世以及国王的大臣、
阿尔诺家族成员蓬波内的失宠，已失去一些有势力的支持者。不过，
力量均势发生了变化，因为国王几乎没有可能获得教皇的帮助。路易
十四有关国王特权的政策最明显的后果是，扬森派同坚持教皇至上的
势力，而不是同主张限制教皇权力的势力联合在一起。国王恢复对扬
森派的敌意，体现在一系列小规模的迫害之中：将扬森派分子逐出波
尔罗亚尔修道院，禁止接受新的见习修女，将安东尼·阿尔诺流放。
路易十四对教皇本人也怀有敌意，因为教皇就像路易十四确信教皇的
干预会产生危险一样，坚信世俗的侵凌具有危险性。1679 年后，路
易十四这位最为崇奉基督的国王的政策是由激进的科尔培尔派操纵，
而不再是由比较温和的勒泰利耶操纵，故而他行将发现英诺森十一世
是一个危险和果决的敌人。

　　到 1681 年，事态似乎陷入了僵局，这对路易十四要比对教皇更
为严重，因为路易十四希望罗马做出一些让步：再者他也确实担心自
己会被教皇革除教籍。但是谈判很难进行，因为外交关系已几乎中
断，路易十四派往罗马的特使、红衣主教德斯特雷是一位只会加剧而
不会解决冲突的人物。尽管如此，仍有一种可能，即制造一场危机，
迫使教皇要求法国国王帮助制服限制教皇权力的批评，为此鼓动法国
教士对最近罗马谴责让·热尔贝所写之书一事表示愤慨，该书是应
1665 年教士大会之请而写，并为 1670 年教士大会所称赞。不过，认
为这样的局面一旦制造出来就能随意加以控制的想法，后来证明是一
种代价很大的错觉，随着时间的推移，事情越来越明显，英诺森十一
世非但不向路易寻求帮助来恢复教士的秩序，而是宁愿让法国教会完
全陷于混乱也不放弃自己的原则。

　　1681 年春，法国所召开的一次非正式的主教会议，在审议热尔
贝的书和英诺森十一世最近发布的训谕之后，建议召开全国教士会议
或教士大会：相比之下，第二种会议更合适，因为第一种会议可能会
导致完全意想不到的宗教分裂。罗马对这些威胁无动于衷，路易十四
被迫于 6 月 16 日决定在 10 月召开教士大会：10 天后，路易十四获
悉英诺森十一世已令红衣主教西伯同德斯特雷谈判。教士大会的准备
工作委托办事干练、抱负不凡的大主教阿尔莱处理，其靠山就是罗马

136

的死敌科尔培尔。宰相勒泰利耶及其儿子兰斯大主教真诚希望和解。
希望法国教士在教皇和国王之间进行调停，以解决争端。大会开幕时
波舒哀所做的著名布道可能就包含有勒泰利耶的这一计划：布道强调
教会团结，既称赞法国教会的自由，又称赞罗马教廷的权威。大会所
选出的两位主席，即阿尔莱大主教和勒泰利耶大主教，彼此猜疑，相
互妒忌。在国王特权问题上，勒泰利耶派取得了明显的胜利，即说服
路易十四同意修改自己有关宗教特权的要求，而教士则同意扩大国王
的世俗特权。勒泰利耶大主教随即致信教皇，希望结束冲突，但英诺
森十一世只是将信交给为审议国王特权而建立的红衣主教委员会。

　　于是，大会转向第二个议程，即批准著名的"四项条款"。政界
与宗教界在发表这类声明是否合宜的问题上意见有分歧，但科尔培尔
最终使国王相信，在罗马与巴黎关系不好的情况下，重新说明法国关
于教皇权力范围的信条将是十分重要的。可是如果说立即重新达到和
解是真正所需要的，那么这一声明是一不可思议的失算。"四项条款"
（最后由波舒哀起草）主张：第一，在世俗事务方面，国王和世俗君
主无须服从任何教会权力；第二，康茨坦茨公会议的教令（关于公会
议的权威高于教皇）过去是、现在仍然是有效的；第三，教皇必须符
合教规地行使其权力，也必须尊重法国天主教会的习惯；第四，尽管
教皇在信仰问题上有至关重要的作用，其敕令对教会也有约束力，但
其判断如未获教会赞同，就不是不可改变的。这四项条款同 1663 年巴
黎索邦神学院提出的六点主张有许多相同之处，尽管相似词句的措辞
往往经过巧妙的改动，但是真正的新鲜之处是，这些"准则"是第一
次由主教们以法国教会的名义发表的。1682 年 3 月，国王发布命令，
使"四项条款"成为法国神学教义不可分割的一部分。

　　法国教士大会在收到英诺森十一世关于国王特权的《慈父爱心》
训谕以后，对教皇的愤慨有增无减。教皇用尖刻的言辞谴责与国王的
协议，申斥法国主教们交出教会权利的怯懦行为：整个会议期间，教
士们都对罗马大发其火。为了避免发生更糟的事情，路易十四决定结
束教士大会。总之，他是想同教皇讲和，就像英诺森十一世由于关注
着土耳其的威胁，也希望同路易讲和。但"四项条款"是严重的障
碍。在整个法国，"四项条款"激起了广泛的反对。更糟的是，巴黎
索邦神学院也是个十足的刺头，以致路易十四所说的所有法国教士都

站在他一边的大话被证明完全是丢人现眼的一派胡言。在罗马，虽然由于红衣主教的分歧以及英诺森十一世担心会引起教会分裂，拖延了对"四项条款"的正式谴责，但令罗马不快的实际后果非常糟糕：138英诺森十一世拒绝将授职诏书发给所有参加教士大会的主教，而且由于路易十四不会承认参加教士大会的主教同其他人之间有什么不同，因而没有一个主教职位能按教规予以补充，结果到1688年，有35个主教区空缺。

　　事态再度陷入僵局。英诺森十一世仍然持强硬态度，甚至对路易十四1685年镇压异端也无动于衷。1687年法国驻罗马大使德埃斯特雷公爵去世而导致的特许权事件标志着一个新阶段的开始。3年前，英诺森十一世即宣称，在法国同意放弃那些使罗马难以维持其法律和秩序的广泛外交豁免权之前，他不会再接受任何新任大使。路易十四对此要求置之不理，派出蛮横的拉瓦尔丹侯爵继任大使，后者无视教皇将他革除教籍的判决，并声称他在执行其主上的命令时不应受此判决。因此1688年初，有人偷偷地告诉最崇奉基督的国王，说他已得到长期担心的革除教籍的判决①。这时在法国出现种种议论，有的主张干脆将教务专约丢开不管，有的主张召集全国宗教会议或诉诸宗教公会议；法国检察长塔隆在巴黎高等法院抨击教皇在世俗争执中使用宗教武器相威胁的行径。不过，路易十四再次由于强烈的政治原因而试图同教皇和解。在即将举行的科伦选举中，他希望教皇支持他提名的候选人威廉·冯·菲尔斯藤贝格，并希望用放弃外交方面的权利来换取教皇在这方面的合作和对各主教的确认。双方的谈判再次破裂。于是，国王决定采取强硬措施，包括夺取阿维尼翁和入侵教皇国；他发起声势浩大的宣传战，破坏教皇在欧洲的权威和声誉。他指责英诺森十一世在宗教领域支持异端，包括扬森派和寂静派教徒，而在世俗领域又试图使神圣罗马皇帝用来对付土耳其的武装掉过头来反对法国。法国教士实际上被割断了同罗马的一切联系，法国各地都在谈论教会分裂。据说，在国王的顾问中仍然很有影响的阿尔泰在丧失了获得红衣主教头衔的一切机会后，仍乐意接受高卢宗主教的职务，这是

---

① L.冯·帕斯特：《教皇史》（E.格拉夫译，伦敦1940年版），第三十二卷，第363—4页；J.奥锡伯尔，《路易十四与英诺森十一世的对抗》（巴黎1949年版），第11—13页。

139　黎塞留也曾追求过的一项目标。但是由于路易十四致力于欧洲战争以及英诺森十一世在 1689 年 8 月去世，故而法国在 1688 年 10 月入侵阿维尼翁后未再采取任何极端措施。在教皇亚历山大八世统治时，双方都提出和解的动议。但教皇颁布的《纷繁之间》这一训谕谴责法国教士大会擅自做出 1682 年那样的声明，这就表明争吵远远没有解决。不过在英诺森十二世时，双方终于达成了妥协。1692 年，英诺森十二世确认了那些未参与教士大会的主教之职位，而一年后，在各位参加教士大会的主教都向他呈交了一封道歉信之后也确认了他们的职位。法国国王撤回了普遍宣传"四项条款"的命令，尽管这些条款没有被明确禁止。关于国王特权的冲突仅仅是停止，而不是得到解决；不过在这方面，路易取得了实质性的胜利，因为除康布雷和里昂外，他保留了世俗特权，而宗教特权问题仍然悬而未决。

　　尽管官方对胡格诺教徒的政策是同其他政治和教会问题密切联系在一起的，但法国新教的历史肯定要单独加以考虑，因为它涉及的是另一种问题，即国家与宗教少数派的关系问题。17 世纪中叶，胡格诺派的前景似乎并不是毫无希望，因为南特敕令的主要条款历经五十余年的冲突和紧张后仍然幸存下来。但事实上，这种征兆并不妙。南特敕令之所以为天主教徒和新教徒所接受，并不是因为他们相信宗教宽容，或认为一个国家可以有两个宗教，而是因为这两个教派在当时都没有其他的选择。然而自 1598 年以来，情况有了很大变化。政府变得越来越专制，反宗教改革运动缓慢地但强有力地在法国天主教中爆发出来，而胡格诺派也失去了原先的活力，从贵族领导的好战的团体转变为以遵纪守法的官员和中产阶级成员为主的派别。比较开明的天主教徒和许多新教徒之间都弥漫着怀念旧日宗教统一的情绪。然而，尽管这种敦促教派和解的情绪令人称颂，但它却在未来的争斗中削弱了胡格诺派的武力，恰如他们当中不断增强的宗教应受国家支配的思想以及他们中的许多人对国王的几近盲目的崇拜和谄媚所起的作用一样。然而，即使在路易十四亲政后很久，胡格诺派仍具有重要的社会影响和政治影响。蒂雷纳直到 1668 年才成为天主教徒，吕维尼和绍姆贝格则从未改变信仰，到南特敕令被废除时，新教徒中包含富甲一方和身份不低的人，他们在法律界和其他职业中颇具影响以及像银行家那样强大；在法国南部，他们拥有大量土地。

在马扎然武权时期，尽管教士大会和圣礼会施加压力，要求削减胡格诺派教徒的特权，但官方政策变化不大。但是路易十四虽说这时只是个一般的信教者，可他坚信，国家中存在不止一个教派就会破坏全国的团结并危及政权，而教士也吁请他"效法伟大的君士坦丁行事"，镇压异端。国王起初想维持南特敕令的条款，但由专门委员会严格加以解释，此外，对新教徒尽量不表示恩宠或给予提升。路易十四也清楚地注意到，一个健康和受人尊敬的天主教会，其本身就会鼓励人们改宗。事实上，像扬森派教徒阿尔诺和尼科纳，尤其是像波舒哀（在《就有争议的问题概述天主教教义》中）这些人所表现出的论辩技巧具有十分重要的意义。1669 年 2 月，国王发表宣言，准确阐述了这种强制政策，该宣言及其他法令限定新教徒在 1598 年业已被国王兼并的地方做礼拜，并命令毁掉自 1598 年以后建立的教堂。例如，这道法令就导致多菲内有 8 座教堂、普瓦图的 74 座教堂中的 64 座、拉罗舍尔有 13 座教堂被毁。

　　实施这些命令的严厉程度视国王政策的需要而摇摆不定，但政府仍希望采取说服而不是暴力的办法。蒂雷纳曾计划举行一次宗教会议把比较温和的胡格诺牧师争取过来，而 1666 年波舒哀与胡格诺教徒费里，以及 1678 年波舒哀同克洛德也进行过讨论。此外，财政和神学方面的考虑也被认为妨碍了改宗；郑重放弃原来信仰的行为意味着牧师不可避免地要失去生计，在俗信徒也是如此。从政府基金和自愿捐款中拨出的金钱不足以救济这类人。因此，1667 年，建立了由改宗教保罗·佩利松掌管的改宗基金，其中包括来自无人主持之修道院和无人领取之圣俸和一部分根据国王特权从主教区抽取的收入；埃提安·勒加缪所在的格勒诺布尔主教区有许多人改宗，这证明拥有充分资金的重要性。佩利松的做法招致多方面的批评；事实是很难区分什么人是真诚改宗，什么人纯粹是投机取巧，也很难避免买卖圣职的恶名；许多改宗者的犬儒主义是无法加以掩饰的。

　　各种情况结合在一起，最终导致了路易十四采取残酷迫害的政策，甚至南特敕令撤销后，这一政策还在推行。它的潜在动机肯定是想一劳永逸地铲除异端。但更迫切的动机是他要让英诺森十一世感到难堪：他为天主教所做的努力越大，就会越发使教皇要么表示出感激之情，要么令自己在全体基督徒眼里成为异端的支持者。路易十四表现得比教皇更富有天主教色彩，这也是符合其反哈布斯堡政策的；如果说利奥波德一世对教皇支持的天主教重新统一的政策虚与委蛇，路易十四则要以自己热切关心维护正统的表现打动德意志的天主教诸侯。路易十四把自己看作君士坦丁和查理曼再世，这与他强烈的荣誉欲也是一致的。认为他个人的转意归主（这一转变要到 1686 年才真正发生影响）是这种政策的主要——甚或是次要——原因的说法，并无证据加以佐证；再者，路易十四的听取忏悔神父，拉雪兹神父——上述说法往往被认为是他炮制的——其政治重要性可能非常有限。迫害的发端和继续也不是源自曼特农夫人的劝说：她在一封可信的通信中表示过不赞成其敌人卢瓦所主张的暴力办法；而常被人援引来证明她也参与制定迫害政策的信件却已被证实是 18 世纪伪造的①。

加快反胡格诺教徒行动的步骤，可从以下事实看出：1661—1679年，法国共通过了 12 个反胡格诺教徒的法令，而 1679—1685 年却不下 85 个。这类法令有许多涉及对宗教和个人自由所施加的虽然细小却是愈益无法容忍的限制，不仅与成年人有关，而且也与儿童有关。1681 年，普瓦图按察使马里亚克使龙骑兵强制进驻胡格诺派教徒家这一臭名昭著的计划形成制度，尽管有人批评这种使用暴力的行径，但该计划在 1685 年仍被扩大到其他地区。结果，法国南部大部分地区和其他地区，包括图卢兹、波尔罗、拉罗舍尔、普瓦捷和蒙彼利埃等财政区以及马赛、奥比松、卢丹和鲁昂等城镇，在名义上都重新皈依天主教。许多胡格诺派教徒移居国外，使枢密院发出工商业蒙受损失的惊呼声。与此同时，着眼于重新统一或收容的令人分辨不清的努力仍在继续，这部分出于真诚的动机，部分纯粹是政治手段；在对待胡格诺派教徒以及可耻地使用暴力的背后，隐藏着某种信念、某种希望，甚至还有点基督教兄弟之间的爱。而且即便是暴力也能由圣奥古斯丁崇高的权威加以辩解，他曾经教诲人们，强制虽然不能导致改宗，但可以为一个人接受改宗准备条件。波舒哀在其布道词《从内心深处进行强制》（1685 年）中也这样认为。

1685 年 10 月在巴黎高等法院注册的《枫丹白露敕令》扼杀了法

①　关于这类证据的批述，参见丁·奥锡伯尔《路易十四与新教徒》（巴黎 1951 年版）第 91—94页。

国归正宗，其理由是既然现在大多数法国人都是天主教徒，归正宗就没有存在的必要了。按照该敕令的规定，除阿尔萨斯外，所有新教教堂均要毁掉，新教徒公开的和私下的礼拜悉遭禁止，所有牧师均被命令在15天内离开法国，但成年在俗教徒禁止移居国外。新近给予的一些特权，诸如新改宗者可以免税等，终于取消。信仰自由是允许的，但这毫无意义。在反对如此对待胡格诺派教徒的人们中，站在最前列的是格拉诺布尔主教勒加缪，他抨击强制拜领圣礼和继续使用龙骑兵的做法。未来将表明，新教是受到了威胁，而不是被扼杀。当废除南特敕令引发的那阵兴高彩烈的情绪刚过，国王、教士和在俗教徒便发现新的问题又取代了旧的问题。

　　最为重要的后果之一是在欧洲许多地方迅速引起了巨大的反应，而在那些地方，例如英国和德意志某些邦国，路易十四实际上又是最急于要拥有好名声的。但天天都有胡格诺派避难者来到这些地区，这比路易十四的宣传更有说服力。移民的总数很难确定，有可能达到20万人以上。联合省、英国、勃兰登堡、瑞士、北美和南非都接纳了许多胡格诺教徒，并通过他们获得了在牺牲法国利益的情况下促使自己国家走向繁荣的手段。法国的宗教生活遭到了无可弥补的损害。暴力、强制的渎神的拜领圣餐以及贿赂公行，使天主教声名狼藉，而自17世纪上半叶以来相对不重要的在宗教上持自由见解的思想逐渐得势。在另一方面同样严重的是，英诺森十一世不为路易铲除异端的行动所打动。他的训谕语气冷淡，在国王特权问题上丝毫不肯让步，而罗马举行感恩礼拜和正式庆典的意义也为下列事实抵消了，那就是路易十四暴力政策的反对者勒加缪升任红衣主教。总的来说，路易十四针对新教的政策没有产生预期的效果，比他迫害扬森派教徒或争取国王特权的计划还要差。所有这些举措中自相矛盾的因素太多，而在各次行动中教会势力进行抵抗的能力又都为世俗权力大大低估了。

　　在以新教为官方宗教的西欧国家——联合省、英格兰和苏格兰——政教关系受各种因素的影响。首先，这些国家的国教即官方认可的教会都不受罗马教廷这样的国际组织的监督和支持，但如果因此认为它们完全处于国家的控制之下，那也是错误的；例如，加尔文宗的神权政治传统就是抵制世俗控制的一个壁障。其次，新教之具有分裂倾向的特性，连同其强调个人自我拯救而不尊重权威的见解，就导

142

致在国教之外还兴起了一些教派，而在一个宗教一统思想仍然强大的时代，无论是教会的，还是国家的统治者，都是不能忽视这些教派之存在的。最后，这些国家的天主教少数派常常会招惹与其人数不相称的担心，尽管与他们的社会地位并不相称；这种担心是很自然的，因为当时人们总是怀疑罗马天主教徒是破坏新教和国家自由的外来力量的代理人。

　　经过 17 世纪最初二三十年激烈的教会争吵，联合省当之无愧地获得了欧洲最宽容国家的声誉。这与其说是联合省改变法律所致，毋宁说是未能将法律付诸实施所致，而这种宽容政策又是无执政时期（1650—1672 年）和威廉三世统治时期都加以遵循的。为多尔德公会议所斥责和放逐，但得到摄政阶级强烈支持的阿明尼乌派，实际上得到广泛宽容，他们在阿姆斯特丹，可能还有其他地方，享有完全的礼拜自由；他们与剑桥柏拉图主义者和约翰·洛克保持联系，表明他们在知识界具有较高的地位。威廉·坦普尔爵士在《对联合省的观察》（1673 年出版）中，把阿明尼乌派描写成具有国家党派特点的一个党派，而不是教会中的一个派别，但这种说法由于下列事实而很难得到证实，即 1660 年前后莱登主张包容各种教义的科齐乌斯与严遵加尔文宗教义的富蒂乌斯之间爆发了关于神恩和释罪的争论，尽管摄政派和奥伦治派像在关于为奥伦治亲王举行公开祈祷仪式的争论时那样各自支持一方。在阿姆斯特丹和鹿特丹，新教派别众多，犹太教堂到处可见。天主教徒在东部各省、各财政区和阿姆斯特丹人数颇多，他们的地位较为复杂。尽管他们的公开礼拜得不到法律保护，但实际上，他们只要缴纳罚金就能享有很大的礼拜自由；同样在实际上而非在理论上，他们通常是被容许有公民权利的。坦普尔并不是为下列现象所触动的唯一观察家，即一个主要关心于维护秩序和促进繁荣的政府所显示的普遍不采取强制措施的状况和总的宽容气氛；而荷兰之所以繁荣部分是因为他们实行宽容，这一点常常被人指出是一经验，但迄今为止欧洲其他国家很少有加以效法的。不过对这一世俗化试验所进行的宣传——这种宣传由于联合省的另一特色即没有新闻检查制度而得到大大的促进——从长远看来，却有着最为重要的影响。荷兰的报刊成了自由欧洲的报刊，而荷兰各城市则成了各种信仰和民族的流亡知识分子的避难所。

1660 年，英国斯图亚特王朝复辟，圣公会以令人惊异的速度恢复国教的地位，于是无国教的革命时期宣告结束。长老会在促使国王复辟的过程中立下了汗马功劳，理所当然要求国王做出某些妥协，由于克拉伦登和吉尔伯特·谢尔顿（从 1663 年起任坎特伯雷大主教）高明的本领，因在促使国王复辟的过程中立下汗马功劳而理所当然地希冀获得某些特权的长老会，彻头彻尾中计失败了。几乎一点也没有耽搁，主教区和教区的管理又按原有的方式进行，王位虚悬期间出售的教会土地也收回了。1661 年 4 月，查理二世采用圣公会仪式加冕；5 月，新选出的骑士议会按照公祷书领圣礼。圣公会与长老会代表从 4 月开始举行的萨伏依会议和新议会都无什么事情可干，只有接受既成事实；除了教会法庭外，英国教会恢复了 1640 年的原状。有一个重要的变化，那就是对教士的征税是通过议会而不是通过教士会议进行，这不是始于王位虚悬时期，而是 1664 年克拉伦登与谢尔顿之间私下协议的结果。此后，教士会议由于失去了财权，因而很容易就被搁置一边，于是有很长一段时间教会没有正式的喉舌。

根据 1662 年 5 月的《信仰划一法》，清教徒被逐出英国教会，"不顺从国教者"（Dissenter）和"不信奉国教者"（Nonconformist）这两个名称表明他们在国教外的新地位。对有些教派的侮谩要比对长老派的侮谩轻，因为这些教派深信改宗教挑选出来的同仁之谊无须政治统治权来促其实现，而长老会派则具有全面的国家教会观。逐出英国教会也意味着迫害，此举时断时续，但有时很激烈，这要视中央政治、地方官员的憎恨程度及其不同的办事效率而定。此后，如果成为一个不信奉国教者，那就要失去一些公民权利，也被禁止进行公共礼拜。《市镇机关法》（1661 年）使不顺从国教者不能进入他们主要力量所在的市镇之机关，而礼拜也是被禁止的。天主教徒亦复如此。在查理二世统治的最初 12 年，以及天主教阴谋事件和拉伊农舍密谋案①后的反动时期，由于 1664 年和 1670 年的两个《宗教集会法》，1665 年的《五英里法》以及法规全书和教会法庭仍然保留之旧法律的作用，不信奉国教者在许多地方吃尽了苦头。政府的政策究竟有多大的合理性，至今依然是有争议的。尽管许多不信奉国教者在政治上

144

---

① 关于这两个事件，见后第 13 章边码第 313—314 页，第 317 页。

并不产生危害，但共和主义和不顺从国教者之间旧有的联系很难消亡，因而有着认为不满分子会利用宗教集会作为掩护来进行煽动叛乱活动的看法就很自然了。

查理二世归附于罗马的确切日期并不重要，重要的是，每当在政治上可能的时候，他都试图使天主教徒得到一些照顾，而且也愿意把不信奉国教者包括在自己的计划内。但是由于谢尔顿的反对，查理二世在 1662 年制订的特许计划胎死腹中。而议会对国王关于暂缓执行成文法（即便是教会事务方面的）之批评，又导致 1672 年的《容忍宣言》在发布一年之后被撤销。各种因素结合在一起，使天主教徒在接下来的 10 年特别痛苦：约克公爵改宗天主教的消息（到 1673 年已人尽皆知），关于多佛条约有不利于英国自由和新教之秘密条款的猜疑，以及对路易十四侵略的担心等，全都有助于促成体现在 1673 年和 1678 年两个《宣誓法》中的反天主教政策，并在 1678—1681 年的天主教阴谋事件和排斥危机中臻于极致。[①] 不过国王的巧妙的不动声色，挫败了辉格派阻止詹姆士继承王位的企图：托利派创立了百依百顺地服从君主和捍卫英国国教的种种理论，以对抗辉格派关于对所有新教徒实行宽容、把天主教完全排除出所有重要官职和实行有限制之君主制的纲领。

复辟的斯图亚特王朝对苏格兰教会采取了更多的暴力行动。阿盖尔和沃里斯顿的约翰斯顿两人皆被处死，表明国民誓约派不会被宽恕，而 1661 年恭顺的议会所通过的废除法则取消了自 1633 年以来的所有立法，从而为枢密院恢复令人憎恨的主教制开辟了道路。另外还有两项措施导致了长达 28 年的冲突：一个措施是以"主教之罗网"著称的法令，即对不到教堂做礼拜的人施以重罚，并导致户外集会成为非法，往往强行加以驱散；另一个措施是恢复私人对圣职的授予权，这对所有曾直接从其管区信徒取得教职的人谋求保荐和主教有俸职位是非常必要的。令政府感到惊奇的是，居然有二三百名牧师抗命不遵，他们后来成为兼有教士和世俗信徒参加的反对派的基本上不肯妥协的核心，这个反对派不顾时或夹杂着抚慰的最带强制性的措施，一味违抗解决办法。1679 年，危机终于发生，这一年令人憎恨的夏

145

---

① 　见后第 13 章边码第 310—314、316—317 页。

普大主教遇刺身亡，而蒙茅斯在博恩韦桥也打败了四分五裂的叛乱者。拒绝承认查理为王之卡梅伦派的最后一搏，遭到军事力量的镇压。这些麻烦带来的最终结果是在革命中正式重建非主教制的长老会，而不是神权政治的胜利。

当这种冲突不断在欧洲许多国家发生时，这个时代的一些优秀思想家日益关注天主教会重新统一和宗教宽容的问题。其中每一位，无论是教士，还是俗人，在口头上都支持教会重归统一的思想，不管种种使之成为现实的尝试会带来多大的疑问。一方面，在宗教宽容方面，各人的意见不太相同，因为宗教宽容要使教会和国家两者都需要的统一和一致那一古老原则丧失掉了。不过，宗教宽容又是一个比较实际的目标。各教会重新统一只能通过广泛自愿，或强制改宗，或各教会放弃独立才能实现。另一方面，从教会看来，宗教宽容所要求的是默认其他教派的错误，从国家看来，则是相信放弃一致是安全和合宜的。本时期由于日益世俗化以及越来越多的知识实验，是非常适合于宗教宽容之发展的，尽管其进程非常缓慢并且不平衡。

教会重归统一运动在 17 世纪下半叶并非新事物。抱有世界主义 146 观点的苏格兰人约翰·迪里耶曾将自己的统一计划呈送给古斯塔夫·阿道夫和奥克森斯蒂尔纳，并试图使克伦威尔对这些计划感兴趣；而格劳秀斯和夸美纽斯也是支持这一运动的两位杰出的知识分子。在较后时期的促进教派和解的努力中，有三个人比较著名：莱布尼茨、波舒哀和克利斯托瓦尔·德罗哈斯·斯宾诺莎。从小受路德宗熏陶的莱布尼茨最初显然为约翰·克里斯蒂安·冯·布瓦涅伯格提出的教会重新统一计划所吸引。此人是一位改宗天主教的人士，并在思想开放的美茵茨选侯约翰·菲利浦·冯·申博恩的宫廷中颇有影响。1676 年，莱布尼茨应邀担任一位路德教邦国的信奉天主教的统治者即汉诺威公爵约翰·腓特烈宫廷的图书馆馆长，从那时起到他 1716 年去世，他那无穷的才智一直在寻求某种使教会重新统一的方法，他不停地写信给黑森—莱茵费尔斯方伯、佩利松、波舒哀和任何可能同情这一事业的人。他认为所有教派如果都以圣灵为内心的指南，以圣经为外在的向导，那么它们通过推心置腹的讨论，就能在基本的信仰原则上达成一致；他也极力强调内心契合的概念，认为人们可以不是外在团契的一分子，而在内心相互契合。他看上去甚至准备满足天主教的要求，以致有些人错误地认为他是个秘密改宗者。他与波舒哀的通信在有关特伦托公会议的权威问题上未能达成一致。与此同时，斯宾诺莎主教也正通过亲自劝说和政治手段，试图实现同样的目的。1673 年，他代表利奥波德一世皇帝周游整个帝国，为对土耳其的战争争取援助，而在归途中又向罗马报告了自己为教会重归统一所做的努力。利奥波德对其东部和西部两条边界的关注以及英诺森十一世对土耳其问题的兴趣，导致他们赞成任何可能促使其目的实现的权宜之计，因而斯宾诺莎所认为的他在德雷斯顿、柏林、汉诺威和海德堡遇见的新教徒都真诚地希望教会统一的有点天真的想法也得到了认真的对待；但教皇设立的检验教会统一可能性的委员会却得出了不太令人乐观的结论。1678 年和 1682 年，斯宾诺莎再度做了努力，尽管满怀希望，但收效不大。他的主要目的是为基督教全体大会的召开开辟道路，而且为做到自由讨论，他渴望停止遵循或执行特伦托公会议的先例和决议，不应视新教徒为分裂教会分子。但反对教会统一的力量十分强大，而且事实上，1689 年英诺森十一世的去世和 1695 年斯宾诺莎的去世，都使教会重归统一运动的发展遭到了严重挫折。

　　宗教宽容则取得了较多进展，尤其是在德意志的某些邦国和联合省。有利于宗教宽容的观点常有人从理论上加以陈述。例如在英国王位虚悬时期，下列一些论点得到了论证，即地方长官无须过问宗教事务；国家可以安全地庇护不止一个教会；真正体现基督精神的是不会镇压异端的。此外还有这样坚信无疑的看法：一个人只要不闹事，就应允许他进行他所喜欢的礼拜活动。但仅仅用这类理论无法使统治者及其臣民普遍相信实行宽容是安全的和有利的。只有随着唯物主义的考虑日益重要，人们才会确信：一个人的宗教信念和他作为臣民的忠诚与有用性无关；而一个国家要变得富裕和繁荣，就应无视种种宗教障碍。理论论证和实例论证的结合很好地体现在约翰·洛克和沙夫茨伯里伯爵的交往上，洛克到 1667 年已初步形成了其宗教宽容理论，而沙夫茨伯里伯爵这位强有力的政治家则认为英国如果能像联合省那样实行宗教宽容，英国就能与荷兰并驾齐驱，成为商业大国。① 尽管

------

① 对照第十四章边码第 332—333 页、第 338—339 页。

如此，几乎没有人准备普遍地实行信教自由：洛克和沙夫茨伯里都会拒绝给天主教徒以宗教自由。但正如我们所看到的，实际做法常常比法律规定得要自由，而且宗教宽容原则进一步发展的基础业已奠定。不过，宗教宽容的发展绝不是普遍的：如果说英国议会于1689年通过了宽容法，而法国却在4年前颁布了《枫丹白露敕令》，重新回到了举国一致的理想上来。

　　然而，教会重归统一计划和宗教宽容计划只是体现当时独特气氛的两种形式。另一个某种程度上超越国界和教派界限的发展是越来越多的人主要把宗教看作是个人的而非公共机构的（同时也就是并非一味凭智力的）事情，这或多或少又与作为17世纪下半叶一个特征之最严格的加尔文主义的吸引力消退有关。例如，在英国，贵格派教徒把清教关于圣灵渐进启示的信念扩展到他们可以放弃教会的圣礼以及教士和俗人的区别上。在德意志信奉路德宗的地区，以菲利普·雅各布·斯彭内尔和奥古斯特·赫尔曼·弗兰克为首的虔敬派运动特别强调所有信徒都是教士，因而在俗信徒可以在教会中起一定作用；同时把着重点放在宗教经验而不是教义和神学之上。斯彭内尔创立的研究圣经的聚会（虔敬会）是他传播自己学说的唯一方式。寂静派（在其发展过程中，西班牙神秘主义者米格尔·德·毛里诺斯可能是最有影响的人物）否认所有外务有任何作用，并以一种完全消极的态度来取代这些外务，主张一种"灵魂和肉体寂灭"的境界，只有从这种境界上帝才有可能使灵魂进入纯爱状态。尽管莫利诺斯的教义是真正崇高纯洁的，但在1687年仍遭到谴责，而另一寂静派人物居伊昂夫人的著作在法国也是长期争论不休的话题。所有这些运动都倾向于使传统手段，即个人通过国教获得神恩，成为多余。另一种完全不同的宗教方面的发展体现为以荷兰的阿明尼乌派、英国的剑桥柏拉图主义者和圣公会思想开明分子为代表的宗教见解上的自由主义，他们寻求对神学和教会问题做出一种合理的不偏不倚的看法，试图强调基督徒之间达成一致的共同基础，而不是基督徒之间的分歧。他们崇高的学术地位以及与当时最有活力的哲学和科学思想的联系，使他们在这些新思想正感染着欧洲最有才智之士的时期具有特殊的重要性。

　　所有这些倾向在某种意义上都是对国教（无论是天主教，还是新教）的形式主义和排他性的一种全面彻底和充满反感的对抗，而

148

当时有些评论家正确地认为这些倾向包含着非常真实的危害：自然神论和无神论行将在 17 世纪末找到直言不讳的提倡者。但是保守势力依然非常强大。对耶稣会会士连同其所谓的放任不拘的道德观（表现为诡辩以及特别表现为或然论）之广泛憎恨，这本身就说明他们的影响之大。流行的盲目崇拜和虔敬行为依然要比任何新思想更能吸引人民大众，而波尔—罗亚尔修道院所声称的神所创造的种种奇迹，对那些判断能力一般的善男信女也有着显著的影响。但是世俗化的倾向到处在增长。宗教渐渐变成主要是个人关注的事情，而非国家该负的责任，而国家自身存在的理由也正在发生变化：越来越少的人认为它是通过一个神所指派的统治者建立来确保上帝目的之实现，同时越来越多的人相信国家的目标是人的安全和繁荣。在这样一种背景下，事情必然是，教会与国家的关系越来越不是一种共同执行神所指定之任务的伙伴关系，而是日益成为一种以利害关系和独特利益为主导目标的注重实利的密切结合。

（吴世民　陈祖洲　译）

第 七 章

艺术和建筑

罗马是巴洛克艺术的发祥地和传播中心。17 世纪上半叶的许多非意大利裔艺术巨匠，如鲁本斯和伦勃朗、贝拉斯克斯和普桑，如果与罗马的艺术活动没有直接或间接联系的话，就不会有他们那样的造诣。尽管 1650 年以后情况发生了很大变化，但在探讨 17 世纪下半叶的欧洲艺术时，仍需给予罗马以应有的重视。

所有巴洛克艺术的第一代巨匠——安尼巴莱·卡拉奇（1560—1609 年）、卡拉瓦乔（1573—1610 年）、圭多·雷尼（1575—1642 年）和建筑师卡洛·马代尔诺（1556—1629 年），都已在 1650 年以前去世。弗莱姆·鲁本斯（生于 1577 年）则在 1640 年死于安特卫普。第二代艺术大师中的大多数，即大致出生于 16 世纪最后 10 年的那些人，此时仍活在世上。他们当中有亚力山德罗·阿尔加迪（1595—1654年）、安德烈亚·萨基（1599—1661 年）、弗朗切斯科·博罗米尼（1599—1667 年）、佩德罗·达·科尔托纳（1596—1669 年），还有那不勒斯的雕塑家及建筑师科西莫·凡扎戈（1598—1682 年）、威尼斯的建筑师巴尔达萨雷·隆盖纳（1598—1682 年）以及最出类拔萃的吉安洛伦佐·贝尔尼尼（1598—1680 年）。在这一代难以置信的强大阵容中还有一些非意大利人：贝拉斯克斯（生于 1599 年）卒于 1660 年；普桑（生于 1593 年）卒于 1665 年。这群人中最年长的弗兰斯·哈尔兹（生于 1580 年）卒于 1666 年；伦勃朗（生于 1606 年）卒于 1669年；克罗德·洛伦（生于 1600 年）卒于 1682 年。所有这些艺术家都是在 17 世纪 30—40 年代达到炉火纯青的境界，而且只有不多几个人活到 70、80 年代以后的。

第三代艺术大师诞生于 1610 年至 1630 年之间，是本章主要论及

的人物。1650 年前后，他们创作了早期作品，并在 17 世纪 50—60
年代臻于成熟。值得注意的是，他们之中几乎没有一位能和上一代艺
术大师并肩媲美。诸如那不勒斯的马蒂亚·普雷蒂（1619—1699
年）、萨尔瓦托·罗查（1615—1673 年）、贝纳陀·卡瓦里诺
（1616—1656 年）、鲁卡·乔尔丹诺（1632—1705 年），罗马的卡
罗·马拉蒂（1613—1699 年）以及热那亚的焦凡·巴蒂斯塔·高利
（1639—1709 年）这样一些画家，他们都师承卡拉瓦乔、安尼巴莱·
卡拉奇、萨基和科尔托纳。建筑师卡洛·丰塔纳（1634—1714 年）
主宰罗马的时尚达数十年之久。这一代雕塑家中也没有人能接近贝尔
尼尼和阿尔加迪的水平。第三代的艺术家们诚可敬佩，他们多才多
艺，天赋极高，但毕竟缺乏前辈那样开阔和完美的视野。

　　意大利以外的情况也相当类似。在法国，普桑的正宗继承者是夏
尔·勒布伦（1619—1690 年）；在西班牙，穆里略（1617—1682
年）、瓦尔德斯·莱亚尔（1630—1691 年）和克劳迪奥·科埃略
（1642—1693 年）都是贝拉斯克斯的衣钵传人。范戴克去世后，彼
得·莱利爵士（1618—1680 年）才成为英国首屈一指的肖像画家。
在荷兰，那些行家里手都承袭了伦勃朗的传统，因而与伦勃朗相比，
就连其中最杰出的弗美尔·范·德尔夫特（1632—1675 年）在水平
上也颇有差距。

　　尽管贝尔尼尼活到 1680 年，并享有国际声誉至死，但罗马作为
欧洲艺术之都的地位却日益衰落。虽然人们永远无法对这种变化做出
全面的解释，但有些原因是显而易见的。自威斯特伐利亚和约签订以
来，罗马教廷的权威就一直遭到削弱，而在亚历山大七世去世
（1667 年）之后，教皇的荫庇更是大不如前。17 世纪最后数十年内，
罗马的艺术家往往梦寐以求有用武之地，而意大利其他各邦的艺术活
动却蒸蒸日上。在威尼斯，尽管 17 世纪上半叶是一空白的时期，但
由于热那亚人吉安·巴蒂斯塔·兰杰蒂（1625—1676 年）、德意志人
约翰·卡尔·洛特（1632—1698 年）、佛罗伦萨人塞巴斯蒂亚诺·马
佐尼（1615—1685 年）以及其他 1650 年以后在那里从事活动的人士
之作用，遂开始了一个艺术复兴过程，最终导致 18 世纪早期威尼斯
画派的灿烂辉煌。富裕的热那亚共和国把重金投向艺术领域。尽管
1657 年经历了一场大瘟疫，热那亚仍有一个充满活力的绘画和雕塑

流派傲然屹立；尽管热那亚有一些天赋极高的艺术家如焦凡·贝内代托·卡斯蒂廖内（1610？—1665 年）和焦凡·巴蒂斯塔·高利前往他地寻求发展，但热那亚的大量宫殿和教堂在这一时期仍被装饰一新。然而，发展最显著的是皮埃蒙特和那不勒斯。都灵在精力充沛的查理·伊曼纽尔二世（1638—1675 年在位）的治下进入一个扩充和装饰的伟大时期，这位君主的建筑师阿梅代奥·迪·卡斯泰拉蒙特、弗兰西斯科·兰弗朗奇，尤其是古拉里诺·瓜里尼，把皮埃蒙特的首都变成了一个金碧辉煌的巴洛克风格的城市。早在 17 世纪中期以前，那不勒斯已经吸引来一批杰出的罗马画家：多梅尼契诺和兰弗兰科都在那里客居多年。1656 年的大瘟疫虽对本地的艺术天才造成很大的摧残，但那不勒斯画派仍占据了支配地位，以致在长达两代人的时间里傲视意大利而无对手。

在重心从罗马向意大利南部和北部转移的同时，又出现巴黎争取成为一个伟大的艺术中心之挑战。1661 年，当年轻的路易十四决定亲政时，巴黎开始领导欧洲的潮流。回想起来，贝尔尼尼那次对法国首都所进行的失败的国事访问，似乎表明公众已经认识到罗马在艺术事务方面的声望不断下降。法国国王之所以向这位意大利艺术大师发出邀请，是因为似乎只有他才能赋予卢浮宫这座法国国王宫邸以一种与法国这个世上最伟大的王国相称的外观。但是，当 1665 年秋贝尔尼尼离开巴黎之时，法国官方态度发生了变化。1667 年路易十四决定舍弃贝尔尼尼的计划，选择了一个庄严的法国式设计作为卢浮宫朝东一面改建的根据。这个设计是克洛德·佩罗（1613—1688 年）、路易·勒沃和勒布伦通力合作的结果，而其冷峻刻板同贝尔尼尼方案的浮夸堂皇之间的差异，正表明新时代总的风格取向。 151

为了有助于理解 1650 年以后的国际艺术状况，有必要对 17 世纪早期以来并存着的各种风格流派作一评估。其一就是狭义的巴洛克风格——一种充满活力的浮夸的风格，其渊源可以上溯到 16 世纪威尼斯艺术大师提香和韦罗内塞的"印象主义的"绘画技巧以及柯勒乔在帕尔马教堂的天顶装饰中大胆采用的引起错觉的艺术手法。17 世纪早期，鲁本斯糅合了威尼斯的色彩主义和佛兰德的现实主义，创立了巴洛克风格的一个重要方面。乔凡尼·兰弗兰科和佩德罗·达·科尔托纳又引进另一些细微特色。前者是通过他在罗马和那不勒斯所创作的带有令人屏息凝神的柯勒乔式魔力的天顶画来达成，而后者则是通过其热情洋溢的装饰风格来达成，这种风格把韦罗内塞、柯勒乔、拉斐尔的体验和古典艺术融入一些十分密集的构图之中。

　　第二种较为古典的趋向源自安尼巴莱·卡拉奇在其为法尔内塞家画廊所作的壁画中臻于极致的那种华丽风格。这种能激动人心但有点冷峻的风格是以仔细研究大自然、古代文物、拉斐尔和米开朗琪罗以及威尼斯派的色彩主义为其根基的。任何"巴洛克"艺术家都不能无视这种风格的潜在影响：它给鲁本斯和佩德罗·达·科尔托纳以熏陶，它令贝尔尼尼仰慕不已，它也为普桑的古典主义开辟了道路。第三种重要趋向一般称为"现实主义"。"现实主义"只是一个难以精确界定的方便用语。它过去曾经被而且现在仍在被不正确地应用于卡拉瓦乔的作品和（较有道理地）应用于北方那种十分精细的复制图。它是用来指大众化类型的上乘作品以及诸如客栈和场景那样的"下里巴人"题材的绘画；它也用来指对实物的直接临摹以及对宗教雕像的不加修饰的描绘。

　　这三种趋向在整个 17 世纪都在竞争获得公众赏识和首要地位，而且很难找出一个时候不是三派并存的局面。总的说来，巴洛克潮流在 17 世纪 20—30 年代占有优势，从 40 年代以后则是取向改变为崇尚"巴洛克古典主义"。卡拉瓦乔主义和现实主义在不同时间、不同国家对前两股潮流都产生了不同程度的影响，但从未被教廷、宫廷和贵族认可为官方风格。

152　　　　有几个法国例子可以用来说明在这关键的 10 年间艺术风格错综复杂的情形。曾在意大利游历和作画多年的西蒙·武埃（1590—1649 年），在其返回巴黎很久之后，以意大利巴洛克手法创作了《教堂即景》（藏于卢浮宫，约 1641 年）——整个构图包含了一扫无遗的斜行排列、以透视法描绘的远景和一群流露各种感情的比例巨大的人物形象。与此同时，生活在罗马的普桑创做出了诸如《吕贝卡和埃丽莎》（藏于卢浮宫，1648 年）那样的精心布局、仿佛浮雕一般的绘画，明显地参照了拉斐尔和古代的典范；这是一幅与武埃完全不同的严谨的古典作品。路易·勒南的油画《晚餐的农民》（藏于卢浮宫，约 1645 年）把观赏者引入一个如实描绘的农家场景之中；"下层生活"的服饰和摆设——农民的穿着、破烂的裤子、厨房的器皿、猫和狗——无不一一画出。但是与弗朗科或科尔托纳的任一作品相比，武埃已经背离了巴洛克风格，趋向于古典标准；同以后的勒叙厄（1616—1655 年）相比，普桑的作品仍有巴洛克作品的浓艳和热烈的色调；与荷兰风俗画相比，人像比例的巨大和正面构图的简朴都有勒南的现实主义从属于古典主义。因此，有古典主义的性质是上述三幅画的共同特征，专门术语的障碍并不妨碍我们注意到这一点。

　　有一种完全不同的论证方法或许会将这三种主要潮流分别与各自特殊的民族性情和特质联系起来。意大利人贝尔尼尼也许会被视为巴洛克流派无可匹敌的代表；法国人普桑也许会被奉为古典主义的拥护者；而荷兰人伦勃朗则也许会被认为是北部现实主义的无可比拟的倡导者。即使这种观点可以赞同，那么这几位大师早期的创作生涯也还是揭示了他们信奉相似的价值观念。早期的伦勃朗显著地运用源自卡拉瓦乔的注重光线的手法，他以突出的三角形和斜行布局进行构图，他对崇高姿势和意大利比例巨大之形体显露出兴趣——所有这些都可以从年轻的贝尔尼尼对雕塑的解释和普桑在这同一时期的作品中找到类似的情况。正是以这种巴洛克风格为起点，每位大师各自向着一种纯属个人的风格发展。但是在他们后来的风格中也仍存在着重要的共性：三者都发现由水平线和垂直线组成的简单结构要比他们早期繁复的巴洛克式构图更适于表达强烈的感情。

153

　　后期的普桑，醉心于以道德和理性的方式对待艺术，将其信念体现为一些清教徒式的朴素形体和几乎令人生厌的刺眼色彩。伦敦收藏的他于 1657 年所创作的《圣母领报》和列宁格勒（今圣彼得堡——译者注）收藏的创作于稍后时期的《入埃及途中》就是典型的例子。贝尔尼尼后期作品通过在一个明显生硬的形体组成的框架内表示愈益强烈的动势来反映 17 世纪天主教礼拜中的一种神秘倾向。这可以从《有福的鲁道维加·亚尔贝托尼》（藏于罗马里帕的圣弗朗切斯科教堂，1674 年）以及加布里埃莱·丰塞卡的半身雕像（藏于罗马卢西那的圣洛伦佐教堂，1668—1675 年）两件作品中得到证明。伦勃朗走了截然相反的道路。他所创作的人物形象都是感情越深，就越显得静穆。他既不需要贝尔尼尼式的外露狂热，也不需要普桑式的塑像般的人物形象和古典的构图，来表达心醉神迷的心态。他的后期绘画作品表现出彻头彻尾的静穆，极端简单的人物融入空间，而整个空间也洋溢着感情。

这三位伟大的艺术家既体现了，又应答了时代的渴望。他们像非常灵敏的共鸣板对自己生活于其间的社会做出反响。在长达50多年的时间里，贝尔尼尼一直享有教皇之官方艺术家的地位，接连为五位教皇服务。他那南方的花哨和激情，他那通过令人眼花缭乱的手法征服公众心灵的才能，他那善于描绘令人意乱神迷的肉体状态的手法，他那能使信徒深切感到一种强烈超自然体验的本领——所有这些都注定了他要担当天主教正统艺术家的角色。

普桑在罗马生活了40年，但他的大多数追随者却居住在巴黎。随着年事的增高，他的资助者和朋友主要由商人和银行家、政府官员和律师组成，这些人信奉笛卡儿的理性主义，同样也崇尚哲学上的怀疑主义和斯多噶主义。他们把普桑作品中的伦理主题和审慎的古典主义视为自己胸中珍藏的理想在绘画上的表现，并为之欢呼雀跃。

伦勃朗的艺术植根于信奉加尔文教之荷兰的市民文化中。他的泛神论使得世间万物，下自卑微的跛脚动物，上至从空中而降的暴风骤雨，都变得高尚有灵。他所铸成的革命可以从他的宗教绘画作品中得到最充分的判定。他是第一位全盘放弃天主教历史悠久的肖像画法的画家。南方的艺术家总是通过肉体的完美来展示基督的神圣本质。在伦勃朗艺术生涯的早期，他也是以这种艺术语言来解释基督的。但他逐渐把基督想象得既丑陋又卑微，以致最终他对圣经故事的不按传统的个人的解释远远背离了天主教的官方艺术。

贝尔尼尼的历史使命主要在天主教的南方，在那里他的影响一直持续到18世纪末。法国的甚或可以说欧洲的17世纪下半叶以至18世纪的古典艺术，是从普桑的作品和思想中汲取了力量。北欧的本质上是现实主义的绘画的进一步发展则无法同伦勃朗多年的成就截然分开。

然而，这些艺术大师们后期表现出来的强烈的个人风格并未被年154 轻一代艺术家心领神会。1650年以后不久，全欧都感受到一种拉平的趋向：个人表达能力在削弱，紧张局面在松弛，而且尽管不同的艺术流派仍在坚守阵地，但在法国霸权之下出现了一种国际风格。这种归于一律的风格本质上是古典主义的，但也许称它为"巴洛克古典主义"较为正确。贝尔尼尼、普桑和伦勃朗三人的生涯表明这种国际风格谋求其支配地位的斗争在三个艺术上最为重要的国家——意大利、法兰西和荷兰都采取了不同形式。

从中世纪起,意大利人就把创作巨幅的壁画看成画家的首要任务。17世纪下半叶的画家们正是在这个领域中贡献出其最好的才华。除了不多几个值得注意的例外,罗马教堂和宫殿中最为豪华的巴洛克式饰物都是在1650年之后创作的,常常安在一些很古老的建筑物之内。这类作品中最为炫耀的是高利于1672—1683年为耶稣会发源的教堂——16世纪下半叶建立的杰佐教堂所创作的壁画,以及安德里亚·波佐在圣伊格那齐奥教堂绘制的巨大天顶画(1691—1694年)。高利壁画的戏曲性效果,源自像贝尔尼尼那样的把画中大块暗区和明区并列的手法,源自引导观众视线逐步穿透天空的无限深处,亦即基督的圣名出现于闪亮光线之中的画中最明亮区。另一同样归功于贝尔尼尼的手法需要评说一下:高利把壁画和着色灰墁掺和在一起,让天顶画的某几部分溢出至拱顶建筑——这一设计旨在尽可能强烈地吸引观众的注意力。同高利形成对比,波佐把象征着圣伊格那蒂乌斯被尊为圣徒过程的一大群人物形象置于能引起错觉的建筑框架之中,此框架以一个想象的结构大大拓宽了真实的空间。这种被称为透视法的手法溯自一种博学多闻的文艺复兴传统,但从未在如此大的画面上加以采用。上述两种类型的巴洛克式天顶画——一种是让人像打破限制它们的框架,使之看来更逼近于观众;另一种是用透视法拓宽绘画的空间,使得绘入的情景似在极远的距离之外——都有着热心的追随者,主要是在18世纪奥地利和德意志的巴洛克艺术之中。

上述这些以及其他一些繁荣时期的巴洛克壁画,看来都给人以一种假象:意大利绘画是朝着国际古典主义的方向发展。但是,当高利正从事其在杰佐教堂的壁画创作时,卡洛·马拉蒂却在出自阿尔蒂里世家的教皇克雷芒九世(原文误,应为十世——译者注)的家族邸宅的巨大天顶上创作《克列门西的胜利》(1673年以后)。他放弃了巴洛克各种能引起错觉的艺术手法,壁画的构图复归于明晰简练,同时有着重新确立富于立体感的单个人物形象之重要地位的尝试。在高利和马拉蒂争雄的斗争中,高利的难以理解的晚期巴洛克风格在马拉蒂的理性古典主义面前毫无取胜的可能。早在17世纪70年代,马拉蒂的胜利已确定无疑。不久以后，就连高利的风格也开始失去其强度；尽管有着波佐在圣伊格那齐奥教堂的创作，但在这个世纪结束之前，马拉蒂的风格已经主宰了罗马。

155

马拉蒂的古典主义与安尼巴莱·卡拉奇的宏大堂皇的"早期巴洛克古典主义"几无共同之处。诚然，它和马拉蒂的老师安德烈亚·萨基在17世纪40—50年代所付诸实践的庄严的、绘画上的"全盛期巴洛克古典主义"有密切的关联。然而身为第三代艺术大师的马拉蒂进一步走上了将巴洛克和古典主义这两种相互对立的趋向加以调和的道路。他沿着一条易于令人赞同的中间路线前进：他的绘画几乎没有什么难以捉摸之处，不会叫观众困惑莫解或激起深沉的情感。掺杂适量的欢快绚烂色彩是他的"晚期巴洛克古典主义"的特征。正是这种风格——巴黎无疑对之起了促进作用——受到了全意大利至少是整整一代艺术家的效法。

但意大利人从未完全服从于一种模式。在有关鉴赏的事情上，从不存在一个有权发号施令的中心组织。"一致"的精神在意大利总是受到怀疑。一个在罗马客居了30年之久并于1673年在那里去世的那不勒斯人萨尔瓦托·罗查就是一例。这位才华横溢却一贯离经叛道的人长于战争画、风景画和海上画，以苍劲的笔法描绘出带着罗曼蒂克气息的狂暴场景。罗马以外的一些强调个人风格的艺术家也对声势日盛的全盛期和晚期巴洛克古典主义做出强烈反应。在威尼斯进行创作活动的马佐尼和兰杰蒂前面已经提到。同样的，瓦莱里奥·卡斯泰洛（1624—1659年）及其热那亚的衣钵传人也爱好强烈的对比和浓烈的色彩。那不勒斯人马蒂亚·普雷尔和卢卡·焦尔达诺——两人都曾在亚平宁半岛上走南闯北地作画——在其绘画作品中展示出一种17世纪末最后数十年里在意大利以及其他地区都罕见的与其匹配的蓬勃力量。所有这些艺术家以及许多未曾提及的画师偏爱在一块块小色区运用浓彩醐笔和粗放地杂陈并列而不喜欢平和地涂彩着色，他们宁可用令人意想不到的色彩对比而不取色调的和谐平衡，他们以狂暴的动势、戏曲性场面乃至新神秘主义来对抗古典派的柔和修饰。

然而有一点很重要，那就是意大利的巴洛克绘画史是与雕塑和建筑的历史平行发展的。由于贝尔尼尼艺冠群伦，雕塑家的地位蒙受了不利的影响。无人能忽视贝尔尼尼：为友为敌，二者必居其一，但是即使是他的对手也在其荫庇之下生活。1650 年以前，即在阿尔加迪和迪凯努瓦在世时，还是一个众彩纷呈的时代。但 1650 年之后不久，保守的埃尔科莱·弗拉塔（1610—1686 年）领导了贝尔尼尼派的右翼，而进步的安东尼奥·拉吉（1624—1686 年）则领导了贝尔尼尼派的左翼。研究他们成就的最好依据是坐落在新广场的圣阿格涅斯教堂的巨大的大理石雕塑（1660 年）。拉吉这位在其同代人中最具天赋的雕塑家，在杰佐教堂的中殿和十字形耳房的长廊上装饰的一大组灰泥像，完全服从于贝尔尼尼晚年的神秘风格。但是弗拉塔却领导了一个大流派，意大利各地的雕塑家云集门下。费拉塔和拉吉于 1686 年去世时，这一代还在世的著名雕塑家只有多梅尼科·圭迪（1625—1701 年）。尽管他平平庸庸，但仍被奉为罗马雕塑家的第一人。有一点很有特征意义，那就是他与法国保持着密切联系，甚至在 1677 年接受了一项任务，在凡尔赛宫雕塑一组大理石群像；但由于他仍对贝尔尼尼的华丽风格亦步亦趋，这组雕像使法国宫廷很不满意。

　　正是在这时，亦即法兰西学院在罗马建立（1666 年）之后，法国雕塑家大量涌入这座不朽之城。他们当中有一部分人长期留在罗马，并接受了重要的制作任务，其中有 P. S. 莫诺（1657—1733 年）、G. B. 泰奥东（1646—1713 年）和 P. 勒格罗（1656—1719 年）。因此，到 17 世纪末，法国对罗马雕塑的影响超过对罗马绘画的影响。卡米洛·鲁斯科尼（1658—1728 年）在一定程度上恢复了罗马流派的自主性。但他的后期巴洛克古典主义——与绘画上马拉蒂的风格虽不同时却极为类似——一直到下个世纪初才盛行起来。

　　由于贝尔尼尼的威望，罗马作为雕塑艺术国际中心的地位比作为绘画中心的地位维持得更为长久。整个 17 世纪以至 18 世纪的大部分时间里，罗马的雕塑家也前往意大利的其他城市从事创作，甚至在德意志、波兰、葡萄牙、英国和其他地方找到急于需要他们提供服务的恩主。但是这个世纪的最后几十年间，那不勒斯、佛罗伦萨、波洛尼亚、热那亚和威尼斯涌现出了一些欣欣向荣的地方流派。佛罗伦萨人费尔迪南多·塔卡（1619—1686 年）仍在很大程度上保持着托斯坎尼当地不喜夸张的风格。正是费拉塔的学生乔万尼·巴蒂斯塔·福吉尼（1652—1737 年）的作用，贝尔尼尼派的雕塑在佛罗伦萨达到了其顶峰。在热那亚，则有了第一个也是最伟大的当地巴洛克派雕塑家，即菲利波·帕罗迪（1630—1702 年），而且热那亚流派以后的发展实有赖于他的突出成就。威尼斯吸引了北方各国的雕塑家。其中精力最旺盛的是若斯·德科尔特（1627—1679 年），他生于伊普尔，曾在罗马学艺，1657 年定居威尼斯。他把巴洛克式雕塑引进了威尼斯并由他的合作者和学生把他那种别致的风格带进 18 世纪。

　　罗马的堪称上乘的巴洛克建筑，有一些属于我们正在考察的时期。贝尔尼尼在建筑方面的任务主要是在 1656—1670 年接到的。他所建筑的三座教堂中，奎里纳尔山上的圣安德烈亚教堂（1658—1670 年）最负盛名。那是一座在椭圆形地基上建造的小型建筑物，从中可以充分品味到贝尔尼尼对色彩和光的颇受注目的运用，以及他

157 精妙地将建筑和雕塑融为一体的手法。建筑物的所有重要线条都集中在那尊似乎要越出拱顶、扶摇直上的圣安德鲁塑像之上。他那被尊为圣徒的形象主宰了整个空间。因而，当参观者一进入教堂，就立即被这种"神秘的动势"所吸引。现代评论家有时认为贝尔尼尼建筑中的古典韵味和他绘画中的巴洛克精神存在着矛盾；他们显然没有理解到贝尔尼尼通过赋予其所设计的教堂以一种完全非古典主义的含义，恰恰给古典形式注入了崭新的内涵。

　　如果原计划付诸实施的话，卢浮宫应该是贝尔尼尼所设计的最重要的世俗建筑物，而它对欧洲建筑的影响将是惊人的。即便如此，依照他的计划所制作的雕刻仍产生了一种从布拉格到斯德哥尔摩和马德里都能感受到的影响。贝尔尼尼在罗马为红衣大主教弗拉维奥·基吉所建造的府邸（1664 年以后；今基吉—奥代斯卡尔吉宫），推出了一种带有革命性的府邸设计。由一组紧密的巨大柱式建筑组成的连接方式，外观庄严的中心大厦和粗琢的两侧较低厅堂并排排立，主体之间所形成的优雅平衡（当 18 世纪建筑物的正面加长时，这样的平衡就受到了影响），楼层色彩基调逐层转换的微妙变化——所有这一切都组合在一个真正高贵典雅、富丽堂皇的建筑设计中。贝尔尼尼为巴洛克式的贵族府邸树立了一个程式，为欧洲大多数国家所遵循和仿效。

　　贝尔尼尼于 1656—1667 年完成了他在建筑上最伟大的成就，即圣彼得广场，尽管他面临着有关地形、结构、象征意义、圣餐仪式和美学等一大堆棘手的问题，但他应付自如，并创作了古往今来众口一词加以称羡的伟大建筑之一。由四排圆柱支撑的敞开的柱廊，张开宽

阔的双臂环抱着一座巨大的椭圆形广场，在长方形教堂前面构成了供
节庆使用却十分安静的场院。在此之前，从未有过自成一体、独立式
的柱廊被用于相似的目的。它给人以气势夺人的庄严宏伟的视觉印
象。在后文艺复兴时期，没有任何建筑能比圣彼得广场更酷似希腊建
筑，而在17世纪之前，也不可能以如此自信的方式对待建筑形式的
传统原理。圣彼得广场的古希腊气质只有那位本质上是雕塑家的最伟
大的巴洛克艺术家才创造得出来。在此后差不多有200年的时间里，
贝尔尼尼的广场对城市设计者来说一直有启发作用。

　　弗朗切斯科·博罗米尼和佩德罗·达·科尔托纳在17世纪上半
叶创作了他们各自某些最佳的建筑成果。尽管他们分别代表了全盛期
巴洛克风格中极不相同的方面，但他们的晚期风格都表现出在建筑形
式和色彩基调上有着明显简化和放宽的倾向；因此也许可以断言，他
们也是顺应趋向古典主义这个大潮流的。然而，这种倾向在新广场的　158
圣阿格尼斯教堂的建造规划中表现得尚不明显。这座教堂原由吉罗拉
莫·拉伊纳尔迪和卡洛·拉伊纳尔迪于1652年开始设计，一年后又
由博罗米尼接过手来并作了较大的修改。1657年，当轮到卡洛·拉
伊纳尔迪接替博罗米尼时，他又立即在还有可能改动的地方对博罗米
尼的设计做了调整。尽管教堂竣工历时多年，而内部装饰也直到17
世纪末才完成，但这个教堂仍应基本上被视为博罗米尼的制作。它是
建筑史上的一个重要里程碑，因为它等于是从全盛期巴洛克风格出发
对布拉曼特为使圣彼得教堂形成中心而设计的方案进行了修改。在此
之前从未有过根据类似的紧凑空间的设想创做出由正面、尖塔和圆顶
构成的如此丰富而多样的建筑群。如果没有这座重要建筑物的出现，
便无法想象意大利和欧洲其他地方会接连不断产生中心辐射式的设计
和双塔式的正面设计。

　　对比之下，博罗米尼最重要的后期成果，即传教总会神学院的教
堂和正面（1662年），却因过于是一种个人的独创而不足以产生巨大
的影响。就该教堂的内部而言，他打破了大多数巴洛克建筑所遵循的
文艺复兴时期的规范，即把墙壁放在突出的地位并使用柱式以实现有
节奏的连接方式。在这里，柱式构成一个连贯的结构"骨架"，让人
联想起哥特式的建筑方法。把博罗米尼在圣菲利浦·内里奥拉托利会
所设计的正面（1673年后若干年）与传教总会神学院的正面相比较，

就可发现他的风格在这 25 年间发生了变化。大量细部装饰没有了，多层的墙面刻画以及花花绿绿的一大堆几乎是喜庆的色彩也没有了。一切富有特色的东西都已被简朴化而缩减至最低限度，产生了一种压抑的几乎是梦魇般的效果。传教总会神学院的教堂和正面以其令人饶有兴味的简朴和非正统的推理恰当地给博罗米尼的建筑师生涯画上一个句号。

　　除了请过贝尔尼尼之外，科尔培尔还曾邀请佩得罗·达·科尔托纳为卢浮宫提供设计方案。这些设计没有能够保留下来，但他为亚历山大七世拟以之装点科伦纳广场的一座齐吉家府邸所作的设计，也许可就失佚的卢浮宫设计有何特色提供一点线索。他为出自齐吉家的教皇所作的设计图纸——现存梵蒂冈图书馆——表明在巴洛克建筑中第一次出现气势磅礴的排柱竖立在粗琢的地板上，掩映着凹面的墙壁。在科尔托纳后期的建筑制作中，两座引人注目的教堂之正面具有头等重要的地位。和平圣玛利亚教堂（1656—1657 年）的正面把凸式和凹式奇妙地结合起来。但更为重要的也许是由剧场结构演变而来的小广场的自成一体：教堂犹如舞台，广场犹如观众席，两侧的房屋就像包厢。在维亚拉塔的圣玛利亚教堂（1658—1662 年）的正面中，科尔托纳在简化方面又迈出了决定性的一步。庄重的圣玛利亚教堂那种朴素的陶立克建筑中已经出现的古典主义倾向在此处进一步加强了。同科尔托纳早期的圣马丁纳和圣卢卡教堂的浓装艳饰相比，不难发现，这里清晰明亮，只有不多几笔重彩。

　　三位建筑大师——贝尔尼尼、博罗米尼和科尔托纳，每位都对日后建筑史的进一步发展产生了不可估量的影响。在罗马，卡洛·丰塔纳（1634—1714 年）把贝尔尼尼热情似火的风格转变成具有世纪末特征的学院风格。丰塔纳最初是以建筑制图员以及科尔托纳、拉伊纳尔迪和贝尔尼尼在制作时的建筑制图员和文书的身份开始其建筑生涯的。他自己的制作始自 1665 年以后，而其晚期巴洛克风格，即一种不折不扣可与马拉蒂的手法相比拟的建筑风格，集中体现在科尔索的圣马尔切洛教堂（1682 年）的正面设计中。他刻苦勤勉、博学多闻、书生气十足，为教堂、陵墓、圣坛、喷泉、节庆装饰，甚至为雕塑群做了无数设计。他头上那顶三位艺术大师衣钵传人的桂冠使他的画室成为四方胸怀大志的建筑师云集之所。西西里人菲利波·尤瓦拉

159

（1678—1730 年）、奥地利人菲舍尔·冯·埃拉赫（1656—1736 年）、德意志人 M. 达尼埃尔·柏培尔曼（1662—1736 年）、英国人詹姆斯·吉布斯（1682—1754 年）全都曾受教于他门下。正是通过他，许多巴洛克基调在 18 世纪初被广泛接受。

　　源自博罗米尼的那股艺术潮流也具有同样的重要性。追随他的主要是那些蔑视传统惯例、醉心于能动空间和表达清晰等观点的建筑师。他的衣钵传人不在罗马而在意大利南部和北部以及奥地利和南德意志。但是博罗米尼式的装饰线条、窗棂和门框、拐角的解决办法以及其他细部处理，很快就成为国际通用建筑语言的组成部分。科尔托纳也许是以其想象力丰富的装饰风格而最具感染力。这种风格在佛罗伦萨庇蒂宫的大公府邸套间的天顶（1640—1647 年）上体现得淋漓尽致。正是这种尊贵和雄伟的结合，欢庆、倨傲和壮丽的结合，决定了他的装饰手法在国际上得到仿效而被采用于贵族和皇家的居宅之中。"路易十四"风格并非出自其他单一的流派而是源于庇蒂宫的装饰风格。

　　另外还有两位活跃于 17 世纪下半叶的建筑师值得加以特别的注意。尽管罗马人卡洛·拉伊纳尔迪（1611—1691 年）不如前面所提及的三位大师那样卓越，但他是和他那个时代一些卓越的建筑任务有关联的。17 世纪 60—70 年代，他完成了坎皮泰利的圣玛利亚教堂、瓦勒的圣安德烈教堂的正面以及波波洛广场诸教堂的建造。坎皮泰利的圣玛利亚教堂（1663—1667 年）是罗马最令人感兴趣的巴洛克建筑之一。其内部如其外表一样，把意大利北部善于描绘景物的特色和罗马典型的庄重风格独特地融为一体。在此之前，意大利北部的"小建筑正面"（两个天篷似乎套在一起）从未和罗马建筑在柱体方面加大——从壁柱变为半独立柱再变为独立柱——这一特色结合在一起。这种新型的巴洛克正面设计取得了巨大的成功；它在某些特定的场合下不断地被重复采用。坐落在波波洛广场的几个教堂（1662—1679 年），其建筑过程比较复杂。而在某一阶段，贝尔尼尼和卡洛·丰塔纳也曾参与其营造。这些教堂引发了一个城市规划的棘手问题，因为他们不仅构成广场的一个巨大的正面，而且高高矗立在楔形的地基上，使长长的街道尽头统一并突出出来。这种把街道和广场编织为一体的做法是一种新的城市规划，但它后来是在法国而不是在意大利

160

有广阔发展前景。

第二位建筑名人是古拉里诺·古阿里尼（1624—1683年）。他1666年在都灵的定居开创了皮埃蒙特建筑的极盛时代。古阿里尼原是塞廷会的教士，最初从事神学、哲学和数学的研究工作。他在麦西那（1660年）开始从事建筑创作，在接受萨伏依的查理·伊曼纽尔二世的邀请之前，已在巴黎和里斯本有过一些成果（均已不复存在）。他在都灵建造的主要建筑物——毗邻大教堂的至圣的耶稣殓布教堂（1667—1690年）、圣罗伦佐教堂（1668—1687年）和卡里尼亚诺广场（1679年以后）——都在欧洲建筑史上最突出的成就之列。他经常被人们误认为是博罗米尼的追随者。诚然，两位建筑师都是不落俗套的人，但除此以外，他们几乎毫无共同之处。博罗米尼刻意追求结构的匀称和统一，而古阿里尼的建筑却有意表现出矛盾、令人吃惊的不协调、外表上的不连贯以及错综复杂的墙界。他把筒型壁和圆顶叠套入一种闻所未闻的混合形式之中的做法、他那完全不合西欧传统的精致拱顶、他的有些创造所表现出的几乎令人难以置信的大胆，所有这一切都表明古阿里尼试图给予一种独特的哲学观念以艺术表现形式。也许可以不算过分地这样认为：这位笛卡儿和德扎尔格之新数学的忠实门徒是想以建筑设计来暗示"无穷"这个数学概念。他设计的纵向教堂——没有一座留存至今——常有呈波浪形的墙壁、复杂的拱顶系统以及种种令人困惑的空间形态的组合。德意志和奥地利巴洛克建筑的发展在很大程度上依赖于这种设计。

从古阿里尼的建筑转向讨论法国的艺术状况时，我们看到了一种简直可以说从绚丽归于平淡的进程。古阿里尼于1662年开始营造巴黎的塞廷会圣安妮‐拉‐罗亚尔教堂之日，正值法国一种独特的民族风格开始形成而意大利不顾规范和华而不实的做法又遭到怀疑甚或嫌恶之时。法国古典主义在1630—1660年的兴起，是和法国成为一个大国的历程齐头并进的。所有在这一时期成熟的艺术家都完成了向形形色色的古典主义手法的过渡。除了两位最伟大的建筑师即弗朗索瓦·芒萨尔（1598—1666年）和路易·勒沃（1612—1670年）之外，也许还可想到下列一些重要画家的名字：17世纪40年代，菲利波·德·尚帕涅（1602—1674年）开始改变他早期根源于鲁本斯的巴洛克风格，并逐渐信奉极其简朴的风格；乔治·德·拉图尔（1593—1672年）早年的卡拉瓦乔式的风格被一种冷漠和完全孤独的风格所取代；加斯帕·杜盖（1615—1675年）起初是一位浪漫主义风景画家，后来接受了其姻兄普桑的影响；厄斯塔什·勒叙厄（1616—1655年）起初模仿武埃的巴洛克手法，最终却以冷峻和十足的拉斐尔式绘画风格结束了其艺术生涯；塞巴斯提安·布尔东（1616—1671年）早期以多样的方式作画，但在后期却严守普桑式绘画风格。

这些艺术家基本上属于前路易十四时代。他们都是独立的艺术家，随心所欲，不附庸时尚。他们当中活到 17 世纪六七十年代的人（克劳德活到 1682 年）都成了明日黄花式的人物，成了一个业已结束的时代的遗老，其时即 1661 年之后科尔培尔已控制了法国的艺术。

科尔培尔很快就决定把艺术活动集中于某个艺术家的领导之下。他选择了多才多艺的夏尔·勒布伦（1619—1690 年）。勒布伦在装饰艺术方面的天才以及他的第一流的组织能力都说明他属于新的时代。1663 年，他被任命为戈布兰工厂的总监，其经管范围较其名称所揭示的要广泛得多。他对一支由画家、雕塑家、雕刻家、织匠、细木工以及其他人组成的大军拥有最高权力。由于这些人的通力合作，世上出现了一种富丽奢华，自命不凡，同时又是迂腐的装饰风格。这种风格冠上那位法国国王的名字是恰当的，因为它主要是为他的扩张野心服务的。

为了从理论上控制艺术创作，科尔培尔把注意力转向各种学院。皇家绘画和雕塑学院尽管成立于 1648 年，但到 1663 年才获得其组织章程。第一批拥有精心设计的教学计划的正规艺术学校是16 世纪末在意大利出现的。科尔培尔就是在此基础上更上一层楼，而他那在巴黎的学院由于存在着森严的社会等级制度，有着一套理论和实践的教学大纲，号称具备各种学院式的训练以及讨论正确艺术规范的正规讲座，因而成为全欧洲艺术学院的典范——这是一种还需 100 多年的时间才能完成的发展。科尔培尔要求给予学院以绝对的权威。学院的成员均被授予垄断性的特权，只有成为学院成员的艺术家才可能有一帆风顺的艺术生涯。所有其他的艺术活动同样通过新建立的各种学院而受中枢控制。舞蹈学院建于 1661 年，铭文和纯文学学院（与种种博学问题有关）建于 1663 年，自然科学院建于 1666 年，音乐学院建于 1669 年，建筑学院建于 1671 年。1666 年在罗马还建立了法兰西学院，其宗旨是专门使艺术家们能在古典文化的源头接受训练。

162　　　　当意大利文艺复兴艺术家开始追求较高的社会地位时，他们使工艺和"艺术"之间开始出现一道鸿沟。然而，作为离群索居的创作者的艺术家同社会上其他人员之间的分裂问题是在路易十四统治的法国得到解决的。与中世纪的手艺人并无二致，法国的艺术家再次被纳入一种社会体制，但无不丧失他们得来不易的自由。他们这些人与访问巴黎时的贝尔尼尼之间所存在的反差之强烈超出任何想象之外。意大利人从未体验过中央集权专制和官僚制度的精神氛围。贝尔尼尼怎么想就怎么说，而他的法国同行则张起口来声音直发抖。对于他们缺乏想象力和创造力，对于他们目光短浅的教条主义，尤其是对于他们为人处世时的奴颜婢膝，贝尔尼尼都嗤之以鼻。他说，"只有在信仰问题上才必须有服从，而在生活的其他所有方面，人是完全自由的"①。

尽管如此，法国学院的教学仍深深扎根于意大利的艺术理论。这种古典主义的理论源自亚里士多德并在文艺复兴时代由莱翁·巴蒂斯塔·阿尔贝蒂首次加以系列的阐述，其核心原则是一件艺术作品所体现的综合性必然是一个理性和选择过程的结果。乔万尼·贝洛里（1615—1696 年）这位学识渊博的文物学家、瑞士女王克利斯蒂娜的图书馆馆长、罗马古典主义艺术界人士的朋友和顾问以及普桑和迪凯努瓦的密友，在一次演讲中对这个理论做出了最重要的陈述。这个题为《论绘画、雕塑和建筑的思想》的演讲是 1664 年在罗马的圣路加学院进行的。贝洛里的理论由普桑加以实践。作为一名画家，他的创作过程是理性的，他通过精密的计算努力使自己的作品具有古代艺术的客观特性，因为根据当时的思想，古典艺术家已就对自然的完美选择方面臻于极致，因而创造出具有理想之美的作品。普桑的方法在法国的绘画和雕塑学院是教学内容之一并被奉为圭臬。画家塞巴斯提安·布尔东在对其学院同仁所作的一次演讲中讨论了这种手法："当

---

①　M. 德尚特卢：《骑士贝尔尼尼的法国之游日记》（M. de chantelou, Journal de voyage de Cav. Berninen France），L. 拉兰内编，巴黎 1885 年版。

画家依据活人模特儿作画时，他还应当在另一张纸上对此形体作一番研究，尽量使之具有古代雕像的特征。"① 勒布伦曾在其一次演讲探索普桑的作品《拾穗者》（藏于卢浮宫）中每个人物的古典原型。在这些人手中，艺术几乎成了一种合乎逻辑的学科。普桑的作品和贝洛里的《论绘画、雕塑和建筑的思想》是支撑 17 世纪下半叶法国艺术大厦的两大支柱。

　　但是，一方面，新兴的资产阶级——普桑的朋友和资助者大多数属于那个阶级——的需求和宫廷的需求是截然不同的。诚然，古典主义——一种理性的、易教易学的风格，一种不容奇思异想并苛求统一的风格——对于严格要求中央集权化的专制制度来说可能是一种最恰当的艺术表达手段。另一方面，宏伟壮观、合乎礼仪的庄严肃穆、崇高卓越和趾高气扬在君主和宫廷生活中占有特殊的地位，且作为满足这些要求之载体的巴洛克风格又是现成的。因此，路易十四时代的官方艺术与当时的理论并不完全一致。"路易十四风格"最精确的定义应当是古典主义原则约束下的意大利巴洛克风格。正如我们所见到的，佩得罗·达·科尔托纳对这种很快就在国际上流行的法国后期巴洛克艺术的形成，做出了显著的贡献。

　　路易十四的凡尔赛宫是这种风格的最高成就，是那个时代的标志，也是法国在其历史上一个英雄时代所获得的光荣的象征。1668—1671 年，当勒沃把一座旧宫殿纳入一个规模要大得多的设计方案时，新的凡尔赛宫开始成形。现在看到的那座巨大花园的正面连同其 550 码以上单调的水平面是经过朱尔斯·阿杜安－芒萨尔（1646—1700 年）1679—1689 年的改造和扩建而成的。著名的镜宫也属于这一时期，它是由艺术家大军的统帅勒布伦负责加以装饰的。过大的规模、熠熠闪光的材料、内部的堂皇高贵和浮夸——所有这些都是欧洲那个最注重朝仪的宫廷以及一个业已升格到过度奢华和一味炫耀的宫廷社会之真实写照。

　　在这个时期，法国的花园设计和城镇设计从另一方面反映了当时对"巨大"的嗜好。但是，这种"巨大"受到理性和准则的约束。

---

　　① A. 德·蒙太隆：《皇家绘画和雕塑学院会议记录》（A. de Montaiglon Procsès-verbaux de l'Academl royal de peinture et de sculpture），巴黎 1875 年版。

皇家工程总监、法国巴洛克式正规花园的创建者安德烈·勒诺特尔（1613—1700年），是位眼光卓越且天赋极高的人。凡尔赛的一些花园是他最大的成就。各花园的巨大空间均按对称和几何学的原则来布置。笔直的大道和修剪整齐的小树林、楼梯和瀑布状台阶、大池塘和喷泉、瓶饰和雕塑，融合成一幅壮丽的图案。有人说得好：法国式的花园"教给人们以秩序。在路易十四时代，它也教给人们以宏伟"[①]。勒诺特尔还设计了凡尔赛城的规划，长长的街道辐辏于凡尔赛宫前面的广场，这些街道的布局与花园中道路的布局极为相似。因此，整个城市和公园构成了一个完美的整体，无论从哪个方向看王宫都是中心点。

164　　　　笔直的大道，其尽头是汇聚林荫小道的最佳景点的极其深邃的远景，有着向外辐射街道的圆形广场、集中于规则广场作为终端景物的纪念碑、服从于一个连贯设计的街道两旁、整个区域的统一规划——尽管法国城市规划中的这些因素大部分有着较古老的、部分是来自意大利的渊源——这些因素在路易十四时代以前从未被精心地和连贯地结合于如此大规模的规划之中。巴黎正是在那些岁月中形成其城市的外形特征的。香榭丽舍大街和星形广场、胜利广场和旺多姆广场、荣军院四周富丽堂皇的环境以及汇聚于沃邦广场的街道，为18世纪和19世纪同样雄心勃勃的规划树立了典范。

除了这些在城市规划方面所取得的成就外，单座建筑物仅有少数值得一提：四国学院（1661—1662年）——仍接近于罗马的巴洛克风格，是建造子爵谷城堡的建筑师勒沃所建；巨大的荣军院连同其由利贝拉尔·布吕昂设计的严肃的有拱顶的院落（1670—1676年）及其高大的圆顶教堂——此教堂俯视一个后来由朱尔斯·阿杜安-芒萨尔所设计的形成中心的平面图（1679—1708年）；最后还有简朴的古典式的圣德尼门（1672年）——系尼古拉斯-弗朗索瓦·布隆代尔（1618—1686年）所设计，其《皇家学院建筑学教程》（1675—1683年）概述了该学院崇尚理论的教学。

17世纪上半叶法国的雕塑处于低潮。雅克·萨拉赞（1588—1660年），以其负责营建的位于尚蒂伊的孔德亲王亨利·德·波旁墓

[①]　P. 拉维丹：《法国建筑》（P. Lavedan, French Architecture），企鹅丛书，1956年版。

（1648—1663 年），开创了典型的法国式巴洛克古典主义。弗朗索瓦·安圭埃尔（1604—1669 年）和米歇尔·安圭埃尔（1613—1686年）兄弟体现了类似的倾向，米歇尔·安圭埃尔在卢浮宫为太后居室所作的具有古典风格的科尔托纳式装饰以及他那著名的耶稣诞生塑像（圣罗什教堂，1665 年）就是例证。但是把法国雕塑提到新高度的却是三位较年轻的艺术家——弗朗索瓦·吉拉尔东（1628—1715年）、安托万·柯塞沃克（1640—1720 年）和皮埃尔·普热（1620—1694 年）。特别是吉拉尔东，由于深受勒布伦赏识，因此在凡尔赛宫的装饰上起了主要作用。他的代表作是为公园的一个洞室所制作的人物众多的群雕《由宁芙仙女陪侍的阿波罗》（1666 年）。他在这件作品中巧妙地把希腊雕塑的经验和已故的普桑的经验融合起来。最为年轻的柯塞沃克独树一帜地回归到了更自由的、巴洛克风格更明显的雕塑观念中去。这在他为凡尔赛宫创作的许多户外塑像和喷泉上还表现得不太明显，但在户内装饰中，特别是在镜宫和阅兵场的内部装饰上表现得极为明显，就在阅兵场他创作了其最具巴洛克风格的作品——巨大的椭圆形壁面上凯旋的路易十四骑在马背上的灰泥浮雕。柯塞沃克的一些半身雕像表明他在表达力和洞察力上达到某种程度的自由，预示着新时代的曙光。但是本时期真正处于主流之外的艺术家是普热。他那种极其鲜明的独特性使他不可能为科尔培尔在世时的宫廷所重用。他曾投在意大利的佩德罗·达·科尔托纳门下学艺，并在热那亚工作 6 年（1661—1667 年），此后其余生是在土伦和马赛两地度过的。他最著名的两件作品，《克罗托纳的米罗》（藏于卢浮宫，1671—1683 年）和《亚历山大与狄奥西尼斯》浮雕（藏于卢浮宫，1671—1693 年），揭示了这位艺术大师的狂放风格，他从米开朗琪罗处所受到的影响丝毫不亚于从罗马巴洛克大师处所受到的影响。 165

　　信奉天主教的西属尼德兰与南方的艺术思想有紧密联系。鲁本斯和范戴克完全主宰了 17 世纪上半期，而且他们的影响历好几代而不衰。他们的直接衣钵传人有亚伯拉罕·范·迪彭贝克（1596—1675年）、泰奥多·范·蒂尔登（1606—1676 年）和伊拉斯谟·奎林（1607—1678 年）等人，但他们完全由于两位巨星的光芒而黯然失色了。唯一的例外是安特卫普的大师雅各布·约尔丹斯（1593—1678

年），他长于描绘充满活力的佛兰德尔生活，但他的影响在其后期生涯中逐渐低落。

佛兰德尔画家有许多起初都模仿意大利风格，主要是卡拉瓦乔的风格，只是到最后他们才崇尚日趋古典化的法国风格。贝尔托莱·弗莱马勒（1614—1675 年）就是一个恰当的例证。他的学生热拉尔·莱勒塞（1640—1711 年）曾写有一部有关构图原理的名著，他就完全为法国艺术和雕塑学院所左右。即使是创作风俗画的画家，如在安特卫普和布鲁塞尔从事过大量创作活动的戴维·特尼尔斯（小特尼尔斯，1610—1690 年）也未能摆脱那个时代趋向等同的倾向。莱勒塞定居于阿姆斯特丹城以后，在那里享有名不符实的声誉。值得注意的是，17 世纪末，他那种肤浅的带有法国宫廷烙印的讽喻和神话竟然在信奉清教的荷兰激起如此之大的热情，因为荷兰的绘画是沿着另一条完全不同的道路发展的。

与信奉天主教的南方形成鲜明的对比，信奉新教的荷兰几乎没有给官方绘画留有余地。荷兰画家不受罗马教廷的恩赐和监护，不受制于君主和宫廷所强加的桎梏，因而驳斥了华丽的风格以及传统肖像画法的种种约束，他们的追求远远超出了南方艺术理论所规定的范围。整个可见的世界都为他们所涉足。因此，17 世纪的荷兰出现宗教意象画、静物画、陆景画、海上画、风俗画、各种类型的世态画、个别市民肖像画和市民群像画等创作的空前繁荣。许多荷兰画家是为艺术市场而不是为恩主作画。结果，早已出现的艺术经纪人和拍卖场承担了调节供求的重要角色。在这方面，正如在其他许多方面一样，17 世纪荷兰艺术家的光辉使 19 世纪和 20 世纪的艺术家相形之下黯然无光。而且，普通的荷兰人把购买名画看成投资，"因此一个普通的农民花上两三千镑购买名画是件不足为奇的事"（伊维林语）。事实上荷兰的绘画很快被欧洲每一个国家所收藏。

荷兰的各种画派源远流长，而此时又都已发展成高度专业化的领域。杨·范·戈因（1596—1656 年）、阿尔伯特·克伊普（1620—1691 年）、卡雷尔·迪亚丁（1622—1678 年）、雅各布·范·雷斯达尔（1628/9—1682 年）、阿德里安·范·德·费尔德（1636—1672 年）和迈恩德特·霍以玛（1638—1709 年）专画风景画；彼得·克拉斯（1597/8—1661 年）、威廉·海达（1594—1680 年）、杨·德·

海姆（1606—1683/4 年）、亚伯拉罕·范·贝耶伦（1630/1—约
1675 年）和威廉·卡尔夫（1622—1693 年）主要画静物画；老小两
位威廉·范·德·维尔德（父子）、杨·范·德·卡培尔（1624—
1679 年）和鲁道夫·巴克惠森（1630—1708 年）专画海上画；杨·
范·德尔·海登（1637—1712 年）和杰里特·贝克海德（1638—
1698 年）专画城市风景画；彼得·萨恩勒丹（1597—1665 年）和埃
曼努埃尔·德维特（1617—1692 年）专画城郊风景画；彼得·萨恩
勒丹（1597—1665 年）和埃曼努埃尔·德维特（1617—1692 年）专
画教堂内壁画。

　　专门化甚至发展到更细微的地步。不少画家只专注于他们所选择
领域内的某种特殊的对象。埃特·范·德尔·尼尔（1603—1677 年）
只画月光和冬景；菲利普斯·沃弗尔曼（1619—1668 年）专画带马
的风景；保罗斯·波特（1625—1654 年）只画带有牛群的风景；菲
利普斯·科宁克（1619—1688 年）专画全景画；阿拉特·范·埃弗
丁根（1621—1675 年）擅长画山岩瀑布；杨·韦尼克斯（1640—
1719 年）是狩猎静物画的大师；而梅尔希奥·德洪德库特（1636—
1695 年）则嗜画家禽。

　　大批艺术家擅长于创作资产阶级和上流社会形形色色的世态风俗
画。他们当中有彼得·科德（1598/1600—1678 年）、安东尼·帕拉
梅德兹（1601—1673 年）、杰拉德·道（1613—1675 年）、杰拉德·
泰尔博什（1617—1681 年）、塞缪尔·范·霍赫斯特拉滕（1627—
1678 年）、加布里埃尔·梅齐（1629—1662 年）、彼得·德·霍什
（1629—1677 年）、杨·维米尔·范·德尔夫特（1632—1679 年）和
彼得·杨森斯（约 1640—约 1700 年）。下层社会的世态画则有下列
一些第一流画家在创作：杨·斯滕（1629—1679 年）和阿德里安·
范·奥斯塔德（1610—1685 年）及后者的两个学生科内利斯·贝加
（1620—1664 年）和科内利斯·迪萨尔特（1660—1704 年）。

　　这些不断追求探索的结果似乎是对微观生活各个方面做出了迄今
为止不为人知的展示。那些拘泥于古典主义教条的人对此完全不予赞
同。莱雷塞指责道：“我们经常带着疑惑听到画家们相互劝说……只
需模仿自然就足够了……［这些画家］只不过是把他们所见到的生
活临摹下来……［然而，一个画家却应该如此描绘自然］，即不是描

绘它通常呈现的状况，而是描绘它达到最为完美状况时所应呈现的样子。"① 但实际上，这些荷兰画家远未坚持"按他们所见"描绘自然，而是同传统有千丝万缕的联系。我们决不应忘记，视觉是淀积于我们头脑中的思想、概念和传统的混合物，而纯粹的视觉以及对视觉的完美描绘必须被视为一种流行的奇谈。由此可以明显地得出这样一个结论：荷兰画家也受到了可以简单而切合地被称作"风格"的那些限制的拘囿。

彼得·德·霍什的艺术生涯具有典型性。他那早期的以强烈的明暗对照法为特征的巴洛克阶段，与弗兰斯·哈尔斯的艺术圈子有联系，与帕拉梅德兹和科德有联系。在伦勃朗的学生卡雷尔·法布里蒂厄斯（1622—1654 年）以及弗美尔的影响下，他的绘画在 1655—1665 年进入"古典"阶段，具有热烈而明亮的风格。在这个时期，他创作了借以成名的出色的屋内景物画。所有这些作品，一如文艺复兴时期的绘画那样，结构有力和紧凑。与画面平行的方格图案地板限定空间，而纵深的布局，即透过门廊和庭院的深景，也是按平行的层次排列的。看似偶然凑合在一起的人物每个都通过有效的空间协调稳妥地定位于图画之中。此时，此绘画手段已被用来按"生活的原状"绘制对生活的印象。这位艺术家总是选择一个近视点（这种方法在荷兰有悠久的传统），这样一来，图画不是被抛入一个理想境界，而是强烈地吸引观赏者的注意力。其他一些设计构思，例如偏离中心的投影点或在空间一角安置附带景物等，都增强了随意得来的生活的印象。在 17 世纪 60 年代末和 70 年代，霍什的艺术生涯进入了受法国影响的"学院式"阶段：构图趋于冷酷，处理手法变得简便，色调转冷，上流社会的群体和优美的奇闻逸事取代了室内场景。这一发展过程与荷兰的三个社会阶段相吻合，即解放战争之后的英雄时代、日益兴旺的荷兰资产阶级的相对和平时期以及处在路易十四霸权阴影下的社会趋于贵族化阶段。

德·霍什的发展，在某些方面我们可以有把握地据以做出概括性的论述。故而在 17 世纪 40—60 年代，画家侧重于描绘中产阶级的家

---

① Het Groot Schilderboed（阿姆斯特丹 1707 年版）。上述摘录摘自英文本《绘画的艺术》（伦敦 1778 年版），第 100 页。

常生活，此后则偏爱描绘严守礼仪的上流社会。泰尔博什、梅齐和胡格斯特拉滕都可证明这一潮流。弗朗斯·范·米埃里斯（1635—1681年）和戈德弗里德·沙尔肯（1643—1706年）增强了他们的老师杰拉尔德·道的作品中那种冷漠、刺眼和矫揉造作的特征。泰尔博什的学生卡斯珀·内彻（1639—1684年）专画满身绫罗绸缎的理想化人物。贝加的绘画表明即便是通俗的世态画也失去了粗野的欢快情调。

其他画家的经历也完全可以用来补充说明上面所观察到的结论。奎普在其艺术生涯之始，就显示出伦勃朗中期的暖色调。后来，他的色调转冷，而其风景画的结构也日趋古典化。塞贝玛的作品同雷斯达尔的浓密而连贯的风景画相比，显得单薄而不连贯。甚至连伦勃朗的学生在风格上也出现了大转变。尼古拉斯·马斯（1632—1693年）也许是最明显的一例。17世纪50年代，他还是那位艺术大师紧密的追随者，但是到60年代，就完全变为以贵族的立场和浅淡低沉的色调创作上流社会肖像画。最后，可以肯定地这样说，甚至伟大的弗美尔也没能超脱这个模式。他的早期绘画显示与意大利巴洛克风格有紧密联系（例如，《基督降临玛丽和玛莎之家》，1654/5年，藏于爱丁堡）。在17世纪50年代末期和60年代中期之间，他已几乎自成一家：他的构图极其简练，而其色调的天鹅绒般柔滑的光泽又是无与伦比的。但是，他在1666年前后创作的《情书》（藏于阿姆斯特丹），已经表现出对画面空间的奇特破坏和冷漠的色泽。他那非凡的想象力随着时代的潮流而减弱了。

同绘画的辉煌繁荣相比，绘画的姐妹艺术在尼德兰南北两部分的地位显得不太重要；但是正当南部巴洛克式建筑和雕塑呈现一片丰富多彩的发展景象时，北部的教堂和公共建筑却很少需要雕塑装饰，而且很快就转而反对与天主教复辟有密切联系的建筑上的喧嚣风格。甚至早在17世纪中期以前，雅各布·范·坎彭（1595—1657年）和彼得·坡斯特（1608—1679年）已引进了一种质朴的清教式的古典主义而使荷兰建筑发生了革命性的转变，其最大的里程碑式的制作就是范·坎彭的阿姆斯特丹市政厅。本时期第三位伟大建筑师是菲利普斯·芬博恩斯（1608—1675年），他趋向于赋予这种风格以更优雅的法国特征。

在那个时期，南部的堂皇教堂属于另一世界。它们的外观给观众留下了近似于罗马巴洛克风格的印象；但它们也包含着法国的特征，而它们的浓烈而笨拙的装饰又源自本土传统。威廉·赫苏斯（1601—1690）在卢万建造的耶稣会教堂——圣米歇尔堂（1650—1671）；吕克·法里德赫尔贝（1617—1697）所建的教堂——其中最突出的也许是位于梅杰林的不落俗套的汉斯威克圣母院；一位无名建筑师所建造的布鲁塞尔贝吉纳教堂的正面（1657—1676 年）都是南部教堂建筑风格的极好范例。坐落在布鲁塞尔神奇的大广场上的那排狭窄而高高的房子，连同其大量混杂的装饰，则表明当地的建筑是如何完整地保持了其地方风格。

南部的雕塑活动在很大程度上为少数多产的艺术世家所控制，其中最重要的是迪凯努瓦家、奎林家和费尔布吕根家。他们并不像人们所想象的那样深受法国雕塑的影响，而是以不同的方式把贝尔尼尼的意大利巴洛克风格同鲁本斯的佛兰德尔现实主义糅合起来。没有谁比吕克·法里德赫尔贝更接近于把鲁本斯变成造型艺术的中介，而且法里德赫尔贝培育出一个大流派。相形之下，极其多产的让·德尔库（1627—1707 年），却始终坚持贝尔尼尼流派的风格。由于荷兰的雕塑家奇缺，结果只好对阿尔特斯·奎林（老奎林，1609—1668 年）委以装饰阿姆斯特丹市政厅的重任。这是荷兰此类工程中最大的一项。他的助手中有荷兰龙布·费尔许尔斯特（1624—1696 年），此人和维尔伦·德·凯泽一道负责修理那座工程极其繁重却无主次的将隆普海军上将墓（位于 Delft 的 Oude Kerk，1655—1658 年）。这个陵墓为 17 世纪下半叶荷兰的许多陵墓建筑提供了样板。费尔许尔斯特是荷兰影响最大的巴洛克雕塑家，但他及其后继者的风格只能视为更具活力的比利时流派的一个感情色彩不浓的支派。

艺术在英国所处的地位与艺术在低地国家和法国通常的境遇十分不同。复辟时期既没有仿效法国的榜样出现一位光辉夺目的宫廷恩主和一种权威性的宫廷风，也没有像荷兰那样出现庞大的市民公众对艺术怀有兴趣。对艺术的荫庇和赞助掌握在贵族和乡绅手中，他们的口味远不算高雅。内战和共和国事实上使原来集中于查理一世宫廷的优雅艺术兴趣遭到毁损而难以为继。在复辟 25 年之后，一部讨论绘画著作的作者威廉·阿格林比用如下话语评价了这种断线局面的影响，"我们的贵族和乡绅除了少数对高尚的艺术显著地表示过好意外，总的说来谈不上是什么鉴赏者，因而他们不可能成为一种赏心悦目的艺术的促进者"，接着他哀叹道，"在欧洲所有文明国度里，我们是唯一缺乏对艺术家给予珍视的国家"。[1]

尽管艺术的状况如此不景气，但仍有一位其重要性远远超出这个岛国的建筑师，即克里斯托弗·雷恩爵士（1632—1723 年）。他起初是个科学家，早在 1657 年就被任命为伦敦格雷欣学院的天文学教授，而后在 1661 年又是牛津大学萨维利天文学教授。他也是皇家学会的创始人之一，始终对科学事业怀有热忱。[2] 他 30 岁时，做出其第一次多少有点业余性的建筑设计。1666 年的伦敦大火后他的巨大机遇来了，他那用之不竭的创造力也就大有用武之地。1669 年他被任命为总监，负责重建被毁的教堂以及圣保罗大教堂，并维修和建筑皇家宫邸和公共建筑。从 1670 年到 17 世纪 90 年代，他所部分或全部修建的伦敦教堂不下 55 座，其中 34 座一直存留到 1940 年的大轰炸。这些教堂有许多在中心设计上采取了大胆的尝试（例如，圣斯蒂芬·沃尔布鲁克教堂，1672—1687 年；圣斯威辛教堂，1677—1686 年；圣玛丽·阿布丘吉教堂，1681—1686 年），而且尽管他在建筑形式方面的知识很一般，但所运用的结构原理却往往是新的，且在欧洲大陆上罕见其匹。

圣保罗大教堂（1675—1710 年）是雷恩最杰出的成就，也是后文艺复兴欧洲最上乘的建筑物，教堂的精妙圆顶至今仍俯视着伦敦城。大教堂的建筑耗去了雷恩数十年的心血，数以百计的设计草图表明：从总体设计乃至每个细节在最终定型之前都经历了反复修改。这样一个缓慢而成的设计，说明了建筑学上出现一种体现皇家学会精神的经验主义方法。正是这种经验主义、理性主义和反权威主义的精神透露出也许可以称之为雷恩任意使用当时建筑学词汇的情况。在他的设计中结合了塞里奥和伊尼戈·琼斯、帕拉第奥和贝尔尼尼、布拉曼特和米开朗琪罗、佩得罗·达·科尔托纳和博罗米尼、朱尔斯·阿杜安－芒萨尔和其他许

170

----

① 《关于绘画的三篇对话》（伦敦 1685 年版）。
② 见前第三章第 50—51 页。

多人的艺术基调，但是结果却是产生了一项和谐的作品，其冷漠含蓄与欧洲大陆正在风行的晚期巴洛克古典主义十分类似。

　　同圣保罗大教堂和伦敦城的教堂相比，雷恩的其他建筑显得无足轻重。他为查理二世建造的温彻斯特宫（1683—1685 年）已不复存在。1698 年大火后，他为白厅所设计的宏伟方案只不过是一纸空文。汉普顿宫（开始于 1689 年），亦即将枢机主教沃尔西的居宅加以改造和扩建以用作威廉和玛丽的宫邸，是雷恩的失败之作。但他为格林尼治医院设计的宏伟计划可以和他的教堂建筑相媲美。玛丽王后倡议为海军官兵建立一所医院，作为在切尔西为陆军官兵所建立的皇家医院之对应建筑，此事是由雷恩在 1682—1691 年完成的。伊尼戈·琼斯的学生约翰·韦伯在泰晤士河畔为查理二世建造的宫殿（1663—1669 年）应构成这个总体设计的一部分。雷恩设想了一个高雅的布局：两排绵延的狭窄长廊轴对称地指向作为远景终点的由伊尼戈·琼斯设计的王后宫邸。这一堂皇的设计，可称作 17 世纪的英国最为雄心勃勃的设计之一，于 1694 年开始具体化。它那自鸣得意的规模可以说深受凡尔赛宫的影响，而相对而立的两排长长的柱廊和两座高大的圆拱顶建筑物又重新提起并变通了那些前人在罗马的圣彼得广场和波波洛广场建筑时首次加以考虑的问题。

　　雷恩的成果完全主宰了那个时期。也许仅次于他的罗杰·普拉特爵士（1620—1685 年）也值得一提，他是一位绅士出身的建筑师，在伯克郡的科尔斯希尔创作了复辟时期乡村别墅的样板（1649—1662 年；毁于 1952 年），这种巨大而庄严的结构与查理一世时代伊尼戈·琼斯的建筑物相比，较少古典味，却较多岛国情调。佩皮斯和伊夫林的密友休·海（1622—1684 年），使自己适应于荷兰的古典主义。他那最佳的创作——肯特郡的埃尔萨姆山林小居，原本应该建在荷兰。威廉·托尔曼（小托尔曼，1650—1719 年）也值得注意，因为他于 1687—1696 年对德比郡的德文夏公爵的宫殿般府第在查茨沃思的雄伟正南面，做出了多方面的贡献。托尔曼后期的作品被两大建筑师尼古拉斯·霍克斯穆尔（1661—1736 年）和约翰·范布鲁（1664—1726 年）的光芒所掩盖。他们两位的合作始于 19 世纪即将终了之前，建造了约克郡的霍华德城堡。正是他们在以后的 20 年中以非正统的、引人注目的、能激发情感的且带有明显巴洛克特征的风格取代了雷恩那样冷漠手法。

这个时期没有一位英国雕塑家可以自诩做出杰出成就。曾在法国和罗马学艺并在威尼斯工作多年的约翰·布什内尔（约 1630—1701 年），实际上只是把意大利后期巴洛克的枯燥形式引入英国。凯厄斯·加布里埃尔·西伯（1630—1700 年）在伦敦纪念碑的座基上留下了一幅罕见的、具有豪华风格的精妙的巴洛克式寓言浮雕。他晚年在汉普顿宫和圣保罗大教堂的制作足以证明他取得了相当大的成功。爱德华·皮尔斯（约 1630—1695 年）创作了几座优秀的半身雕塑像，其中最佳者，即雷恩半身塑像（1673 年，藏于牛津阿什摩林博物馆），表现出一种令人想起柯塞沃克的亲密而直截了当的手法。最后，格林灵·吉本斯（1648—1721 年）是一位技压群伦的木雕师。他所雕的花环和帷帐装饰具有现实主义的风格，表明他深受低地国家雕塑的影响。

同大陆上的天主教国家和新教国家的状况相比，英国的绘画主要是集中于绘制肖像画。诸如罗伯特·沃尔克（约 1605— 约 1685 年）和伊萨克·富勒（1605—1672 年）等平庸之辈，在范戴克于 1641 年去世以后继承了这位绘画大师的传统。然而，早在共和国时期，来自威斯特伐利亚苏斯特的彼得·莱利（1618—1680 年）就以最优秀画家的姿态出现在英国。他在查理二世和詹姆士二世统治时期的崇高地位，只有范戴克在查理一世统治时期的地位可以拿来相比；但他以国际流行的不自然的风格画出的赶时髦的肖像画，完全没有范戴克那种热情、精神和善于刻画人物性格的深度。莱利规定了以后很长一段时间英国肖像画的发展道路。来自卢卑克的戈弗雷·克内勒爵士（1646/9—1723 年）曾在阿姆斯特丹投于伦勃朗的学生斐迪南·博尔的门下，1674 年定居英国后成为莱利帝国的传人。他是个极有天赋的画家，却由于他从其宛如“流水线”的画室中制做出许多随手画成的肖像，以致他的职业名声大受损害。

英国绘画的其他领域大多数也是由长期或短期居住于英国的外国侨民开辟的。以豪华风格做出的寓言壁画，其巨擘在 17 世纪 70 年代中期以后是意大利人在安东尼奥·韦里奥（1639—1707 年），更往后则是法国人路易·拉盖尔（1663—1721 年）。拉盖尔是勒布伦的学生，1683—1684 年定居于英国。海景画由荷兰人威廉·范·德·费尔德（1611—1693 年）及其子小威廉（1633—1707 年）引进英国。
地貌风景画家杰出的代表有波希米亚人文塞斯劳斯·霍拉（1607—
1677 年）、荷兰人列奥纳德·克尼夫（1650—1721 年）和佛兰德尔
人杨·西贝雷赫特（1627—1698 年）。直到 18 世纪中叶，英国的真
正具有活力的本土画派才得以诞生。

172　　　　三十年战争的大破坏导致德意志艺术活动的中断，而复苏的进程
也极其缓慢。由于艺术的自主发展长期被压制，德意志日渐依赖于外
国的艺术家和国外的教育。信奉天主教的德意志南部总是向着意大
利，而信奉新教的北部则向着荷兰。来自法兰克福的平庸的约阿希
姆·桑德拉特——由于撰写了一部当代艺术家的历史著作《德意志
学院》（纽伦堡 1675 年）而声名大噪，以及较能引起人们兴趣的海
因里希·舍恩菲尔德（1609—1675 年）——主要在奥格斯堡颇为活
跃，他们都曾在意大利寓居多年；石勒苏益格人于尔根·奥芬斯
（1623—1679 年年）和柯尼斯堡人米歇尔·列奥波德·威尔曼
（1630—1706 年）都曾在荷兰学艺，并在他们作品中使范戴克和伦勃
朗的风格带上感伤情调。这样一些相当庸俗的画家根本不可能是
1700 年以后德意志和奥地利出现巴洛克壁画惊人繁荣的先兆；而德
意志绘画的独立性、丰富的创造力、自由的想象力和深刻的观察力是
靠约翰·米歇尔·罗特迈尔（1654—1730 年）、科斯马斯·达米安·
阿萨姆（1686—1739 年）以及其他许多人取得的。

　　意大利的雕塑家、毛粉装饰师和建筑家并不总是一流的，但就
17 世纪后期德意志和奥地利的成果而言，他们也有一份功劳；可从
1660 年前后起，本地雕塑家大量涌现，其创作风格酷似意大利后期
巴洛克式，时而还带有源自后期哥特艺术的民族传统。他们中最杰出
的是巴尔塔瑟尔·佩尔英泽尔（1651—1732 年），有着一个堪称典型
的履历。他在成为德累斯顿宫廷雕塑家之前，曾在意大利生活多年，
他的作品处处令人想起贝尔尼尼、普热和威尼斯的巴洛克风格。出乎
意料的，德意志出了一位真正具有国际范式的晚期巴洛克风格的雕塑
家，那就是安德里亚斯·施卢特（1664—1714 年），而且更为奇怪的
是，他竟是一个北德人。1694 年，他被任命为柏林的宫廷雕塑师。
他的杰作是大选侯的骑马雕像（1692—1703 年），在历代最杰出的骑

马雕像中居第二位。就风格而言，此塑像主要趋向于意大利的晚期巴洛克风格，而不是法国的古典主义。德意志的雕塑与德意志的绘画一样，在新的世纪进入了黄金时代。这主要体现在巴伐利亚和多瑙河沿岸地区。这时的雕塑家们以一种令人心醉神迷的、优美雅致的、有时甚至是带着明显乡土特征的柔弱风格取代佩尔莫泽尔和施卢特的国际巴洛克风格。

宫廷和教堂建筑起初也几乎全为意大利人所垄断。慕尼黑的塞迁会圣·卡耶坦教堂是三十年战争后最庄严的建筑，由阿戈斯蒂诺·巴雷利以罗马瓦勒的圣安德列亚教堂为范式于 1663 年开始营建，并在 1675 年以后由恩里科·祖卡利接手。而当约翰·丁岑霍菲设计出位于富尔达的大教堂时，德意志才有自己的建筑师，但他们起初也是遵循意大利的传统。巴雷利还负责营建在慕尼黑附近的宁兹堡之宫殿（1663 年）；还有罗伦佐·贝多尼和吉罗拉莫·萨尔托里奥负责营建在汉诺威附近的赫伦毫森之宫殿（1665 年），以及祖卡利设计在慕尼黑附近的施莱伊斯海姆之宫殿（1701 年）。维也纳在 1683 年被围之前，一直笼罩在异教徒的阴影下。那个时期以后，才开始进入辉煌的重建时代。这项任务主要落在菲舍尔·冯·埃拉赫（1656—1723 年）和约翰·卢卡斯·冯·希尔德布兰特（1668—1745 年）这两位天才身上；无数有天赋的建筑师为德意志和奥地利的建筑艺术自中世纪以来最辉煌的复兴做出了贡献。

18 世纪初，当英格兰、德意志、奥地利发展出繁荣的艺术中心时，低地国家和西班牙却没有这样的艺术复兴。艺术在这两个地区的衰落都不能说与政治和经济灾难无关。在 17 世纪上半叶临近结束以后，西班牙绘画以迅速而无可挽回之势日益衰退。诚然，在整个 17 世纪下半叶，一些有天赋的画家仍在继续创作。西班牙哈布斯堡王朝末代国王查理二世（1665—1700 年在位）的统治时期，标志着全国衰败状态达到最严重的程度。他的宫廷画师唐胡安·卡列尼奥·法·米兰达（1614—1685 年）只是菲利普四世的宫廷画师贝拉斯克斯的不像样的仿效者。传至卡列尼奥的继承者克劳迪奥·柯埃洛（1672—1693 年），马德里画派也就寿终正寝了。

西班牙其他艺术中心的境遇也大致如此。瓦伦西亚流派传到里巴塔尔的学生赫罗米诺·哈辛托·埃斯皮诺萨（1600—1680 年）手中便销声匿迹。格兰那大最后一批有相当地位的画师则是集画家、雕塑家和建筑师于一身的天才的阿伦索·卡诺（1601—1667 年）、佩德罗·德·莫亚（1610—1666 年）和胡安·德·塞维利亚（1643—1695 年）。科尔多瓦流派在祖尔巴朗的学生安东尼奥·德尔·卡斯蒂略 – 萨韦德拉（1616—1668 年）之后就无人可提了。塞维利亚在 17 世纪曾出现一个由巴托洛梅·埃斯特万·穆里略（1618—1682 年）领导的蒸蒸日上的流派。虽然有一部分不甚起眼的学生把穆里略的技法传到 18 世纪，但自从易于冲动的胡安·德·瓦尔德斯·莱亚尔（1622—1691 年）这个不修边幅但极有天赋的善于运用色彩的画家去世之后，塞维利亚流派的伟大传统也随之湮没。

　　所有这些画家把贝拉斯克斯和祖尔巴朗的坚毅和庄严的现实主义转变成优雅的、精致的，有时是令人焦躁困惑的手法；用通常给观赏者以情节怪异、华而不实、缺乏真诚的印象之精湛技巧取代前辈大师令人心悦诚服之直接手法。这批画家当中最卓越的是以描绘圣灵怀胎的许多绘画作品而闻名的穆里略，用西班牙的术语来表达，他把冷漠的风格发展为热烈的风格，最后又发展成一种浮夸的风格；这些术语表明了从 17 世纪 40 年代到 1682 年他逝世时，其艺术风格的进程。他晚期风格所表现出来的压抑的色彩和形式以及多愁善感是 17 世纪最后几十年西班牙绘画的特征。总的来说，西班牙的发展总趋势同欧洲其他部分的发展趋势是一致的。

174　　　　恰如意大利最为感情奔放的装饰均属晚期巴洛克式，恰如法国没有任何建筑装饰在壮丽辉煌方面可与镜宫相比，西班牙的装饰艺术在旧王朝末期也开始转向具有意想不到独创性的狂暴喧嚣、浮躁激昂的风格。同西班牙的绘画相反，17 世纪西班牙的建筑可以说没有什么成果。几乎没有建筑在庄严和新奇上能与卡诺建造的格拉纳达大教堂（1664 年）的正面相提并论。有好几个世纪，西班牙教会把注意力集中于崇高的圣坛、祭台后部的高架式圣坛屏饰，因而正是在这些方面西班牙的后期巴洛克式最为突出，富丽的装饰图样在 1650 年之后不久就出现了。从那时起，三种艺术在创造令人销魂夺魄的巴洛克作品的过程中统一起来。贝尔纳多·西蒙·德·皮内达创作的塞尔维亚的卡里达德教堂的崇高祭坛（1670—1673 年）、何塞·贝尼托·近里格控（1665—1725 年）在塞哥维亚大教室（1686—1690 年）以及在萨拉芒卡的圣埃斯特班教堂（1693—1696 年）创作的祭台后部的高架，都是由布满装饰和栩栩如生雕像的螺旋柱有力地组成的巨大的彩饰结构。这些革新者当中，除了丘里格拉家族的艺术家之外，还有莱昂纳多·德·菲格罗亚（约 1650—1730 年）、佩得罗·德·里贝拉（1683—1742 年）、纳尔奇索·托梅（1742 年去世）以及最为重要的弗朗西斯科·乌尔塔多（1669—1725 年）。必须提到，他们在建筑和装饰上的创作绝大多数属于 18 世纪头几十年。这种风格最令人眼花缭乱的代表作是装饰过度的格拉纳达的卡尔特修道院的圣器收藏室（1713—1747 年），据说它是乌尔塔多的创作，但无确证。

这个时期的雕塑家在塑造糅合西班牙的神秘主义和自然主义于其中的令人心醉神迷的多彩圣徒像方面有突出的表现。佩得罗·德·梅纳（1628—1688 年）在托勒多大教堂的圣弗朗西斯塑像（1663 年）是典型的例子。他的后继者何塞·德·莫拉（1642—1672 年）的作品看来更具修饰性，更讲究，以期令人出神入迷（格兰那达的圣布鲁诺教堂），这也成了那个时代特征性的标志。

至 17 世纪末，基本上由法国学院所强行推广的国际古典主义已丧失了吸引力。一种新的精神——反教条的，生气勃勃和热情洋溢的，同时又带有明显的民族特征的——在许多地区已崭露头角，其证据就是，威尼斯画派异军突起，热那亚出现富丽优雅的巴洛克装饰，西西里兴起精美的建筑，一种典型的德意志和奥地利的巴洛克式风格出人意料地繁荣，英国向一种雄浑有力、激动人心的巴洛克式风格转变，西班牙的装饰风格趋于丰富多彩，最突出的是柯塞沃克、佩尔莫泽尔、施鲁特这代人孜孜追求的巴洛克式的自由。所有这些基本上发生于同一时期的事，却因民族和地区特性的不同而各具特征，因而它们看似互不相干。然而，有生命力的思想总是具有不可抵挡的传播力。也许可以这样说，这种新态度产生于灌输学术的大本营即巴黎，因而它在欧洲内部引起反响是毋庸置疑的。

第一个行动是巴黎的艺术理论家罗歇·德皮莱（1635—1709 年）于 1673 年发表了《关于色彩的对话》，这不啻是投出了一颗炸弹，因为他认为学院派的偶像——普桑在运用色彩方面是个失败者。相

175

反，他贬低普桑的同时，把鲁本斯颂扬为伟大的巴洛克潮流的宗师以及卓越的色彩运用者。结果在普桑和鲁本斯的支持者之间，即所谓的"普桑主义者"和"鲁本斯主义者"之间爆发了一场论战。更糟的事接踵而来。德皮莱在其 1677 年的《关于色彩的谈话》中，将矛头直指古典主义本身的权威性。他坚持认为，正是对古代典范的紧密遵循才毁了普桑。在 17 世纪临近结束之前，这场论战以德皮莱的胜利而告终。他的友人、一个坚定的"鲁本斯主义者"、画家夏尔·德·拉福赛（1636—1716 年）被选为学院的院长。因此，艺术家们自动不再相信古典主义的教条，为 18 世纪早期法国绘画的自由发展开辟了道路。

罗歇·德皮莱善于把当时困扰年轻艺术家的问题表达出来，因此他在整整一代人狂热地信奉古典主义的永恒价值之后，为自觉振兴巴洛克艺术作了准备。他抨击学院派一贯正确说的妙语还有另一重要意义，即打开了非专家批评的闸门。巴黎的地位是无与伦比的，因为这座法国的首都不仅是最强大的中央集权政府的所在地，而且受过良好教育、博学多闻且对艺术有浓厚兴趣的中产阶级正在壮大。这个敏感的群体开始喜爱探讨和争论，对艺术的目的有其独特的见解。一种反理性主义的倾向开始抬头。因为与学院派的原则相比，公众要求艺术应当用于娱乐而不是用于训诫，应当诉诸情感而不是诉诸推理能力。如同古典理论一样，这种新的观念也是在意大利率先酝酿成熟的。画家佩得罗·达·科尔托纳和耶稣会教士奥托内利在他们的《论绘画》（1652 年）一书中首次热烈倡导以令人快乐这一享乐主义原则作为绘画的宗旨，并在巴黎引起了不可避免的连锁反应：杜博斯神父在他的《诗歌和绘画评论》（1719 年）中把艺术的最高裁判权交给有教养、热心艺术的公众。因此，17 世纪后期，在艺术家和公众关系的问题上出现了新的情况，这对 18 世纪艺术的发展，而且从更广的范围来看，甚至对现代艺术的发展，都产生了巨大的影响。

（吴世民　陈祖洲　译）

第　八　章

国家的社会基础

17 世纪的后 50 年充满那么多的变故，其间西欧和中欧生活表面发生了那么大的变化，以致乍一看来它可以被认为是社会各阶级发展以及相关的制度发展的一个重要时期。这个假设可以通过探索某些重大变化及其联系来验证，而从最明显的变化，即战争的社会方面的变化着手探索，将是合适的。已有人写道——而且这可以作为公认的加以接受——从 1560 年前后到 1660 年前后，欧洲经历了一场"军事革命"。① 军备、战术和战略改变了。它们现在需要新型的纪律、新的舰队与常备军组织以及技术和一般知识的新的、更集中的应用。后勤供应的财政与行政机器、政治控制体系以及武装力量的社会构成，都被改造一新。

军事革命的影响由社会史的一个突出事实显示出来：陆军和舰队比先前要庞大得多。不考虑土耳其人的陆军，我们可以说先前曾在一个单一的司令部下集结的最大兵力，是 1632 年时听命于古斯塔夫·阿道尔夫的 17.5 万官兵。但这是一个顷刻即逝的结合体，并未维持下去，而路易十四在其陆海军中，多年保持了超出此数 1 倍多的现役兵力。有某些国家，例如西班牙，无法征募它们先前招收的那么多兵员。但是，也有新的军事强国，例如勃兰登堡——普鲁士，它在 1640 年媾和后拥兵 2000 人，而在 1688 年身处和平之际拥兵 3 万人。对于某些国家，海上军备不像陆上军备那样始终必不可少；但是，欧洲的舰队同样增加了。武装人员的总数大得多，而且这种增加是持续

---

① 迈克尔·罗伯茨教授在其就职讲演《军事革命》中用语（讲演日期不详，1956 年在贝尔法斯特出版）。

的。有进一步增长，绝无普遍下降。虽然欧洲人口日增，人丁减少的国家仅是例外，但这些陆军和舰队不仅更加庞大，而且吸收了作为兵员来源的人口的更大部分。

这些事实被援引来支持下述理论：战争首先是一种手段，社会借此摆脱日益增加的人口的过大压力。接受此种观点的社会学家把战争描述为延期杀婴，并且试图用统计资料证明在某些时期里战争造成的死亡数目与婴儿死亡率成反比例变动。他们认为，过度增长的人口逐渐造成了一种爆炸性结构。就这一时期而言，这种理论多半是从正确的判断出发的，即欧洲总人口正在增加，造成生存资料的紧张。例如在法国，人口据信从 1600 年前后起持续增长。存在向外移民，包括胡格诺派移居国外，但从 1666 年起，科尔培尔立法鼓励早婚和组建大家庭。1678—1688 年，法国人丁兴旺超过了以往任何时候。1688—1714 年的杀戮和饥馑造成或许多于 5% 的减少，直到 18 世纪末期，再未发生过类似的爆发性变动。

在关于人口统计事实的现有知识水平上，必须反驳说，这种解释简直无法证实。就法国，也就其他国家而言，同时代和 19 世纪的人口统计学家所依靠的主要资料——教区登记簿、税收统计表等——是有缺陷的，而且甚至目前这个领域的考据研究还几乎尚未开始。[①] 没有理由假定科尔培尔的措施有任何值得一提的影响。即使有，它们对该国总人口——不管其职业和年龄组合如何——的影响不一定会有助于说明战争的起因。征兵并非仅仅意味着从法国所有适龄男子中征召一部分入伍。它主要限于较缺乏手艺和居无定所的男子；它也几乎完全出于自愿，除迫切"征召军士"时外；而且，它是国际性的。法国军队中有英格兰人、苏格兰人、爱尔兰人、德意志人、西班牙人和瑞士人。与之对阵的军队同样是混合而成。如果对所有事实都加以验证，就可能证明仅仅法国才有爆炸性的人口形势。这一结论很可能影响到关于列国相对侵略性大小的意见分歧，但目前它无法被证明是有理的。就整个欧洲来说，事情未表明军队的扩展吸收了可以得到的人员供给，也未表明人口压力驱使人们从军。有许多证据显示，各国政

---

① 见 P. 古贝尔 [《教区登记簿》，载于《年鉴》第 9 卷（1954 年）]。他认为，来源于此的资料只是到 1730 年前后才成为可靠的。对于 17 世纪任何国家估计寿命的变化几乎一无所知，因而对年龄适宜于从军的男子占总人口的比例的变化也几乎一无所知。

府很难征召其不愿从军的臣民入伍；还有许多证据显示，它们提供武器、弹药、舰船、装备、运输、给养和军饷的能力已到了极限。

人口统计资料本身既不能解释战争的起因，又不能解释这一时期军队的规模；而且，也不要指望它除了有助于勾勒多种社会力量在其下动作的某些条件外还将起更多的作用。战争爆发前的爆炸性结构是一个全社会的结构，正如战争是许多社会成分构成的一项活动。军事革命是各种变化的复合体，其中每一种变化都在贯通社会生活的原因和后果的交互影响中有其作用。除非并且直至某种新的分析把它分解为各个比较简单的成分，我们才可以把这场革命列为变化的因素之一。在其他因素中，最容易辨认的是经济因素。这个时期属于资本主义正在欧洲扩展的时代。关于家庭、地位和继承的不同法律制度，随同各异的政体，与经济因素的作用相交错并且使之复杂化，然而私有财产制度本身是变化的永久源泉，如果这仅仅是因为当人们随心所欲各显其能时，他们当中有些将发财致富，有些将破产变穷。如上所述，广而言之欧洲人口愈益增多。同样广而言之，它愈益富裕。无论如何，在大多数国家里较高的社会阶层作为集体控制更多的财富，国家为战争目支配更多的资源。至于农民、雇工和手艺人的命运，很难概而言之，因为即使不论战争的骚扰，不同地区的情况也大不相同。与这些经济因素相互渗透的是其他因素，其中一个尤其为这个时期所特有，那就是通常被称为科学运动的思潮。①

在科学运动的社会影响中，最容易追踪的是它通过技术改进产生的影响，即在工业、运输、农业和战争中产生的影响。它在政府和社会组织中也有直接的影响。这些影响往往难以追踪，因为在这样一些方面应用科学思维习惯的结果几乎同应用常识的结果一样。科学运动本身绝不局限于自然科学，而在自然科学领域内"纯"科学与"应用"科学的区别，不管真假，差不多还未从不加区别的"自然知识"中定形。② 在最广泛的意义上说，这个运动是一股高效思维的浪潮，其结果和实践者的高效所造成的结果相似。治国贤明的决心完全独立

　　① 见前，第三章。
　　② 约翰逊博士在《随笔》第 14 期（1750 年）第 5 页上谈论的显然是指数学："必定只同思想有关的纯科学与其定理应用于生活之间的差别"。钱伯斯版《百科全书》（伦敦 1728 年版）第一卷第二篇把"自然的和科学的知识"同"人为的和技术的知识"区别开来。

存在，它同有助于改进航海的天文学无关，或者同在工业上——尽管尚未在农业上——有用的冶金术或化学无关。和这一实用的决心相比，制定关于人性和社会的科学原则的企图仅产生了微不足道的，或至少是极难寻踪的结果；不过，它们确实做出了某种贡献，而且在一个领域这些结果昭然可见，这就是在当时所有学问中最精确、最进步的数学领域。在数学中，"纯粹"和"混合"之间的区别已是人所熟知的，[①] 而现在人们理解到，混合数学既包括社会应用，也包括技术应用。

依靠直接应用数学知识来改善行政管理的最简单例子，是约翰·德·维特所提出的改革终身年金的建议。几个世纪以来，尼德兰的公共当局一向举债，而作为报答，它们在贷款者的有生之年始终支付年金。据知图尔奈镇在 1229 年就这么做了。因为它们不知道任一贷款者将活多久，它们就无法预料在未来任何一年里究竟有多少钱必须以年金的方式付出。整个进程是估测性的。到 17 世纪中叶，时值其大战开始之际，荷兰有议会着手把合理的财政技术应用于举债。1655年，它折算它的某些借款，以便从较低的利息率中得到好处。然而，它缺乏同终身年金领取者进行这种讨价还价所依凭的数字。大约在此时，数学家们从概率规则的新研究中发现了计算生死或然性的方法。1669 年，这个思想在伟大的克里斯蒂安·惠更斯与其兄弟之间的私函中得到讨论。不知道它是否从他俩中任何一个传到了约翰·德·维特那里，也可能他独自偶然地想到了这一点，无论如何，1671 年，在一份理所当然出名的备忘录中，德·维特将其提交给他的主人——荷兰省议会之前。这份备忘录得出一个结论：以 4% 的利息率，按照相当于 16 年收益支付的终身年金是一项有利的投资。这里并不是假定议员们能懂得这个结论。他们的议政采取了预防措施，即附上了约翰尼斯·许德的一则表示支持的声明，后者是一位数学家，阿姆斯特丹市议会成员，后来成了那里的市行政官。自此开始，保险统计学迅速成长，在公共财政和私人保险业中广泛传播。[②]

实际上，德·维特关于估计寿命的数字尚缺确切的统计学基础。

---

① 例如见威尔金斯《数学的魔术》（伦敦 1648 年版），题献页和第 95—97 页。

② 这份备忘录在阿姆斯特丹出版。有 P. J. L. 德·夏特勒翻译的带评论的法文译本：《约翰·德·维特关于计算终身年金的报告》（海牙 1937 年版）。

第一份过得去的人寿表是在 1693 年由埃德蒙·哈雷从布雷斯劳的死亡率数据中计算出来的。新的原则也没有取得全面成功。在同一年，即 1693 年，因战争急需金钱的英国政府出售了 14% 的终身年金，两年后它请求年金领取者以相当于 4 年半收益的低比率将其年金转换成为期 96 年的一项"财产"。在这两个场合，它都没有做出任何年龄区别。在荷兰，迟至 1810 年，海牙市政府仍以一种不随在世期间年金应予支付者的年龄而变动的比率出售终身年金。然而，当哈雷计算他的人寿表时，有见识的舆论已接受了这一思想：应用于行政管理的数学可以构成一个正规的知识领域。17 世纪 50 年代，威廉爵士佩第受雇绘制用于分配爱尔兰土地的地图和表格。从这一实际工作，他转入了较广泛的推理，发明了那些声称至少与科学思想类似的用语。他于 1672 年撰写"政治概览"，并且（一度在牛津讲授人体解剖学之后）于 1691 年发表其《爱尔兰政治解剖》。第三个用语，即他在 1683 年发表的一部书的标题中使用的"政治算术"，变成了广泛流行的措辞。英国政府部门尽力运用统计学。它希望取得宝贵成果的两个领域是人口统计和贸易统计，即政府能够最容易地收集大量数据的两个领域。在人口统计方面，它没有或者几乎没有取得进步，而在设立很晚才出现的全国人口定期普查制度以前，也不可能取得什么进步。在商业统计方面，它干得好些。1696 年，在战争与财政危机之际，它开设了西欧国家所办成功的第一个统计机构，即进出口总稽查处。该处准备的商业数字在议会讨论和对外谈判中被使用，但是，处理这些数字的官员们知道它们是有缺陷的，而且在 18 世纪的大部分时间里，政治算术始终更多的是一种抱负和纲领，而非国家实践中的有效因素。

事实之广泛、系统的收集以及调查办法，并非威廉·佩第爵士的私人发明，而是当时人们所喜爱的一种社会调查方法。其工具之一是问题表。在英国，皇家学会制订了一种题目表，在国外的旅行者应当据此收集科学资料。它的一些早期成员就像其他人先前做的那样，报道海外各国的资源，把科学观察同经济观察结合起来。在法国，科学比在英国更紧密地和政府配合。科学院是科尔培尔官方工作的必不可少的机构；它予以技术很大的注意。尽管它不干预国事，但它的某些工作同某些行政管理新方法之间关系密切。科尔培尔的施政方略是将

181　调查结果交付常识审断。他有"一种难以满足的学习欲望"①。1663
年，官员们受命开始彻底调查国家的状况。他们要收集所有可得到的
地图，如果必要就予以改正，还要报告财政、经济资源和活动、税收
以及军事、教会和诸多方面的可能同政府有关的一切。在以后的岁月
里，科尔培尔及其下属使用和改进了统计学、制图学和参考书。《王
家目录》是他的创新之一，他注意档案分类。就像英国科学家那样，
他坚持运用一种明晰的叙实风格。

　　以科尔培尔的调查为基础的政策由高效率的行政机器固定下来，
并予以实施。少数同国王密切接触的大臣向精心挑选的一群地方行政
官发号施令。按察使们精明机灵，干劲充沛，有国家的全部力量做后
盾，法国沿科尔培尔希望的方向行进，而且毫无疑问，如果它一直享
有和平，它本来会沿同一方向走向更大的繁荣。然而，就像英国的政
治算术一样，科尔培尔主义仍是一项未实现的纲领，这除了战争外还
有其他原因。原准备用几个月进行的 1663 年调查从未完成。1697
年，博维利尔公爵向各省按察使送交了一种几乎相同的问题表，后者
将起草关于其财政区的备忘录，用于王孙布戈尼厄公爵的教育。这发
生在路易十四在位的第二个时期，即战而不胜的时期，而博维利尔属
于批评政府的一个贤人集团。他们当中最伟大的是法国元帅沃邦，他
以军事工程师闻名，像佩第那样从实际勘查和绘制地图发展到形成关
于税收和治国的思想。但科尔培尔和以前同他想法相同的那些人的处
境并没有根本的差别。他是重臣，但也是改革家；他代表了一种与许
多既成制度的实质格格不入的精神。政府新部门的合乎理性的管理被
置于一个社会、政治有机体之上，该有机体不仅生存下来，而且继续
成长，并创造体现它自身原则的新东西。

182　　　在国王的治国职能和他作为国家及其传统的象征性领袖的地位之
间，确实存在明显的矛盾。历史学家们不再相信路易十四说过"朕
即国家"，但那是他的极端颂扬者和极端反对者认为他具有的地位。
波舒哀写道"整个国家在他身上"②，胡格诺派最著名的政治小册子

　　①　当拉舒瓦西神父写到这点及其"无数次运用"以"维护科学的地位"时，他指的是一般知识，
而非科学知识。见《回忆录》（乌得勒支 1727 年版），第一卷，第 115 页。
　　②　《根据经文论政治》（巴黎 1709 年版），第五卷，第四篇，命题一。

则异口同声地说："国王占据国家的位置。"① 专制主义的官方理论确实没有夸大国王在政府日常事务中所起的作用，而且有人代表他写道："国王的职能主要是让真知灼见起作用，永远自然而然地、毫无困难地起作用"②；但是，欺骗之类的办法被用来制造一种表象，即事事以他的意志和作为为转移。国王内阁中的四名文臣具有重要的职能。他们当中最有影响的是主簿官。他被授权假冒国王签名，而他干得那么好，以致没有人能说出到底是他还是他的主子在签名。国王把一些时间花费在徒有其表的例行公事上，例如每月一次开会检查三种财政登记簿。总稽核大声朗读数字，每念过一项国王便发出一个音节"bon"（"好"）。欧洲另有一些统治者比路易十四更勤勉，也是更地道的实干家；他注重责任虽然是真诚的，但在法国内外造成的印象却比不上他的大肆挥霍。

在以他的名义汇集而成的《回忆录》中，有一些关于君主用故作姿态来争取民望的著名见解。人们根据所见来判断所未见。看来可能是过度的花费会给民众造成一种非常有利的高贵、权力、财富和伟大的印象。这一段完全没有谈到建筑，但在另一段里国王本人草草地写下一笔："大建筑之宏伟辉煌。"③ 他在凡尔赛的宏大建筑工程开始于1668年。到1682年宫廷完全并最终设置于该处，那以后国王便难得巡视他那15英里之外的首都了。1693—1700年以及自1706年到去世，他从未作此旅行。他周围的官员和侍从相当于一个万人殖民团体。在他的最后两次战争的灾难性岁月里，开支不得不削减，但对法国的统治仍旧在这个非凡的场所和非凡的环境中施行，直到1789年革命爆发。

官方理论把法国君主制度的虚饰说成是富强的表现，并且强调它使一人政府更能被接受；然而，这一辩词没有说服每个观察者。生于荷兰、定居英国的贝尔纳·曼德维尔争辩说，宫廷的奢侈并非出于纯粹的政治目的，而是为奢侈而奢侈。他写道："凡实权所在之处，设

① 《受法国奴役者的悲叹》（著者不详，阿姆斯特州1689年版），第23页。先前被认为是皮埃尔·朱里厄所著，但很可能出于米歇尔·勒瓦松之手。无疑，"国家"一词的意思在这两句话里并非完全相同，它在路易死时所说的"我去了，但国家在我之后仍然存在"一句里也是如此。此句见《文集》（巴黎1806年版），第二卷，第491页。
② 同上书，第一卷，第21页。
③ 同上书，第一卷，边码第193、225页。

想生活节制或简朴会使得在位的掌握实权者受人鄙视，是荒唐可笑的，从皇帝到教区助理牧师，莫不如此。"① 他叙述了荷兰共和国的恢宏伟大与德·维特个人生活节俭之间的对比，这一对比从德·维特在世期间就是文学话题。② 法国君主制的庞大机器是独特的法国条件的产物，它既是力量的标志，也是虚弱的标志。

在凡尔赛，路易十四身处法国贵族阶级的顶端大放光彩。这一世纪中叶的内战中，起源于封建的世袭贵族被镇压下去。它不再聚集于国家立法会议中，而在那些议会仍旧开会、以便允准税收的省份中，按察使们不再非得维持王权不可，而只是玩弄各种操纵把戏。一方面，在宫廷中，就像确实在全国各地那样，盛行着一种普遍的追求封号、官位和显贵标志的渴望，这使得国王能依靠一套精心构设的礼仪，来同样地利用暴发户的野心和破落户的需要。在军队里，指挥职务和晋升机会大都依社会等级而定；但大臣勒泰利耶和卢瓦确立了国家对军队的权威，于是国王在这里取得了又一个不断延展的施恩赐福的大领域。贵族不是一个完全封闭的种姓。最高爵位可以得自授予，而且有规避家谱门第限制的办法，这些限制名义上堵住了新来乍到者的仕路。其他阶层的新富人即使自己未升到较高的等级，仍可以把女儿嫁给上峰，从而使自己的后代成为贵族。另一方面，贵族在本质上仍旧处于一种特权地位。许多贵族行使领主管辖权。中央政府在限制这种权力方面无重要成果，它被严重滥用的例子，至少在比较闭塞的地方并非绝无仅有。地主无论贫富，侵犯公共权利，而自 1667 年以来颁布的各项国王敕令未能使之收敛。最重要的是，贵族免于纳税。在路易十四统治后期，沃邦和政府的其他批评者将这一特权视为国家岁入改革的主要障碍。政府对此也有所认识，以至于通过 1695 年的人头税法设立了第一项普遍赋税。然而，这一原则创新的规模太小，未能减少弊端。

这样，佩剑贵族本身就是中央集权控制的障碍。它还是一个不断184 增大的障碍体系的核心。教会通过各种不同途径与贵族相联结。它也

---

① 《蜜蜂的寓言》，F. B. 凯伊编（牛津 1924 年版），第 2 卷，第 164—166 页。虽然有些可疑之处，但看来整个这一段早在 1714 年就写了。

② 曼德维尔提到威廉·坦普尔博士，他的《联合省见闻》（伦敦 1673 年版）的第 113 页写到这点；不过，坦普尔读过科西莫·德·梅迪契的游记，后者也写过这一点，见 G. J. 霍普韦尔编（乌得勒支 1919 年版），第 247 页，写于 1669 年。

是王室施恩赐福的领域。教士受聘处理国家大事，尤其是外交。路易十四去世前不久，剥夺了内韦尔公爵挑选小主教区克拉姆西的主教的权力，从而完成了他对法国各主教区的控制。并非所有的主教区都是富庶之乡，但拥有这些以及700个修道院，国王便支配了绝大多数教会要职。他运用这一权力笼络和控制贵族，对相较而言属于少权或无权阶级的低级教士几乎毫不关心。不过，教会的依赖性小于贵族。它每5年举行一次教士大会，以便对它自己的"无偿捐赠"进行表决，它还发放其他赠款和贷款，这些是必须通过谈判获取的。高卢教会，即使忠心耿耿，理论上仍是个独立的盟友，享有它自己的各种特权和豁免，它并未提供一种制衡贵族的势力。对胡格诺派的迫害限制了，同时也加固了社会组织中的教士成分。

维护其自身利益的下一个集团是穿袍贵族。像封建贵族那样，高等法院的成员在内战中未能实现自己的某些权利要求，在路易统治时期始终遭到贬抑。他们的职所是在巴黎和某些省会，凡尔赛非其置身之地。然而事实上，他们和全体法律界人士仍然是必不可少的。投身法律界和投身官场之间，没有泾渭分明、不可逾越的界线。所有在这一或那一领域占据要职的人，总的来说属于同一个社会集团，而两个领域之间存在对流。按察使选自行政法院审查官的队伍，后者的职能部分地是司法性的，其数量在1689年固定为88人。司法职位由君王任命的高官占据，不过，有两样东西使法官和官员免于成为单纯的衙吏。重要的是，他们还拥有自己的特权，担任较高等级官职——屈指可数的廷臣们几乎全都来源于此——是爵位贵族的全部特权；而在资产者官吏这一层次上，则有许多其占据者可免于纳税的职位，它们的数目不断增加，因为它们全都可以买卖。这种制度并不仅仅限于法国。就其本身而言，它并非不合情理：当走马上任的新官向离职的前任付款时，他是为这个前任的退休生活提供某些资助，并且保证多少留神其新职责。然而，这种制度显然可能导致缺乏效率、敲诈勒索和贪污舞弊。路易十四的政府虽然明白这一点，而且经常试图就其所知采取行动，但它在财政上抛弃不起这个因袭的制度。国家本身出卖官职，有时是世袭官职，并且在官职易手时分得一份红利。于是，为维持这些交易的市场价格，官职任期得到保障，伴之以官职或名义官职的成倍增加。买下或继承它们的人自然并非全都称职。这一制度在科

185 尔培尔时期扩展到与商业和工业有关的许多职务，以后又扩展到与海军管理相连的某些官位。1681 年的一项敕令授予一大批官职占据者免税权。在 18 世纪，据估计有 4000 个被授予贵族爵位的官职，而路易统治前期官职总数据估计达 4—5 万。

　　路易十四统治期间，政府活动，特别是战争和备战活动的膨胀，造成了从少数统治者到体力劳动者的每个层次上新的就业机会，而随着就业人数的增加，其任务不可避免地变得更加专门化了。工商业的新繁荣，即使是以它范围外的活动为代价人为地支撑的，也具有类似的影响。这意味着组织工作、职员工作和贸易业务的发展，意味着资产者比例的增长，而在这一时期的文化中，资产者精神的兴起昭然可见。但是，从上面赐予特权和地位的制度，同其他倾向相结合，掩盖和歪曲了资产阶级的社会发展。为了王权的利益，内战后显出某些复兴迹象的市政机关被削弱。在经济事务中，除一部分例外，大城镇——例如像马赛"共和国"——丧失了往昔所有的那种自治。在政体上，它们的自治是狭隘和自私的寡头集团自治，在按察使们代表无权选举者进行干预时无力抵抗。1692 年，市长们变成了"官员"，从而被纳入互相妒忌、各自拥有既得私利的附庸们组成的等级体系。在这个体系中，就如在凡尔赛，除了争邀王室的宠惠外不思进取，而新兴的资产者就像廷臣那样刻意追求特权和显贵标志。不仅法官，还有医生和银行家，为自己获取了免服封建徭役的权利，但仅仅是为了自己而已。会计职业正在出现，但是，据说不是为雇主而是为顾客工

186 作的独立会计师，那是法院指定的记账员性质的，即官员性质的。没有出现下述情景：专门职业者通过控制开业者与顾客之间的关系，趋向于形成旨在维持其技巧、社会服务和酬赏之间的均衡的紧密组织。工商业者的情况也大抵如此。商会和官方主持下的其他会社构成科尔培尔所建机构的一部分，但商人们不是试图改造旧的市镇生活或在这些新基础上有所建树，而是抱住为自己争取爵位或类似头衔的计划不放。这样，本来会成为新兴的中产阶级的那个群体，由于同特权和中央集权政府的关系而分化和再分化。

　　社会分裂为上层、中层和下层等级的观念运用到当时的法国，确实没有什么用处。这时存在着特权者和无特权者之间的分界线。在这条分界线之上是逐级增大的财富和尊贵，但许多分割阻碍了由于职能

和生活方式的类似以及共同利益感而联合起来的各阶级的形成。在该线之下，从富裕农民和工匠到最穷的雇工，其物质福利迥然不同。在法国这一大区域内，农业甚至工业关系的千差万别，就像土壤、地形和自然资源方面千差万别一样。最穷者的最坏情况是可怕的，而且不仅仅是在1662年。1662—1709年这样的荒年。在某些地方和某些年度，令人震惊地爆发了骚乱，甚至反叛。这些在现代历史学家的著作中，比在同时代人的著作中，显得更引人注目，部分原因是除了在官方密函中，没有关于处决和部队调动的报道。然而，它们全都是地区性的，从未有过遍布全国的不满运动。1662—1663年波旁有乱，1664—1666年加斯科涅和贝阿恩有乱，1670年继瓦赖有乱，1675年布列塔尼有乱，等等。镇压所需从未超出当局的能力；它们也从未对不满运动做出仅仅意味局部与有限的和解的让步。政府比在该世纪中叶时强大，而能显示它开始自认对全国民众的福利负有责任的证据，则犹如凤毛麟角。

　　一个国家有效的中央集权控制，意味着中央和个别公民之间没有中间权力。路易十四的国家在确立与公民的直接接触上殆无进展，唯公民作为纳税人方面除外。当1688年强制兵役以自卫队的形式被小规模采用时，服役者的挑选任由每个教区决定。没有哪个民政机关保存有民众的洗礼、结婚和丧葬，这些登记都由教士来做。1667年的一项敕令在其他内容之外，还规定登记册的副本应当发往书记室，即大法官管辖区的档案保管室，但即使总能妥善地邮寄——事实并非如此——这些登记册对民用目的而言也毫无用处。在新近兼并的佛兰德和阿尔萨斯领地，如同在布列塔尼和比利牛斯，政府未曾认真地以其他实用语言为代价强制推行法语，但这与其说是出于任何开明政策，不如说是因为政府没有同老百姓直接交流的任何需要。在例外情况下，可能存在直接交往，例如在航海注册的场合。为海军征兵目的，所有以航海为生的人都被登记在册，但之所以可能，只是因为仅影响到集中于海港并且容易辨认的一小部分人。

　　尽管其行动的范围和深度在所有这些方面都有限，但路易十四王朝仍给整个欧洲留下了深刻的印象，并在这一或那一方面被许多国家奉为楷模。甚至在武运逆转后，它的军队仍然被仿效。它的建筑、花

园和礼仪成为时尚。它的某些行政成就同样易于模仿。1670—1690
年，伦敦、海牙、阿姆斯特丹、汉堡和柏林经过改善的街道照明，或
许就受到 1667 年始任警察总监的拉雷尼所作榜样的促进，后者为巴
黎提供了 6500 盏反射式烛灯。然而在较大的事务上，法国发挥影响
的可能性取决于通行的社会条件。在西属尼德兰，一个许多方面类似
于法国毗邻地区的小国，贝尔盖克这样的大臣有可能适应科尔培尔的
思想和方法。在英国，斯特拉福德时期存在过一次提高行政效率的运
动，而当内战期间议会党人组织起来时，又开始了另一次运动。王政
复辟时从法国返回的流亡者没有带回这方面的任何教益，但法国近在
咫尺，以后的岁月里君权拥护者中间比较能干的人从法国经验获益匪
浅。1682—1688 年，森德兰和戈多尔芬不是代表本国的保守主义，
而是代表一种欧洲大陆的，即法国的理想。他们的政策由于许多政治
的和政体的原因遭到拒绝，但其失败也归因于社会障碍，它们与确定
法国中央权力之限度的那些障碍迥然不同。威廉三世对法战争期间，
决定性的、持久的改革得到推行，但它们极少或全非起因于法国的
激励。

　　亚历克西·德·托克维尔在一则出色的附注中表明，可以根据加
拿大的情况更好地判断法国旧制度的行政集权。在那里，妨碍它自由
发展的有形和无形的障碍有许多并不存在。那里几乎没有贵族；教会
不占支配地位；司法没有古老的制度和惯例方面的渊源；封建主义传
统或已丧失，或微不足道。因此那里完全不存在市政或省政机构；行
政干预无所不在，一切创制来自法国。但是，在邻近的同样脱离欧洲
社会纽带的英国诸殖民地中，他却看到截然相反的情形：生气勃勃的
地方政府和殖民地政府、个人主义、微不足道的中央集权管理。[①] 对
这一反差的解释存在于两个国家的差别之中。

188　　　由英王统治的 3 个王国在宪法上是各自独立的。在整个路易十四
时期，它们看来始终有可能再次因内战而分裂。它们实际上确实经历
了一场革命，而爱尔兰在 3 年内是个战场。即使政治上风平浪静的时
候，在苏格兰，甚至在英格兰，法律和秩序也不比在法国维持得好多
少。尽管这 3 个王国存在所有这些问题，却仍能够维持着强大的舰队

---

　　① 《旧制度和大革命》（巴黎 1856 年版），第 385—387 页。

和可观的陆军而不耗尽其国库或破坏其脆弱的统一，法国观察家们对此惊诧莫名。它们能够如此，确实表明了一个事实：甚至在军事革命之后，战争的需求并未深深地渗入社会结构中去。兵员征召没有干扰工业的人力供给，甚至海军的强制征兵虽然打搅了远洋商船队，也不见得使之缺乏必要的海员。军需供应对民间消费者而言没有造成严重的短缺。战争带来的损失和不便没有使现有的不满加剧到危险程度。凡未遭敌人入侵的任何交战国，情况都可能是如此；然而，英国存在着使这一点在那里格外适合的条件。英国已达到一种地步，即经济改良和改组远未因战争而倒退，实际上因此而得益。再者，在整个欧洲，国家的需求对社会造成的压力确实仍然甚小；然而在英国，社会结构状况使它们的压力比在法国更小。

英格兰与苏格兰的关系以及与爱尔兰的关系这两大问题仍未解决，但在这一时期的进展中，它们之中每一个都有了如此的变化，以致在无数影响和利益纽带的基础上，它们成了驾驭问题，而非主权问题：爱尔兰被重新征服，苏格兰最终加入了一个政体联合（1707年）。这两国都是相对简单的国家，在社会组织方面变化较小。在英格兰，某些重要方面对任何中央集权改革的需要比法国要小。那里没有国内经济壁垒。除某些无关紧要的反常情况外，法律统一，司法管理处于单一的控制之下。没有任何东西阻碍激进的财政改革；而且，尽管存在某些古怪的中世纪残余，但这在事实上得到了完成。不过，在战争、司法和税收领域之外，不存在官僚队伍，国家雇用的人员寥寥无几。它和构成民众的个人所作的接触并不比在法国密切。它不干预凯尔特语。在 1660 年以前的清教统治插曲期间，或许主要出于宗教原因，地方治安法官所作的出生、结婚和丧葬登记取代了往昔教士所作的洗礼、结婚和丧葬登记。旧制度随王政复辟卷土重来，但1695—1696 年登记程序有所改善，自那时起所有婴儿出生都需要通知教区牧师。登记册副本仍旧不呈送任何民政当局，呈送主教当局者则如凤毛麟角。不存在近似于法国民政部那样的机构，甚至模仿法国航海注册的尝试也不成功。政府缺乏实施这一政策的任何官员，简直不能或完全无法（在商业统计领域之外）利用调查技术。有一次，商务部想知道王国全境在济贫税方面征集了多少钱，收集这项资料的唯一办法是依靠来自教区牧师的漏洞百出的报告。

　　在这个例子中，了解国情并在此基础上制定一项有力的政策的愿望遭受挫折，部分是因为缺乏使这一愿望得以实行的机构，部分是受阻于一个保守的社会之惰性。还有其他一些例子，表明这种惰性显得足以抵制王权的坚定努力。两位国王——查理二世和詹姆士二世——运用法律程序侵袭政治上招惹麻烦的自治城市自由权。结局同法国发生的情况相反，英国市政寡头集团的继续存在表明了英国社会的某些主要特点。自治城市被革命拯救，革命则是由贵族进行或至少是由贵族领导的。

　　如同法国贵族那样，英国贵族在内战中地位有所损伤。他们当中多数是保王党人，由于王政复辟而得益。然而，他们不再是封建首领了。1629 年，一位荷兰人观看了在白厅举行的嘉德勋位授予典礼，当时每位骑士率领各自的一列随行绅士。他不禁想起两年前见过的在其议会中的波兰贵族。[①] 英国的大亨似已不再给人这种印象了。宫廷仪式繁简适中。爵位带来特权，但绝非司法管辖权或免税权。世袭封号的持有者为数很少；虽然贵族的次子拥有显赫的称呼，但除高等贵族外此类名目绝无传至第三代的。因此，贵族的直系亲属联系广泛地散布到一个统治阶级内，它对于新来者甚至比法国贵族更加开放，而且不同工商业财富上层正式分离。存在土地贵族，但它一方面同较小的地主结盟，另一方面同实业界和专门职业界的要人携手。它有权有势，然而是通过公共机构并作为统治阶级的领导成分行使权势的。其成员对某些最高官职拥有优先的要求权，在竞争任何这类官职时占据上风。这一竞争由于集团和政党的形成而制度化了，但在立法议会中的公开讨论——即使不加报道——保证了统治阶级对官员任命和大臣行为的总控制。有一些非常显贵的世袭官职，但它们不再附带实权，而在低级官职中，世袭是无足轻重的。在陆军和国家机构中，官职都被买卖，但随着国家财政的改善，这一制度得到了限制。它在陆军中被置于某种程度的监督之下，它从未给予文职官吏任何类似于永久的职位。这样，对中央集权和创新倾向的抵抗就有了一个与在法国所不同的基础。这是控制议会两院的复合社会阶级的集体保守主义。通过它们，这个阶级经常是依靠在地方性的特殊问题上的立法，来处理在

---

　　① A. 波特：《历史学会会刊》第 17 卷（乌得勒支，1936 年版），第 84 页。

法国属于按察使及其僚属管理范围的事项。

教会的地位比在法国低。诚然，国王挑选 26 个主教，并行使某些次要的圣职授予权；主教作为上院议员，是处理教务的主要成分，而教士——与法国的教士不同，可以结婚——正变得在上下两个等级层次上都更紧密地和统治阶级相联结。但是，指定教会人员担任高级世俗公职的惯例已经衰亡。事实上，从 1689 年起，在法律上，国教会并不囊括整个民族。它还放弃了自行表决自身赋税的权利，并且此后它甚至未曾为纯粹的教会目的认真地利用教士大会。它的团体意识由于教见分歧而遭到损害，它的影响与其说行使于全国范围，不如说局限于各个教区。

城镇中的地方政府被允许我行我素，其程度足以既为奉公的主动行为，又为可耻的贪污舞弊行为提供余地。在某些政府有殷实人士任职的大城镇里，情况最佳。负责实施济贫法的选任官员在流行思想的限度内，可以为缓解穷人的贫苦大有作为。全国性立法未能使这一体制合理化。一项经过改革的济贫法本可以不那么宽容人类的弱点，而且尽管滥用职权之事甚多，但现有法律确实意味着地方当局承认至少对“值得救济”的穷人负有一种责任。

在城镇以外，负责实施济贫法的官员如同警官和其他教区官员，以各种方式从属于地方治安法官。这些治安法官由君主任命，任务主要是在小事上对他们寒微的邻居执掌司法；当聚集于每季开审的地方法庭时，他们不仅集体地监督教区警务与行政，还作为行政当局行动。在理论上，郡和教区相似，是个“责任单位”：郡民对国王负有责任，郡官则保证其履行。在实践中，它是个自治的行政区，而许多郡如此辽阔，以致与其说是地方分区，不如说是区域。这一时期的地方治安法官大都是乡绅，达官贵人们并不在本乡直接处理这些事务。他们把这种日常工作留给地位较低的人去做，当然，只要他们想施加影响，就会左右这些人。这样，各郡是由员外统治的，他们被描述为“治外寡头”，这或许带有过多的贬义。国王通过巡回法官，偶尔也通过国务大臣，同他们联系。他们同国会议员有个人联系，并且掌握选举这些议员的选票，因而国会的地方立法至少会考虑到某些地方利益和舆论。看来没有人哀叹缺乏专业行政等级体系。

如同在法国，英国产生了对专门职业和商业工作的需求以及随之

而来的职能分工，但结果迥然不同。它没有使律师界和法官界的组织
发生明显的变化，它们具有自身的传统和根深蒂固的社团。在其他法
律界分支中，出现了某些变化。这些分支从未有过任何社团组织。律
师被进一步划分，更明显地同地位较低的初级律士分开。医学专业的
两大分支威望都有提高：治病技术有很大改善，行医成功的报酬更加
丰厚。人们没有创设出新的专业团体，但现存的团体没有一个不显示
出某种程度的活跃。兽医学在法国正开始得到研究，但在英国显然并
非如此。建筑师更显著地同营造商区别开来，但他们没有组成协会。
存在会计师，他们大都是会计业务从事者兼教师。很奇怪，他们的专
业似乎在苏格兰得到了比在英格兰更充分的发展。

　　无处可见将新兴的专门职业置于政府庇佑之下的任何尝试。如果
说有什么动向，那就是它们日益远离政府，而非趋近政府。它们还以
另一种方式变得更加有别于其他社会成分。它们的工作有独特的吸引
力，在其中，教育和出身方面的优势可以助人飞黄腾达。比较得意的
成员开始同达官显贵接触。因此，人们开始认为某些专门职业比经商
或工业更适合于绅士。地主的次子们现在远不是那么普遍地在伦敦或
外省市镇学徒了。查理二世统治期间，有关当局宣称从事批发商业同
贵族纹章相兼容，而且所有门户对之洞开的商界阔佬确有人在；但在
教会、法律界和陆军，以及还有医学界，获得公众的尊敬，这使它们
成为维持社会秩序的中流砥柱。在这三种职业中，陆军实际上是一种
新职业，其加官进阶的习惯逐渐使乡绅的眼界发生了重要的变化。与
192　法国相比，英国更加近似于一个具有成熟的中产阶级的国家之环境，
但或许这样说更确切些：在英国，虽然中产阶级与统治阶级因众多纽
带而相联结，无处与之截然分开，但仍然有着某种独立的影响。

　　无论其长处和短处可能是什么，在英国独特的社会秩序中不存在
任何能吸引外国人模仿的东西。西方世界的另一个自由主义国家——
尼德兰联省共和国的社会结构及其与经济安排有别的政体和行政安
排，也是如此。在独立战争这一革命时期过后，那里确实有过成功
的，甚至自觉的努力，以达到欧洲关于良好政治的公认标准。到世纪
中叶，联邦政体业已成熟，并且确立不移。尽管发生了一连串惊人的
危机，但它注定要延续下来，历经 17 世纪和 18 世纪，而外国观察者

未料到这一点，情有可原地未能懂得它具有适于持续生存的坚实基础。七个主权省的政体各自大不相同，而且共和国领土的某些部分甚至在这些省之外。威廉三世，作为他自己的奥兰治领地内的君主，是该行政区的高官，也是七个省中五个省的高官。在他的众多职务中，每一项都带有不同的权利和职能，当他试图将其扩大时，总是处于戒备的目光之下。在每个省里，都有特殊的地方性妥协，以便在城乡之间、贵族和其他地主之间、选任当局和世袭当局之间、全权议会和行政官员之间以及公共权力和私人影响之间，达到平衡。在占支配地位的荷兰省，各大城镇，特别是大都市阿姆斯特丹，一般能压倒反对派，然而不是在任何其他省内都如此。整个共和国的总意愿，只有通过一个复杂得无可言喻的操纵和谈判过程才能达成。联邦作为一个整体，没有官僚机构，而且除财政外，实际上没有民政当局。大部分由外国雇佣兵构成的陆军属于联邦，海军指挥则统一于海军统率之下；但是，船坞、军需供应和舰队兵员配备隶属于三个沿海省内五个独立的社区。

尽管存在所有这些情况，共和国仍然行使了按其人口成比例大于英国或法国的权势，而且在某些内政领域，例如监狱管理和济贫，它广泛地受到赞颂。仅仅根据沿海各省巨大的财富及其独特的经商经验，是解释不了这个矛盾现象的。荷兰人还有参与公共生活的习性。[193]他们的统治阶级异乎寻常、范围不清，但它拥有许多适于担任要职的人，而且惯常给予他们既不过小，又不过大的职权。比起法国或英国的统治阶级，它更显著地由文官占据优势。它拥有一群职业官员，即各市镇、各省和联合省议会中的受过法律教育的"受俸者"（pensionaries）和"登记者"（griffiers），[①]其中包括一些乡村地主和许多城市贵族阶层的成员。这些人不像他们的先辈那样是活跃的商人，但他们是有产者，在其他各种财富之外还拥有城乡的不动产。他们受过良好的教育，见多识广，并且依靠一种像其他国家里的世袭制那样的排他性之圈内增选制度，保持了对许多官职的垄断。在其他方面，他

---

① pensionaris 一词是指"受俸者"，即领取薪金的官员；约翰·德·维特在荷兰省议会之下担任的 raad pensionaris 一职是指"受俸的议员"。英语译法"议政"（council pensionary）和"大议政"（grand pensionary）完全不符其意。联合省议会的主要职员担任的"登记员"一职，就像与法国的"注册员"（greffier）那样，大致与"书记员"（secretary）同意。

们并非同商人和专门职业者构成的"资产阶级"中较为成功者一样缺乏社会联系。牧师属于这个"资产阶级"。固然存在国教会,但它没有全国性组织,只有省级组织,而且在它之外存在一个很大的被容忍的少数教派。在它的长老会组织中没有高级教士,也没有拥有国家公职的牧师。

当各种机构虽然在理论上看来难以操作,却运转得令人满意时,其原因不大会仅仅在于那些行使权势的人。很可能还由于存在某种相关的社会和法律自由,存在着广泛散布于一般民众中的某些积极的心理和性格特质。部分是因为中央机构的缺乏使得实际上不可能强求一致,但也因为它们的自我珍重,思想和表达的自由在荷兰人中间比在欧洲任何其他地区都更少遭到干预。就在一个难以缜密验证的领域有可能进行的比较而言,荷兰人是一个很有教养的民族。大众读写能力看起来已达到相当高的水准,许多种类的知识看起来已广泛传播。无论城乡,很大数量的各类民众,似乎已从由来已久的职业教育中得益匪浅。有些公共事业本质上只能依靠汇合对当地的了解和判断力才能举办,亦即依靠允许跨越某些财产和权势壁垒的自由讨论。最好的例子是负责筑堤和排水的当局,工程需要、财务考虑和互相冲突的地方利益都必须由它予以协调;它们一部分是经选举产生的,民众的生计乃至性命都取决于它们的决定。在此类经验中,无数各自照管本身眼前事务的微小的社会细胞,产生了一种公共精神,而这种自由市民机体为国家上层建筑提供了坚实的基础,它比那些统治阶级显得比较突出、思想观念比较涣散的社会更加牢固。①

当时,与法国不同,上述两个开明的国家一直未被外国仿效。即使是法国的影响以及风格和行事方式趋于一致化的其他倾向,尽管并非流于表面,也几乎完全未促进任何新的欧洲统一。并非只有战争才扩大了国际差异。在我们考察过的三国之中的任一国里,其导致了国家加强其自身机构,向其臣民提出更多要求。当它在紧急情势的压力下这么做时,它不得不附和所承袭的社会传统,于是虽然整个大陆在

---

① 这句话大致采用福克马·安德里亚(S. J. Fockema Andreae)语,参见他和其他人合著的《荷兰通史》(乌得勒支1953年版),第6卷,第62页。这值得称颂的一章看来提供了对荷兰共和体制建于其上的社会现实的首次明确阐述。

许多方面一致地对军事革命做出反应，但其结果进一步巩固了每一国的特性，加深了它们之间的裂缝。它促使另一个，而且是在地理上更广阔的社会进一步加深分裂，那就是大致由易北河经德意志边界直至阿尔卑斯山分隔开的东部区域和西部区域之间的社会分裂。这主要是相反类型的农业关系之间的分裂，但这些必然涉及其他经济和社会事务中相应的反差。在西部，土地耕作者比较自由；在东部，他们就不那么自由了，而且所受的奴役正在变得更加严酷，更加系统化。

在法国，虽然王室所作的有利于农民的干预并无实效，虽然一些大领主正在巩固和增加他们的领地，但从法律上看大多数农民作为个人是自由的。瑞士和德意志西部以及英伦三岛的情况也是如此，那里有许多大地产和无地的雇农。在此种关系甚至更普遍的西班牙，除加泰罗尼亚外，农民中间没有什么活跃的骚动。在意大利，封建管辖权和其他封建残余由于地主和佃农之间自由的经济关系而减轻了。在葡萄牙，农奴制于1702年在王家领地上被废除。但在东部，相反的趋势占了上风，大平原地区尤其如此，那里较大的领地为利润而进行谷物生产，以便由海路输出。甚至在丹麦，就像在德意志东部以及往南到波希米亚和瑞士那样，地主压榨佃农，其途径不是通过将他们束缚在土地上的农奴制，而是通过压迫性的管辖权和徭役。在较北的地区，不存在联合抵抗。在丹麦，小不动产持有者早已消失。1660年 ¹⁹⁵ 腓特烈三世使王室权力绝对化时，[①] 对农民的怨诉完全置若罔闻；腓特烈四世于1702年为西兰和拉兰两地颁发的解放敕令是一纸废文，农民的状况在18世纪期间继续恶化。然而再往南去，就可以看到骚动。在新兴市镇贵族主宰农民的瑞士，1646—1653年有过决定性的冲突，此后再无混乱，人们做出了某些让步来缓和不满。在波希米亚，一连串局部暴动之后，1680年爆发了一场严重的农民起义。皇帝用武力镇压了叛乱，但他也颁授了《柏杜比尔诏书》（或称《徭役权益法令》），意在约束大地主的压迫。不过，直到一代人以后，皇帝的敕令才带来实质性的改革。在匈牙利，1677—1710年的全国性叛乱使一场反对地主的社会运动走入了歧途。

德意志一半在一个区域，一半在另一个区域，已经有了自己的确

---

① 见第二十二章，原文第524页。

立不移的行政经验，而某些德意志诸侯曾先行实施了近代中央集权政治。在 16 世纪，随着邦主发展为国君，一种新型的官员掌管了财政、司法和军事管理。奥地利、巴伐利亚和勃兰登堡使用他们，并且采用了单一的总委员会辅之以下属各专门委员会的制度。大多数官员受过大学法学院教育。直到 18 世纪，德意志诸大学才完全承认与法学无关的社会研究领域，因而着手训练学生在开始被人称为财政的领域从事官场生涯。但是，此项发展的基础已在奠定之中。1694 年哈雷大学创立，1687 年托马西乌斯在莱比锡用德语讲学。德意志最杰出的政治、经济思想来源于受过法学训练的官员。其中某些人摆脱了约翰·约阿希姆·贝歇尔（1635—1682 年）为其头号阐述者的、虽有启发性但不可靠的规划者心态，作为讲究实际的管理人员埋头写作，设计改良措施，特别是增加岁入。他们不是科学家，但他们熟悉地图、勘察方法以及简单的计算。由于德意志诸邦较小，官员们在从政生涯中常常易地而仕，将自己的经验带往所去之处，若干作者还声称可以为全德诸邦出谋划策，目的是改进整个帝国的治理水准。法伊特·路德维希·冯·泽肯多夫（1626—1692 年）便是个好例子，他的著作在德意志以外享有盛名。他为勃兰登堡选侯效劳，但他写的书却在选侯领地之外发行，其意在通用。

　　因此，当勃兰登堡的统治者们建立自己个人的中央集权体系时，他们就有了现成的有用工具，而军事革命有利于这一企图，就像它在其他德意志诸侯国所起的作用一样。在奥地利、巴伐利亚、符腾堡以及很可能在其他各邦，从军生涯开始吸引贵族家庭的成员。勃兰登堡的最危险的邻国是瑞典，它是一个穷国（如同勃兰登堡本身和普鲁士），依靠无情利用其人力和金钱资源壮大了军事力量。瑞典的例子提供了某种启示，甚至在 18 世纪，正是按照瑞典的方式，以适当的登记为基础的征兵制在普鲁士王国得到采用。大选侯腓特烈·威廉（1640—1688 年）在出身和利益方面，与他那由若干部分组成的辖地之中任何一个部分都不完全认同。在勃兰登堡本地，他是路德派臣民的加尔文派统治者。他同普鲁士的联系纯粹是王朝的。他从威斯特伐利亚和约得到的富庶的西部各主教区和公爵领地，在社会结构和经济利益方面与他的世袭领地迥然不同。由于这些单元广为分散，又缺乏可防守的自然疆界，强大的军队和严密的组织是必不可少的。在军队里，法国的榜样至高无上；法国建筑式样和风格留下了痕迹。但制度在总体上与法国的根本不同，并且是根据对社会力量如此准确的估计而强行施加的，以致在最初的既非十分激烈，亦非旷日持久的冲突之后，它一直安然无恙，直到法国革命战争为止。改组工作从陆军扩展到财政：中央战备基金于 1674 年设立。军需部（它除名称外几乎完全未受惠于法国人）成了一个管辖一切的新的中央政府的核心，陆军、财政和内政各部，事实上全部国家中枢部门，都从这个主干分叉生出。在西部诸地，例如克莱沃和马尔克，社会关系同相邻的荷兰和德意志领地类似，即在一个比较富裕、人口比较密集的经济体中，城镇和乡村的利益不再是彼此对立的，贵族对自由农民的统治权大多已丧失。因此，虽然地方机构已被削弱，到 1672 年选侯已能任意摆布它们，但他并没有压制它们。以税收方面的很大让步为代价，他允许议会继续生存。然而，在其东部领地——那是贵族构成最强大的成分——他剥夺地方三级会议的控制权，以此为新的财政制度扫清道路。他所以能够造成这些剧变，是因为他建立了一个同贵族的两面性的联盟。诸市镇过于虚弱，不能同贵族分庭抗礼，因而他限制它们的权利。他授予贵族特权，包括封建领主权利和免税权。但是，从未有像在法国那样贵族作为一个集体阻碍专制主义的任何危险。大选侯与其联盟的另一方面在于，他将他们拉入酬赏丰厚，但要求严格的国家公务。较大的地主家庭开始向军队提供军官，向官僚机构提供官员。"各军需处中的领导职务几乎全由贵族担任。腓特烈·威廉任命的 34 个参谋官和机要参谋中，有 29 个是贵族，它们多数是土生土长的容克。"[1] 这一有权有势的从政贵族之不同于法国贵族，并不甚于它所效劳的君主制之不同于法国的君主制。选侯有自己的宫廷和宫殿，在其中法国的影响昭然可见；腓特烈·威廉的继承者登上了国王等级；而勃兰登堡—普鲁士的专制统治者是足以成事的君主。

　　从已作的关于法国、英国、联合省和勃兰登堡—普鲁士的论述中，可以引出某些一般的结论，它们在相邻各国的考虑中也被认定是成立的。欧洲的社会结构正在若干重要力量的作用下变化着，其中没

---

① F. L. 卡斯坦：《普鲁士的起源》（牛津 1954 年版），第 264 页。

有哪一种力量是独立于其他力量而发生或起作用的。知识——科学知识和实用知识两者——增长了；国家加强了对其臣民的控制；它们在互相间的战争中使用如此得到的力量；它们可以获取的财富和人力资源增加了。由于所有这些以及其他原因，社会分野已遵循新的分化线，在为更大、更多样化的中产阶级开辟发展余地方面尤其是这样。但在每一个共同体内，这些倾向都遇到了特殊的条件，这些条件使它们披上了独特的当地外衣：在法国是特权和地位；在英国是一个统治阶级的惰性；在尼德兰是中央机构寥寥无几；在勃兰登堡—普鲁士是中央集权君主制之下缺乏一个共同的基础。这些反差，以及东部和西部之间的反差，非但远未消除，反而变得更加突出。一种新的全欧文化正开始打磨生活方式、艺术和文学，使其表面平整划一，但同时在经济和社会层次，在财富和力量的组织方面，差别却变大而非变小了。

（时殷弘　洪邮生　译）

第 九 章

欧洲舞台上的法国外交和对外政策

路易十四时代不是国际关系和国际法方面一个充满创新的时期。从这个角度看，它比不上文艺复兴时代。例如，常设大使馆最初建立于 16 世纪期间，而且正是在那时，关于欧洲某些部分的平衡的思想——后来被称为"均势"——在意大利，特别是在威尼斯发端。长期以来，君主们满足于仅在重要时节互派大使，例如在他们希望结束一系列谈判或签订一项条约之时，将批准或否定既成结果的权利留在自己手里。然而逐渐地，随着大使人数增多，将他们派往大多数重要外国首都的常设岗位无限期工作，成了通常的做法。当这些大使中有一人去世或辞职时，将立即任命一位继任者，以此，外交成了大贵族们试图借此显身扬名的职业。由于大使通常都被赋予各种荣誉，因而不乏补缺者。各大国首都自然是最为人所追求之地。这样的岗位并不要求有过人的能力，而是需要倾听，通常是只听不说，仅需偶尔随机应变地说句真话或假话。不过，许多大使成了有用的观察家，对今天的历史学家来说，他们给本国政府的报告构成了国际关系史最重要的资料来源之一。

正是意大利人，特别是威尼斯人，从 15 世纪末起开始任命常驻大使。稍后，教廷起而仿效：其大使名单——他们仅派往天主教国家——用拉丁名称被叫作"教皇使节"（nuncio）——在 16 世纪后半叶以前看来是断断续续的。最后依从通常做法的是俄国沙皇，始于 17 世纪末的彼得大帝。

路易十四在所有欧洲大国都派有常驻大使，唯俄国除外。在不那么重要的国家，例如在德意志和意大利诸邦，他派驻低级代表——不过是"驻扎官"。不管哪里，只要他断定一个大使并非必要，他就任

命一位以"特命使节"为头衔、特权较为有限的常驻公使;在维也
纳就是如此,因为他不愿承认奥地利人给予西班牙大使的优先权。在
瑞士,法国大使常驻索勒尔,路易十四统治期间,他将由驻日内瓦的
一位"驻扎官"和驻格里松州的另一位相辅助。"全权使节"的头衔
没有很精确的含义,通常赋予任何负有重要的临时使命,例如签订条
约的人。

　　这些各种各样的国王代表大都选自上层佩剑贵族。此类贵族并非
必然比其他人更能干,但国王认为他们能在国外造成一种较深的印
象;另外,在其官俸和津贴太少、不能维持恰当的生活水平的场合,
贵族因为通常拥有大量个人财产,能够支取他们自己的资金。很少有
教士得到任命,尽管所受的教育使他们通晓最有用的国际语言——拉
丁语。路易十四在位伊始,外交官中间穿袍贵族寥寥无几。但随着岁
月推移,他们的人数越来越多,直至他们开始,甚至在较重要的外国
首都代表国王。和教廷的关系展示了特殊的问题。首先,可能成为大
使的人很少谋求驻节罗马,因为在教皇的都城生活太昂贵,以致他们
很容易倾家荡产;其次,由于巴黎和罗马彼此猜忌,国王坚持要从若
干候选者中挑选教廷代表,即教皇使节,这是一个仅仅强加于教会首
领的手续,任何其他君主却不用受此拘束。作为主要履行代表职能的
高级官员,大使难得参与驻在国的生活,虽然在巴黎他们中间有些
人为交谈,或更经常为玩纸牌而成为沙龙常客。

　　路易十四特别注意维护他作为对外政策指导者的权力,总是将他
的外交官员置于不折不扣的从属地位。甚至在这个领域辅佐他的廷
臣——外交大臣,也几乎不过是个执行官。他亲自准备、有时甚至执
笔撰写所有外交书简;但随时间推移和困难增多,他得允许协作者有
较大的自主余地。金钱在外交中,特别是在路易十四的外交中起了必
不可少的作用。国王在执政之初任意开销,以便在国外争取朋友和盟
国。查理二世和詹姆士二世依靠他的津贴乃臭名昭著之事,许多国会
议员以及荷兰和英国的大臣也并非与贿赂无涉。一位荷兰名人在
1671年写道:"法国到处撒钱,到处贿买她所无法征服的东西。"如
果法国的金钱礼物在荷兰和英国是有效的,那么它们在德意志这个良
心最易购得的地方就是创造了奇迹。勃兰登堡的大选侯,最拮据的德
意志邦主之一,只要有好处,从来是有求必应。不过,他和其他许多

邦主一样，并不感到因接受津贴而非得长期受制于相应的义务不可。一位老练的大使在使命完毕返回国内时写道："无可置疑，我们在瑞士的谈判中取得的几乎一切成就，都归功于我们的金钱。"于是银行家们发现自己是必不可少的外交辅助者。不过，这只延续了一段短暂的时间，1700 年后，军费吮吸了所有可用资源，"金雨停了"。

国际均势的思想最初得到表述是在 16 世纪的意大利，它被分割为许多邦国，因而是大国纷争的一个渊薮。此后，在 17 世纪前半叶，这一思想在某些地方被援引，用于保护受法国政策威胁的德意志诸邦。在 16 世纪，国际法仍处于襁褓之中。17 世纪期间，它开始激发对基本性质的研究，但其原则仍然远未构成一套合适的法典。它几乎不外是一些被所有欧洲或"文明"国家承认和遵守的习惯。如果这些习惯未得到遵守，就有可能予以制裁，但很难确切地说它们究竟在哪里实施过。在国际法学领域，最杰出的早期著述是德尔夫特的法学家格劳秀斯（雨果·德格鲁特，1583—1630 年）的大作。他扬名四海，但在生前却未享有一切应得的尊崇。

路易十四统治期间，几乎没有任何进步能超出格劳秀斯以前就已达到的程度。明斯特会议和由此产生的威斯特伐利亚条约虽然并不标志任何显著的进展，但早先的任何会议和条约都无法与之比拟。著名国际法史学家欧内斯特·奈斯说道："它们使得正在欧洲土地上缓慢地建立起来的国际社会正式地固定化了。"但在 1648 年后，正如在此以前那样，均势观念仍是由国际法专家所掌握的。在它被用来界定各个国家之间总的关系以前，它以许多种不同方式被人应用：人们谈论贸易和航海的均势，或宗教均势。因而每一种霸权，在它有可能露头的无论哪个领域，都遭到谴责。那个世纪的晚些时候，法国以外的国务家们使用均势思想来汇集反对路易十四政策的论据，这个政策正在昭然可见地称霸欧洲大陆。路易十四统治末期，由于错误和挫折越积越多，许多法国人也开始运用类似的理由，而且这项准则将支配 18 世纪。

要谈论这个时期的国际法几乎是不可能的。术语"国际惯例"看来更适合些，因为尚不存在对国际生活形式具有权威的任何法律体系。这些惯例绝非十分古老的，若要在中世纪去追寻它们纯属徒劳。国际法是近代的一个创造，它的发展非常缓慢。先前人们在试图预见

201

未来时，通常考虑的是整个基督教世界的命运。现在有了一种逐渐增强的倾向，那就是按照一个比较有限的单元来思考，即欧洲，或者宁可说人们开始称之为"欧罗巴实体"。因此，这一时期国际法的含混不清的开端绝无惊人之处。战争惯例自然是最先吸引理论家们注意的惯例；格劳秀斯因其《战争与和平法》而成名，战争在这部书里比和平突出得多。

对我们来说就像对当时人一样，最有趣的方面来自海战及其惯例。各主要海上大国即联合省、英国和法国最为与之休戚相关，但其他国家，例如威尼斯和葡萄牙，同样关心所出现的问题如何解决。在反对海盗这一常患的斗争中，中世纪期间即已制定了法规。取自普通法的一套规则汇编——《奥勒隆习惯法汇编》，是早在 12 世纪形成的，很可能出自普瓦图附近的法属诸岛。格劳秀斯本人撰写了《海洋自由论》，反对葡萄牙人垄断印度洋的口实，这就是为葡萄牙产生激烈争执的来源。在别的地方，威尼斯人自 16 世纪以来声明对亚得里亚海的主权要求激起了众多抗议，引起某种国际论战。只是后来在 18 世纪期间，公海自由观念才被普遍接受。奈斯认为，这些权利要求可以用"防守和监护海岸的必要、出自财政措施的动机或居民的物质需要"来解释。1664 年起，路易十四将注意力转向那些使马赛商业不断遭受损失的柏柏尔海盗。他派遣一支分舰队轰炸阿尔及利亚的吉杰利，以后几年里又攻击了阿尔及尔，该国最后于 1666 年签订了一项条约——那些不受尊重、依靠时刻准备使用武力来维护的条约之一。突尼斯不久仿效阿尔及尔，而在守约方面并未显得更专一。

在整个这一时期里，海上礼仪问题吸引了各海洋大国，特别是法国、荷兰和英国的关注。当两艘国籍不同的舰船在海上相遇时，习惯上要彼此致礼，这可以通过鸣放礼炮或扬旗致意来做到。17 世纪以前，即证明对此事比伊丽莎白一世更敏感的英王詹姆士一世即位以前，这种礼节行为并未引起困难。1603 年法国和英国之间发生的一起有关严重事件通过外交渠道得到了解决。然而，路易十四是个每逢自己和本国的威望受到威胁时就显得特别傲慢的大君主，在他的统治时代这个问题变得比较困难了。他统治初期发生的一个事件促使海军国务大臣科尔培尔说道：国王"对致敬和荣誉问题极为在意"。他的臣属，无论是舰队统帅还是一般海军指挥官，不得不坚持每个海员都必须给予法国旗帜一切应有的敬意。在路易十四亲政以前，这个问题主要造成了英国人同荷兰人的对立。1654 年的威斯敏斯特条约首次庄严地承认了致敬权，其方式自然有利于获胜的英国人。这些安排虽然含糊不清，但在 1667 年第二次英荷战争结束时由布雷达条约予以肯定。与法国的争执延续了几十年。黎塞留 1635 年未能获取一项基于严格的互惠权利的协定。因此，必须重新从头做起。路易十四统治早年，曾有一位外交官被解职，原因是他起草了一项在北海给英国人优先权、在大西洋给法国人优先权的协定。谈判再次开始，但由于双方的自傲同样强烈，不可能达成协定。结果，法国人和英国人避免海上相遇，即使在他们是盟友时也如此。

在同西班牙的关系方面，情况也并不见好。1679 年和 1680 年，法国的舰队司令们接到正式命令：如果西班牙军舰不先致敬，就追击它们并进行挑战。1685 年，图维尔和沙托—雷诺在阿利坎特附近遇到一支西班牙舰队，要求其指挥官向法国旗帜致敬。遭到拒绝后他们便发动攻击，尽管法国同西班牙正和平相处；直到打死许多西班牙人之后，这位海军司令官屈从，他们才后撤。此类事件经常发生，而且因为 1671 年的一项敕令禁止所有西班牙兵船首先致敬，情况就更是如此。同荷兰人的争端甚至在两国按照尼曼条约（1678 年）恢复和平后仍然继续下去。1687 年，图维尔在遭遇荷兰海军副帅时予以袭击，迫使他致敬。第二年，一支荷兰舰队与图维尔的舰队就同一问题在西班牙海岸外激战，结果双方伤亡甚重。

科尔培尔采取了与其君主同样傲慢的观点，他在 1677 年写道："法国要求所有其他国家必须在海上向她鞠躬致敬，就像在国王宫廷里那样。"同一年，一套"有关海军事务之敕令、宣言和法规"发表，开篇便是关于致礼问题的毫不妥协的规则。接着在第二年，给了热那亚人一顿严厉的教训，他们同马赛进行不断的海上竞争，拒不承认法国声称的权利。一支被遣去要求先行致敬的法国分舰队在遭到拒绝后，发动了一场发炮千发以上的轰炸。1684 年，即 6 年过后，一次海军大讨伐进行了更加可怕的炮击，迫使热那亚总督本人访问凡尔赛进行谢罪。

对于打算作为朋友对待的土耳其人，一开始就表现得比较温和。1668 年乘船前往君士坦丁堡的大使奉命使其分舰队不显露出有关国籍的标志，以便在遇到苏丹的任何舰船时避免致礼。柏柏尔诸国的待遇有所不同，虽然它们正式承认君士坦丁堡的宗主权：1681 年同阿尔及尔所订条约的一项条款规定，每当法国皇帝（国王在这些国家喜欢采用的称号）的某艘舰船在阿尔及尔港外下锚停泊，它就应当得到比来自任何其他国家的舰船更多的礼炮致敬。吕斯维克条约（1697 年）缔结后，海上礼仪趋于松动了。那时，认为不应向英国舰船或任何王国的舰船提出任何要求，而在前一年驻伦敦大使还不得不处理最后一桩英法有关的争端事件。自此，恫吓政策便只针对悬挂共和国旗帜的舰船。

在早期的海事法中，近海或"邻近"水域的概念引发过严重的争执。近海水域被认为与"公海"或"开放海域"相反；但是，近海水域究竟终止于何处，应怎样确立其界限呢？为确定其范围，17 世纪有过许多关于炮火射程的议论，而这一定义最后得到采纳，尽管已迟至下一个世纪。与此同时，"公海"被认为是"自由海"，这两个措辞常常彼此通用，存在一种普遍的倾向，即反对某些国家试图确立对邻近水域的垄断权。英国法理学家、国际法研究者约翰·塞尔登发表了《闭海论》，与格劳秀斯的《海洋自由论》对立；路易十四则感到有必要在 1681 年的海军大条令中，按照"陆缘海"一词被人了解的那个概念进行界定。他宣布："所有在新月满月期间海水所覆盖以及水退而暴露的地方，直到海滩为大潮所及之处，一概算作近海水域。"但是，由于地中海几乎全无海潮，这个问题是不能用这一方式解决的，"冬季的最大海浪"则被用来替代"大潮"。

战时出现的其他一些国际问题，正开始逐渐依靠普通惯例得到解决。不管战斗是发生在陆地还是发生在海上，通常都有俘虏要交换。这是通过交换一些等级相同的军人或用一个军官交换若干士兵来做到的。倘若一方偶然不能换回自己被另一方扣押的所有俘虏，那些未被认领的就可以被送去服苦役，就像按照普通法被对待的罪犯一样。在陆地战争惯例中，必须提到所有交战者迫使战区居民用金钱或实物纳贡的权利。有关重要的"纳贡条约"的极好例子发生在法荷战争期间：尼曼根和约缔结前数年里，法国钦差与代表荷兰的西班牙钦差在利斯河畔的佛兰芒小镇德因泽，旷日持久地详细讨论这个问题。最后，还有另一种被称为"大钟权"的奇异的惯例，即舰队指挥官有权搞去被征服市镇的铸钟。像大多数其他惯例一样，这项权利是灵活的，可作各种解释。1711 年，当迪盖—特鲁安夺取里约热内卢时，他声称有此权利，然后宣布如果该城为铸钟付他一笔赎金，他就满足了。

在出自海事惯例的许多国际制度中间，最重要的制度之一是领事馆。它似乎来源于一部海事惯例汇编——据信 13 世纪时写于巴塞罗那的《海上领事馆》，在地中海提供《奥勒隆习惯法汇编》在大洋上实行的同一种服务。不过，这一制度的起源仍相当模糊。领事们最初是那些经常出入某个港口的合格的外商代表，早在 14 世纪和 15 世纪就可以在意大利的所有大港口看到，后来在西班牙以及法国的佩皮尼昂、艾格莫尔特和蒙彼利埃也有，16 世纪时又见于昌盛的新兴国际贸易中心马赛和里昂。起初他们被称为"海上领事"，然后被称为"商人领事"，最后，例如在法国的领事被区别于别国的领事时，被认作"法国领事"。法国领事在意大利诸港口比在奥斯曼帝国出现得晚些。他们看来一开始就是王家官员，像所有担任官职者那样接受国王签署的"委任状"：他们被命令亲自履行职责，除非经王室授权不得托人代理。但在路易十四的统治下，这个职位可以用钱买卖，于是一个领事馆总交易会在 1683 年出现了。不过，国王仍保有挑选某些岗位任职者的权利，例如在亚历山大——后来转至开罗——的岗位。[205]在能够交换领事以前，必须清除许多障碍。吉耶纳海事法庭抗拒在波尔多委任外国领事，理由是他们构成对它的某些特权的侵犯，这直到 1659 年和约缔结后才被克服。类似的问题使得与联合省的领事交换搁置至 1662 年，与葡萄牙的领事交换法国人在 1667 年条约中占据上风之后。一般说来，在某个国家设置法国领事显示了法国商业势力的长足进展。因此，鉴于法国在利凡特地区的贸易优势，17 世纪初埃舍勒斯有四个法国领事馆（亚历山大、士麦那、塞得港和阿勒颇）并不令人惊异。它们的权利和管辖范围在同土耳其政府达成的每个协定或"投降书"的专门条款中得到规定。1681 年海军大条令——它对于我们关于领事业务的知识极为重要——命令它们不仅为路易十四的臣民的利益，而且为奥斯曼帝国境内所有基督徒的利益行使其保护权和管辖权。

中立制度值得特别叙述，因为自那时以来它有了很大的变化。在

16 世纪，这个词和这种制度就已为人所知。中立在路易十四时期和在早 100 年前完全一样，而和以后时代里它所变成的大不相同。尚未有任何邦国被授予持久的中立地位，例如像瑞士邦联自 1815 年后享有的那种地位。一个有理由为本身安全担忧的国家可以从各交战国那里，或者也许从预料会发生战争的邻国那里收到中立证书。历史学家们有时把"中立证书"混同于"安全证书"。一种证书可能是另一种证书的派生物：这个问题尚未得到充分研究，以致除了现在实践中"安全"保障与"中立"保障非常相似外，无法作更明确的断言。无论如何，属于一个较早时期的"安全证书"在路易十四时代是看不到了。

早期中立的特征在于，虽然任何保证不参与战事的国家可以期望免遭与战争相伴随的各种祸害，但是它习惯上允许交战国在尊重其完整、独立及其臣民福利的条件下穿越其领土。简言之，中立主要受无害通过权的支配。正如法学家们的态度显示的那样，这项权利基于习俗，而非国际法；举例来说，格劳秀斯承认无害通过，但规定了各种各样旨在保护有关领土上居民的条件，例如部队应当分成小队通行，应当支付，必要的话预付赔款，以便赔偿无法避免的损害。三十年战争期间，自由市斯特拉斯堡得到了法德双方交战者对其中立的承认；但它们双方都使用它在莱茵河上的桥梁，直到 1681 年法国人占领该城为止。路易十四统治期间最突出的例子，是 1672 年法军在入侵荷兰前夕穿越西属尼德兰的部分领土。[①] 法国与联合省没有共同边境，它只有穿越属于西班牙的领土，才能在陆上和敌人接触。集结在沙勒罗瓦周围北部边疆的法军贸然越界，显然未遇到任何抵抗，并且分若干阶段到达了列日主教区，其统治者受法王法律上的约束。所剩的只是军事问题，因为过了列日就是荷兰领土。

拉丁语仍旧是外交使用的主要语言，但在这个领域，和在其他领域一样，它使用的日子屈指可数了。所有国际协定皆用拉丁语制定的通则已有了例外。这样的例外在路易十四时代成倍增加，而且最后将变成通则。有人不正确地断言，到 1678—1679 年的尼曼根会议时，拉丁语已经被摒弃了。外国宫廷正在做出榜样：1663 年，勃兰登堡

---

① 见后，第 227 页。

选侯签订了一个既用拉丁语，也用法语起草的条约。然而，法国政府与帝国政府在尼曼根缔结的条约用的是拉丁语；只有与此同时的法国—西班牙条约是用法语和西班牙拟写的。直到 1714 年的乌得勒支谈判，亦即恰在路易十四统治之末，帝国的外交官们才在与法国缔结的协定中运用法语。此后，法语取代拉丁语成为外交语言。

　　关于路易十四统治期间法国的对外政策已有了许多论述。与路易十三时期相反，并不缺乏文件，因为它们此时开始被有规则地保存起来，外交部和陆军部的文件尤其丰富。然而直到不久前，它们还未被系统地探究过，历史著述所依据的几乎不过是先入之见。因此有人曾问，路易十四的各项不同事业是否像黎塞留的事业那样由一个中心思想支配。19 世纪中叶的一位历史学家米涅宣称，这位大王的整个对外政策以西班牙继承问题为枢纽，但事实上这个问题仅仅支配他的统治时期的后段。这个最突出的系统化尝试所以取得昙花一现的成功，仅归功于其作者的才能，今天它是不能被当真的。

　　不那么有名的历史学家——其中多数仅仅是国际法学家——声称，路易十四心怀完成"法兰西统一"的抱负，办法是将所有通行法国语言和文明，但仍与之分开的领土并入王国。难以参照文件或事实来证实此种断言。旧制度下的人们没有我们所说的"法兰西统一"观念；兼并一个新省在他们看来只是增大了王国和国王的权势。路易十四和当时的国务家们也未赞成著名的建立法国"天然"边疆的计划。以莱茵河为疆界的观念，同法兰西统一的观念一样，没有影响政策。黎塞留留下的一条准则有助于说明他指导了 20 余年的整个或几乎整个政策，那就是"阻断西班牙的发展进程"；然而，要寻找一条可以应用于路易十四统治期间的这样一种简洁的准则，纯属徒劳。

　　但显而易见，在其整个统治期间激励路易十四的主要动机是寻求"荣誉"。他不止一次这样说过；这个观念也从某些对外政策秘密文书——虽然来自统治初年，特别是 1661 年和 1666 年——表露出来，它们虽然出自他的某个大臣笔下，某些地方却经过他的仔细改写和订正。不幸的是，他未遵从一位前辈人蒙克雷蒂安对当时的君主路易十三的忠告，那是在一部相当奇怪地题名为《政治经济学论》的著作中："陛下，你面前有两条取得荣誉的大路：一种路引导您直接同土

207

耳其人异教徒作对……另一条路向那些您将欣然遣往新大陆的人们敞开着的，您可以在那里建立和繁衍新法国。"追求荣耀成了路易十四的纲领。他按照可能产生的荣誉来衡量40多年里送上门来的一切机会。他青年时的同代人雷斯枢机主教在其《回忆录》中写道："使人们变得真正伟大、超凡脱俗的，是热爱崇高的荣誉……"然而，只能依靠胜利，因而是依靠战争来赢得荣誉。战争将是他统治时期的主要事务，而且像他曾经说过的那样，由于他的所有贵族别无他事可干，便敦促他进行预料其中有机会使他们自己立身扬名和获取实惠的战争，情况确实如此。无论何时，只要有利的时机一出现，他就肆无忌惮地宣战，并且兴高采烈地投身战斗。临终时，他才为时过晚地责备自己"过分热衷于荣誉"。

　　他在世时的法国按照其居民数目是欧洲列国中最强大的。这位国王并不知道这一点，他只能推测，因为尚无人口统计资料。历史学家们此后计算法国有1800万或1900万人，而那个时代的其他两个大国，英国有550万—600万人，西班牙也是同一数目。如果说第一场战争即移归权战争是针对西班牙的，那么随后的战争就是法国打小国荷兰，其过失在路易十四看来是在西属尼德兰并通过签订三国同盟与法国作对。尽管如此，他仍宣称只发动"正义的"战争，而他称为"正义的"，是那些不违背诸如信守庄严承诺等基本的公共道德原则的战争。公平地说，他为信守前约作了无休止的努力，尽管未取得无可争辩的成功。大历史学家欧内斯特·拉维斯写道"他背弃了他曾许下的几乎每一项诺言"。这个指责过于广泛，因为事实上路易十四显得一贯希望信守诺言，而且他真心实意地非难那些自认为不受诺言约束的国务家。什么标签适合他那种使法国血流成河的极其好战政策？拉维斯称之为"好大喜功政策"，但它可以更简单地被称为威望政策。法国是欧洲首强，国王又意识到其头号大君主地位，因而要紧的是所有国家都应顶礼膜拜法国的优势。否则，就必须强迫它们这么做。

　　这位国王迷恋于辉煌荣誉的结果之一，在于他为外交职位挑选人员常常不是因为他们具备业已证实的能力，而是因为他们有很高的等级，可以在各国撑住其地位。例如，扬·索比斯基时期在波兰供职的法国外交官显得全无才智。他们根本不懂得激励波兰国王的动机，使得路易十四对这位君主的真实意图迷惑不解。虽然路易十四大肆贿赂，但他似乎多少忽视了在国外取得影响的另一种手段——宣传。黎塞留雇用了一帮收取酬金的文人，他们说明他对其他国家的政策，必要的话还为之辩护。路易十四却未显出同样的兴趣。虽然小册子作者之多莫过于他统治期间，但那些人首先为他的敌人效劳。荷兰报刊尤其使得反对法国政策的流言蜚语充斥欧洲。这位君主雇用的作家大都是无足轻重之辈，至少在他统治的较早和成功的时期里是如此。统治末年，失望和挫折成倍增加，财源业已枯竭，金钱的作用便减小了，靠印刷品进行的宣传变得越来越重要。

　　国王的个人职责只是从 1661 年开始才起作用，因为在此以前，即他的冲龄期，枢机主教马扎然仍旧执政。因此，是马扎然对结束多年的反西班牙战争的比利牛斯条约（1659 年）的签订起了主要作用。这一值得纪念的和约问世前不久，马扎然同英国结成军事同盟，据此敦刻尔克将在从西班牙手中夺取之后交给英国。于是英国人协同围困敦刻尔克，于 1658 年占领该地。然而不久后君主制在英国复辟，路易利用查理二世的财政需要收回了敦刻尔克，代价是一大笔补偿费。讨价还价延续了 1 年有余，但最后商定是金额 400 万锂，3 年内付清；但是，实际支付的只有 350 万锂（约 29 万镑），然后年轻的国王隆重地进入了敦刻尔克。

　　同一年，洛林问题给路易十四提供了取得重大外交成功的机会。洛林和巴尔两公爵领地在两个地方与王国接壤，它们的西部边境与梅斯、图尔和凡尔登（1552 年被兼并）这三个主教区相接，它们的东部边境则与 1648 年大部分变为法国领土的阿尔萨斯相连。作为一项安全措施，法国人在三十年战争期间占领了这些公爵领地；但根据比利牛斯条约，他们将其归还，只保留在某些情势下的过境权。1661年，马扎然得到明确保证：作为完全归还巴尔的报答，穿越这些公爵领地的战略道路将成为国王的专有财产。统治该邦的查理四世大公拒不批准这些安排，继续在巴黎过着他在三十年战争末期开始迷恋的那种寻欢作乐的生活。同样在巴黎，他的侄子和王储查理亲王（未来的查理五世）全神贯注于这些公爵领地的独立问题。这些情况使路易十四产生了同查理四世订立新约的想法，它将被称为蒙马特尔条约（1662 年），因为它是在冠以此名的修道院签订的。这个修道院当时

209

由吉斯郡主——她那著名家族的末代后裔——掌握。在这个场合，此地成了一个名副其实的交易所。为交换一大笔补偿金，查理四世大公同意将其邦国转让给法王，这样在他去世时它们将永久地同法国王权合并。洛林家族的所有成员，包括这个家族的吉斯一支，都晋级为法国的"王族"。

年轻的国王在签订这个条约时的自豪并非为随从们所共有，反对意见甚多；"王族"这一称号赋予接替法国王位的某些权利，它所享有的深厚敬意受到了一次严重的打击。在洛林亲王查理发现丧失了继承权的同时，那些当时作为王国最高行政官和王室会议成员的王族们却强烈抗议，把这当作贬低他们那一等级。路易甚为失望，但仍使该条约由巴黎最高法院登记，从而使之立即生效。不仅如此，他还立刻做出安排，由法国官员管理公爵领地的财政。可是，洛林的南锡最高法院以宣布该条约无效来恫吓查理四世，结果他于1663年命令臣僚承认未来的查理五世，宣布自己解除所有前约，根据是国王为迁就巴黎最高法院而对该条约添加了一项补充条款。路易十四在一个时期里力图诱使他信守承诺，并且于1663年夺取了小镇马尔萨尔，但仅此而已：在洛林大公查理四世于1675年去世前许久，这项条约就被认为过时了。

兼并敦刻尔克和洛林并不是表明新国王在对外关系中采取的政策之仅有事件。还有对西班牙政府和教廷施加的侮辱，其原因在于这位国王把发生在伦敦和罗马有关礼仪问题的某些事件解释成对法国及其国王声誉的冒犯。在罗马建立了一座方尖碑，以便使这个事件以及所作的赔偿永远留在人们脑海中。对于像路易十四那么骄傲自大的人来说，这两个强国被迫屈膝是个吉祥的开端，自此他相信可以为所欲为了。

路易十四统治时期的第一场战争爆发于1667年。此即所谓移归权战争，是对传统的敌人、法国从1635年至1659年与之争斗的最后对手西班牙开战。"移归权"一词须作解释：存在于西属尼德兰诸邦，包括其中最重要的布拉邦特的移归权，是指再婚情况下继承权被移交给原配所生子女，他们的父亲在生前始终不过是用益权享有者。法国人声称，这项权利应当适用于费利佩四世去世时——他在尼德兰只被认为是个用益权享有者，他的首要继承人、女儿玛丽亚·特利莎，即路易十四之妻，应当在她父亲去世时占有尼德兰。诚然，她已经在比利牛斯条约（1659 年）中宣布放弃对西班牙继承权的一切要求，但这项放弃被规定取决于在 18 个月内付一笔陪嫁金，而这从未偿付。

西班牙王位继承这一重大问题尚未出现，但已初露端倪，并且在路易十四整个统治时期无时无刻不占据法国人的头脑。从最初几年起，就存在这样的猜测：西班牙王位是否会空缺？1661 年，费利佩四世的幼子在一次疾病后夭折，只留下两个姐妹，这时全世界回荡着何等的激动！不过，人们预料另一个孩子会降生。那就是未来的查理二世，他在病痛折磨中苟延残喘 40 年，使王位继承问题拖过了那个时期。假如这个孩子不是王子，而是公主，那么西班牙的历史，或许全欧洲的历史，就将大不相同。鉴于情势，路易十四希望在费利佩四世去世（1665 年 9 月）后，玛丽亚·特利莎据以放弃其继承物的法令立即被废除，但要实现这一点必须进行旷日持久的谈判。必须同联合省达成一项谅解，他们关于西属尼德兰另有己见。这很快就做到了，因为自从法国援助其独立战争以来，荷兰人就是它的朋友，他们在西班牙国王去世前不久同意：在此情况下玛丽亚·特利莎应当占有西属尼德兰。

没有人能够预见荷兰的政策即将转入相反方向。尽管有原则性的协议，但荷兰人并不喜欢法国人占领尼德兰的某一部分。不管是否愿意，路易十四在通过外交渠道得知这种情势后接受了一项妥协：荷兰人将留给他该国的南部，包括康布雷、圣奥梅尔、菲尔讷和尼瓦波尔等镇；作为交换，他们将得到直至奥斯坦德的整个沿海地带。谈判持续了 1 年，与此同时费利佩四世奄奄一息，荷兰人对承认所谓移归权犹豫不决。西班牙国王死后，不得不做出决定。形势令人为难，因为英国恰已卷入同荷兰的战争，荷兰人正在根据 1662 年防御同盟的条款要求路易十四予以支持。可是，路易十四支吾搪塞，为规避履行义务而杜撰了种种借口。起初，他派遣一些部队与正在对明斯特主教作战的荷兰人合作，并许诺提供海军援助打击英国人，以此证明他的善意；但此后，他命令所有法国战舰避免与英军发生任何冲突。这样，1666 年的大部分时间过去了。

与此同时，为预料中的对西战争法国正在作外交准备。必须圆滑地对待英国人，因为据某些方面说她打算支持西班牙人。事实上，这

211

两大国的殖民野心使之陷入不断的冲突，而英王查理二世在与西班牙作战多年后，多少审慎地向葡萄牙人提供支持。路易十四认识到，只要他付出代价，就能轻而易举地同葡萄牙结盟。1667 年 4 月，法葡条约签署，它保证，一旦战争在低地国家开始，便将转移西班牙人的注意力而有利于法国人。西班牙人似乎没有及时认识到威胁他们的危险，因为某种懒散支配了马德里官场。尚未万事齐备，帝国仍待中立化。皇帝利奥波德一世是法国国王和西班牙国王两人的连襟，但在法国人们担心哈布斯堡家族这两个分支的传统团结会再一次起作用。为争取皇帝中立，路易十四期望在帝国内取得那些身为法国附庸的诸侯的支持，特别是其领地邻近尼德兰的邦君，即美因茨和科伦的选侯、于利希和贝格公爵、明斯特主教等的支持。法国的外交努力凭借金钱取得成功，而到 1667 年春天英荷战争由于瑞典调停而趋于结束时，已经万事齐备。路易十四避不宣战，仅向马德里送去了一篇辩词——《论王后玛丽亚·特利莎对西班牙君主国诸社会等级的权利》，在其中他以他妻子的名义阐发了基于移归法的观点。接着在几星期后，他发出战斗号令。蒂雷纳被任命为总司令，不过国王通知随从说，他打算同蒂雷纳一起出征，以便亲自了解战况。

蒂雷纳以大约 5 万人马向北朝布鲁塞尔总方向进发。西班牙将领麾下不过约 2 万人马，不得不丢弃那些最为暴露的防御工事，即把它们炸毁，因而法国人几乎一枪未放便进了该国。仅有几处进行了徒有其表的防守。唯一有组织的抵抗发生在里尔，那里战斗持续了两周。此后从 9 月初起，军队准备过冬营房，而皇帝受阻于路易十四同莱茵诸选侯的协议，进行干预的可能性变得越来越小。总而言之，1667 年诸事顺利，直到下一年困难才开始。

事实上，荷兰人在入侵尼德兰一事中并未扮演分派给他们的角色。一位英国外交家写道："荷兰人感到，一旦佛兰德纳入路易十四的势力范围，他们的国家就将不过是法国的一个沿海省。"荷兰大议长约翰·德·维特试图调解，询问路易十四在哪些条件下将同意媾和。遭到拒绝后，他再作尝试，这次是威胁将站在西班牙一边进行干涉。路易十四于是显示自己更愿和解，指明在任何和谈中除康布雷和佛兰德的一小部分外，他将坚持还要拥有弗朗什孔泰和卢森堡。这首次交换意见后不久，路易十四反过来提出某些建议，其中最根本的后来以"抉择"著称：要么西班牙人割让他前一年要求他们给的领土，此外还须同葡萄牙媾和，要么法国将占有此后征服的所有领土（主要是里尔、图尔内和库尔特雷）以及先前要求的地方，卢森堡除外。这些新建议被德·维特非常冷淡地接受了。

　　路易十四如此做的原因在于，他感到他近来的敌手英国由于已经按照布雷达条约同荷兰媾和，出于对法国权势日盛的担忧准备扭转政策。如果事情只是由手头拮据的查理二世决定，那么法国的金钱本来无疑会战胜英国的恐惧；但是，必须考虑到议会，而议会因为法国人的征服——卢万不久将受到威胁——大为不安，断定必须找到制止他们的某种手段。议会的这一立场和威廉坦普尔爵士的外交，导致1668 年 1 月 23 日在海牙签订了一项新的英荷条约，据此两国将在交战国之间调停。为了使自己的调停有时间产生结果，这两国徒然要求战事暂停直至 5 月。不久后，瑞典加入它们的行列，海牙三国同盟由此问世。路易十四眼见 3 个新教国家转而反对他，而他多年来与这些国家维持友好关系甚至同盟关系。这是一个巨大的挫折。

　　这场战争以一种独特的方式结束，因为路易十四力图在盟友的援助下预先解决尼德兰这一难题。他仔细地制定了一个方案，其主要好处自然由他占取。而且，为了使自己不公开承担义务，路易十四由中间人科隆选侯将这个方案告知皇帝。起初，皇帝不想激怒他的西班牙盟友，因而推诿搪塞，但多亏互相让步，一项原则性协议于 1668 年1 月达成。不过，战事并未就此结束。隆冬时节，路易十四派遣一支军队入侵弗朗什孔泰；不到一周，贝桑松就向孔代亲王投降，两周后多尔也停止抵抗。英国人与荷兰人随即要求立即停火，法国不得不毫不拖延地予以同意，特别因为这两个调停者恰已根据一项持久性条约把军队联合起来。媾和条件体现在亚琛和约（1668 年 5 月 2 日）之中，它们允许法国保有一切根本的东西，即它在尼德兰的征服地，它得归还的只是弗朗什孔泰一地。路易对小小的荷兰民族站在他的西班牙敌手一边勃然大怒，发誓有朝一日要教训他们。这就是将在 1672年爆发的战争的目的，那场战争将吸引欧洲的注意力达 6 年之久。在它爆发之前的岁月里，国王设法在外交上孤立荷兰人，同时继续对他们进行自他的统治开始以来一直持续不断的经济战。

　　荷兰商船不仅在北海和波罗的海数量最多，在印度洋也是如此。

在地中海，荷兰旗帜已经部分地取代了法国旗帜，而且几乎找不出荷兰商人寥寥无几和不受尊敬的法国港口。但是，这也造成了对那个国家的难以抑制的敌意。富凯授权在 1659 年采取了一项引起轩然大波的防御步骤，即规定对所有出入法国港口的外国船只征收每吨 50 镑的税。科尔培尔致力于同一个政策。他估计，荷兰人拥有一万五六千艘船只，而为英国所用的只有三四千艘，为法国所用的只有五六千艘。他不久便谴责荷兰竞争之祸害。"像我们已经在陆上摧垮了西班牙那样，我们必须在海上摧垮荷兰。荷兰人无权篡夺所有商业，……很清楚，只要他们仍然是贸易霸主，他们的海军力量就将继续增长，使他们强大得能够扮演欧洲和平与战争的仲裁者的角色，并能够制约国王的计划……"

因此，针对荷兰人的商业战是路易统治开始以来法国政策的一个持久特征。1664 年和 1667 年，关税两度作了有害于他们的变更。支配法国市场的荷兰精糖几乎完全被排斥。然而，经科尔培尔怂恿组成的各海上贸易公司变得衰弱无力，因而一切都取决于已经爆发的关税战是胜是负。亚琛和约缔结后，荷兰人为报复 1667 年关税而不断提高他们的关税，例如在 1670 年和 1671 年。冲突中的另一个因素，是荷兰民族使路易十四产生的厌恶感。他们犯了自己组建共和国之罪，在这位对自己的特权如此自豪的专制君主眼中是恶不容赦的。我们所称的"专制主义的"法国君主制，在他看来是天下楷模。他在投石党运动的骚乱中度过自己的青年时代。这深刻地影响了他的观点。英国君主制复辟后，路易厌恶议会体制，对议会反对之强烈深感震惊；长久享有共和制度的荷兰人遭到了同样的抨击。受命起草其《回忆录》的一位大臣写道："这些机构由那么多人头组成，缺乏可以被美好情感之火温暖的心脏……"

威尼斯那样的贵族共和国也未在路易十四那里得到较多的青睐，他不止一次地显示过对它的恶感，这特别是因为它偏爱哈布斯堡家族，而非波旁家族。1680 年，一位威尼斯驻巴黎大使在一个有启发性的短句中崇敬地概述了国王："此君王显然正谋求建立一个一统天下的君主国，而且离此目标已相去不远矣……" 1678 年，拉古萨（杜布罗夫尼克）一个受威尼斯和奥斯曼帝国政府密切监视并向其纳贡的半独立的共和国——试图与法国接近。尽管他的代表（一位元老院成员）是教皇英诺森十一世的朋友，而且同波舒哀关系友好，但仍免不了在抵达巴黎后不久被逐出，并被迫离开法国领土。只是由于奥地利的干预，拉古萨才成功地避免了奥斯曼帝国的报复。

如前所述，法荷敌对有许多原因。1672 年，即决裂前夕，荷兰人被法国新的关税激怒，决定禁绝法国进口一整年。这招致了冲突。其他大国将对交战国采取什么态度呢？像我们已经看到的那样，在移归权战争期间，法国和西班牙之间的斗争一方面被英国，另一方面被瑞典——海牙三国同盟的第三个成员——打断，而皇帝利奥波德一世同时受到荷兰人和法国人的拉拢。1667 年年底，他同路易十四缔结了一项中立条约，条件是即将来临的战争不会发生在德意志领土上。1672 年法荷战争之初，他仍保持中立；与此同时勃兰登堡大选侯许诺援助其荷兰教友，科隆大主教和选侯则站在法国一边。皇帝起初给予法国中立的实惠，后来缔结了一项盟约，授权路易将列日主教区——他是该地兼任主教的君主——用作作战基地。他甚至将一支约18000 人的军队交给路易十四支配，后者许诺供养他们。此后不久，他的邻居之一明斯特主教承诺将部队同科隆的部队联系。法国人利用了这些协定，以便准备就近攻击。卢瓦在这个时刻特别出众。他从1662 年起担任国务大臣，与其父勒泰利耶一起负责军务，他还在利奥纳于 1671 年 9 月死后代理外交大臣，等待新任命的大臣蓬波内侯爵出使瑞典归来后上任。卢瓦安排在科隆领土上储存粮食和弹药，具有讽刺意味的是，其中有些是在荷兰购买的。到 1671 年年底万事齐备，因而战事得以在 1672 年春天开始。

法国人一路无阻地穿过西属尼德兰①到达列日，从那里入侵联合省，他们的右翼受到科隆选侯部队的掩护，必要的话还会得到它们的增援。只是在更南面才不得不采取预防措施。在莱茵河左岸，法国迄此只拥有在阿尔萨斯的领土，那是在 1648 年获得的，通过长期处于路易十四控制之下的战略大道同香槟连接。② 这些大道穿越洛林和巴尔两公爵领地，它们由于查理五世公爵拒绝批准 1662 年条约，实际上是独立的。因此，路易十四于 1670 年留意在这两个公爵领地建立

---

① 见前，原文第 205 页。
② 见前，原文第 209 页。

了军营。南锡将在荷兰战争进行期间作为法国部队的驻扎之地，洛林地区则不得不缴纳法国政府索取的巨额捐助。

216 中世纪期间，法国与其东部邻国之间形成了一种传统的友谊，按照外交家和国务家们的说法，它是以法兰克人和日耳曼人的古老血缘关系为基础的。当法国国王们同哈布斯堡家族发生冲突时，他们在德意志诸侯眼中似乎是其受到帝国野心威胁的传统自由权利的捍卫者，但到 1672—1678 年的荷兰战争时，这个阶段已经过去了。德意志舆论对明斯特条约给予法国的让步感到诧异，自此开始反对一切法国扩张，即使在它不威胁德意志领土时也是如此。1673 年，路易十四在莱茵河两岸都取得了进展后，这一敌对舆论的滋长被人注意到了。

帝国事务中的一位要人是约翰·腓力·冯·申博恩——美因茨大主教兼选侯，他将选侯团主席与帝国宰相的职能集于一身。他热情关心公共福利，因而积极献身于和平事业。他很早就声明反对在维也纳宫廷占上风的西班牙势力，敦促废除哈布斯堡家族这两个分支之间的联盟。1658 年，在皇帝利奥波德当选以前，他成功地使一项"选帝纲要"得到采纳，该纲要禁止新皇帝无论在意大利或在低地国家援助西班牙。[1] 然后，这位大主教同邻国缔结了一个防御同盟，它不久就具有了反帝国盟约——莱茵同盟——的性质，年轻的法国国王参与其中。[2] 但是许多德意志人指责说，这个同盟阻止帝国在移归权战争期间帮助尼德兰，因而中了路易的诡计；而且，这些怀疑一旦出现，就由于几个事件变得越加强烈。君不见一支法国小部队于 1664 年越过德意志，征服了美因茨选侯的远方属邦图林根的埃尔福特镇？1667
217 年，一桩更大的事件引发了持久的国际争吵：巴黎最高法院的一名法学家出版了一本小册子，题为《国王对帝国的正当要求》，在其中德意志舆论觉察到了一整套计划。群情如此激动，以致国王不得不将作者送往巴士底狱反省数周。正如路易十四和美因茨选侯两人都认识到的，同帝国开战的可能性看来越来越大。后者向帝国议会建议，应当创设一支能够取代哈布斯堡部队捍卫帝国的帝国军队，但各邦君主的本位主义和自高自大挫败了这项建议，与此同时法军继续致力于征

---

① 比较后面第十八章，第 431、446 页。
② 见后，第十八章，第 431 页。

服尼德兰。1670 年，当路易十四全神贯注于洛林诸公爵领地时，这个想法又被提出。荷兰战争伊始，美因茨选侯建议莱茵河附近的所有诸侯正式结盟，他再次受阻于同胞们的惰性，战争爆发后不久便郁郁而终。不仅如此，巴伐利亚于 1670 年和法国结盟，其选侯许诺在帝国选举中投国王的票。看来在这个地区有理由怀抱希望。德意志离实现统一比以往任何时候都更遥远。

军事行动进行之际，荷兰人几次向路易十四送去媾和建议。他的一位大臣致函驻海牙大使："他们要继续犯错误，这很好，因为如果出现让他们领教陛下严厉手段的机会，他将由此在世人眼中更有理由。"然而，1672 年后路易拒绝被拉入谈判，不管谈判建议出自联合省议会抑或出自共和国的首席行政官——最初是大议政约翰·德·维特，然后是拿骚家族的代表、年轻的奥兰治亲王威廉。

荷兰人发觉自己几乎从一开始就被围困。[①] 英国人与其法国盟友站在一起，从海上进攻，因为根据多佛条约（1670 年 6 月）查理二世已成为路易的领受津贴者和同盟者。东部边境受到科隆大主教兼选侯及其盟友明斯特主教的威胁。两条河流——伊瑟尔河与瓦尔河——转而用作防御线。一些海堤被决开，淹没了远处的领土，此时正值路易十四亲临督察孔代所率大军浩浩荡荡地跨过莱茵河的某个弯道。不久后，被围困于恰是本国心脏地带的荷兰人派遣大使前往法国，表示可以割让某些市镇，作为和平谈判的预备。路易十四不肯，理由是愿被让予的地方难以防守，这导致了谈判的失败。他后来写道："后代人将随意把这一拒绝归咎于我的野心以及我报复所受荷兰人侮辱的渴望……我不会试图为自己辩护。雄心和荣誉（即追求荣誉的渴望）在君主身上总是可以原谅的，在一位像我这样得天独厚的青年君主身上尤其如此……"战争的第一阶段归于结束，路易十四差不多一帆风顺。虽然小镇布瓦勒迪克似乎必定遭受像其他被占领地点同样的命运，但目前无法夺取它，甚至无法靠近它。

全欧洲都开始关注威胁荷兰的厄运。皇帝虽然曾许诺中立，但最终还是答应了勃兰登堡选侯的恳求，同他缔结了一项军事盟约（1672 年 6 月）。他们的分遣部队向莱茵河进发，突入科隆选侯和明

---

①　1672 年战役的详情，见后第十二章，第 292—295 页。

218　斯特主教部队的后方。蒂雷纳折向东方，试图迎击它们，切断它们同基地的联系；与此同时，远超出马斯特里赫特向前推进的奥兰治亲王围困了沙勒罗瓦镇，但他不久因为法国增援部队逼近而不得不放弃该地。在随后的冬季里，一段短暂的严寒导致法军可以在封冻的滩地上推进，但 1673 年 1 月的突然解冻迫使他们后撤了。从那时起，荷兰人的军事形势趋于好转。由于他们不懈的外交活动，瑞典插进来自荐调停，并劝使英法两国同意在科隆举行和会。然而，和谈尚未开始，就被路易十四取消，因为他认为荷兰的建议不充分。不过重要的是，恰逢此时法国人在一场国王亲自同沃邦元帅一起参加的壮观的战役中，最后夺取了马斯特里赫特。

　　1673 年夏季，轮到西班牙正式在其尼德兰属地参战了，这就孤立了法军。此后不久，奥兰治的威廉突破面对他的兵阵，同莱茵河岸的帝国军队会师，并且占领了科隆选侯的首府波恩。于是路易十四不得不决定局部撤出荷兰。1674 年开始，法国在外交和军事两方面的处境继续恶化；而且，英国同意与联合省媾和。[①] 德意志诸邦大多开始响应皇帝的恳求，支持他反对路易十四，甚至勃兰登堡选侯也重新加入了联盟。法国被迫在几乎所有边境上作战，面临巨大优势兵力的威胁。1674 年年底以前，大多数被征服地都被夷平和被放弃，战争主要针对哈布斯堡家族进行。打击西班牙霸权是个容易回归的传统；但此外还必须完成对阿尔萨斯的占领，必须保卫在尼德兰尚存的征服地。确实，1674 年 8 月在沙勒罗瓦附近的瑟内夫进行的是一场大战役，在那里国王军队面对着皇帝、勃兰登堡和西班牙的军队；它是一场防御战，但无疑是成功的，因为奥兰治亲王退回了他的荷兰基地。虽然在 1674 年战役后几乎全无法军留在荷兰领土上，但马斯特里赫特仍在法国手里，它是个孤立的前沿阵地。

　　在尼德兰的这些胜负不决的战斗持续了 3 年。受海水泛滥保护的阿姆斯特丹城只是从远处受到威胁。但荷兰内部的混乱严重，以致很快就提出了新的和平建议；它们又一次遭到轻蔑的拒绝。然而，荷兰
219　人逐渐重获主动权，1676 年奥兰治的威廉试图收复马斯特里赫特。这个尝试失败了，接着 1 年后在卡塞尔附近的旷野上再度败北。与此

---

　　① 见后，第十二章，第 295 页。

同时，终于决定在尼曼根举行和会，整个 1676 年被用于解决形式、规范和礼仪问题。第一个谈判的是联合省议会，它从英国只得到了道义支持，这是查理二世无法拒绝给予的，尽管法国以金钱相诱。此外，奥兰治的威廉向这位国王的侄女玛丽公主求婚恰好已成功，这导致了 1678 年 3 月英荷防御性友好条约的签订。鉴于这一新的飞来横祸，路易十四断定必须立即媾和而不再拖延。他放出风声，说他要求于荷兰人的将只是一项新商约，不会索取领土割让。据此，尼曼根条约（1678 年 8 月 10 日）将马斯特里赫特归还联合省，所附保留条件是必须在该地维持天主教信仰。下一个月里缔结了同西班牙的条约，它规定归还 1668 年取得的北部边境上的某些地方，其他地方被用来代替它们（即埃尔、莫伯日、伊普雷等地），这便利了领土防御。此外，弗朗什孔泰被认可为法国的一个省。导致战争的经济困难完全以有利于荷兰人的方式得到解决，法国的 1664 年和 1667 年关税被中止。科尔培尔无法熬过这一挫折；不久后，他于 1683 年死去。帝国并非缔约一方，直到 6 个月后——仍是在尼曼根——它将莱茵河右岸的弗赖堡镇割给法国时才接受和平。

尼曼根条约后，西欧有一段颇长的和平间歇期，路易十四在此期间试图恫吓其对手而不剑拔弩张。这就是"收复属地"时期（1680—1683 年），即按照"收复属地法庭"的决定在和平时期实行兼并。这些法庭设在布赖萨赫（为阿尔萨斯）、贝桑松（为弗朗什孔泰）和梅斯（为洛林和巴尔）。政府批准这些法庭通过的裁决，后者奉命证实国王所声称的在边境附近领土的权利。最重要的是兼并是由梅斯高等法院组织的法庭进行的，它每日得到或许是这个制度本身的发明者卢瓦侯爵的指示。由于这个法庭的裁决而被夺取的领土置于梅斯高等法院的管辖之下，被附属于梅斯、图尔和凡尔登三个主教区，或被附属于洛林和巴尔两公爵领地，至少在 1697 年大多数专横的兼并由于吕斯维克条约而被废除以前是如此。在幸免于这一修改的领土中，有在萨尔的、后来由沃邦筑工事设防的以萨尔——路易十四知名的那个地方。受影响的最远领土是特里尔以下摩塞尔河一个拐弯处，那里筑有蒙罗亚尔要塞，它于 1698 年连同周围领土被归还。

1680 年 8 月，法国宣布对整个阿尔萨斯享有主权，斯特拉斯堡和米尔豪森除外。1681 年 9 月，斯特拉斯堡被并入王国；它仍是个帝国自由市，开始被我们认作是阿尔萨斯的首都，而阿尔萨斯的大部分业已根据威斯特伐利亚条约并入了王国。一项精心准备的计划导致法国部队未鸣一枪便进入该市。当时正于法兰克福开会的帝国议会愤怒地抨击法国，甚至以另一场战争相威胁。但是，未等这些威胁引起任何可能打断"收复属地"之进展的行动，它就散会了。

路易十四与法国的命运，将在莱茵河与些耳德河之间关键地区决定。实行"收复属地"政策的国王把矛头转向受到梅斯法庭裁决影响的西班牙领地。1684年，他派遣克雷基元帅围困卢森堡，因为马德里政府不肯将它连同亦以此名相称的那个公国的领土让予法国。该城拒不投降，因而遭到封锁。但是，这次围城被一个意外事件打断：据悉土耳其人包围了维也纳（1683年7月）。[①] 路易觉得不能全不理睬皇帝向所有基督教统治者发出的求援呼吁；他还感到为难，因为法国如此长久地维持了同土耳其人的友好关系，以大有利于法国同利凡特地区的贸易。他决定不干预，任凭遭受国外的严厉谴责。当威胁着维也纳的危险由于扬·索比斯基国王和波兰军队的突然干涉而烟消云散时，路易十四响应了荷兰提出的列强普遍休战的建议，它正在由集会于雷蒂斯堡的帝国议会斟酌。鉴于法国新近在尼德兰的成功、对卢森堡的征服和对特里尔的占领，因而达成了一致。1684年8月15日，雷蒂斯堡休战协议缔结，20年有效，法国被听任占有其征服地，包括"收复的属地"。

然而第二年，南特敕令废止令（1685年10月）重新唤起了国内外正在消沉下去的宗教激情。新教国家联合起来反对路易十四，而德意志一如既往地处于分裂。皇帝起初没有表态，但是，由于路易继续干涉德意志事务，特别是干涉巴拉丁事务，威胁要为巴拉丁女伯爵夺取该领地，他因而被激怒，终于参加了那个以奥格斯堡同盟著称的联盟。该同盟于1681年9月问世时仅包括某些新教国家：瑞典与联合省。路易十四通过与勃兰登堡选侯签订一项新的津贴条约，取得其中立；但是，西班牙于1682年参加了同盟。雷蒂斯堡休战协议几乎不过是某种原则肯定——差不多是一项表示善意的行动，因而在它期满失效以前许久，奥格斯堡同盟战争（1688—1697年）就已来临并结

221

---

① 见后，第二十一章，第515—516页。

束。1688 年秋，路易入侵巴拉丁领地。这场突袭之后，皇帝决定与法国决裂，战争爆发。英国直到 1688 年革命后才加入盟国行列，这次革命爆发是因为詹姆士二世——一名罗马天主教徒——疏远了信奉圣公会教义的一大批舆论。由于路易十四选择入侵巴拉丁领地而非联合省，奥兰治的威廉得以带着一支舰队和陆军前往英国。在新君威廉三世和玛丽统治之下，英国毫不拖延地加入了奥格斯堡同盟。

此时开始的法国历史新篇章被一位作者题名为"法国权势的衰落（1685—1697 年）"，这可是严重的夸张。无疑，国王统治时期最辉煌的岁月已成往事。南特敕令废止令持久地疏远了新教国家，其中有路易的两个盟友——勃兰登堡和瑞典。[①] 在这个著名的重大失误之外，他又加上了某些历史学家所称的"虚张声势"，但这实际上不过是空洞的自大：他拒不跟随其他君主宣布放弃大国的大使们在罗马行使的避难权。然后，在教皇革除法国大使的教籍后，路易下令占领教庭的古老领地阿维尼翁，甚至威胁派军进入意大利。尽管年事渐高——已 50 多岁——但路易十四比以往任何时候都更相信，任何大胆的打击都是可能的，在他生涯的巅峰，他觉得自己无所不能。他的荣耀仍然光彩炫目。在巴黎的一个自此被称为"胜利广场"的地方，一座向他表示敬意的纪念像适才矗立起来（1686 年 3 月）。在战争中以及用"合法的"兼并手段取得无与伦比的成功后，路易十四没有认识到他已唤起了法国无法独自抵挡的力量。1688 年，路易十四处于权势巅峰。但统治时期的后半段将带来权势衰落；他对威望和荣誉的不懈追求成功地使得大半个欧洲联合起来反对法国。

（时殷弘　洪邮生　译）

---

① 关于尼曼根和约后法国与勃兰登堡的关系，见后，第二十三章，第 554 页；关于法国与瑞典的关系，见后，第二十二章，第 540—541 页。

第 十 章

路易十四统治下的法国

随着 1661 年 3 月红衣主教马扎然去世，开始了年轻的路易十四的个人统治。在从他作为 5 岁幼童继承王位后的 18 年里，实权掌握在这位红衣主教手中，首先是奥地利的安娜摄政期间，然后是国王于 1651 年达到法定成年以后的 10 年。马扎然统治初年直到 1653 年投石党运动崩溃，是个混乱时期，终致发生内战。[①] 不仅马扎然两次被迫出国，而且路易十三和黎塞留建立的专制政体受到严重威胁；巴黎筑有街垒，大贵族和最高法院憎恨专制主义，落在海峡彼岸斯图亚特君主头上的命运一度似乎威胁着他那年轻的法国外甥。

然而，部分由于马扎然的权变狡诈，法国君主政体经投石党之乱变得比以往任何时候都更强大；5 年内战除破坏了法国大部分地区外，一无成就，广大民众只盼望和平。马扎然的对手一盘散沙，无法继续斗争；投石党运动崩溃后的 8 年里，法国开始了它历史上最专制的君主统治时期。在对外事务中，马扎然通过签署 1648 年威斯特伐利亚和约，结束了黎塞留发动的同皇帝的战争；他在死前两年，同西班牙缔结了比利牛斯条约，这项条约不但终止了两国之间为时 1/4 个世纪的战争，而且标志了西班牙欧洲霸权的告终以及通过西班牙和奥地利两哈布斯堡家族同盟来包围法国的威胁的结束。自从 1653 年返回法国，这位红衣主教大权在握，无所不能，并且腰缠万贯，过的是享尽荣华富贵的君主般的生活。

22 岁的年轻国王决定，马扎然不应有宰相继承人；他立刻表明，他打算既称王，又统治，而他的大臣们将直接听命于他。诚然，他起

---

① 关于投石党事件，见第四卷第 16 章。

先保留了从马扎然传下的 3 个人作为顾问，即老练的外交家利奥纳、陆军国务大臣勒泰利耶和财政总监富凯。富凯是个野心无限的人，在马扎然之下捞取了大量财富，他在沃克斯—勒维科姆特的华丽府邸便是这一财富的象征。不仅是文人学士出于势利的奉承，而且首先是他同贵族界和包税商界的联系——他们依靠他据以管理国家财政的种种复杂的权宜措施大发横财——使他成了一个令人生畏的角色。但 1661 年结束以前，他被逮捕，他的职位被废除，而他在内阁中的交椅被他的敌手、红衣主教马扎然的另一个工具科尔培尔获取。这位来自兰斯的商人之子将从富凯垮台到 1683 年去世为止始终掌管政府的财政和经济政策，尽管直到 1665 年他才被指定担任新设立的总稽核职务。

从 1661 年路易十四开始执掌政权到 1688 年九年战争爆发之间的时期，标志了法国在欧洲的优势地位和专制君主制的顶点。但是，历史学家们近来已确定，以军事荣誉、太阳王崇拜以及文学和其他艺术的不朽杰作为特色的这几十年远不是一个经济繁荣的时期。尽管这些年里工商业方面有所进步，但整个国家生活仍然受农业支配。直接从事土地耕种的大众以及主要收入来源在农村的上层阶级，其生活水平都取决于农业是否昌盛，在这样的历史阶段，从 1660 年前后开始，并且除匮乏时期外一直持续到 18 世纪的农产品低价，造成了不仅削弱农业本身，而且削弱法国整个经济生活的影响。

因此，一个英国旅行者，像 1675—1679 年在法国不同地区居住过的哲学家洛克，不仅看到了凡尔赛的辉煌、由路易十四及其倨傲的情妇蒙特斯庞夫人臻于完满的光彩以及庆贺法国武功的营火；他还生活在一个处于农业萧条痛苦之中的国家里。"法国的地租"，洛克在 1676 年 5 月 1 日的日记中写道，已"在这寥寥几年内跌落了将近一半，原因是人民贫困，货币匮乏"[①]。在歉收仍不仅意味着饥饿，而且可能造成受影响地区大量人口实际饿死的经济中，农产品价格的这一下降绝不是一成不变的。路易十四的个人统治随同一个匮乏时期而开始，它在受影响地区可与在位后期的严重危机，即 1693 –1694 年和 1709 年的严重危机相比。在巴黎，投石党运动结束后不断下跌的

---

① J. 洛夫编：《法兰西旅行记》（剑桥，1953 年版）。

小麦价格在 1661 年上涨到每一瑟蒂埃 33 锂以上，1662 年又上涨到近 39 锂；由于这些是月平均价格，在这两年最为短缺的月份里价格肯定上涨得更厉害，以后在 1673 年下跌到月平均略低于 10 锂，1688年下跌到略高于 8 锂。在卢瓦尔河畔的昂热，小麦价格模式与此类似：涨至 1661 年的每一蒲式耳 47 镣和 1662 年的 38 镣以后，它们在我们所述时期的其余时间里摆动于 28 镣和 14 镣之间。在东南方的多菲内省，格勒诺布尔和罗芒之类市镇的小麦价格波动却有所不同：格勒诺布尔 1679 年和 1680 年的小麦价格同 1662 年时一样高，而在附近的罗芒 1679 年也是个高价年头。任何既定时刻，在法国的那些主要不是因为相距遥远，而是因为运输系统原始和运费高昂而互相隔开的地区，不同谷物的价格会相差极大。当一个地区五谷丰登、价格低廉时，一个邻近地区的大众却会因为粮食短缺和价格暴涨而遭遇贫困、疾病和死亡。

不过，在这 30 年里农产品价格的总趋势是下降的。要估量这对于法国经济，即使在农业领域的影响殊非易事。无疑，面包价格高昂时深受其苦的是一大部分民众，他们在面包价格下降时能得到某种解救；但是，这或许会因为经济活动普遍萎缩导致收入能力丧失而被抵消。如果说税收之外的封建贡赋和教会什一税负担沉重地搁在农民肩上，那么贵族和教士得自土地的收入也下降了，并且减少了他们对商品和劳务的需求。塞维尼夫人及其表亲比西—拉比坦的书简内有多处暗示，透露出 17 世纪 70—80 年代她们在出售领地产物以及从农民那里榨取封建贡赋和地租方面经历的困难。我们必须在这个价格低和经济困难的背景下，来考虑路易十四统治时代。在他执政的最后 25 年里，情况将变得更糟，1693—1694 年以及 1709 年的灾难性饥荒年代尤其如此；不过，我们必须记着：1660—1715 年的整个时期，甚至此后，法国深受农产品低价之苦——连同这在一个仍由土地支配的经济中所意味的一切——间或出现歉收、价格飞涨和民不聊生，有时甚至饿殍遍野。

在考查路易及其大臣治理的社会时，我们绝不能轻信法律标签。理论上，那个社会由三个等级——教士、贵族和第三等级组成。事实上，虽然在第三等级大众（即平民）之上凌驾着教士和贵族这两个特权等级，但教士同社会其余部分一样，分裂为少数显贵和广大一般成员，前者已经差不多垄断了教会的所有最好职位，后者则是从中产阶级和农民的行列中吸收进来的。根本的分裂是贵族和平民之间的分裂。但这不是全部实况：如果说，随着大革命逐渐临近，富有的资产者将越来越难攀入贵族行列，那么在路易十四统治时期仍然存在若干阶梯，凭此中产阶级的富有成员可能使他们自己及其家族攀入贵族等级。后者远非一个封闭的种姓，贵族成员和平民之间的鸿沟远非不可逾越，正如科尔培尔和卢瓦之类路易十四大臣的家族飞黄腾达所表明的那样，这一个过程已不那么显著的规模，贯穿于整个时期。

　　教士名义上是国家的第一等级，反映了当时社会的贫富两极。某些教区神父，特别是较大市镇的，相当富裕，但大多数神父只领取可怜的津贴，观念上同他们生活在其中的农民大众常常极少区别。教会中的最好位置被国王用来酬赏对君王的效劳，因而大都掌握在大贵族的幼子或国王的大臣们手中。许多大主教和主教是头等大贵族，他们不是在自己的教区，而是在巴黎的私邸和凡尔赛的前厅内度过一年里尽可能多的时间，享受首都的社交生活，使自己始终得到国王的注意，并留心使自己和家族成员升官晋爵和获得新宠惠。一位主教可能兼任一个宫廷教职，再加上掌管两三个修道院，享有由此而来的丰厚收入。至于贵族的幼子和女儿，有各种较低级的教会职位可供选择；同样，对他们来说，有一个职业尽管是可取的，但远不是必需的。宫廷修道院长往往从他们以代管名义上占据的职位中获取大量收入，他们的世俗生活在那个时期的喜剧和讽刺散文中经常遭到谴责。

　　贵族包括从王族往下直到新近通过购买贵族证书或购买带封号的地产而取得贵族等级的"暴发户"，是个极复杂的阶级。旧封建家族的后代，即所谓佩剑贵族，可以继续占据高级军职，并且装点宫廷门面，他们若要维持与其阶级相称的奢华的生活水准，现在也大半依靠以年金、礼物和获利丰厚的挂名闲职为形式的国王恩惠。旧贵族中不那么幸运的成员，其位于外省的府邸往往破落衰败，穷得无法为儿子购买一份军职，或为女儿置办嫁妆，更不用说出入宫廷了。这样，在旧佩剑贵族的不同成员之间存在巨大的鸿沟，一边是神气活现的廷臣，在卢浮宫或凡尔赛宫阿谀奉承国王，留意为自己和子女攫取任何肥缺或年金，另一边是外省的乡绅，其谱系同样，甚至更加古老，但其命运已如此衰败，以致他虽然为自己的等级而自豪，却与农民并无

226

二致了。

不仅如此，一种新牌号的贵族——穿袍贵族——已通过购买王室会议和最高法院之类高等法庭中的各种官职，在上一世纪前后成长起来。这些富有的资产者后代现在声称有权同最显赫的旧贵族并驾齐驱；这些人除了拥有在其职位上——这些职位同他们的爵位一样，现在是世袭的——投入的巨资外，一般是富有的土地所有者。在巴黎以及第戎或波尔多之类大省会周围，高级文官和法官已经为自己聚敛了大地产。他们不仅像任何其他贵族那样征收封建贡赋，还从他们逐渐获取来充实其财产的土地上抽取大量地租。他们是敏锐的实业家，力求用公正的或邪恶的手段，从已经投入土地的资本中取得最大收益。

出卖官职为比较富有的中产阶级成员开放了一个巨大的投资场所。这些官职中许多只提供蝇头小利和有限的社会威望，但也存在一两千个职位，它们使其占有者或其后代享有贵族等级的社会威望以及相关的特权。有巴黎高等法院审查官和行政法院成员职位，各按察使和国务大臣就是从中挑选的，正如最高法院和其他高等法庭之中有无数职位一样。如果说此类职位占有者的贵族身份相对而言是近来才有的，那么他们的社会地位不仅由于拥有地产，而且由于和较老的贵族家庭通婚而得到加强。他们能给女儿提供的大量嫁妆以及他们在巴黎或外省享有的权势，吸引了旧贵族中间未来的亲家。科尔培尔这样的商人之子能成为三位公爵的岳父，巴黎和外省最高法院的法官们则经常通过婚姻与宫廷贵族相联。例如，塞维尼侯爵夫人出身于旧封建家族，但她的祖母属于穿袍贵族，而她的外祖父是个富有的包税商。

在那个时代的社会中，贵族血统和财富的混合还见于贵族与财界之间的关系。财政家依靠君主的财政需要而致富，不管是作为国库官员，还是作为包税商。征收直接税和间接税、举借钱款以及卖官鬻爵之类所有各种财政上的权宜措施，为那些往往出身平凡，但具有必要的技巧和道德上肆无忌惮的人提供发财致富和跻身贵族的各种途径。在纸面上，尽管这些资产者或农民之子（当时的一流财政家有不少据称是从男仆起家的）腰缠万贯，爵位加身，但离宫廷贵族仍相距甚远。实际上，可观的嫁妆，连同应付紧迫的债务的很大一部分可用现金，对于合格的贵族少爷的父母有不可抗拒的吸引力。路易十四时代最著名的回忆录作者圣西门公爵虽然狂热地依恋其等级，但不得不承认他的公爵夫人是个包税富商的孙女；她的父亲压抑了贵族傲气，娶了这位富有的资产者的女儿，以便能继续他的从军生涯，并且买一块能将新近获得的公爵封号附于其上的地产。还有，在塞维尼夫人的书简中，我们可以领略这么一个故事：她的女儿和女婿格里尼昂伯爵怎样为恢复家世，被迫使他们的儿子和一位包税富商的女儿结婚；无疑，这对格里尼昂夫妇的自豪感是一次可怕的打击，但他们必须面对事实：鉴于债台高筑，只有同一个富有的资产者家庭联姻才能使他们免于财务灾难。

这些包税商不是社区中受人欢迎的成员；他们遭到其榨取对象——纳税人的憎恨，并被当作资产者暴发户而受贵族鄙视。不过，没有他们在筹款方面的援助，君主政体就无法生存，而他们常常因聚敛起来的财富让自己置身于社区最富有的那个阶层，让他们及其子女通过购买爵位和通婚爬上贵族等级。因此，在法国史上的这个时期，贵族变成了一个非常混杂的群体，在其中旧封建家庭的后代分明只占少数，并且确实常常依靠与新贵们的女儿通婚而幸免于破落；它的大部分成员，则是在上一个世纪前后从中产阶级吸收来的，这归因于授予任职者世袭爵位的官职制度，也归因于用爵位交换现钱——它得自于贸易，或更常见的是得自于掌管政府财政——的贵族证书制度。

殷实的资产者的抱负仍然是跳出他所属的那个遭人鄙视的阶级，转入贵族行列。获取巨富之路尚不在于工商业，而是在于王室财政，与此同时，取自工商业的资本许多被耗费于购买公债、官职、土地和爵位。财运亨通的资产者非常渴望摆脱商人之类受人鄙视的称号，他 228 不是将资本用于新的实业领域，而是宁愿将它花在此种非生产性的投资上，因为它们有助于提高他本人及其子女的社会地位。在荷兰与英国，成功的商人志在为求富而将生意做大，当时的许多作家把法国的情况与之比较，指出法国工商业由于法国商人对本身职业的鄙视而受到的损害；法国商人的一个念头是跳出这个职业。

工商业仍旧大都组织在行会制度的基础上，即一个师傅由雇工和学徒协助，在自己的店铺劳作。行会规章规定了一名师傅可用多少学徒，他们在多大年龄上可以被接收以及学徒期有多长，每个等待被接纳进行会的人选必须做出何种手艺品，还有特定行业中将用怎样的方法制作产品。行会的主要目的是消除一切竞争，不管它是来自本行会的成员还是来自外人，以便建立垄断。在多数大城镇，不同行业按行会组织起来，尽管并非到处如此，即使科尔培尔鉴于它们是个非常有利的岁入来源而在这些年里努力增加其数目；但在一般城镇里，甚至所谓自由行业事实上也被置于市政当局的监督之下，按行会组织起来的行业同未组织起来的行业很可能没有很大区别。

大多数行业的技术自中世纪以来殆无变化，因此该国工业的大部分仍旧是小规模经营。在大多数场合，师傅只拥有寥寥几个房间，它们既充当居室，也用作业务生产场所；他在那里同一小群雇工和学徒一起工作。所有各种贫富人等都能在行会中见到，上自殷实的布商或金首饰商，下至鞋匠和皮革匠之类较穷的手艺人，他们往往艰苦挣扎以求收支相抵，相对于市镇居民的数量，他们的人数很多。

行会制度在两个方面正在显示出解体的迹象。在底层，一般雇工越来越难取得师傅身份，这一特权正愈益趋于由师傅的儿子和女婿独占，他们得到各种偏爱。结果，在城镇里形成了工业无产阶级核心，当然其人数相对而言暂且无足轻重。虽然雇工们有自己的协会——现代工会的先驱，虽然路易十四时代发生过罢工，甚至造反，但这些是罕见的和间或出现的，而且总是被轻而易举和极为凶狠地镇压下去。

在天平的另一端，我们看到在这个时期出现了置身于行会之外并凌驾其上的大商人。贸易，特别是海外贸易，有了某种进展，即使存在着运输缓慢、运费高昂以及在国内运送的货物不得不缴纳厘金所造成的障碍，这些厘金是在道路、桥梁与河流上征收的通行税，以及包税商对于经过一个省或若干省份运至另一个省或若干其他省份的货物征收的关税。如后所述，科尔培尔将竭尽全力按照重商主义原则刺激工商业。

比起散居乡野或生活在大小村庄数以百万计的人，城镇总人口仍然甚少，即使我们不仅把中产阶级和工匠，而且把一个家务劳动代价低廉的时代里的大量男女仆人以及那种在城镇近郊从事农业的更多民众计算在内。在当今时代，农民的命运不易简述，至少在展现非常复杂的事实时人们迫切希望避免绝对乐观或绝对悲观的极端情况下是如此。那时和现在一样，一个人究竟是在法国的哪个部分试图依靠土地奋力谋生大有区别——是在富饶的盛产谷物的北部地区，还是在峰峦迭起或陵原相间的中部和南部地区。再者，这还取决于所从事的农业类型；诚然，对饥馑的担忧导致在每个地区都种植谷类，不管就此目的来说是多么不利，而且在那些完全不适合、现在已看不到葡萄的地区继续种葡萄，但专业化的开端已昭然可见；葡萄更集中种植于某些有利的地区，在那里以葡萄酿酒的人把大部分——如果不是全部——资金抛在一种作物上。在任何既定的季节，这些人的命运大有别于主要种植谷物或生产奶制品的其他农民。

各管区之间以及每个社区内部，农民占有的土地数量差异很大。很大一部分土地由两个特权等级，即教士和贵族掌握，而特别在城镇附近，亦由中产阶级掌握。教士的地产有大有小，从几无立锥之地到田连阡陌，尽管平均而言后者并不像人们曾相信的那么大。贵族成员，包括旧贵和新贵两者，继续拥有很大一部分土地，一般来说在西部大于在东部，而且相当一部分是由往往正在爬向贵族等级的城镇资产者掌握的。不过，仍有很大部分土地是农民的财产，当然它们须负担世俗或教会庄园主索取的封建贡赋；但即使在农民占有量高达50%的例外地区，他们的众多人数意味着平均地产甚小。在某个村庄，几名殷实的农民可能拥有不在教士、贵族或资产者手中的土地的很大部分，但其余农民会只剩一小块土地，或一无所有。

230

农民租赁的土地数量也有类似的区别。特权等级和中产阶级手中的土地大都出租给佃农。这些佃家中有些是富裕农民，自己可能拥有相当数量的土地，而且一般都有足够的资本来过富裕生活并得以支付租金。但普通农民，特别是在中部和南部，是收益分成制佃农（métayers），他们少有或没有土地，无法支付货币地租或提供适当耕种土地所必需的种子、农具和牲畜。地主不得不提供这些东西；作为酬报，他取得收成的一部分，通常是一半。在贫困的分成制佃农和富裕的有地农或租地农之间横亘着巨大的鸿沟。更下层的是无地或近于无地的雇农，他们在某些地区是个很大的群体，依靠为富裕农民劳作而尽力谋生。洛克访问波尔多附近著名的葡萄酒之乡格拉维之后，在日记（1678 年 9 月 15 日）中写道："在此地同一名穷苦的农妇谈话，她告诉我们她有三个孩子；说她丈夫通常每日得 7 镑，衣食自理，即维持五口之家。她在能有工作时——这是难得的——每日实际可得 3镑或 3.5 镑。别的时候她纺大麻，那是为了制作自家的衣服，并不赚钱。她家五口人就靠这每日 7 镱维持衣食、缴付房租和人头税、预备过礼拜日和圣日。"① 正是这一阶层的农民，连同其妻儿，为在附近城镇的商人控制下——特别是在北部——经营的家庭手工业提供了一支劳动后备军。

　　尽管贫者和富者之间有各种差别，但所有农民都同样要向领主缴纳封建贡赋和履行徭役。如果说在几个世纪的过程中，某些贡赋由于币值降低已变得不那么艰巨，那么根据农民收成按比例以实物支付的贡赋仍然是个沉重的负担。不仅如此，它们引起了所有各种苦恼，就像领主对碾谷，特别是对狩猎的垄断那样；农民的收成不时遭到严重损害。而且，以实物和货币形式缴付的封建贡赋并非农民的唯一开销。还有什一税，它往往不是由他的教区牧师，而是由神父分会或修道院的代理人征收。此外，主要的税收仍旧由农民承担。首要的直接税即人头税本质上是一种对平民的税收，在这些人里农民承受最重的负担，因为城镇居民经常获得部分的，甚至完全的免税权。在不同省份和每个省内的不同管区之间，人们所承担的赋税大不均等，而在每个村社内部，同样存在这些不均。例如，大地主会利用自己的权势设法减少对其佃农征收的赋税量，这并非出于人道主义动机，而是如此他们能收取更高的地租。洛克在 1677 年 5 月 26 日的日记中写道："这就是如此折磨法国农民的情势：收税者通常极不均等地确定其税率。"间接税也沉重地落在农民肩上。虽然盐税的分量各省大不相同，但它可以像人头税一样沉重。其他赋税，例如过境税，特别是消费税，既麻烦，又妨碍农产品，尤其是酒的销售。就像我们时代似乎经常出现的那样，酒价是低廉的，在这样的时候消费税会减少销售，并且夺走农民靠设法卖出产品所得的大部分收益。

　　在评估路易十四时代的农民忍受强征赋税的能力时，我们必须记住，农民缴纳的税收，连同封建贡赋和什一税，必须出自一种仍旧原始的农业。土地三年里至少有一年休耕，甚至每隔一年就休闲，特别是在南部。每逢收获，产量低得惊人，留种占了前次收获的一个颇不相称的部分。千千万万农民不是为市场生产，而是自囿于维持生计的农作。甚至在丰年，他们中许多人拥有或租赁的土地仍不足以使自己

---

① 当时 1 镱的价值略少于 1 英国便士。

和家庭不断面包——城乡大众的主食；像无地雇农，他们不得不用部分时间为比较富裕的邻人干活，以便维持生计。在荒年，例如路易十四亲政伊始法国很大部分地域发生的那样，价格暴涨，甚至那些不存在绝对匮乏的地区也是如此，结果不可避免地因为饥荒和疫病造成大量死亡。穷苦农民不得不应付这些高物价，而正是与此同时，他自己的收成由于年景不好比往常更加不足，在乡下能找到的活计也恰恰由于歉收而更少了。比较富裕的有地农民或租地农在一定限度内境况较好——只要他自己的庄稼未毁，并且至少有某种剩余可高价出售；不过，他的家庭和其他受赡养者的谷物需求，加上必须留作种子的大量谷物以及被领主和教士的代理人以封建贡赋和什一税形式运走的谷物，将使其收成大打折扣，除非他特别走运。穷苦农民可能由于农产品价格的下降趋势而多少得些实惠；他们为自己及其家庭糊口而不得不买进的谷物能以低价取得。一方面，这几十年的农业萧条减少了较穷的农民可以找到的工作量，他们不一定完全无地，只是要依靠一定数量的工钱使收支相抵。另一方面，较富的农民无疑看到自己的收入因为产品卖价低廉而减小了；赋税、封建贡赋和什一税随着价格跌落更沉重地压在他们肩上，那些租地者则往往发现在较早的高价时期里固定下来的租金现在已成了一种重负。

　　认为路易十四时期没有相当富裕的农民是错误的，但他们只是少数。拥有颇多地产的，或能租赁颇多土地的农民（他们可能兼行征收某个贵族的租赋，或某个修道院的租赋，连同其什一税），构成了一个乡村资产阶级，远高于中农和贫农群众。但是，后者占绝大多数，而且在某些地区无地雇农已经形成了一支可观的大军。农民大众的生活相当接近于维持生命所必需的最低水准，考虑到当时农业的原始状况他们不仅处于贫困的危险之中，而且面临饿死的威胁，如果谷物歉收证明确实严重的话。那个时代的一个标记，就是路易十四统治的全盛期农民造反此伏彼起。它们是分散的，并被残酷地镇压下去，但它们毕竟令人信服地证明了农民中盛行的潜在不满。

　　当然，城乡下层的这些骚乱和武装反叛绝无新奇之处，在那一世纪早些时候黎塞留的权势如日中天时已属多见。然而有重要意义的是，太阳王尽管荣耀非凡，在独裁期间却始终遭到对他无情的税收政策的抵抗。有时这些起义得到本地区上层阶级的暗中支持，有时它们的矛头部分地指向当地贵族的封建压榨。但是，无论起源怎样不同，它们表明路易十四时代法国的许多居民感到自己的命运是多么难以忍受。即使我们撇开用绞刑和苦役加以镇压的较小骚动，仍然存在需要动用大量军队才能扑灭的一系列区域性反叛。1662年，在布洛涅地区开征新税导致了武装反叛，在一场激战中近600名造反者被杀、受伤或被俘，约3000人被捕。不少人被处死，400人被送去服苦役。两年后，在该国另一端的比利牛斯地区，爆发了一场反对开征盐税的叛乱，持续了若干年。它由一名贵族领导，此人最后得到恩赦，被授予法国陆军上校衔。更严重的是1670年发生在法国南部另一区域维瓦雷的反叛。被间接税制度激怒的造反者们由一位前军官率领，最后被调集前来的大军粉碎。大约100人被处死刑，数百人被遣服苦役。为同联合省的战争筹措资金所必须征收的新税引起了1675年两场特别严重的叛乱——在波尔多和布列塔尼。在波尔多，下层人民由邻近地区的农民支持，迫使省长和高等法院中止征税。作战季节一过，国王便派大量部队进驻该省的冬季营地——这是对居民的可怕惩罚，他们现在被迫俯首帖耳，他们的首领数以十计地被绞死。更加严重的是布列塔尼此起彼伏的起义，在那里农民揭竿而起，矛头既指向收税人的敲诈，也指向贵族的剥削。军队到达后进行的镇压蛮横凶残，死刑不计其数，士兵们横行该省，一路劫掠、拷打、杀人。

这就是路易十四于1661年开始统治的法国，以后30年中他将在那里使专制主义达到其历史巅峰。在考虑他及其大臣们这些年里统治法国的方式时，我们必须记住1661年时的青年国王纵然野心勃勃，但不老练，而且尚无自信，同1688年领导法国投身九年战争的那个人——他历经变迁而成熟，享尽成功和赞颂——大不相同。他不是一个特别有天赋的人，但他给王政带来了勤勉和自律的品质、基本的正义感、知人之明以及一开始在逮捕富凯前他所演出的滑稽剧中就表现出来的那种隐瞒真实情感的能力。在体格方面，他天生结实，经得住所有各种纵欲行为和他那个时代的落后医术，而且仪表堂堂，一副国王长相；尽管他彬彬有礼，但扈从和兵士奉召与他谈话时会不寒而栗。他在廷前夸示拥有许多情妇，直到王后于1683年死去以及他同曼特农夫人秘密结婚为止。1678年，当他穿过巴黎前往根特围城阵地时，洛克在日记（2月7日）中写道："他坐在王后的八驾马车内，

与其同车的是王后蒙特斯庞夫人。"他不准这些情妇干预政事，但承 234
认她们的某些孩子，以其充实他那人丁不足的合法家庭。

从一开始，年轻的国王就决心当他自己的王国的主宰。他是天命
之王，只对上帝负责。不管一位君主有多邪恶，其臣民的任何反叛在
他看来都是不赦之罪。这相比于路易在 10—15 岁经历的投石党内战
难忘岁月中王族、大贵族和最高法院和平民的颠覆理论和叛乱行径，
有天壤之别。既然马扎然已退出舞台，他便决意确保自己不重演黎塞
留掌权时他父亲扮演的角色。不仅如此，他还与法国君主制的古老传
统决裂，即不让任何王室成员参与宫廷会议，即使是他未成年期里至
少名义上统治法国的母后奥地利的安妮。路易的大弟——"殿下大
人"——终生被排除在任何权位之外，被迫在宫中打发日子。路易
也不让王族参与宫廷会议，其中最显贵的是那个时代最伟大的将领之
一孔代亲王；高级教士也不行，因为他不愿看到两位红衣主教即黎塞
留和马扎然的统治重演；所有大贵族亦然，即使是伟大的军人蒂雷
纳，唯战争期间除外。

圣西门公爵在其《回忆录》中把路易十四治下的政治制度概括
为"城市资产阶级的统治"。他任命的大臣出身较为卑微，其地位全
倚仗他的恩惠，因而完全忠诚可靠。在新政权下，大量政事继续由一
系列宫廷会议处理；但是，实权在总稽核和诸国务大臣手里，他们在
国王的直接监督下工作。这些官员中，几个特权者——其数目不定，
1661 年时有 3 个，在位后期有时颇多——被召集到最高枢密会议即
"高级委员会"，在其中国王与之讨论对外事务问题和内政总方针。

在君主统治的这个部分，有几位杰出的大臣，他们是勒泰利耶，
陆军国务大臣，后任大法官直至 1685 年去世；他的儿子卢瓦，接任
其陆军大臣之职并支配政府，直至 6 年后去世；让－巴蒂斯特·科尔 235
培尔，逐渐占据总稽核、海军国务大臣和营造总监的位置，直至
1683 年去世。这些都是新人——勒泰利耶属于穿袍贵族，通过各种
宫廷会议慢慢升官晋级，而科尔培尔是个十足的商人之子。大贵族们
现在已丧失了任何权力（整个路易统治期间，其中只有两人被提升
到国务大臣之列，即使如此他们在国事方面也只起微不足道的作
用）；正是在遭到鄙视的中产阶级的成员帮助下，这位新国王开始实
施统治。这些大臣能够有其地位，他们及其家庭所受的君恩能够延

续，都依靠国王。他们的效劳由其主子用所有各种荣誉和特权予以酬赏。他们被允许在任内变得极端富有；他们的儿子获准继承或被授予有利可图的教会职务；他们的女儿则嫁给领受大量金钱赏赐的大贵族；他们及其儿子还被允许通过购买地产和爵位来掩盖自己的中产阶级出身。然而，尽管路易重赏其效劳，他决心限制其权力。他们没有一个会被允许达到将使之成为第二个黎塞留或马扎然的权势。因而他设想，凭借不完全信赖他们中任何一人并通过助长大臣之间以及不同大臣家族（即勒泰利耶家和科尔培尔家）之间的激烈竞争来达到这个目的。他每天同大臣一起切实工作几个小时，或分开理事，或开会商议，但一切决定都由他一人做出。

这至少是他的政府所依据的理论。实践则无疑颇为不同。在当时的颂辞和某些现代历史学家的著作中，路易像半神半人，以相称的大睿大智料理 17 世纪欧洲最大国家的一切内外事务，对其谦恭的大臣和国务秘书口授每个问题的答案。尽管他对肩负全部国务扬扬得意，但他的决策必定常常是受了他的幕僚们的启示，后者更了解详情，能够以引起他们所希望的结果的方式介绍情况。国王始终可以让人留有他亲自决策的印象，而事实上他的大臣老是自行其是。

身居中央的国王及其幕僚们的决定要能贯彻到全国，就必须有行政机器。自相矛盾但必不可免的是，路易设立的高度个人形式的政府导致一套中央集权的官僚机器逐渐建立起来。中央政府的决定由按察使在各省贯彻，他们像大臣与国务秘书那样，出身于中产阶级，而且由于可以随时被召回，能够被指望作为王室权威的代理人忠诚地履行他们的职能。黎塞留，特别是马扎然执政时，按察使已经在法国政府中起某种作用。然而，正是在路易十四和科尔培尔治下，中央政府依靠持久地雇用这些代理人在所有不同省份中建立了自己的权威。只是逐渐地，这一制度才形成，按察使才被赋予特殊职能，并且给予一个特殊的管区由其治理，直到例如他们被召回或派往别地为止。确实，到 1689 年，布列塔尼省才有了一名按察使。

这些官员是现代省长的原型，其职能概括在"司法、警务和财政按察使"这一全称之中。按察使必须监视本省的司法管理，以便防止其胡作非为；他有权主持省内任何法庭，在某些情况下可以亲自审理案件。他的职能的一个最重要的部分是维持法律和秩序。他必须始终留心权势人物，即贵族、教士和官员，这些人可能滥用权势以抵抗王权。他还负责镇压所有骚乱和颠覆活动。在一些由他自行任命的非官方业余助手（"代理人"）的协助下，他逐渐接管了负责评估和收集人头税的官员的很多职能。他届时前来指导本省不同教区的估税工作，核实收税者名单，并且评估那些运用权势取得未经许可的免税权利或使自己及其佃农的税额算得太低的人。最后，随着君主政体利用城镇和村庄的负债状况来取得对其行政的控制，按察使越来越多地干预地方政府。

17世纪60—70年代生长起来的高度中央集权的君主制新形式，被增设在现存的社会结构和政治结构之上，它并没有摧毁它们。这些过去对王权施加某种制约的机构，其权力虽然有许多被剥夺了，但仍在苟延残喘。三级会议诚然从未召集过，但它们只是被忘掉，而不是被废除。在路易十四的冲龄期最高法院试图自行充当抵抗专制主义斗争中的民族代表，现在却不再被允许染指国事。不过，尽管路易十四竭力侮辱它们，使之虚弱无力，但并未正式剥夺它们在国王敕令交其登记时提出抗议的权利，他所做的是取消这项权利的任何实际意义。在终至1673年的一项皇家文告的一系列敕令中，他坚持所有敕令一俟提交给最高法院，后者应立即予以登记，不作任何修改或限制，要提抗议——如果有的话——只能在此之后。直到路易的侄子奥尔良公爵菲利普摄政时，最高法院才重获其政治权力，这是随大革命临近它们将越来越带破坏性地加以使用的一件武器。与投石党运动中它们起的显赫作用相反，整个路易十四个人统治期间它们始终被置于从属地位。

迄此，各省享有不同程度的自治权，这可以证明是国王扩张权力的障碍。省长被允许扩大自己的声誉和权势达到危险的程度，正如投石党运动这一晚近的例子再度表明的那样，它们可以被转用来反对王室权威。为了防止这种情况重演，路易不再指定省长任职终身，而是一次只任职3年，如果在职者行为令人满意就可以延任。因为其延任要以行为堪作表率为条件，省长们就不大可能像在黎塞留和马扎然之下那样在本省内兴风作浪。确实，为了双倍保险，路易十四的做法是使各省省长大部分时间都在宫中，处在他的眼皮底下，而他们的许多职司由按察使接管。但是，路易十四仍然没有废除这个旧制度来为新制度开道，他只是使得省长的作用无害于他的权威，办法是把这个职位蜕变为一项有利可图因而人们趋之若鹜的荣誉，以此来装点王族和大贵族。

市镇仍继续享有不同程度的自治权力，虽然它们早已失去一度拥有的大部分自由。伴随按察使权力的发展，中央政府在地方事务中的影响增强了。这里如同别的方面，某些自治形式仍被允许存在下去，但其实质已丧失大半。到头来，甚至市长的正式选举也在许多城市中停止了，因为他们现在已变成通过买官取得其职位的终身官员。

在保留由贵族、教士和第三等级派代表参加的三级会议或省议会的各省（即"国中之中"），按察使的权力不那么广泛。最重要的"国中之国"是布列塔尼和朗格多克。它们的特权令缺乏议会的省份——占大多数——的居民大为羡慕，因为一般来说就它们的人口比例而言，它们被要求缴纳的税款较少。不过，那里的状况实际上是否显著好于该国其他地方，是有疑问的。"国中之中"绝不是民主政府的典范，因为各项事务主要操纵在富有的寡头阶层手中，他们主要来自两个特权等级，赋税征收之差异与其他地方同样之大。但是，这些省份确实享有自行征税的特权，而且还有权用"无偿捐赠"的形式向中央政府缴纳自己的那份赋税，其数量通过同国王代理人的谈判确定。

省自治的此种残余极少可能为路易十四所好。不过，他仍未直接238 废除这一制度，他所做的是剥夺省议会的实权。议员们或因恐吓，或因贿赂而俯首听命。不仅如此，路易十四还抛弃了允许他们在着手表决"无偿捐赠"之前表达该省怨艾的旧制度。更重要的是，他摒弃了这样一个惯例：索取的比他预期得到的多，然后通过他的代理人同议员们就最终缴付的数量讨价还价。现在，国王要求一个确定的总数，议员们不得不立即表决。自此，数额不断提高，没有任何人敢提出最轻微的抗议。朗格多克省议会两次会议期间，洛克逗留在蒙彼利埃，他就两次会议的情况写道（1676 年 2 月 8 日）："它们……具有议会的一切庄严和外表。国王提建议，它们就此进行辩论，做出决议。全部区别在于，它们从不拒绝——有人说不敢拒绝——国王的任何要求。"另一则日记（1677 年 3 月 7 日）很好地反映了议会的这种屈从是前所未有的："一位议员告诉我，他 20 年前也参加了一次议会，当时国王索取七八十万图尔城锂，他们认为这太多了，因而一文不给，但现在他们不敢这么做。"自从其间发生这场冲突的投石党运动结束以来，情况已经改变。现在，一位专制君主权力如日中天，除了迅速地满足他不断提高的要求外，别无他法。

这样，在 17 世纪 60—70 年代，所有可能多少抑制王权的机构——最高法院、各省省长、省议会和市议会——都逐渐被剥夺了任何实权。在中央和各省，政府都是至高无上的。没有任何阶级，也没有任何阶级组合能对政府机器施加任何有效的限制。普通民众，即农民、工匠、所有处于富裕的中产阶级层次以下的人们，在其统治者或上层阶级眼里完全微不足道。实际上，如果不是在理论上，第三等级限于中产阶级的较富裕阶层，即食利者、官员（全国和地方政府中征收直接税和掌握司法的官职占有者）、银行家、包税人和商人。诚然，某些最重要的官员，即最高法院法官，没有理由爱戴路易，因为他剥夺了他们在国家事务中的任何发言权，但在一位强有力的国王之下唯有服从。国王如此厌恶他们，以致试图贬低他们的职位，并且使他们的儿子更难继承他们，办法是坚持规定凡有父亲、兄弟或舅子在最高法院供职者，概不能被该法院任用；尽管这样的敕令始终是一纸废文，但法官们不得不予以登记。同样确实的是，不那么重要的官员，即负责征税和在低等法院从事司法管理的官员，由于按察使愈益重要而被剥夺了许多权力。不过，他们的怨艾无足轻重，不成问题。总的来说，中产阶级是这个时期里绝对君主制的最坚决的支持者。他们记得中产阶级和国王之间久远的、最终粉碎了封建贵族权力的联盟。他们关于投石党运动劳而无功的痛苦经验加强了他们对强大有力的君主政体的忠诚，只有这种政体才能给他们安全和稳定。他们远未怀抱他们后代的颠覆思想——这些后代在 1 个世纪后将要求拥有与他们在国家经济生活中的重要性相称的政治权力——而是认为专制主义是拥有稳定的政府所需付出的合理代价，并把现存的社会等级制当作某种天命来接受。有抱负的资产者的一个想法，是赚足钱，使他自己和子女能够上升到贵族等级。

在两大特权等级中，只有教士才拥有某些独立自主的残余权力。每隔五年，它的经选举产生的代表在教士大会上相聚一堂。它不缴纳直接税，而是交付一种自愿的捐助，即"无偿捐赠"，其数量由国王

239

和教士大会谈判确定。不过，教士拥有的那种独立受到严厉限制。自从1516年宗教协定把任命所有重要教职的权力让予国王以来，没有哪个希望投身教会生涯的人经得起招惹一位强有力的国王生气。结果，高级教士远非挺身反对路易的政策，而是急不可待地充当鹰从。

至于佩剑贵族，对国王恩惠的依赖终于完成了贵族的转变，即从17世纪前半叶好骚动的半封建爵爷转变为驯服的廷臣。王族和大贵族在投石党运动中作了最后一试，他们不再拥有一帮贵族家臣以及这一世纪早些时候使他们能对君主国开战的小规模军队。在路易十四统治下，他们不再能用离开宫廷、在他们控制的外省竖起造反大旗来要挟讹诈国王。如果某个贵族离开路易十四的宫廷，那么其原因在于国王把他放逐到他的领地——一种可怕的惩罚，既意味着所有恩惠告终，又意味着去过百无聊赖的生活。

作为蓄意规划的政策，路易十四以一种法国史上古往今来绝无仅有的方式，使他的宫廷成为贵族的社会生活中心，最初是卢浮宫和巴黎地区的其他王宫，然后从1682年起是凡尔赛宫。他把凡尔赛从他父亲的并不奢华的狩猎别墅变成了一座巨大的宫殿，一位在国内绝对专权、在欧洲由于近来获胜而至高无上的君主的居住地。凡尔赛宫是太阳王的住所，铭刻着他的豪言壮语："举世无双"，扇扇宫门带有他的金制的伟大标志。宫殿的设计意图是向其臣属展现一座圣庙，用来膜拜一位半神。路易十四的日常生活、王家和廷臣的日常生活，根据最严格的礼仪来规定，与其父亲和祖父宫廷的自由轻松的气氛截然相反。连处理礼仪的细枝末节，都有意予以最大的关注，在路易十四看来，这里事无巨细无不重要，因为它有助于达到一个伟大的目的：使国王在其他人类之上。

为防止贵族胡作非为，他坚持要他们进宫。贵族进来了，不仅因为宫廷生活适合他们的奢侈和娱乐情趣，而且因为这是获得国王掌握的恩惠的唯一途径。除非他们在宫中亮相，他们没有机会得到任何东西。不管什么人提出某个缺席贵族的姓名、为之求赏时，国王总是答道"我不认识他"。贵族们债台高筑，捉襟见肘，往往沦落到要用赌博和各种腐败行径来增加收入的地步，因而成天在宫中注意觅取某种会使他们解脱财务窘困的职位或年金。为了献殷勤，他们力图每逢国王公开露面——在他起床时刻和就寝之际，或者往返宫廷会议或教堂途中——使自己引起他的注意。

一位大贵族现在所能得到的最可夸耀的荣誉，是在国王内府或王后或其他王室成员的家政中拥有一个高级职位；所有这些位子每逢空缺或因需要而设立时，都引起了层出不穷的阴谋诡计。除了为酬赏殷勤和驯从而赐予此类职位外，国王还向得宠的廷臣赏赐年金，或赐予有利可图的闲职，给他们的女儿提供嫁妆，给他们的幼子提供主教肥缺或其他高级教职，甚至替他们还债。

结果，贵族们现在完全俯首帖耳。不管他们在私下可能怎样思量所沦入的依附国王的可怜景况，他们在公开场合还是争先恐后地拍马奉承，以便求宠于国王。他们为了使自己和妻室能穿着昂贵的服装出席宫中举办的盛大宴会而不惜债上加债，在典雅和斯文的虚饰之下过一种伪善和钩心斗角的生活，每时每刻留心抓住任何可能一去不返的宠惠。这样，路易就成功地使那些曾是王权的最危险敌人的大贵族的后裔变得完全无能为力。

在路易统治的这一时期的大部分岁月里，法国财政和经济生活由科尔培尔指导。作为大臣，他从未能自行其是。除了不易争取国王批准其政策外，他还面对同僚的竞争、往往是公开的敌意。他生前最后几年尤其如此，当时他发现卢瓦已取代他成了国王的宠臣。不仅如此，他能够取得的实际成果受到双重限制：国王从事的战争以及农产品低价和经济困难的这几十年的不利气候。

科尔培尔的整个政策所依据的"重商主义"经济理论，全无新颖之处。[①] 他的目的是建立一个繁荣的国家，在其中，人民的财富和福利将保证国王的伟大。他按照正统的重商主义方式认为，这个目的能首先通过尽量增加本国的金银储备来达到。他对联合省的商业权势印象特别深刻，尽管同法国相比它是个小国，但由于其巨大的商船队而享有繁荣昌盛。科尔培尔力图把这一商业霸权从荷兰那里夺过来，办法是建设一支巨大的商船队，在法国创办新工业和尽可能排斥外国进口，同时在国外销售并用法国船只载运尽可能多的出口品。

科尔培尔完全明白法国在工商领域的软弱无力：交通条件糟糕，国内关税壁垒林立，法律和度量衡五花八门，商业阶级中缺乏事业

---

① 较充分的讨论见前，第二章，第43—46页。

心，他们醉心于购买官职和非生产地使用资本，还有最严重的——不堪承受的赋税负担。他以改革和经济进步方式所能取得的成就，受到当时社会的固有障碍的限制。作为总稽核，他全力谋求复苏财政局面。他从马扎然和富凯那里继承的是一个烂摊子：1661 年，下一年的岁入、甚至 1663 年的部分岁入已提前耗尽。在纳税人缴付的 8300万锂中，只有 3100 万锂进入国库，差额大都进了征税官和包税商的腰包。为修复局面，科尔培尔迫使征税官们吐出部分收益，并且偿还一大部分公债，这个步骤尽管不得人心，但对国库非常有利。到1667 年，国家岁入总额已增加到 9500 万锂，净岁入增加到 6300 万锂。这就是说，在 6 年里科尔培尔成功地把国王收入的有效部分翻了一番。

　　这个结果是通过各种改革取得的。他试图使国库账目有些条理，并且极大地增加了来自王室领地，特别是来自森林的收入。他有雄心勃勃的计划，要改革人头税评估和征收方面的弊端；例如，他想象把在数目有限的省份中征收的一种土地税推广到全国，还想象实施全国调查，以便能在公平的基础上评估土地价值。在实践中，他被迫将自己局限于枝节问题的改革。他竭力查获那些僭取爵位，因而免交人头税的人，迫使他们缴纳他们的那份；他指示按察使确保富人不滥用其当地权势把此项赋税负担推到不那么富裕的人肩上，并确保贵族不减低其农民的人头税以便从他们那里榨取更高的地租。这些努力只取得了部分的成功，因为此种弊端深深地植根于当时的社会，在其中就像洛克就贵族所说的那样（《日记》，1676 年 9 月 29 日）："这项负担被尽可能地转嫁给农民，他们从这些人的劳动中尽可能多地榨取，挖空心思盘剥农民。"科尔培尔本想设法缓和征收人头税的严厉办法，但在这方面他的努力仍旧毫无成果。诚然，他减低了人头税额，但这没有给农民带来什么实际好处，农民随着间接税的进一步增加不得不承受主要负担。

　　简言之，科尔培尔的财政改革计划收效甚微，弊端在现存社会制度中根深蒂固，而且出自路易扩张主义野心的（以及出自他本人的经济政策的）战争要求越来越重的赋税。路易统治时期的战争于1667 年开始，便不得不用所有各种权宜手段筹措款项，直接和间接的两种赋税很快达到了灾难性的程度，这反过来又阻碍了他旨在促进本国经济繁荣的计划。尽管科尔培尔不择手段，1680 年的净岁入只有 6100 万锂，支出却达到 9600 万锂，这就是说即使不算从前些年里的 1200 万锂以上累欠款，也亏空 3500 万锂。他反复呼请路易减少开支，但无反应。

在经济领域，科尔培尔谋求扩展工业，以使法国尽可能自给自足。他认为，要进一步发展法国的传统工业并引进新工业，就必须使工业企业拥有比组织在行会中的工业更多的资本和更大的生产力。他 243 建立或改组了一些王家工场，例如在巴黎的戈布兰花毯作坊，那是国有的；但更重要的是名目相同的私有企业，他通过向业主提供诸如补贴、无息贷款以及在某特定地区和特定时期内对某种特殊产品的垄断权等援助，使之问世。这些新工业有些集中在工场内；更普遍的是它们部分或全部依靠家庭手工业，雇用城镇中以及郊外农民中可获得的劳动力来生产丝绸、棉布和亚麻布之类物品，行销国内市场或出口。科尔培尔竭其权力所能扩大法国工业的范围和增加其产量，从纺织到采矿和冶金，亦不忘为陆海军制造武器和舰船。他从国外引进新器械和新工艺，还有熟练工人。例如，洛克在卡尔卡松注意到，从荷兰引进的技工被成功地使用，以便创建当地的织布业："他们依靠 80 个荷兰人，开始摸索到织造细布的窍门；大约五六年后，科尔培尔先生便精于此道。现在除大约 12 个人外他们都走了，但已将手艺留下。"（1677 年 3 月 6 日日记）。他甚至减少了严重干扰生产的频繁的教会节日。为了改进法国制造品的质量，他定下了包括原料准备和制造工艺之类事项的详细规章，并且建立了一个保证它们得到遵守的检察官机构。亚当·斯密在一个世纪后轻蔑地写道："他力图用警察局那样的模式进行管理。"①

为了保护这些新工业免受外国竞争之害，科尔培尔对进口品征收新税。他在 1664 年的第一套关税比较适度，但三年后他使之翻了一番，为的是毁灭法国的商业大敌荷兰人。他们立即通过对法国货征收重税来报复，这场经济战终于在 1672 年导致了两国间的武装冲突。随后的长期战争对科尔培尔的经济和财政政策造成了非常有害的后果，到头来，他在尼曼根条约中被迫降低了关税。

---

① 《国富论》，第四篇，第九章。

科尔培尔妒忌英国与荷兰从其大贸易公司，例如英国东印度公司①获取的财富。像他之前的黎塞留那样，他试图在法国建立类似的公司以仿效它们。1664 年，他创设了东印度公司，该公司被授予法国与东方贸易的垄断权。其他公司也按类似的方式建立起来，从事与美洲、非洲、黎凡特地区和北欧的贸易。但是，尽管国王和王族以身作则认购资本，中产阶级却绝不渴望将自己的金钱掷入他们所认为的投机冒险之中。到头来，东印度公司的垄断权被撤销，与印度群岛的贸易对所有商人开放，条件是他们使用该公司的船只和贸易据点。科尔培尔死后继续存在的公司独此一家。

尽管这个时期的经济气候不利，尽管特权贸易公司失败，而且他的高关税制度被迫撤销，但科尔培尔确定取得了某些成果，即使它们被证明比他梦想的要有限得多。他确实成功地扩展了法国工业的范围，提高了它的产品质量，而且如果说在 1683 年他去世和路易十四统治结束之间经济挫折严重，那么他已为将来做出努力，因为他建立更强大的法国工业的梦想有许多将在 18 世纪的历程中实现。他做了一些改善国内交通的工作，因而，连接大西洋和地中海的著名的两海运河在他去世前两年胜利竣工。他给予船主们的补贴导致造船量大增，法国逐渐形成了一支可观的商船队，使得海外贸易，特别是同北欧、西班牙、利凡特地区和法属殖民地的贸易大为扩展，法国开始同贸易大国英国与荷兰并驾齐驱。

联系法国过去的历史和传统来考察，路易十四及其大臣从他 1661 年掌权起的所作所为采取了一种革命的面貌。专制主义在其全盛时代表与传统的决裂，在许多方面是明显的。无疑，使法国王室上升到这一权力巅峰的过程非常缓慢，循序渐进长达几百年，而且亨利四世、黎塞留和马扎然在 17 世纪对加强其地位所作的贡献极为重要。但是，随着路易十四稳固执政，君主独占大权，使自己提高到凌驾于王族、大贵族和所有其他贵族之上，而把他们夺抑到与全国民众同等无能为力的境地。加于王权之上的所有传统制约——三级会议和省议会、各省省长和市议会的独立权力、高等法院的政治和管理职能——统统被置若罔闻，或被迫偃旗息鼓，以便使国王的无限权力通行无

---

① 关于这些公司，见后，第十七章，第 398—402、417—429 页。

阻。在中央，不再有黎塞留或马扎然那样权位显赫的宰相；国王把他认为适当的权力托付给一小群大臣和国务秘书，这些人由于出身平凡并完全仰赖他的宠惠，是他的忠实工具；在外省，依靠全国各地持久设立其代理人即按察使，中央政府的命令转化为实际行动。

不过，尽管新制度在若干方面具有革命性，尽管路易十四在其长 245 久统治的这个时期使得自己至高无上，他的权力乃至他所谋求实现的变革仍受到各种限制。他没有以任何根本的方式改变他 1661 年掌权时看到的现存社会。他没有能触及这个社会的深刻分裂及其显著的不平等，它们是以出身和财产的微妙混杂为基础的；如果说他鼓励而非阻碍中产阶级的最富阶层上升到贵族行列，并且剥夺了贵族阶级的所有政治权力，使之完全依附于他自己，那么他仍未触动其社会和财政特权，以及这些特权所包含的一切弊端和不义。在所有各种层次上，他所统治的法国仍远非真正统一。度量衡混乱不一，而且更重要的是罗马法和无数种习惯法规混淆不清。在经济上，虽然科尔培尔进行了某些温和的改革，但这个国家仍旧被一套阻碍经济进步的复杂的国内关税体系搞得四分五裂。没有贯彻于全国各地的统一的赋税制度；每个省都独自征税，用不同办法并以不同程度的优惠或苛刻征收不同次数的直接税和间接税。一些省份设法保住自己的议会以便享有其好处，另一些省份则丧失了自己的议会，而大多数省份从未有过此种机构。如果我们暂且退后一步考虑一下奈克和卡隆之类大臣将在 100 年后描绘的行政混乱不堪和财务大不公平的图景，路易十四所行革命的有限性就昭然若揭了。事实上，完成法国统一并在经济与社会领域实现一场真正的革命，尚待 1789 年的人们。

这些年里荣誉辉煌的路易十四常常被说成是法国人民大众祈祷的应验，他们祈祷出现这么一位国王：他将是随之而来的王权与秩序的化身。无疑，大众感激王国的安定，这与投石党运动期间的混乱和破坏截然相反；对路易十四统治这些年里的赫赫战功感到的自豪无疑加强了这些感谢和赞美之情，即使我们不照本全信拉辛和莫里哀、布瓦洛和拉封丹以及一大批二三流作家笔下涌出的颂扬太阳王的赞辞。在艺术领域，例如在 17 世纪 80 和 90 年代佩罗之类"现代派"的著述中，流露出一种对近来法国文明成果的新的自豪感，这一文明现在被认为超过了希腊和罗马的文明，或意大利和西班牙之类现代对手的文

明。不过，假如我们不怀疑路易十四的这一时期里歌功颂德者的诚
246意，我们仍然要纳闷法国人民大众是否真像某些后来的作家认为的那
样对生活在这些年代里欣喜万分。有迹象暗示——经常不只是暗
示——社会大多数阶级心怀不满。大贵族抱怨被排斥在宫廷会议之外
并依赖国王；最高法院法官及其身后的大量较低级官员由于专制主义
的发展和按察使的越俎代庖导致他们丧失权势而耿耿于怀。战争意味
着不堪承受的赋税重担以及遭人怨恨的部队驻屯重担压在平民肩上。
经济发展趋势不利，而且根源于农业技术和运输的落后状况，谷物匮
乏、面包昂贵甚至饿殍遍野的威胁无时不在。大众的预期寿命照旧取
决于丰歉莫测的下次收成，这一经常的恐惧直到下个世纪才被解除。
100 年后，在倒霉的路易十六在位时期，大众不在歉收年头遭受贫
困，但他们至少摆脱了饥荒和疾病的威胁，这在路易十四的法国能夺
去成千上万人的生命，并造成出生率急剧下降。100 年后，在歉收年
头或由于其他原因发生过骚动，但路易十六统治时期绝无席卷整个省
的叛乱，这种叛乱却是科尔培尔和卢瓦时期难以忍受的赋税和封建压
迫的结果。

　　这几十年里，法国在欧洲无可匹敌。诚然，由于投石党运动和经
济萧条，它的人口看来维持原有数量，或甚至略有减少。但它以
1800 万或 1900 万居民之众，在人数上是欧洲头号强国——当时欧洲
的人口密度要比今天小得多，其中德意志和意大利不过是松散的小邦
组合，每一个小邦总人口大大少于法国人口。它的头号对手，是拥有
约 700 万人口的奥地利哈布斯堡家族连同其各异族领地；它远远超出
500 万（或至多 600 万）人口的英国和西班牙以及 1400 万人口的俄
国。用现代标准衡量，城镇甚小，但在 17 世纪欧洲的普遍状况中，
许多法国城镇可算具有十分可观的规模，尽管可能只有两个省会——
里昂和马赛达到了 5 万至 10 万的居民数量。如果说拥有差不多 50 万
人口的巴黎本身小于伦敦，而且离这个国家居民总数的 10% 相距甚
远，那么它毕竟无疑是法国的最大城市。它同伦敦一起，在当时的欧
洲占有独特的地位，既是交通和商业的一大中心，又是行政当局的所
在地，而且是一个高度中央集权国家的无可争辩的文化首府。

　　1688 年 11 月威廉三世在托贝登陆又一次使法国和欧洲大部分地
区陷入战争，此时路易十四掌权已达 27 年。这位 1661 年从马扎然手

中接管政权时还缺乏经验和信心的青年，现在已年届半百，因为超过1/4 个世纪中几乎无限的权力和责任而变得庄重严肃，但又沉浸在他往昔的胜利带来的谄媚氛围之中。他还要继续统治的 27 年将带给他在国外遭受许多挫折和失败，而在国内，几乎连续不断的战争造成的经济后果同交替出现的农业萧条和面包价格飞涨与饥馑相结合，将使得整个制度的批评公开化。他在国内外取得如此权力所付的代价将变得昭然若揭，以致所有法国人都一目了然。

247

（时殷弘　洪邮生　译）

第 十 一 章

法国在艺术、思想和文学方面的成就

1660 年在法国文明的编年史上是值得注意的一年。莫里哀的《可笑的女才子》在年轻的路易十四面前上演，斯居代里小姐发表了她的《克雷莉娅》的第十卷，也是最后一卷，从而结束了使她的许多读者翘首以待、挂念不已的四个春秋。下一年，由于内战而失望并从一位不得人心的宰相——马扎然的统治下解脱出来的法国，急不可待地欢迎其年轻的、精力充沛的国王，后者许诺要充分提供医治无聊厌倦这一民族弊病的灵丹妙药，即军事荣誉和国家威望。在文学方面，有一派杰出的作家才思敏捷，还有皇家赞助撑腰，他们要使其前辈中的文体冗长、好使说教者声誉扫地，并要给现代最壮丽的宫廷饰以经久不灭的光彩。

但是，这一荣耀将证明是短暂的。30 年后，这些伟人大都与世长辞或变得默默无闻。莫里哀于 1673 年死去；拉辛活到 1699 年，在生前最后 10 年里作品寥寥；布瓦洛 1685 年隐退到他在奥特伊尔的郊外宅邸时，已是夕阳西下，巅峰逝矣；拉封丹 1693 年失去其女赞助人后，在忏悔和神学研究中寻求慰藉；甚至塞维尼夫人在 1691 年后也几乎不再撰写书简，因为那一年她住到在普罗温斯的爱女家去了。在宫中，早些年的轻快活泼被阴沉的虔信主义体制取代，而法国似乎在追随其国王的情绪。诚然，法国的智力活动仍多——谁能阻止法国人去思考？但是，凡尔赛宫不再起带头作用了。

对每个生活领域进行中央集权控制是路易十四统治的特色。报纸受到审查，此事仍由巴黎大学以及由政府通过巴黎最高法院实行。城市里的印刷所须经特许，不时有异端书籍被公开焚毁，例如在 1685年，戏剧演出审查制不如报刊审查制那般严格，这显示了国王的个人爱好，但应当补充说，对言论自由的干涉一般是不定期和反复无常的；而且，书籍和小册子从国外，特别是从荷兰源源流入，有助于抵消审查制度的影响。在其他领域有可能保证较大的一致。卢瓦从乌合之众当中创建了一支有纪律的军队；科尔培尔控制了工商业，并且为每一种活动，包括艺术制定法规，他的目标是把甚至最富于想象力的努力纳入一个王家机构的控制之中。法兰西学院于 1634 年创建，接 249
着 1648 年王家绘画和雕塑学院成立，它由科尔培尔和画家勒布朗改组。① 作为营造总监，科尔培尔在各学院的协助下规定了艺术家和雕塑师要遵守的规则，结果削足适履，这个国家的富于想象的生活有许多被精心纳入其规范。另外，学院制度有助于提高艺术家的地位。在此之前，他是个匠师、行会成员；现在，他同王家学院的联系给了他一种专业地位。至于熟练的手艺人，可以通过在戈布兰作坊训练一个时期改善自己的前途，这个作坊是制造花毯和家具的王家工场，宫廷画家和装饰师勒布朗的亲自监督确保了产品的精良。只有演员置身于这个有意组织的人才协作之外。路易因为承认莫里哀而冒教士等级诅咒的风险；但是，尽管有国王的这种支持，是否让这位伟大的演员兼剧作家享有基督教葬礼的问题仍引起了麻烦。

人才集中的最具体的表现将在凡尔赛宫里看到。16 世纪期间，意大利文艺复兴的影响在法国家庭建筑，特别是卢瓦尔乡村府邸中昭然可见；下一个世纪里成就甚多，著名的是亨利四世、黎塞留和马扎然装点了巴黎，在那里增添的罗亚尔宫、讷夫特和卢森堡宫如此引人注目，以致巴黎作为都城可以与罗马媲美。在都市以外，最伟大的建筑成就是沃勒维孔宫，它由勒沃设计，1661 年建成供财政大臣尼古拉斯·富凯所用。勒沃在一组艺术家、雕塑师和装饰师的协助下，成功地使这座大厦成为法国同类建筑中给人印象最深的，它的华丽的内饰和精心规划的花园无与伦比；不幸的是，它清楚不过地证实了在1661 年导致这位古怪的大臣倒台的财政舞弊。沃勒维孔宫按照比意大利风格拘束的一种巴洛克风格设计，是凡尔赛宫的楷模；的确，艺 250
术家、雕刻、雕塑乃至许多园林灌木都是从一处照搬来用于另一处

---

① 关于法国诸学院的更多详情，见前，第七章，第161页。

的。国王对他童年时投石党运动中巴黎群氓作乱[1]记忆犹新，决意不住在卢浮宫；因此，他差遣一些艺术家合作建造一座宫殿，它如果只按照规模和代价衡量，是个动用无数公款可以造就何物的令人信服的明证。[2]

凡尔赛宫在巴黎以西约 12 英里，它所以令人瞩目，不是因为设计的宏伟（这因附加建筑和改建遭到了破坏），而是因为它的按几何形状安排的花园和精致的内部装饰。花园由勒特尔规划，为给喷泉供水费了许多劳力进行挖掘。供国王和王后个人用的大套间是 1678—1681 年在勒布朗的监督下装饰的。对路易来说，它是个炫耀其统治荣誉的舞台，是个显示过分的富丽堂皇和金碧辉煌——而非始终表现鉴赏力——的标志。

对于法国绘画艺术的演进，凡尔赛可能造成了一种不幸的影响。勒布朗虽然精于装饰，却是个平庸的画家，他为艺术家们制定了一套规章，[3] 其中有些规定了最适于表现各种感情的"姿势"。各学院帮助维持观念和技艺的这种一致，必须仿效的楷模也按先后次序被确定：雕塑方面是古典大师；绘画方面是拉斐尔和罗马画派，普桑尼随其后。贝里尼之类威尼斯画家则不被选用，因为他们的色彩太浓，甚至荷兰和佛兰芒艺术也被排除，因为过于"资产者化"和过于朴实。坚持此类原则很可能使得法国绘画艺术偏离了它的自然轨道。普桑和克劳德·热莱·洛林已经在风景画方面创造了一种优良的传统，但他们在罗马度过自己的大部分艺术生涯，因而不能被认为是典型的法国画家。这一点同样适用于受到波尔罗亚尔影响[4]的肖像画家菲利普·德·尚帕涅，虽然程度较小；他的以雕版形式著称于世的晚期肖像画，表现出扬森派理想的严肃性。就此而言，尚帕涅代表了 17 世纪生活中不特别适合用绘画艺术表现的一个方面。该世纪早些时候，勒南三兄弟——安托万、路易和马蒂厄——在创作一种不加雕琢的自然主义风格的作品，这特别表现在他们的农民风情画中；同样的浑然一体还可见于亚伯拉罕·博斯和齐治·德·拉图尔的绘画。所有这些艺

---

① 关于投石党运动，见第四卷，第十六章。

② 在本段及其下续数段中，作者得益于安东尼·布朗特爵士的佳作：《法国的艺术和建筑（1500—1700 年）》，鹈鹕丛书 1953 年版。

③ 《情感画教授法》。

④ 关于波尔罗亚尔和扬森派，见前，第六章，边码第 132—134 页。

术家都表现了一种个人风格的功力；他们的作品具有真正艺术的逼真和令人折服。把它们同勒布朗来装饰凡尔赛宫的寓意场景画对照，251人们不能不为后者背离传统的朴实和直率而遗憾，因为艺术家置身于无论怎样谦卑平凡的景象和人民中间，毕竟比在通常不过给挂毯或地毯提供庸俗图样的丘比特和阿波罗中间，更有可能找到灵感。①

因此可以断定，像在建筑和装饰方面那样，凡灵感和刺激来自路易本人，其结果至多是普普通通、不见新颖。但是还有其他一些领域，尤其明显的是戏剧、音乐和诗歌，在那里国王的影响造成了较为幸运的结果。要评价这些，就必须指出与法国文明中所具有的丰富的精神遗产有关的某些因素。首先是蒙田的影响。每个人都读他的《随笔》，每个人都熟悉他的文化怀疑主义，即所谓皮浪主义；许多信徒赞美他健全的常识和中庸之道，它们同他生活的那个时代的各种过火言行截然相反。他像他的许多同代人那样，从蓬波纳齐和帕多瓦学派那里引申出一种对奇迹和神启的怀疑，一种与其说导致无神论或不可知论、不如说导致将信仰和理性——心灵可能在其间来回摆动的两极——相对照的态度。总的来说，他认为基督教未能创造出一种值得与古希腊和古罗马媲美的文明，因而他师法古典作家。以他南方人的自我中心主义和对生活乐趣的敏锐的鉴赏力，蒙田虽然承认了解文明的各种令人烦恼的难题，但不让它们干扰他消化，这是一种受到许多代法国人欢迎的态度。

同样重要的是勒内·笛卡儿（1596—1650 年）的影响。对于笛卡儿，智慧成了一连串不间断的序列的结果，而非学问或经验的结果；宗教与神启和神秘主义分离，取得了代数方程式的乏味的确实性。从一开始，笛卡儿早就留意博取教会的欢心，后者拿不准如何对待这个不邀自来的伙伴。笛卡儿主义支配欧洲思想直至 1730 年前后（当时牛顿学说在欧洲大陆开始被接受和应用），它显然趋向于自然神论或不可知论，但完全不否定公认的宗教信条。这使得这套学说比较容易渗入西欧的思想中去，助长了贬低真正的艺术不可或缺的想象因素或感情因素。结果如我们所知，诗歌受到损害；或宁可说，它被韵文取代。不仅如此，由于它摒弃学问和传统，并且以推理本领取代

---

① 关于法国绘画的更多详情，见前，第七章，边码第 160—162 页。

之，整个哲学探究领域就对所有来人开放了。我们可以不懂拉丁文，但都确信我们有常识。要在思想领域遨游，学术通行证不再是必需的了。这种智力平等是第一项人类平等。

笛卡儿理性主义由于同扬森主义①的联系而得到加强。简言之，以尼科勒和凯斯内尔为其著名人物的扬森派是罗马天主教徒，他们采取一种与加尔文派不无相似之处的态度：他们把人类的堕落当作自己神学的开端，否定那些据信耶稣会士急于提供的灵魂拯救之助。扬森派人士坚持其正统，仍然留在教会之中，并且看来以他们的清教主义——没有更适当的词可用——（一度）感染了甚至像波舒哀这样的铁杆天主教徒。因此，戏剧和舞台（通常由耶稣会士为之辩护）既遭到新教徒，也遭到法国多数神父的激烈指责。正如笛卡儿主义者剖析了头脑一样，扬森派剖析了心灵；这两派合起来解释了17世纪后期如此独特的自我分析，即对人类行为内涵的探究。不仅如此，扬森主义还蕴含着某种宿命论，因为人的命运已经由神意预先注定了，这一观点很符合关于必然可命定的希腊观念，而这两个思想成分在拉辛的诗歌里和谐地结合起来。

可以把另一个伟大的著作家同源于蒙田、笛卡儿和扬森派的影响相联系。布莱兹·帕斯卡（1623—1662年）——他在数学和物理学上的成就另作论述②——使自己同扬森派的大本营田野静室联结起来，因为他的姐妹是该修道院的一位修女，也因为她像笛卡儿那样，体验过某种他以"皈依"来解释的神启。他写在碎纸片上的《论思维》由他的遗嘱执行人收集和编辑，这些相互独立的思想固然完全不协调，但提供了有关所谓教学的一项有趣的实验。在某种程度上，帕斯卡不过是蒙田和笛卡儿的信徒。他认为正确的推理是引导人生的唯一可靠的指南。理性显示了文明的极端人为性——比利牛斯山一侧的真理到了另一侧就成了谬误；正义不过是碰巧被确认的东西；气候和机遇决定了人类一大部分行为。但是，这些事实虽然在别人那里得到默认，甚至引起某种程度的乐趣，在帕斯卡心中却造成了不安和沮丧。他从笛卡儿获取的教训在于，我们的各种假设能得到证实的不过

---

① 见第四卷，第四章。
② 同上。

凤毛麟角；他从扬森派引申来的教训则在于，我们的同胞中得到拯救的是如此寥寥无几。而且，同其他宗教相反，基督教由于坚持某些心理状态而很难实行。的确，它的许多精神可能同人类生理要求相冲突。这些要求还可能同理性相对立，因而存在一种持续不断的"人类理性和情感之间的内在冲突"。

帕斯卡比任何其他教义辩护士都更加可怕地意识到有教养者信奉 253 基督教教义和接受神启所面对的困难。在这方面，他和差不多同时代的波舒哀截然相反，后者对每个显然不符合他的信仰的事物置若罔闻，用这种简单的办法享受达到完美信仰的幸福。《论思维》深为关切这些矛盾；因此，帕斯卡以一种几乎绝望的，把每个可谓相反的事物同自己的信仰相对照，即使这个事物不过具有某种程度的可能性；这样，他的证据不过等于一系列集中起来的看法，全都指向同一个方向。他从未取得数学同行笛卡儿声称达到的那种程度的确定性；的确，他有时似乎暗示只有放弃理性和克制肉欲，灵魂才能得到安宁。他自己的内心平静看来受到了不可抗拒的心理经验之影响，造成了坚强得足以抵抗生理吸引的结果。拉辛可能经历过类似的体验；无疑，他的许多剧中人因为"内在冲突"而心理崩溃。帕斯卡虽然活到1662 年，但和路易十四时代没有密切的关系，也不能把他和天主教的任何伟大传统联系起来。他的确是个"孤独者"。

灵感在帕斯卡看来是独处冥思的结果，才智则是在同雅士淑女的交往中形成的，并且在交谈中自然表现出来。17 世纪后期和整个 18 世纪的条件有利于交谈达到高水平，因为今天困扰我们的那么多事情当时可以留给别人去做——仗由军人和水手去打，贱活由仆人去做。按照布瓦洛的看法，一个人光写书还不够，还必须在健全的社会中生活和谈话。据拉布里耶尔称，口语可以达到比书面语言更完善的境地，因为它是在真实的环境中发声说出的，这种真实的环境（无法在书中再现）使它具有分量和意义。这就有了"情趣"一词的一种专门用法。一首诗可能有"情趣"，这不是指它"富有生气"，而是因为那么多妙语佳句用一种出乎意料和打动人心的方式把通常无缘的事物结为一体，以此引人入胜。路易十四说拉辛充满"情趣"，就是这个意思，这是一种成为文艺的明确目标的谈话才能。

在整个这一方面，妇女起着一种必不可少的作用。17 世纪没有

什么解放女性的作为；但是在法国，公侯们的妻女已经在该世纪中叶
解放了自己，当时贵族的投石党运动①给她们提供了发表著述的机
会。做媒和撰写回忆录是那个时期的女士们充分自我表现的领域；不
过，在那个世纪的早些年里，妇女就已经把人们聚合在沙龙之中，朗
布耶夫人的沙龙便是个著名的例子。在这些聚会中，一位男士可以在
自己的看法公开发表以前先作预演，或可以在一个新思想开始流传以
前先行了解；或者，他可以写一本明智的文明史，因为他的女赞助人
抱怨历史书籍是那么愚蠢，沙龙是文明的一个重要因素，也是一个比
较新颖的因素。一位妇女为了成功地主办沙龙，不一定非得受过很高
的教育，她只需要有女人气质。她能很容易地在她的男性崇敬者中间
煽起竞争；她可以抑制粗鲁和激烈，还能够依靠母亲的机智，使放肆
和浮夸行为丢脸。当一位过分轻信的修道院长翻来覆去地讲述一个被
斩首的圣徒双手捧着自己的头颅走了多少步时，她或许会耐心听讲，
但也会插进一句令其哑口无言的妙语："大人，不是新货价不高。"
笛卡儿主义对理性的莫大尊崇很符合在法国占上风的这种理智，并且
有助于证明德莱顿的评论之有理：法国人长于批评，英国人长于
作诗。

从妇女起着重要作用的这种文明中，出现了与专业玄学家有别的
"哲学家"，即思想探究者；在原先满足于报纸和浪漫作品的闲人和
社交妇女中间，阅读一些严肃的著作也因此蔚然成风。拉布里耶尔说
下面的话时或许想到了这一点：在法国，大议题是禁区，因而文人学
士常常不得不诉诸冷嘲热讽。这些表达方式在英国一向不那么流行，
那里自 1689 年后，教会和国家比较宽容；但旧制度下的法国情况两
样，在那里政府和统治集团总是设置了一种实际的或潜在的压制背
景。按照"口说无凭，书写为据"的原则，较为大胆的人物可能更
喜欢口述言谈，而非公开出版的著作。因此在许多沙龙里，早在大革
命以前革命格言就可能已是老生常谈了。

这种由于凡尔赛的支配而加强了的法国生活社交化反映在法语之
中。在整个 17 世纪，随着本国语言逐渐取代拉丁语，人们不再操两
种语言，不得不使他们在母语适应前用拉丁语——无论怎样不适

①　关于这一点，见第四卷，第十六章。

当——以应付诸多的需要。这种取代的意义由笛卡儿表述在《方法谈》一书中："如果我用本国语言法语，而不是用我的导师的语言拉丁语写作，那么这是因为我希望，只运用自然理性的人将比那些只相信旧书古籍的人更好地评判我的观点。""自然理性"对"旧书古籍"的这个胜利是该世纪最伟大的成就之一，它在科学的进步中得到了最清楚的证明。① 然而，本国语言现在不得不接过先前由一种国际专业语言履行的任务，不大大扩展自己，这个胜利就不会取得。此一过程难免是漫长的，本国语言的许多新词汇难免保留了与其拉丁祖先的联系，这些联系如此密切，以致它们始终未完全融入日常用语，因此就有两种词汇被使用：一种用于具体事物和简单的情感；另一种用于抽象概念和比较深奥的思想方式——第一种简单直接，第二种则往往模糊不清、捉摸不定，在学术领域不无价值。有时，这些词汇中的一种或另一种在同代的或接近同代的作家那里占上风：例如英国的班扬和德莱顿，法国的莫里哀和波舒哀。这是法国人对英语和英国思想两者施加有力影响的方面之一——这种影响绝非仅限于本章阐述的时期——因为正是通过这一媒介，许多包含抽象观念的拉丁词汇加入了英语惯用法，从而便利了哲学或半哲学论题的讨论。

　　同样在这个时期，法语变得更加灵活了。它同英语相比已经有了这样一个长处：它更自由地使用虚拟语言，为此只要改变动词中的几个字母，这样即使在同一个句子里也能方便地从断言性陈述过渡到假设性陈述；而在英语中，凡虚拟语气只能蕴涵于动词 to be 的曲折变化的场合，要表达语气的变化就必须使用 should 或 might 之类词汇。结果在法语中，人们可以方便地用曲折而非平铺直叙的方式进行表述，这对流畅地阐述一个抽象论题极为有利，因为可以运用不同程度的强调或暗示，而无可能性陈述或他人的观点被误认为断言绝对事实的危险。请看帕斯卡 1656 年《致外省人书简》中所作的范例。这些书简卓越地揭示了对诡辩术的滥用。它们的作者意在显示半真半假和有意省略之类方法，据此你能够证明你想证明的一切，而且他的揭示由于如此有节制而更加有效。帕斯卡在取得这一成功的过程中，显示了法语因其灵巧易变是一个何等可怕的武器；在先前的论辩作家会大

---

① 见前，第三章，边码第 47—72 页。

肆咒骂的地方，他却以戏谑和讽刺使读者开心。他或许在历史上第一次表明，依靠熟练地遣词用字，歪曲真理甚至常识是多么容易。饶有意味的是，他突然停写《致外省人书简》，因为他作为一个善良的天主教徒，担心它们的成功可能会无法弥补地伤害耶稣会士，甚至天主教会。果然如此。正是在《致外省人书简》中，伏尔泰和其他启蒙哲学家看到了他们祖国语言的潜力的明证；更有甚者，先前用拉丁语体面遮盖着的种种神学荒谬，现在被阳光一般清晰的语言暴露出来，任凡夫俗子取笑。认为 18 世纪的怀疑主义取自敬畏上帝的帕斯卡之多，不亚于它取自持不可知论的贝勒，是不无理由的。因为，用法语撰写的一部机敏之作，在一个时期里可以危及一座神学巨厦，就像它在以后的一个时期里可以证明是对旧制度的一纸宣战书。

这些考虑可以帮助明了路易十四统治时期法国天才们的独特成就。国王对取得这些成就的大功劳是起了赞助作用，舍此凡尔赛宫富于想象力的成就可能会小得多。莫里哀的情况尤其是如此。路易识其才华，授予其剧团官方地位，充当这位剧作家的儿子的教父，保护他免受教士阶层的干扰和可能的迫害。莫里哀（1622—1673 年）是 J. B. 波克兰的俗名，家具商的儿子———一个具有某种意义的事实，因为这是从商业阶层上升为名人的少数例证之一。莫里哀早年受到良好的教育，在著名的奥尔良法律学校获得详尽的法律知识，这后来对他大有裨益；像以后的狄更斯那样，他了解法律界及其内幕。他组织了一个剧团，在各省旅行演出，1659 年定居于巴黎。国王于 1660 年亲临观看的《可笑的女才子》一举成功，他因此名声大震；但是，他那大胆的《伪君子》（1664 年）重新招致了教士阶层的敌意，被禁止公演。此后他的剧作接二连三地迅速问世：《唐璜》（1665 年）、《愤世嫉俗》（1666 年）、《屈打成医》（1666 年）、《吝啬鬼》（1668 年）、《浦尔叟雅克先生》（1669 年）、《贵人迷》（1670 年）、《女学者》（1672 年）以及《没病找病》（1673 年）。正是在扮演上述最后一个戏的主角——极端多疑的阿尔贡时，莫里哀突然发病身亡。

莫里哀的名声是从《可笑的女才子》开始的，这是一出嘲笑"过分文雅"即讲话矫揉造作的独幕喜剧。每个文明民族都会在某个时候产生此种文化赘疣。在法国，赘疣就是过分文雅，而莫里哀所看到的是朗布耶侯爵夫人的沙龙，她从 1610 年起向那些不满宫廷俗气的文人雅士敞开其巴黎宅邸"当屋"的大门。在这个小圈子里，某些词汇和短语特别受人喜爱，一个自有其惯例和夸张词汇的浪漫天地取代了污秽的外部世界。《可笑的女才子》给我们提供了一出酣畅欢闹的喜剧，在其中两个年轻小姐玛格黛隆和卡特霍丝由于两个假贵族的身份大白而最终不再想入非非，后者实际上是她们觉得平庸乏味的两上真诚追求者的男仆。处于幕后的是女主角的父亲和叔父戈尔吉布兄弟。他们对其过度夸张的言辞束手无策，还有侍女玛洛蒂，她的尖刻的现实主义帮助消释了女主人的夸夸其谈。然而，甚至莫里哀也未 ²⁵⁷ 成功地摧垮矫揉造作习气，1672 年他在《女学者》一剧中再次使用了同一个主题。

　　这里所以简析《可笑的女才子》，是因为它确立了莫里哀的大多数剧作所遵照的模式：情感和癖性在家庭生活的亲密关系中相互作用。在法国，家庭生活一向被隐蔽起来，奉为神圣；这位剧作家在洞察其亲密方面达到了一种非如此就不能取得的力度和中肯。在这些室内剧中，家庭的每个成员都作为其他人的陪衬而行动——或许是夫妻之间、父母和子女之间、兄弟和姐妹之间或女主人与其追求者之间的不协调；而侍女则总是作为法兰西基本特性的那种常识的阐述者。在家庭的框架之中，莫里哀嘲讽了某些人物典型，例如守财奴、极端多疑者、渴望爬上贵族地位的资产者、神经过敏的悲观主义者和宗教伪君子；许多法国人在嘲笑剧作家所描绘的这些反常人物中，是在嘲笑他们自己，而健康的笑是人类生活中最有益于身心的事情之一。他也没有饶过有学问的专门职业；的确，《没病找病》是对他那个时代行医术的最尖刻的指控：只有那些身强力壮的人才渴望经过医生治疗活下来。

　　《伪君子》大概是表现这种家庭内相互作用的最好例子。几乎不用说，作者不是在指责宗教，甚至也不是在指责宗教狂，而是抨击恶人往往披着宗教外衣向宗教表示的敬意。17 世纪的法国直到 60 年代为止，存在着一个企图强制推行较高的道德标准和遵奉教规的组织——圣礼会，^① 它肆无忌惮地使用密探和告密者来打击行为不检的丈夫和思想自由的市民；不过，它看来因为过于放肆而导致解散，尽

---

　　① 见前，第六章，第 132 页。

管其余毒尚存。通过两个主角——伪君子达尔多弗和奥尔贡，莫里哀展示了宗教欺骗怎样能够使老实人上当；第一个主角是文学上斯蒂金斯①的原型，而第二个主角是轻信伪装虔诚者的受害人。这一"魅惑"过程导致受害人的品格堕落，因而他看不到自己的妻子已被恶人勾引；更糟的是，他强迫自己的女儿嫁给破坏和腐蚀了这个家庭的达尔多弗，莫里哀冒着很大的风险，暗示宗教的外表可能不过是饕餮和淫欲的伪装，并且暗示此类邪恶行为可能通过上流人物所鼓励的一种特别的诡辩术而得到"容忍"。

　　然而，莫里哀远不止是个讽刺作家。他的早年生涯充满了贫困和奋斗；他由于家庭不幸而悲痛，忧郁寡欢的气质使他深思人类生存的奥秘。他的笑往往掩盖着他的泪水。他的肖像显示了一副在 17 世纪少见的面容：双眼露出的既有幽默也有哀愁，脸上缺少这个时期的肖像画中很常见的那种自满神态。拉辛把他称作沉思者。他更多的是在个人关系的纽带，而非人与人之间的抽象关系中看到了残忍和不义。这些纽带常常造成悲剧，例如贪婪的父亲或母亲挫伤了女儿的天性，这或是因为结婚必须先置嫁妆，或是因为从钱财角度看她的心上人不可取。他以此种方式，倡导了最基本的女权之一。总的来说，他是这样一些惯例和偏见的死敌，墨守于这些惯例和偏见造成了那么多不幸；他是所有真诚、自然和出自本能的事物的朋友。这部分地可以用下述事实来说明：他作为戏子，大半生是社会贱民，而几乎没有什么比受到社会排斥更能激励个性。在这方面和在想象力之丰富上，他使人想起另一个社会贱民：英国的不信国教者丹尼尔·笛福，他俩都是热烈的社会改革者，都深刻地洞察到由于民众的宽恕而难以驱除的种种邪恶。

　　作为人和剧作家，莫里哀和让·拉辛（1639—1699 年）截然相反。拉辛像其同时代的众多名人那样，出身于从事专门职业的中产阶级家庭，本来很可能投身法律界或教会。但是，他并非就读于某一著名的学院或公立中学，而是在 15 岁时进了"谷仓学校"，那是一所邻近田野静室的学校，受代表该修道院以及聚居附近的俗人们的扬森主义支配。拉辛一度是个孤僻的学生，因而在某种程度上能学习专

---

① 狄更斯作品《匹克威克外传》中人物的姓，指那类道貌岸然的骗子。——译者注

心，甚至如饥似渴，这不仅使他对希腊戏剧了如指掌，而且使他异常
敏感和专注自我。他所受的训练包括本国语言练习——一门在当时的　259
课程表中不常见的课目。而且，他从田野静室汲取了一种对简朴的清
教和宿命论的同情心，他的富有独创性的作品有许许多多将受其影
响。拉辛的血统含有斯堪的纳维亚成分，据某些作家说这导致了他性
情中的某种无情甚至凶狠；与此同时，他可能从法国祖先那里吸取了
他那女性般的敏感与文雅，他曾想进入教会，只要能得到一个薪俸优
厚的职位。但是，他虽然一度主持安茹的一个小修道院，却不得不放
弃从教生涯的想法。他曾暂时背弃田野静室，并且未善待早些时候待
他为友的莫里哀，从而显示了自己是个忘恩负义之徒。他与女人私
通，这并非一贯有益于他的名声；的确，他在这些奸情中表现出一种
冷漠，这有时是那些熟知异性奥秘的人才会有的。在分析妇女心理，
特别是初入中年的妇女的心理时，他显露解剖学家而非情夫的鉴赏
力。他的性格不同寻常，并不总是让人喜欢。

　　拉辛还是个谜。《菲德拉》在 1677 年的失败归因于那个大挑拨
离间者布永女公爵（马扎然的侄女）——他可能得罪了她——组织
和导演的同行倾轧。这一事件似乎毁了这位剧作家。在此后 12 年里，
他默默无闻；然后，另一位妇女出现了，那就是路易十四之妻曼特农
夫人，她请他编一出宗教剧，由她在圣西尔的神学院的年轻小姐们表
演。于是有了《爱丝苔尔》（1689 年），紧接着又有《阿达莉》；然
后是又一个沉寂时期，直到他于 1699 年死去。与此同时，他结了婚，
有了家庭，而且同田野静室重归于好。据说，他在凡尔赛宫失宠了，
因为他在《爱丝苔尔》和《阿达莉》两剧中含沙射影地提到独裁者，
也因为他公开表示同情农民；或者，他可能经历了某种类似于帕斯卡
有过的心理经验，这迫使他放弃了舞台。这些事情引起了许多猜测，
其中有些猜测荒唐无稽。看来肯定无疑的是，他那与莫里哀相比不大
容易受到赏识的天赋，表现在他对感情危机和严峻形势的深刻说明之
中，这种说明是按照冷酷无情的逻辑和天命难逃的宿命论来进行的，
并且用韵文——通常缺乏想象，但充满使人感到断断续续的精确和水
晶般的清晰的对句——来陈述。英国文学中绝无与此相似的东西；拉
辛在法国以外从未得到充分的赏识。

　　拉辛成功地探索了妇女心理的奥秘，这一点由他的剧作对异性的

巨大吸引力得到了证实。基于欧里庇得斯的《伊波利特》撰写的
《菲德拉》就是一个好例子。女主角菲德拉是忒修斯的妻子和帕西法
厄的女儿，爱上了她丈夫与其前妻的儿子伊波利特，并向她的保姆和
心腹奥埃农承认了这一不正当的情感。忒修斯死去的谣言引起了虚假
的希望，菲德拉发觉伊波利特与阿里亚厄相恋，因而在折磨女主角的
激情之上又添加了妒忌，由此加深了悲剧迫近感。在其自我分析中，
菲德拉憎恶她的激情，并对它的命中注定的后果感到恐惧；她的意志
与命运作了徒劳的抗争。伊波利特暴卒，菲德拉自尽。只有一位艺术
大师才能使这样一个主题免于陈腐。

260

对妇女心理的这种深刻分析，还可见于《伊菲革涅亚》以及他
后来创作的剧本《爱丝苔尔》和《阿达莉》。1689 年 2 月，塞维尼
夫人观看了由曼特农夫人在圣西尔的神学院的年轻小姐们演出的
《爱丝苔尔》。她给女儿写道：

> 我很难告诉你这出戏使我多么感动；这是某种不易形容、永
> 远无与伦比的东西；因为它如此完美地把音乐、韵文、歌唱和角
> 色融为一体，毫无缺憾；扮演国王和伟大角色的姑娘们看来表演
> 出色；观念全神贯注，唯一的遗憾是一出如此美妙的戏剧竟会闭
> 幕。剧中的一切都是朴实无邪、崇高感人的。它对圣经的忠实令
> 人肃然起敬。所有咏唱都切合取自赞美诗和名言集的歌词；它们
> 因此而美不胜收，催人泪下。

其他观众并不这样衷心赞颂这出戏。确实，有些人把它解说成是
个讽喻作品，爱丝苔尔隐喻曼特农夫人，她的对手凡西迪隐喻蒙特斯
庞夫人，傲慢的阿曼则是指卢瓦侯爵。阿曼在第三幕说的下面几行台
词，被某些人认为是描述国王与其大臣卢瓦之间不幸的关系：

> 他知道，他欠我一切，为了他的光荣我把悔恨、恐惧和羞辱
> 踩在脚下；我以铁石心肠行使他的权力，使得法律如同废纸，使
> 得无辜者痛苦呻吟。

可能的是，到 1689 年，拉辛已经像他的许多明智的同代人那样

深感失望。

还有两个伟大的著作家，他们虽然并非国王的十足信徒，但被搞得同他的关系如此密切，以致可以将其见解当作王家关于历史、政治和诗歌的观点的半官方表态。他们是波舒哀和布瓦洛。成为莫城主教的雅克·贝尼涅·波舒哀（1627—1704年）性格复杂。虽然他无可指责地信奉正统，但就笛卡儿主义者和扬森派信徒赞成一种较为严格、合理的道德而言，他同情这些流派；然而另一方面，他全不同情寂静派，这导致他疏远了费奈隆。作为一个争论者，他在《新教演变史》（1688年）中有效地利用了据信是新教事业最虚弱的一点，即同天主教会表面的统一相反，新教分裂成无数通常敌对的宗派。他还全不隐瞒自己的这样一个观点：不管新教徒其他方面可能怎样，他们反正不能被认为是基督教徒。这个观点绝不是这位主教独有的。

正是作为王太子的导师，波舒哀写成了两本用来教诲其王家学生 261 的名著。《根据经文论政治》一书提供了世袭君权来自神授的最充分的证明。这一信条是从《旧约全书》引申出来的，其中认为上帝提供了一个国王及其臣属所效法的楷模。[1] 另一本书《世界史教程》是个尝试撰写一部文明通史的有趣的例子，包含了对万事发生原因的某种完整的解释。对这位主教来说，找出答案是轻而易举的。他认为，无论经济还是文化条件都同帝国的兴亡毫不相干，这些变化纯粹是神的意志和意图的表现。上帝只启示犹太人和基督徒；即使希腊人也只被给予一小部分神恩；所有其他文明不过是盲目崇拜偶像。于是，人类历史是基督教发展的记录，而且饶有重要的是，波舒哀所考察的历史终止于查理曼大帝。对作者及其大多数同代人来说，中世纪几乎不过是如日中天的路易十四统治时期以前露出的一缕曙光。波舒哀的世界史是此类书中最后一本重要著作；他的后继者不得不提出别种非常不同的解释，所用的语言不像这位莫城主教特有的那么威严和铿锵。

在另一个文学领域，即悼念死者——总是贵族——美德的祭文或悼词方面，波舒哀取得了无可匹敌的声誉。几乎没有什么文体会比一位显贵的悼词更虚伪的了，因为在这个场合阿谀奉承不会有害，而且我们大家都同意应当尊崇美德；但是，老式的悼词至少有一点是可以

---

[1]　关于波舒哀和君权神授说，见前，第五章，第99—102页。

称赞的：它的用意不仅仅是加入业已喧闹的歌功颂德，而且是趁此机会灌输从死者树立的榜样中引申出来的道德教训。波舒哀的前人在这个高度专门化的文学领域常常是以使用牵强附会，甚至荒唐可笑的明喻为特征的，他们的葬礼说教并不总是具有此种场合要求的尊严。但不能说这位莫城主教有此弊病，他所作的悼词不仅庄重，而且甚至有几分威严。他的主题是将尘世生活的虚荣与灵魂的永恒相对照；死亡对他来说既是毁灭者，也一样是拯救者；正是在它面前，他极清晰地阐明了那些要在日常生活的琐碎言行中实施的天主教要义。他的神学体系不容许有丝毫怀疑，却为树立楷模——无论生者或死者——提供了广泛的余地。以这种方式，波舒哀成为他那个时代的宗教中许多精华的半官方阐释者。

262　　　另一位半官方阐释者是布瓦洛-德普雷奥（1636—1711年），专长诗歌和鉴赏。他是个注册官的儿子，就读于巴黎的博韦学院，在那里学神学和法律。一度供职于巴黎最高法院后，他献身文学，很快因讽刺散文和翻译朗吉努斯的《论崇高》而声名鹊起。1673年，在多年仔细修改后，他发表了《诗艺》，随后又发表了《读经台》。1677年他和拉辛一起被任命为国王的史官，1684年他入选法兰西学院。在古典派和现代派的竞争中，他站在古典派一边，因为他崇奉与他有许多共同之处的贺拉斯。的确，人们一直认为，你若有任何值得一说的东西，它已经由这两人中的一个远为精彩地说过了。1685年，布瓦洛隐退到他在奥特伊尔的郊外宅邸，在那里他从未再有过早年的灵感，去世于矗立着圣徒小教堂和司法宫的旧巴黎的心脏，即后来伏尔泰栖身的那个街区里。有如塞缪尔·约翰生，他本质上是个城里人，对他来说溪流田野单调乏味，山丘峻岭狰狞可怖；他还像约翰生那样，几乎只是为交谈和文学而活着。一个是英国常识和保守主义的坚定卫士，另一个是法国精神和完美表述的坚定卫士，而这种完美表述只会源于把献身于文学事业作为毕生孜孜所求之士。

布瓦洛将他苛刻的标准应用于前两代法国文学中一切幼稚者或愚昧者；这两代中固然包括高乃依和斯卡龙，但也包括许多戴着法兰西学院院士桂冠的平庸之徒。在他的前一辈中，有不少人按照以篇幅冗长弥补灵感缺乏这一原则来处理英雄或圣经题材。于是，摩西、大卫、克洛维和圣路易充斥道德教诲为其唯一特色的史诗，直到1665

年沙普兰发表长达 24000 行韵文的《女郎》。要戳破这些气泡并不难。《读经台》就做到了这一点，它根据圣徒小教堂内发生的一系列真事写成，涉及两个教士，其中一个抗议读经台挡住了他的视线，使他看不到唱诗班。这引起牧师会中两派大斗。一个特大的读经台建造和设立起来，目的是更完全地挡住抱怨者的视线。他们从动口咒骂到动手殴斗，接着是一场书籍战，其中印有枯燥沉闷的史诗和蒙昧主义的评论之最大号对开本提供了重炮，用来对付八开本的轻火器，包括斯居代里小姐的十卷《克雷莉娅》。有如伏尔泰、布瓦洛从不放过戏弄人的机会，如果一箭双雕就更受欢迎。《读经台》表明，对写作史诗来说 17 世纪的法国太老了。确实，布瓦洛靠用夸张的语言来描写荒唐事件，使得那些在英雄色彩大减的时代试图让荷马和维吉尔的诗才永葆青春的前辈们声誉扫地。因此，他坚持认为诗歌应当是诗人生活在其中的时代的表现。他还利用机会来讽刺教士，讽刺他们的鸡毛蒜皮之争、他们的贪婪和对于享有应得的尊敬的执着。像当时那么多受过教育的法国天主教徒那样，布瓦洛按照传统过复活节，参加弥撒，取笑教士等级集团。

　　更重要的是《诗艺》。它虽然几乎不长于一千行，却费了 5 年才写成。文稿被交给友人阅读，以征求意见，诗的部分章节念给国王听，后者表示赞同。因此，这部诗可以被认为是对古典主义的半官方阐释，正如它在西欧开始被人理解的那样。虽然借鉴于贺拉斯之处昭然可见，但《诗艺》远远超出纯粹的模仿，而且有许许多多容易记诵，也值得记诵的诗行。它的主要训示是，你要有好文笔，就必须有好构思——你的构思必须在逻辑上是笛卡儿式的，在其中你从一个确实性进到另一个确实性。自然、理性和真理互相表现，它们提供了诗艺的不可分割的三位一体。献身艺术的人应当是个优雅的、受过教育的人；他应当通过同上流社会、包括女界的接触完善自己的气质。因此，健康的交谈是帕那萨斯①山坡上必不可少的一项礼节，匀称平稳的亚历山大格式取代了那些痉挛的六韵步诗行，在那些诗行中特尔斐②的神谕被表现得含糊不清。诗人不是幻想家，而是社交动物；他

———————————
①　希腊南部的山，古时作为太阳神和文艺女神们的灵地。——译者注
②　古希腊城市，因阿波罗神殿而出名。——译者注

263

的作品应当具有善于言谈者的贴切、简洁和机智。虽然必须有灵感，但它应当予以严格的控制；文体必须通过长时间精巧修饰达到完美程度；决不能有平庸的诗作，正如没有低劣的钻石那样。语不惊人誓不休；或者，如教皇所说，最终、最伟大的艺术是"涂抹"的艺术即裁剪删削。这些原则一直是至高无上的，直到18世纪后期才被自由表达个人及其奋斗的浪漫派取代。布瓦洛的格言隐约地体现了一个相对静止的社会，这个社会以性格和行为的标准概念为基础，毫不同情异国情调和标新立异，对陈词滥调和愚昧昏庸总是十分敏感。

　　至此，我们已叙述了那些可以同凡尔赛宫密切相关——因为他们直接受到国王鼓励——的艺术家、剧作家和诗人。还有一个领域，即音乐领域，在那里可能建立起这种和谐与富有成果的联系。[①] 艺术和音乐史家随意使用"巴洛克"一词来概述这一时期的艺术作品，或者把它当作一个技术术语，意指从某种较严谨的或"经典的"模式偏离或甚至退化。这个词容易被滥用。该世纪早些时候，芭蕾舞流行，并且同宫廷关系密切，以致通常被称作"宫廷芭蕾"。马扎然时期的意大利对法国的影响强烈，这有助于宫廷芭蕾转化为歌剧，这一演变主要是由佛罗伦萨人詹巴蒂斯塔·吕里（1632—1687年）实现的，他在1652年进宫效劳；后来，他成了国王的音乐指挥，几乎完全垄断了戏剧表演所需的乐谱创作。依靠行使这一专制权力，他发了大财。他的专制还扩及其乐队，后者要服从一种无异于路易十四对其廷臣和臣民所施行的纪律。吕里对歌剧的贡献主要在于发展了前奏曲和进行曲，这两者特别适用于表现弥漫于凡尔赛宫的那种威严感。

　　在神殿最深处伺候路易的高级教士们便是如此。在神殿门槛上，则有这样一些名士才女：他们虽然未热情地的加入歌功颂德的大合唱，但仍同宫廷相连，因而是社交界的一部分。拉罗什富科公爵弗朗索瓦（1613—1680年）就属于这个范畴，他是投石党运动的一个失望的幸存者，所著《格言》在1665年首次出版。这些将美德归结为自爱的著名警句代表了一个变得具有深刻自知意识的社会，试图检验和揭示那些在一种爱好交际的生活方式中确保成功的原则。它们具有一种生硬和尖刻的智慧，出自沙龙中辛辣的辩驳而非书斋中深沉的思

264

---

① 关于音乐，见第六卷，第三章。

考。它们的现实主义可能多少得益于蒙田；它们的尖刻可能来自这位经历了投石党惨败的显贵人物的耻辱；它们的简练机智在交谈中是那么有力，出现在印刷品上却丧失了几分锋芒。把它们同奥斯卡·韦尔德的格言比较，便可估量丧失了多少锋芒，后者如此有效是因为有交谈作点缀。不过，《格言》所以没有更尖刻归因于一位妇女。拉罗什富科和妻子分手后，与同样是独身的拉斐德夫人同居；在这个新家庭中，公爵的玩世不恭之态有所收敛，夫人则热衷于撰写一部历史小说，在其中显示即使在法国 16 世纪的宗教战争中，也能（在上层）找到爱情及其种种纠葛。她就她那忧郁的伴侣写道："拉罗什富科先生赋予我精神，而我改造了他的灵魂。"此乃取长补短，相得益彰。

就两人都是周围社会的尖刻批评者而言，人们可以方便地把拉罗什富科同拉布里耶尔（1645—1696 年）归为一类，然而，前者是公爵，后者却是贵族的家庭教师。他以此种身份侍候伟大但傲慢的孔代亲王，这方面的经验导致他深入地思考生活和行为问题。他从翻译希腊人物作家泰奥弗拉斯托斯的著作入手，在《品格论》（1688 年）中发表了一系列评论来阐明当时非常流行的自省习惯，同时并非不明白对生活的这一纯否定态度所包含的牺牲。他写道："批评的愉快剥夺了我们被非常美妙的事物深深打动而感到的满足"，就批评既可能导致严谨也可能导致拘谨而言，他这是在指出法国古典派的弱点之一。不仅如此，他还说"一个生为基督徒和法国人的人，发现自己只好写讽刺散文；大主题是他不得入内的禁区"，这表明他明了路易十四统治时期限制取得富于想象力的成就的障碍。拉布里耶尔具有伟大的洞察力。他把良好交谈的要求概括为有予有取："凡同你交谈后满意他自己及其机智的人，对你也感到完全满意。"关于妇女，他自然有许多议论。他认为她们中间极端者较多；她们要么比男人好得多，要么差得多。她们的生活不是受原则控制，而受心灵控制。当他写"恨的代价小于爱的代价"时，他是在概括那种对他同代人具有如此魅力的激情心理。

另一个不那么循规蹈矩的合理人生行为指导者是让·德·拉封丹（1625—1695 年），一位林业总监的儿子。他喜爱研读古典著作，一度曾供职于他父亲掌管的部门。在沙托推勒里（香槟）他的家中，他掌握了详细的自然和野生物知识。恰巧，年轻暴躁的布永女公爵在

265

沙托推勒里，遇上了这位诗人，把他带回首都。结果，拉封丹被介绍进上流社会，特别是女界。在寡居的奥尔良女公爵羽翼下，他经常走访卢森堡的一群时髦人士，行为举止如同男领宾员。他被介绍给大财政家富凯，这使他得到了一项年金，至 1661 年该大臣落难时停发。与此同时，他结婚成家，有 3 个儿子。不过，他把家庭撇在一边，因为他不想受家室之累。由于他希望在巴黎生活，他还卖掉了林业监护官职位。拉封丹对道德完全无所谓，他解脱了家庭顾虑和挣钱谋生这一乏味的生存之道，不过这是以一种令人愉快、甚至绅士的方式做到的。在对他的"彩虹女神"和"斑鸠"萨布利埃夫人起了恋慕之心以后，他在 1672 年与之同居（她已同其丈夫分手了），此项安排被这位贵妇描述为："我养了一条狗，一只猫，还有拉封丹"。专长科学和哲学的萨布利埃夫人在以后 20 年里给这位诗人提供了一个窝，他在这个窝里能够同猫分享对两件事——舒适和生存——的渴望，还可以实践一种令人惬意的自然主义，那是以他对存在之原理的本能感知为基础，来自他如此通晓的野生物世界。对一位诗人来说，这是一种非常特别的才能，在这个矫揉造作的时代尤其如此；当法兰西学院于 1694 年选他为院士时，它显示了罕见的眼力。1693 年，萨布利埃夫人去世，这迫使他转到较虔奉宗教的另一家去，在那里以道德教诲度过残年。对所有这一切的最好评语出自伺候他的一位婢女："上帝不会残忍得要来诅咒他。"

　　第一版《寓言》于 1668 年分 6 册出版，随 1694 年第 12 册发表而出全。在后几册中，拉封丹多少更加自由地运用其文学手段。他选择这一表达手段可能是受了苏格拉底学说的影响，这一学说认为可以通过诗和寓言的形象化描绘最有效地进行道德教诲。确实，他在开头 6 册的导言中说，苏格拉底在生前的最后日子里忙着用韵文改写《伊索寓言》。"我们是动物王国内所有善恶好坏的缩影"；在这些所谓低等动物的简单故事里，我们可以像在镜中那样看到自己。要寻找它们的意图的任何理论很可能是徒劳的。拉封丹本质上是个"爱交际的"社会生物，和莫里哀、拉辛和布瓦洛匹配，组成一个四重奏小组，他们在"白绵羊酒馆"的欢乐聚会上讨论各自的作品，犯规者罚以诵诗一首，或甚至读一页沙普兰的作品。

　　1682 年，像通常那样由于一位贵妇的缘故发生了一个鲜为人知的事件，把他推到了前列。那一年以一种新药——奎宁引进法国而著称，这种药被称为金鸡纳，被用来专治热病，取代传统的腹泻和放血；这项创新引起了专业药学家和业余药师之间的激烈争论，后者深信新药有效。在投入这场吵闹的人当中，有那位悍妇布永女公爵——拉封丹的第一个伯乐，现在似乎是奎宁的发现者。她要他写一首诗赞扬这种东西的药效。女公爵的这位老被庇护者一向渴望表现感激之情，因而同意了。因此奎宁可能是唯一特别由一位诗人公开做广告的药物；而且，为了描述其成分，作者看来探索了他那个时代的生理学学问。他在所著《普叙赫的爱情》的序言中，已经坦率声明："我的主要目的一向是让人高兴"，那是一本适合儿童阅读的诗集，而他所写的一切都适合于我们每个人的童心。其他诗人在有目的的飞行中高高翱翔，他却像"帕那萨斯山上的蝴蝶"一般飞来掠去；他的同代人在人类激情的微妙纠葛中挣扎，他却关注那些最终决定动物——不管我们叫它高等动物还是低等动物——行为的基本现实，那是即使一只蝴蝶也能懂的。以此方式，他成了一切战略中最简单的战略的专家，这种战略维持生灵的两大部分之间的平衡，即饥饿者与饱食者、精明者与自负者、生者与死者之间的平衡。

　　然而，拉封丹让读者得出他们自己的结论。他诗如泉涌，以致经常在自己的信中不由自主地押韵吟诗；用这个手段，他达到了在散文中无法达到的一种灵巧和简洁，其效果由于使用那种当时逐渐过时的 16 世纪法国的丰富词汇而更加强烈。在语言技巧以及对诗行韵律的敏锐听觉之外，拉封丹还具有一种戏剧意识，因而每个寓言通常都是一出独立的悲剧或喜剧，其来龙去脉以一种无法仿效的简洁和技巧娓娓道出。至于要从《寓言》中学到的教训，那是简单不过的——我们可以从狐狸、狼和老鼠那里学到大半。因为，鉴于每个人都威胁它们，它们不得不发展一种特殊技能，用来对付它们更温和、更受尊重的邻居的虚荣或朴实。"只要是狼，就必须像狼那样行动"；它腹中空空必须进食，这可不是它的过错。丛林之中斗智不绝，死亡乃败之惩罚；然而，这种竞争往往是温文尔雅的，因为经常有予有取，而且我们都能互相帮助。死亡和苦难必不可免，但我们必须耐心顺从：

死神前来超脱众生，

但我们切勿离开所在的地方；

好死不如赖活——

人类的格言就是这样。

正是因为我们当中那么多人从其中的世俗智慧中汲取了我们的最初教益，所以《寓言》像《格里佛游记》和《鲁滨逊漂流记》那样，特别受到我们的钟爱。仅凭大名，就使得这位诗人的曾孙女在恐怖时期免上断头台，这表明了拉封丹在法国文明中被赋予的地位。

17 世纪的道德观是以人和兽之间的截然区别为基础的，一个有灵魂，一个被设想为甚至全无智力，除了像人的一件财产那样，没有资格得到保护。笛卡儿提出了一种愚昧和残忍的论点：动物无感情；他的同代人以及许多后代人根据这一假设行事。结果在基督徒看来，要从动物界引申出一种行为理论是极不可能的，直到拉封丹表明在我们之中杰出者的行为和我们声称瞧不起的动物的行为之间，有那么多、那么接近的相似之处。如果这些类似是成立的，那么我们就需要修正词汇，因为诸如"兽性的""野兽般的"和"动物的"之类词语，总是被用来指这样的人类行为：它如此可鄙，以致只能同归属于另一等级的生物之行为相关联。甚至在最高雅的上流社会中，不管怎样精巧地掩饰，弱肉强食仍可能是最终的法则；或者，用寓言家的话说："越不让自己任人宰割，就越好。"拉封丹大概并无讽刺之意，但他把一向被截然分开的两个世界相提并论，这就可能无意犯下了一桩异端罪，它大得躲过了人们的注意，甚至他自己也一无所知。然而，不管我们可能赋予《寓言》何种意义，每个人都同意它们讲得那么优美，以致本身就是乐趣。这些诗的魅力不在于韵律，而在于诗行的抑扬顿挫和简洁，它们写来毫不费力，以致拉封丹——一位诗王——必须被认为是这个矫揉造作、墨守成规的时代里最自然的作家。

拉封丹大概像依靠自然界生活的野生动物一样，极少鉴赏自然界；而且，直到以后的一个时代，人们才在自然界里寻求与自己比较真诚的情绪酷似之物。但是，塞维尼夫人堪称鹤立鸡群，就词汇之丰富、表达用语之多及其反映情绪之灵巧贴切而论，她的散文风格类似拉封丹；因此不奇怪，《书简》像《寓言》那样，在每个时代得到每个阶层的喝彩。若干因素说明了17世纪后期书信撰写的高水平——杂志和报纸比较缺乏，交通困难，这使得书信特别受欢迎，因为那上面的消息很可能会被转告给朋友和邻居们；邮政逐渐改善，在这一世纪的后期尤其显著。塞维尼夫人《书简》的第一版在1697年发表，它们大部分是1671年至1691年间寄给她女儿格里尼昂夫人的，后者当时与丈夫住在遥远的普罗温斯。女儿看来有点儿傲慢和冷淡，并未完全呼应她母亲的爱。这种爱激发了在文学史中占有独特地位的书简的写作。就像在一幅全景画中那样，它们使我们能至少追寻路易十四统治时代的外观——1664年对富凯的审判；著名的公开处死，例如处死两个投毒者布兰维利耶侯爵夫人和瓦赞夫人（塞维尼夫人在后者被处死时微微战栗）；为1671年布列塔尼省议会的一次会议增光添彩的社交活动；次年关于法国人在横渡莱茵河时遭受伤亡状况的报道所引起的恐惧（她儿子参加了战斗）；伟大的蒂雷纳元帅阵亡（1675年）——读他的英雄业绩对塞维尼夫人来说似乎像吟诵罗马史；她对"可厌的山谷"即田野静室的访问，在那里她聆听修女们开导人的谈话，思考她自己的拯救问题。这些只是较为有名的事件中的少数几个，它们在读者的心中造成了不可磨灭的印象。

塞维尼夫人的书简表明，她几乎不把在田野里见到的农民当人看待；但在这一方面，她是同她所属的那个社会阶级一致的。尽管如此，至少在一个有趣的方面，她与当时的时代不同。她热爱她在布列塔尼的莱罗歇尔地方的宅邸，在那里披着月光孤独地漫步，回顾那些她甚至不愿向女儿透露的悲凉想法。她热爱树木，习惯在树干上刻写感情冲动的文句；她热心倾听鸟啼雀鸣，而且在月下特别富于思想。所有这些都预示了18世纪的浪漫主义。但最强烈的，是她给予一个冷淡的女儿的爱——"我的女儿，请永远爱我吧，你是我的灵魂。"塞维尼夫人是文学中最伟大的母亲。

一种确实无疑的女性风格可以在坎布雷大主教弗朗索瓦·德沙利戈纳克·德拉莫特·费奈隆（1651—1715年）的作品中觉察到，这一风格可能是由于他作为一所女校督导的经验而形成的，该校专收近期"皈依"天主教的良家闺女。他从这项职业取得的教训体现在他的第一本著作《论女子教育》（1687年）之中。在他那个时代，他

几乎独一无二地认识到妇女在国家中的重要性以及给她们良好教育的
必要；然而，像他的英格兰同代人哈里法克斯侯爵乔治·萨维尔那
样，他认为女性本质上是从属的，一个女人只能在天然施加的限制内
获得幸福和成为有用的。正是对天然性的这一强调使他的理论具有独
创性，因为他主张应当尽可能顺从学生的天然爱好，宣称教育不是一
个用信息塞满头脑的过程，而是提取和指导头脑中已有之物的过程。
以此，费奈隆的论著先行展示了《爱弥儿》的思想；在所谓"诗式
270 散文"——一个与内容而非形式更有关的短语——方面，他也是卢
梭的先行者。费奈隆作为理想主义者和乐观派，相信人性本善，这最
清楚地显示在所假设的"无邪年华"期间，并且极明显地和专制政
府之下的腐败相反。这位大主教推崇自然还表现在另一个方面。他先
于重农学派认为，土地是一切财富的源泉；他把所有靠吸取这一财富
养肥自己的人视为寄生虫。

　　1689 年，费奈隆成了路易的长孙即勃艮第公爵的导师，犹如波
舒哀是这位公爵的父亲即王太子的导师。还可以举出两者别的相似之
处。波舒哀写了《世界史》，费奈隆则写了《泰雷马克历险记》，于
1699 年问世。这两部由大教士专门为被指望有朝一日统治法国的学
生写的书，表现了截然相反的观点。前一部书声称在专制王权的演进
中揭示了上帝的意志，后一部著作则表明这一意志怎样可以更好地用
君主施行仁义和才智来解释。基于《奥德赛》，《泰雷马克历险记》
中有两个理想国：一个是勒佩提克，在那里通过消除私有财产来保障
幸福，另一个是勒萨伦特，在那里通过将权力局限于一个世袭贵族阶
级（以与金银贵族相对照）来取得同样的结果。这两种国家都以农
业为基础；奢侈品和过多的财富被禁止；统治者通过避免炫耀和在战
争以外的活动中追求自己的荣誉来发扬美德，影射路易十四之意显而
易见。费奈隆的理想国有如一个致力于崇拜苏格拉底的修道院。近乎
禁欲主义的节俭是其规则；音乐、戏剧和诗歌将加以管理，为的是只
促进最高尚的情感，如同在柏拉图的理想国里那样。统治者必须不断
干预臣民，以便发扬美德；人被迫行善。希望在一个较晚的时代里
（也是从自然出发来争辩）能迫使人获得自由。从《泰雷马克历险
记》到《社会契约论》和法国大革命并不远。对旧制度的第一次有
效打击不是出自无神论者或激进分子，而是出自虔诚的帕斯卡和德行

高尚的费奈隆。

因此，费奈隆代表了路易十四统治年代里从伟大想象力成就时期到批评现存制度时期的转变，当时有思想的法国人关注着随国王专制主义而来的两大恶果：国内的苦难和国外的仇恨。可能，在这么一种气氛中伟大的文学无法繁荣，至少在当时的法国是如此，因为这个民族的创造性生活有相当一部分集中在巴黎和凡尔赛。可以把这种集中状态同 18 世纪较为健康的扩散状态相对比，后一状态的范例如伏尔泰，他虽然是巴黎人，大本营却在瑞士边境附近的费尔内；如孟德斯鸠，他如此密切地同波尔多相连；如卢梭，他几乎一直漂泊不定，在令人嫌恶的社会中生活。相反，太阳王发出的炫目光芒只照亮了一个小圈子；当这一光芒暗淡时，剩下的只是阴影和黑暗。可能是纯粹的偶然机会把路易十四统治时代头 30 年光彩夺目的这么一群卓越的天才聚集在一起；或许，这个现象可以用国王和宫廷给予的直接鼓励和引导来说明；或许，从国家正欣欣向荣，即将步入远大未来的信念中，产生了某种激励。在伊丽莎白时代和维多利亚时代的英国文学中，人们可以追寻到某些这样的因素。在法国，大约 1700 年以后，它们就不易看清了。

我们能怎样描述路易统治时代早年令人惊异的成就呢？这些成就非常多样化，以致我们必须对接受任何单一的定义谨慎从事，如果下定义是可能的话。不过，我们对一件事是可以有把握的，那就是妇女的影响。在法国，这一影响通常既有激励作用，亦有裨益，这同英国的情况相反，在那里查理二世宫中有那么多妇女纯粹是唯利是图的，而且在那里妇女一般来说还未同文人学士结交，直到晚些时候才如此。法国是女性往往比男性更活跃、更有才智的国家之一；性和美味佳肴在那里不是禁忌，而是可以仔细鉴赏、区别对待的东西；伴侣关系不一定有婚姻誓词使之神圣，但仍可以建立在某种才智或精神交流的基础上，博得的是尊重而非耻辱。在英国，若有这样的伴侣关系，就不得不小心掩盖起来。在法国的两大圣人中，有一个是侍女，这对妇女在法国历史中所起的作用来说是意味深长的；如果把莫里哀除外（人们或许可以大胆假设）：路易十四时代的文学才子们若无其女朋友的聪颖、见识和魅力，就不会取得那么大的成就。

最后人们或许会在本章论述的时期内，是否可以在其他欧洲国家

271

觉察到法国的影响？要想回答这个问题，首先必须接受下述事实：这个时期，而且实际上是整个路易十四统治时期，是个以威胁和武力为基础的法国霸权时代。存在反对这一霸权的愤怒的抗议和反应；在每个受到凡尔赛威胁的国家，无数小册子作者和讽刺散文家不仅对太阳王及其代理人，而且对他主宰的文化进行了尖刻的谴责。这种敌意在德意志与荷兰格外强烈，它们有特别的理由憎厌其强邻的傲慢。因此在这些国家，法国特征和文化被嘲弄为腐败堕落的，与条顿人的"诚实"和"刚劲"截然相反。在整个欧洲，流亡的胡格诺派教徒为谴责路易十四及其臣民系当今蛮族的浩瀚文库增添文字，以此火上浇油。

272　　　复辟时期的英国是个例外，或明显的例外。可以把这同查理二世的个人榜样和名望相联系，他的情趣更多的是法国式的，而非英国式的。他喜欢用一句机智的话来抓住一个论点，总是宁愿选择舒适而非艰苦，对异性全无腼腆之态——所有这些是高卢人，而非撒克森人的品性。但是，王家的影响在施加于音乐和戏剧时，并不总是恰当的，甚至也不是长久的。他把音乐重新引入教堂，而清教徒却一直把它逐之门外；不过，这种音乐由吕里使之流行的浅薄妖娆的曲调构成，它们被证明几乎不过是一种对伟大传统之主流的偏离，该主流为普赛尔和布洛成效卓著地予以恢复。复辟时期的戏剧也是如此，它并非失于猥亵，而是失于空虚。在建筑方面，凡尔赛宫为英国和许多大陆国家提供了榜样；在装饰艺术方面，戈布兰家族的成就帮助保证了18世纪家具制作的高水平。梨和油桃的种植丰富了园艺学知识；还可以说，从法国引进那些最初被认为是诱人堕落的奢侈品的东西使生活变得更加愉快。学法语成了时髦，即使在两国敌对之际。吕斯维克条约（1697年）缔结后不久，伦敦的报纸上就出现广告，大肆宣扬教授"正宗凡尔赛"法语的机构。

　　然而，并不是非得在这些时髦楷模或直接模仿的范围内来寻找法国想象力成就的经久影响。法国在英国施加了支配性影响的是文学批评领域，是关于诗歌艺术功能的总概念。两个饶有趣味的人物帮助促进了这个过程。一个是在英国的法国流亡者夏尔·德·圣埃夫勒蒙（1610—1703年），他以非正式的文学使节的资格，促进对作为一种文学形式更加流行，并且有助于提供一个现身说法，使文人们明白交谈的重要性。据认为，他有这么一个格言：理想人物是能够思考的法国人和能够谈话的英国人。圣埃夫勒蒙本人是个多产但非杰出的作家，他为德莱顿及其同代人提供了一个温文尔雅和过分讲究的范例，它同本地文艺的自然和新颖那么截然相反。两种理想被放在一起对照，结果形成了某种折中。

"恳请回答，有什么比写一出正规的法国戏更容易？有什么比写一出不正规的英国戏——例如弗莱彻的或莎士比亚的戏——更难？"[①]这些话出自德莱顿笔下，但尽管如此，他被证明是法国影响得以进入英国文学的主要渠道。他深知本国伟大的文学成就和许多外国模式的陈腐，选择和运用那些他认为有助于纠正英国褊狭性的法国理论和实践的精华。他热心师法高乃依，试验在英雄剧中使用韵律，在对白中有效地使用之，从而为文学全盛时期对句的广泛流行及其高水平铺平道路。拿他 1667 年发表的《非凡的年代》来同《押沙龙与阿奇托菲尔》（1681 年）和《牝鹿与豹》（1687 年）比较，就可以表明他取得的进步。他早先的诗显露出一种较旧时代中的真正的灵感，但修养不够，而后来的作品则以更紧凑、更严密和更深刻著称。很可能就是这种法国影响促使他追求"精心遣词，准确造句"[②]，把形式和表达当作思想和灵感必须限于其中的手段来研究。

德莱顿使之适合于英国的是布瓦洛，而非高乃依。1680 年至 1681 年间，他协助 W. 索姆爵士翻译《诗艺》，这几乎是代表官方承认布瓦洛是文学鉴赏的现代公断人，有如亚里士多德和朗吉努斯在古代那样。马尔格拉夫伯爵的《论诗》（1682 年）和罗斯康芒伯爵的《论译诗》（1684 年）突出地表明了这一承认。如此有才干的指导和如此高贵的庇护确保了法国文学典范的影响。德莱顿断言："才智通过最浅显的语言传达得最好；一个伟大的思想用平凡的词汇表达以致愚者亦能领悟时，最值得称赞。"[③] 坚持清晰易懂是法国文学鉴赏的特征，正是在这一方面法国影响在英国最为有力。也应当想起，欧洲思想受到的最大智力影响仍是笛卡儿的思想，这是科学革命的一部

---

① "论戏剧诗艺"（1688 年），载《约翰·德莱顿杂文集》，W. P. 凯尔编（牛津 1900 年），第一卷，第 77 页。

② 同上书，第一卷，边码第 95 页。

③ 同上书，第一卷，边码第 52 页。

分，这一革命转变了 17 世纪的思想，渗入有着教养或才智足以接受它的人士的每个国家。笛卡儿的影响同布瓦洛提倡、德莱顿实行的原则和谐无间，因为这三个人全都表明了流畅、严整和准确的优点，即使他们的成就是以独创性或想象力不足为代价的。这些特性在 18 世纪欧洲的文学中充分地表现出来。

　　尽管如此，在路易十四个人统治头 30 年期间的法国精神产品中，仍有某些独特的、无法仿效的东西。它的平庸之作可以复制，它的想象力天才的成就独一无二。寓言家有许多，拉封丹只有一个；书简作家有许多，塞维尼夫人只有一个；道德家和说教者有许多，波舒哀只有一个。拉辛空前绝后；莫里哀必须被认为和莎士比亚并驾齐驱，而不能把他和他的同代人或模仿者等量齐观。这些作家虽然表现出他们生活其中的那个时代的明确痕迹，但必须被包括在西方文明的传统之中。可以说，路易十四统治时期经久不衰的成就正在于此，这同他行使的军事和政治霸权之昙花一现截然相反。

（时殷弘　洪邮生　译）

第 十 二 章

荷兰共和国

　17 世纪下半叶，欧洲许多国家出现了社会、经济和政治领域中的迅速发展，但在荷兰共和国，这却是个巩固而非变革的时期。体制、经济和社会的框架实际上仍然和 17 世纪初期一样。唱主角的伟大国务家约翰·德·维特和威廉三世并未改组政治体系，甚至导使荷兰各政治派别（共和派和奥兰治派）分裂的问题，也同那些在 1618 年将奥尔登巴内费尔特和奥兰治亲王莫里斯分开，在 1650 年将阿姆斯特丹和威廉二世分开①的问题相差无几。在该世纪下半叶无疑存在激烈的政治冲突，但整个来说这些是统治阶级内部互相竞争的派别和个人之间的冲突，而非社会集团之间和重大政治原则之间的冲突。要解释这一局势并不难。到 1650 年，荷兰共和国的经济扩张已达到了逾此便不易发展的地步，但它无法消除政治体系中那些业已造成危险冲突的不确定因素和紧张。

　　荷兰生活的复杂使人很难描述该国的社会结构。不同省份之间的差别如此重要，以致没有任何笼统的概括能符合事实。弗里斯兰省养牛的乡绅农场主或格尔代尔兰德省拥有重要封建特权的贵族，在利益、权势甚至语言方面，几乎无法同荷兰省的城市显贵比较。格尔代尔兰德省和上艾塞尔省的租地农场主生活在人口稀少的地区，首先为满足个人需要而劳作，他们面对的问题不同于荷兰省——欧洲人口最稠密地区之一——租地农场主，后者专门从事工业用商品化作物的种植和园艺，而不种谷物。然而，荷兰省在 7 个省中影响最大，因此只论述荷兰省的主要阶级可能是无可非议的。荷兰省的社会等级结构事

---

① 　关于这些冲突，见第四卷，第十二章。

实上很简单。贵族人数不多，组成一个严格封闭的等级。它没有很大的政治或经济权势，大部分土地由城市资本家拥有。贵族同城市自由民显贵家族没有联系，不对它们的领导地位提出挑战。

到 17 世纪中叶，荷兰资产阶级已形成其典型形态。17 世纪初通过商业致富并开始在政府中有权有势的家族构成了事实上统治该省的寡头集团。它们提供了城市行政当局、省议会以及大贸易公司董事会中的任职者，连同这些职务而来的是指派担任城乡许多低级职位的独占权利。很难估算属于"摄政"范畴的人共有多少；如果做一个完全谈不上准确的草率估计，也许为在荷兰省每 1000 个人中有 1 人属于摄政家族。它们的财产状况几无人知；显然，一个像霍恩那样的小镇上的摄政可能与阿姆斯特丹百万富翁有着同样的偏见和社会特权，但在省或全国政治层次上的权力和影响自然无法与之相比。到这个世纪中叶，大多数摄政已退出实业，把他们的金钱用于市、省和中央政府发行的终身年金、乡村地产或东印度公司股份的投资。他们已经使自己联合成一个社会集团，尽可能阻止其他家族加入其行列。他们显然有时获得了贵族头衔，并建造了漂亮的乡村宅邸，但仍然基本上是城市显贵，对某些形式的集约农业兴趣甚微。

值得注意的是，这些年里在泽兰和其他省，寡头集团的封闭导致了一种把官职当作多少可讨价还价的私有财产的观念。在法国，官职的买卖造成了穿袍贵族，而在荷兰共和国，正是寡头的贵族地位导致了不折不扣地表现同一思想的做法。统治家族开始按照事先同意的某些规则瓜分城乡公职，以便减缓日常争夺权力和利润的激烈斗争。然而，这一发展尚未结束，它渗入荷兰省相当缓慢，还未触及阿姆斯特丹。在许多年里，该市首席行政官科内利斯·德·格雷夫·范·泽伊德波尔布鲁克——一位非常精明的政客——保护约翰·德·维特政权免遭一群竞争者侵害。但他于 1664 年死后，极为激烈的冲突爆发了，这个城市朝秦暮楚，摇摆不定，孤立自处和无所不能的摄政少数人集团内部的深刻分歧使得省政府陷于瘫痪。

荷兰共和国的政治结构累赘复杂：它在事实上并不构成一个共和国，而是 7 个主权省的联邦，每个省都有其特性。联邦政府虚弱无力。最重要的联邦机构是联合省议会，每个省向它派出一个必须按其首长指令投票的代表团。联合省议会做出一个责成所有成员遵守的决定需要全体成员的一致同意。不过，每天在海牙开会数小时的这个联合省议会有重要的任务要履行。它作为联邦的代表而行动，处理对外事务，控制国防和联邦税收，税额是按照一个固定模式在各省间摊派的，荷兰省缴纳58%左右。最后，它提名联邦的陆军统帅和海军统帅，这两个职务通常由奥兰治亲王担任。然而，联合省议会显然不是一个主权实体。主权归于各省的议会，它们的组成状况五花八门。荷兰省议会由19个各持一票的代表团构成，分别代表贵族和18个城镇。在省议会恰如在联合省议会，重要的决定通常是全体一致做出的：荷兰共和国政府的原则是不得强迫其任何成员服从多数。在实践中，一个决定只有经过长时间谈判并且依靠主要国务家们的劝诱才能做出。

　　政府内的离心力有时受到两个重要官员的制约，他们是大议政和执政。大议政是荷兰省议会的法律顾问，作为省议会及其各委员会的主席而行动，带领省代表团参加联合省议会，往往负责共和国与荷兰驻外大使的通讯，接收后者的函件。一个精力充沛、才智出色并得到荷兰省内各城市行政当局信任的人，不仅能在本省，而且能在整个共和国行使决定性的权力。执政的职能比较含糊。担任荷兰省执政的总是奥兰治亲王。他由拥有主权的省议会任命，因而在理论上同大议政一样是个省政府官员。但是，由于他一向同时是几个省的执政（荷兰、泽兰、乌得勒支、上艾塞尔和格尔代尔兰德省通常提名奥兰治亲王，在联合省议会中没有代表的格罗宁根省和德伦特往往也这么做，弗里斯兰省则一向指定这个家族的拿骚分支的成员为执政），并且还充当联邦的陆军统帅和海军统帅，因而他当然参与联邦决策。不仅如此，他的贵族出身的巨大威望及其伟大家族的名声，还使他具有一种未经任何宪法规定，但仍然真实和重要的权势。

　　这个世纪的前半叶，荷兰省议会和执政之间始终关系紧张。40年代，荷兰省的寡头统治集团反对陆、海军统帅兼弗里斯兰以外各省执政腓特烈·亨利的黩武主义和王朝至上的政策，因为这些政策的用意是继续同西班牙战争，并通过腓特烈·亨利之子威廉二世同查理一世之女玛丽结婚来加强奥兰治家族的地位。腓特烈·亨利希望支持英国内战中的王党事业，这引起了担忧和愤怒。但是，他在1647年死去；1648年，摄政们称心如意地在明斯特同西班牙媾和。然而，他的儿子、被指定担任其父亲一切显要职务的威廉二世年少气盛，喜欢

278

冒险，他由于议会的这一胜利而感到沮丧，不久就自以为强大得足以向荷兰省和阿姆斯特丹挑战。这场冲突似乎十分严重，充满危险。但突然间，他于 1650 年 11 月 6 日死去。荷兰的国务家们发觉自己处于一个全新的形势之中。威廉二世的独子威廉三世于 11 月 14 日出生。他母亲玛丽·斯图亚特和他祖母即腓特烈·亨利的遗孀阿米莉亚之间的激烈冲突，破坏了他幼年生活的平静。在大多数省份，甚至未想到要指定弗里斯兰执政来行使威廉二世的职能，只有格罗宁根和德伦特领地才指定用此种方式填补空缺。这样，共和国历史上第一次，在联合省议会有代表的 7 个省中，有 5 个省实行真正的共和制，尽管在海牙的王宫里一群加尔文派牧师和亲英贵族与冒险家仍在为奥兰治王朝的伟大而密谋策划。

　　此后近乎完全实行共和统治的 22 年，构成了荷兰史上一个非常独特的时期。1651 年，荷兰省议会试图为一种新的政府形式奠定基础，办法是在海牙召集所谓大议会，并且建议赋予这个机构——它拟议是所有省议会的联席会议，因而是联邦各省主权的总和——独断地决定尚待解决的基本问题的权利。按照荷兰省的看法，仍大致由威廉二世的门徒支配的联合省议会不是履行如此困难的任务的合适场所。然而，这个计划失败了。各省派往大议会的代表并不比派往联合省议会的代表更有权力，拟议的最高权力会议事实上只是个大使会议。结果，大议会（1651 年 1 月至 8 月）无法产生任何建设性的计划，任凭自己沉溺于引经据典、混淆不清的讲演。唯一重要的决定是关于陆军的。现在，军务的处理将比以往任何时候都更像是取决于七省中每个省的主权意志，结果陆军处于分裂为七支省军的严重危险之中。因此，大议会的真正意义在于，它把一种无疑是邦联主要性质之一的倾向发展到了顶点，并且正式予以确认。正如约翰·德·维特所说①，联合省不是单个共和国，而是多个共和国。

　　约翰·德·维特不久成了共和派的领袖（这归因于他在 1653 年被指定担任的大议政一职）。他不仅努力维护新的、没有执政的政体，还尽力在思想方面为之辩护。它被他的追随者们称作"真正自

---

　　① 《约翰·德·维特书简》，R. 弗勒因和 G.W. 克恩坎普编（阿姆斯特丹 1906 年出版），第一卷，第 62 页。

由的制度"，而且有德·拉库尔特兄弟之类优秀的评论家和斯宾诺莎那样一位自成体系的哲学家为德·维特服务。这一文人的活动使该时期具有一种思想冒险的特征，即年轻人——1653 年德·维特本人 27岁——试图同笨拙的妥协所搞糟的往昔决裂。不过，该政权的这个理性主义的、崇尚教条的方面，只是非常复杂的现实所包含的因素之一。约翰·德·维特及其同事使各种传统的、可敬的倾向具有了具体形式。腓特烈·亨利和威廉二世的王朝政策在统治阶级中间，特别是荷兰省统治阶级中间激起公愤。因为它们导致了后果无法估量的冒险。威廉二世死后，权力的自然得主能够致力于加强他们自己的权力了。原则上他们一向拥有主权，但从未充分行使之。他们立即堵塞了执政权力渗入城镇和市行政当局的所有渠道。各个省议会决定，市行政官的年度选举今后将只是城镇的事情，而且事实上总是通过原有成员增选新人来实行。所有外界影响，特别是某些情况下有权从若干被荐候选人中做出挑选的执政的影响，皆被取消，一小群统治家族的权力更加巩固。这一小群统治家族构成了德·维特派的最有力的后盾。尽管他们并非全是"德·维特分子"，但其中最重要的，特别是在荷兰省和阿姆斯特丹，把一个实际上给予他们垄断权力的政权一直视为当时最好的政权。

然而，这个政权并非仅仅是一个狭隘阶级的独裁。它深深地植根于全体居民的生活之中，不是因为统治集团同人民大众分享其权力，而是因为它们背离大众，让大众自行其是。因此，共和政权得到许多不信奉国教者的默然支持，他们需要保护，以免受到加尔文派少数的褊狭之害。它得到罗马天主教徒和新教各派的支持，得到知识分子和形形色色的资产阶级各阶层的支持。它不干扰许多非常活跃的宗教革新小集团骚动不息的发展，明智地把维特各极端派之间的平衡和防止过火行为当作自己的唯一任务。宽容原则是实利主义的，而不是基于任何哲学原则。摄政们一向不厌其烦地重申：建立加尔文派的独占统治将不可避免地毁灭对外贸易。

到 17 世纪中叶，很可能近一半荷兰人。（包括布拉邦特）仍然忠于天主教信仰。在荷兰和乌得勒支两省的城镇里，许多传教士获准进行其部分秘密的活动。这些省的大多数农村人口确实是天主教徒；荷兰文明继续渗有罗马的成分并不可惊。这没有改变天主教徒的处境依旧岌岌可危这一事实。荷兰共和国从官方角度说是个新教国家，天主教徒虽然被允许在愿意为当局不予注意而付出代价的条件下从事自己的宗教活动，但发觉越来越难保住他们在市行政当局中的地位。但是，并非不信罗马天主教，就只能信加尔文教。在总共或许约 200 万人口中，大概有 1/3 属于正统的加尔文教，因而该教仍然是尼德兰起义期间的那个样子，即少数人的信仰，尽管程度自然小得多。此外，有无数小教派大胆地表达对基督教义的极端自由的解释，甚至表达一种非基督化的宗教，以致把它转变为一种普遍的道德哲学。

　　不信国教者无疑支持宽容的摄政们的政府，但在它作生死斗争时无法挽救它。这本需要有一个坚实的组织，但他们没有。不过，荷兰人民的深刻分裂可能有助于解释一个必须被认为是 17 世纪荷兰史的显著特征之一的事实，那就是政府发生许多变迁，但无伴随着同时代英法两国剧变的暴力。1618 年至 1619 年、1650 年和 1672 年的事变都是根本性的冲突，却未发展成革命，这确实是值得注意的。荷兰政体的易适应性和普遍的繁荣部分地解释了这一点。然而，使得界线分明的冲突几乎不可能，并使得党别分歧在其中如同沙中之水一样消失的复杂的宗教分歧，肯定大有助于造成所有政体的根本羸弱，大有助于一种政体顺利地取代另一种政体。

　　理解摄政统治的反对派的性质殊为不易，但至少它的某些因素是281 清楚的。不需有任何想象力就能明白，德·维特在荷兰省以及尽可能也在其他各省消除奥兰治家族势力的方式排除了与这个大家族的追随者达成妥协的可能性。同样明显的是，奥兰治派想继续腓特烈·亨利和威廉二世的那样已引起如此强烈的敌意的政策。一小批加尔文派牧师仍然怀抱着进行一场反西班牙圣战的理想。这些人当然反对摄政们的宗教宽容，反对他们的爱拉斯谟原则以及他们完全缺乏宗教劲头。中产阶级下层的牧师和统治家族之间明显的社会差别可能有助于解释这些冲突。但是，远为重要的是人口中各大集团在出现紧急情况时对省议会统治的本能反应。这种反应往往是由政治讲演和小册子鼓动起来的，但它更经常的是自发地出自经济危难和政治怀疑。英荷战争引起染料价格暴涨，随之而来的是失业和深刻的怀疑，它们导致了城镇中的强烈动荡，对一个被疑为叛国通敌、庸碌无能的政权的抗议呼声此起彼伏。

　　然而，这些民众运动直到 1672 年强大得足以推翻政权为止——那是在 1653 年的首次失望之后——一些年里并未不断发展。相反，它们的激烈程度减小了。促成"真正的自由制度"在 1672 年软弱不堪的一个更有决定性意义的因素是祸起萧墙。奥兰治派摄政们在某些城镇和省份保留了很大一部分势力，而且随威廉亲王逐渐长大，他们的地位变得愈益强固。不仅如此，城镇当局内部往往由于争夺权力、自私自利和个人恩怨而产生的尖锐冲突自然易于向外蔓延，并与外部的冲突合为一体。某个被德·维特的友人之一赶下台的摄政很容易地自称为奥兰治派，从而给全国性党派之争火上浇油。现代历史学家已经仔细研究了阿姆斯特丹的这一现象，没有理由假定它未曾在其他城镇发生过。

　　因此，按照悬殊的社会差别来解释政治斗争是不够的，尽管它们无疑构成了大冲突得以产生的许多因素中的一个。把政治发展同经济形势联系起来也是不可能的。或许令人惊异的是，1651 年以前的奥兰治时期荷兰经济出现了大膨胀，而在如此急于保护商业利益的共和政权之下它却停顿了下来。只是在 1680 年前后，经济才开始复苏，该过程一直持续到威廉三世去世。势头如此惊人的发展所以暂时放慢，不是因为荷兰商业总的结构或者特别是阿姆斯特丹大宗货物市场的结构有任何基本变化。[①] 这是由该世纪中叶以后导致停滞的短暂变化引起的，尤其是波罗的海沿岸地区的谷物贸易——共和国"商业之母"——在 1652 年至 1680 年间严重下降，其原因更多地在于维斯杜拉河流域的某些歉收、战争、西欧和南欧谷物需求的减少，还有最重要的是 17 世纪 60—70 年代期间袭击欧洲经济的普遍萧条，而不在于愈益激烈的竞争。要说荷兰经济发生危机，未免大为夸张。商业的某些重要部门停止扩展，但同时其他重要部门急剧膨胀。1648 年后同西班牙的通商关系变得非常密切，这导致阿姆斯特丹发展成为一个首要的贵金属市场。荷兰在俄罗斯的经济霸权得到巩固。工业看来未受损害。正是在这些年里，仅次于里昂的欧洲最大制造业城镇莱顿在织布业方面取得了它最大的进展，荷兰省北部赞河流域的工业也迅速增长。不过，这没有改变下述事实：17 世纪初的普遍扩展在 1650 年

282

----

　　①　荷兰经济特征与共和国政治体制的细节，见第四卷，第十二章。

后停止了，德·维特执政时期出现了经济困难，某些部门甚至出现了不很严重的衰退。

这样，在荷兰的所有生活领域都可以观察到一种类似的现象。顶峰看来已在脚下，除了试图保住已有成果外，别无所求。德·维特的体制不管在思想上可能多么赶时髦，在实际上是保守的。他对国内外事务的处理，是试图以一种无比精明的方式稳定局势。事实上，他的整个政策是对动乱倾向的反应，因而——考虑到共和国的饱和状态——是在捍卫荷兰的根本利益。

威胁上述体制并最终瓦解了它的两个动乱因素是政治性的，即英国和奥兰治这对密切相关的问题。它们都不是德·维特所能消除的，而他抵消其影响的能力又有限。在荷兰共和国多亏欧洲政治舞台变动不定而能扮演仲裁者角色的那些年里，英国是个危险的，但不一定是殊死的敌人。当法国企图接管西班牙遗产——欧洲霸权——变得昭然若揭时，英国对外政策便具有很大的危险，因为它促成均势的转变。奥兰治问题也显得极为严重，到威廉亲王成年时它已支配了局势。德·维特的伟大，荷兰共和国的伟大仅限于西班牙称霸与法国称霸之间、威廉二世成年后的活力与威廉三世成年后的活力之间的过渡期，它本质上是一种暂时的伟大。

荷兰人未预见到英国敌意将会采取的形式。它主要是经济敌意。英国人固执地认为，世界贸易的总量是固定的，他们渴望的那一份额非得取自别人的不可，在实践中就是取自荷兰人的那份。因此，英国的敌意是侵略性的，而荷兰的反应是防御性的。这一敌对很大程度上卑下得令人吃惊：关于日常竞争的目光短浅的恼怒、对细枝末节过分敏感、夺取荷兰船只并将其当作战利品出卖的渴望。但也有原则之争：主宰不列颠海域的思想同荷兰人称为海上自由原则的那种体制或缺少体制的相对立，他们在自己的商业权势至高无上或可望成为至高无上的任何地方都坚持这一体制。只是过了许多年，并且在新的可能性出现后，人们才开始认识到世界商业本身是可以扩展的，两个资本主义竞争国可以在无须摧毁对方的情况下都繁荣昌盛。

17世纪的三次英荷战争未促进经济问题的解决，它们的发生源于对世界事务的一种狭隘的解释，而没有给英荷任何一方带来多大好处。这些经济敌对行动所以有可能变得无法控制，并且迫不得已地成为当务之急，只是因为在结束西班牙霸权的 1648 年威斯特伐利亚和约与开始法国霸权的 1667 年移归权战争之间的那个欧洲相对平静的短暂时期里，没有任何比较广泛的政治利益来抑制这些强烈的妒忌，或无论如何阻止它们发展成战争。当 1672 年查理二世发动第三次对荷战争时，人们觉得，20 年来似乎是经济扩张的合理纲领的一项政策正在变成可怕的冒险。

无论在英国，还是在荷兰共和国，没有人能够预见到这一点。荷兰人惴惴不安和怒气冲冲地注视着清教革命的发展。几乎没有人不把弑君视作对宗教、道德和公法的严重冒犯。但是，摄政们冒了很大风险来阻止威廉二世把共和国拖入这场斗争。无疑，当那位执政突然死去，荷兰国家似乎成了一个纯粹的共和国时，英国革命者们大感宽慰。克伦威尔做了一次有力的尝试，想使英荷关系远超乎经济竞争之上。1651 年 3 月，他派遣使团去海牙，带着一项意义深远的建议：建立两个新教共和国之间的紧密同盟，甚至联邦。这是个没有成功希望的计划。对荷兰人来说，实现该计划将意味着重大的经济损失，因为他们要多给联邦那么多东西。不难理解，这个计划被抛弃了。然而，摄政们犯了一个严重错误，即以为他们傲然拒绝克伦威尔违背伦敦商人意愿而作的寻求英荷关系问题政治解决的尝试不会造成严重后果。海牙居民在宫廷及其牧师集团鼓动下采取公开敌对的态度，这加强了英国使节的沮丧感和强烈愤怒，他们返归伦敦，没有带回任何替代克伦威尔计划的可取方案。经济争斗再度变得毫无约束。1651 年10 月，《航海条例》通过，这事实上是对荷经济战的宣战书。12 月，一位荷兰大使被派往英国，要求将其取消，但未能提供任何报答。随后第一次英荷战争（1652—1654 年）爆发。

这场战争对英荷关系史的意义不如对荷兰共和国内部事态发展的意义那么大。双方都未取得明显的优势，两年后斗争以平局告终。不仅如此，克伦威尔在 1654 年比在 1652 年有更多的理由来结束这次经济妒忌的随意发作。1652 年时，尚有理由怀疑轻蔑地拒绝他的建议是出自顽固的亲斯图亚特的奥兰治派。1654 年时，这些担心不再有道理了。荷兰省的共和体制经受住了考验。

这个胜利来之不易。1652 年夏天，民众运动似乎很可能会迫使当局任命威廉三世担任他祖上的显要职位。当然，并不存在解决内外政策问题的合理全周到的奥兰治方案。1652 年在东部诸省、1653 年在荷兰与泽兰两省的几乎所有城镇发生了不计其数、有时是危险的骚乱。它们力图表达的不是自己的政治信念，而是对政府的怀疑以及战争痛苦所造成的绝望情绪。1651 年期间，1652 年尤甚，阿姆斯特丹谷物交易市场上的价格直线上升，贸易和捕鱼业的瘫痪导致了大量失业。在这一促使泽兰省某些摄政确信有必要改弦易辙、为奥兰治亲王腾出更大余地的危险的政治危机中，约翰·德·维特被指定为荷兰省大议政。他知道共和政体是多么不得人心，据他估计他只得到千分之一的"普通百姓"[1] 的支持。他也认识到，如果在摄政中出现一个能赋予民众的不满以政治形式的派别，"一个小儿姓名无意义的发音"[2]也会变得很危险。德·维特设法依靠机智勇敢的言辞来克服这个危险。

使德·维特和克伦威尔倍感宽慰的是，奥兰治运动一无所成。不仅如此，德·维特还证明尽管极为勉强但仍愿意让荷兰省议会表决克伦威尔的要求：永不任命一位奥兰治亲王担任执政或陆军统帅（1654 年的《排斥法案》）。虽然克伦威尔对此庄严保证感到满意，但这只是非常可怜地稍许反映了他的理想，这个理想就是把两国合并为一个统一的新教共和国，一个显然将排除斯图亚特和奥兰治西大家族的共和国。多亏有这项妥协，威斯敏斯特和约（1654 年）才得以签署，但它没有解决任何经济问题。

其他省议会对《排斥法案》的抵制远不能同 1653 年奥兰治运动之激烈相比。既然民众痛苦的根源——战争已经结束，他们便平静下来。联合省议会无法采取任何行动来反对荷兰省的决定，这一决定虽然在法律上有理由，但从联邦角度看颇为专横。在荷兰本省，德·维特 1654 年后成功地巩固了他那一派。城镇卫戍部队得到加强，或者在必要情况下由更可靠的卫戍部队取代，而在市政当局中，德·维特设法安置朋党，他们往往是他自己的亲戚，他可以通过他们施加影响。通过他的妻子所属的比克尔家族以及他自己的家族，他在很大程

① 《约翰·德·维特书简》，R. 弗勒因和 G. W. 克恩坎普编（阿姆斯特丹 1906 年出版），第一卷，第 96 页。
② 同上书，边码第 161 页。

度上支配了整个省政府。不过，说服城镇和省议会做出决定并非无须付出极大的努力，而政权的立法活动少得异乎寻常。只有在两件事上德·维特能采取决然的行动。他将荷兰省债务的利息从5%减至4%，由此省下的钱另外用于分期偿债，希望全部债务能以这种方式在41年内偿清。联合省议会采取了一项类似的措施。与此同时，部分陆军骨干部队被解散。无疑，这些决定是合理的。荷兰陆军的惊人衰退不是因为这一削减，而是因为缺乏一位总司令，因为在这个无中心的国家里裙带风气和出头主义的蔓延。

德·维特在荷兰省以外的影响自然更小，尽管有幸比他的宪法地位和原则所允许的要有力些。大议会宁愿各省独立，这有利于各摄政小集团，德·维特却不能有什么大作为来抵制这一事态的发展。但是，他不得不干预那些使某些省四分五裂并导致多年无政府状态的频繁冲突。令人惊讶的是，市政府或省政府内部的所有冲突，不管是在荷兰省还是在上艾塞尔省和格罗宁根省，都似乎相当自然地被奥兰治主义和"真正的自由制度"之间的对立吸收了。不过，德·维特在荷兰省的政权受到其他省内竞争性效忠的威胁这一事实本身，使他成了在本共和国以外各主权共和国内所进行的冲突中休戚相关的一派。[286]的确，荷兰省的省共和制不能局限于自身的范围，它要生存就必须抹掉急于在北尼德兰地图上明确画出的省界。如果说在这个被政治壁垒所分裂的国家里存在某种统一，那么这不是因为有一个统一的政府超越于它们之上，而是因为政治激情使然。

虽然这个政府在国内事务中虚弱无力，但在它作为荷兰商业利益的代表而行动并且能利用荷兰省巨大的金融力量时，它的对外政策确实可以是非常有力的。约翰·德·维特在第一次英荷战争期间及其后巩固了自己一派，此后他便能以一种比较果断的方式在国外维护荷兰势力。他对波罗的海问题的干涉清楚地表明了他的对外政策的特点，这个问题由于荷兰经济依赖波罗的海贸易而对荷兰省来说极端重要。当瑞典开始谋求在那些地区的霸权时，荷兰人就有必要采取某种行动和维持均势。荷兰现在的政策是基于同丹麦的友谊，而该国要求在松得海峡征收高关税，但其目的不是摧毁荷兰的贸易。1649年时，共和国与丹麦之间已经缔结了盟约，它不可避免地带有反瑞典倾向，松得海峡关税问题则由于荷兰愿意每年交纳35万盾税款而得到了解决。

第一次英荷战争期间，这些新关系起了作用。瑞典多少支持英国，丹麦则多少支持荷兰共和国。不过，德·维特在1655年瑞典国王查理十世发动的反对勃兰登堡和波兰的战争期间，成功地保持了中立，并且取得了瑞典的一项保证：荷兰的贸易不会受到任何损害（1656年埃尔宾条约）。

德·维特之所以不情愿使共和国介入波罗的海战争，是因为他担心英法两国几乎肯定会站在瑞典一边。只是在这一危险变得不那么严重后，他才放弃了中立。1657年丹麦对瑞典宣战，但查理十世始终占上风；他围困了丹麦首都，根据罗斯基勒和约（1658年）取得了挪威部分地区、松得海峡东岸以及两位国王将阻止外国战舰进入波罗的海的保证。这项条约并未结束战争。1658年夏，查理十世再度进攻，希望能把丹麦国王赶下王位。波罗的海问题显得极端严重，因为从荷兰的观点看让松得海峡两岸都落入瑞典统治之下是不可容忍的。最后，德·维特派荷兰舰队前往松得海峡，它击败了瑞典人，解了哥本哈根之围。1659年5月，紧张的外交活动导致了海牙协约：英国、法国与荷兰共和国表明，它们把罗斯基勒条约——以一种不利于瑞典的方式来解释——视为波罗的海局势的基础，决定迫使两位北方国王维持这一协议。确实需要动武，而荷兰舰队提供了武力。瑞典军队停止抵抗，查理十世于1660年2月去世之后哥本哈根和约签署，它大有利于荷兰人。

在这个复杂的事件中，德·维特显示了高度的政治家才能。他的处境曾很困难。在冲突的第一阶段里阿姆斯特丹已经倾向采取激烈行动，而这位大议政认识到如此强硬的做法势必造成共和国、英国和法国之间关系的高度紧张。因此，只是英国由于克伦威尔去世而被削弱以及法国无法显示其力量后，德·维特才采取行动。多亏这一有利的国际形势，他才能主动促成三国联合干涉，不冒风险地达到荷兰的目的。荷兰共和国在其历史上第一次作为一个大国来行动。他审慎地、有节制地这么做。他能如此行事，是因为对手暂时虚弱。

摄政们1648年后怀有一个幻想，即共和国依靠审慎的中立能够摆脱国际强权斗争，1658年和1659年的局势使这个幻想破灭了。商业利益迫使共和国介入政治活动。荷兰的国务家们不管怎样勉强，已学会承认共和国的大国地位，并接受由此而来的责任。德·维特渐渐

变得活跃起来。1659 年的比利牛斯条约和英国的王政复辟驱散了满
天阴霾，德·维特现在看到了实现一个宏大计划的机会。既然没有哪
个大国仍然被战争或同盟缠住手脚，他便试图造就一个荷兰共和国、
英国和法国之间的防御同盟，这个同盟若能实现将大大加强荷兰人的
地位。德·维特正确地认识到，同潜在大国的友谊是共和国维持本身
地位的唯一手段。但是，这个计划失败了，因为英国与共和国无法达
成妥协。德·维特显然低估了英荷经济竞争的激烈程度和说服邻国接
受自由贸易体制的困难，这一体制将使拥有较好舰队和大得无与伦比
的金融力量的荷兰人阻抑其竞争对手的发展。留下的唯一可能是只同
法国结盟，德·维特对此毫不犹豫。1662 年，这一同盟缔结，并且
与一项符合荷兰人希望的商约相联系。很难认为德·维特可以另有所
为。共和国之易受伤害迫使他寻求外国支持；英国的敌意以及西班牙
和皇帝的羸弱限制了他选择盟友的余地。不仅如此，法荷同盟还意味
着德·维特的成功，因为法国国务家们原先同威廉二世保持密切的关
系，多年来对共和制深感怀疑，现在却承认了它的力量和稳定。

　　德·维特认识到，他的政策不管可能怎样无法避免，都充满着危
险。在这个时期，法荷合作即使并非反常，也是极其脆弱的。从荷兰
的观点看，科尔培尔主义恰恰同法国的领土帝国主义一样难以容忍。
然而，通过为危险的南尼德兰问题谋求一项解决办法来遏制后者的努
力在 1664 年失败了，尽管德·维特坚持不懈并且足智多谋：路易十
四不愿被一项本会加强和巩固法荷同盟的妥协捆住手脚。事态发展证
明德·维特是对的。英国与共和国的关系在 1660 年后没有改善。不
久就很清楚，查理二世希望放任对共和国的经济斗争，而克伦威尔在
同联合省议会打交道时从未忽视过的共同宗教利益不再起抵消作用
了。两个航海国家之间的紧张迅速加剧。在西非和北美，英国非洲公
司开始了一场得到海军支持的进攻，它给荷兰西印度公司造成了那么
严重的损害，以致联合省议会决定命令舰队回击。战争在非洲进行了
一段时间后，又在欧洲爆发（1665 年 1 月），两三个月后，两国交换
正式宣战书。

　　这是一场纯粹的商业战争。[①]　在第一次英荷战争中，经济利益也

---

　　① 又见下面第十三章，第 309—310 页。

起了首要的作用；但那时的形势多半受制于克伦威尔的高度理想主义和奥兰治—斯图亚特家族联系所包含的内在危险。1665 年时，没有任何政治因素发挥影响。荷兰人对战争准备不足，但比 1652 年时信心大得多。荷兰省的财政状况极好。该省 1664 年和 1665 年在筹集大量低息借款方面毫无困难，有充足的现金供其使用。海军的状况不是很好，但装备舰船轻而易举。德·维特怀着强烈的决心致力于改善舰队，起初有所失望，以后便成功地使之强大起来，以至无可匹敌。陆军是个麻烦得多的问题。1665 年 9 月，爱争吵的明斯特主教怀着得到英国支持的期望入侵东部诸省，当时没有荷兰部队可用来阻挡他，只是由于法国干涉他才终于被迫撤退。法荷同盟的用处清楚地表现了出来。法国人虽然宣战（1666 年 1 月），但未参加对英实战，尽管如此他们的态度有助于孤立查理二世。当德·维特靠支付高额津贴成功地把丹麦拉到自己一边时查理二世便陷入了彻底的孤立，而钱款拮据却使那位斯图亚特君主无法把瑞典拉入战争。

　　因此，1667 年 4 月在布雷达开始和谈时，荷兰的地位是有利的。查理二世有没有别的牌可打？他有可能允诺支持路易十四，后者正值外交像云集布雷达之际侵入了南尼德兰，并使其军队迅速北进。但是，德·维特迅速而有效的行动阻止了查理二世从一个他看来有利的事态中捞取好处：袭击梅德韦（1667 年 6 月）粉碎了这位国王的希望。此后，实现媾和便是轻而易举的事了。多亏了德·维特有政治家风度的、现实主义的节制态度，布雷达和约（1667 年 7 月）不失为一项达成妥协的认真尝试。非洲的海岸角城堡和新尼德兰割予英国，苏里南和东印度群岛的普洛—伦岛割予联合省议会。荷兰人喜爱的某些原则得到了接受。英国承认船只所挂国旗决定其国籍，上船搜查违禁品的做法被比较文明的方法取代，违禁品本身的定义被局限于战争用品。不过在实践中，这一安排并未打通两国间任何富有成果的政治合作的道路。对共和国的经济讨伐的激烈程度几乎未见减小，但荷兰人的魄力和通情达理有助于澄清气氛。

　　路易十四对荷兰人这次显示武力印象深刻，立即邀请德·维特同他一起安排关于南尼德兰的妥协。谈判证明是困难的和缓慢的。当它们实际上陷入僵局时，查理二世决定迫使德·维特采取反法政策，这导致了 1668 年 1 月著名的三国同盟。德·维特尽量小心谨慎，担心他同法国的关系会被英国扰乱，然而没有成功。荷兰、英国和瑞典的三国盟约由于抑制了法国扩张显然是英荷外交的胜利，但事实上大议政只是勉强签了字。它结束了他对法国的谨慎政策，加剧了孤立危险。然而别无他法。查理二世以及被科尔培尔激烈的反荷关税政策大大激怒的荷兰省议会迫使德·维特默许了这一行动，其最终后果是他很有理由担忧的。

这样，荷兰共和国在越来越强大的同时，也被日益增长的危险困 **290** 扰。德·维特的外交天才无法阻止各大国逐渐摆脱虚弱状态，无法使它们不被荷兰的财富和势力——这部分地归因于它们自己的缺陷——所激怒。同样，在国内政策方面，德·维特的成功恰好有助于损害他的地位。他对奥兰治问题的处理是高明的。斯图亚特王朝的复辟不能不影响到共和国内部的局势。查理二世是威廉三世的叔父，《排斥法案》遭到这位英王的厌恶，因为它是克伦威尔炮制的，它也遭到德·维特的厌恶，因为它来自外国对荷兰省内政的干预。它在1660年被废除；然而，被奥兰治派的希望和奥兰治派的诡计所扰乱的泽兰、弗里斯兰和格罗宁根三省希望走得更远得多，建议授予威廉其祖先的职位。但只要荷兰省拒绝，它们的行动就必定仍属徒劳，而荷兰省确实拒绝了。德·维特有理由害怕那位亲王复位，不仅因为反共和倾向可能再度发作，还因为这将重新打通斯图亚特家族势力渗入荷兰国家的渠道。王朝利益很可能再度变得压倒一切，那正是他和他的合作者们最害怕的。然而总得有所动作。德·维特提出了一个反建议。他宣布：荷兰省虽然不准备自缚于任何坚定的承诺，但愿意承担教育年幼的亲王学会履行其祖先所行职能的责任。言下之意是，如果奥兰治家族能被调教得默认严格的共和政体，并且断绝同外国君主的联系，它就将获准在国家内占有一席之地。

这个计划没有得到贯彻。查理二世自然反对它。一个充满共和派摄政之国家利益观念的奥兰治亲王，不会是削弱这个可恨国家的工具；而继续把他用作引起使之瘫痪的冲突的关键人物要有利得多。英国驻海牙大使唐宁和亲王的廷臣开始了一场精心策划的亲奥兰治宣传运动，它是促成第二次英荷战争期间若干民众运动的一个原因。这些运动虽然不像50年代初那么激烈，但强大得足以促使某些摄政改变

想法，要求奥兰治王朝复辟。在这种情势下，加上对英战争正在进
行，德·维特再次拿出他那个让威廉三世受荷兰省议会教育的计划，
它在 1666 年得到贯彻。王宫里清除了危险的阴谋者；若干个月后某
些奥兰治派成员的诡计被揭露，这导致其中一人被处死。德·维特本
人承担了向亲王教授"统治之术"，即如何处理政治难题的任务。可
以肯定，部分地由于这些措施，一些年后威廉三世被证明在很大程度
上自己超脱了王朝的和幼稚地亲英的奥兰治宫廷传统。作为一种必然
结果，荷兰省议会于 1667 年决定宣布省执政之职同陆军统帅和海军
统帅之职不能兼任，并且干脆废除了荷兰省的执政职位（《永久条
令》）。这无疑是德·维持的成功，与他战胜查理二世相得益彰。

　　但是，《永久条令》没有解决政体问题。首先，很难争取其他省
做出类似的决定；直到 1670 年，德·维特才成功地说服它们步其后
尘，而且即使那时也只是勉强的和有保留的。不仅如此，军权与政权
的这一分离不管原则上多么正确，在一个像荷兰共和国那样的国家里
是否有道理值得怀疑。某位奥兰治亲王在被任命为省军总司令后，用
什么办法使之置身于政治之外？1668 年，威廉三世以贵族代表资格
被接纳为泽兰省议员，1670 年他又进入了省务会议。这两个职务都
是政治职务。

　　德·维特的声誉在 1667 年和 1668 年达到顶点。荷兰省议会责成
威奎福尔特撰写 1648 年至 1668 年的荷兰共和国历史，这是一个小国
发展过程中的一小段时期，但那么重要，以致只有过去时代最辉煌的
史篇才可比拟。[①] 然而，甚至在荷兰省，也有严重的危险威胁着大议
政。他的权力本身使他遭到先前朋友的嫉恨。1664 年，在支持德·
维特的政策方面劳苦功高的泽伊德波尔布鲁克死后，阿姆斯特丹看来
脱离了他那一派的影响，因为野心勃勃而不加掩饰的法尔克尼尔得
势，最后背弃了这位议会领袖。在阿姆斯特丹，甚至有人建议改变大
议政一职，任命一个外交国务秘书。这个计划没有贯彻。

　　要笼统地解释德·维特权势的衰退并不难。但是，作为对法战争
的后果他在 1672 年垮台时却令人惊异。总的说来，荷兰人似乎没有
预料到法国的进攻。1668 年后，德·维特的对外政策颇为消极。但

---

① A. 德·威奎福尔特：《联合省的历史》（阿姆斯特丹 1861 年版），第一卷，第 2 页。

在因其掉以轻心而批评德·维特之前，必须考虑到荷兰人一般都似乎不明白他们在国外所激起的嫉恨的程度，这种嫉恨将在 1672 年导致法英两国联合进攻荷兰共和国。整个 1670 年和 1671 年，利率始终低下。令人惊奇的是，荷兰人怎样在同英国的频繁的谈判中捍卫他们自己的商业利益，即海洋自由，而未认识到他们在多大程度上激怒了对手。虽然荷兰人是大旅行家，海牙是欧洲新闻业中心，但他们几乎不了解外国。他们独树一帜，不同样具有 17 世纪某些最突出的倾向，即君主专制主义、重商主义和巴洛克风格。他们的政治社会形式，他们的贸易结构，他们的文化特征，往往像是偏离了 17 世纪的模式。他们的保守主义，他们的中世纪晚期生活方式及其城市和省份独立的光荣，使他们如同当时世界的局外人。他们在一个经济危机严重的时期里绝无仅有的繁荣，他们清醒的宗教宽容精神，他们的贵族自由制，几乎与那个世纪格格不入。德·维特任职时期，同欧洲的这种分离倾向似乎越来越强烈了。

因此，遭遇 1672 年的进攻，像是同巴洛克专制主义和巴洛克政治观念盛行国家的一场痛苦的接触。要问是什么原因特别激发了斯图亚特和波旁君主们的恼怒纯属徒劳。这个共和国的存在本身——宣告了启蒙时代，尽管其生活方式陈旧老式——连同它那惹人妒忌的财富，是个反常现象和挑战。科尔培尔主义、路易十四被伤害了的自尊心、查理二世肆无忌惮的方法及其冒险的国内政策、欧洲商人中对荷兰人的传统仇恨——所有这些导致了多佛条约（1670 年），据此法王和英王协议进攻并彼此瓜分这个贵族共和国，就像另一个贵族共和国波兰在一个世纪后被瓜分那样。英国将得到些耳德河口的某些城镇和岛屿，但法国尚未确定它打算攫取什么；威廉三世将取得所剩部分的主权；这样，一个怪僻的畸形物就会被灰飞烟灭。

德·维特在 1671 年加强其外交地位的尝试没有成功。皇帝和西班牙都不准备做出承诺，瑞典则选择与法国结盟。明斯特主教和兼管列日主教区的科隆大主教乐于敞开其领土，让路易十四胜利进军共和国。1672 年开始时，联合省的外交孤立几乎无以复加。将近 3 月底时，英国宣战，4 月初法国起而仿效。虽然 1668 年的一种荷兰勋章以约书亚使太阳停止转动来刻画太阳王，但 1672 年 5 月路易还是开始进军联合省。10 万以上法国大军由路易十四亲自指挥，毫不困难地于 6 月 12 日在埃尔顿附近跨过莱茵河。荷兰军队约 3 万人，士气低沉，其指挥官严重地受制于各省议会对于部队行使的权威，这些部队的饷银是由其捐款支付的。尽管德·维特加以抵制，联合省议会却于 1672 年 2 月任命威廉三世为陆军统帅，但仅以一次战役为限，而且附有多少束缚其手脚的条件。虽然 1671 年时决定、1672 年初又再次决定增加陆军，但未立即见效；在荷兰领土上的外围防御被击溃后，这位陆军统帅只得将其部队撤到护卫荷兰省的水体防线之后。

早在 6 月底，共和国的命运似乎就已确定了。路易十四在乌得勒支省建立了大本营。他的军队控制了乌得勒支和格尔代尔兰德，明斯特主教和科隆大主教则占据了上艾塞尔和德伦特两省以及格罗宁根省的一部分。然而，格罗宁根城进行了顽强的抵抗，从而挽救了弗里斯兰省。东部诸省的陷落犹如望风披靡。它们看来准备脱离联邦，进一步往东寻求效忠对象。6 月初，上艾塞尔省的贵族向明斯特主教屈膝投降，以为联邦的解散已成事实。在被罗马天主教君主占领的地区，到处展开了一场宗教革命。罗马天主教教士重新占有了他们旧日的教堂和修道院，并且在葬礼和列队行进祷告仪式中公开露面。耶稣会士在许多城镇设立学校。不过，新教并未遭到禁止，没有什么地方看来出现了任何严重的紧张局势。罗马天主教的解放根据占领当局的命令进行；然而，荷兰天主教徒惯常效忠于目前正逐渐变成荷兰盟友的西班牙，而非法国，因此路易十四的部队没有被当作一支解放大军受到欢呼，他的措施也没有在仍旧独立的各个省的罗马天主教徒中间引起任何反响。然而，被征服地区的天主教徒试图恢复其往昔地位的热情表明，在他们看来这个新教国家的覆灭是多么确定无疑了。

在传统上不仅是共和国的经济文化中心，也是其军事中心的荷兰省，失败主义同样盛行。考虑到灾难性的形势，我们大可惊讶它竟然局限在如此狭窄的范围内。荷兰省议会在几天里大为动摇，以致看来有可能在斗争开始之前就放弃斗争。动摇的原因在于，力劝省议会务必抵抗到底、需要时撤往阿姆斯特丹这一最后据点的德·维特，突然被驱出了实际政治舞台。6 月 21 日晚上，他遭到 4 个年轻的奥兰治党徒袭击，受了重伤。若干天以前省议会已同意与敌人谈判，但只是到现在谈判才开始。然而，不久事情就很清楚：法国不会满足于一项

合理的妥协。当得知它的过分要求时（7月1日），面临下述任务的
已不再仅仅是省议会：决定是否接受旨在结束共和国之伟大的侮辱性
要求。

　　在这些命运攸关的日子里，随着敌人兵临防御很不充分的边境，荷兰省议会还面对另外一个极严重的问题。战争爆发后，奥兰治派发动了一场可怕的宣传攻势。民众运动在多尔德累赫、鹿特丹、果达、哈莱姆等城镇被煽动起来，其目的在于使奥兰治亲王重获他祖先的传统要职。大多数市政当局决心废除《永久条令》，立威廉三世为荷兰省执政。星期天（7月3日）的夜里，荷兰省议会做出了困难的，但不可避免的决定。泽兰省议会一天前亦如此，联合省议会则匆忙任命威廉三世为陆军统帅和海军统帅，废除了强加于他的限制条件（7月8日）。

　　威廉三世执政后做出的首批政治决定之一，是建议省议会不要接受法国提出的媾和条件，把战争继续下去。这项建议得到采纳，谈判破裂。与此同时，荷兰省的紧张越来越严重。民众完全未因任命威廉三世担任其祖先的要职而满足。奥兰治派在7月初的成功被认为还不够，尽管各城镇恢复了执政提名市行政官的权利。7、8两个月里，接连不断的民众骚动逐渐损害了市政当局和省议会的权威，它们有时是由奥兰治派煽起的，从未遭其镇压。在这些骚乱中表现出的主要不是对摄政阶层本身的仇恨，而是对其政策的怀疑。8月初，伤势业已痊愈的德·维特辞去大议政职务，但仍然受到被竞相阅读的奥兰治派小册子的谴责。人们认为，德·维特因其反奥兰治政策招致斯图亚特家族的仇恨，他一直宁愿投降法国而不愿让亲王复位。8月20日，这位伟大的国务家及其兄弟科尔内利斯遭海牙暴徒杀害，而省议会和市政当局都不敢、威廉三世则不愿意驱散这些暴徒。

　　威廉三世利用被煽起的情绪。他奖赏某些凶手；若干牧师则赞颂上帝睿智地惩罚了这个可恨者。这一令人厌恶的行动过后7天，荷兰省议会决定任凭亲王随意处置各市政府。奥兰治派的头领们终于如愿以偿。威廉三世促使那些由于依附德·维特体制而受害最深的摄政们辞职。9月，159名市政当局成员——荷兰省的现任摄政总计约500名——被奥兰治派取代。这不是一场彻底清洗，也不是一场社会革命。新成员属于不同家族，但和被免职者同属一个社会集团，顺便提

一句，后者未被骚扰或被激怒。事情就此结束。9 月 27 日，省议会宣布大赦。民众的骚动平静下来，若有必要则遭到终于感到安全的市政府的镇压。上述经过表明，要把 1672 年的事件称为革命是错误的。不仅政体得到了尊重，而且省议会是以一种完全合法的方式任命威廉三世担任完全合法的职务；甚至不存在一项革命纲领，因为小册子里罕见的民主改革要求几乎不能被当真看待。这些月里愤怒和怀疑的结果是一桩凶杀，是某些统治家族被别的统治家族取代，是一位奥兰治亲王受命担任其祖先拥有的职务。

敌人一直坐视荷兰省的事态，而未试图从中渔利。什么因素最终阻止了路易十四予以致命的一击？是过早的自信或软弱无力，还是水体防御？他的哪些期望落了空？近 6 月底时，他本来多半能插入荷兰省，但他按兵不动，傲慢地等待着并未如愿以偿的投降。他没有重新发动进攻；将近 7 月底他返回法国。他那减少到 2 万人的威武之师在敌国境内无所事事，直到共和国的军队依靠荷兰省用之不竭的财力得到加强，其外至孤立由于同皇帝、西班牙、洛林和丹麦的条约而被冲破为止；于是，法国人在 1674 年被迫撤退。与此同时，英王查理二世迫于国内舆论而媾和。他一无所得。从战争爆发时起，荷兰舰队阻止了英军登陆。在一系列重要的战斗中，荷兰海军将领们维持了自己的海上优势。第二次威斯敏斯特和约（1674 年）是以战前原状为基础的；与它同时订立的一项商约承认荷兰的自由贸易原则。顺便说一句，值得注意的是现在英国人从这些原则得到了好处，因为多亏中立，他们能够填补荷兰人在法国缺下的空缺。若干个月后，明斯特主教和科隆大主教也媾和了。

这些事态完全改变了战争的性质。它作为巴洛克强权政治的冒险而开始，1674 年后却成了哈布斯堡家族和波旁家族之间的传统冲突。尽管如此，看起来像是法国对于被哈布斯堡家族包围的传统恐惧正在逐渐发展成赢得欧洲霸权的渴望。这无论如何是威廉三世的看法；荷兰摄政们不久对一场不再在他们的领土上进行、不直接威胁荷兰独立的战争失去了兴趣，也不想为之耗费金钱，而他却开始确信荷兰负有与法国称霸图谋作斗争的使命。荷兰人在危难之际被迫使用的手段——与尽可能多的反法国家结成联盟——成了他的一项政策工具。

这个联盟虚弱无力。1675 年和 1676 年的战役是非决定性的；荷兰人在 1676 年试图在地中海建立海上优势，结果是荷兰在埃特纳战役中获得小胜（米歇尔·德·勒伊特在这次战役中阵亡），而法国在巴勒莫战役中大胜。1677 年，法国占领了南尼德兰的一些城镇，但无法阻止威廉三世围困查勒罗依（他未成功地夺取该镇）。然而，1677 年在欧洲史上非常重要，因为英荷关系突然改善了。英王查理二世同意其弟詹姆士的女儿玛丽嫁给威廉三世：就他而言只有对外政策的动机在起作用，因而斯图亚特家族与奥兰治家族之间这第二次婚约在性质上完全不同于第一次，那次是将威廉三世之父与查理一世之女结合起来，它仅仅增加了奥兰治王朝的荣耀。威廉三世努力维护欧洲均势，毕生奉行著名帝国外交家德·利索拉（死于 1674 年）在《司法和国家之保护者》中如此令人信服地提倡的那种信条。威廉知道，没有英国的积极支持，这种均势体系就绝不能建立起来。1678年 3 月英荷签署了一项防御同盟条约，此事将在许多年里左右欧洲的历史。

1676 年，和谈在尼曼根开始，但进展很慢。威廉三世坚决反对和谈，因为他看到法国在多么成功地促使荷兰共和国的摄政们，特别是阿姆斯特丹的摄政们相信应当脱离欧洲同盟单独媾和；战争对共和国非常有害，财政负担沉重，中立国商人占据了先前由荷兰人主宰的市场。1678 年 8 月，法国人与荷兰人确实单独签订了一项和约，它并非对荷兰人不利；同科尔培尔的保护主义制度截然相反，路易十四废除了 1667 年的寓禁税，让荷兰人享有一定程度的自由贸易。但是，威廉三世得知媾和消息后勃然大怒，遂对法军发动进攻，然而圣但尼（蒙斯附近）战役以他近于败北而结束。各盟国不情愿效法荷兰去媾和，但又无力单独把战争继续下去。路易十四放弃了他的大多数征服地，仅保留弗朗什孔泰和瓦朗谢讷以及南尼德兰的康布雷和圣奥梅尔。虽然他远未达到目的，但战争以他取得外交胜利而告终。欧洲同盟破裂了，要轻易地恢复它则不大可能。

威廉三世正确地认为尼曼根和约是他的一个失败。此后的岁月对他来说是一个令人沮丧的时期，其间法国利用自己优越的外交地位兼并了阿尔萨斯、斯特拉斯堡、蒙贝利亚尔以及意大利北部卡萨莱的德卡波利（1681 年）。皇帝、西班牙、荷兰共和国和瑞典在 1682 年春天签订的四国同盟条约只是为了维护尼曼根和约的条款，共和国内强有力的主和派以及一心关注对土耳其的新战争的皇帝，准备相信路易十四所作的不想背弃这些条款的保证。尽管如此，全面战争的危险仍不断加剧。1683 年 12 月西班牙对法宣战，法军开始在卢森堡、不久后在南尼德兰作战。威廉三世竭尽全力劝说共和国帮助西班牙。奥兰治亲王同不仅得到荷兰省，而且得到弗里斯兰和格罗宁根支持的阿姆斯特丹之间的意见分歧看来到了严重关头。一时间似乎他会动用武力来推行自己的政策。但到头来，在几个月唇枪舌剑的讨论、严厉的措施以及大量言辞激烈的小册子出笼后，他屈从了顽固的反对者们的愿望。这直接导致了西班牙和皇帝签订屈辱的雷蒂斯堡停战协定（1684 年 8 月），据此他们把卢森堡和斯特拉斯堡割给法国人，为期20 年。

只是在 1685 年，路易十四使他的军队筋疲力尽，以轻率的极端主义糟蹋了他那辉煌的国际地位。废除了南特敕令以及大量胡格诺派教徒移居国外——其中许多在荷兰共和国避难——在新教徒中间点燃了宗教战争的火焰。一个新的反法同盟渐渐形成。1685 年，勃兰登堡与荷兰共和国签订防御同盟条约。一年后，皇帝、西班牙以及大多数德意志小邦加入了奥格斯堡联盟，该联盟使它们有责任维护现存的诸条约。路易十四完全明白自己的政策激起的反应；但他未像他在70 年代后期曾做的那样以审慎与和解来重新树立威望，而是用最不妥协的方式追求自己的目的。法国宗教迫害的景象以及定居荷兰并且发动了一场有力宣传的许多胡格诺派难民，具有决定性的影响。1678 年以来支配荷兰共和国的那种不愿打仗的情绪开始消退。当威廉三世看到有可能取代其叔父兼岳父詹姆士二世时，他要求省议会予以支持，而路易十四的过分自信有助于他达到自己的目的。这位国王确信其警告将制约固执的奥兰治亲王，但他 1688 年秋天的德意志战役给威廉提供了一个极好的机会。省议会准许亲王出海，为他配备了足够的陆军和精良的舰队，1688 年 11 月 12 日他前往英国。

极广而言之，1674 年后威廉三世的对外政策那么明显地属于欧洲史，以致荷兰史研究者更感兴趣的是关于它的力量基础的分析而不是它本身。他的国内政策首先以其消极性质而引人注目：他没有改变共和国的组织。在某种程度上这是不必要的。他拥有的权力很大；他必须进行的战争要求他全神贯注。不过令人惊讶的是，这位王室出身、大胆得几乎鲁莽的人竟然维持了寡头统治集团的狭隘框架及其资产者观点和对大众的人文主义者的鄙视；而且似乎自相矛盾的是，通过利用它们，他加强了寡头统治的倾向及其弊端。原因大概主要不在于他对政体问题显然的漠不关心，而在于他洞察了荷兰省政治制度的性质。或许，他那不愉快的青年时代在他心中激发了对摄政思想的厌恶，但也正是这些早年的经验使他懂得必须多么审慎地对待摄政，他们的抵抗可以有多么可怕。1674 年，他做了一次取得某种全权统治地位的有趣的尝试。当时，他的声望达到了顶点。荷兰与泽兰两省议会于 1674 年 2 月决定使执政成为世袭职务。联合省议会则于 1675 年 4 月就陆军统帅和海军统帅职位做了同样的决定。很清楚，这些决定只是肯定了一个被 1650 年和 1651 年的事态打破的老传统，并未给解决政体问题提供多大帮助。更重要的是乌得勒支、格尔代尔兰德和上艾塞尔三省的事态。

外国军队撤离这些省份时，荷兰省提议不让他们恢复在联合省议会的席位，希望以此使它自己在议会中的票数更占优势。威廉三世看到了危险，非常强烈地反对该计划，以致它只得被弃置。1674 年 4 月，这些省重返联合省议会。但随后，荷兰省诱使议会授予威廉三世自主地组织各省内部管理的权利。他不仅急剧改变了各政府机构的人事安排，而且采用所谓"行政规则"，它们虽然保持了旧的形式，但赋予他在这些省份内几乎绝对的权力。接着在 1675 年 1 月，格尔代尔兰德省给予威廉三世——这肯定是他所授意的——旧的公爵头衔，这将使他不仅具有最高权力，而且具有君主地位。威廉三世没有在不同其他各省商量的情况下接受这个头衔。他做对了。在荷兰和泽兰两省，普遍的反应是非常敌对的。公共资金减少，犹如一场政变迫在眉睫。每个人都认识到，这位亲王一旦被立为格尔代尔兰德公爵，就不能不给他荷兰和泽兰两省君主的头衔。在泽兰，有人公开宣称此种事态发展将有害于国家的经济地位，因为人们预料，专制政府将损害人们对例如贴现银行和东、西印度公司这样一些机构的信心。独头政府按照定义等同于专制政府的观念是所有荷兰共和派分子的老生常谈，它被证明甚至在奥兰治派分子中间也很流行，因为在荷兰和泽兰，正是那些原来最起劲地力求恢复奥兰治家族统治的城镇现在转而最猛烈地反对这个计划。威廉三世毫不犹豫地做出了结论。1675 年 2 月 20

299

日，他通知格尔代尔兰德省：他无法接受最高统治权。

这是这位亲王急剧改变政体的唯一尝试。但是，随着他的政策逐渐集中于结束法国帝国主义扩张这一个目标，他对权力和金钱的需求增大了；这仅靠合宪手段已无法取得，他不可避免地要曲解宪法。不仅他的祖上莫里斯和腓特烈·亨利这么做过，甚至约翰·德·维特也使自己的行省职能变成了某种形式上不符合宪法的东西。但值得注意的是，威廉对于系统地利用德·维特为加强自己的势力已经利用过的同一种寡头做法也并非犹豫不决。然而，德·维特时期重用亲友的政府在威廉三世统治之下必定堕落为重用佞臣的政府。他力求在市议会和市政府、省议会和联合省议会中安插那些信誓旦旦盲从他的人。在泽兰省，他的亲戚拿骚—奥吉克利用其王室代表的地位，以极其肆无忌惮的手段行使一种完全违宪的权力。在其他某些省里，暴露威廉三世策略手段的丑闻大白于天下，但这些曝光并未导致他改变政策。例如在鹿特丹，威廉三世的走卒令市议员候选人承诺当选后服从执政的一切指示，违者罚以没收4000盾保证金。威廉三世虽然未直接介入此类事件，但并不试图杜绝它们，也不想阻止一个封闭的寡头集团的兴起。相反，为了他的对外政策，通过破坏摄政们的职责和独立性，他加速了这一发展。

回顾这四十年里荷兰共和国的历史，人们有着看到一条攀登之路的印象。在德·维特时期，只是在 1648 年才获得完全独立的这个国家成了一个强国，在威廉三世统治之下，它找到了一项头等重大的历史任务。然而，这个印象是不完全的，因为在威廉三世之下达到的巅峰状态是衰落的开始。国内局势恶化；寡头集团的滥用权力与日俱增；财政陷入紊乱。英国与共和国之间的个人联合——这个术语从严格的宪法观点来看当然是可以指摘的——给荷兰的竞争者提供了在经济和政治领域超过其对手的机会。

1680 年以前，17 世纪荷兰的富有创造力的天才都已去世：1669年伦勃朗去世，1672 年德·维特去世，1675 年杨·弗美尔去世，1676年米歇尔·德·勒伊特去世，1677 年斯宾诺莎去世，1679 年约斯特·范登·冯德尔去世。荷兰文明的灵性似乎变了。赫伊津哈把荷兰 17 世纪文明的特征描述为对于欧洲模式的偏离、一个例外而非典型。[①] 荷

① 　J. 赫伊津哈：《作品集》（哈莱姆 1949 年版），第二卷，第 45 页。

兰人看待自然的现实主义方法，他们对巴洛克式富丽堂皇的怀疑，他们行为的朴实无华，他们生活和写作风格的无序即不受文学抑或政治成规的束缚，他们基本的宽容与温和，使他们成了欧洲的局外人。1680 年后，这一独创性减小了。恰好在威廉三世成功地抑阻了法国帝国主义之际，法国古典主义开始渗入荷兰文学。然而，并非只是外国影响剥夺了荷兰共和国的深刻的独创性，使之服从欧洲的主流。与此同时，外国正开始采用荷兰的观念与荷兰的社会模式。启蒙运动能够依赖荷兰的许多成就。而且，其他国家的社会环境难道不也逐渐地按照同一个方向在发展？严格的寡头政体在专制君主眼中是个如此怪异和恼人的现象，但它毕竟预示了一种普遍的欧洲模式。17 世纪在共和国内形成的、从阿尔特胡修斯贵族立宪主义导向斯宾诺莎民主专制主义的政治哲学，有时给人这样的印象：它走过了 18 世纪从洛克和孟德斯鸠到卢梭将遵循的同一个历程。荷兰共和国不再像先前那样是经济、社会、政治和文化反常物，这可能是它衰落的部分原因。

（时殷弘　计秋枫　译）

第 十 三 章

王政复辟后的英国

　　1660 年查理·斯图亚特重获英格兰与苏格兰王位，几乎与此同时，他的表弟、法国的路易十四执掌王权。这两个事件都意味着一个空位时期的结束和君主个人统治时代的开始。两位国王执政伊始面临大不相同的问题，因为他们的国家在特征和体制方面截然相反；然而到 1685 年，即查理去世那一年，法国和英国表现出明显的近似，因为斯图亚特王朝的统治不再是真正议会制了；在这两国，新教徒都受到迫害，而且英国甚至有可能沦为差不多是法国的附庸。这一情况的由来是本章的主题：它如何被革命扭转则是另一章的主题。①

　　克伦威尔于 1658 年 9 月去世，紧接着是一个军队将领弗利特伍德、兰伯特和蒙克争夺最高权力的时期，约 20 个月；直到 1660 年 1 月，蒙克——那个时代最狡黠、最不坦率的人，才率领苏格兰占领军开进英格兰。这位将军把军队留在附近的芬斯伯里里，然后前去"鼓励"（即给予未经请求的保护）在威斯敏斯特的残余议会余党，它现在剩下大约 40 名议员，他们代表着发起了一场大叛乱的长期议会之遗老。蒙克有足够的眼力看到只有通过非军事力量才能和平地复辟君主制，因而他把那些被 1648 年 12 月普赖德清洗所驱逐的长老会教徒中的幸存者带回下院（1660 年 2 月），以此完全压倒了下院所剩的少数共和派和空想派残余分子。3 月 16 日，这个业经充实的长期议会发表自行解散的宣言，称下院的"单独表演"不会损害上院的权利，因而预告了两院制立法机构的恢复。随即，国务会议忙于起草一个据信可以约束查理权限的方案，现在查理被召回王位已成定局，因为下

---

　　① 见第六卷，第六章。

院中的长老会多数派是君主主义者。大选重新产生了一个保皇党占优势的下院；与此同时，长老会贵族也在上院占据其席位，不久又有一些回国的流亡者进入了上院。1660年4月25日开始议事的代表国会决定王国政府由国王、上院和下院构成；查理被立为国王，其复辟之年未被称作他在位的第一年，而是第十二年。5月25日，国王抵达多佛，复辟由此告成。

　　最后两位男性斯图亚特国王治下英国历史的主要线索甚至从以上的事件略述就能推导而出。人们会注意到，复辟不是如查理及其胞弟詹姆士流亡期间试图安排的那样，通过国外干涉实现的，甚至也不是通过国内军事政变实现的，而是通过先行重设议会两院（不管议员人数怎样减少）实现的；人们也会看到，蒙克自始至终担负着领导角色，他得到信奉君主制的长老会分子的帮助，也得到他麾下并不信奉君主制的军队之赞同。蒙克在采取保皇政策时背叛了他的士兵，后者是信仰共和、反对斯图亚特王朝的。这在很大程度上说明了被遣散老兵中间的长期不满，它导致了许多密谋活动，特别是在查理统治初年。由于这个原因，该时期许多的立法可以被认为是出于恐慌的立法。与分离派不同，长老会分子考虑的是一个国教会、一种有限君主制和一个有权有势的世袭贵族阶级。在整个英吉利共和国和护国主时期，他们始终不信任克伦威尔；他们在第二次内战中为国王作战，并且在他儿子的复辟方面起了带头作用；因此，他们很自然地假定，即使不对分离派教徒实行宽容，至少应对他们自己实行宽容。在这方面，他们像蒙克的士兵们那样被出卖了。最后，还存在一种普遍的假设，即至少内战的某些教训将被引以为鉴，且将对国王施加限制，以便防止公众记忆犹新的事件重演；查理一世的悲剧怎么会不成为一种界定得更明确的新型君权的出发点呢？然而，不幸的是，有许多人从那个悲剧中引出了恰好相反的结论：血债要用血来偿。很长时间里，舆论截然分裂为这些对立的思想派别。查理尽管是作为一个议会制君主，也即作为一个倚赖议会而非倚赖自己的国王回国，但是，我们很快要叙述的一些事件却割断了他和他的继承者同那个把他从流亡中召回国内的机构之间的联系，并导致在1688年被推翻的那种不负责任的君权。

　　为什么议会未能对这位复辟的国王施加条件？答案可能在于，查

理及其军师爱德华·海德——日以的克拉伦登伯爵——决心不屈从于
任何条件；另外，代表国会的下院在无休止地谈论大宪章和权利请愿
书之后并无结论，可能因为他们之中没有哪个有足够的主动性或胆量
提出一项法案，或至少拟定一项决议。早在 1660 年 4 月的布雷达宣
言中，查理已经规避做出任何明确的宽容承诺；海德在给国内朋友的
信中也极力主张各项措施应予协调，以便尽可能地防止施加限制。于
是，1660 年复辟的国王就像他父亲先前那样不受约束。而且，直到
1675 年为止，只有在下述意义上才能把查理的统治权描述成议会制：
由于下院为王室年俸提供的钱款不敷所需，议会便总有希望利用王室
的财政困境（这种希望也未能实现）。另外，在 1675 年以后，最初
于 1660 年授予的年俸证明足可应付和平时期的用途而有余；因此，
除非投身战争，查理便不依赖议会。詹姆士在他唯一一届议会开幕时
处于同样的局势。相当清楚地解释这两位国王之统治的主要事实就在
于此。

　　下面就按这条思路进行叙述。代表国会希望在查理得自国王领地
和王家特权的收入以外，授予他适当的终身年俸。所需的总额议定为
每年 120 万镑，国王不仅须以此支付王家庄园的维护费用，而且须支
付海军的平时维护以及法官和驻外使节的薪金。直到 1697 年才确定
了现代意义上的《王室年俸法》；在此以前，议会给予的年俸既用于
个人花费，也用于国家开支。为了凑足这每年 120 万镑的议定数额，
代表国会决定查理可终身得到来自关税的年俸，通常估计每年约 40
万镑，加上来自国内消费税的每年约 30 万镑，其中每年 10 万镑永久
给予王室，以补偿由于废除监护法庭而丧失的收入。此外还加上若干
杂项，例如来自邮政总局和印花税以及 1661 年后来自炉灶税的收入，
据假定，这些款项每年总共产出约 100 万镑。事实上，产出没有那么
多；因此，在国王统治的头 12 年里债务不断增长，结果是 1672 年的
"关闭国库"，即承认部分地破产。查理没有得到下院的公正待遇。

然而 1660 年的立法者们不可能预料到，由于通商贸易的大发展，关
税和消费税的产出会如此增长，以致给予了国王超过 120 万镑的年
俸，而且这一年俸可以合法地收到而无须依靠议会。在查理于 1674
年被迫退出第三次英荷战争后，此种情况便一目了然了，其时荷兰
人被留下进行对路易十四的战争，英国则坐享中立带来的各种难得的

好处。到詹姆士登基时，这种通常被称为世袭年俸的岁入已达200万镑左右。这就是查理在1675年以后、詹姆士在1685年议会授其终身年俸以后在财政上独立于议会的原因。只有这样才能理解他们的政策。

前面说过，为查理的年俸所作的安排是同废除监护法庭连在一起的。该法庭由亨利八世设立，以便从所有根据免租使用权占有国王土地的人那里榨取在他们先前所服徭役等价的钱款，并且将那种曾是中世纪领主特权的个人监督强加于那些佃农身上，特别是强加于他们的幼年子女和寡妇身上。受此影响的佃农主要是以服军役为条件占有土地的人，实际上包括所有今天会被说成是土地所有者阶级成员的人。通过依法废除该法庭，这个人数众多的阶级便从一种与遗产税制度不无相似的制度中解放出来。许多人，包括最主要依靠土地而致富的人，从名义上的佃农变成了实际上的全权所有者。这个法令并不像一般认为的那样废除了一切封建占有权，因为"誉本保有权"未被触及，直到在20世纪被废除为止它仍旧是一种重要的占有权，故英国的地主在他们保持领主特权的任何地方继续对其誉本保有权佃农行使"封建"权力。但与此同时，地主们以一种落在每个消费者头上的额外税收为代价得到了解放；而且，他们注定要享有另一种好处，因为1660年后尽管有一些叛乱，但无内战，故因叛国罪而被没收财产的可能性便很小。除了几乎完全落在他们肩上的土地税负担外，地主们在1660年后处于一种特别优惠的和有力的地位。确实，作为土地全权所有者，他们自认为不属于几个阶级中的任何一个，而是国家中唯一完全可靠负责的成分。这是一个只可意会不可言传的事实。它造成了若干重大的后果。他们对土地的全权所有——我们倾向于把这和特权或垄断相联系——逐渐与广义的自由等同起来，即与行动自由等同起来，不管他们是作为大陪审团成员还是作为下院议员，而且，这种全权占有被视为是免受恐吓，而非反对贿赂的最好保障。这一区别在很长时间里被认为是完全自然的，并且构成1688年革命和18世纪政治的基础。

代表国会实现的复辟安排有两个主要目的，即结束政体实验时期和从空位过渡到君主制。关于第一个目的，先是默然假定，后来又正式规定：查理一世未予同意的所有法令和条例统统无效；不过，这些措施中某些最重要的经过修改和扩充被重新载入了法典。一个例子是1660 年的《航海条例》。根据《赔偿法》，还活着的"弑君法官"和其他大约 20 个人——他们未能及早改头换面——未获宽恕，其中约有 12 个人，包括亨利爵士韦因，被处死刑。土地解决方式引起了很大的不满，因为已发生那么多交换和购买被没收土地之事，以致无法设计出任何令人满意的解决办法。王家和教会的土地被收回；若干著名保皇党人的土地根据专门立法归还原主，但是小人物们只能靠自己打官司寻求力所能及的补救办法。通过这一方式，许多篡政期间轻而易举地得到土地的克伦威尔分子获得了跻身土地所有者阶级的永久资格，不久辉格党便从这种田连阡陌的新土地贵族那里吸取力量。

这些事实有助于说明为什么 1660 年的事件不被说成革命，而被说成复辟。在几乎不过 8 个月时间里，代表国会完成了过渡，成功地处理了每一个紧迫问题，唯有土地解决方案和在布雷达宣言中含糊做出的宗教宽容许诺除外。与此同时，保皇主义潮流不断上涨，在从 1661年 5 月延续到 1679 年 1 月的保皇党议会，即复辟时代长期议会的初期各次会议上达到了顶峰。这个议会在其 18 年的历程中完成了英国史上最引人注目的演进。它的性质无疑受到多次补缺选举的影响，但其成分基本上保持不变，即由许多土地所有者及其提名者构成，加上少数商人、律师、官吏和陆海军军官——一群参差不一的人，其中或许有青年保皇党人组成的核心，他们逐渐成长为心怀不满的中年辉格党人。

骑士议会开张伊始即通过了各种旨在使国王解脱束缚或控制的措施。第一，有一项法规授予他一切海陆武装力量的最高控制权；第二，另一项法规大大扩展了叛逆法的范围，因而使国王能更容易地对付批评者和反对派；第三，《许可法》设立了一种新官——出版审查官，他对未获许可出版书籍的作者和印刷者行使广泛的权力；第四，一项压制骚动性请愿的法令限制了臣民的请愿权；第五，《市镇机关法》试图把市镇机关成员资格限于圣公会教徒和忠君者。这最后一项措施通常不很准确地被当作《克拉伦登法典》的一部分，它确立了后来经1673 年和 1678 年《宣誓法》扩展了的原则：这些原则被当作完全公民资格的先决条件，即宣誓效忠最高权力，宣誓不抵抗，加上至少每年一次按照英国国教会的仪式行圣礼。根据《信仰划一法》（1662 年），一切领薪俸的教士，凡未获得圣公会主教任命者，必须放弃薪俸，这项措施到头来使得许多在今天被当作低教会派或福音派的教人和俗人加入了新教的不奉国教派，从而加强了该派的力量。圣公会的垄断以这一方式创立起来，范围所及包括教会、大学、中小学，后来还包括公民资格本身。

剩下的事只有处罚非国教教徒，包括长老会教徒。依靠1664年以后通过的、多少有理由称为《克拉伦登法典》的一系列措施，此事得以告成。1664年的《宗教集会法》禁止为宗教目的举行5人以上的集会；1665年的《五英里法》禁止所有未宣誓的教师和讲道者进入自治市镇周围五英里之内。与这些措施并行，发生了一场激烈的反对非国教教徒的运动，民兵被动用来援助市政当局。对于这些严厉行为，查理本人即使有任何可以指责的地方，那也极少，因为此时他倾向于宽容；英国国教会的教士们也没有什么可指责的地方，因为他们不负立法责任。事实看来是，国王不得不予以默许，否则就得不到议会特别拨款。责任在于下院的多数议员，他们正一意复仇，即报复处死查理一世一事。在他们看来，所有各种非国教——长老会、教友会和浸礼会之类——都可能是叛逆；只有通过依附英国国教会，一个人的忠诚才能够检验出来。至于罗马天主教徒，仍然受制于伊丽莎白时期的严厉立法；但实际上这一立法既不统一，也未严厉地实施于天主教俗人，这些人虽然遭到种种不便，但不受迫害，亦非绝无公民权。然而，在查理的统治结束以前，尽管他们的地位依然如旧，对他们的态度却完全改变了，英国人的心灵中注入了那种一直留存到近期的对罗马天主教制度的怀疑和仇恨。

到1661年4月，英国的王政复辟可认为业已完成。在那个月里，国王流亡期间服侍其左右，后来直到1667年落难流放为止一直作为非正式首席大臣行事的海德大法官，成了克拉伦登伯爵；蒙克将军被封为阿尔比马尔公爵；适时变换其效忠方向的安东尼·阿什利·库珀成了阿什利男爵，后来又成了沙夫茨伯里伯爵——辉格党的缔造者、国王最可怕的对手。圣乔治日，即1661年4月23日，查理在威斯敏斯特修道院加冕，并被慷慨地涂满圣油。确实，涂油证明如此灵验空前绝后，因为他将作为一个极成功的瘰疬"触摸者"[①] 大得民望。加

---

① 昔时迷信，瘰疬经国王一触，即可痊愈。——译者注

冕之后便是结婚。这于 1662 年 5 月 21 日在朴次茅斯举行，他在那里通过两套仪式娶了布拉干萨的凯瑟琳公主，一套是圣公会仪式，另一套是天主教仪式。年轻的葡萄牙新娘带了丹吉尔和孟买作为部分嫁妆，其中第一个地方经过一段岌岌可危的占领之后于 1683 年投降。第二个地方后来成了英国在印度的权力的基础。这项婚姻得到路易十四赞成，他渴望获取英国和葡萄牙的帮助来对付他的岳父——西班牙国王菲利普四世；确实，路易急于看到这桩婚事告成，以致提供了大约 5 万镑。这样，查理在其统治初年就被搞得立誓保证促进其法国表弟的图谋。

与这些事态并行，王政复辟在爱尔兰和苏格兰完成。总的来说，爱尔兰在 1660 年到 1688 年这一时期里是比较幸运的，主要因为斯图亚特家族同情属于凯尔特族的爱尔兰人，也因为他们有奥蒙德公爵詹姆斯·巴特勒为其效劳，他是最能干的爱尔兰总督之一，从 1661 年到 1668 年，而后从 1677 年到 1684 年任此职。这位公爵的官运最初与他的国务同僚克拉伦登的官运联结在一起，后者在受国王宠信方面不久就被阿林顿和白金汉之流华而不实的年轻人超过；但是，巴特勒在 1677 年有幸重新得势，并且在"天主教阴谋"和斯图亚特反击的困难岁月里始终成功地指导爱尔兰国事。奥蒙德公爵的任务是尽可能减少英国宫廷走卒对爱尔兰世代相传的剥削。他还大力鼓励发展当地手工业，特别是亚麻纺织业。为此目的，他从法国和佛兰德斯引进熟练工人，但这一行业后来集中在新教盛行的北爱尔兰。一般说来，爱尔兰的复辟解决方案和英格兰相似。1662 年，根据一项《爱尔兰信仰划一法》前不久制定的祈祷书被强加于爱尔兰（新教）教会，所有教师和牧师都被要求宣誓不抵抗和弃绝庄严盟约。[①] 罗马天主教徒被撤销官职，但他们并未遭受迫害。爱尔兰议会两院复会，但其提出法案的主动权大大受制于英国枢密院的控制；结果，这个时期的爱尔兰立法大都不过是英国法规的翻版，其中许多只对英国血统的爱尔兰人有利。因此实际上爱尔兰天主教徒仍然是贱民，但至少他们的手工业受到鼓励，并且不受干涉地奉行自己的宗教。

像在英国那样，土地解决办法是最困难的问题，而且原因相同，

---

① 见第四卷，第十八章。

因为篡政时期被没收的大量土地已经几易其主。1641—1643 年的爱尔兰叛乱①使得事情更加复杂，当时大量新教徒遭到剥夺，克伦威尔的征服也是如此，其间许多天主教徒被英国士兵和"冒险家"即土地投机商夺去了土地。这一人数众多的土地所有者（大都是小土地所有者）阶级据信同情共和，在复辟时期的国务家们看来显然是可恶的。而且，英国宫廷里有人坚持要获赏大量爱尔兰土地，而在爱尔兰有许多被不公正地剥夺了土地的"教皇党良民"。查理一世同情这最后一类人，但不得不为廷臣而牺牲他们。总的结果是，在近 8000 名被剥夺的罗马天主教地主中，只有约 1300 名被发还地产，同时许多士兵和冒险家不得不弃其所有。由此可安排的土地被大片地赏赐给宠臣，其中许多是不在地主。即使在这个较为慈善的时期里，他们的大部分代理人所表现出的那种凶狠苛刻也使得英格兰佬这一称呼遭到爱尔兰人的厌恶。

　　要不是苏格兰这个北部王国被交给变节的苏格兰人，英格兰佬的称呼就会在那里遭到同样的厌恶。这些人有许多最初反对圣公会制度，但既然旧祭坛已被打翻，他们便急不可待地要迫害他们先前尊崇的先知。假设斯图亚特家族决定在这北方确立伊斯兰教，这些人就会甘愿变成土耳其人。他们当中引人注目的是约翰·梅特兰，即后来的劳德代尔伯爵、苏格兰枢密院大臣，他实际上统治苏格兰直到 1680 年为止，他古怪地兼粗俗、迂腐和绝对忠于其君主这几种性格于一身。斯图亚特家族对故乡几乎全无感情，它的新教和贫困引起他们的厌恶；由于缺乏多少保护臣民自由的体制，这个北部王国处在外国王代理人的掌握之中孤立无助。实施这一制度的严厉程度与日俱增。1661 年，"苏格兰教会"恢复，这意味着查理一世曾极不明智地强加于苏格兰人的圣公会制度卷土重来。与此同时有了一个著名的受害者：苏格兰长老会教徒的世俗首领阿盖尔伯爵被抓去"审判"并被处死，其罪名是在给蒙克的私信中（此信由蒙克交给了宫廷）使用了含有赞成英吉利共和国之意的术语。这预示了不久后其将如何对待长老会教徒和盟约派。

　　历史学家们强调这些保皇党人是偏执者，但应当补充说，并不只

---

　　① 见第四卷，第十八章。

是保皇党人才有那种品性。苏格兰缺乏像英格兰存在的那种有力的地方管理；陪审员们可以因为自己的评判而被课罚金和被监禁；除很少例外，法官们在政治审判中都服从行政权力的意旨。古老的王国三级会议仍然（以一院方式）在爱丁堡的议会大厦开会，但按照法律，诸等级混合是被禁止的，因而第三等级由商人和手艺人构成，他们由于局限于工商事务而被禁止就行政管理发表意见。这一管理由听命于白厅的苏格兰枢密院支配。王室籍的实施旨意的另一个机构是章程委员会，它通常奉旨行事，决定要提交三级会议的措施。由于这些原因，17 世纪的苏格兰实际上无政治生活可言。司法由男爵法庭，即半私设的法庭管理，设在爱丁堡的最高法院由阿谀奉承的法官们主持，其谄媚成性甚至超过了威斯敏斯特厅的法官。可以随意用严刑拷打来逼人"坦白"，拇指夹（从莫斯科地区引进）在这个时期里被用来取代不适于腿细者的"刑靴"。这些事情不重要，因为苏格兰是那么一个贫穷落后的国家。但是，它们为斯图亚特家族的统治提供了一个颇有意义的注解。毫不奇怪，许多逃脱"法网"的苏格兰人在荷兰避难，后来同奥兰治的威廉一起返回故国。

　　然而在复辟之际，这些还都是未来之事。在英格兰，人们确实感到如释重负：军队和圣人的统治结束了，国家终于被交还给理所当然的国王。国王决心把两个不易吻合的目的结为一体；他要自行其是，并且避免再去国外旅行；他在第一个目的上的相对成功和在第二个目上的完全成功是无比精明和政治直觉的结果。

　　他当时的声望由于第二次英荷战争①的指挥方式及其事态发展而稍有跌落。并非只有佩皮斯才看到了英格兰和苏格兰水手们所陷入的绝境，他们得不到薪饷，吃半腐败的食物；还有 1667 年梅德韦之耻，当时一些最好的海军舰船被荷兰小船烧毁或拖走。克拉伦登被顺手找来充作为这些事情负责的替罪羊，结果他被迫流亡国外。第二次英荷战争给查理造成了外交困难，因为那时路易十四恰好由于同联合省的条约承担了义务，作为盟友前去援助它们。在英国方面，这场战争是应遭受荷兰竞争或公开敌意之害的贸易界势力之请而打的——在这个意义上它是一场民族战争，但查理不情愿开战，因为这会导致同法国

---

① 又见前，第十二章，边码第 288—289 页。

兵戎相见。尽管如此，路易仍颇讲义气地对待其表兄，尽可能少地援助他那落得单枪匹马的荷兰伙伴，并且向查理保证充分理解其难处。战争因布雷达条约（1677 年 7 月）而结束：英国获得纽约与新泽西，但荷兰人保留普洛—伦岛与荷属圭亚那，法国则保留阿卡迪亚与法属圭亚那；换言之，英国未能取得香料贸易立足点，而荷兰人在海上照旧强大。1668 年三国同盟的组成使得斯图亚特和波旁两家的关系再度经受考验，该同盟是英国、联合省和瑞典反对路易侵略的同盟。查理对此不幸的力量组合所作的私下道歉在凡尔赛被顺利地接受了，在那里大家都知道他正受着异教徒和腐败立法者的摆布。此外，路易毫不怀疑（据称）多亏法国才独立的荷兰人已经忘恩负义。因此 1668 年后西欧形势有如下述：路易对一个先前的盟友义愤填膺，他只给过它名义上的支持；他向一个先前的敌人表示友好，他给予其国王秘密的同情。为何不公开同查理携手反对荷兰人？如果荷兰人被消灭，难道不大大有利于英国的天主教事业？因战胜英国的头号对手而得到加强的斯图亚特国王将处于得以在其骚动不安的臣民中促进正统信仰事业的地位。

　　路易十四的大臣科尔培尔不同意这种观点，他认为可以通过英法针对联合省的商业同盟而不是通过战争来毁灭荷兰的繁荣。旨在缔结这么一项条约的谈判开始举行，但它们主要由于法国坚持要英国采用法国的度量衡标准而破裂了。于是，路易十四取代其大臣施展身手；两国使臣继续来往于海峡两岸，但现在是为了一个大不相同的目的，即谈判那个逐渐被称为多佛密约的东西。到 1669 年已达成一致意见：路易将为两项特别事务向查理提供津贴——在英国恢复天主教和进行一场对荷兰的毁灭性战争。该条约于 1670 年 5 月 22 日和 6 月 1 日签署。根据其条款，查理同意站在路易一边对荷兰作战。路易则有鉴于此许诺每年支付 300 万锂（约 25 万镑），并答应查理将分得瓦尔赫伦岛、斯鲁依和卡德兰为战利品。如果路易取得对西班牙领地的任何新权利，查理将协助贯彻这些权利。他还承诺宣布自己是罗马天主教徒，但何时这么做由他自己决定，其酬赏将相当于大约 16 万镑，连同 6000 兵马用来镇压可能随此项宣布而来的动乱。在"五人团"（人们如此称呼查理的 5 个幕僚组成的非正式小组）成员中，只有克利福德和阿林顿知道内情，其他 3 人阿什利、白金汉和劳德代尔对交

310

311

易的宗教部分一无所知。

从 1671 年 4 月到 1673 年 2 月，议会休会。在这一时期，查理试图搞一项折中，它似乎可向兑现多佛密约之宗教条款的目标有所迈进。这就是 1672 年 3 月 25 日发表的《免罪宣言》，据此国王中止实行一切惩治非国教教徒和所有拒不宣誓者的刑法。罗马天主教徒将被允许在自己家里做礼拜。根据这个措施，只有王家才会受损，因为它将不得不丧失迫使不从国教者缴纳罚金所得的收入。至于对荷战争，查理受到不断增长的债务影响，这些债务使他不得不默许"关闭国库"（1672 年 1 月）。于是，在《免罪宣言》发表两天之后他对联合省宣战。因此，与同前两次英荷战争不同，第三次英荷战争完全不是一场民族战争，而是国王自己主动发动的，目的是获得领取法国津贴的资格。

当议会在 1673 年 2 月复会时，下院多数在上院的一个权势集团支持下要求撤销《免罪宣言》理由是：只有立法部门才能中止在宗教事务中实施刑法。正是在这件事务上人们可以察觉到出现了一个与宫廷派有别的下院反对派——"选民派"，因为它没有荣获王室承认。也是在此时，大法官沙夫茨伯里得知了多佛条约中的秘密条款，他于是转而组织上院反对派，甚至查理也无法挑拨议会一院反对另一院。国王不愿为天主教徒牺牲自己利益，遂于 1673 年 3 月 8 日收回了免罪宣言。他做得很及时。他还不止于此。几天后，他同意了第一个《宣誓法》，该法规定所有拒绝宣誓效忠最高权力并按英国国教会仪式行圣礼者及不肯弃绝圣餐化体信条者不得担任公职。其直接后果是前不久改变信仰的约克公爵詹姆士不再能担任海军大臣之职；一个不那么直接的后果是议会迫使查理通过威斯敏斯特条约（1674 年 2 月）退出了战争。按照这项条约，荷兰人同意交付一笔赔偿金，但除此以外它的条款是非决定性的，而且没有为英国人打开东印度群岛的门户；另外，英国现已中立，便能够夺取其对手和敌人的某些市场。[1]

同时，在 1673 年 9 月发生了一件不祥之事："改宗者"詹姆士同天主教徒（摩德纳的）玛丽结婚。詹姆士从第一次婚姻（同安

---

[1]　又见前，第十二章，边码第 295 页。

妮·海德）得到了两个女儿——玛丽和安妮，她们从小信仰新教；关于国王和王后，其永无后嗣现在被认为是确定无疑的了。人们还肯定，詹姆士将靠他的新妻得到后嗣，的确，这个生育力问题在公爵选择新娘时起了至关重要的作用，而路易对这一选择发挥了很大的影响。因此，多少意味深长的是，反对派恰好与开始担心王位继承问题同时出现——担心英国最终将由一个天主教王朝统治，它将与大陆上的同类王朝结盟并将确认异端为万恶之首。这种担心已经表现在议会坚决要求撤销《免罪宣言》和迅速通过《宣誓法》之中。重要的是，主动采取这个步骤的不是教会，而是立法部门，并且是为了一个世俗目的：在可以通过法规做到的限度内尽力维护当时被认为不可分离的两个事物——新教和英国独立。

研究由 1678 年《宣誓法》扩展了的 1673 年《宣誓法》，可以看出该法案中除提供圣礼明证外，没有任何肯定性的神学；否定性的神学有许多，即否决罗马天主教中某些根本的信条；其余是由旨在确保宣誓忠诚和服从的政治保障条款构成的。最后，根据 1678 年宣誓法，所有这些誓言和弃绝辞都必须"以明白通俗的词意"做出，意即此是俗人的信仰表白。直到 1829 年，这些法令才不折不扣地实施完毕；而在那以前的很长时间里，这套制度被放宽，以利于那些未曾宣誓而担任官职的新教徒；而且，以一种今天不易说明的方式，宣誓法逐渐被圣公会教徒、罗马天主教徒和非国教教徒等当作保护英国独立、抵抗威胁的堡垒。更有甚者，这套制度逐渐同启蒙运动以及宽泛的宗教宽容①联系起来，并受到伏尔泰的称赞②，因为它的效果是创立一种爱拉斯模式的教会，在其中教士阶层安分守己，不得拥有它在 18 世纪的法国所行使的那种秘密的和不负责任的权势。

在这 1673 年，多佛条约仍严格保密，但以上列举的公开事件使当时许多人怀疑其存在某种见不得人的勾当。他们是对的。即使国王信任他们并解释说他打算尽少遵守诺言，他们也不会放心。英国人此时表明的担忧是合理的担忧，它们被公开事态证明不无理由，并能通过参照秘密事态而得到证实。因此，不能把它们当作"宣传"的结

---

①　如 1689 年《宽容法》所示。罗马天主教徒未被包括在这个措施范围内，仍然不能享有种种资格，但不受迫害。

②　见于《英国人信札》。

果而置之不理。查理二世在承担多佛密约的义务时，更关心的是取得法国的金钱，而不是试图把天主教强加于英国；但是，我们能否同样吃准约克公爵的性格和意图？几乎因为其弱点而在全国颇得民望的查理与其胞弟截然相反，后者之所以可怕是因为他的优点——勤勉、宗教热情、坚韧不拔以及不惜任何代价来达到目的的决心。正是因为这一点，许多英国人——圣公会教徒和忠君者——开始将詹姆士视为威胁，一种因 1673 年后数年中不断加深的怀疑而上升为恐怖的威胁。

为什么 1673 年的合理担忧变成了 1678 年即"天主教阴谋"之年的胡乱惊恐和歇斯底里？历史学家们是否曾令人满意地回答过这个问题诚可怀疑。部分答案至少可以在一个出人意料的地方找到，那就是在"天主教阴谋"前夕的 1677 年通过的一个措施——《防止欺诈法规》中的一项条款。这项条款规定，作为价值 10 镑以上货物买卖契约有效的条件之一，买卖双方应签署一个字据或备忘录。议会试图以此来（虽然是间接地和部分地）对付那种据知是当时头号社会恶习的行为——伪证。在一个盛行发誓的时期，许多店主乐意上法院以便作伪证（通常在其学徒的协助下）：某某未来顾客已口头约定某些购买；而《法令全书》则提供了这一恶习盛行的最佳证据。当时，伪证若属初犯，只算是轻罪；这样，一个偷了 5 先令的人很可能被绞死，而假如他依靠做伪证致使一名无辜者死亡而得到了同样数目的钱，他只被罚以一小笔罚金和戴枷示众。不幸的是，普天之下孤自疾呼反对这一罪行的是（著名的）无神论者霍布斯[①]，这个事实可能导致许多善良虔诚的人容忍一种显而易见的邪恶。关于伪造票据，情况也是如此，在该世纪末年英格兰银行钞票的发行促使立法部门修改法律以前，伪造票据甚至还未开始被看作一项重罪。因此，在查理二世统治时期，杜撰离奇的阴谋故事，诬陷知名和杰出的人士，希望依据编造的或经伪誓的证据将他们置于死地，并不显得特别卑鄙或无耻，尤其是因为能够那么便宜地得到专业造伪者的效劳。这甚至也不是一件冒险的勾当，因为一旦被揭穿，可能只会导致戴枷示众，或许还是在同情的旁观者面前。

314　　在这样的环境中，发现"阴谋"并信誓旦旦地加以证实，几乎

---

① 《利维坦》，第二十七章。

是 17 世纪时的一桩嗜好。泰特斯·欧茨要不是因为当时那种对他来说十分走运，但对一些完全无辜的人——大都是罗马天主教徒——来说却十分倒霉的形势，可能永远只能默默无闻。他的第一项本钱是惊人的记忆力，他能记住自己的所有谎言；第二项是他的神学博士学位，据推测是由萨拉曼加大学授予他的；第三项是他精明的心理学才能，这使他能够觉察到利用近十年来一直在增长的恐惧和猜疑之时机已经成熟。然后是"天赐"，即信仰新教的地方法官像德蒙爵士贝里·戈弗雷遭暗杀后的尸体，1678 年 10 月在汉普斯泰特附近发现。戈弗雷不幸接受了欧茨信誓旦旦的作证书，内容是关于一个由教皇和耶稣会士的大"阴谋"，其主要目的为暗杀国王，由詹姆士取而代之，随后将是普遍屠杀新教徒。在当时的人们看来事情一目了然：由于戈弗雷这位并非情愿地掌握了那么多秘密情报的人活着太危险，他一定是被耶稣会士除掉的。以后几个月里横扫英国的歇斯底里浪潮极为汹涌，以致除了国王（他可能继承了苏格兰高地人的预见力天赋），当时几乎所有的著名人物都相信有此阴谋——的确，相信有此阴谋成了衡量爱国主义的标准。在整个这场事件中，沙夫茨伯里起了带头作用，他同欧茨合作训练证人，结果，有大约 20 个受害者丧命。

　　这个阴谋的影响可以从某种党派分野的产生中看到。有许多公众舆论二元化的先例，早在 1673 年就有证据显示议会里的这么一种不一致，虽然议会长期以来一直不愿公开承认此种分野的存在。然而，正是这场"天主教阴谋"使得这种最终将创造出当今党派政治的二元化成为一种普遍和全国性的现象。这起初是宫廷的支持者和反对者之间的简单竞争。宫廷的支持者包括信奉世袭君权神授论及其相关的消极服从或不抵抗论的人，这一理念倡导服从神权君主的合法指令并屈从他的非法指令。这些信条的提倡者自称甘愿服从君主，甚至到不惜殉难的地步，但实际上他们不那么蠢。此种观点的主要支持者圣公会教士争辩说，没有必要从他们自己中间提供殉难者，因为查理一世已经代表他们献身了。斯图亚特家族不时被认为是愿意利用爱尔兰恶棍来反对信仰新教的英格兰人，因而"托利"即"爱尔兰"凶手一词便成了称呼这些君权支持者的绰号。他们从自己的教科书即《旧约全书》中提取了神权君主可能出错的确证；事实上，他出错的可能大于正确的可能；不过，由于他只对上帝负责，他的臣民除了承认上帝以此间接方式惩罚人类罪恶外，对此几乎毫无办法。

正如爱尔兰提供了一个恶称那样，苏格兰提供了另一个，因为在英格兰生活中没有任何足够凶狠的骂人话可以适用。正是在这个时期，北部王国的事态在英格兰观察者看来又一次变得重要了。这些事态不得不予以简述。在苏格兰西南部有许多长老会信徒，他们由于拒绝服从圣公会而失去法律保护并遭到迫害；1678年年初作了刺激他们叛乱的尝试，办法是把一批多达六千名被称为"高地主人"的高地盗匪安置在他们的农场和宅地中。这一尝试失败了：那些部族民带着掠获物撤走，而许多苏格兰人则移居北爱尔兰。1679年5月又来了一项罪行，进一步激怒了舆论并导致了残酷的报复，这就是暗杀遭到仇视的圣安德鲁斯大主教詹姆斯·夏普，接着在几星期后格拉亨（克拉弗尔豪斯的）败于一批盟约派之手（德拉姆克格战役）。这使得查理政府派蒙默思公爵前往北方，指挥将得到爱尔兰天主教徒增援的部队。但是，在爱尔兰天主教徒抵达以前，公爵成功地在博思维尔布里格战役中打败了装备不良的盟约派（1679年6月）。到此时，宣布不再效忠斯图亚特家族，或"逃亡"或积极叛乱的长老会极端派已经以"辉格党人"著称。这一绰号现在被用来称呼那些先前被称为"选民派"的批评查理政府的英格兰人。

这个党派包括了一大部分富商和非国教教徒，并在上院占有许多席位。的确，它是个贵族党，其党徒中有许多人拥有头等赛马的事实多少证明了这一点。托利党人的牛津大学比辉格党人的纽马基特大学差得多。辉格党人几乎无一例外是新教徒，他们敢于批评君主，理由是他的政策正在危及民族信仰，正在导致英国臣属于路易十四。或更确切地说，他们敢于批评他的大臣，例如丹比伯爵，他们在1678年年末试图弹劾此人。但他们失败了，因为查理预先完全赦免了他。辉格党人从处死查理一世的悲剧及其无所成效之中得出了一个教训，即坚持切中要害地指控国王本人有罪是无用的——指控必须对着国王的代理人；因此，他们重新拿起传统的普通法准则"国王无谬误"，并在下述意义上运用之：大臣必须对国王的所有公共行动负责。由于这一责任只有通过议会弹劾才能执行，辉格党人从一开始就坚持议会必须定期召开。因此，他们是主张议会主义、议会制政府和大臣责任制的党。与此相反，力量主要来自低级教士和乡绅的托利党人坚持要毫无保留地服从君主个人的特权。他们献身于英国国教会。不过，这里有一个复杂的情况，即这个高教会的党派由于厌恶信仰新教的非国教教徒，被视为同情天主教甚于同情新教，而且许多圣公会牧师弃绝了同改革教会的任何联系。唯一能肯定的是，查理二世把主教和牧师们的支持作为自己的权力基础，非国教教徒越受到惩罚，这一支持就变得越有力。

　　自然，这两个绰号遭到许多被如此称呼的人拒绝，议会两院也不存在可以被贴上其中任何一个标签的党派。因为政客们不是按照党派隶属关系来考虑问题的，而且政府的"基石"仍旧不是党派信条，而是家族、利益和部族集团。也不存在任何关于个人正直与否的区别，因为所有党派不管名称如何都包括某些声名狼藉者和许多腐败者。但这并不是说辉格党和托利党没有区别。一种简单鲜明的二元主义已被议会外举国上下急切地接受了，虽然这仅仅是因为那么多人按照两方竞争的方式想问题，而两方竞争在英格兰一向比在其他地方更流行。因此，最初讲解党派区分的人是没有选举权的群氓。这种区分可以被扩展到许许多多生活领域。饮料、誓词、旗帜、守护神、赛马场、卖酒处和咖啡馆都被按照阵线这方或那方排列起来，其中每一方在对方看来都是由一种超人的权力领导的：一方由恶魔调度，他因为是头号批评者而显然是辉格党魁；另一方由罗马娼妓担任统帅，她在"纯蓝"的辉格党人面前招摇其鲜红的服饰——整个图景以艳丽的色彩提供了一个即使最卑贱者也能理解的模式。对于一个骚动不安、青春年少的民族，这整个是天赐之物，因为每人都可以决定站在哪一边。不仅如此，为数众多的赛马场还提供了一个安全阀门，在那里过剩的热情可以分散到更为多样的竞争者身上。英国的党派政治最初不是表现为学术辩论的文雅滥调，也不是表现为议会运作的老谋深算，而是表现为贫民区里和绞刑架下的下流谩骂；由于这种方式，英国人在取得选举权以前就已变得关心政治了。

　　与此同时，"天主教阴谋"迫使议会面对一个斩钉截铁的问题：是否应当不准约克公爵詹姆士继承王位？如果不准，那么谁将继承？他的长女玛丽（嫁给奥兰治的威廉）？或者查理的私生子蒙默思公爵？倘若他继位可能根据"一种有限指令"施行统治。不过，这些问题不是非要在查理统治时期回答不可，这主要归功于当时的老臣哈利法克斯的辩才，上院拒绝了下院在 1680 年 11 月提交的《排斥法案》。这就把王位留给了詹姆士。短命的牛津议会在 1681 年 3 月 18 日解散，就查理来说这标志着议会制政府的结束；与此同时，法国津贴的恢复提供了英国政策将从属于凡尔赛谕旨的某种保障。既然议会、排斥和阴谋都已清除，詹姆士便作为其兄长的军师和副手走到台前，在这个意义上詹姆士的统治在他登基前四年就开始了。1683 年所谓的黑麦酒店密谋给辉格党人提供了一个反守为攻的好机会或好借口；而且，在杰弗里斯法官的帮助下，宣判著名的反对宫廷者犯有叛国大罪显得轻而易举。威廉勋爵罗素和阿尔杰农·西德尼就这样被除掉了。把地位较低的辉格党人送往彼岸一事则使刽子手杰克·凯奇忙个不停。沙夫茨伯里同其他许多人流亡国外。泰特斯·欧茨下狱，不是由于作伪证，而是由于无力缴纳因诽谤约克公爵而向他征收的 10 万镑罚金。

对查理和詹姆士两人来说，这是个复仇时期。复仇开始于对自治议员选区的处置，许多选区已重新被下院批评者甚至宫廷的敌人控制。于是，这些选区的特权遭到"特许令状"的审查，而且它们几乎全被改组，以便保证只接受圣公会教徒和忠君者。由此，市镇机关的围墙，包括伦敦市府的围墙，在杰弗里斯面前像耶利哥城墙一般坍塌了。宫廷希望的是，通过选区的改组，假如不得不召集议会，那么也只有"合适的"市选议员才会被送往威斯敏斯特；也因此，可以信任经过改组的市镇机关的行政司法长官来召集"合适的"陪审员，这些人在任何关系到君主的诉讼案中会提供他们被期望提供的评判。这一反市镇机关的运动所依据的理论至少是如此。与此同时，针对信仰新教的非国教教徒的刑法加紧实施，在某一案件①中，全靠地方当局的勇敢行动，才防止了用龙骑兵来蹂躏乡村。在苏格兰，不那么幸运的是民众和行政权力之间没有出现任何中介；因此，在长老会的苏格兰像在胡格诺派的法兰西那样，这是个"杀戮时期"，两点钟被判罪的人到五点钟就被绞死。

查理二世于 1685 年 2 月 16 日死去，终年 55 岁。他在世最后几

---

① 即希罗普郡案件。证据见于查理统治时期的国家内政文件第 438 束，第 29 号，查尔斯·霍尔特和其他高等法院法官致森德兰函，1684 年 12 月 8 日和 15 日。

年多少显得身心俱衰。这些岁月对他来说是个平静的时期，对他的国家来说则是个不稳定的和平时期，这种和平是由他的胞弟和刽子手帮助促成的。"Rien n'avance les choses comme les exécutions"；英国在政治上沦为了法国和苏格兰那样的状况；只有爱尔兰依然如故。不管历时多短，英伦三岛是一个体系的组成单位，这个体系把它们同可敬的、"状况良好"的大陆国家联在一起。这个体系最温和、最合理的阐发者是伟大的法国主教雅·贝·波舒哀。在他为查理和詹姆士之母亨丽埃塔·玛丽亚死时（1669 年）所致的悼词中，这位主教强调英国在一些年里被不敬权威的和老是渴望变革的情绪所折磨。这一"狂热的追求新奇的过度激情"是拒绝天主教信仰造成的，而只有天主教信仰才"有使人安分守己的一定分量"。上帝惩罚那些背离真正信仰的民族。按照波舒哀的说法，亨丽埃塔·玛丽亚确信只有通过恢复天主教才能恢复英国的秩序，而她的长子已经在天主教徒中间找到了他最好的臣仆。查理一世的过错不像他的反对者强调的那样在于固执或背信弃义，而在于宽厚。[①] 这些就是末代男性斯图亚特君主们默然信仰的宗教—政治制度之原则，它们以一种符合其庄严场合的精致和有分寸的方式宣示出来。查理在照此行事以前不得不等待时机；詹姆士未及登基便在照此行事。这种制度也不可能靠经验，甚至失败和灾难得到修改，因为它具有神学教条的极端僵硬性：詹姆士本人便是明证，他在流亡期间最后悔的是他过于宽大。对这么一种制度的功过，每个人都可以有自己的看法，但它的存在与含义毋庸置疑。

　　波舒哀正确地认为英国人是个好骚动的民族；但是，他完全不懂有助于抑制骚动，甚至赋予它某种方向感的条件，因为他的经验局限于法国，而法国是个同英国的不正常相反的"正常"国家。这一不正常以如此众多的形式表现出来，以致大多数外国观察者都同意说英国人疯狂，其确证是他们中有那么多人履行公务但不拿报酬。英国在其法律、中央政府和地方政府方面不正常。刑法几乎像大陆国家的刑法一样严酷，因为法律的主要目的仍被认为不是保护人，而是保护财产。另外，从特威德河畔贝里克到英国最西端的小村，法律是一致的，而法国却存在着成文法地区与习惯法地区的差别。后者包括了大

---

① 雅·贝·波舒哀：《法国的亨丽埃塔之悼词》。

约 300 个实行不同法规的专区。而且，陪审制是英国司法程序所特有
的，在 1670 年，因布歇尔一案，陪审团裁决不可违背之原则首次得
到维护。除了有因此案而取得了某种独立性的小陪审团外，还有由殷
实的全权所有者组成的大陪审团，它们是无法被轻易吓倒的。这种团
体进行预查，以便决定一个案件是否应当提交审判，由此便给臣民提
供了某种保护，使之在行政部门为惩罚批评者或持异议者而诉诸法庭
的任何场合免遭其害。一个显著的例子发生在 1681 年 11 月，当时国
王试图根据一项捏造的叛国罪指控除掉沙夫茨伯里。由辉格党人组成
的中塞克斯郡大陪审团拒绝了控诉状，理由是没有提出任何确凿的叛
国证据，这是查理及其政府的一次重大失败。不过，他们吸取了这个
教训，因为通过改组自治议员选区，他们希望确保只有身为托利党人
的大陪审团成员才会被重新选入。

复辟是在一个清教徒作法律改革实验的时期之后发生的，这些实
验直到边沁时代才得出成果；但与此同时，查理二世统治时期由于添
入法典的许多内容而引人注目。其中有 1666 年通过的《诉讼时效法
规》。所有战争都造成可能无法确定一个男人是死是活的情况，这可
能对其妻子和后嗣大为不利；因此，在第二次英荷战争中通过的这个
法规设立了一个专断的，但并非无理的时限，即在国外失踪、没有任
何活着的证据长达 7 年，此后即可假定已死。沙夫茨伯里的"增进
保障臣民自由及防止监禁于海外之法令"，更普遍地被称作《人身保
护令修正法》，甚至被称作《人身保护令法》。查理于 1679 年 5 月正
式将其颁布。人身保护令状是个古老的匡正办法，旨在保证被拘留者
能现身法庭，以便使其拘留原因得到公开的调查，但在实践中，行政
部门有许多进行干预的途径。于是就发明了一个程序，据此，拘捕令
只能由一位高等法院法官颁发，并且只能在一定期限内颁发。拘捕令
可能不得不申请若干次，而且即使给了也可能经过长时间拖延才送
交，在犯人被囚于海外——例如泽西——的情况下就是如此。沙夫茨
伯里的法令起源于早先旨在防止监禁于海外的措施，它纠正了这些弊
端，并且为现代人应用这一匡正办法奠定了基础。这一匡正办法可称
各英语民族的司法所特有的，与那些政治嫌疑犯可以被秘密地、无限
期地监禁的制度形成对照。当詹姆士宣称他希望看到《宣誓法》被
废除时，他添了一句说《人身保护令法》也应废除。

要不是由于下述事实，这些成就几乎是不可能的：古老的英国普通法不管可能多么严重地被柯克（Coke）和其他法学家曲解，却毕竟被认为向臣民提供了抵抗行政部门侵犯的权利和救策，这些权利和救策并非近来所得，而（据假设）是远古之物，是其他国家，包括英格兰的紧邻苏格兰的法律所没有的。议会的高等法院是这些东西的古老而又备受尊崇的守护者，它是这个国家的最高裁判者和审判者，而国王只是这个国家的一个基本成分，这同受君主个人控制的巴黎最高法院截然相反。议会下院当时所起的作用到现在还未得到现代历史学家的充分阐释，那么它使当时的外国观察者完全迷惑不解又有什么奇怪呢？诚然，下院大多数议员乐意收受贿赂，不管贿赂是来自丹比伯爵还是来自路易十四或别的什么人，因为私下腐败同当众声明高尚原则并非总是互不相容。但是，下院以其集体的身份宣称充当英国一切财产全权所有者的代言人并因此取得了力量。就个人而言，仅少数的议员受显著的个人利益之影响，但作为集体，他们在国内外享有世界上任何其他代表机构无与伦比的威望。可以贿赂这些英国人，但无法吓倒他们；查理懂得这一点，但詹姆士全然不知。还有，说他们是代表，并不是从他们乃受命于成千上万选民这一现代的意义上来说的，而是指他们包括乡绅、贵族次子、行政官员、陆海军军官、商人和律师，从而代表在这个国家里占主导地位的各阶层。

最后，最值得注意的是英国的地方行政。一个巨大的官员等级体系，从高官显宦到衙门小吏，从世俗臣僚到主教牧师，合作履行着使骚动不安的英国人安分守己的任务。这个体系的顶端是各郡的郡长，郡长在副手协助下监管民兵，并通过类似地方议会的机构评估财产所有人，以确定他们要为这一本地武装捐助多少。这些官员不时干预选举进程，他们还提供了一条使枢密院了解地方情感并使中央的压力得以行使的渠道。在实践中，郡长出自贵族和较重要的绅士家族。一个对这些人感到放心的国王对全国也感到放心，因而詹姆士二世将他们当中大多数人罢了官是不明智的。地位次一等的是警官和治安官。警官负责管理郡监狱和执行死刑，通常任职一年，其职务被认为既麻烦又费钱。治安官人数较多，他们执行绝大部分的郡行政和司法工作。他们或者单独，或者两人一组，或者通过每季例会——该郡所有治安官的集会——来履行职责，应付法典要求的无数任务，如颁发啤酒馆执照、发文确定私生子的父亲，或判处不服规章者缴纳罚金或锒铛入狱，等等。治安官们都是财产全权所有者和国教教徒，通常他们拥有的法律知识不超过可以从道尔顿《乡村正义》之类的标准手册所能获得的范围。他们中许多人欺压下民，不容异己，不过，他们是不领酬金维护一种制度的人，该制度的主要目的是在一个心思活跃的国民中维持法律和秩序。

这些并不是行政体系仅有的官员。教会仍然对俗人行使某种教规控制，一般是通过主教管区法庭。对于村民，有副主教巡视实施管辖，届时通过罚钱、苦行赎罪或革除教籍来教训骂人成性者、未婚先孕者、不守安息日者以及教区内所有一贯捣蛋者。没有任何人卑贱得不配教会达官理会。此外，人们并不总是认识到昔日的领主裁判权不管怎样残损，仍在许多地区存在，通常是在那些有着誊本保有权者的地区存在，誊本保有权者必须出席由代表领主的管家主持的习惯法庭：在那些法庭里，誊本保有权者的"效忠仪式"或陪审团可能不得不就五花八门的、主要同土地耕种有关系的罪过和犯规行为做出裁决。乡村的监控权不属于中央政府任命的官员，也不属于追击手无寸铁的村民的龙骑兵，而是属于本地平民，他们中许多人生活穷苦，毫无名望，而且他们全都习惯于那种属于自治要素的合作和公众服务。这里存在一个紧密结合的、井然有序的世界，远离白厅的放荡淫逸和凡尔赛的奴颜婢膝。詹姆士二世自讨苦吃地试图颠覆的正是这个执拗的、无法突破的世界。无论是波舒哀还是路易十四，都无法想象新教的英国拥有这么一种存在于地方行政中的制度：它靠大众参与一大批多半没有报酬的地方公职有效地保障了秩序。

这个时期英国的王室政策及其中央和地方体制的概况就是如此。
322　国家从这一政策中得到了一大好处——置身于大陆上的各场战事之外，这使它能够节省资源，积聚供它以后在与法国的长期斗争中使用的财富。它从自己的体制中获取了一种实业精神，使它能够在各国间占据显赫的地位。伦敦是这个越益繁荣、越益开明的英国之缩影。不过，这里必须注意一下其间的区别。伦敦和威斯敏斯特两市今天被认为几乎毫无二致，尽管它们仍由彼此独立的行政当局管理，但在历史上，它们互不相同，甚至可以说是截然相对。威斯敏斯特有其修道院、宏伟的王宫以及议会两院，它以哥特式的建筑体现了民族历史的四大支柱——教会、王室、立法部门和法律之间的结合。相反，伦敦有其码头、市场、商店和大约 50 万人口，是个庞大的贸易都市，一个紧密凝聚的平民共同体和王国的社会中心。这两个中心在那么多世纪里彼此分立和显著有别是具有历史趣味的，因为议会和法院两者都在神圣庄严的环境中发展起来，与伦敦街头喧闹的世俗忙碌恰成对照。结果，英国的议会程序和司法进程保持了一种举世无双的尊严和强烈的传统感。两市之间也不仅仅是相对，还存在相互作用。从伊丽莎白一世时起，下院的各议员集团也许慑于圣斯蒂芬教堂那庄严得令人敬畏的形象，采取了一种在议会史上意义重大的惯常做法，即在伦敦的小饭馆聚会，以便讨论此后在下院付诸实行的联合行动。而且，这些社交和讨论的机会还似乎有助于"缓冲"政治分歧的影响，并为政治生活提供较广泛的基础。伦敦和威斯敏斯特虽然远非一致，却是相互补充、相得益彰的。

　　伦敦的咖啡馆为这个事实提供了一则显例。它们在查理统治时期正在成为一种重要的场所，政府开始担心它们是叛乱的渊薮；它们的主顾们可以读到一些报纸，其中许多是可疑的报纸，而且，说不准在此种看起来是游手好闲之辈无拘无束、半秘密的交往中会策划出什么阴谋。因此，当局几度试图取缔它们，但没有坚持下去，而且它们的确也为政府的侦探提供了有用的落脚场所。正是依靠从一个咖啡馆收集到的证据，泰特斯·欧茨被判诽谤约克公爵罪，而非伪证罪。另外，当时的一些人赞扬咖啡馆，因为它们有助于人们增进交际；交谈往往补充了书本传达的信息，甚至有人认为它们作为教育场所起到了群众大学的作用。由于观点相似的人往往相聚于同一地点，就不可避免地出现某种专门化。"小孩咖啡馆"受泰特斯·欧茨和辉格党人青睐，"格雷咖啡馆"则为托利党人喜爱，别的一些咖啡馆与文学相联系，例如德莱顿主座的"威尔咖啡馆"。俱乐部的情况也是如此，"绿绶带俱乐部"是其中最有名的，"排斥问题"争执之际沙夫茨伯里的支持者们经常光顾那里。

　　伦敦的自由民拥有其他城市所没有的特权。首席行政官即市长占据一个特别威严，特别有权的地位；他主持的市自治机关里有王国最大的商业巨头；在某些时候，例如在复辟和革命之际，该市便以其集体身份几乎像王国的一大等级一般行事。而且，它的财政经管得那么

323

好，以致在威廉执政期发生变化以前，"伦敦商会"被认为提供了比任何政府机构更好的投资担保。就财富和生活方式而言，伦敦商人可以和威尼斯与阿姆斯特丹最显贵的贵族匹敌，与他们混杂在一起的还有律师和医生之类的专门职业者以及数量激增得令人不安的大批捐客、保险经纪人和中间人。伦敦正在成为世界海上保险和火灾保险的中心。劳埃德公司起源于查理统治时期的一家咖啡馆，火灾保险则始于1680年。虽然伦敦还没有大学，但实行学院生活方式的四个法律协会提供了所谓的第三所大学，从而给该市五花八门的居民成分增添了又一种元素。还有一个阶级——贵族——现在正半永久地在首都定居下来。一些主教已经有了城市宅邸；由于西区和圣詹姆士区的发展，许多贵族成员在伦敦度过其大部分时光，这一新鲜事遭到那些对贵族职能持较老看法的人的指责。总的来说，这一时期的政府对伦敦的大膨胀不是感到自豪，而是感到害怕，因为有那么多居民被视为辉格党人或非国教教徒，而且在那里有无数搞阴谋的机会。

该市人口和重要性的这种增长部分地起因于这么一个事实：经过随1666年大火灾而来的重建，伦敦成了一个很惬意的居住地。重建工作按照一项依法生效的明确计划进行；街道、小巷和房屋按照规模和重要性分类；建筑物的高度和所用的建筑材料事先予以规定。与此同时，街道照明和供水予以改善。结果，中世纪的伦敦连同其狭窄的弄堂和木制房屋被一扫而光，取而代之的是一大批甚至在今天亦可称相当宽广、相当坚固的街道、广场和建筑。圣保罗教堂仍在重建过程中，雷恩忙于建造那些在第二次世界大战以前有如砖石之海中颗颗明珠般光彩夺目的教堂和大厦。随着新生的首都逐渐显形，英国人必定很有理由感到自豪。英国尚未占据欧洲的第一把交椅，但其力量的基础已经具备，那就是自然资源、高度熟练的劳工、性能优良并配有精干水手的舰船，还有一个商业之繁盛可比迦太基、环境之舒适可比巴黎的大都市。

自然资源可以通过述及土地得到说明。首先是在例如汾泽地区开垦沼泽地，这项事业在查理一世统治时期着手，1663年再度展开。由此开垦的土地特别肥沃，起初被用来生产植物油。类似的一项改良是圈地改良，在此时期这不一定是为了把可耕地变成牧场，而往往是为了更加有利可图地使用土地，因而在大城镇周围和矿区里圈地活动频繁。大法官法庭核准了若干项此类圈地，只坚持必须得到一切有关的土地全权所有者同意，但专门鼓励地主圈地的立法却是没有的。尽管如此，"改良"地主正在出现，而且总的来说存在一种对土地潜力的更广泛的兴趣。至少有一位著作家建议种植三叶草、苜蓿和萝卜等新作物，而马铃薯则得到了更多的食用。农业中这一更大进取精神的最好证据见于皇家学会 1664 年开始进行的调查。那一年学会任命了一个调查委员会——"乔治克尔委员会"，它向著名的农学家们发出问题表，征询有关他们所在地区的土地类型、粪肥、农具以及一般种植水平的信息。答复显示了种植水平颇高，并且表明，特别是在播种新的禾本科植物方面，18 世纪农业的许多创举在 17 世纪已有了先兆。

对谷物不断增长的需求使地主得益。的确，正是在查理统治时期，一项确立津贴制度的 1673 年法令开创了谷物法，谷物出口贸易由于这一制度而开始。这样就创设了某种使种植谷物有利可图的稳妥办法，因而使更多的土地得到了耕种。苹果——广泛酿制苹果酒的基础——长期以来一直是英国最流行的水果。但主要由于法国的影响，它的垄断现在受到甜瓜、梨、桃子和油桃的威胁。这些新奇水果装点着南部带暖房的园圃，比较耐寒的水果则生于肯特郡和塞文河谷的大面积果园，从而丰富了使英国农村如此独特的多样化。由木材需求刺激而展开的造林活动也加强了这种多样化，伊夫林的《森林志》往往与道尔顿的《乡村正义》一起并排摆在乡绅们藏书甚少的书房里。他们更富有的邻居正开始对风景园艺感兴趣，尤斯顿宅邸（属阿林顿勋爵）、艾尔索普宅邸（属桑德兰勋爵）和克莱夫顿宅邸（属白金汉公爵）之类新建或重建的乡村府第之庭园布局便是明证。但值得注意的是，这些发展将主要见于中部和南部，因为北部仍然地贫人稀，甚至尚未开发，仍然缺乏那些在别处正成为英国生活特征的舒适愉快的事物。在苏格兰边境，生命和财产都不安全，位于卡莱尔的监狱通常塞满了北方的抢牛者，其中大多数走"悬路"① 魂归故乡。

复辟时代的英国基本上仍是个农牧业国，村庄大都从事家庭手工

---

① 即靠绞刑架。

业。全国散布着一些在有限的意义上可称为工业区的地区，即其居民并非只靠谷物或羊毛过活，而可能是全部或部分地从事某种手艺或工业。于是有相当一些采矿业和金属制造业，往往位于当今工业区以外的地区，例如在福雷斯特奥夫迪安·肯特郡的威尔顿区和苏塞克斯郡的金属制造业。铅仍旧取自德比郡皮克区的铅矿——铅后来成了一种重要的出口商品。相反，康沃尔的采锡业逐渐衰败，因为这种金属可以更便宜地从别处获得。在凯西克和斯塔福德郡开采的铜正得到广泛使用，它是在伦敦沃斯尔沃思和罗瑟尔黑瑟两区设有铸造工场的黄铜业之基础。伯明翰和谢菲尔德已经是金属工业的中心，一个以其铁钉、枪炮和五金用品著称；另一个则以其刀剑刃具闻名。

　　盐比较重要。它取自斯塔福德郡和伍斯特郡的咸水盐场；1671年后柴郡的井盐得到利用，东北海岸则有采盐锅，借助来自达勒姆和诺森伯兰的燃煤，在锅中蒸发海水制盐。中部的煤矿帮助促进了伯明翰地区的金属制造业，但主要供应来源是达勒姆和诺森伯兰西部的浅矿坑，达勒姆出产的煤用船从纽卡斯尔运往伦敦和泰晤士河上游。不过，在熔炼和供暖方面煤绝没有取代木柴和炭，因此没有理由谈论这个时期有什么"工业革命"。不仅如此，当时的蒸汽机仍是一种原始装置，主要用于将水抽出矿坑，而工业继续依赖水力。运输与一个世纪以前的状况相比几乎全无进步，因为它仍然依靠河船和海岸航船，或者依靠往往强不过小径的道路。河流改善良多，使之更易航行；但是，直到将近一个世纪后，工业或交通才变革一新。

　　纺织业特别重要。曼彻斯特——一个有如伯明翰那般的"开放"市镇，即不受制于加诸"封闭"市镇即自治市镇的各种约束——是棉纺织业中心，依赖从东地中海地区输入的一种劣质原棉。棉制品提供了一类可贵的毛料替代物，因为它们更容易洗涤，因而更卫生。不过，毛纺织业仍然是英国的基本工业。它的制作过程要求家庭全体成员的合作；它的产品是出口贸易的基础；它的管理是这个世纪里几乎年年都通过的法规的主题。英国的国务家们相信，自然赐予英国特惠，它们最清楚地表现为从一个教区到另一个教区可以找到的羊毛品种繁多，而这归因于英伦三岛内的降雨量和土质有很大的差异。甚至取自萨里的窖坑、用来消除成品毛布所含油脂的漂白土，都被认为是英国独有的，因为这种脱脂黏土似乎尚未在大陆上得到开采。英国的布匹通常是用不同地区的羊毛混合制成的。在这个行业中，追求品种繁多不亚于追求质量优良，每个地区专长生产一种旨在满足专门用途或专门市场的织物。与之类似，资本主义渗入工业的程度也多种多样：它正出现在资本家把羊毛"放给"家庭手工业工人的约克郡西瑞丁，而在威尔特郡和西南部的布匹城镇则更为进步，那里存在大规模生产和较多的分工。

英国的经济发展很大部分归因于国内工业与国外市场相吻合。两者之间的纽带是船和海员。这个体制分明建立在剥削劳动的基础上，即剥削那些天命注定要在世界结构中处于从属地位的国内"穷人"和西印度群岛黑人的劳动。不存在任何利益冲突，因为地主们确信不断扩展的海外贸易是他们自己昌盛的最好保证。而且与法国人不同，他们毫不反对让他们的儿子从商，只要是做批发商或海外贸易就行。英国产品必须始终有足够的"出孔"，只有这样才能避免破产。除个人商贾外，还有东印度公司、利凡特公司和皇家非洲公司①之类的大贸易公司以合股企业的方式提供着这种"出孔"，这种合股企业在大空位晚期的短暂宽松时期以后，是以各种程度的垄断为特征的。这三家互相间囊括了世界很大一部分可航水域的公司有个相似点，那就是它们的一大部分出口由布匹构成：种类和质地不胜枚举，适合外国不同气候及其市场需要的布匹。为了保证这种多样性，其中每个公司都惯常从英国的若干个郡获取供应，后者就因此同某个海外市场直接联系起来。然而，这个体制是脆弱的。各公司不得不面对激烈的竞争，尤其是来自法国人和荷兰人的竞争。时尚的变化影响需求，进口商能够吸收的英国布匹数量起伏很大，结果是在主要依靠这个或那个公司的地区可能有持久的失业。这一脆弱性可以说明一个事实：17 世纪里几乎没有哪一年无人抱怨布匹贸易衰败——的确，工人们通常被置于勉强糊口的生活水平上。这一脆弱性还有助于解释英国为何采取了《航海条例》中表明的替代办法，即主要为再出口而鼓励从北美洲南部种植园和西印度群岛进口原料。

政府注意到这一情况。不少枢密院下属委员会与经济专家及商人磋商，法令通常是在同利益有关的各方磋商后起草。复辟时期正值某

---

① 关于东印度公司，见后，第十七章，边码第 417 页以下。

种帝国意识发端之际。克伦威尔的《航海条例》主要是想限制荷兰渗透，而 1660 年的《航海条例》更具有建设性，因为它将一项誓言加诸所有殖民地总督，并且列举了糖、烟草和棉花等必须在英国上岸并主要为了向别国再出口的原料。于是，英国的政策便是一种海洋政策，旨在确保获取运费，促进建造大船，创造训练航海技术的机会，使进口尽可能限于原料或"半成"品，以此交换制成品，尤其是布匹、皮革制品和包括钟表在内的五金制品，连同数量各异的谷物、鱼、锡、铅和煤。帝国的每个部分都在此结构中占有其指定位置。弗吉尼亚和马里兰以烟草换取英国制成品。[①] 德文郡的捕鱼船队从纽芬兰取得鳕鱼载往西班牙和葡萄牙港口，在那里以此交换酒和油。贩奴船把黑人运到西印度群岛，载糖而归，这些糖在伦敦码头被用来交换打算运往西非市场的制成品。利凡特公司和东印度公司进口用布匹换得的丝绸、坯布、薄纱织物、新奇玩意、瓷器和茶叶，[②] 苏格兰不得同美洲种植园通商，但苏格兰人被允许在那里定居，苏格兰港口和西印度群岛之间的粮食贸易也发展了起来，而且，苏格兰制糖者获准直接进口其原料。爱尔兰受到了不公平的对待。根据 1670 年至 1671 年的航海条例，来自种植园的"被列举"货品不再能卸于爱尔兰港口，而且，由于进口爱尔兰牛被认为有害于英格兰的地租，这一贸易遭到 1666 年至 1667 年间一项法令的禁止。对羊毛和布匹施加了类似的限制，但大量羊毛被走私到外国，而且爱尔兰经济还得益于正常的马匹和粮食出口贸易。

　　1674 年 2 月英国退出第三次英荷战争使英国商人得以夺取荷兰人的若干市场，而且，由于查理抵制了公众关于他应对路易开战的要求，他便间接地促进了英国海外贸易事业。这项与法国和平相处的政策在他的继承者时期继续实行，它有助于说明英国财富的不断增长及其经济的日益繁荣，1675—1688 年，这种繁荣主要是由于海外贸易和转口贸易。尽管英国还不是一个欧洲大强国，但他正在积聚资源，使他最终能在长期的对法斗争中坚持下去，甚至超过这个敌手，这主要是因为他的海上力量和较为现代的公共财政制度。不过，到考验时

----

① 见后，第十四章，边码第 348—349 页。
② 见后，第十七章，边码第 399—401、409—410 页。

期开始的 1689 年，英国的税收还只是抽取了该国可用财富的一点零头。我们已经提过构成王室世袭年俸的税收，这些年俸是 1660 年和 1685 年分别授予查理和詹姆士的。议会还不时授予税款，通常是为了专门目的，例如造船或战争。其中最重要的是一项起初称为估定税的征税，名义针对财产征收，但实际上几乎完全针对土地征收。这通常是按照一个确定的比率，例如每镑地租征收 2 先令或 4 先令，据估计按照 1 先令的比率每年可出税款约 50 万镑。这在安妮在位时期标准化了，称作土地税，并由于对法战争的耗费而成为财政制度的一个持久成分。同海关税和国内消费税一起，土地税是这个时期最重要的税收。还有其他许多种税收，例如人头税、炉灶税以及对酒之类进口品征收的专门税。但三种主要税收以不断增长的款额依旧提供大部分的岁入。

绝大部分税是承包的，也就是说它们的收益事先抵押给金融家和辛迪加，这些人就先期提供一笔总付的金额以及支付一笔若干年为期的租金同财政部做成交易。以此方式政府立刻收到大笔现钱，但条件代价高昂，因为包税人的利益分明在于正常时期捞取尽可能多的利润，非正常时期——例如瘟疫、战争或贸易据称萎缩的时期——要求大量租金"亏空额"。在当时国家缺乏训练有素的征税人员的时代，包税人通过征收分配给他们的税款补偿自己的预付，还能够用先前包税的利润为新的包税筹措资金。在这些情况下，财政部所能做的莫过于同包税人达成尽可能好的交易和抵制"亏空额"要求。这就是丹比伯爵托马斯·奥斯本相当成功地实行的政策，他是 1673—1678 年的财政大臣。依靠谨慎理财，他成功地减少了大有倾覆行政当局之势的债务，而这使他能够实行对下院议员有组织、有系统的贿赂，以此对抗法国大使的慷慨赠予。这样，丹比就给查理帮了大忙，以后他将证明是詹姆士最有力的对手之一。

查理用度拮据主要是由于这么一个事实：他任凭坏女人摆布，又受一套过时制度的支配，这套制度不得不应付一个较为现代的国家之需要。国家岁入的各个源泉仍然封闭在各个防水密舱之中，每个密舱负担一项债务或支付。如果这一源泉整个或部分干涸，那么支付就以同一比例中断，一项资金的短缺无法从另一项资金的余裕中得到弥补。尚无任何资金统一。这一事实比欺骗或疏忽更能说明了当时的大部分财政混乱。例如，一个因供应基金匮乏而年金中断的廷僚或权臣自然会乞求国王命令财政部把他的年金转到一个较好的账户上。这一"转换"只有通过另一"转换"才能做到——把一项已有充足资金的债务或支付转到一笔坏账户头上，这样一来小人物们必然成了受害者。这样的会计方法比事实上的欺骗更有助于说明卑微无权者——尤其是海员及其家庭——为什么受到冷酷无情的损害。斯图亚特勋章的阴暗面就在于此。

人们常说，英国前进了而斯图亚特家族却原地不动。查理二世统治时期主要令人感兴趣的是，基于不可变原则的个人统治制度与一个在各个生活领域都经历着显著发展的民族之间越来越悬殊。我们过分倾向于假定，最得人心的那位斯图亚特国王的在位经历是与该国的最大利益一致的，这两者往往最截然相反。在工业组织、海外贸易指导、议会制度政府、公共财政以及思想成就这一最高领域等各方面的实验和经验，全都有助于造就这么一个英国：它大有能力在最末几位斯图亚特国王之后生存下去，并最终作为后来的大不列颠脱颖而出。

（时殷弘　计秋枫　译）

第 十 四 章

欧洲和北美

就法国人和荷兰人对英国政治的影响进行评价，就无法理解斯图亚特王朝复辟统治时期的国内发展。北美殖民地的情况同样是如此。在那里，法属加拿大殖民地牢固地确立起来，并且生机勃勃，即使它人口稀少。与印第安人的联盟、毛皮贸易的必需以及法国传教士和毛皮商的冒险性格，导致法国人向内地扩张，而英国殖民者的性格、他们的社会和经济模式及其殖民地邻近开放的可航水域的位置，加强了他们以严格的社区形式定居的倾向。英国人眼光向着大西洋的贸易和供给；他们向内地伸展时进程缓慢，但所过之处尽行占取之事，在满足法国人探险、通商和通婚的地方为定居而夺取印第安人的土地。

1660 年时加拿大人口约 2000 人，与此相比英国殖民地势强人众。新英格兰诸殖民地（普利蒂斯、马萨诸塞、康涅狄格、罗得岛、纽黑文、缅因和新罕布什尔）到 1640 年人口已达约 20800 人，南部（切萨皮克湾）的弗吉尼亚和马里兰殖民地人口约 17300 人，而英属西印度群岛已共计拥有约 38000 人。不过，新英格兰诸殖民地之间有很大差别，新英格兰殖民地与南部种植园之间几无相同之处，甚至英国在大洋沿岸的阵地也被法属阿卡迪亚殖民地和控制了良港新阿姆斯特丹的荷属新尼德兰殖民地断开了。由此可供英国殖民者利用的外国海运使他们能更容易按照自己的愿望从事贸易而不顾英国法律，而在殖民地事务方面，复辟时期英国政府的主要兴趣在于力图使夹在法国人与荷兰人之间的北美殖民地就范。

斯图亚特君主政体复辟带来的是政策延续，而非政策中断，因为英吉利共和国和护国政府不仅在欧洲维护自己国家的地位，而且在公海和海外坚持其权利。英国殖民者们试图利用内战作为申明其一定程

331　度的独立之机会，而共和国容忍了许多自称的权利，只要不涉及效忠斯图亚特家族。不过，这并不意味着无动于衷，一俟处死国王的喧嚷平静下来，殖民地便交托给国务会议监管，后来又由一系列专门委员会监管。在这一切背后，存在一种情绪，它支持发展帝国的凝聚力和均衡，支持将可能创立的如此帝国之经济、殖民和军事方面结为一体。

　　在 17 世纪前半叶摧毁伊比利亚国家海上霸权的一直是荷兰人，而非英国人，而且几乎不可避免地应当由荷兰人来夺取这一伊比利亚国家海上霸权所控制的殖民地财富。然而，荷兰西印度公司未能使巴西变成荷属殖民地。1654 年，在累西腓的最后据点降服，荷兰在巴西的领地被拱手交出。[①] 这并不意味荷兰西印度公司就此完结，因为西印度群岛已变得比大陆更重要，而且人们承认，英国和法国所属的西印度领地在经济上依赖荷兰人。阿姆斯特丹既是欧洲巨大的制糖中心，也是其毛皮大市场；然而，尽管它对北美大陆的贸易很重要，尼德兰人却未在那里成功地建立起人口众多或有活力的殖民地。不过，荷兰人的那种地位，特别是在把其他民族的殖民地产品输送到欧洲市场方面的地位，使得法国和英国所制定的政策是处心积虑地反对荷兰人的权利。如果英国要靠殖民地得利，荷兰所声称的权利就必须予以拒绝。可是，荷兰人的许多做法不能不加以模仿——而且也这么做了。然而大获成就的是斯图亚特王朝复辟时期，而不是克伦威尔共和派时期；但他们阐发了一种相互依赖的经济论点和在其中整体可以起作用的主权理论。这就是 1650 年法令所作的划时代的宣告：殖民地"从属和依赖，并且应当从属和依赖英国……并且服从英国议会所制定或将制定的法律和命令"[②]。

　　1660—1688 年这一时期，克伦威尔的观念及其做法得到了采用和适应。当然个性和着重点有所变化，而且复辟时期本身从殖民政策的角度可以划为两段，但目的始终是一贯的。直到 1675 年前后，英法的共同政策可以基于法国赞成斯图亚特君主政体及其在英国重新确立罗马天主教会的计划；这两国是反荷盟友，实行一种克伦威尔式的

---

　　① 详情见后，第十六章，第 385—386、393 页。
　　② G. L. 比尔：《英国殖民体系的起源》（纽约 1908 年版），第 362 页。

直接反荷政策。从 1675 年前后起事情变得显而易见了，那就是必须把斯图亚特君主政体和英国人民区别开来，后者不会容忍法国的许多计划，不管君主政体会接受多少，而且英法两国的殖民抱负迟早必定会使彼此对立。因此，在这个时期的后半段，英法竞争取代了反荷同盟。在前后两个阶段，英国殖民地以及有关的英国政策都占据了舞台中央。英国殖民地人口众多，目标明确，欣欣向荣，非法属与荷属殖民地可比。殖民地问题总是同海上力量交错在一起；正是布莱克的舰队向荷兰人挑战并维护了英国在加勒比地区的权利，正是塞缪尔·佩皮斯的舰队确保了英国的地位。英国殖民地的优越地位由于英国政府的基调而更加突出。

　　这是个持续不断、目标明确地进行试验的时期。纵然方法和细节有所变化，但目的始终如一，那就是按照帝国模子铸造各不相同、各自独立的殖民据点，把许多部分结合为一个单一的经济和军事单位。这同克伦威尔的政策一脉相承，而且的确在方法上也一脉相承。《航海条例》再度颁布，并载有"列举"条款，以便把殖民地产品——糖、烟草、黄木和别种染料木——无一例外地统统输往英国。在复辟的君主政体之下，如同在共和国以及前几位斯图亚特国王统治之下那样，殖民地事务由国务会议及其下属的各委员会掌管，而不是由议会掌管，尽管 1650 年法令宣布主权归于议会。据法定，枢密院负责殖民地问题，该机构下属的一个委员会被设立来处理贸易和种植园事务。随后一系列别的委员会建立起来，可是，克拉伦登作为首席大臣如此忙于内政和欧洲事务，以致殖民地问题被轻视了。就殖民地而言，他的统治方式之特点是与设置多重会议和政务委员会一样缺乏有效的治理。

　　从 1667 年克拉伦登垮台到 1676 年约克公爵詹姆士开始有效地控制殖民地事务，大权握在第一代沙夫茨伯里伯爵安东尼·阿什利·库珀①手中。这个时期里，某种帝国政策和经济的概念得到明确的阐述，而从对殖民抱负和殖民利益不无同情的有效管理看来很可能把帝国的不同成分结合在一起。沙夫茨伯里的殖民管理经验溯源于克伦威尔国务会议的种植园专门委员会，在他的领导下，1668 年贸易委员会——其中包括约克公爵詹姆士和鲁珀特亲王——首先试图设计出某

①　关于他，见前，第十三章，边码第 306、314—319 页。

种实施《航海条例》的手段。他们在 1669 年报告中说殖民地总督和
殖民地居民都不遵守这个条例，建议派代表前往殖民地，海军军舰则
应捕获违反这些法律的船只。可是，这些建议没有得到有效的贯彻。
虽然克伦威尔时代对西印度贸易的重视大半犹在，但沙夫茨伯里及其
委员会对这些问题并不恪守定规，唯其反荷含义除外。

　　甚至对荷兰人，沙夫茨伯里也非一成不变地反对，他处理贸易差
额这一麻烦问题的方法以视野宽阔并能考虑汇款和贸易条件等长远问
题而引人注目。但是，如果说在制定和实施某项充分贯彻航海条例来
取得贸易顺差的政策方面，沙夫茨伯里及其贸易和种植园委员会多少
缺乏逻辑和远非教条，他那么坚定地确信商人的利益必须予以考虑，
但商人不得支配政策。下面的命令最好地概括了他的委员会的基调
（这些委员会 1670 年和 1672 年进行过使其成员少而精的改组）：种植
园贸易应予管理，"以致彼等更能相互裨益，并作为整体有益于吾王
国，由此吾王国有益于彼等"。[1]

　　沙夫茨伯里的目的是建立一种包含相互依赖关系的帝国经济，但
在追求这一目的时抱宽容态度，乐于承认殖民地的利益和出于权宜的
要求。当 1671 年马萨诸塞的殖民者们看来很可能挣脱其依附关系时，
查理二世催逼采取强硬态度，但（用种植园会议成员，日记作者伊
夫林的话说）"较为理解该殖民地之暴躁易怒情绪者皆完全反对之"，
结果送去了一则"抚慰文书"或"客气的信函"。[2] 作为首席大臣，
沙夫茨伯里猛烈抨击荷兰人，力图夺取其殖民地贸易，并在 1673 年
2 月告诉上院"就利益和倾向两者而言，荷兰省议会都是英国的永久
敌人"[3]。到 11 月，沙夫茨伯里这位旧共和国人士开始发觉多佛条约
的隐秘含义[4]，开始憎恶同法国结盟的必要。他变成了反对罗马天主
教，甚至反对他一直那么热情支持的对荷战争的领导人物。他的倒台
远不止是个人悲剧；它为约克公爵詹姆士及其同党在殖民地问题上的
教条武断敞开了通道。贸易大臣会议——枢密院下属的一个旧委员
会——重新作为一个强有力的机构出现，意图是在处理殖民地方面充

334

---

　　① 公共档案馆 30/24/49/8－11 号文件。
　　② H. B. 惠特利编：《皇家学会会员约翰·伊夫林先生日记与通讯集》，伦敦 1906 年版，第二卷，
第 260—262 页。
　　③ 《下院议事录》，第十卷，第 246—247 页。
　　④ 见前，第十三章，第 310 页。

当"十分严格的裁判官",确保王室权威。主权问题的争辩是围绕管理至关紧要的贸易关系,而不是围绕本可宽容或不计较殖民者的抽象问题进行的。详细的调查表被分发给各殖民地总督,而海关专员报告说,所有在实施贸易法方面获取殖民地总督和商船船长合作的努力都证明全然无效。

这套制度距离强制推行一种英国为交易中心的贸易如此之远,以致优势似乎越来越在新英格兰一边。波士顿、塞勒姆和普罗维登斯的商人和船长们大发其财,靠的是把新英格兰的食品和制成品输往西印度群岛,在那里他们能比英国商人卖得便宜,并能买到靛青、烟草和糖,以便运往新英格兰或欧洲的外国港口。1673 年,依据一项《促进贸易法》做了制止偷漏赋税的尝试。船主必须具结,保证殖民地贸易中的关键商品只运至不列颠的港口或另一个殖民地,在这后一个场合,他们必须缴纳"种植园税",相当于他们若将货物运至不列颠港口所应缴纳的税款。海关收税官和检查官被任命在殖民地供职,这就以一种特别困难的形式引起了主权问题,因为此等官员不是对当地政府负责,而是对英国王室负责。

对于新英格兰各殖民地,甚至贸易大臣们都有点儿小心翼翼。他们不知道马萨诸塞及其卫星地区会接受多大的依附性。但对西印度群岛,特别是牙买加和巴巴多斯,他们自认为处于较有力的地位。他们否决了牙买加法律是国内法的要求,从而否认该岛议会有权立法,并报告说国王应当保留改变甚至废除该议会通过的法律的权力。1678年,卡莱尔伯爵作为总督被派出,他坚信积极和专制的政府,意在为牙买加确立一个新的专制模式而不同议会进一步磋商。他几乎不可避免地激起了抗议并导致僵局,而他本人感到总督不应过分受制于千里之外发出的指令。在巴巴多斯,贸易大臣会议的行动也激起议会反对外来法律,激起总督反对干预他的权力和庇护。

1679 年,关于《排斥法案》的争执[①]导致沙夫茨伯里和约克公爵詹姆士的敌人一度掌权;但是,贸易大臣会议在机构上大致如故,追求大致相同的目的,还仔细检查法律和贸易实践,不断干预官员任命。然而,他们同君主政体龃龉,被殖民地总督激怒和漠视。无法找

---

① 见前,第十三章,边码第 317 页。

到解决办法，牙买加议长塞缪尔·朗宣称："作为英国人"，殖民者
"不应该受制于任何未经他们同意的法律"。① 此刻，贸易大臣会议事
实上放弃了努力：他们接受了一项牙买加岁入法的现实，代价是继续
旧宪法。而在任命巴巴多斯总督问题上，他们审慎地放弃了较为教条
的专制革新。不过，殖民地的法律必须送往母国核准，它们必须
"尽可能"同英国的法律一致，国王保留拒不承认之权，总督保留否
决权。贸易大臣们未改变自己的原则，他们在同牙买加实行妥协之
际，建议应当获取一项永久的岁入法案，此后总督及其提名的官员可
以几乎不理会当地意见，并且极少有必要召集议会。

　　各岛需要确保它们的岁入恰当地用于它们自己的目的，但只有在
总督们能够为自己搞到某种经常性收入的情况下，贸易大臣会议才能
使之摆脱议会。用于巴巴多斯和背风群岛的岁入被置于身居伦敦的专
员手中，他们由财政部任命。在牙买加，议会于 1683 年通过了一个
21 年有效的岁入法，代价是默认英国法律在该地有效的要求，与此
同时，关于每年召开一次议会和有权否决强加的军事义务的要求则被
放弃了。于是在西印度群岛，岁入控制权掌握在王室提名的专员手
中，国王核准或拒绝议会所通过的法律的权利得到了维护。政治力量
对比仍摇摆不定，但至少原则似乎业已确立，贸易大臣会议维护了所
声称的最高统治权、任命官员权以及任何关于协调的帝国经济的思想
都必须依据的贸易法之效力。然而，随着查理转而反对支配贸易大臣
会议的排斥主义者，这个机构成了贯彻国务大臣指令的单纯的行政管
理委员会。

　　北美像西印度群岛那般充满活力，并且同样意义重大。在这里，
马萨诸塞是最重要的，而且岁入问题和被指定的审计官也对促使分歧
的产生起了作用，因为贸易和对贸易征税在马萨诸塞比在任何其他殖
民地利害关系更大。到 1660 年，马萨诸塞已有大约 4 万人口，其作
为一个政治、社会和经济实体已确立不移。英国殖民地的伸展无疑表
现了内部的不和，但也表现了殖民者的实力和目的。虽然背离正统清
教是建立罗得岛的普罗维登斯殖民地和建立康涅狄格的一个主要原
因，但马萨诸塞仍保有突出的地位，这使它不可避免地要在处于创立

---

①　A. P. 桑顿：《复辟时期的西印度群岛政策》（牛津 1956 年版），第 199 页及通篇。

过程的帝国经济中谋求独占鳌头。不仅航海条例遭到随心所欲的违背，欧洲货物被直接运往殖民地，而且此种违禁品从新英格兰殖民地运出，载往其他殖民地，特别是载往西印度群岛。为了支付与这么一个体制有关的费用，殖民地产品被直接载运到欧洲而不经过英国港口，航海条例中的"列举条款"如同虚设。

当英吉利共和国让位于复辟的君主政体时，马萨诸塞正处在转变状态。随着人口增加，清教寡头集团越来越成为少数。1662年，这个权势集团由于"折中契约"而被扩大了，依照此约教会成员的孩子可以被接纳入教会，因而可以是自由民，即使他们没有经过皈依，不算是教会社团的正式成员。同一年，其他新英格兰殖民地发生了同等重要的变化。普罗维登斯、普利茅斯、纽波特和沃威克等居民点在政教分离的基础上建立起来，它们不得不同样担忧马萨诸塞的敌意和罗得岛上印第安人的敌意（他们从后者那里真心实意地购买了土地）。它们在1644年作为普罗维登斯殖民地从英国议会取得了授予它们自治权的合法状，在1663年又由于国王确认议会的授权而证实了自己的分立地位和民主体制。

康涅狄格也显示了同马萨诸塞政体的重要区别：在议会选举中投票的权力不以宗教信仰一致为基础。财产资格限制——1657年定为30镑动产，1662年增至外加20镑不动产——使得一半以上成年男子没有选举权。不过，无选举资格并非基于宗教原因，而且尽管总督必须是某一经批准的教团成员，但他是按照正常的选举权由民众选出的。政府之开明引人注目：完全不存在统治马萨诸塞的那种神权贵族。部分由于这个原因（也由于土壤肥沃和毛皮贸易），康涅狄格欣欣向荣，到1662年已有15个镇和大约5000人。马萨诸塞眼光向东，指望发展海上贸易，康涅狄格则眼光向西向内，指望开发大陆。当1663年康涅狄格请求王家特许状时，它不仅得到了很大程度的自治，还得到了可观的伸展：北接马萨诸塞南濒大海，从纳拉甘西特河到南海的所有领土，连同邻近诸岛。这被解释成直至长岛，后来又被解释成康涅狄格的边境延伸到太平洋。虽然这在1663年言之过早，但温思罗普的说服力、康涅狄格的忠诚及其有目的的政策则关系重大。

康涅狄格的成功大半以纽黑文为代价，后者主要从商，因而在经济上同马萨诸塞以及同荷兰人和瑞典人抵牾，并靠接纳康涅狄格南部和长岛的市镇组成其联邦政府。然而，这个政府未经王家特许状核准，纽黑文本身由于窝藏1660年从英国逃到美洲的两名弑君者而显得"目无陛下，顽固邪恶"。当局公开赞颂国王，申明自己是忠臣，但徒劳无益，这个殖民地由于非自由民的选举权要求以及它同康涅狄格的边境争端而被削弱了。当新的特许状给予康涅狄格对纽黑文领土的合法所有权时，它几乎完全无力抵抗吞并：组成纽黑文联邦的城镇一个接一个地屈从，"出于必要地"加入了康涅狄格。

斯图亚特王朝复辟之际，罗得岛似乎也会被更有力或更精明的邻居——马萨诸塞、普利茅斯和康涅狄格吞并，其中每个邻居都声称有权占有它的某些领土。于是，罗得岛于1661年请求授予特许状，大力强调自己的忠诚和宗教宽容的广度。虽然康涅狄格的特许状显然授予其罗得岛领土，但仲裁维护了罗得岛的权利要求，并且确定了两个殖民地之间的疆界。1663年，罗得岛取得王家特许状，它带来了凝聚力和政治稳定。

马萨诸塞在人口数量和财富方面毫无疑义地超过其邻居，但无法那么容易地同君主制的英国实现和解。它比其他新英格兰殖民地更显著地漠视航海条例。它曾发觉将1651年的克伦威尔"条例"置之不顾是有利的，后来发觉1660年的条例规定驶往殖民地或将殖民地产品载往欧洲的船须具结和担保，并将所有因违背其条款而被没收的货物的1/3给予总督。马萨诸塞在内战和共和国时期曾设法避而不作支持任何一方的承诺，现在却发觉这在君主制下是不可能的。1662年，它被命令以最庄严的方式公开赞颂国王和在所有问题上循规蹈矩，随后又来了一道命令，责成授予圣公会教徒充分的礼拜自由，授予一切拥有必要财产的人以选举权，不管其宗教信仰如何。诚然，与此同时特许状得到了肯定，但它严重地削弱了马萨诸塞清教寡头集团的权力，并在1662年的情势下含有将被强求服从贸易法规的威胁。向康涅狄格和罗得岛表示的偏爱冒犯了马萨诸塞，随之而来的无穷争端引起了国王政府的关注。于是，在1664年派出了一个专门委员会，所负的使命是诱使新英格兰服从国王，解决边界争端，平息殖民地内的冲突，调查它们的法律和行政，并且降服荷属新尼德兰殖民地。

这个专门委员会对马萨诸塞并无特别的敌意，至少它的指令内容是如此，委员们在那里开局顺利。但到 1665 年，这个殖民地已在否认他们有权接受上诉或行使任何司法管辖权；他们怒气冲冲地败归英国，向查理建议采取强硬路线。马萨诸塞幸免于难，部分是因为害怕它处于叛乱前夜，部分是因为克拉伦登垮台，还有部分原因是它自称忠诚不贰，并且赠送了 26 根大桅杆供海军之用。不过，紧接着委员们大发雷霆地离去后之所以有一个平静的繁荣和满足时期，主要是政治形势使然，而不是由于多少听信了殖民地的效忠言辞，东部沿海地带的贸易仍不是任何实施航海条例的认真努力之对象。

从贸易大臣委员会的观点看，在新尼德兰的荷兰人的大罪过是控制了易洛魁联盟的毛皮贸易，并且听任英国定居者出卖烟草和购买欧洲货物而置航海条例于不顾。荷兰人占据了海岸上的一个战略据点，他们同纽黑文的边界已在 1650 年由条约确定，但他们的权利要求却从科德角沿海岸向下延伸到特拉华湾，而且控制了哈得孙河口、长岛西部以及从哈得孙内陆直至其前哨据点奥兰治堡的道路。但是，他们内部分裂，其主要市镇新阿姆斯特丹使自己独立于曼哈顿岛政府的管辖之外，总督彼得·斯特伊弗桑特无法与其荷兰同胞共事，依靠的是那些在建立荷兰民族殖民地失败后被接纳为居民的英国人和其他异族人。1663 年，种植园会议任命了一个专门委员会，负责汇报驱逐荷兰人的可能性；1664 年年初，约克公爵詹姆士从查理得到了用于实现征服的 4000 镑金钱和授予他这片领土的特许状。上下两院也同仇敌忾地反对荷兰人；下院对贸易衰减进行调查并接受了商业公司的判断，即荷兰人是一切困难的渊薮，而且据宣称在荷兰人控制新尼德兰的情况下，要在英国殖民地实施航海条例是很不可能的。

英国派遣一名专员约翰·斯科特去维护皇家权威，与此同时康涅狄格声称有权占有韦斯特切斯特县和长岛的荷属市镇。斯特伊弗桑特总督得不到荷兰本土支持，因而打算接受这些要求。但是，斯科特宣布长岛将被赐予詹姆士，而且正当荷兰人、康涅狄格和斯科特忙于谈判——它们导致康涅狄格把斯科特投入牢狱——之际，国王授土一事在英国有了明显发展。詹姆士任命理查德·尼科尔斯为其领地的副总督；议会同意在一场（沙夫茨伯里竭力主张的）对荷战争中支持国王；查理指定了访美专员，并且宣布意欲征服新尼德兰。只派了四艘舰船，但专员们被授权要求英国殖民者提供帮助，舰队将波士顿当作头一个目标。在那里，他们没有得到什么帮助，因为马萨诸塞很清楚它的贸易依赖荷属殖民地。在波士顿度过的一个月使得荷兰人疑虑全消，以致斯特伊弗桑特准许某些舰只起锚驶往库拉索，他自己则前往内地平息一场印第安人起义。当8月底英国舰队出现在阿姆斯特丹堡附近海面时，斯特伊弗桑特虽极想一战，但只得投降，新阿姆斯特丹一枪未放就落到英国人手里，成了纽约。荷兰人被允诺可以像英国臣民一样自由地在曼哈顿定居，荷兰舰船则可以自由驶回本土；航海条例被废除，以便允许他们从荷兰输入印第安人所必需而英国制造商无法提供的货物。可是，虽然新阿姆斯特丹如此轻易地沦陷了，但英国人不得不用武力来征服哈得孙河上游奥兰治堡一带以及特拉华湾阿姆斯泰尔堡一带的各个据点。

如此突然发生的战争导致英属殖民地与法属殖民地的边界直接相连，保证了对北美大西洋沿岸商业和军事中心的控制，以及导致新英格兰殖民地与弗吉尼亚和马里兰的直接相连。征服使以新阿姆斯特丹的外国人控制时所不可能期望的方式维持帝国政策成为可能，不可避免地，它是对马萨诸塞的商业独立和波士顿水手的狠狠一击。

给詹姆士的土地赐予及其使用还造成了进一步的影响。该项领土
340 被夺取以前，他把哈得孙和特拉华之间的土地授予约翰·伯克利爵士和齐治·卡特里特爵士，这两人都是热烈的王党分子、积极的好事者，并都深深地关注扩展英国殖民地的努力。为纪念卡特里特曾任泽西总督而被命名为新泽西的那片领土，据认为是整个约克领地中最适合于农业的。它居民稀少；在北部，荷兰人取得了哈得孙沿岸的贸易据点，而未作有效的农业殖民；在南部，零星散布的瑞典人、芬兰人与荷兰人社区被新政权留下继续占有其土地。领主们虽然是王党分子，保证维护帝国统一，但并非褊狭顽固。1665年2月，他们颁布了一系列"特许规章"，说明土地将予以分配的条件和保障宗教、财产与选举自由。

可靠的政府大有助于向新泽西殖民，然而，纽约总督理查德·尼科尔斯同样开明和急于吸引定居者。他慷慨大方地授予日后成为新泽西北部的土地，从而引起了从其授地中获利的新英格兰人与领主们派

出的总督小菲利普·卡特里特之间的龃龉。卡特里特从泽西带来了讲法语的移民，在伊丽莎白镇及其周围定居，引起信奉清教的新英格兰移民的疑忌。领主们本着开明精神准许自治、宗教宽容和陪审制，正是这一精神导致了镇民会议的发展，而总督与清教移民（他们继续殖民新泽西）和解的努力则付诸东流。他们维护尼科尔斯的授地以及他们从印第安人购得的土地，否定领主们所声称的权利。此后两年局势混乱，骚动不止，但领主立场坚定，虽然他们稍微修改了"特许规章"的条款，而且查理充分支持他们从约克公爵詹姆士那里获得的权利。尼科尔斯的授地被否决，移居者们收回了自己的权利要求。

领主的权利得到维护很大程度上是得力于这么一个事实：1673年，23艘舰船兵临斯塔腾岛，收复纽约。詹姆士堡的英国驻防军只有80人，总督外出在长岛，荷兰人之得手差不多有如英国人早先占领该地那样轻而易举。他们强求居民宣誓效忠联合省，一名步兵军官安东尼·科尔弗被任命为新尼德兰总督，整个长岛置于他的管辖之下。新泽西被吞并，第三次英荷战争似乎很可能会使第二次英荷战争中获得的这一合算的成果实际上丧失殆尽。大多数殖民者兴高采烈地接受了荷兰的统治，这一统治并不难受，而且使他们无须拿起武器抵抗任何来自英国的征伐。由于居民们一般都安然保有土地，加上新英格兰殖民地迟迟不发动进攻，新尼德兰似乎可以稳定下来，逐渐进入繁荣状态。它现在处于联合省，而非西印度公司的直接统治下。可是，荷兰省受到英法同盟的沉重压力，于1674年准备出价换取英国的中立和善意，此即威斯敏斯特条约，它将新尼德兰交还英国统治。

据认为，荷兰的再征服使得约克公爵的所有权以及由此而来的一切授予统统失效，1674年英国统治恢复则是个新的开端。因此，詹姆士在给1674年由他任命的纽约总督埃德蒙·安德罗斯爵士的指令中，授权后者统治特拉华湾东岸至康涅狄格河西岸的所有领土。这导致安德罗斯同东、西新泽西两殖民地发生了冲突。卡特里特抗议如此否定他所获得的授予；他从詹姆士那里得到了先前新泽西东部的所有权，小菲利普·卡特里特被派出担任总督。他证明既有效率，又得民心，安德罗斯发觉要对东新泽西强行贯彻公爵所声称的权利是不可能的，确实，他发觉詹姆士本人不会支持他。尽管同菲利普·卡特里特

341

有私交，但安德罗斯仍将卡特里特带往纽约审判，结果只是发觉陪审员们接受了卡特里特在东新泽西的管辖权实属合法和得自国王的说法。东新泽西民众坚决拒绝纽约的统治；当这桩公案被提交英国时，詹姆士否定了安德罗斯，放弃了自称对东新泽西拥有的所有权利，并且证实了他给卡特里特的授予。

与此同时，伯克利将他得自詹姆士之授予的权利卖给了一批教友会教徒，后者已经占据了在特拉华的新泽西殖民地。可是，这些教友派相互间龃龉甚多，以致威廉·佩恩不得不被召来解决他们的争端，而詹姆士的不能令人满意的态度使得租地使用权很不确定，结果西新泽西的殖民进展缓慢。1676 年，教友派设法划定了他们与东新泽西的分界，并且得到了卡特里特对其土地所有权的承认。不过，他们无法同安得罗斯达成一致。他把伯克利地权的购买者之一约翰·芬威克像卡特里特那样强拖到纽约受审，要求交代为何在约克公爵的领地内僭称拥有占地权，而当 1676 年协议划定了卡特里特和伯克利两项地权的分界时，他坚持认为这并未否定詹姆士先前的地权。

1677 年，一批刚来自英国的教友派历尽艰辛，在特拉华河上游建立了自己的小镇伯灵顿。他们打算创建一个自治社会，怀揣一部宪章草案，载于佩里及其同人在他们离开英国以前为其草拟的"特许规约"之中。无人将有权支配他人的良心。在服从英国法律和特许规约的前提下，一切法律可由殖民地立法机关制定或废止。这个机关将由佩恩及其领主同人提名的一位行政官和居民们自由选出的一个议会构成，议会有言论自由和充分的议会特权，行政官则无权征税。宗教自由、陪审制、审案公开以及请愿权利得到保障；将无债务监禁，也无死刑——即使叛国也不处死，除非议会有令。所设想的对当地民主控制的唯一限制，是向领主们缴纳免役租和他们有权提各行政官。这样的自治是同安德罗斯感到不得不代表詹姆士提出的要求相抵触的。但尽管有这一不定因素，教友派仍有效地广招移民，使得西新泽西日益兴盛。然而，所有权始终未得到解决，直到天主教阴谋事件[①]时期为止。当时，佩恩向詹姆士——他与之相交甚笃——提出，新泽西提供了一个极妙的机会，可以借此显示一旦即位，他的统治将多么

342

---

① 见前，第十三章，边码第 313—314 页。

公正。这是个精明的、非常世故的论据，于是詹姆士放弃了对东、西新泽西的所有主权，它们都不再是纽约的要求对象了。

詹姆士及其总督确实显示了斯图亚特家族滥授领主权利，但不乐意出让政府主权的倾向。不过，他们对移居者的态度并非难以忍受或令人不满。尼科尔斯上校作为纽约的首任总督，对荷兰移居者抚慰有加，向康涅狄格提出的权利要求则不失分寸。从字面上看，给詹姆士的赐予使康涅狄格丧失了康涅狄格河以西的所有土地，但尼科尔斯同意从哈得孙河以东 12 英里的海岸上一点往北，再往西北划定疆界。他鼓励贸易和航运，组织司法区，与印第安人缔约，并由于高雅的智慧而享誉。但詹姆士禁止他授予纽约自治权，尼科尔斯只得自己来制定法典。他不能规定设立市镇会议，但他从荷兰人那里借取了拥有有限地方权力、经选举产生的警察和监督员的观念，把拥有土地，而非跻身教会作为有权投票选举这些官员的条件。尼科尔斯授予绝对的宗教宽容，并且在加诸他的限制之内为这个城市制定了一部开明的宪章。他随之召集长岛各镇的代表组成议会，允诺给予同新英格兰各殖民地一样的自由和豁免权利。按照标准的斯图亚特主权理论，选举产生的代表要核准一部业经起草的法典，办完此事即返回本地，使得选民们愤怒不已。尼科尔斯完全无法满足他们关于修改赋税、控制民兵和选举行政长官的要求，近乎作乱的不满情绪在长岛经久不息。在荷兰重新统治期间，他们设法维护自己的独立，但随英国统治在 1674 年恢复，他们被迫回到纽约名下，仍旧没有所渴望的自治权。

作为英国权力恢复后詹姆士的代表，安德罗斯要求绝对服从其命令，同时他又对移居者们表示个人的友好。他未能赢得他们的忠诚，但改善了市镇布局和殖民地的经济、社会生活，并且一直试图取得对公众情绪的某种让步。詹姆士确信任何让步都会导致得寸进尺和扰乱良好的政治，因而拒绝，纽约便依旧是唯一的移居者不能分享立法权的殖民地。在这里，如同在西印度群岛，围绕贸易和岁入问题出现了危机。到 1681 年，纽约的商人已在拒绝缴纳关税，就像西新泽西的教友派和东新泽西的领主殖民者那样，存在着广泛的不满。安德罗斯奉召回国，以便首先对纽约的制度未能产出岁入的报道做出回答，詹姆士则在 1682 年许诺设立议会，条件是提供足够的岁入。

新总督托马斯·唐甘是个极富同情心和目标始终如一的爱尔兰天

主教徒，他在纽约受到了热烈的欢迎，因为他带来了召开议会的特许状，这个议会将由不动产终身所有者的代表组成，享有辩论自由和在税收与立法问题上同总督和政务会议协商的权力。1683 年 10 月，17名代表在纽约正式聚会，通过了若干法律，并按照仔细效法英国议会成就的方式起草了一部《选举权和自由权宪章》。詹姆士在其兄在位的最后几个月里，正像佩恩劝告的那样，极想用自己对纽约的所作所为来使英国人相信他将是一位多么通情达理的国王。他不顾自己前不久所作的声明，接受了这部宪章，但不到此项文件能被送出，查理二世就去世了，纽约成了贸易大臣委员会直接控制下的一个皇家殖民地。接着，詹姆士作为国王否决了他先前作为王位继承人颁发的那个特许状，而且着手实行一项计划，即促使所有领主殖民地和特许殖民地更密切地互相依赖，并且更密切地依赖王家。它部分地出于经济目的，但很容易看出也出于军事目的，它忽视了殖民地各自的不同特征和不同利益。这是建立某种新英格兰领地的计划，詹姆士和贸易大臣们希望把纽约和其他北部殖民地一起并入其中。

　　注意力并非完全局限于北部各移居地，亦非完全集中于对付来自加拿大的法国威胁（尽管这很重要）。弗吉尼亚以南横亘着直至西班牙殖民地边境的广阔地区，仍然几乎毫无人烟。1629 年时曾向罗伯特·希思爵士授地，但未能导致殖民，在一代人的时间里该地区无人问津。然而，当蔗糖和过度殖民使得巴巴多斯要为蜂拥而至的移民寻找出路，加上当复辟政府看来威胁着在共和国之下享有的自由时，巴巴多斯人便转向弗吉尼亚以南的荒原；1663 年，查理二世颁发了卡罗来纳特许状——一项明确无疑的领主占有特许状。领主就是那些聚集在沙夫茨伯里身后、占据贸易和种植园委员会席位的廷臣，他们力求在领主权力的基础上使得一种相互依赖的帝国经济臻于完善。大致仍是这批人促使国王于 1670 年授予他们巴哈马群岛，还进一步授予他们哈得孙湾及其周围领土。他们神通广大，目标明确撇开夺取新尼德兰不论，获得卡罗来纳授地大概是他们意义最为重大的成就。它囊括了从北纬 31 度线到 36 度线的领土，往西直达南海，领主们在这些土地上可随意行使租佃权。他们是专制领主，可以组建民兵，征收关税，设立法庭，制定和执行法律，并且授予信仰自由和贸易自由，只要这些是英国法律所容许的。他们还能召集由自由民或其代表组成的议会。

当早先的权利要求被撇在一边时，组织巴巴多斯移民来定居的道路却开通着。但巴巴多斯人呈交了一份规定充分自治权的宪法草案，所得到的答复是一项反建议，其中包括设置由领主任命的总督和政务会议，然后领主代理人着手起草以"特许规章"为形式的折中方案。这些代理人有在巴巴多斯的经验，因而比领主会容忍的要开明些，结果直到1665年，一套新的、在宗教、自由选举和请愿权问题上开明的特许规章才问世。即使那日1665年从巴巴多斯出发的一场远征仍以大败告终。

在此关头，沙夫茨伯里携带1665年授予的新特许状前来统治卡罗来纳。议会被召集起来，移民舆论不久就要求用比较容易、比较现实的方法授地。移居者们希望出外从事农业，而不是被领主们成群地赶入市镇，他们希望依照弗吉尼亚（他们中许多人来自那里）实行较简单的授地方式和得到丰厚的地产。在此种待遇下阿尔伯马尔地方的居留地牢固地扎下根来，沙夫茨伯里便转而支持在波尔罗亚尔的南部居留地，与此同时他和领主们的秘书翰·洛克为该殖民地起草了著名的《基本法》。这是个学究式的蓝图，设想将土地划分为公爵领地、大庄园、男爵领地和永久租地，民众定居在管辖区中，一个殖民地有四管辖。它打算创设一个由伯爵领主和地方政要构成的世袭贵族阶级，领主们将成为世袭高官，不动产持有者则担任低级官职并选举其议会代表。处于自由民之下的将是管区属民，他们以封建的方式被束缚在土地上。这个"封建信条与17世纪社会理论的杂烩"几乎毫无实效。有几处男爵领地被展示出来，但《基本法》的主要价值在于显示了领主型启蒙派人士的思想。他们希望实行宗教宽容、陪审制和有限自治，但也希望有一种贵族统治形式，并且认为一个殖民地若要繁荣，就必须在英国有其母体，即领主或公司，以便组织人员和资本供给。

与此同时，沙夫茨伯里组织了一场殖民远征。领主们提供了经费，而远征者在巴巴多斯得到增援后，否认领主所声称的权利，在阿什利河畔建立了查尔斯敦。沙夫茨伯里打算在他的三个感兴趣的地方（查尔斯敦、阿尔伯马尔和百慕大）之间发展商品交换，因而负担不起让移民们离开的损失。他从英国和巴巴多斯招募了更多的移民，领

345

主们则随殖民地议会于 1671 年开始活动而表示愿意妥协。1672 年时，有大约 400 名定居者，1682 年超过 1000 名，到 1685 年已超过 2500 名。移民不断涌入，他们来自法国，那里胡格诺派教徒被禁止在法国殖民地寻求避难，也来自巴巴多斯和其他殖民地以及在领主的组织下来自英国。自 1682 年起，定居场所开始延伸到内地，同时一个更便于贸易和防守的新查尔斯敦在阿什利河与库珀河连接处建立起来。

来自一个小部落印第安人——韦斯托族人——和南面西班牙人的危险延缓了向内地的扩张，不过经济生活却发展顺利，欣欣向荣。尽管领主们在理论上忠于《基本法》，但他们足够现实，并不坚持要求恪守细节，而行政"简单易行，令人满意"。可是，随着第一代领主去世或因斯图亚特君主主义压倒排斥派而遭贬黜，新的观念取得了支配地位。最初是抱怨一小撮特权者在垄断毛皮贸易。然后，殖民者们拒绝了《基本法》修正案，原因不在于它们苛刻（因为它们的用意是限制领主权势，将较多的权利赋予民众代表），而在于它们是未经讨论由当局颁行的。领主们变得更加好施淫威和令人难忍。到 1684 年他们已逼得总督辞职，因为他们坚持总督之责是治民而非治于民。随詹姆士二世登基，新总督坚持每个议会成员都必须宣誓忠于詹姆士、效忠领主和接受《基本法》，凡拒不宣誓者都被拒于门外。尽管卡罗来纳的经济命脉在于各殖民地之间以及殖民地和附近西班牙居民点之间的贸易，但领主们因为害怕失去特许状，仍恪守《航海条例》，从而加剧了他们同移居者之间关系的紧张。该殖民地准备造反，总督宣布戒严，并且拒绝召集另一届议会。《基本法》不起作用，一个唱对台戏的总督上台亮相，但遭领主拒绝。显然，在领主的英国专制主义观点同殖民者的需要相冲突的场合，只有武力才会使这些观点永世长存。

卡罗来纳领主的大部分心思自然用于在查尔斯敦的南部拓居地。但在北面阿尔伯马尔附近的肥沃地段，有一块富有生机的定居地，其成员主要来自弗吉尼亚，加上某些教友会教徒。他们主要从事满足生活必需的农耕，除烟草和毛皮外极少同外界贸易。这一贸易几乎完全由新英格兰商人控制；领主们极力主张阿尔伯马尔应当把货物直接运往英国或应当同南部拓居地做生意，但纯属徒劳。1677—1678 年麻烦临头，当时殖民者们决议不缴纳对出口到其他殖民地的烟草所征收的每镑 1 便士税款，监禁了总督、议会议长和差不多所有议员，夺权达一年之久。领主们设法驱逐了一名民众指定的总督，但他们自己任命的总督却在赴任途中被阿尔及利亚海盗劫持，直到 1683 年才抵达。此时，阿尔伯马尔已经局面大乱，殖民者们抓住了这位总督，将他赶走。卡罗来纳分明显示了航海政策促使那些需要殖民地互相通商的海外商人们疏远之力量，显示了领主无法强行贯彻自己的意志。

伴随所有这些变化，教友派人数不断增加，到他们的领袖乔治·福克斯于 1672 年千里迢迢前来探视时，弗吉尼亚（连同在阿尔伯马尔的一个分支）、东部新泽西、罗得岛和马里兰已经有了他们的社区。他们一般缺乏政治影响，生活在怀有敌意的政府之下，但在罗得岛，教友派主宰局势，提供了多名总督和议员。早先关于在美洲购买领土、让教友派可以不受干预地独自生活的各项建议，全都一事无成，直到 1680 年威廉·佩恩吁请国王赐予马里兰北面向北延伸的所有可耕地为止。这位教友派人士同王室的交情使得贸易大臣委员会能善待其要求，结果 1681 年的一项王家特许状赐予佩恩下述领土：东邻特拉华，至"北纬三又四十度"——这一短语后来导致了严重的争端。在南面，边界成一个半环，自纽卡斯尔（约克公爵坚持要保留该地）向北和西北延伸，直到同 40 度线相交，然后向西沿该纬线伸展 5 个经度。佩恩渴望拥有入海通道，这使他和巴尔的摩发生了争端，后者对特拉华河西岸的荷兰人与瑞典人拓居地拥有法定所有权。1682 年，詹姆士终于将纽卡斯尔拓居地和特拉华河右岸直到其河口的所有领土割让给佩恩；这导致巴尔的摩出来否认他有权利作此种授予，但贸易大臣委员会在 1685 年年底决定所争议的领土不属于巴尔的摩。

佩恩成了宾夕法尼亚殖民地的领主，可以在其自由民的参议和同意下制定法律，实施法律，任命法官和行政官，赦免罪过，设立市镇和自治选区。他的行政和司法权力几乎是无限的，而且虽然对自己的殖民地宽宏大量，他仍在着手立法以前承担起行政事务。他组织遣送移民，发布那些导致有计划地安排费城市区布局的命令，与此同时他手下的代理总督奉命召集政务会议，接受人民的效忠，确定边界和分配土地，维持治安，颁发条令，但不召集议会。不过，当佩恩提出殖民地政府组织条例时，他显得是个杰出的政治哲学家；尽管表面上应用同大多数殖民地政体一样的体制，但他将大权给予殖民地政务会议这一经选举产生的机构，而不给总督任何独立于政务会议的权力。接着，佩恩于 1682 年乘船前往其殖民地，召集由土地全权所有者选举的议会，并在确定殖民地边界和授予一切居民公民权之后，在"大法"中提出了该殖民地的原则。死刑将只用于惩罚谋杀和叛逆，信仰自由则予以保障。法律面前的民主平等将是这个新社会的标志。

佩恩打算维持同印第安人的友好关系，和他们缔结条约，向他们支付所占土地的代价。他的特点是胸有成竹，信心十足，他花了许多时间使他的殖民地开花结果。当他于 1684 年返回英国时，费城的居民已超过 2500 人，殖民地总人口超过 8000 人，而且引人注目的是各种民族成分和语言互相混合——瑞典人、荷兰人、芬兰人、威尔士人、德意志人、英格兰人、法国人、丹麦人、苏格兰人和爱尔兰人及其语言互相混合。形成了繁盛的贸易，其中心在费城，市场在西印度群岛和其他殖民地；城乡之间颇为均衡，亚麻、玻璃和皮革制品补充了剩余农产品。但佩恩返回英国后，宗教和政治争执发展起来，政务会议表现出了一种演变为寡头统治集团的显著趋势。1685 年，佩恩派遣了一名新总督布莱克韦尔船长，他不是教友会教徒，决心建立一个有效的政府。但是，反对派促成他被召回，佩恩允诺接受政务会议可能选出的任何总督。争执继续下去，由于教友派自己内部的分裂而更加激烈。虽然这个殖民地仍旧兴旺，但它作为"神圣的实验"却是一出悲剧。

弗吉尼亚几乎完全未引起贸易大臣委员会和各殖民地之间的商讨，直到后来才如此。它大半依靠烟草出口，一直向控制欧洲烟草市场的荷兰人偷运货物。该殖民地还算繁荣稳定，利用复辟时期的政体紊乱宣布最高权力在其议会，选举威廉·伯克利爵士为总督。弗吉尼亚在他治理下重新效忠斯图亚特王朝，他则奉命承认其议会合法，并且促成通过必要的法律，但也须保证航海条例得到遵守和抑制烟草的过多种植。伯克利不久就成了几乎绝对的统治者，任命自己的政务委员，将一批富有的种植园主集合在自己周围，与此同时议会变成了一个自我封闭的寡头机构，脱离了它本应所代表的民意。选举权限于不动产保有者，而不合理的税收、不明智的开销和行政管理弊端造成了一种由于烟草价格波动不定而具有爆炸性的形势。

1675年，两名拓居者被印第安人残酷地剥了头皮，这引起了一场凶猛的讨伐，整个边境地区朝不保夕。伯克利总督年老体弱，议会则证明同总督一样无能为力。担惊受怕的拓居者们选出了自己的领袖——年轻的纳撒尼尔·培根，入伍充当他麾下的志愿兵，然而他们被宣布为乱党，被勒令解散。培根叛乱一直延续到1676年为止，当时培根占据并捣毁了詹姆斯敦，随即死于热病。他死后，叛乱者缴械投降。国王虽然许诺赦免，但怨恨不已的伯克利处死了其中若干人。一位新总督赫伯特·杰弗里斯上尉随后抵达，同时一个专门委员会被任命来审查弗吉尼亚事务，一支载有5个正规连的舰队被派去粉碎叛乱（它已经平息）。新官们就该殖民地的怨艾向国内呈送了一份不无同情的报告，而叛乱后颁发的特许状肯定了殖民地议会控制税收的权利，并且把将来授地之事留给国王决定。经济失衡无法轻易纠正，看来烟草问题的解决除贸易自由外别无他途，但立法限制了贸易可得以开展的港口的数目，愤怒的种植园主们开始依靠毁坏邻人的作物来强行实施他们自己的限额制度。新总督与议会不和，詹姆士二世垮台的消息传来时另一场叛乱似乎已不可避免；威廉和玛丽被正式立为国君时，弗吉尼亚如释重负地承认了他们；它需要英国，既为了出售烟草，也为了购买必需品，因而它即使不自在却仍然留在帝国之内。

马里兰注定要深深地隐入政治争端，因为其领主巴尔的摩勋爵——一个公认的罗马天主教徒——十分关心保证信仰自由，而且根据他的特许状拥有几乎绝对专制的权力和特权。英吉利共和国时期，他的权威被否定，一度清教徒似乎很可能会建立起一个独立的政府。然而，由于宗教问题次于贸易和防务问题，巴尔的摩设法使他的所有权得到贸易委员会承认，针对那些正在声称有权不经他同意而颁布法律的拓居者议会来维护他的合法权利。主要依靠任命一位能干和富有同情心的总督，即年轻的菲利普·卡特里特，巴尔的摩确保了自己的地位。在马里兰，烟草种植同样是唯一的产业。高地的土地肥沃，其出产足以使种植园主和农场主满意，尽管价格在下跌，而且人们惯于挥霍浪费。劳力取自雇工和黑奴，烟草充当缴纳各种赋税和费用的通货。马里兰没有航运业，因而它的烟草大都靠有意规避航海条例的新英格兰人的船只载运。巴尔的摩对此极为同情，因为他坚持认为关于烟草的困难不在于出产过多，而在于航海条例限制了市场。不过，他大面上仍照章办事，征收应付的款项，坚持船主必须呈交保证书。

1675 年，巴尔的摩勋爵去世，其子卡尔弗特继承，一种远为专制的体制随之确立。卡尔弗特确实努力增加贸易、促进繁荣，但他依靠操纵各利益集团而非争取民众合作来统治；他的亲友控制了行政当局，政务会议同议会争斗不休。此外，这第二代巴尔的摩勋爵不得不对付佩恩以及对于切萨皮克湾临河土地有争议的权利要求。此项争端导致两位领主于 1684 年同抵英国，在那里巴尔的摩被拘留，直到 1688 年革命为止。他拥护"老觊觎王位者"的声明如同过眼烟云，风波不兴，因为马里兰民众居住分散，政治行动困难。然而，关于耶稣会士大肆活动、试图煽动印第安人屠杀清教居民的谣言沸沸扬扬，领主的罗马天主教信仰和他用专制主义方式进行统治的企图引起了猜疑，而当没有任何旨在承认威廉与玛丽的命令发布时，猜疑更甚。1689 年，不满情绪达到了顶点：一个协会建立起来，以便捍卫新教信仰并承认威廉与玛丽。巴尔的摩的努力由于他远在英国和缺乏贸易大臣们的支持而削弱。虽然他未被正式取消特许状，但他们不支持他的权利要求，因为怀疑他反对他们把美洲各殖民地联成一体并强行实施贸易限制的计划。马里兰实际上变成了一个皇家殖民地，领主的权利要求被置若罔闻。

尽管马萨诸塞在政治和经济上更为重要，但纽约和泽西拓居问题在一些年里占据了英国的注意力。只是在马萨诸塞卷入一场严重的印第安人战争时，贸易大臣们才比较关心起来。这是在 1675 年，当时菲利普王统率下的万帕诺亚格族印第安人袭击在罗得岛的教友派控制的殖民地。其他部族不久也参加进来，康涅狄格和马萨诸塞被拖入战争，整个边境地区笼罩在焚烧、剥头皮和杀戮的恐怖之中。迄此，关系友好的纳拉甘西特大部族遭到马萨诸塞、普利茅斯和康涅狄格的进攻，目的是预防印第安人的敌对行动。罗得岛、普利茅斯、马萨诸塞饱受劫掠之苦，直到 1676 年夏天菲利普王发觉不可能维持其部族联盟的团结以及 8 月间他本人被杀死为止。印第安人抵抗欧洲人对大西洋沿岸地带之权利要求的最后一次认真的尝试，连同这场战争一起告终。不过，印第安人突入了殖民地的心脏地区，摧毁了成长之中的庄稼、市镇和村庄。饥荒在战后接踵而来，毛皮贸易被毁，新英格兰同英国和西印度群岛的通商也遭到同样的厄运。

菲利普王之战胜负未定之际，爱德华·伦道夫作为特派专员抵达波士顿，调查和汇报马萨诸塞殖民地的状况。他是斯图亚特王室所称权力的坚决支持者，也是后来斯图亚特国务会议主张的那种帝国统一贸易体系的坚决支持者。他还是英国国教会的忠实成员，僭取权力的清教政府在他看来纯属邪恶。为了使马萨诸塞更加依附于国王，他建议发布一项责问其特权的令状。往昔的指控今日重提。选举权受到限制，边界以损害马萨诸塞的邻邦为代价得到伸展，非自由民成为征税对象，向英国提出的申诉被否决；清教徒们规避航海条例，私设造币局，铸造他们自己的货币，从而减少了国王的收入，破坏了帝国贸易体系。该殖民地没有做任何事情来减轻这些指控，它似乎更倾向于坚持自己的特许权利，而非忠于国王；奉派前往伦敦的代表被吩咐不讨论任何质询特许状的问题。只是当英国商人促使国王（其收入据他们声称一年减少了6万镑）下令禁止同新英格兰贸易时，马萨诸塞才通过了一项实施航海条例的法律。

为实施航海条例，伦道夫充当了海关的征税官、检查官和搜索官，他以这些资格拥有干预商业的无限权力，但要迫使人们服从航海条例却几乎无能为力。他宣称，商人和船主同外国领土进行贸易，地方行政官则纵容这些破坏航海条例的行为，这一说法得到了弗吉尼亚总督和新罕布什尔总督的支持。贸易大臣会议开始详细讨论将新英格兰诸殖民地统一为一个自治领的设想，因而确定马萨诸塞的特许状本身必须废除，正如国王成功地取消了许多英国自治城市的特许状那样。[①] 检察总长奉命对该殖民地提出起诉；伦道夫心满意足地递交了责问令状，特许状遂于1684年10月被宣布无效。

这就使贸易大臣会议面临设计一个比较合适的政府形式的任务。他们决意把各殖民地统一起来，废除马萨诸塞的特许状就是总行动的一部分。伦道夫的使命适用于所有新英格兰殖民地，贸易大臣们在他的推动下断定，特许殖民地和领主殖民地一般都无法同他们的计划调

351

---

① 见前，第十三章，边码第317页。

和。凡是在某种程度的主权已被让予的地方，立法权力动摇了同殖民地商业阶级利益相冲突的航海条例。康涅狄格、罗得岛、东西两泽西、宾夕法尼亚、马里兰、卡罗来纳、巴哈马群岛和百慕大的特许状一个接一个地受到了责问令状的查询。1685 年查理二世之死，蒙默思叛乱之动荡，加上不可能创立那么多替换的政府，使它们幸免于打击，唯康涅狄格、罗得岛和泽西殖民地除外。然而，事情已变得一目了然：既无可用之钱，亦无可用之人来为每个殖民地配备它自己的总督和行政当局，联合则将简化防务问题，最重要的是简化施行航海条例的问题。贸易大臣们亟欲组织联合，遂同意将缅因、新罕布什尔、普利茅斯和纳拉甘西特地区这几块殖民地并入马萨诸塞，并且答应一俟其特许状被废除，罗得岛和康涅狄格也立即并入。

尽管特许状被废除，马萨诸塞却被允准继续其往昔的总督、地方行政官和议员体制，而且当贸易大臣们于 1685 年将新罕布什尔和缅因置于马萨诸塞管辖下时，他们是在王室庇荫下实现了该殖民地长期以来用一种独立方式谋求的扩张。康涅狄格也被合并在这个新英格兰集团内，该殖民地的政务会议提议服从这一解决办法，尽管立法议会要求同纽约合并。还剩下纽约本身。查理二世驾崩、詹姆士登基时，352 他可以避不授予纽约"自由权和特权令状"，把他在那里的领地视为一块能加入新设想的联合体中去的王家殖民地。担心法国行动的唐甘总督确信除非康涅狄格和东西两泽西并入纽约，纽约无法提供充足的防御，当他得知康涅狄格已被并入新英格兰时，他便认为造就足够的军事实力的唯一办法是把纽约并入那个联合体。

唐甘的建议很有分量，1688 年颁布了一项新的令状，规定自佩马奎德河到宾夕法尼亚的所有英国殖民地加入新英格兰自治领。按照贸易大臣会议的提议，其政体将由国王挑选的总督和政务会议加上民选的议会构成。然而，詹姆士删除了涉及议会之处，立法、征税、设立法庭之权归于总督和政务会议，而且他们自己充当初审法庭。将有权利向英国的法庭上诉，殖民地的法律必须提交英国批准。废除民选议会纵然有斯图亚特专制主义的味道，但路途之遥远以及殖民地内部与各殖民地之间的利益之盘根错节，使得议会的价值大有疑问；而且民选议会，特别在马萨诸塞，并不总是民主的或代表大多数人的。正如经验表明的那样，废除它们是结束清教徒统治的唯一途径，况且政

体之苛刻由于宗教自由的授予以及规范与稳定土地租赁制的措施而得
到了减缓。

主张殖民地的联合大半是出于军事原因。1674 年，威斯敏斯特
条约结束了对荷战争，但使国家和殖民地处于法国进攻的威胁之下，
并且成为法国玩弄诡计的对象。新英格兰自治领连同康涅狄格被认为
掌握着一支拥有 13279 名民兵的武力，把纽约加进来又多了 2000 名。
这样，大约有 200 名士兵的正规部队得到了 15000 名民兵组成的后备
军的支持，这是一支巨大的防御力量，是在任何看来合意的时机夺取
加拿大法属殖民地的有力武器。值得注意的是，总督被授予部队的全
部指挥权。然而，将自治领扩展到包括纽约证明是削弱了它，而不是
加强了它；辖区过大，难以进行适当的联络。自治领本应带来的联合
的好处烟消云散，它丧失了变成一个经济和社会单元的任何可能性。

埃德蒙·安德罗斯爵士被挑选为自治领的总督，他刚正不阿，但
有一段经历评价不佳，那就是在纽约总督任内施政冷漠无情以及同西
新泽西的教友派和东新泽西的领主争长论短。他的任务够难的，因为
清教徒们拒不接受新体制。在自己的议会被取消后他们宣称，他们被
"剥夺了作为英国人的自由权"。临时政府钱库空空，又无征收直接
税的权力，势必虚弱无力，于是便征收间接税（进口关税、消费税
和船舶吨税）。虽然这没有像征收直接税会引起的那样招致严重的反
对，但就贸易征税的这整个问题是有争议的。贸易大臣会议想把新英
格兰纳入一个无所不包的帝国贸易体系，而马萨诸塞的商人却亟欲表
现最起码的服从，亟欲获取将使他们能坚持从事非法贸易的修改。采
取了一些争取实施航海条例的措施：波士顿、塞勒姆、伊普斯威奇和
格雷特岛这四个港口被定为货物可进入自治领的唯一场所，还设立了
一个负责审理走私案的海军中将法庭。但是，伦道夫促使条例得到适
当贯彻的努力几乎得不到任何支持，甚至海军中将法庭也不能被信赖
做出廉洁的判决。

伦道夫失望但决心不变，他大力敦促派遣一位正式的总督，安德
罗斯的差使遂匆匆确定，结果他作为除康涅狄格和罗得岛外——针对
它们的责问令状虽然已发出，但其特许状仍旧有效——所有新英格兰
殖民地的总督，于 1686 年 12 月抵达波士顿。罗得岛宁可屈膝服从，
也不让自己的特许状被废除，康涅狄格则在不久后加入其列。过去临

353

时政府对下民安抚体恤，为实现自治领的统一和维持拓居者平和无事而有所作为，现在安德罗斯却持有一种固执得多的观点，而且一开始就受到奉命"连根拔除一方体制"之掣肘。他忠于斯图亚特家族，广泛宣扬"老觊觎王位者"的诞生。这样，光荣革命的消息传到美洲时，安德罗斯不可避免地被认为是王党分子，于是爆发了叛乱。波士顿是造反中心，要塞、城堡和王家兵舰被夺占，伦道夫被关进普通牢房，总督本人遭监禁。这场革命虽然没有流血，却推翻了新英格兰自治领。康涅狄格和罗得岛恢复了特许状，改组了政府。马萨诸塞过深地卷入了同王权的冲突，以致它的反对行为并非对它全然有利，它在英国的代理人纵然能言善辩也无法使其特许状得到恢复。只是在1691年，威廉和玛丽才授予其特许状，而那时它已不是过去的那个样子了。选举资格根据财产，而非根据宗教信仰受限制，允许从地方法院上诉至御前会议。不过，新的特许状扩展了马萨诸塞的边界，使之包括缅因和新普利茅斯，从而使短命的自治领的一个重要思想——防御法国人——持久化了。

　　同英国殖民地愈益增大的分量相比，法国人在加拿大的权势和稳定性微不足道。法国威胁的大小取决于统治者的决心、从欧洲获得的支持和谋取印第安人部落作为辅助力量的决心。问题之巨大以及实现一个横跨大陆（不管它可能证明有多宽）和南北长度达1500里格的法兰西王国的可能性被认识到了。然而，法国的力量完全投入在欧洲的斗争，成就之微恰与机遇之大相反。

　　为了取得在北美的霸权，为了维持其殖民地生活所依赖的毛皮贸易，法国人确信必须粉碎易洛魁联盟的势力，即莫霍克、奥内达、奥农达加、卡尤加和塞内卡这"五大族"印第安人的势力。因为易洛魁人同休伦族和其他印第安部族作对，毛皮正是通过后者的土地输往在魁北克、三河城和蒙特利尔的法国市场，而且它们是法国人的盟友。易洛魁人和哈得孙湾的毛皮贸易相结合。他们从荷兰商人那里得到武器并向其输送毛皮，蓄意骚扰和摧毁法国殖民地。在1640年前后的第一次易洛魁战争期间，法国人接受了这么一个结论：要使自己摆脱易洛魁人的威胁，他们就必须通过征服或购买其土地的办法来使荷兰殖民地保持中立。但是，法国深受投石党运动的折磨。国内政府的虚弱导致其在新世界的政策无效，在那里法国的安的列斯群岛领地被卖给了私人领主，"百人公司"让位于加拿大的"农民公司"，而阿卡迪亚内战成了英国人1654年夺取该殖民地的前奏。蒙特利尔几乎被放弃，只是在节骨眼上才来了救助，即补充激励这个小拓居地的基督教信仰的厄尔苏拉教士以及少量增援士兵。

所有这些对英国或荷兰的殖民利益几乎没有蕴含任何严重的威胁。确实，假如法国人要有效地对付受易洛魁人包围这一威胁，就必须把矛头转离英国和荷兰的势力区，复兴其北路贸易。例如，渥太华族印第安人欢迎法国贸易，乐意同法国结成反易洛魁同盟。甚至同印第安人中间的盟友相处，法国也感到很困难。到1660年，他们在加拿大的总人口不足2000人，只能在那里过朝不保夕的日子，还要有最大的决心。易洛魁人在蒙特利尔的房舍和农田周围徘徊，妇女外出干活时遭到劫持，男人则无时不带武器。这一年，一帮易洛魁武士沿圣劳伦斯河而下，意欲灭绝法国人、占领魁北克。然而，一个由16人组成的忠勇小队在蒙特利尔小要塞的司令官亚当·多拉德率领下，在蒙特利尔以北的圣劳伦斯浴血奋战，将其挡住了8天。他们全体阵亡，但易洛魁人撤走了，法国殖民地得救了。

这年晚些时候，渥太华印第安人驾着一批满载的独木舟，给魁北克送来了毛皮，这使得殖民者们能够维持生计。但是，易洛魁人仍是无时不在的威胁，1661年三河城司令官皮埃尔·布歇被派往法国请求援助。布歇带回了大约100名新殖民者，但无军事支持。尽管总督吁请援军，说以此他能使路易成为美洲主宰，但一无所获，直到1665年当土耳其人在匈牙利被击退后路易才向魁北克派去了大约1200人的卡里兰—萨利埃团。这极为壮观地增加了法国的力量，因为先前总督只掌握大约30名正规士兵。更重要的是新的利益意识和紧迫感。法属美洲帝国的宏图得到采纳，驻加拿大总督和按察使的个人品性则使这些宏图具有了实际分量和方向。

加拿大在一名新总督、久经沙场的宿将特拉西侯爵治理下，重新振作起来，这同援军的抵达相得益彰。1665年，在圣稣尔斯地神学院领导下享有一种独立地位的蒙特利尔，被置于王权控制之下。然而，准备不足便对易洛魁人进行冬季战役，结果没有打败或消灭他们。"五大族"之中有四个族接受了和约，但莫霍克族仍坚持战斗。

355

特拉西亲自领导了又一场征伐，穿过香普兰湖直入易洛魁领土，焚烧村庄，毁坏粮秣，但无法控制后撤避免决战的易洛魁人。这是部署在北美的迄此为止最强大的军队所作的一次令人难忘的表演。特拉西使莫霍克族忍饥挨饿，大受羞辱。不清楚他们是否正式表示过屈从，但直到1687年为止法国人和易洛魁人之间不再有纠纷了。

　　特拉西对易洛魁人的攻击是防御性的，因为殖民地的生存危在旦夕；然而，它们也是一项旨在统治北方的宏图大略的组成部分。法国力量的这一展示紧接着英国夺占荷兰殖民地，在某种意义上是被英国人的抱负所激起的。在纽约，詹姆士的总督尼科尔斯本来很乐意进攻法国人，但马萨诸塞和康涅狄格不那么急切，结果他未动手。在欧洲，路易受到尼德兰人若遭进攻便须予以援助的条约束缚，遂提议调停，当克拉伦登轻蔑地拒绝了他的干预时，于1666年对英宣战。可是在英国殖民地，这个消息迟至10月才为人所知，那时特拉西已经把他的军队安全地撤出了易洛魁领土。

356　　英国进攻加拿大的机会因此丧失了，由于路易看来不乐意攻打英国本土，而是在西印度群岛进行了坚决的进攻，使得英国在背风群岛的领地（特别是圣克里斯托弗岛）损失惨重。英国遭到瘟疫和火灾蹂躏，贫困不堪，内部分裂，因此亟欲求和，而路易同样着急，以便入侵西属尼德兰，维护他声称的西班牙遗产继承权。[①] 于是，两国在1667年年初协议将被征服的背风群岛归还英国，将阿卡迪亚归还法国。英国并未在整个这场战争中败北，布雷达条约肯定了它对美洲荷属殖民地的占有。路易关心西班牙遗产的欧洲部分甚至关心建立一个美洲帝国的宏伟前景。荷属殖民地落于英国之手——由此得到了法国承认——意味着北美局势发生了无论怎样高估也不会过分的变化，因为奥林奇、曼哈顿和哈得孙河是魁北克和蒙特利尔在毛皮贸易方面的有力竞争者，而一切印第安贸易所用的小币——贝壳数珠——主要取自长岛海滩。不仅如此，转归约克公爵的领地使得美国人和法国人彼此接触和斗争，并且切断了法国人沿海岸向南推进的路线。从此，每当法国人似乎不可能向圣劳伦斯河以南行进，就必定引起英国人的担忧，而每当英国殖民者似乎准备跨过阿勒格尼，准备从海岸地带动身

---

① 见前，第九章，边码第210页。

进入内地——法国人若要向南扩张就必须凭借密西西比河与俄亥俄河来穿越的内地，法国人就会感到自己面临威胁。

竞争在美洲的地位导致了无穷无尽的冲突；然而，法国专心致志于在欧洲的事业，虽然它正处于权力顶峰，但在欧洲几乎处于依附地位的英国人在美洲得势了。不过，驻加拿大的法国官员并非暮气沉沉或目光短浅。让·塔隆作为 1665—1668 年和 1670—1672 年的按察使，弗隆特纳克作为 1672—1682 年和 1699—1701 年的总督，给加拿大带来了本来很可能改变北美地图的知识和决心。对塔隆而言，主要问题在于拓居殖民地。他通过有组织地征召男女青少年，使加拿大的人口从大约 3000 人增加到近 7000 人，而且在卡里兰·萨利埃团被调回法国时，有大约 400 名官兵作为居民留了下来。土地以庄园领地的方式授予，庄园主有义务在其土地上安置数目固定的移民。但在 1666 年科尔培尔告诉塔隆：路易认为为了殖民加拿大而减少法国的人口是轻率的，因而拒不接受他旨在使加拿大成为一个强大的国家的计划；1672 年，他不得不报告说没有任何可用于加拿大的岁入。

然而，法国存在着真正的兴趣。1663 年，王室接管该殖民地作为其财产，并且采纳了一项计划，即通过建立庞大的西印度公司把法国在西印度群岛和北方的利益结合起来，因而北方殖民地和亚热带殖民地应当按照类似于英国的帝国倡导者们此时正在接受的那些方式互通有无。塔隆的热情总是多少同他的私利混杂在一起，他对西印度公司缺乏热情归因于他满足西印度贸易。不过，他仍作了认真的努力来鼓励捕鱼和航运，工业则开始在纺织、皮革加工、酿造和造船等方面显露端倪。对塔隆来说，这样一些发展不过是扩张的前奏。他被美洲舞台之辽阔所激励。必须获取曼哈顿和奥林奇，必要的话诉诸战争；欧洲的战争提供了征服广袤无垠、蕴藏财富的美洲土地的巨大机会，他看不出有什么理由法国殖民地不扩展到佛罗里达和新英格兰殖民地边界，甚至扩展到墨西哥。因此，对法国意图的担忧是完全合理的。

布雷达条约限制了这两个殖民者集团的野心；所有占领地都必须归还原主，法国对新尼德兰关键地区抱有的任何图谋至少在当时不得不被放弃。然而，莫霍克族印第安人遭受了严重的挫折，法国的威望如日中天。加拿大内部有个强有力的派别，它要求的不过是官府默许它扩张法国领地，使之囊括易洛魁人的土地，直入南方和西方。随约束易洛魁人之后，出现了规模可观的西向运动。在这个向法国人运送毛皮的印第安人不得不冒险穿越敌区的时期里，法国人从圣劳伦斯外出求觅毛皮，法国传教士则穿林越野寻找印第安人。休伦族在散布到苏必利尔湖和密执安湖附近地区以及渥太华族在散布到密西西比河流域时，同新的部族发生接触，向其传授了对欧洲货品的需求及其毛皮的潜在市场。毛皮贸易因此渗入内地。向北朝哈得孙湾扩张的、苏必利尔湖西南的苏族和该湖以北的克里族，是被纳入法国经济圈的两个最大的部族。

向北扩张没有被忽视，但向南和向西扩张处于优先地位。如果只是因为法国人最了解的那些印第安人在易洛魁人的阻碍面前退回到了密执安湖及其周围地区。关于南海的议论甚多；渥太华族控制下的正常的毛皮商路是从圣劳伦斯顺渥太华河折向北方，塔隆却于 1668 年派了一队人马探查经安大略湖和辛科埃湖的南向路线，并于 1669 年派遣路易·若利埃顺渥太华河前往休伦湖北岸，经过休伦湖往南到圣克莱尔湖，再到深入伊利湖的狭地，并经陆路到达安大略湖西岸。在那里，若利埃遇到了一群法国人，他们正在经安大略湖探查伊利湖周围地区的途中，试图找到南部和西部的印第安部落。若贝尔·勒内·德·拉萨尔是这群人的领导者，但他由两名圣稣尔比斯修道会的传教士陪同，他们的参加既显示了激励法国人行动的传教热忱，也表露了对耶稣会士自命的权利的妒忌。拉萨尔的首要想法是从易洛魁人地区向西南方行进，将他身后的大小湖泊置于法国控制之下，直指新西班牙——这是许多法国人，包括塔隆在内梦寐以求的。他们希望密西西比河（在关于印第安人的报道中称作"俄亥俄河"）会通往南方和西方，流入加利福尼亚湾和太平洋。圣稣尔比斯修道会士抵达密执安湖时，发现苏必利尔湖、休伦湖和密西西比河上游之间的地区毛皮商比比皆是，而一个耶稣会传教团已经在格林贝站稳脚跟。虽然毛皮商们漂泊不定，目不识丁，因而其同游范围只能猜测，耶稣会士却意志坚定，行动协调，到 1679 年他们的传教团已经确立不移。

塔隆 1668—1670 年身在欧洲，同科尔培尔磋商政务。他为自己的扩张计划取得了不大不少的支持，还得到了一个静修会传教团的帮助，帮助他以及圣稣尔比斯修道会士抑制耶稣会士的势力。在若利埃、拉萨尔、圣稣尔比斯修道会士和耶稣会士所获成就的激发下，他于 1671 年派遣使者前往苏圣玛丽——在那里苏必利尔湖水流入休伦湖——去宣称法国对一边连接北部和西部海域,另一边以南海为界的全部土地拥有主权。

这样,法国的野心就得到了一个明确的和正式的表现——拉萨尔正从安大略湖向南行进,与此同时,来自密执安湖的耶稣会士为南下密西西比河做好了准备。甚至从法国来了这样的训谕:"加拿大殖民地扩展之后,对于该国以及为国王陛下效力而言,没有什么比发现前往南海的通道更重要。"① 此项训谕由弗隆特纳克伯爵路易·德布阿德带到美洲,他于 1672 年抵达加拿大担任总督,变得一心要实现其天定命运,梦想魁北克将来会成为一个美洲大帝国的首都,坚信塔隆的设想和计划。尽管如此,法国的扩张仍无法按计划实行。弗隆特纳克本人对耶稣会士并无敌意,但塔隆有,科尔培尔和路易则怀疑他们的教皇至上观点。

若利埃同耶稣会士一起,在他们位于密执安湖和休伦湖之间麦基诺地方的传教机构中度过了冬天,他还同耶稣会的雅克·马奎特神父一起,从密执安湖畔的格林见到了威斯康星河,并因此在 1673 年 6 月到了密西西比河。他们对这条大河径直流向南方感到失望,当行至西来的密苏里河与它们的交汇口时,他们怀疑是否不应该溯此而上,因为印第安人报告说它将通到一片开阔的大草原和另一条流入加利福尼亚湾的河流。他们过了俄亥俄河河口,但随后拨转船头,开始朝北行驶。背着枪的印第安人(背枪表明他们同欧洲人有贸易接触)告诉他们:离海只有 10 天路程,假如他们继续行进,就会遭到被武装的印第安人以及在其旅行终点会碰上的西班牙人袭击的严重危险。他们完全确信密西西比河流入墨西哥湾,而不是流入加利福尼亚湾,并且把这个消息带回加拿大。

这个消息使加拿大边疆大为激动,因为它证明有一条可航水道从加拿大通向墨西哥湾,证明一个法属北美不仅是可能的,而且将把英国人限制在阿勒格尼为界的沿海地区之内。可是,路易深陷于在欧洲进行的战争,几乎或完全腾不出力量用于加拿大。为使英国中立,不仅值得向斯图亚特家族提供路易在多佛条约中允诺的支持,也值得在

①　J. 巴特利特·布雷布纳:《北美探险者》(伦敦 1933 年版),第 252 页。

新世界多多默许，袖手旁观，结果弗隆特纳克不得不放弃从法国得到增援的一切希望。甚至无法指望有系统的移民，特别是移入形成一个人口众多的法国殖民地所必不可少的年轻姑娘。弗隆特纳克虽然坚强有力，野心勃勃，并且确信加拿大的潜在实力，但被迫采取同他本来很可能选择的相比不那么直接、不那么倚权仗势的方法。在到1682年为止的他的第一个总督任期内，他没有得到任何军事增援。这一时期的特征是英国地位的巩固以及远北地区的竞争，它们是随英国哈得孙湾公司着手开辟一条通向克里族和迄此运往加拿大的特等毛皮之来源的海上航线而来的。

创立哈得孙湾公司的主意出自两个富有事业心的加拿大皮货商皮埃尔·埃斯普里·拉迪松和梅达尔·舒阿尔·格罗塞耶。他俩都是从小来到加拿大，在旅行和经商中熟悉印第安人。他们于1659年将资财并在一起（他们是连襟），为的是乘舟行至威斯康星森林区。在那里，他俩同苏族印第安人一起过冬，春天时折回苏必利尔湖遇见克里族印第安人，从他们得知：北方大海湾以及可以在那里得到的毛皮财富。他们回到蒙特利尔，确信有必要经海上而非从加拿大经陆路抵达这个叫作埃尔多拉多的地方，并且亟欲求得法国的支持。然而，他们返回的航行违反了不准同森林区印第安人通商的禁令，因而被处以罚金，被迫缴纳对其毛皮征收的税款，并遭到嘲笑。他们决心贯彻自己的计划，先后在法国和新英格兰谋求支持。正当苦苦等待之际，他们遇到了从英国派出的钦差，其任务是确定各英国殖民地的边界和促使它们对斯图亚特家族称臣效忠。这两个加拿大人经乔治·卡特里特劝说，相信可以从英国获得支持，并被他带到了伦敦。他们发现，查理本人对他们的叙述和计划大感兴趣，一批正在拟订均衡的帝国政策的贵族和国务家则准备给他们有限的帮助：两艘海船于1668年从伦敦驶出，其中格罗塞耶乘坐的一艘在哈得孙湾度过了冬天，装载上等毛皮回国。

这批廷臣及其在伦敦城里的合伙人被获取厚利的希望所激励，极力鼓动有可能驾船穿过哈得孙湾找到一条西北通道，结果他们在1670年为哈得孙湾公司争取到了一项划时代的特许状，它宣布了英国的领土权利，同法国对往南的土地所声称的权利相对应，因为查理使该公司成了海湾沿岸的、进入海湾的河流所流经的所有土地的绝对领主。

法国人正开始形成关于自己声称拥有的领土的某些实际的概念，英国人却对这个特许状的深远内涵几乎一无所知。他们在海湾的据点无足轻重，他们渗入内地的力量微不足道。他们确实能以一种在北极海域航行的令人仓皇失措的能力驶入海湾，而且他们的货物招引印第安人前来与之贸易。但是，他们几乎或完全没有对法国人进行挑战，或维护他们那巨大的世袭财产的所有权，他们甚至使自己相信他们的抱负可以同法国人的权利要求相调和；对他们来说，严重的竞争是在毛皮贸易方面，而不是在对于土地的任何战略性要求方面——结果事实上问题依然存在，因为哈得孙湾从未对加拿大构成军事威胁，虽然它可能像是（对法国人来说它有时确实像是）造成了从北方包围的危险。

　　在法国，对于从加拿大作任何扩张的支持微乎其微，以致哈得孙湾公司的开发行动毫无困难地得到了容忍。科尔培尔确实准备过一次前往海湾的远征，要是能达到目的的话，本来会抢在英国人前面，塔隆则于 1671 年从蒙特利尔派出了一支陆上远征队。一名青年军人德尼·德·圣西门和一名年迈的耶稣会士阿尔巴内尔神父，同印第安人一起行进至哈得孙湾海岸，正式宣布这片土地归法王所有。可是，当美国人于 1672 年返回并建立起更多的永久性据点时，他们没有遇到法国的反对，逐渐地、顺顺当当地在鲁珀特河畔、奥尔巴尼，后来又在纳尔逊河畔扎下根来。然而，法国人继 1671 年远征后再接再厉，不久就在注入海湾的各条河流的源头做着毛皮生意，而且 1674 年阿尔巴内尔再度露面，肩负弗隆特纳克安排的任务——诱使英国地位所依赖的那两个皮货商效忠法国。

　　其他探险者随后到来，路易·若利埃本人于 1679 年访问了英国据点。虽然弗隆特纳克妒忌地注视着英国人的发展，但法国政府命令他维持"和睦友好"；他不乐意支持耶稣会士的计划，致力于围绕加拿大的毛皮贸易展开的内部纷争，并像关心朝北发展那样对朝南扩张感兴趣。西印度公司在加拿大未获成功；1674 年，它的特许状被废除，加拿大又一次变得完全依附国王，这进一步证明扩张缺乏后劲或支持。作为在没有军事支持的情况下维持殖民地这一政策的一部分，殖民地居民将被集中在市镇和村庄里，他们被阻止四处游荡寻找印第安人和毛皮。毛皮贸易的进行往往依靠向印第安人提供烈酒，对于他们白兰地是迷人的嗜物，也是严重的危险。印第安人喝醉酒时杀气腾腾，行为不可意料，因而教会从一开始就反对烈酒生意。它被指责为一种道德上的罪恶，拉伐尔主教在 1669 年公开予以明确的谴责，并以革除教籍相威胁。世俗当局也明白印第安人酗酒作乱的危险，但无法赞成如此毫不留情的谴责，因为这与加拿大的生活和贸易关系太大。持久的权力之争在 1678 年到了严重关头，当时弗隆特纳克主持了魁北克议会的一场大辩论，大多数议员赞成烈酒贸易自由。1679年时进行了折中，即在市镇和市场里烈酒确实可以卖给印第安人，在那里据称为害极浅、监管有效，但不得将任何烈酒带进丛林，因为在丛林中贸易无法予以控制，而且一旦印第安人失控作乱就无计可施。

　　甚至这种折中也由转运许可证制度加以修改，它允许某些皮货商从事丛林贸易。理论上他们的人数限为 25 名，并且未明确许可做烈酒生意。但在实践中，皮货商的数量总是超过许可证的规定，而且他们总是带着烈酒。据说，差不多整个加拿大都卷入了违禁贸易，尽管科尔培尔三令五申，弗隆特纳克却没有采取任何有效的措施来阻止偷漏。

362　他有参与此种生意的重大嫌疑，他申辩道，此外唯一的选择是听任毛皮流向荷兰人和英国人，他还同某些劣迹昭彰的皮货商有私交。因此，皮货商推动了法国势力违背法国宫廷政策向南向西扩张。除了旨在创立一个法兰西帝国的宏伟计划外，他们满足了一项实际的需要，因为易洛魁人正在恢复元气，开始进逼到俄亥俄流域和渥太华领地之内，结果使毛皮转而流入奥林奇和纽约。为了反击易洛魁人的威胁和保护渥太华到蒙特利尔的通道，弗隆特纳克于 1673 年亲自率领一支 400 名官兵的队伍前往安大略湖，在那里建筑了弗隆特纳克堡。它的位置很合适，令易洛魁人望而生畏，并且防止了渥太华族加入易洛魁人同英国的联盟。从理论上说，弗隆特纳克堡本应当由安大略湖以南的另一个法国据点来补充，后者将扼守去纽约的易洛魁贸易通道。弗隆特纳克得不到法国的支持，自行其是地建筑了弗隆特纳克堡，但未建筑这个将具有过分明显的反英性质的南部要塞。

　　佩恩打算维持同印第安人的友好关系，和他们缔结条约，向他们支付所占土地的代价。他威胁，特别是威胁英国人向内地扩张的任何设想。拉萨尔结束了他 1669—1672 年的游荡，未找到顺密西西比河而下的路线，但他的活动绝没有停止。与其说他是个纯粹的探险家，不如说是个毛皮商，他渴望在大湖地区、俄亥俄河流域与密西西比河流域大规模地发展这一生意。建立一系列据点将使得法国拥有占据大陆心脏地区的权利；它在宣布这么一种权利并以建立大小要塞使之具体化后，必须进行殖民和实施统治。拉萨尔有塔隆的有力支持，设法同易洛魁人合作，从他们那里他似乎学到了徒步远行的本领，这使他不必像法国人通常那样要依赖独木舟与河流。易洛魁人重新变得雄心勃勃，加上易洛魁人与伊利诺族人之争的战争扰乱了毛皮贸易，促使拉萨尔启程顺密西西比河而下。在两次远征之间的岁月里，他试图组织前往安大略湖，然后到密执安湖的大船——而非独木舟——运输，并且获得了授权他发现西部、设立要塞以及只要他不把生意做到蒙特利尔便可在 5 年内垄断密西西比河贸易的专利证书。1682 年年初，他带着一支由独木舟组成的强大船队启程，这支船队可以使他穿越任何障碍；4 月间，他抵达墨西哥湾，以法国国王的名义占有之。这是针对西班牙人而非英国人来炫耀法国自命拥有的权利。然而，假如法国人在此大河河口建立一块可防守的殖民地，并将河谷占为己有，英国殖民地就会被封闭和受到限制。路易斯安那将证明对法国没有大价值，但密西西比河谷现在已被人知，对毛皮的追求将吸引法国人进入南部英国殖民地背后的边远地区。

这一南下趋势展示了对任何英国扩张抱负的真正威胁，但弗隆特纳克支持的主要是达尼埃尔·格莱耶尔松·迪吕的向西挺进，后者打算在苏必利尔湖以西地区建立一个毛皮贸易体制，并且控制西行路线，或许是通往西海的路线，就像拉萨尔希望控制去南海的通道那样。1679 年，他在该地区的苏族印第安人中间落脚住下，可是，当得知一群静修会传教士身陷囹圄时，他便不再继续往西探险；他折向南方去营救他们，然后返回魁北克，去回答有关他正在组织未经批准的贸易这一指控。向苏必利尔湖以西的行进把他带到了一个地区，在那里他建立的据点阻止了毛皮继续流向纽约，并使他接触克里族和阿西尼本族印第安人，他们的毛皮是经温尼伯湖或尼比贡湖运至哈得孙湾的。他的工作暂时被打断了，因为杜切瑙作为按察使虽然赞成弗隆特纳克的目标，但对于纵容违禁毛皮贸易（以及与之伴随的白兰地贸易）致使人口分散的危险看法截然不同，而且由于他，迪吕甚至弗隆特纳克本人才遭到指控。按察使和总督两人同样确信有必要对抗哈得孙湾公司、监督耶稣会士、占有纽约和通过控制密西西比河流域来堵住英国人，1682 年他们都被召回法国。

这一召回是不幸的，因为易洛魁人正在又一次变得强大起来。虽然继弗隆特纳克担任总督的法属西印度群岛前副都统安托万·勒菲弗尔·德·拉巴尔表现了对英国利益的强烈敌意，而且按照其性情和信念属于扩张派，但他从法国得到的指示却出于一种担忧，即稳固的拓居可能成为扩张的牺牲品，拓居地本身可能会居民稀少以致不安全。弗隆特纳克的补救办法是实行使印第安人信奉基督教并且与之通婚的政策，以此造出一批数目众多、忠实可靠的混血人口。然而，尽管混血儿已经是加拿大生活的一个特色，但事实证明他们厌恶农耕，嗜好狩猎和游荡。法国人有理由担心人口分散的后果，拉巴尔得到的指示是扩张不利，他应当拒绝批准出航，唯拉萨尔顺密西西比河而下可以例外。显然，易洛魁人很快将再度发难，英国人会支持他们，英国人与哈得孙湾接触的潜在危险在法国被认识到了。

拉巴尔面对的第一个难题是在 1682 年大火灾之后重建魁北克。这使他委身于当地居民中最有力的人，依赖起夏尔·奥贝尔·德拉舍内耶。他首先是个毛皮商，在大多数行业有买卖，并在殖民地财政事务中举足轻重。他的首要目标，是使加拿大从进入美洲大陆的陆上门户变成渔场和哈得孙湾毛皮贸易的海上门户。耶稣会士阿尔巴内尔在诱使格罗塞耶和拉迪松重新效忠法国方面起了作用，派遣一支法国海上远征队前往哈得孙湾的计划则同英国《排斥法案》遭到惨败、沙夫茨伯里以及许多对哈得孙湾公司和对有关英国殖民利益之一般组织感兴趣的人丧失权力相重合。该公司历经政治变迁依然生存下来，虽然公司董事差不多全换了，然而，法国的反对随着变动的形势并在德拉舍内耶的有力推动下变得更加强烈了。1682 年，德拉舍内耶在法国促成建立哈得孙湾公司，组织两艘法国船从魁北克出发远航，把格罗塞耶和拉迪松带到了流入哈得孙湾的纳尔逊河。尽管法国的船只和货物不理想，但有这么两个老手在场，法国就占了一项大优势。英国哈得孙湾公司尚未在纳尔逊河畔建立一个据点。他们在 1682 年的远征被法国人抢了先，人员被俘，并入法方，就像有一次从波士顿出发的未经许可的远征那样。

这样，法国的哈得孙湾公司在临湾的毛皮贸易的心脏地带拥有了一个小据点，并且取得了大量毛皮货，它们大都是用来交换从英国船和新英格兰船上获取的货物的。两国仍然和平相处，纳尔逊河畔发生的事件导致了无休止的外交磋商。法国的挑战是严重的，如果它持续不断，或者法国人能够有利可图地使用如此获取的毛皮，它就很可能威胁英国在哈得孙湾的地位。不过，毛皮买卖所依据的价格是按照财政家（据设想）的利益予以严格控制的，这些财政家承包殖民地的上缴岁入，以提交定额岁入来换取毛皮税款和参加此种贸易的独占权利。被抛进这一体系的毛皮的数量只受限于居民获取毛皮的能力。于是，价格不能下降，法国毛皮市场货满为患，僵化不活，而且来自哈得孙湾的上好生皮尽管对商人们很有吸引力，但在殖民地内部引起了很大困难。

不仅如此，把海湾当作海上门户还违背了拉巴尔的政策，因为他抵达加拿大后不久就宣布他不会对英国人占有沿岸贸易做出挑战，但若他们将其"可厌的小要塞"伸展进内地，他就会加以反对。事实上，不存在英国人如此渗透的任何迹象（有关的谈论也极少），拉巴尔的威胁是若利埃、弗隆特纳克和迪吕大致计划的一部分，该计划的目的是阻断会把毛皮往下带到海湾的阿西尼本族、苏族和克里族印第安人。法国人占领流入海湾的河流的源头可以大有助于窒息英国人的贸易。他们的总政策如此这般，而不是从海上正面攻击英国据点。到1684年，迪吕已经在克里族的地盘上站稳脚跟，同纳尔逊河畔的法国小据点有通信联系，自信不用碰英国人一下就能把他们赶出海湾。

1684年，拉巴尔开始派遣法国使者从陆上经内米斯考湖七月海湾进发，他们将在该湖湖畔建立一个据点，阻截往下同英国人的贸易，就像迪吕正在更西面阻截它那样。与此同时，他批准组建一个北方公司，这是官方哈得孙公司的一个活生生的加拿大翻版，它进行了前往海湾的又一次海上远征，以便向1682年远征建立的那个小据点补充粮食和提供增援。这不是一次充满活力的冒险，遇到了某种意外的反对。科尔培尔的继任者们极力希望不触怒英国，他们不仅因为拉巴尔在远征哈得孙湾方面所起的作用而予以申斥，还说服拉迪松和格罗塞耶重新为英国效力并拆毁他们亲手建立的据点。拉巴尔还因为赞成在西面和南面进行挑战而遇到了同样的麻烦，在那里，迪吕负责建立了苏必利尔湖以北和尼比贡湖畔的法国据点，米契利马基纳克和底特律则被开发为法国据点。此外，还有许多任意妄为的皮货商把越来

365

越多的欧洲货物带进了五大湖地区，严重地破坏了渥太华族和其他印第安部族的中介贸易，这些部族转向"纽约的佛来芒人和英国人"寻求更为价廉物美的货物，转向易洛魁人寻求反法援助。

到1683年，拉巴尔已确信易洛魁人将始终与法国人敌对，将不断试图困死法国人的毛皮贸易和搞垮他们的据点。打预防性战争在加拿大得到普遍支持，于是他聚合了一支800人的队伍，进行了一场战役，结果法国人缔结了一项实际上由敌人操纵的和约，尽管他并未在公开的战斗中败北。他在困窘之中求助于纽约总督唐甘，请他在法国人和易洛魁人之间进行仲裁。他们先前的通信本应使拉巴尔对唐甘怀有充分的戒心，知道他将敌视法国人自称的权利，因为他宣称法国人无权在伊利湖、休伦湖或密执安湖湖畔建立据点，在他看来，圣劳伦斯河与安大略湖北岸构成加拿大的边界。他同意把易洛魁人召到奥林奇，然而是以一种强调他们是在他管辖之下的方式。拉巴尔接受了这一点，从而在实际上放弃了法国人根据1667年特拉西同易洛魁人缔结的条约声称拥有的宗主权，并且丧失了加拿大殖民地所有各阶层的好感。他和他属下的按察使、强烈支持他进攻易洛魁人的德默勒被召回国内。

1685年，拉巴尔由老练的军人德农维勒侯爵取代，后者从法国带来了职业军队。人们期望他将维护法国的地位，对抗易洛魁人以及纽约的英国人和哈得孙湾的英国人。在这些事务中，对抗哈得孙湾的英国人首先得到确定，而且取得了极显著的成功。德拉舍内耶组织的、代表魁北克最有进取心的商贾的北方公司，取得了纳尔逊河贸易为期30年的营业授权，代价是支持在海湾的又一次冒险。这将是对英国据点的一次明白无误的军事进攻，在陆上而非在海上进行。1686年3月，100个人乘独木舟从蒙特利尔出发，由一位年轻的正规军人德特鲁瓦骑士指挥。不过，这次远征的力量来自土生土长的加拿大水手组成的特遣队，来自著名的勒穆瓦纳家族三兄弟的领导。法国人到达海湾时，发现英国人均未戒备，他们在一系列情绪振奋的小规模战斗中，夺取了一个又一个据点和一艘又一艘船只。到8月中旬德特鲁瓦启程返回加拿大时，纳尔逊河畔小小的新据点已成了留在英国人手中的唯一据点，法国人则利用取自英国人的货物大做生意。

英法两国形式上和平相处，德特鲁瓦并无夺取英国据点的命令，而只是受命擒拿变节的加拿大人拉迪松。但是，他的真实目的广为人知（甚至英国人也知道远征是筹划好的！），他的成功获得了热烈的欢呼。但两国钦差们对实际事态一无所知，他们于1686年11月会晤，缔结了一项条约，"为了平息和终止两位国王在美洲的臣民之间已经出现或今后可能出现的所有争执和争端"。法国人很清楚德特鲁瓦的成功，但在条约签署以前一直装作不知道，因为它是基于一项承认现状的协议，因而使德特鲁瓦夺取的海湾据点留在法国手里。南特赦令刚被废除，英国商人在法国处境艰难，而且尽管詹姆士二世看来大致坐稳了王位，但他的亲天主教和亲法政策正在引起不安；由于担心议会的反对会阻止缔约，条约签订以前进行的谈判是保密的。所以，当这项条约牺牲了英国在哈得孙湾的地位这一点变得一目了然时，对詹姆士的怨恨大为加剧。这项条约还将印第安阵地拱手出让给法国人，因为每个君主同意不援助对方可能与之作战的"野蛮的印第安人"。英国所声称的对易洛魁人的主权完全没有提到，实际上是允许法国人运用自己的部队进行一场全面的预防性袭击。

法国人占了便宜，可是这项条约没有什么实效。唐甘形式上赞成英国的抚慰法国人政策，但这是组建新英格兰自治领的时期，是欲盖弥彰地准备一支挡住法国人，如果希望的话压倒法国人的军事力量的时期。对唐甘来说，同易洛魁人的联盟是必不可少的，因为新英格兰自治领遭到了来自各个殖民地的强烈反对；而且在1686年年初，当法国人正在北上哈得孙湾之际，他召集了一次易洛魁五族大会，说服他们相信法国人的进攻不可避免，最好是抢先动手。唐甘本人准备于1687年春天夺取在尼亚加拉和米契利马基纳克的法国据点，这样将在这些至关重要的据点上阻截法国人向南扩张。

至于德农维勒，早就认识到获取纽约的必要，正在极力主张詹姆士二世可能出于自己的需要用它来换取法国的支持。然而，哈得孙的据点纵然可以牺牲，纽约却不能用来做交易，而且随着越来越多的、加拿大人所依赖的毛皮看来很可能遭到抢劫和被转向纽约，德农维勒接受了加拿大倘要生存下去就必须进行一场"防御性"战争的结论。虽然笼罩着表面的是和平，但在法国人邀请易洛魁人到弗隆特纳克堡赴宴，然后抓住20—50人送往法国充当苦役奴隶之后，战争行动便无法长时间推迟了。这是一次背信弃义的打击，但它像是很有希望成功。唐甘知道，法国人有大约1500名正规军人可以调遣，而英国殖

367

民地互不团结，只能依靠民兵的勉强支持，因而他不愿通过支持易洛魁人而挑起公开的战争行动。但是，当德农维勒于 1687 年 7 月在安大略湖湖畔聚集起部队，并得到加拿大民兵和渥太华族印第安人协助时，他却发现无法使易洛魁人投入战斗。他们撤退了；他洗劫了他们的土地，烧毁了他们的庄稼，但是，他们的伤亡微乎其微，一俟他离开就立刻卷土重来。

随后，耶稣会士的影响导致易洛魁人派使节去蒙特利尔谈判，但这些使节在途中遭到米契利马基纳克的休伦族印第安人屠杀，这被算在法国人背信弃义的账上。易洛魁人决心进行复仇战争。在纽约，安德罗斯总督正式将他们置于英国保护之下，大约 2000 名用欧洲武器装备起来的易洛魁人进攻加拿大，德罗维勒除撤退外别无他法。加拿大以外的法国人被召回，任何人不准离开这个殖民地。底特律、尼亚加拉和弗隆特纳克的法国据点被撤空；易洛魁人拆毁了这些据点，并且由于胜利而趾高气扬，一队队人马回去游弋，直到大西洋，甚至到佛罗里达。向法国发出的派遣更多正规部队，以此可望既推倒易洛魁人也推倒英国人的吁请，有如石沉大海。加拿大只有招架之功，总督和居民们处于恐惧之中，不仅害怕自己的抱负化为泡影，还害怕肉体上被消灭。1689 年 8 月，一千多个易洛魁人袭击并屠杀了拉希纳的法国居民。300 多名受害者，包括男人、女人和儿童，惨遭残杀，法国人惊恐万分。拉希纳屠杀结束了德农维勒开始的事业。在一个以不断制订扩张计划为特征的时期终了时，加拿大殖民地减少到只剩圣劳伦斯河流域的几个小据点。维持了英国对于位置具有战略意义的前荷兰据点的占有权，与其说是较为洋洋大观的新英格兰自治领，不如说是同易洛魁人的联盟；来自加拿大的"防御性"扩张政策的威胁暂时消除了；为拯救加拿大，召回德农维勒和派遣弗隆特纳克第二次出任总督被认为是必需的。

（时殷弘　洪邮生　译）

第 十 五 章

西班牙及其殖民帝国

1648—1688 年，对西班牙来说是个危机四伏的时期，包括人口统计方面的、经济的、社会的、政治的和精神的等种种危机。1648年，17 世纪的经济萧条正处于它最严重的阶段之一，而到 1688 年，经济复苏已经昭然可见，特别是在东部。这反映了欧洲一般发展的变化，在人口统计方面也起作用，海岸地带人口增长，内地人口则保持不变或甚至有所减少。这还是一个边缘地区，特别是加泰罗尼亚维护自己的权利的时期，中央集权趋势则遭到挫折。当 1652 年加泰隆人的起义被镇压下去时，菲利普四世（1621—1665 年）没有强行施加专制君主制的充分权威，反而重新确立了加泰罗尼亚的特殊地位。这是和那种可以在菲利普四世和查理二世（1665—1700 年）的西班牙政府中看到的新法理主义一致的，并且和这个边缘地区在人口和经济方面的重要性相当。

在国际领域，威斯特伐利亚和约标志了西班牙建立哈布斯堡霸权的计划土崩瓦解。西班牙从大国地位退下，缩回本土。它只关心保护自己的殖民地，特别是自己的本土免遭路易十四帝国主义的侵害，与此同时查理二世无一子嗣的情况使得整个西欧都对西班牙垂涎三尺。这个变化有力地影响了精神生活，激发了对西班牙历史所含意义的深思，并且引起了欢迎新思想的人们与仍旧忠于 16 世纪精神的人们之间的争论。

要准确地估计西班牙在我们考察的时期里有多少人口，证据不足，而专家们各持己见。奥拉古埃和鲁伊斯·阿尔曼萨认为在整个世纪里人口数始终在 800 万左右，冯·贝洛赫和 J. 汉密尔顿伯爵却认为它下降了 25%，降至 600 万左右。但在随便哪个估计中，重要的是同前一个世纪的增长形成的反差，这种反差在经济领域同样显著。近来的研究显示了 17 世纪最后 1/4 时间里西班牙的经济恢复。人口统计曲线的最低点似乎同 1648 年至 1654 年的大瘟疫相吻合，这场以西地中海为中心的瘟疫不仅影响了从安达卢西亚到鲁西永的西班牙东部沿海地区，而且也从南方和从阿拉贡侵袭到内地。瘟疫袭击造成的严重创伤一旦愈合，人口便开始增加。有一种显著的趋势，即沿海地区的人口趋于增加，而内地的人口趋于减少，加泰罗尼亚和整个西班牙都是如此。因此，尽管驱逐摩里斯科人对阿拉贡和巴伦西亚造成损害，卡斯提尔逐渐丧失了它的领导地位。或许饶有趣味的是，西班牙现代史上的第一次"起义"或政变——它使菲利普四世的私生子奥地利的胡安·何塞于 1669 年崛起掌权——是在加泰罗尼亚开始的，得到阿拉贡王国的支持。然而，并非所有边缘地区都增加了人口：鲁伊斯·阿尔曼萨就显示加利西亚在这个世纪的头几十年里人口略有减少，而在同葡萄牙的漫长的战争期间则减少得厉害。

　　经济萧条加剧了社会的两极分化，即分化为享有特权的少数人和大量穷人，而法律和习俗两者都使得体力劳动被当作不光彩的。中产阶级破产没落，只是随着 1680 年后的普遍经济恢复才开始重振家业。不仅如此，贵族癖在 17 世纪变得更加强烈，王室滥发贵族证书，甚至滥封西班牙大公头衔，查理二世时代的大臣巴伦苏埃拉[①]的情况便是如此。该世纪末奥苏纳公爵对国王写道："以前最多付 4 万比索来取得一个卡斯提尔贵族头衔，但现在陛下把这种荣耀赐予只付 4 万铜里亚尔的人们"——这就是说，只付最初金额的 1/8。教士的人数也同样地增加了，有些真有才能的人进了教会，其他人则是为了发财得势，或仅仅为了糊口。据保守的估计，1660 年前后教士人数多达 20 万。至于比较贫穷的阶层，所有权威学者都一致认为农民和工匠的人数大为减少，而无赖、游民、乞丐和盗匪的人数却增加了——这是经济萧条的结果。17 世纪西班牙的一个特征，是财产越来越集中在极少数人手里，即大土地贵族手里，他们同教会和王室一起拥有全部土地的 95%。各种各样的土地改革方案相继推出，但它们全无实际结果。

---

　　① 见后，边码第 380—381 页。

J. 汉密尔顿伯爵的统计表明，来自西印度的贵金属输入从 1621 年至 1625 年起大幅度减少，这是在菲利普四世在位早期，恰逢奥利瓦雷斯伯爵的对外政策需要有大量财政资源和一个健全的经济之时。这一减少，加上其他物质资源的耗竭，加剧了国家的贫困，并促使王室丧失了在欧洲的很多事业赖以进行的资财。因此，在西班牙在欧干涉的重负导致国库运转失常且又不可能增加赋税的情况下，末代哈布斯堡国王的货币政策是铸造越来越多的铜币。这不是西班牙独有的现象。到 1620 年前后美洲银矿有被采尽的危险时，银币的日子已屈指可数，不久后——1640 年危机时——白银实际上从流通中消失了。这个世纪末，巴西黄金恢复了贵金属的地位并有助于已经提到过的经济复苏，但是，直到 1680 年为止，一些欧洲国家不得不退回到发行铜币。铜变成了一个贫困破落的经济的信用手段。在西班牙，不时被货币重新定值和银根紧缩所间断的通货膨胀破坏了经济，损害了贸易。铜币大膨胀时期是 1634 年到 1656 年，即实行奥利瓦雷斯野心勃勃的对外政策、发生 1640 年危机、威斯特伐利亚和约导致西班牙失败以及持续不断地同法国和葡萄牙两面作战的那些年头。通货膨胀在 1642 年愈加剧烈，所采取的形式是分别按照两倍和三倍于币面价值的比例来重铸两马拉维迪和四马拉维迪的硬币。这导致了价格陡涨和白银溢值 190%。结果，在几个月内通货急剧紧缩，十二和八马拉维迪的钱币贬到两马拉维迪，六和四马拉维迪的钱币则贬到一马拉维迪。战争的需要迫使政府在 1651 年再一次乞灵于通货膨胀，随之而来的是下一年里新的通货紧缩。

1656—1680 年被描述为货币灾难时期。政府采取新的通货膨胀措施，直到比利牛斯条约（1659 年）结束了同法国的战争为止。随后，它试图实现有效的通货紧缩，办法是不再使用 40 年来未以币面价值流通的铜币，代之以"坚挺的铜币"。尽管如此，通货膨胀仍持续下去，钱币铸造依旧大规模进行，白银溢值又上涨了 150%。为了防止灭顶之灾，政府把三年前发行的铸币的价值减少到一半，于是白银溢值在 1664 年下降了 50%；但在 1665 年到 1680 年期间，通货膨胀再次达到令人眩晕的高度。私铸钱币和采用伪币促使白银溢值涨至 275%，并使 1680 年急剧的通货紧缩不可避免。这次紧缩导致批发价格下跌了 45%；如果我们回顾一下 1929 年危机时美国的物价只下降了 38%，就能领会它的严重性了。通货紧缩之剧烈终于使货币混乱之中有了秩序，6 年后形势可以被认为是稳定的了。

372　　　　汉密尔顿伯爵给我们提供了一幅大致完整的这一时期里价格和工资变动的统计图景。菲利普四世和查理二世的战争似乎对这些变动只有轻微的影响。例如在 1650 年，即在对法战争最激烈的关头和欧洲多年不息的争斗之后，价格有显著的下降，而这个世纪里最剧烈的价格上涨发生在 1663 年到 1664 年，当时尽管有对葡战争，但相对而言是平静的。通货膨胀和通货紧缩的循环交替、货币和经济的混乱以及价格和工资的不相称——工资比价格涨得快——造成了一种灾难性影响。这整个情况适用于卡斯提尔王国。在巴伦西亚，1651—1673 年期间的工资和价格俱明显下降。工资在 1680 年达到了 17 世纪最高点，1681—1687 年下降，1689—1692 年再度上涨；价格则于 1689 年跌落，1690—1692 年大致不变。在加泰罗尼亚，我们只有关于工资的资料，1640—1659 年它们在战争影响下涨了两倍，而在该世纪最后 1/4 时间里变得比较稳定。按照价格和工资的数字我们可以断定，在菲利普四世和查理二世统治时期工资名义上够买生活必需品，可是，货币混乱使人几乎无法估计它们的真正价值。而且，可供较贫穷阶层使用的唯一货币——铜币的不断贬值降低了他们的收入水平，与此同时纳税负担严重地减少了他们的实际收入。

　　　　在这个时期里，贵族作为进行统治的少数，其失败变得显而易见了。自从查理五世即位伊始城市公社和兄弟会的叛乱①被粉碎以来，它垄断了权力，而自从菲利普三世（1598—1621 年）在位以来，政府大权掌握在属于贵族的国王宠臣（莱尔马、奥利瓦雷斯、阿罗）手里，现在，它在自己的盾形纹章的金碧辉煌中衰微了。对问题了如指掌的莫拉公爵把 17 世纪后期的西班牙贵族描述为"一个步履蹒跚、穷困破落和缠扰不休的寡头统治集团"。毋庸置疑，贵族的数量

373　在这一时期有所增加，在它比较可疑的边缘部分（大家族依靠有利的联姻扩充自己的财产）和在地位低微的下级贵族中都是如此。这些下级贵族构成了贵族中间的一种无产阶级，像在其他西欧国家一样

---

　　①　分别为 16 世纪发生在西班牙卡斯提尔地区的城市起义和巴伦西亚等地的城市起义。——译者注

是个政治和社会不稳定因素。当时的西班牙文学提供了大量证据，表明使该国神魂颠倒的对于骑士和下级贵族头衔的狂热追求。一些人谴责下级贵族的"可鄙的虚荣"，另一些人则将他们视为懒散无聊的生活方式的体现者。1680 年剧烈的通货紧缩之后，有一种反对贵族无所事事的倾向。一项国王敕令规定拥有工场和作坊同贵族地位可以兼容，只要业主雇用领取报酬的雇员来经营它们。而且我们必须记住，吃尽一切社会苦头却沾不上任何社会实惠的纳税国民可以从购买贵族证书中得到许多好处。下级贵族为换取免税权利不得不服军役。当国王政府因为亟须而不得不限制这些免税权利时，下级贵族便顺从地缴纳一般税，但不缴纳个人税，并且抓住那种使他们免入纳税名册而杜撰出来的法理不放。

西班牙贵族阶级亦可被说成"联合贵族制"的制度承担了直接的权力责任：即一位特别受宠者通过议事会主持政务。到这个时候，它的创造能力便达到了极限。然而，这种制度失败了。对荣誉的过分崇拜和鄙视劳动，以及由此而对节俭和资金用于生产企业的厌恶，在当时就像在较早的时代一样，致命地影响了西班牙的社会生活。这种例子俯拾皆是。在 1680 年的财政灾难来临前夕，社会理论家阿尔方索·努内斯·德·卡斯特罗写道："让伦敦出产上好衣料，荷兰出产麻纱，佛罗伦萨出产手织呢绒，印度出产毛皮，米兰出产锦缎，意大利和佛兰德出产亚麻织物……供我国首都享用吧；这只证明世界各国为马德里提供手艺人，证明她是万城之王，因为天下为她效劳，而她不效劳于任何人。"

教士的人数也增加了，这部分地是危机迫使许多人在教会寻求方便的谋生手段的结果。当然，有许多杰出人物，他们的品德给人留下了深刻的印象。但数量的巨大增长并不意味质量的提高。为了纠正这一事态发展产生的弊端，查理二世于 1689 年向他的所有主教发出通告："取得低级教职者的人数近来如此众多，以致在许多村庄难以找到不任教职的年轻未婚男子；许多壮年人在其妻亡故时成功地谋得教职；几乎所有如此行事者皆享有法律豁免权，生活得更加自由，免纳赋税，免于其他俗务。"因此，他劝诫主教们此后暂停教职授任。毋需强调教会在政治生活中的重要性，特别是王室忏悔神父的影响。由来已久的宗教对立，甚至政治对立，使得多明我会士同方济各会士和奥古斯丁会士钩心斗角，使得耶稣会士同宗教裁判所和王权龃龉冲突。寂静主义是宗教骚动时期的一个典型运动。正如未格尔·德·莫利诺斯神父在其《精神指南》中陈述的那样，它把彻底的消极和内心的平静当作至圣至尊，因而灵魂并不渴求德行和完美，不从事任何外在活动。人在这种状态中不可能有罪，即使外表看来他像是有罪的。莫利诺斯在意大利进行活动，但他的思想在法国、在居伊昂夫人和费奈隆①的圈子里影响最大。

374　　　　关于卡斯提尔的商人和自治市民，我们所知极少，虽然经济萧条肯定加剧了他们的人数不足。在寡头体制下，受过教育的平民在议事会的官僚职位上徒然耗费精力，而不能像例如科尔培尔在法国那样在政务中起直接作用。奥利瓦雷斯用平民取代西班牙大公担任权臣的计划没有产生积极的结果。我们对加泰罗尼亚的商人阶级知道得多些。1635 年开始的对法战争致命地打击了对意大利南部的繁盛的加泰隆出口贸易；对于经济繁荣的这一威胁有助于说明中产阶级在 1640 年对菲利普的热烈拥戴。1635 年的战争还影响了巴塞罗那同安达卢西亚和东南部各港口的贸易，因为法国私掠船在那些水域频繁出没。后来加泰罗尼亚被法国兼并使得无法抵挡法国的竞争和经济奴役的加泰隆商人倾家荡产。加泰罗尼亚的大资产阶级持有强烈的反法情绪，1652 年奥地利的胡安·何塞之进入巴塞罗那被欢呼为解放。只有很少的"新人"，显然是那些同里窝那和马赛做生意的人才亲法。

　　　　1640—1659 年的事件所引起的分裂过后，加泰隆中产阶级的团结重新确立起来，它同君主制的合作则由于第一位在东部地区寻求其主要支持的西班牙政治家——奥地利的胡安·何塞明智的努力得以确保。1653—1697 年，巴塞罗那一共向国王政府缴纳了高达6377591加泰隆镑的巨款。就财政合作而言，奥利瓦雷斯的计划实现了。商人们对 17 世纪后半叶加泰罗尼亚的经济复兴做出了决定性的贡献。这个公国对查理二世君主制的支持是同抛弃经济保守主义并行的，这种经济保守主义使得加泰隆人依附于地中海贸易。此后，他们开始注视北欧和美洲。由费利乌·德·拉·庞亚带头的一代加泰隆人强调工作和贸易的必要，极力主张组建一个同西印度贸易的公司。1674 年，阿

---

　　①　见前，第六章，边码第 147 页。

拉贡作家多默把加泰隆人奉为西班牙勤劳的楷模。1680—1700 年，塞维利亚的贸易减少了一半，而巴塞罗那的贸易几乎翻了一番。此外，加泰隆纺织业得益于比利牛斯条约（1659 年）的自由贸易条款，因为要对付法国人、英国人与荷兰人的竞争，就必须在价格和质量方面同这些国家的产品一比高低。在这些年里，未来纺织工业的基础奠定了。

按照保守的估计，1650 年前后在西班牙的外侨人数大约为 15 万。宗教宽容政策慢慢显露端倪。1630 年的英西条约规定，侨居西班牙的英国臣民的宗教信仰只要不引起公愤，就应当予以尊重。根据 1641 年的西班牙—丹麦专约，菲利普四世准许新教徒入境。1679 年的一项敕令旨在增加外国工匠的移入，而不提宗教问题。最强大的外侨群体是法国人——约 7 万名商人、农民（其中许多有助于埃布罗河谷和巴伦西亚原野在摩里斯科人被驱逐后重添人口）、牧人和工匠。从菲利普四世即位伊始，葡萄牙人逐渐地取代了热那亚人，1640 年时他们在塞维利亚已有了一块住有 2000 名商人的兴旺的殖民地。葡萄牙人依靠其非洲领地，能为西属西印度供应现成奴隶。[①]

最后大量到来的外国人是英国人与荷兰人。威斯特伐利亚和约——西班牙在这个和约中承认了荷兰独立——缔结后，西班牙政府赞成同荷兰的贸易，主要是把它当作一件反法武器。荷兰同下安达卢西亚这一前往西印度的门户的贸易，有助于阿姆斯特丹成为欧洲主要货币市场。英国人由 1665 年条约和 1667 年条约授权，得以在西班牙开办商业，并在该国拥有一名商业法官。1648 年往后，荷兰商人和英国商人俱出现于各个加泰隆港口，购买帕纳德斯和拉马雷马出产的烈酒。在西班牙经济的贫弱状态中，这些外国商号起了一种有害的作用，因为它们差不多垄断了美洲贸易。当时的著作家注意到这一点，并且谈到西班牙的衰落。经济学家桑乔·德·蒙卡达不无理由地声称，外国人正在享用该国财富的最好部分，左右公私财政，占据许多肥缺和官职。

劳动阶级由农民和工匠构成，比例大约是 4∶1；他们的人数在这一时期里减少了。农民的处境非常艰难。政府没有采取任何针对大土

---

① 见后，第十六章，边码第 386 页。

376 地贵族的有效行动，尽管某些著作家，例如博瓦迪利亚在其《地方长官及其僚属的政策》（1649 年）中，大声疾呼有必要处理这些蹂躏农民的"有权有势的恶霸"。那个时代的作者们描绘的图景是阴暗的：可怜不堪的住处，不足果腹的食物，封建领主的压迫。城镇工人的生活水平高一些。行会丧失了自治地位，被置于国家权力之下。1679 年"贸易和货币委员会"的建立涉及工匠活动的集中化，因为它的职能包括监督行会的技术、经济和管理事务。行会的排外性和限制性变本加厉。然而，它的特权和它对工作自由的敌意同正在发端的工业制度发生了冲突。卡拉塔尤的代表会议（1678 年）曾做过完全废除行会的尝试。但是，哪里钱多，行会就在哪里兴旺发达，正如"马德里五大行会"（它在 18 世纪将变得举足轻重）的建立所表明的那样。

不时流行的经济危机使贫困达到了令人震惊的程度。国家的反应是限定必需食品的价格，但这只能使事情更糟，因为农民发觉更加难以谋生，他们抛弃土地，使得失业人口大增。神职人员也试图通过在修道院施舍食物来减轻苦难，但不分对象一概救济的做法使得乞讨不再丢脸，并把它变成了一种有利可图的行当。尽管如此，某些教士仍对局势作了明智的反应，因而 1664 年时，一个向有病的工人和那些由于气候而无法工作的人分发食物的机构在帕伦西亚建立起来。

驱逐摩里斯科人（1609—1614 年）以及随后人口重新移入之缓慢艰难使西班牙农业经受的严重打击加剧了经济萧条的后果。产量很低，土地提供 5% 纯收益便被认为是丰饶多产的了。小土地所有者逐渐破落。王室和"牧主公会"（著名的畜牧者联盟）之间的密切关系依然如故，使得后者能够规避代表会议的抨击。1680 年的一项敕令回顾说，半个世纪以前有若干牧羊产地羊群达 5 万头之多，而"现在万头以上的羊群很难见到"。

在所考察的时期里，卡斯提尔的手工业处于危险境地，尽管 1680 年后因为政府采取的行动而有了一些希望的征兆。1655 年，托莱多、塞维利亚、巴伦西亚、格拉纳达和科尔多瓦的各个城市感到必须引起国王注意它们的困境。托莱多地区在 1663—1680 年有 7000 架以上丝织机关机歇业，到 1685 年只剩下了 500 架。塞哥维亚的呢绒制品生产也类似地衰落了。1679 年，梅迪纳塞利公爵创设了"贸易和货币委员会"，并且指示西班牙驻外使节输送技师和工匠。影响着卡斯提尔手工业的那种变化由布尔戈斯的衰落和马德里的兴起得到体现，后一城市同加的斯的贸易以及安达卢西亚和埃斯特雷马杜拉的大庄园有联系。

手工业萧条说明了西班牙对外贸易遵循的历程。1575—1675 年，西班牙和西印度之间的贸易下降了 75%。17 世纪末（1691 年）法国的一份备忘录说，在到达加的斯的 5300 万至 5500 万磅商品中，只有 250 磅属于西班牙商人，而 1300 万至 1400 万磅属于法国人，1100 万至 1200 万磅属于热那亚人，1000 万磅属于荷兰人，600 万至 700 万磅属于英国人，600 万磅属于佛兰芒人，400 万磅由汉堡商人掌握。对外国国民所做的贸易让步在西班牙自 1648 年后签订的条约中司空见惯，并遭到西班牙作家的抨击。例如，我们在巴里翁努埃的《阿维索》（1654 年 10 月）中读到："一幅机智的讽刺画最近出现在罗马。它描绘一头肥壮的、乳房硕大的母牛，额头上写着'西班牙'。这头母牛在给许多小牛喂奶，小牛表示英国、佛兰德、荷兰、法国、德意志、意大利。"

导致赋税越来越沉重的王室财政拮据，在斯提尔议事会主席给国王的报告中显露出来。菲利普四世在 1654 年告诉代表会议，财政部征收的 1800 万杜卡岁入中，王室仅仅得到一半，因为另一半已经抵押出去了，并说债务已达到 12000 万杜卡。在 1662 年的代表议会中，据称卡斯提尔缴纳的税款已从 850 万杜卡增加到 1600 万杜卡。王室岁入首先来自卡斯提尔的税收，在较小程度上来自阿拉贡王国代表会议表决通过的自愿贡赋。1610 年，阿拉贡、加泰罗尼亚和巴伦西亚只缴纳了 60 万杜卡自愿贡赋，纳瓦拉缴纳了 10 万杜卡。在这上面还必须加上那不勒斯和米兰缴纳的 160 万杜卡。来自西西里、马略尔卡岛和佛兰德的收入被这些地区的防务耗费了。在 1610 年的总岁入 1564.8 万杜卡中，只有 70 万杜卡来自这个半岛的卡斯提尔以外的各王国，而卡斯提尔的消费税一项就有 510 万杜卡。1674 年，在全部 3600 万杜卡中，卡斯提尔提供了 2300 万杜卡以上。仅此并未证明赋税不均，因为在各王国中还有地方税。然而，各自独立的赋税制度的存在本身就倾向于造成不平等，在终至 1640—1652 年战争的奥利瓦雷斯和加泰罗尼亚之间的斗争盖源出于此。

17 世纪中叶以来，西属美洲经历了一场经济衰退，它对西欧有
严重影响。财政上的原因迫使末代哈布斯堡国王在美洲遵循一种
"廉价"政策。正如塞斯佩德斯·德尔·卡斯蒂略所写的那样，这一
政策导致对外采取防御态度，它无法阻止某些损失，例如失去在新世
界的贸易垄断和加勒比地区建立起的外国殖民地。对内的结果则是一
种分权化，它对越来越富的克里奥耳人①后裔有利，并且引起了那种
在独立战争后变成民族特征的区域差别。在 1660 年前后，西属美洲
人口据估计大约为 1036 万人，其中 380 万人在墨西哥，160 万人在
秘鲁。大多数人（或许占 80%）属于土著，其余按多寡排列是黑人、
白人、白人与印第安人的混血儿以及白人与黑人的混血儿。到此时，
生活在西班牙的有效管辖之下的土著已皈依了基督教。经济原因说明
了旨在保护印第安人的立法何以部分地归于失败，而且大约在此时印
第安人口降到了最低点。由此而来的人力短缺严重地影响了生产。

　　在所考察的时期里，西属美洲的社会结构主要由金钱而非人口出
生决定。征服时代的旧贵族②不见了，取而代之的是大地主，尽管
1680 年的《西印度法》禁止地产的转让和过分集中。在一个经济普
遍萧条、贸易受到限制的时期里，种植园以城镇为代价兴旺发达；它
们是一些结构复杂、大半自给自足的单位。克里奥耳社会的领导集团
由种植园主、行政官和下级贵族构成，最后一种人由于王室广泛出卖
封号而数目众多。较低的阶是商人和工匠。非熟练劳动由印第安人、
黑人以及白人和印第安人的混血儿提供，而奴隶劳动正在逐渐让位于
自由劳动。采矿，例如在万卡维利卡的水银特许开采，是在恶劣的劳
动条件下进行的，人道主义的考虑同经济需要相冲突。沉重的赋税负
担说明了征服时代旧的特许地主何以消亡；1687 年，一项高达 50%
的一般抵押被强加在他们头上。除了栖身于庄园的印第安人，还有宗
教团体管理的皈依者村落，在巴拉圭的耶稣会士村落就很有名。17
世纪期间，西属美洲教士阶层手里集中了巨大的财产。耶稣会士和教
区僧侣变得特别多；许多克里奥耳人参加了修道会；教会产生了像胡

---

　　① 这里指出生在美洲的西班牙人后裔。——译者注
　　② 即政府委托来控制和保护土著村的西班牙人，这些村庄的居民必须为此种旧贵族服役。这是一
项旨在防止奴役土著人的制度。

安娜·伊内丝·德·拉·克鲁斯修女那样的著名人物。

在殖民地政府中，所有官职除最重要的（例如总督职位），都予以出卖。官价上涨，薪俸却保持不变，结果官僚机构愈益腐败，官职买卖愈益兴隆。例如1688年，一名克里奥耳人得到了一项要职，他以此在马德里交换了若干市长职位，价格在1500—4000比索。当返回利马时，他又以15000—56000比索卖出这些官职。西属美洲的官员是生意人，他从自己的职务中捞取资本，并将可观的一部分国家岁入转入自己的腰包。

农业境况艰难，因为母国的重商主义贸易政策和殖民地生产者的利益经常彼此冲突。1650年后，西属美洲的矿业产出大幅度下降。大西洋贸易也遭受了损害；1634年以后西印度船队不再年年出航。贸易垄断制度正在土崩瓦解，世纪末时外国人是西印度和下安达卢西亚之间贸易的主要得益者。走私日甚一日：据估计，1686年时合法贸易只能满足西属美洲市场1/3的需要，其余2/3必须通过走私。1623—1655年，即在三十年战争和此后的法西战争期间，英属、法属与荷属殖民地在小安的列斯群岛建立起来，为走私者提供了同加勒比海西属诸港口贸易的良好基地。1680年后，葡萄牙的萨克拉门托殖民地是普拉特河地区商业渗透的焦点。与此同时，扩展布宜诺斯艾利斯经济的任何尝试都因为利马享有的垄断而遭受挫折（直到1778年查理三世采取开明措施时为止）。

西班牙殖民体系的特征是：开支不足以赚取与之相抵的和适当的收益，它也不敌外国的竞争。一旦丧失了制海权，王室便完全依赖限制性的和完全无效的立法作为反走私的武器。外国走私者自然能以比合法商人低得多的价格售货：他们的商品能比较便宜地生产出来，因为西欧其他地区工业化的程度高于西班牙，价格水平在西班牙就比较高。更重要的是，走私者不用缴纳关税，并且不支出西印度船队所涉及的一般经营管理费用。对他们的货物的需求不断，当地居民甚至行政当局纵容他们的活动。王室的反应是试图封闭次要的贸易路线，因而把西属美洲分成一个个自治的经济单位（这是有助于说明在取得独立后事态发展进程的又一个因素）。眼下正在土崩瓦解的垄断权一向由卡斯提尔人掌握——半岛上其他王国不满的一个原因就在于此。纳瓦拉、阿拉贡、巴斯克诸省和加泰罗尼亚时常要求参与美洲的管理

379

和与美洲的贸易。主要障碍看来不在于王室，而在于下安达卢西亚的商人和官员们强大的既得利益。直到 1701 年才做出了允许这些地区分享利益的第一个行动，而真正有效的措施直到 1778 年才采取。

西班牙在哈布斯堡家族统治下的政治进展反映了同经济进展一样的总趋势。在查理二世统治下，中央集权政策——它由奥利瓦雷斯在 1626 年时给菲利普四世的一份著名备忘录中予以明确的规定，并且引起了 1640 年的危机——改变为分散权力和恢复合法性的政策。西班牙君主制问题拖延不决，直到 18 世纪开始时为止（1716 年菲利普五世的《新种植敕令（Decretosde Nucva Planta）》），而且事先经过了一场内战和西班牙王位继承战争。因此，西班牙构成了以路易十四为代表的走向绝对君主制这一西欧普遍趋势之例外：哈布斯堡西班牙在政体结构上没有显示任何变化，当然 1668 年承认葡萄牙独立除外。在加泰罗尼亚，菲利普四世于 1652 年批准了这个公国的宪章和特权，当时奥地利的胡安·何塞麾下的军队占领了巴塞罗那。奥利瓦雷斯的中央集权政策的失败，加上在欧洲战败后支配卡斯提尔的悲观情绪，排除了任何立即建立一个绝对君主制的企图，这个绝对君主制本来能把自己的意志强加于卡斯提尔以外各王国的自治体制。信奉天主教的国王们 1479 年在统一半岛（唯葡萄牙、纳瓦拉和格拉纳达除外）时赋予该君主国的政体结构在本质上一直生存下去，直到 18 世纪初为止。

1640—1652 年，集权和分权的提倡者们迫不得已地采取了更极端的立场。在卡斯提尔，奥利瓦雷斯政策留存的影响，先是对加泰隆人起义的反应，唤起了强烈的民族主义意识，它最终证明是西班牙统一的催化剂。在加泰罗尼亚，对奥利瓦雷斯方案所作的反应加强了地方上对传统法令和传统特权的依恋，这些法令和特权虽然是社会和政治安宁的一种保障，但妨碍了该公国的复兴，而这种复兴正在引导加泰隆人在西班牙的政治生活特别是经济生活中发挥越来越大的作用。

在国外遭到的灾难，最重要的是加泰隆人和葡萄牙人的起义，导致奥利瓦雷斯于 1643 年年初垮台。然而，菲利普四世管不了自己，他受到一位德行高尚、心地善良但几乎毫无政治意识的修女玛丽亚·德·阿格雷达的强烈影响。国王的新宠臣是奥利瓦雷斯的外甥唐·路易斯·德·阿罗，此人从 1643 年到 1661 年去世为止始终执掌实权。菲利普四世在统治的最后 4 年里做出了极大的努力试图重新征服葡萄牙，但未成功，因为葡萄牙在维科萨镇（或称蒙特斯克拉罗斯）打了胜仗。不久后（1665 年 9 月 17 日）菲利普去世，死前指定他的年方四岁的儿子查理继承王位；摄政权将由太后奥地利的玛丽亚·安娜执掌，她将得到一个摄政委员会襄助。

摄政期一直延续到 1675 年；在那 10 年里，无论是玛丽亚·安娜还是摄政委员会成员，所能做的莫过于在内外危机中挣扎求生。玛丽亚·安娜把实权交给她的忏悔神父——德意志耶稣会士埃贝哈德·尼塔尔，他在政治上像她本人一样无能。爆发了一场反对尼塔尔政权的叛乱，它由菲利普四世的私生子奥地利的胡安·何塞和女戏子玛丽亚·卡尔德隆领导，后者是一个丧失了自信心、盼望救世主的社会的一线希望。胡安·何塞得到阿拉贡王国的无条件支持，他推翻了尼塔尔，但缺乏亲自执掌大权的决心。一名"宫廷无赖"费尔南多·德·巴伦苏埃拉由摄政授予权柄。巴伦苏埃拉十分善于组织狩猎和野餐，他能为宫廷提供种种娱乐，假如要把西班牙国事抛诸脑后的话，这些娱乐则必不可少。

381

1675 年，查理二世达到亲政年龄。他的在位时期又延续了 25 年，其间他一直疾病缠身，曾几次濒临病死，身心严重失调。从 1675 年到吕斯维克和约签订（1697 年），路易十四一直对佛兰德和比利牛斯边境施加无情的压力；而在国内，若不是胡安·何塞的救世主姿态（他因为早死才免于彻底失败），便是巴伦苏埃拉的无聊轻薄。处在幕后的有王后奥尔良的玛丽·路易莎和后来娶的诺伊贝格的玛丽亚·安娜——她俩都未给查理二世生下所盼望的王位继承人，还有法国大使、廷臣和忏悔神父：所有这些人都为了达到自己的目的而不断纠缠可怜的国王。在这种腐败的气氛中，少数几个国务家——例如梅迪纳塞利公爵和奥罗佩萨伯爵——的努力显得更为突出。前面已经提过"贸易和货币委员会"的建立以及随 1680 年通货紧缩而来的经济恢复。查理二世在位的最后几年被王位继承问题所支配；他捍卫皇权的尊严，力图维持西班牙的领土完整，从而成为真正的一代伟人。

　　威斯特伐利亚和约规定的欧洲从明斯特会议和奥斯纳布吕克会议中脱颖而出，它以均势观念取代了奥地利—西班牙霸权观念。同法国的战争继续打了 11 年，直到克伦威尔和马扎然之间的同盟迫使菲利普四世屈从法国的要求。西班牙在 1658 年沙丘战役中的新失败导致马扎然和阿罗在比达索瓦河口的雉岛举行谈判。经过长时间的讨论，1659 年 11 月 7 日签订了比利牛斯条约。这项和约保护了法国边境，分裂了加泰罗尼亚：法国获得阿图瓦、鲁西永、塞尔达内一部分和它东部边境一些重要的要塞，即格拉夫林、朗德勒西埃、勒克斯努瓦、阿韦纳、菲利普维尔、马林贝格、蒂翁维尔和蒙梅迪。考虑到皇帝利奥波德对西班牙王位的权利，路易十四娶了先前注定要嫁给一位奥地利哈布斯堡家族成员的西班牙公主玛丽亚·特利莎。虽然菲利普四世规定玛丽亚·特利莎要放弃她的西班牙王位继承权，但这是以一笔 50 万金埃斯库多的补偿费为条件的，而业已枯竭的西班牙国库搞不到这笔钱。半个世纪后，这项婚姻将使西班牙王位归属法国波旁家族。比利牛斯条约还把西班牙殖民地的大量贸易利益给了法国。

382　　查理二世的西班牙面对路易十四的帝国主义，不得不进行接连不断的战争，与此同时欧洲列国期待西班牙哈布斯堡家族逐渐死亡，甚至还签订了瓜分西班牙的密约（在 1668 年和 1688 年）。1667 年，路易十四援引布拉邦特民法的一条准则，把它当作国际法准则，据此以其妻玛丽亚·特利莎的名义宣称有权占有西属尼德兰。[①] 当西班牙拒绝这一要求时，路易十四发动了移归权战争，在这场战争中西班牙、英国、荷兰和瑞典组成的联盟与之对抗。1668 年，法国将其军队占领的弗朗什孔泰归还西班牙，但保留了在佛兰德的一些战略据点。西班牙特命全权代表佩纳兰达伯爵宁愿丧失这些据点而保有弗朗什孔泰，希望以后用该地来交换鲁西永和丢失的塞尔达内一部分。也是在 1668 年，查理二世被迫在里斯本条约中承认葡萄牙独立。经过 4 年脆弱的和平，路易十四发动了一场打击西班牙、联合省和帝国的新战争。根据尼曼根和约（1678 年），西班牙将弗朗什孔泰和在佛兰德的更多一些地方割给法国。这些重大的领土损失清楚地显示了西班牙自威斯特伐利亚和约以来的灾难性的衰落。

---

① 见前，第九章，边码第 210 页。

　　然而，艺术、文学和学术领域的图景却全然不同。加泰隆哲学家何塞·费拉特尔·莫拉认为，使西班牙在当时同其余西方基督教文化有别的，是它对立于流行的西欧理性主义而着重于情感。这两种相反的态度在塞万提斯（《堂吉诃德》——"一部关于乱无章法的论述"）和笛卡儿（《方法论》）身上体现出来。反宗教改革运动肯定对知识生活，特别是对西班牙文学施加了深刻的影响；它的非观和失望可能同菲利普二世即位以来该国在意识形态上的孤立、西班牙军队在欧洲的失败以及西班牙丧失大国地位有关。历史学家克劳迪奥·桑切斯·阿尔博尔诺斯把塞万提斯的西班牙同卡尔德隆的西班牙作对照，说在前者理性支配情绪，而在后者正好颠倒过来。阿梅利科·卡斯特罗关于犹太人和摩尔人对西班牙民族性格的决定性影响的论点，现在是很有名的。无论如何，讲究荣誉准则和风行宗教寓言剧的西班牙，即卡尔德隆的西班牙，将其文化偏好表现得一目了然。对异教徒进行的接连不断的战争导致西班牙人一心关注宗教问题。这有助于解释神学和哲学之压倒实验科学，也有助于解释神秘的、禁欲主义的诗作和卡尔德隆的戏剧所具有的象征主义。一个浸透宗教精神的社会虽然很容易为它的被压抑的感情找到宣泄口，但在这样一个社会中，集体逃避现实导致了演戏和斗牛之类大众娱乐，而个人逃避现实则是远离日常生活的严酷，躲进内心虔诚的小天地和造型艺术的绮丽世界中去。当现实不再能被置若罔闻时，尖刻的讽刺小品和毫不宽容的声讨檄文便指向菲利普四世宫廷那华而不实的小圈子，指向轻浮的救世主义，这种救世主义是那些在查理二世在位时期指望奥地利的胡安·何塞来匡治所有弊端的人们所怀抱的。

　　在所考察的时期里，文学在西班牙繁荣昌盛。神学和哲学没有达到它们在 16 世纪的高水准。在纯科学和实验科学方面，西班牙几乎全无贡献。但有一位杰出人物，即哲学家巴尔塔萨·格拉西安，他那复杂的哲学小说《爱挑剔的人》在西班牙境外赢得了盛名。萨维德拉·法哈尔多、涅雷姆布尔格、拉莫斯·德尔·曼萨诺和索洛尔萨诺·佩雷拉是著名的律师。在经济学和社会学方面，桑乔·德·蒙卡达和费尔南德斯·德·纳瓦雷特是最杰出的。在历史学领域，重要的著作家有索利斯、梅洛、尼古拉斯·安托尼奥、拉斯塔诺萨、多默和费利岛·德·拉·庞亚。戏剧舞台由彼德罗·卡尔德隆·德·拉·巴

383

尔卡主宰。他是诸如《圣礼短剧》、《人生如梦》（一部构思宏大的哲理剧）和《萨拉梅亚的镇长》（一部将宗教、荣誉和君主制理想化的戏剧）等如此多种多样的作品的作者。在建筑方面，巴洛克风格由于何塞·丘里格拉而完全占了上风；在雕塑方面，西班牙的虔诚找到了天才的诠释者。[①] 这个时期还是西班牙绘画的一个辉煌时期：有画技精湛、创作了《西班牙古典舞蹈》的何塞·里贝拉，有描绘宗教情节和神秘场面的苏巴朗，有情调悲观的巴尔德斯·莱亚尔，有擅长刻画圣母玛丽亚的巴托洛梅·埃斯特万·牟利罗，还有菲利普四世宫廷肖像画家和历史题材绘画大师、首屈一指的迭戈·委拉斯开兹，他创作了视觉艺术史上一些特别重要的作品。[②] 正是在这些领域，西班牙的伟大在它衰落的时期依然存在。

16世纪至17世纪初，在卡斯提尔王国强有力的领导下，西班牙在近代世界的形成中起了一种必不可少的作用——经济、社会和文化方面的作用。18世纪里，半岛各边缘地区相对于卡斯提尔的落后脱颖而出，以便分享新的生活水平和正在欧洲传播的启蒙文化。在这两个时期之间出现了一段岁月，其间人口减少，经济贫困萧条，社会、政治僵化，精神孤立，1630—1690年特别严重。西班牙面对资本主义和科学的新世界，照旧是贵族当道，闭门反思，不顾周围世界正在发生的变化，不能对威斯特伐利亚和约加诸它的限制做出反应。

（时殷弘　洪邮生　译）

---

① 西班牙的雕塑和绘画详见前，第七章，第173—174页。
② 关于委拉斯开兹，见第四卷，第七章。

第 十 六 章

葡萄牙及其殖民帝国

17 世纪下半叶，葡萄牙约有人口 200 万，分布于自 13 世纪中期以来就已占有的 3.4 万平方英里的领土之上（每平方英里 55 人）。因此，葡萄牙在人口统计方面的地位要强于人口密度仅约为每平方英里 31—34 人（总人口不到 600 万人）的西班牙，与人口比葡萄牙多不了多少的联合省相比亦不逊色。但是，由于饱经战祸，直到该世纪末人口并无增长。首都里斯本至少有 16.5 万居民，这一数字与阿姆斯特丹不相上下。居民在 1.6 万—2 万人的城镇有 4 个：大学城英布拉，北方大港波尔图，南方谷物中心埃武拉，新近跻身这些大镇之列的埃尔瓦什，它是独立战争中的重要堡垒。另外还有 30 个城镇居民超过千户，它们大多数位于南方。

葡萄牙帝国从南美延伸到中国。在巴西——其辽阔的版图当时由"旗队"（bandeiras）①进行测绘，其人口在 17 世纪前二三十年亦增长迅速，但后来由于与荷兰的战争和制糖业的衰退而受到严重影响，直到该世纪末才缓慢恢复增长。人口最稠密的地区是东北部的里约热内卢和圣保罗、亚马孙河流域以及马拉尼昂。欧洲人、印第安人和黑人总数为 50 万，其约 1/5 为欧洲人。总督府所在地萨尔瓦多（巴伊亚）至少有 8000 名欧洲人以及大量的有色人口。里约热内卢的规模大致相同，而衰落中的奥林达和新兴的累西腓各有约 2000 欧洲人。圣保罗则一直较小。佛得角、几内亚和圣多美总共约有 2.5 万—3 万居民。安哥拉和莫桑比克的人口数量不能确定，有 8 万—10 万。在印度，陷于衰落的果阿之居民不超过 5 万人，在整个远东葡萄牙人似

---

① 17 世纪进入巴西内地搜捕奴隶的葡萄牙远征队。——译者注

乎不到 1 万。澳门无疑是最繁荣的中心，并未因对日本贸易的丧失而受到打击。在这里约有 6000 名不信基督教的华人和一二百名华人基督徒，以及千余户葡萄牙人共同生活。

　　环绕世界而又总共居住着不到 300 万人口的葡萄牙帝国，其轴心原是好望角航路，由于荷兰的扩张，现在该航路的作用已经降到微乎其微，东方葡萄牙人社区的人们主要依靠在那里经商维持。一些贵族仍然到东方去谋求发财致富，例如总督路易斯·德·门东萨主要通过在莫桑比克的贸易，8 年中聚敛了 400 万—500 万克鲁查多（cruzado）。莫诺莫塔帕的黄金贸易从该世纪初每年不到 1 吨增长到 1667 年的 1.5 吨。从 1675 年起葡萄牙人试图将这种贸易向西发展，把莫桑比克作为巴西奴隶的主要来源地。来自印度洋的船舶一般停泊在巴伊亚或者其他巴西港口装载糖和烟草，这就意味着帝国实际上成了以非洲和巴西为基础的大西洋帝国。

　　在巴西，糖厂主和商人们总是不厌其烦地强调，糖厂是贸易的唯一基础。1645 年葡属巴西约有 300 家糖厂，每年生产大约 80 万阿罗巴（arroba）① 糖。荷属巴西约有 150 家大糖厂，产量为葡萄牙糖厂的一半多一些。1654 年年初荷兰人最终被赶走之后，糖厂达 400—500 家（包括数量不断增长的小厂），年产量超过 120 万阿罗巴。这些糖厂中的 3/4 集中在圣罗克角与巴伊亚南部之间的地区。当这一地区向欧洲提供蔗糖时，里约热内卢的工厂尽管也生产糖，却以生产销往非洲的烈酒为主。种植园的甘蔗由奴隶耕种，他们也为工厂提供劳动力。与烟草的种植和制作形成对比的是，这种在结构上既有庄园制又有资本主义的工业在巴伊亚和伯南布哥是由黑人和白人、奴隶和自由人、富人和穷人来共同经营的。为了种植烟草，巴西在圭亚那和安哥拉购买它所需要的奴隶。同时烟草在欧洲的消费及其向东印度群岛的出口在稳定增长。巴西烟草垄断了葡萄牙市场，其价值 1638 年达到 1.55 万克鲁查多，1642 年翻了一番，1659 年再翻一番。随后的十年仍在增长，1666 年有 8 万阿罗巴烟草运到葡萄牙，1672 年为 12.8 万阿罗巴。巴西第三项出口物品是主要砍伐于东北部的木材，它的出口由王室垄断。巴伊亚的内地、伯南布哥和帕拉伊巴出产牛皮，年产

---

　　①　1 里斯本阿罗巴约等于 32 英镑。

量 1.5 万—2 万张。最北部出产细木工、建房和造船所需的木材。
1654—1670 年巴西向葡萄牙的年出口总值是 900 万—1000 万克鲁查多。

　　1640 年的葡萄牙王朝复辟①尽管未切断巴西与西属美洲的所有联系，但是给贸易带来严重损害。确实，有些小船不时去布宜诺斯艾利斯，而且实力强大的里约热内卢省督萨尔瓦多·科雷亚·德萨与波托西之路（the Potosi road）上的图库曼有着家族和经济上的联系。但是荷兰人 1637 年占领米纳的圣若热，1641 年又占领罗安达和圣多美，并控制它们直到 1648 年。而葡萄牙人发现向巴西提供奴隶很困难，因为有几十年的时间他们不能继续像以前那样每年运送 2000 名奴隶到布宜诺斯艾利斯，他们不再能定期进入波托西之路。1640 年前葡萄牙人曾拥有向西属西印度输送奴隶的特许权，现在这种贸易的恢复十分缓慢。

　　几内亚和安哥拉之占有曾提供了葡萄牙与西属美洲的主要联系点，从而获得它所亟须的里亚尔②。葡萄牙人现在仍然控制着这些非洲海岸，但从佛得角到贝宁他们的地位极不稳定，总处在荷兰的压力之下。他们之所以仍然坚持下去，是因为他们要维持来自巴西东北部的烟草和来自里约热内卢的烈酒等物资的供应。1648 年重新占领的安哥拉成了巴西奴隶贸易的中心，但是猎取奴隶现在得深入内陆，代价也就更大了。圣多美岛变得萧条了：它的蔗糖不再具有重要性，而且随着米纳的丧失它也失去了在几内亚贸易中的地位。就像在几内亚的同胞一样，佛得角群岛的葡萄牙人在黑人世界和许多国家参与并充当中间人的非洲贸易有着紧密的联系。除此以外，该群岛在大西洋经济中还起着某种作用，因为它们盛产食盐，一般向德意志、英国和丹麦出口，偶尔也由荷兰贩往安的列斯群岛。皮革是出口葡萄牙的主要产品。但是，尽管佛得角群岛位于通往巴西的贸易路线上，却几乎不向巴西贩盐，因为这种生意会损害宗主国的利益，可是少量的走私还是存在的。

　　亚速尔群岛是从西属西印度群岛、巴西以及东印度群岛返航的停

---

① 参看第 4 卷第 15 章。
② 当时西班牙和西属美洲通用的银币。——译者注

靠港，因而为走私者和海盗们所看重。该群岛向葡萄牙提供谷物，尽管酒类也很重要，但葡萄牙政府将向巴西提供的物品限制在每年 3 艘船。马德拉群岛处在通往巴西航路的外侧，它的糖产量下跌了，但酒类的产量却在上升。这里对巴西出口也是受到限制的（每年 2—3 艘船）。英国，在较小程度上还有荷兰，成为马德拉群岛酒的愈来愈重要的买主。

帝国经济的神经中枢是葡萄牙本身，它使自己的经济结构适合于上述状况。葡萄牙 3/4 以上的土地未经开垦。谷物生产占地约 225 万零 500 英亩，年产量约为 1500 万蒲式耳。因此每年需要进口（从亚速尔群岛、法国、西班牙以及波罗的海地区）225 万—275 万蒲式耳，换言之占全国谷物消费量的 15%—18%。葡萄牙工厂向巴西和非洲的殖民者提供高质量的面粉。葡萄、橄榄、水果和蔬菜的种植面积估计超过 150 万英亩，并随殖民地和国外市场的需求而扩大。约在 1675 年仅葡萄牙北部就出口了 3 万大桶酒[①]。更为重要的是，这是葡萄牙特制葡萄酒生产的开始时期。1678 年就有 408 大桶葡萄酒输往英国。还有，除了向北欧出口传统的无花果、葡萄干和杏仁外，从 1635 年（该年董·弗朗西科斯·马什卡雷尼亚什将中国的柑橘带到里斯本）起柑橘开始移植到葡萄牙中部的沿海地区，40 年后仅向英国出口的柑橘就价值 5 万克鲁查多。法国进口同样数量，荷兰以及其他北欧国家所购的数量也有其一半。为满足殖民地和北欧市场的需要，橄榄种植遍及全国，由于独立战争的战火毁坏了阿连特茹的橄榄园，广泛种植就更为必要了。

然而，最为重要的出口产品是盐，尤其是萨杜河流域出产的盐。1657 年出口了 8 万—9 万穆依德（muid）[②]，1669 年与荷兰所订的条约估计至少提供 10.7 万穆依德，价值 32.1 万克鲁查多。荷兰是最大的买主，估计达到葡萄牙食盐出口总数的 4/5。除了食盐生产，葡萄牙的工业规模极小。葡萄牙渔民早就被从纽芬兰沿海赶走，作为葡萄牙大多数人主食的鳕鱼不得不从英国渔民那里购买。另外，造船业在王朝复辟后重新恢复，里斯本、波尔图、伯南布哥、巴伊亚、里约热

---

① 一大桶约为 105 英加仑。——译者注

② 1 葡萄牙穆依德约为 23 蒲式耳。

内卢都有造船厂，而制造小船则有亚速尔群岛，但它们所使用的栎木和大麻得来自但泽和里加，锚、帆以及火炮则主要由荷兰人供应。在纺织方面葡萄牙对外国的依赖也同样严重。

葡萄牙向巴西、非洲以及诸岛屿出口的产品包括葡萄牙酒、烈酒、油类、面粉、食盐，某种程度上还有家庭生产的布匹和亚麻布，以及织物、纸张和产自其他国家的金属制品。在里斯本、波尔图、塞图巴尔和法鲁，驶往欧洲各港的船舶装载着葡萄牙的酒、油、水果、食盐和苏模鞣料①，西班牙的羊毛，来自东方的钻石和药品，来自巴西的糖、烟草和木材，以及来自一些殖民地的皮革。由于拥有糖和烟草，葡萄牙能够从西班牙获得用于出口的羊毛、谷物，而首先是能用它平衡贸易和铸币所需的全部白银。

价格因商品不同而有波动，但在1666年到约1668年之前，一般趋势是稳定的或几乎察觉不到的上涨。这之后谷物、食盐和橄榄油还保持稳定，而在1668年到约1690年衰退期间殖民地产品的价格大跌。两个时期的基本差异显然是由战争向和平的过渡所引起的。但也有另一方面需要考虑：如果以白银来表示价格，价格最初都是稳定的，接着普遍下降了，殖民地产品下降比例尤其显著。当时在价格下跌时货币政策起着制衡作用。17世纪30年代后期，葡萄牙的两个黄金产地米纳和阿尔金丢给了荷兰，而巴西和莫桑比克还不是能发挥作用的供给地。因此，货币依靠进口，而在我们所考察的年代金币稀少而白银丰富，铜仅起着很小的作用。葡萄牙的财政体系与西班牙有着紧密联系。对葡萄牙来说幸运的是，总的来看它的贸易出超，糖和烟草能够平衡西班牙的谷物和羊毛；在西班牙南部出售货物换取西班牙铸币的外国商人再用这些铸币支付他们所购买的葡萄牙食盐。

葡萄牙帝国经济发展的国际背景自16世纪末起发生了深刻变化。荷兰和英国的东印度公司使葡萄牙通过好望角航路的运输业下降到其原有规模的1/3以下。政府和商界认识到它们没有对付这些大公司竞争的充分准备，国家资本主义和个体商人的活动不得不让位于这种新形式的企业。戈梅斯·索利斯首开这种新形式东方贸易，但他的公司仅从1628年维持到1632年。王朝复辟后首先是耶稣会士维埃拉力主

388

---

① 用漆树叶粉制成，作染色、鞣革之用。——译者注

对巴西的贸易采取同样的政策。1647 年和 1648 年的沉重损失——一份可能有所夸大的官方报告说，在总共 300 艘船中，1647 年损失了 108 艘、1648 年损失了 141 艘——导致国王若奥四世建立起拥有 125.5 万克鲁查多资产的巴西贸易公司。种种关键性步骤是在 1649 年 2 月采取的：受到异端裁判所处罚的新基督徒①，其财产予以豁免，而被没收的财产的管理权也从宗教法庭转交给财政委员会（the Conselho da Fazenda）。该公司被授予向巴西出口酒、橄榄油、面粉和鳕鱼的垄断权。各有 18 艘舰船的 2 支舰队建立起来并保持下去，以便组成一个从葡萄牙到巴西的专门护航体系。此举得到来自糖、烟草、皮革和棉花税收的资助，包括舰船的保险和租用费。这家公司具有股份有限公司的特点，葡萄牙某些最强大的贸易家族——例如王朝复辟时期最有实力的金融家杜瓦尔特·达·席尔瓦——以及外国资本家，特别是意大利的资本家都是它的股东。

但是，这家公司的经营遭到了强烈的抵制。一方面，由于将资本和贸易集中于几个港口，小港口的繁荣受到威胁，因而使地方城镇贫困化。另一方面，一个以贵族为中心建立起来并由反宗教改革的意识形态和对新基督徒的敌意构筑成的社会，有着反资本主义的并在某种程度上反资产阶级的思想观念，赞成维护异端裁判所的特权。商人常常被或对或错地指责为像犹太人那样行事，于是受到多方催逼而又目光短浅的政府总想没收他们的商品。1658 年 5 月，对 4 种商品的出口垄断被取消了，尽管对公司进行了补偿。1659 年 1 月摄政同意各委员会和议会的要求：授权财政部动用受到处罚的新基督徒的财产，并在 2 月取消了这些财产所享有的豁免权。公司的末日即将来临，1663 年它改变为一个皇家委员会，同时股东得到了补偿。但是，尽管它受到了指责——护航不力、向巴西供应不足，但它却在危难之际拯救了里斯本与巴西的贸易。一旦危险过去，小港口和小商号便时来运转了。

1640 年 12 月，1580 年被菲利普二世篡夺并由菲利普四世和五世非法保持的葡萄牙王位归还给了唯一正统的葡萄牙王朝——它的权力并未因时间流逝而消失。这也体现了正统的国家和政府体制的恢复，

①　指在中世纪西班牙统治下为免受迫害接受或假装接受基督教但暗自仍坚持原信仰的犹太人和摩尔人。——译者注

从而结束了西班牙的暴政。大量政治和法律文献涌现出来，用以证明王朝复辟的合法性、争取外国列强的承认并树立新政权在国内的权威。某种官方信条在 1641 年的议会上形成，并在 1656 年国务委员会会议中得到界定和发展，即如果权利是通过作为中介的人民来自上帝，那么王国应将全部权威转移给国王。这是一个明确的契约，它规定在国王公正地进行统治的情况下，负有服从的义务，同时授予国王强制臣民服从的权力；另外，它又逼迫国王尊重自然法则与本国的准则和习惯，允许反对暴政或篡位的起义，在出现这类情况时，举国有权另立新王。因此在 1640 年，篡位的暴君被驱逐，合法的掌权者得以复位。有鉴于在 1385 年王位空缺时议会曾选过一个国王，此次布拉干萨公爵在议会召开之前就被庄严地宣布为王，并宣誓登位，这一点具有重要意义，因为 1580—1640 年王位并不空缺，而是被人篡夺，故而葡萄牙人恢复了 1580 年前一直存在的政府。

新税未经专门召集的议会之批准不得征收；储君须在议会召开期间宣誓；议会还需在发生继承问题时做出决定，而国王在事关国家利益的军国大政上要与议会磋商。1620 年至王朝复辟期间议会未曾召开，在整个西班牙统治时期只不过召开了 4 次。然而，1641—1688 年议会召开过 8 次，都是在里斯本，它在复辟后的重建中起到了重要作用。但是，即使在王室合并前，议会的作用也远远没有中世纪重要（1500—1580 年仅召开过 7 次）。因此，这是一个早已实行君主专制的国家，具有世袭君主官僚机器，这些在 1640 年都得到了恢复，但是由于在西班牙统治时期行政方面的改进而组织得更好。议会由分别集会的三个等级的代表组成：大贵族和土地贵族；大主教、主教和高级教士；来自 92 个大小城市的代表（每个城市 2 名）。这些代表由普通贵族、地方官员、市民、行会代表、市法官①等人所组成的市政会议选举产生，贵族和有身份的教士常常被选为城市代表。

议会的作用是不正常的和有限的，复辟后的葡萄牙在两种政体之间摇摆：一种由各委员会和高等法院进行治理，国王的权力限于指派其成员和最一般的指导和监督；另一种是由国王及其秘书进行治理，

390

---

① 市法官由拥有财产的人选举产生。

各委员会和高等法院只是行政机器的必要附件。严格地说，不存在内阁政府，大臣的职责由国务秘书、财政总监以及各委员会主席和高等法院院长履行。在君主个人统治期间，这些职责由某些受宠的秘书和顾问履行；在以上两种情况中，那些呈递文件给国王签字的王室内侍（Despacho）都起着重要的作用。

　　产生于16世纪的国务秘书处的权力极为广泛，举凡国内、殖民和外交等方面的政策以及武装部队均受其控制。1643年年底，国王从中分出处理一定官阶的文武官员和地方长官任用事务的人事秘书处（Secretariat of mercês e expediente）和处理任何一个委员会送呈文件的签字事务的掌玺秘书处（Secretariat of da assinature）。国务秘书确保了政府的连续性，如维埃拉·达·席尔瓦1642—1662年一直任此职。但政府首脑有时是国王宠幸的一位大臣，有时是机要秘书（如1662—1667年），这是由卡斯特洛·梅略尔伯爵所恢复的一个职位，在他被放逐后即取消了。

　　国务委员会设于1569年，它继承原有的枢密院，显然是一个最高机关，决定战争与和平的问题，决定最高文武官员以及实际上决定教士的任免。大贵族即使不问事也有国务委员的头衔。国务委员包括公爵、侯爵、伯爵、大主教和主教，但未曾有过地方官员和其他人士。

　　国防委员会设于1640年12月，3年后确立了其机构职责。所有国务委员均有权参加国防委员会，但其正式成员是各省督军、重要的指挥官、炮兵将领、舰队司令、巴西总督和最高法院的2名法官，还有1名秘书。该委员会任免陆海军军官，监督城防、海军军备、军械库、铸造工厂和医院，负责战争的总体指挥。

　　财政委员会指导财政、经济和商务的行政管理，其首脑是3名均为贵族的总监（Vedores），代表着特殊的利益。该委员会由3—5名受过法律训练的委员、1名审计官，以及4名秘书所组成。从属于该委员会的有清算法庭、印度委员会（case de India）、造币厂、民用船厂和仓库、领事馆、海关和其他税收机构，以及巴西贸易公司及其后继者巴西商务委员会。

　　由于与西班牙的战争所产生的新的财政要求，也由于1641年和1642年的议会希望保持对供应的控制，1643年1月设立了三级会议，作为一个代表贵族、僧侣和市民的常设机构。它的任务是确定和分配战争税和监督战时财政管理。它的管辖范围不断扩大，插手某些商业部门，而它最初的职能则降到控制一些不太重要的赋税。

也是在 1643 年殖民委员会替代了印度委员会。该委员会主席为 1 名贵族，成员包括 6 名委员（2 名贵族和 4 名律师）、1 名秘书和 2 名书记。它的任务涉及所有海外领地的治理（除司法管理）、组建商船队，以及制定除巴西之外的殖民地商业政策。

司法完全由最高法院控制。最高法院最初由国王亲自主持，自 16 世纪下半叶以后由 1 名大贵族担任院长。它由 6 名法官（desembargadore）组成，其中 1 名是高级教士，他们有若干秘书、书记以及 1 名司库协助工作。法官享受贵族的地位。该法院任命所有较高等级的地方法官和司法官员，能取消某些法令，调解民事司法和教会司法范围内的矛盾，同意或拒绝上诉，决定赦免，规定教士的俸禄，限定继承权以及各种特权，还得认可教皇使节呈递的教皇敕书。大法官法庭是其附属机构。最高法院之下有里斯本上诉法院，负责葡萄牙南部和中部所有民事和刑事诉讼；北部案件由波尔图上诉法院审理，尽管某些案件仍归里斯本上诉法院审理。道德和秩序委员会（Mesa da Consciencia e Ordens）管理军队并在有关道德的问题上向国王提供咨询，例如对受到异端裁判所谴责的那些人的财产处理问题。

因此，国家机器牢牢地掌握在大贵族、教会上层人士和法官的手中，在君主和百姓之间是一套组织完善的官僚机构，其三个主要部门分管着战争、司法和财政。但这种结构也包含封建和地方权力的残余：一方是军界头领和那些在其封土之上拥有征税和封官之权的人士；另一方是拥有自己法官以及选举产生之村法官的自治市镇。然而，这些市镇当局是由具有一定收入的土地所有者和商人组成的，在大城镇中且有 1 名贵族主持。选举每 3 年进行一次。在主要城镇中，各行会的代表组成行会联合会，它从属于市议会，负责经济管理和公共场所的维护和治安。

贵族和商人牟利的渴望（来自墨西哥和秘鲁的白银以及向西属西印度贩卖奴隶）使菲利普二世吞并葡萄牙成为可能；于是这些阶级和主张抵抗的普通百姓分道扬镳了。但是开始于 1620—1625 年的帝国经济和财政危机、新的国际形势、威胁到其特权和前程的中央集权化政府——所有这些因素促使贵族和商人的态度发生了变化，然而却是那些来自下层的压力、那些由饥馑和横征暴敛所引起的人民起义驱使他们进行反叛。王朝复辟的发动者们希望能控制局势，因而只是到复辟成功之后才谋求大众的认可。他们中的某些人曾参与镇压1637 年的反叛，例如 1642—1662 年担任国务秘书的维埃拉·达·席尔瓦。贵族、高级教士和商人中的某些人仍然依恋二元君主国，想方设法使两个国家重新合并。对他们来说重新合并意味着某种强大的联合力量可以对付新兴的海上强国，意味着作为货币基础的美洲白银、糖和烟草向西班牙的倾销、西班牙羊毛的再出口、特许贩运黑奴的利润，以及里约热内卢和布谊诺斯艾利斯之间有利可图的贸易。而且许多家族与西班牙有联系。某些葡萄牙头面人物仍然为西班牙效劳，其中如汉内考特之役的胜利者董·弗朗西斯科·德·梅洛（尽管在罗克鲁瓦遭到失败）；拉莫特之役的胜利者董·菲利普·达·席尔瓦；莱里达的守将格雷戈里奥·德·布里托。所有这些导致统治阶级内部在政治上的模棱两可。

　　葡萄牙人希望王朝复辟能给他们带来与荷兰的和平并最终收复某些失去的领土，但实际发生的却是在欧洲得以休战而在海外则战争仍在继续。因此，葡萄牙不得不发动两场战争：一场是 1652—1661 年为争夺殖民地和贸易控制权在海上反对荷兰东印度公司和西印度公司的战争；另一场是 1640—1668 年在陆上反对西班牙的战争。为了进行与西班牙的战争，葡萄牙需要与联合省保持良好关系，因为该国是葡萄牙的主要市场且是葡萄牙海军补给品、桅杆、大炮和小麦的主要供应国。反过来，荷兰的鱼也离不开食盐，并且它所需要的西班牙羊毛是通过葡萄牙进口的。这样在欧洲实行了互利的休战，但在海外却不是这样。在东方，尽管 1635 年英属东印度公司与葡萄牙签订了协定，荷兰还是得到了好处；好望角航路不再是葡萄牙帝国的轴心。然而在大西洋，葡萄牙占了上风，1641 年被荷兰占去的安哥拉和圣多美在 1648 年被夺了回来，这就决定了巴西的命运，因为其奴隶的来源现在为葡萄牙所控制。葡萄牙人和土著在马拉尼昂的叛乱持续了18 个月之久，荷兰人最后不得不从这里撤离，而且他们也从未设法控制巴伊亚。实际上，荷兰人稳定控制东北部（1630—1635 年征服）仅持续了 10 年。1645 年伯南布哥发生叛乱，豪斯在巴多卡斯被费尔

393

南德斯·维埃拉击败。游击战开始了，还得到来自葡萄牙的帮助。
1648 年 3 月，维埃拉和尼格莱罗斯赢得第一次瓜拉拉皮群岛战役的
胜利；1649 年 2 月，弗朗西斯科·巴雷托率领的援兵获得第二次战
役的胜利。由于巴西贸易公司的建立，商船可以安全地往返巴西和葡
萄牙之间。1654 年 1 月，在巴西的荷兰人投降。他们失败的原因何
在？1652—1654 年英荷战争无疑牵制了他们，但 1650—1654 年葡萄
牙也在与英国打仗。葡萄牙的外交使荷兰人的增援有所滞缓，但对在
巴西的荷兰人援助不够的根本原因在于荷兰国内西印度公司与贩运食
盐和羊毛的商人之间的利益冲突。荷兰的中央政府是软弱的，举足轻
重的是赞成贸易而不太赞成殖民的阿姆斯特丹。而且，人口分布的因
素也有利于葡萄牙，在巴西的荷兰军队中相当大的部分是雇佣军。最
后还有葡萄牙人移民和土著对荷兰统治的自发而猛烈的抵抗。

　　葡萄牙同时在与西班牙作战。在比利牛斯条约签订（1659 年）
之前，西班牙尚不能利用其全部力量；但王朝复辟时的葡萄牙既无防
御系统又无现代军队，另外还缺少将领（有些将领正在卡塔罗尼亚
或弗兰德斯服役），甚至军队的养马场也被西班牙人关闭。这是一场
边界战争，村庄遭受袭击，牲畜和粮食被夺来夺去，农田和橄榄园也
备受蹂躏。然而，在这场持续了 20 年的战争中，葡萄牙到处构筑了
要塞，组建了一支能赢得阵地战并由才华出众的将领统率的军队。受
到罗克鲁瓦战役的鼓舞，马蒂亚斯·德·阿尔布凯克在蒙蒂霍战役中
击败莫林根男爵，接着守住了埃尔瓦什，打退了由托雷库萨侯爵所指
挥的一支强大军队的进攻。1648 年固守奥利文萨以抵御莱加利斯侯
爵的进攻同样获得了成功。然而激战只是在法国和西班牙进行谈判时
才恢复，因为葡萄牙希望和平解决。在葡萄牙受挫于巴达霍斯并丧失
奥利文萨和莫拉之后，董·桑绍·曼努埃尔和坎塔涅迪伯爵在埃尔瓦
什战役击败西班牙的骁将唐路易斯·德·哈罗，赢得了令人瞩目的胜
利（1659 年 1 月）。在独立战争中，葡萄牙野战部队的数量达到
4000—5000 骑兵，1 万—1.5 万步兵以及 20 门大炮。一般说来，葡
萄牙处于守势：它的目标是获得对其独立的承认而不是征服。

　　葡萄牙的国内外处境确实十分严峻。罗马教廷顽固地拒绝承认，
20 年中没有一个强国帮助过葡萄牙，它也不被允许加入国际条约。
对法国来说，它只不过是与西班牙斗争中的一个走卒。迫于内外危

394

机，国王和政府官员摇摆不定，有时赞成孤注一掷的政策，他们一会儿不顾国务委员会和高等法院的反对，打算把巴西东北部割让给荷兰以换取白银，一会儿又考虑放弃本土给西班牙而退守殖民地。承受沉重压力的政府又为自己制造新的困难：它的君主专制意识形态导致它在英国内战中去支持王党，这一唐·吉诃德式的政策终致其在1650年向克伦威尔发起公开的挑战。布莱克截击了巴西舰队，1654年葡萄牙被迫接受了克伦威尔的条件，将它的帝国向英国贸易开放。该政策的影响在英国王政复辟后仍然存在。布拉干萨的凯瑟琳与查理二世的联姻（1662年5月）虽然给葡萄牙带来了英国的支持，但花费达200万克鲁查多并肯定了英国的贸易特权地位（嫁妆丹吉尔和孟买仅具次要的意义）。从巴西和安哥拉被赶走的荷兰人看到英国大获其利，便在1657年秋季进攻葡萄牙，调动40艘舰船封锁塔古斯达3个月之久，1668年8月签订了一个使葡萄牙经济遭受灾难性影响的和约。作为他们承认葡萄牙拥有巴西、安哥拉以及圣多美（无论怎么说对该地的统治已牢牢建立）的回报，荷兰人得到了400万克鲁查多（以食盐贸易的收入支付）和与英国同样的贸易权。

395

　　1661年是葡萄牙权力的最低点，其国内局势有助于解释这一点。起初，若奥四世与议会和各委员会共同进行统治；接着他抛开议会，通过其大臣与各委员会一起施政；最后转向个人统治，助手是他的秘书们，尤其是自王朝复辟前就一直担任他的秘书的派斯·维埃加斯。1656年11月若奥四世驾崩，王朝的地位因此变得微妙起来，因为其长子董·特奥多西奥死于1653年，次子董·阿丰索身体赢弱，神经不正常。所以出现一种意见，希望召集议会以宣布阿丰索不宜继位而让其弟佩德罗登基。其母后路易莎赞成这种解决办法，但不敢采取决定性的步骤。大多数贵族和主要教士则是很乐意看到由一个女人长期进行摄政，接着又是一个治国无能的国王统治的前景。他们1656—1662年6月掌握着实权，通过他们所控制的委员会和高等法院合法地行使着这种权力。但是，尽管埃尔瓦什战役获得大捷，外交事务却发生了灾难性的转变：葡萄牙被排除在比利牛斯和平之外，与西班牙的战争仍在继续，与英国联姻和与荷兰缔约又把帝国的经济置于外国人控制之下。

　　摄政本来在1657年就该结束了，阿丰索时年已届14岁，但唐娜·路易莎延长了其统治，希望阿丰索能够康复，或者更愿意伺机将佩德罗扶上王位。她加强君主统治企图的失败归因于她所依靠的恰是统治阶级中反对变更基本政策和管理方法的那些人。因此，现行政策所遭受到的重大失败和形势前所未有的严峻导致希望变革的人改向依靠阿丰索。1662年卡斯特洛·梅略尔伯爵被迫将权力从母后转交给国王。索萨·马塞多成了国务秘书，各委员会和高等法院被迫接受了一个内阁控制的政府。

葡萄牙利用英国对葡荷条约的敌视（英国的贸易因此要遭到损失）拖延到1663年才批准它，而且实际付款直到1669年签订新约时才兑现。葡萄牙还希望阻止英国人在葡属殖民地建立他们自己的统治。卡斯特洛·梅略尔设法利用法国以争取与西班牙缔结有利的和约，而不卷入法国的计划太深。1661—1662年，西班牙的进攻暂被制止，但1663年摆脱了其他承诺的西班牙又鼓足全力，5月占领了埃武拉。然而，葡萄牙的军队和防御系统的重组进展甚大，因为蒂雷纳派来由绍姆贝格率领的600名法国官兵，随后英国人也派来一些团队。1663年6月，董·桑绍·曼努埃尔和佩德罗·德·麦哲伦赢得阿梅西亚尔大捷并光复埃武拉。这是对葡萄牙20年的苦心准备和新政府坚强果敢的报答。

由于西班牙不会接受一个有利于葡萄牙的条约，又由于作为调停者的英国希望不惜代价地迅速解决，卡斯特洛·梅略尔于1667年3月与法国签订了联盟条约。主和集团和英国的外交均以搞垮梅略尔为目标，似乎自相矛盾的是，法国的外交亦是如此。法国人认识到，梅略尔希望与他们结盟只是将之作为向西班牙施加压力的手段，他不会与设法首先把臭名昭著的亲英国务秘书索萨·德·马塞多赶下台的路易十四进行合作。在国内，统治阶级不喜欢以内阁替代各委员会构成的政府，因为他们的权力被削弱了。老百姓也因战争所造成的艰苦状况而深表不满。卡斯特洛·梅略尔的权力实际上没有人们所认为的那样广泛，外国使节注意到，由于缺乏决定性的和确凿的支持，他的明智的意图并不总是能够得到贯彻，他也难以抵制上层贵族，尤其是在各委员会中反对他的马里亚尔瓦侯爵。1662年，由于飞黄腾达使他极端地墨守成规，卡斯特洛·梅略尔拖延解决王位继承问题。但大多数国人不赞成让一个无能的疯子当国王，因为如果佩德罗在他的哥哥之前去世就将引起一场严重的，甚或致命的危机。

当各种明显相互敌对但实际上却是互补的力量正联合起来反对卡斯特洛·梅略尔之时，董·佩德罗与年轻貌美的王后、萨伏依的玛丽·弗朗索瓦的恋情也在发展。她是内穆尔公爵的女儿，1666 年嫁给不幸的阿丰索，无疑希望干预朝政并君临国家。1667 年 9 月，董·佩德罗及其党徒成功地将卡斯特洛·梅略尔赶下了台，他逃往一座修道院，后来又亡命英国。接着王后去修道院避难，在那里她提出解除婚姻的请求。基于阿丰索不能生育，其弟和国务委员会劝他放弃王位，实际上他立即遭到监禁（直到 1683 年去世）。阿丰索的婚姻被解除，因为它从未完成。4 天后，获得摄政王身份的佩德罗与萨伏依的玛丽通过代理人而成婚。1668 年 1 月议会宣布佩德罗为王储，同时也肯定了阿丰索的被黜，因为他无力治理且不会生育。这些事件使葡萄牙避免了一场继承战争。不足的是，这种变化导致了葡萄牙1668 年 2 月仓促与西班牙媾和，1669 年又与荷兰缔结确认 1661 年旧约的新约。主和集团的胜利是法国的失败，索萨·德·马塞多的倒台和佩德罗的婚姻是英国的失败，王后没有实现统治，佩德罗亦是如此，正如 1670 年圣罗曼所写的那样，葡萄牙政府现在掌握在贵族的手中，他们达到了自己的目的。

王朝复辟之后葡萄牙的政治实际上比其殖民地远为贵族化。人民确实怨声载道并时有爆发。1642 年 2 月约 10 名贵族逃亡西班牙，因为国内发生反对贵族的骚乱，但由于 7 月贵族的阴谋被压制，骚乱遂告平息。1657 年 7 月，政府进行战争的方针含混不清，因而里斯本的市法官和行会代表前往法国大使馆申明葡萄牙对法国的友谊并谴责某些大臣亲西班牙。当 1663 年 5 月埃武拉向西班牙人投降时，里斯本的群众占领街道，进行声势浩大的游行从而帮助了卡斯特洛·梅略尔政府。而在 1667 年，里斯本的法官、市议会和行会在使马塞多和卡斯特洛·梅略尔倒台的过程中又起到远不能被忽视的作用：老百姓似乎希望让佩德罗成为政府首脑并得到继承权而不废黜和流放阿丰索，但他们受到贵族的操纵。1672 年 4 月，里斯本的行会以暴力公开威胁贵族不准卷入英国和法国之间的阴谋，法官再次起到了政治和外交作用。

然而，自治市在海外比在国内更有影响。1643 年丹吉尔人民发动反对总督（他仍忠于西班牙）的斗争，将他撤换下来并承认若奥四世的统治。1642 年马拉尼昂人民发动了起义，最终迫使荷兰人撤出。在圣保罗和桑托斯，耶稣会士被驱逐，中央当局受到挑战。1660年 11 月里约热内卢人民发动起义反对权势很大的科雷亚·德萨，直到次年 4 月才被镇压，而这时圣路易斯和贝伦又起来反对耶稣会士并赶走他们。在果阿，1652 年一场大起义导致总督奥比杜斯伯爵被驱逐，而孟买人民则使该城交给英国接管之事延迟了若干年。

总之，在王朝复辟时的葡萄牙，政府掌握在贵族和高级教士手中，无论如何他们都构成了一个社会阶级。1665 年法国领事注意到，教会权力极大；1669 年据一位意大利人观察，耶稣会士不正常地拥有很大权力。但是，面对统治阶级政治态度的不明确，正是由市法官、自治市和行会（尽管议会不允许它们过问最高层面的事务）所表现出来的普通老百姓的精诚团结并通过他们的威慑和行动维护了葡萄牙的独立。

（洪邮生　吴世民　译）

第 十 七 章

欧洲和亚洲

一 欧洲与亚洲的联系

在 16 世纪，葡萄牙人改变了亚洲与欧洲贸易的进程，但并没有显著地改变其内容；他们中断了在东方有利可图的贸易，但没有根本改变其模式。从该世纪末叶起，他们的竞争者荷兰人和英国人对亚洲的运输业进行了较为根本性的重新组织，促进了孟加拉的丝绸和爪哇的糖分别在日本和波斯的销售。他们也将更多的亚洲商品运往欧洲市场，向马拉巴补充苏门答腊的胡椒，引进靛青和食糖，并做起那有用的压舱商品即硝石的生意。葡萄牙人原已发现印度粗棉布在非洲和巴西殖民地有销路，而新来者又发现这种棉布也适于销往欧洲——白布适于制床单、毛巾和餐巾，花布则适于制帘帷、被子和装饰物。

亚洲商品更为大量地涌进欧洲市场发生在 1650 年之后。胡椒和香料在这种扩销中占有一席之地，但它们在阿姆斯特丹和伦敦的市场上不再独占鳌头。硝石仍然是重要商品，因为在比哈尔发现了新的供应来源，它能够满足欧洲因战争规模不断扩大和日益频繁而引起的需求。随着一连串能干的莫卧尔总督不断地肃清若开人（Arakanese）和葡萄牙海盗的活动地区，类似的发现，即孟加拉廉价的生丝最终也得到了利用。17 世纪 30 年代，波斯生丝输往意大利北部和法国的状况部分地为荷兰人和英国人所改变，来自孟加拉价格更低的丝进一步破坏了原有模式。更便宜和更充裕的供应，加上身怀技艺的避难者的流入和因意大利的战争而引起的暂时性保护，促进了英国丝织业相当规模的发展。正如乔赛亚·柴尔德爵士在 1681 年所夸耀的，东印度公司"最近数年中发现了一条将各种生丝运到本王国的途径，它们比土耳其、法国、西班牙、意大利或其他任何产地所提供的还要便宜"。

来自孟加拉和爪哇的糖似乎前景看好，但像靛青一样，不能与西印度的产品竞争，然而在亚欧贸易中有两种新产品，即咖啡和茶确实取得了成功。这两种药物分别对布道时的昏昏欲睡者以及肥胖与抑郁症者有特效，它们随着供应量增加和价格下降一时成为流行的饮料。17 世纪 60 年代荷兰人和英国人每年各购进 2 万磅咖啡，它是更为广泛的红海贸易中的一种商品。到 17 世纪和 18 世纪之交，英国人和法国人①以及荷兰人共进口了 300 万磅咖啡，这桩买卖是如此重要以致他们的代理商爬上也门的山冈并以现金支付，专载咖啡的船舶从穆哈直驶欧洲。茶叶价格的下跌和茶叶的最终普及是一个较缓慢的过程；但到 1700 年英国人从中国年进口茶叶达到 100 吨，而东印度公司与中国贸易未来的重要性已显露端倪。

新饮料的普及阻止了酗酒并导致新的公共场所的出现。数十家咖啡馆在阿姆斯特丹如雨后春笋般建立起来；在伦敦它们成了一种组织，即非正式的俱乐部；在巴黎的咖啡馆，由于镜子、分枝烛台和大理石贴面桌子等摆设应有尽有，成为深受才士和作家青睐的聚会所在。如朗伯德街上的劳埃德那样的咖啡馆被用作商人和船主的碰头地点，从那里能够搜集信息，介绍买主给卖主。它们也被用作工人和商人们阅读当天报纸的政治中心②。报纸的某些大众教育作用应归功于咖啡馆，因为人们就是在那里阅读和讨论它们的。艾迪逊（Addison）的希望是，通过《新观察报》让哲学"深入俱乐部、茶桌和咖啡馆"。

然而，最令人惊讶的发展出现在如下的认识之后：从红海到摩鹿加的亚洲人迄今用作衣料的印度棉布也可以成为欧洲人的衣料。在 17 世纪初叶，棉布只用来遮掩非洲奴隶的身体，装饰欧洲人的墙壁和家具，而在英国"那些对高价的亚麻布望洋兴叹而又想模仿富人的人"则用其覆盖死者。到该世纪后半叶笛福（Defoe）记述了所发生的巨大变化：

"人们对东印度商品的普遍喜爱达到了如下程度：过去仅仅用作地毯、被子等以及给小孩和普通百姓做衣服的擦光印花布和印花棉布现

---

① 法国东印度公司（the Compagnie des Indes Crientales）建立于 1664 年。
② 参看本书第八章边码第 322 页。

在成了我国贵妇人的衣料，……擦光印花布从铺在她们地板上荣升到穿在她们的身上，从鞋布荣升为裙料。不仅如此，它还钻进我们的房间、卫生间和卧室，帷帘、垫子、椅子，甚至床铺本身使用的都是印花棉布或者印度的织品……"①

衬衣、领饰、护腕和手帕都用印度的棉布和丝制成，平纹细布的褶边、棉织袜替代了丝或羊毛制品。

这种时髦不限于英国，尽管英国东印度公司是促进这些商品在国内销售的第一家，但是它在亚洲的基础比荷兰狭窄，商品的选择性也较有限。印度的商品风靡欧洲：不仅作为高级时髦织物的科罗曼德尔印花布或古吉拉特锦缎是这样，棉布也是如此，因为它耐洗且价格低廉，这就使它具有广泛的吸引力。这是又一种商品，像糖、烟草或稍后的茶叶一样，以其价廉打开了新的巨大需求市场。各家公司都着手利用这种形势。英国的经理人员很快订购了大批便宜的白布、帆篷布和长衬衣布，"以供大量的缝制穷人衣服之用"。白布成了农民、仆役和中产商人家庭的普通衣料。

上述变化反映在进口数字中。荷兰的棉布进口量从 1650 年的 5.5 万匹上升到 80 年代中期的约 20 万匹；英国同期进口量从不到 10 万匹急增至 200 万匹。法国、丹麦和葡萄牙都增加了进口，而从 1715 年起奥斯坦德东印度公司也积极购进丝绸和棉布。由于荷兰人和英国人是纺织品的大宗再出口者——伦敦海关署的记录证明他们积极与西班牙、德意志、意大利以及美洲殖民地做生意，许多人在健康和舒适方面从中获益匪浅，因为廉价棉布使人们得以用可洗的"亚麻布"蔽体和铺床。

进口如此巨大数量纺织品——鲁昂 1686 年纺织品的销售占总销售 171.3 万里佛尔中的 156.2 万——的公司显然要不断与欧洲的羊毛、丝绸和亚麻工业竞争，并因后者敌对而遭受不同程度的损失。在联合省，供当地使用的白布进口长时间内数量相当少，但英国人牟利的消息逐渐克服了所有的敌对情绪。法国在东印度利益甚小，卢瓦正忙于发展自己的纺织业，1686 年它颁布禁令，不准出售东方丝绸、印度印花布

① 《每周评论》，1708 年 1 月 31 日。

以及在法国印染的印度白布。但旨在阻止亚洲纺织品拥进的壁垒不得不通过若干新禁令和敕令来不断加强。惩罚愈来愈严厉,在瓦朗街,77 人被判处绞刑,58 人被用刑车处死,631 人被发送到海船为奴。但是印花布的使用仍然继续扩大。实施禁令的明显后果是破坏了法国的棉布印染业而使英国同行最终渔利。至于平布——可做领布、颈圈或床罩的白布,可做南方人的头饰、方围巾以及围裙的平纹细布则准许由法国东印度公司进口,尽管对来自英国和联合省的进口品要课以寓禁税。由于走私,在 1691 年甚至白棉布都被禁止购进,而法国东印度公司只有同意在白棉布上加盖政府的戳记之后,才被暂时允许重新进口。

英国的商人与工业主的竞争较为平稳,格洛斯特郡的棉布业主从 1675 年的请愿起,花了 25 年的时间才使一项反亚洲纺织品的法案得到通过。在那些年里,各种各样的反对势力聚集起来。土耳其公司攻击东印度公司,因为孟加拉的丝与波斯的丝进行竞争。丝织业主攻击东印度公司——尽管该公司是他们所使用的生丝的供应者——因为它促进了孟加拉丝织业的迅速扩张,这使印度的丝价在 40 年中下降了50%。(该公司曾派遣英国的拈丝工、染工和图案设计师去印度以改进那里的丝绸生产。)羊毛业主和棉布印染者也抵制对他们的市场的侵占。

1696 年,英国下院通过了第一个限制穿着印度丝绸、白布和在英国印染印度白布的法案,但在上院所有经营和加工印度棉布、丝绸的人形成反对势力,否决了该法案。第二项法案亦告失败。1679 年一群斯皮塔尔菲尔兹(Spitalfields)暴徒袭击东印度公司总部,并在下院外闹事。骚乱和小册子的论战持续到 1700 年 4 月法案的通过,它禁止使用"波斯、中国和东印度生产的所有熟丝、孟加拉绸缎和丝毛混合制品以及所有在那里缀上图案、印染或着色的白布"。

该法案与法国的禁令相比有两点不同:它允许进口印花纺织品用于再出口不受限制;允许平布的进口及其在英国印花。由于在下一个议会会期举行的会议上白布税也被降低,该法案的后果之一是刺激了英国印花业的发展。丝绸和印花布的进口贸易也没有受到严重影响,贸易量的约 2/3 一直用于再出口,也有相当一部分继续进入英国市场。1719 年戴维·克莱顿注意到,白布在沿海地区零售比在伦敦批发便宜。

401

由于印度印花布与英国印花布的竞争因此而仍然是棘手的，于是攻击的下一个目标便对准了这种棉布。1720 年在经历了多次请愿和骚乱后，一个法案相应地被通过，它规定"……除了大不列颠和爱尔兰种植和生产的之外，禁止使用和穿着其他一切经印花、缀上图案、着色或染过的白棉布"。

这场反新商品涌入的斗争旷日持久，其特点之一是长期的小册子论战——在这场论战中整个与东方的贸易都一直受到攻击。对该贸易的反对是普遍的，因为它冒犯了几乎所有金银通货主义者、重商主义者或保护主义者政策的信条。1686 年法国的一份备忘录表达了这种指责：亚洲贸易不是为法国制造业提供市场和换回金钱，而是吞没无数的金银，反过来所提供的只是蹩脚的布匹，而且它们还排挤掉像丝绸和毛织品这样优良的法国工业品。

对贵金属流失的谴责并不新鲜，但改变贸易模式使得问题更为严重。咖啡要现金收购。在莫卧尔境内欧洲商品有着市场的古吉拉特，却购买布匹很少，而在几乎没有什么欧洲商品与之进行交换的东部印度，却购买很多。要从亚洲转口贸易中牟取黄金来支付给科罗曼德尔和牟取铜钱、白银来支付给孟加拉愈来愈困难。主要从横越大陆的丝绸和棉布贸易中所获得的少量金银，是来自波斯湾和古吉拉特。铜钱一般可以从日本获得，但日本在 1668 年停止了大量白银出口，1685—1686 年又停止了黄金的出口。到 1700 年甚至荷兰也不得不把它原本很有节制的金银出口提高到 500 万弗罗林。

针对"金银通货主义者"，东印度贸易的捍卫者提出若干论点。法国的经理们宣称，他们在亚洲没有廉价购进的那些商品在欧洲要以高昂的价格才能购得，并称他们的再出口所得要超过原先付出的金银；塞涅莱告诉路易十四说，公司的所有金银均得自加的斯，作为在西班牙转销货物的回报。但是，即使这在个别一些国家是事实，就作为整体的欧洲而言，这是不切实的。不仅不存在世界范围的信贷体系——所以人们需要用金钱把几个大洲的信贷系统联结起来，而且正如彼得·德·拉库尔德 1662 年在其《论荷兰的利益》一文中所宣称的，与波斯、印度和中国的贸易不能通过商品和劳务，而是只有通过黄金和白银来进行。因为工业革命之前，亚洲能从欧洲大量进口的商品尚不存在，能大量利用的劳务也极少。

但是与亚洲贸易不仅使欧洲的金银枯竭，而且抢走了欧洲老百姓的饭碗。这就是工业品方面——纺织品、瓷器和扇子——的新贸易如此受人反对的原因：该贸易有悖于重商主义者强调生产反对消费、强调出口反对进口的理论。为回答这种攻击，东印度贸易的捍卫者不得不系统地提出主张"自由贸易"的论点。柴尔德和戴夫南特强调了在最廉价的市场上买东西的价值——正如亚麻布商们所表达的那样，"自由贸易能使各种各样的商品变得便宜，劳动的便宜能促进对外贸易，而对外贸易又能带来财富和人民"。[①] 1701 年出版的《有关东印度贸易的若干思考》预言，竞争将促进节省劳力机制的发明，它通过降低成本使市场扩大和生产增加到这样的程度，即进一步的分工将使成本再次降低。但是，就连先进如斯的论点也于事无补，因为 17 世纪 90 年代刚发生过失业上升的情况。当羊毛和地产业似乎危在旦夕时，"一群崇拜恶魔和为一天挣半便士而卖力的异教徒所生产的"[②] 白布同样没有希望。有关羊毛业事关重要的古老信条战胜了东印度利益集团的有关论点。

但是，羊毛出口在 1640 年占伦敦总出口的 80%—90%，而在 1700 年已不及 50%。到 1700 年亚洲和美洲商品的再出口约占英国出口贸易总量的 30%，这还不包括西印度中转贸易中的无形输出。英国几乎同荷兰一样坚定地从事再出口和运输业。海外和殖民地贸易利益已成为国家利益，在欧洲它将由和平条约来规定，并通过武力来捍卫。

17 世纪后半叶与亚洲贸易模式的显著变化导致如此引人注目的争论，这种变化主要是荷兰和英国的杰作。它们已经崛起，在贸易和军事力量方面占据优势地位，使葡萄牙人和西班牙人相形失色。然而，基督教在亚洲的传教活动并没有发生类似的变化。无论是荷兰人还是英国人都没有兴趣与其实力相称地在东方传播新教。对西班牙和葡萄牙商业的打击也是对商业所支撑的传教事业的打击，但是德意志、意大利和法国的传教士为弥补损失而辛勤努力。到 17 世纪末叶，罗马天主教在亚洲独占鳌头，因为荷兰和英国的推进不是通过政府而是通过贸易公司进行，对它们来说攻击亚洲的宗教就意味着贸易的损失。相

----

① 《对凯里先生答复的回答》（1697 年）。

② 《女业主的抱怨》（1720 年）。

反，罗马天主教传教团经常得到法国、西班牙和葡萄牙的支持，在印度和菲律宾他们将相当多的收入供教会使用。欧洲的新教徒陷于相互攻讦或听命于漠不关心的君主，没有兴趣去过问国外的传教团。另一方面，反宗教改革的爪牙也都是传教的机构。自海路开通以来，多明我会士、方济各会士和奥古斯丁会士一直在亚洲传教。方济各会的托钵僧、塞廷会士和耶稣会士很快就将其活动扩展到海外。直到18世纪新教传教团没有表现出同样的质量和生气，也无任何新教机构堪与作为传教训练和指导中心的教廷传信部，甚或与1658年成立于巴黎的海外传教会相提并论。对于150年中葡萄牙和西班牙所建立的拥有教堂、神学院、大学、医院、图书馆以及印刷所等财富的教会组织，新教徒们望尘莫及。1672年卡雷神父发现天主教社区中心无所不在；从波斯湾班德孔葡萄牙奥古斯丁会士的教堂、苏拉特的方济各会传教团、达曼的静修派教会、由印度一位世俗人士管理的美丽的马希姆教堂、巴塞因的多明我教会、塔纳的耶稣会办的学院、果阿的加尔默罗会教堂直到比焦利姆的塞廷会修道院。当穿过印度时，他看到戈尔孔达的教堂，东海岸圣索美（San Thome）的耶稣会会士和马德拉斯的方济各会士；在荷兰控制的马拉巴海岸，从奎隆向北，他发现大量处在耶稣会神父或印度牧师管辖下的天主教社区。对于所有西班牙和葡萄牙势力所及或者其国民作为私商、雇佣兵或海盗所深入的地区，其他旅行家提供了同样的描述。

在这种情况下，荷兰人在承认他们的职责是同异教徒布道的同时，倾向于把重心主要放在争取信天主教的土著改宗新教上，因为强大的天主教社区通过语言和宗教与葡萄牙人相联系，对荷兰人的霸权构成了政治威胁，这种威胁绝不亚于对真正信仰的公然冒犯。他们的任务是艰巨的。在锡兰西部和北部，所有社区都已接受了天主教，几乎每一个村庄都设有相当多的由土地收入提供经费的天主教堂和学校。在马拉巴，除了葡萄牙人所建立的教堂外，大约47个叙利亚教会尊奉天主教信条。荷兰人所采取的第一个步骤是从他们所控制的地区赶走所有罗马天主教神父，并对窝藏者施以重罚。但是很多人从康提和马都拉的安全地带继续他们的布道，而奥拉托利会士约瑟夫·瓦滋还从果阿组织了一个赴锡兰传教团。第二个步骤是禁止使用葡萄牙语，命令人民学荷兰语。但迟至18世纪80年代一位马拉巴的荷兰指挥官还在抱怨说："一个讲话无人明白的荷兰传教士的热情在马拉巴海岸怎么能够抵挡得住成千个具有必要的语言知识的罗马天主教牧师的奔忙。"① 到19世纪在锡兰的英国官员仍要学习西班牙语，到20世纪卡利卡特的印度基督徒还使用葡萄牙语做祈祷。

荷兰人只有当他们使用土著语言——泰米尔语或僧伽罗语，更远的东部为马来语——或者改编葡萄牙语的著作为其所用时才获得成功。他们掀起了一场运动，在很多学校中使用详细问答法以向儿童灌输新教教义，尽管其大部分效果被这些儿童家庭的影响所抵消。他们还将政府官员的录用和贸易许可证的发放限于新教的信仰者。有些诸如穆斯林的集团，其在宗教和经济方面的竞争特别令荷兰人恼怒，对于这样的集团他们则施以特殊的压力。但像在荷兰一样，宗教宽容而商业价值常常大于加尔文教徒的宗教热情。荷兰东印度公司的确显示了不允许传教士们建立一个具有自己影响和利益的加尔文教会的决心。集权化传教管理、教会对学校的监督、与荷兰教会的直接联系，这一切均在禁止之列。传教士均属公司所雇用的人这一点是明确规定的。一当葡萄牙人的直接军事威胁减退之后不仅意大利加尔默罗会士，而且葡萄牙耶稣会士也允许进入荷兰领地。

英国人在亚洲几无领土且为葡萄牙的盟国，故而传教的必要性要小于荷兰人。他们向海外商站派遣牧师，但没有在土著中传播基督教。基督教知识促进会（S. P. C. K）建立于1699年，国外地区传播福音会（S. P. G）建立于1701年，但直到18世纪后半叶，英国传教士才有点值得注意的业绩。

新教在亚洲第一次真正的传教活动是在科罗曼德尔海岸德伦格巴尔的丹麦路协教的传教。此事是1706年由布吕曹（Phutschau）和西根巴尔发起的，但到头来他们不是向丹麦的商站和要塞布道（尽管他们曾这样做过）而是使异教徒皈依。他们刻苦学习掌握了葡萄牙语，西根巴尔还精通泰米尔语。两人都准备在亚洲度其一生。他们曾在德意志的虔信宗的中心哈勒学习，正是通过哈勒的 A. H. 弗兰克，他们的工作为世人知晓。弗兰克有着广泛的通信联系，他将他们的信函登载在哈勒的刊物《志报》上，利用这些信函所引起的兴趣为传教筹措资金。

① P. C. 亚历山大：《荷兰人在马拉巴》，第181页。

现在许多人们所熟悉的方法当时是煞费苦心的，例如布道信箱、挨户募集、布道演讲等。英国人的兴趣通过安妮女王的丹麦丈夫乔治的路德教牧师贝希姆（Bohme）而激发了出来，因而德伦格巴尔得到了基督教知识促进会的资助。为更加同心协力地传播新教而努力进行的首次宣传鼓动获得了某种程度的成功，这预示着传教活动未来的重大发展。

然而，基督教在亚洲的新的传教活动主要不是来自新教国家，而是来自法国、意大利和德意志的天主教邦国。意大利加尔默罗会在印度德干建立了传教机构，意大利方济各会的布道遍及中国的山西、陕西、河南、湖北和湖南。1660 年，被任命为中国、东京（越南地名——译者注）和安南代理主教的法国海外布道会三位传教士受战争和气候所迫来到暹罗首教大城府。他们发现这里具有作为其传教团的中心的种种便利，于是花了 25 年的时间建起一座教堂、一所真正的神学院、若干教会学校以及一所附有门诊部的医院。他们与对暹罗宫廷有影响的希腊冒险家福尔肯的接触导致路易十四与暹罗互换使节并派出一支军事远征队，旨在使暹罗国王皈依并进行有利可图的贸易。1688 年暹罗国王的去世和福尔肯的失势结束了法国和耶稣会与暹罗的联系，尽管海外布道会仍长期将暹罗作为其在东方的主要中心。海外布道会的一些传教士启程赴中国，但法国在华的传教活动主要来自路易十四所派出的耶稣会士。1688 年，因其科学上的造诣而中选的 5 位耶稣会士抵达北京并受到皇帝的热情接待，而其葡萄牙同事对他们则相当冷漠。他们的队伍很快得到大大扩充，此后在中国传播欧洲的科学和将中国介绍给欧洲方面起了非常重要的作用。

西班牙和葡萄牙的力量也进行了重新配置。1614 年日本驱逐传教士，葡萄牙耶稣会士和他们的一些日本信徒转移到东京和交趾支那，在那里他们建立了相当规模的传教机构并成为宫廷数学家。多明我会士和方济各会士后来加入了耶稣会士的行列或在中国沿海省份建立了新的阵地。因荷兰占据马六甲而流离失所的其他传教士起初到达望加锡，然后来到索洛、弗洛勒斯和帝汶岛，在那里多明我会士及其信徒多次成功地抵御了荷兰人的袭击。圣何罗修道会在缅甸布道，塞廷会则看中了婆罗洲。

上述这一切成果不经冲突是无法取得的。法国和意大利的介入因教皇授予西班牙和葡萄牙的特权而变得困难起来。两王室都肩负着在亚洲维持教会和发展信徒的责任，反过来他们被授予广泛的特权，这种特权实际上是把两国统治者对本国教会所行使的绝对控制权扩大到亚洲。无论它们原已减少的财力所承受的压力有多沉重，也无论它们的要求在多大程度上超过了它们对亚洲各国所能进行的政治和商业控制，葡萄牙和西班牙都小心翼翼地坚持其在东方传教的保护权。果阿和马尼拉的教会当局之间的争吵原就不可开交；当非伊比利亚的传教团出现在东方时矛盾变得复杂和尖锐了。法国传教团被看作对政治、商业和教会垄断的威胁。1612 年教廷传信部的建立和派遣代理主教赴亚洲被当作对西班牙和葡萄牙王室控制教会的挑战。因此，西班牙和葡萄牙统治者竭尽全力对罗马施加压力，力图防止教会"干涉者"抵达亚洲，对已抵达者则设法消除其影响。

　　有一位葡萄牙总督，即若昂·努内斯·达库尼亚，1668 年曾狂妄地宣称，他将吊死任何未经葡萄牙王室批准而来到东方的主教。考虑到这种态度，1658 年被分别任命为中国、东京和安南三地代理主教的三位法国海外布道会传教士认为，最好的办法是利用通往东方的难走的陆路以避开葡萄牙人所控制的地区。1673 年教皇克雷芒十世签署了一份敕书，言明三位主教不受果阿的大主教和异端裁判所的管辖。对此葡萄牙人设法与罗马讨价还价：可以承认代理主教的神圣权威，但他们须不是法国人。葡萄牙人明白地表示了他们的担忧，否则法国人就会成为"贸易的主人，原因在于接受天主教信仰的人与向他们布道的人之间所必然形成的联系"。妥协没有达成，1717 年进入葡属澳门的教皇使者铎罗根据来自果阿的命令被软禁至死。

　　有关管辖范围的问题由于教派之间的争夺而变得更为复杂。对于菲律宾，西班牙王室早就做出一宗一区的规定，但即使如此也没有避免争执。在日本的耶稣会士抱怨马尼拉来的托钵修道会会士不顾王室敕令进入他们的势力范围，后来还随他们来到中国。在孟加拉，当耶稣会士到那里开设传教据点时奥古斯丁会士表示抗议。然而，各派修道士又联合起来反对修道院外的土著教士的成长，并反对建立主教监督和巡视的通常程序。海外布道会的创建人则相信，只有当教区教士都是修道院外的教士并像他们的主教一样都出身自当地家族，亚洲的教会才能真正扎根并求得自身蓬勃的发展。他们还进一步相信，这样一种教士必须从修道院外的教士中产生，因为修道士总是保持对其教派的服从。菲律宾的情况确实正是这样，在那里大主教的要求或者王室的敕令都不能使各派修道士将某个教区的管辖交给修道院外的教士，尽管两所菲律宾大学培养出了许多合格的人才。海外布道会在其暹罗的大本营为暹罗和毗邻国家训练了不少土著教士。一位中国人被任命为代理主教。在印度，一位出身婆罗门的奥拉托利会士同样被任命为比贾普尔的代理主教，但这类任命数量极少且引起很多摩擦。事实上，欧洲人操纵和领导的各教派表现出相当严重的种族偏见。它们制定严格的规则拒不承认欧亚混血儿。奥古斯丁会加斯帕神父表达了这样的看法：除了日本人，菲律宾人和大多数其他亚洲人是一群下等人，"确如格拉西安机智的评论那样，日本人是亚洲的西班牙人"。但是受到最猛烈攻击的是耶稣会士所使用的方式。人们批评他们，因为他们企图在亚洲的上层人士中谋取他们在欧洲所经常施加的那种影响。他们被指责利用这种影响反对其他教派并扩大其商业利益。上述批评不无根据。耶稣会士坚持在莫卧尔宫廷传教，他们希望布西神父与沙杰汉达拉·谢科之子——在他身上似乎体现了苏菲派神秘主义，有着与印度教和基督教类似的某种倾向的友谊会给他们在北印度的传教带来成功。在中国，同样的政策似乎取得了明显的成果，耶稣会士不仅挤进了一个长期以来对传教士封闭的国度，而且在中国政府中被擢升到显要地位。他们甚至以非常圆熟的手腕处理好由供职于明朝变为供职于清朝的棘手问题。1692 年康熙皇帝公开宣称他欣赏他们给朝廷效力并容忍其宗教。但是这种政策的代价是高昂的，基督教的荣辱与统治者个人的成败与一朝一代的盛衰联系在一起。在印度，1658年达拉·谢科为坚定而虔诚的穆斯林奥朗则布所击败，这导致一段时间内北印度传教活动的迅速衰落。在日本，耶稣会士专门着眼于贵族圈子，这引起了幕府将军政治上的怀疑，而较为谦卑的托钵修道士在他们的活动中从不这样做。许多在中国和印度的最有才能的传教士因出任廷臣、天象观察官、绘图师，甚至画师和乐师而备受谴责。特别是当上满清官吏的耶稣会士，其模糊不清的地位遭到批评。耶稣会士本身内部意见分歧。1655 年罗马教廷枢密院谴责汤若望神父接受参与修订皇历的职务；尽管 1664 年教皇亚历山大七世允许汤若望的后继者在钦天监工作，但从事历法——其最终作用是有关天文学的——

工作的传教士的地位从来不是令人愉快的。

耶稣会士的其他传教方式甚至引起更为激烈的争论。耶稣会士早就感觉到需要学习东方的语言和文明，欧洲的先生们在亚洲被证明是聪明的学生。他们的学识使他们成为称职的廷臣，他们对亚洲社会的了解使他们意识到社会势力的力量。在南印度的马布赖，德·诺比利及其后继者在传教中认识到种姓制度的力量以及在印度人的心目中基督教与低等种姓的等同。葡萄牙人的食肉、酗饮和大吵大嚷的习惯使他们印上了低等种姓的标记，尽管他们一般并未与低等种姓的妇女通婚。耶稣会士试图消除印度人心目中的这种联想，他们不与该海岸地区的葡萄牙人来往，像令人尊敬的印度教遁世者那样生活以及注意素食和合乎礼仪的整洁这样的问题。他们所采取的生活方式是如此吻合印度教所设想的一位宗教导师应予恪守的规矩，在外表上又是如此严格地模仿印度的社会习俗因而很快就招致他们是异端的非议。1704 年派往东印度群岛和中国的教皇使者铎罗就谴责了耶稣会士的入乡随俗的方式。

在中国，耶稣会士也寻求在外观上符合当地期望的一位教师或圣哲所应有的行为，尽管他们发现在中国人们尊重的是学问而不是禁欲主义。他们强调基督教教义与至贤先师孔子——其著作已被他们孜孜不倦地翻译过来——的训导是一致的。他们允许其信徒继续参加与祭孔和祭祖有关的仪式。这种态度与多明我会士的态度大相径庭，后者毫不让步地声称那些礼仪是偶像崇拜，结果导致他们被暂时赶出了中国。海外布道会采取了类似的立场，在它出版的"传教士通报"（1669 年）中警告其成员不要以牺牲基督教教义去打通传教之路。

以上冲突还发展到了欧洲。多明我会士和耶稣会士先后将各自对中国礼仪的看法上陈教皇。扬森派教士卷入了争论，旁查托（Pantchateau）猛烈攻击那种使基督教义适应中国思维习惯的做法。关于耶稣会士，他说："他们在中国闭口不谈耶稣基督的贫穷和被钉在十字架上。他们对多明我会士将耶稣受难像置于教堂的圣坛上甚为不满，因为他们说中国人厌恶他"。耶稣会士奋起反击，1699 年他们从康熙皇帝那里获得一份圣谕，上称祭祖和祭孔如耶稣会士所说的那样纯粹是非宗教性质的。但异教皇帝的裁决难以一锤定音。1703 年铎罗被派去调查，1707 年他判定那些礼仪是偶像崇拜并加以谴责。尽管由此而引起中国的敌视，并且后来导致压制和迫害基督徒，但是这位使者的谴责又为 1715 年教皇的《自该日》通谕所加强，教皇要求所有传教士有义务宣誓服从该通谕里毫不含糊的规定。

在亚洲的传教激起了就马拉巴和中国礼仪问题而展开的敌对和冲突，尽管这起初发生在教会内部，最终却通过大量出版物交给了大众评判。但是，与东方的联系也有着较少不祥色彩的副产品。新物产、新工艺、新设计和新的艺术形式大量涌入。如果说与中国的茶叶贸易最终导致了鸦片战争的话，那么其直接后果却是鼓励了瓷杯和瓷茶壶的使用，它们的制作原料和设计均受到称赞。1700 年一艘东印度公司的商船就带回英国 146748 件瓷器，其中有那些玛丽女王在旅居海牙期间就已大感兴趣的小巧玲珑的瓷塑像和瓷花瓶。而当 1710 年迈森获得成功时——在威尼斯和代尔夫特青花器皿的制造业已失败的基础上生产出第一批真正的欧洲瓷器——它所利用的仍然是中国和日本使其流行的花纹图案。

如果说"瓷器"逐渐欧洲化，那么漆器也是如此。法国宫廷的财产目录和船货清单表明，大量的漆柜、漆桌、漆盘以及扇形漆器家具是从国外进口的。但到该世纪末，有关自行制作的手册已在出售，伯明翰和巴黎生产出精美的漆器，它们"模仿日本的风格"，绘有典型的花鸟图案。

东方纺织品的引进也使得欧洲接受了新颖的彩色图案和设计。随着欧洲人眼光的逐渐适应，原先一味追求的深暗色彩让位于更为鲜明的色彩。擦光印花布和丝绸衣料因其高雅的东方情调而备受青睐。在 17 世纪 80 年代那些繁荣的年头里，英国代理商的原则就是购买"所有新颖、华丽或别致的商品"。然而，人们对"举国令人眼花缭乱的时新纺织品"的兴趣很大程度上集中在衣料上，对其他纺织品各公司宁愿使用印度传统的设计以适合英国人的胃口。（荷兰代理商丹尼尔·哈瓦特认为，科罗曼德尔的工匠太笨，除了模仿别无能耐）1677 年英国从孟加拉订购丝绒时同时送去"为指导织工而绘在纸上的图案"，印度和西欧之间经常交换样品和图样。

因此，欧洲市场的需求导致产品风格的变化，而这种情形有时又对生产者的审美观产生长期的影响，譬如中国的瓷器就是如此。长期以来人们认为英国绒线绣床帏的刺绣图案取自印度的纺织品，但也一直有人提出英国人为印度纺织品提供了图样，而他们的东方情调又源于更早阶段中国对欧洲的影响。[①] 因此在 18 世纪当设计图样由印度送往中国进行模仿时，广州的工匠得到的可能是他们自己的被一改再改而面目全非的图案。

对东方风物的兴趣也反映在宝塔、突出的屋檐以及某些欧洲建筑的亭式设计之中。如勒孔特（Le Comte）或肯普弗所描述和艾迪逊所喜爱的那样，房屋内部的装饰模仿中国贴上墙纸，室外花园带有中国和日本园林理论的痕迹。在这些花园里人们可以容易地发现像阿勒颇松、白桑树、紫丁香和木槿属植物这样的从亚洲引进的树和灌木。

411

这一时期所引进的其他东西可能要比在美学上有吸引力的事物更为实用：蓖麻、野生香泻树、罗望子树、菝葜、芦荟以及圆荚肉桂。无论是有所用途还是美艳动人，它们是所涌入的植物新品种的一部分，这股名副其实的大潮刺激了欧洲植物学的研究。1678—1703 年在阿姆斯特丹出版了 H. A. 范·雷代·托特·德拉肯斯泰因总督撰写的 12 卷《马拉巴植物志》，内附印度画师所绘实物大小的花卉、水果和种子插图 1784 幅。同时，荷兰东印度公司的第一位医生保罗·赫尔曼从锡兰的植物中提取有关物质并每年送回国内标本材料、植物和种子，当他当上莱顿大学植物园主任时就种植观察它们以研究其药性。G. E. 伦菲乌斯 1652—1701 年在东方为荷兰效力期间，曾就此为他身后出版的不朽著作《安汶岛植物志》[②] 准备了材料；而德国医生和植物学家肯鲁弗则利用在长琦港出岛（Dcshima）荷兰商站的逗留期间考察了日本的植物。荷兰出版的植物学著作当时是出类拔萃的，但欧洲遍地都有其他观察敏锐的植物学家在从事研究工作。负责巴黎御花园（现为植物园）的图尔纳福尔作了多次著名的中东考察之行，当攀上阿拉拉特山时他发现高度与纬度一样对植物的分布有着影响。詹姆斯·佩蒂弗按照他的指导所收集的材料，为《皇家学会哲学会刊》提出了关于马德拉斯植物的若干论述。

做这些工作的不止才华横溢的业余爱好者。荷兰东印度公司定期将有关材料从巴达维亚送回荷兰的试验室和药物园。法兰西科学院院士合作撰写了一部植物史巨著。植物材料搜集的不断增加促进学者为

[①] 参看约翰·欧文"英国装饰艺术中'东方风格'的起源"，见《伯林顿杂志》，第 97 号（1955 年 4 月）。

[②] 《安汶岛植物志》，7 部分（阿姆斯特丹，1741—1755 年）。

分类谋求一个科学基础，这种科学基础是——在 R. J. 卡梅拉里乌斯发现花卉的特性和博洛尼亚的马尔皮基把比较分析法应用到植物学之后——由林耐首次奠定的。从动物学的发展中也可以看到同样的影响。亚洲对收集者和观察者的开放产生了巨大的推动力。个人和大公司带回奇异的野生动物或所收集的蛋、骨架和皮。例如，1681 年伊夫林要求旅行者向皇家学会报告他们的发现："他们的收集品中具有特色的是所有各类的动物和昆虫。"莫卧尔帝国属下印度的山猫和鹿被饲养于圣詹姆斯公园，鹈鹕、印度鹅和马来亚的食火鸡被收养在伯德凯奇禽鸟场。凡尔赛的动物园饲养了大象和其他外国动物，佩罗根据新的比较分析法对它们进行了解剖和分类。

地理学也取得了引人注目的发展。如同西班牙人和葡萄牙人所从事的那样，荷兰东印度公司也进行了航海数据的收集和整理。公司留驻阿姆斯特丹的绘图专家向航海家提供海图并根据他们的经验加以校正，巴达维亚的舵手则送回国他们的观察材料"以免丢失经长期努力才收集到的大量数据"。科尔培尔既为实际利益又为纯科学研究而设立的皇家科学院派出地理远征队，其考察结果于 1693 年发表。在英国，皇家学会敦请领港协会负责人发文，要求船长们提供地理、气象和天文学资料。用这种方法，培根和笛卡儿的合作研究才有望得以实现。

处于贸易主航道上的那些亚洲地区逐渐得到大量记载，但纯科学的探险几乎不存在。除了为马尼拉帆船所利用来往返阿卡普尔科的狭窄的贸易信风带以外，太平洋地区仍然没有受到勘查。1638 年日本对除了受到严密监视的荷兰人之外的所有外国人实行闭关，这留下了有关日本北方列岛状况和堪察加与鞑靼和美洲之间关系的不解之谜。对于亚洲内陆的了解，除了商人经常光顾的港口和集市外，欧洲主要依靠传教士。耶稣会士的科学素养在这方面被证明是难以估价的。1655 年卫匡国（Martin Maitini）主要根据中国的资料绘制了一幅中国地图。格吕贝尔和德奥维尔从北京经青海到拉萨，之后经加德满都到阿格拉的旅行途中收集到更多的资料，它们被发表在阿塔纳修斯·基歇尔的《插图本中国概况》上。1688 年法国耶稣会士张诚（Gerbillon）旅行抵达黑龙江，1696 年和 1698 年又陪同中国官员参加蒙古族"部落大会"。从这些远行中他带回不少得自天象观察的方位资料，并有从俄国商人那里收集来的有关贝加尔湖的资料。

耶稣会士的一项主要地理学工作是根据皇帝旨意使用科学方法绘制中国地图。该工作开始于 1707 年，他们沿着 1500 英里的长城进行测量和确定方位。然后工作移到朝鲜四境——它最终被鉴定为是亚洲的一个半岛，接着进入东部省份，最后到了云南。关于西藏资料是第二手的，得自经特殊训练的喇嘛。这项工作结束于 1717 年，与早先的资料综合起来构成了首次在北京绘制地图的基础，1735 年发表于巴黎德昂维尔（d'Anville）的地图集中。1688 年在黑龙江畔的涅尔琴斯克（即尼布楚——译者注）一直在迅速推进越过西伯利亚的俄国人与效力于中国的耶稣会士相会合。欧洲人通过海路和陆路深入亚洲的过程至此完成。尽管俄国的材料是粗糙的，而且是信手拈来的，因为他们大多数是由远至太平洋沿岸做皮毛生意的哥萨克所提供的，但它们最终使完整地绘制亚洲地图成为可能。

在绘制亚洲地图的同时，欧洲对绘入地图的这片土地表现出不能满足的好奇。商人迫不及待地希望更多地了解有关市场和贸易路线、运转的度量衡和货币等一大堆情况。就像林索登对以前的世代做出了贡献，塔韦尼耶的著作《航海》提供了有关商品和贸易的丰富材料对现今的世代做出了贡献。其他人的好奇是空想旅行家的好奇。对于因廉价印刷品而产生的新兴中产阶级读者群来说，他们可以不断地获得《旅行记》和《环球航行》（丹皮尔、卡雷里和安深所作）之类的读物，它们或是单独一卷或是鸿篇巨制，常常附有大量插图。

许多游记仅仅提供了有关亚洲的老生常谈和极为肤浅的记述，它们是那些并非通晓当地语言的人从港口和市场上道听途说得来的。但也有一些旅行家以更为广泛的兴趣和更为科学的态度对亚洲作了介绍。夏尔丹百是一个服务于波斯国王宫廷多年的珠宝商，他了解当地风情，带有感情地撰写了有关波斯的文字。贝尼耶充分利用他为一位莫卧尔显要贵族效力的机会，而诺克斯则利用被监禁在康提的机会写下了《锡兰岛的历史联系》一书（1681 年）。另外还有不少具有重要价值的荷兰半官方著作，它们的作者长期在亚洲工作，这使他们能够同时利用东印度公司和土著的资料，例如巴尔道斯（Baldacus）有关马拉巴和锡兰的著作，哈瓦特有关科罗曼德尔的著作，以及那位记述安汶岛植物的博学多闻的伦菲乌斯有关各岛屿历史和民族的著作。

将亚洲介绍给欧洲的还有传教士，在某些方面他们最有资格担负此项任务。他们在亚洲终其一生。他们常常是优秀的语言学家，编写词典和语法，大量地进行翻译，为丰富的藏书而广泛地搜求典籍。他们还接触了当地的三教九流、各色人等。当法国传教士科学家在北京的宫廷忙碌的时候，葡萄牙耶稣会士则在乡村腹地奔波——但他们仍抽出时间与英国皇家学会、法国科学院和沙俄帝国科学院进行通信联系。如果说他们天生就有偏见的话，那么也远不如安深明显，此人将狡诈和欺骗说成是东方人独有的行为。

所有的传教团体都刊布了传教报告以激起人们对其工作的兴趣。耶稣会士发表得最多并且最有技巧。来自其传教士的书信集每年以多种文字刊布。另外还有特别报告，例如由阿格拉学院院长博特略所撰的有关莫卧尔帝国的报告，以及历史著作，例如德·梭扎所撰、1710年在里斯本出版的《耶稣基督所征服的东方》。所有这类作品中最为流行和最有影响的是 1702 年开始出版的《有益而奇妙的书信》（*Lettres cdifiantes et curicuses*），它是一部有关亚洲资料的最新百科全书，穿插以润色过的逸闻趣事。

通过这些书信集、游记、大量见多识广的私人往来信函以及 1665 年后通过学术性杂志，欧洲认识到了与自己一样重要的亚洲文明的存在，它具有另一种历史、社会结构和宗教。如哈瓦特所指出的那样，欧洲人的优越感不得不逐渐让位于差异的概论。

由于阿拉伯语对圣经研究和利凡特贸易的重要性——牛津大学第一位劳德讲座阿拉伯语教授爱德华·波科克就效力于阿勒颇的利凡特公司——该语言首先得到研究，伊斯兰文明也成为从新的角度进行考察的第一种文明。由其自身的资料展示出来的伊斯兰世界受到更为同情的看待，所以剑桥大学的西蒙·奥克莱甚至强调起西方受惠于它的种种。夏尔丹对于灿烂的波斯文明的描述、海德关于其宗教名胜古迹的著述加深了人们的这种新印象。

尽管对莫卧尔帝国还算清楚，但对印度的了解还是要少一些，因为了解其伟大的关键在于懂梵文。但是在北印度的商人和传教士使用的是波斯语，在南印度使用的是泰米尔语、孔坎语或其他一些方言。直到 18 世纪 30 年代马杜赖的传教团才得到梵文手稿，而直到该世纪末才被读懂。因此，对于印度宗教和哲学的任何了解都不得不借助于本地方言的诠释和摘要而获得。令人惊异的是，荷兰牧师亚伯拉罕·罗杰斯、贝尼耶、传教士卡尔梅特和庞斯竟能穿透繁缛的印度教礼仪和迷信活动的外表，深入了解吠陀和往世书以及印度教哲学的主要流派。

然而，中国的影响是巨大而又令人不安的。有关它的信息，学术性的或普通的，大量涌进欧洲。像曾德昭（1667年）和阿弗利尔（1692年）所撰的记叙作品（他们的著作在12年内出了3个法文版本以及英文、荷兰文和德文的译本）、历史著作、年代表、有关中国科学的描述以及耶稣会士的儒学著作译本蜂拥而至。旅行家们详细描述了中国城市的富裕繁华和人口密集，传教士则强调中国道德和行政管理的出类拔萃和古朴风雅。但如果说波斯或埃及文明还能与类似的欧洲古典社会和圣经世界联系起来的话，那么中国则是截然不同和陌生的。远在天边而又自给自足的中国，其人民和语言是对欧洲人所遵从的一元论概念的挑战。对中国的研究使得对地球的年龄和人类的起源建立某种新认识成为必要，使得对公认的宗教信条提出许多质疑，并为欧洲的不满现状者提供了全新的社会模式。

在公认的历史正被怀疑所动摇的欧洲，只有拉丁文圣经[①]地道的年代记曾有望叫人确信一些事情。埃及和亚述有点勉强地被包含在年代记里，但来自中国的消息说，其编年史连绵不断，而其起源可远溯至大洪水时代以前。这是一个支持佩莱尔的异端邪说的能单独成立的证据，佩莱尔认为亚当只不过是犹太人的祖先，而大洪水仅仅为地方性事件。利用希腊文旧约圣约可能会暂时解决这个问题，但是有关时间范围和地球年龄的概念被大大地改变了。

如果说世界要更为古老，那么它也更为广袤，不再局限于波舒哀的《世界史教程》[②]所说的狭窄范围之内了。由于人类同源的一元论概念很难消失，人们仍然努力去寻找人类及其文明的共同起源，如果发源地不是在犹太人那里，那么可能是在埃及。但是，亚洲种族多样化的情况表明，文明可能不是注定存在的，而是地方环境的自发产物。夏尔丹认为，各国的气候是人们的偏好和习惯产生的主要原因。帕雷

415

---

① 公元4世纪所译，天主教所承认的唯一文本。——译者注
② 参看第5章，第99页（原书页码）。

宁报告说中国人相信"水土"的影响。这些是 18 世纪人们对地理和气候对于人类的影响感兴趣的开始。此外，寻找语言的同一性——莱布尼茨认为汉语可能是世界语言之母——确实产生了某些积极的成果。17 世纪上半叶阿拉伯语和波斯语的研究导致像拉斐伦吉乌斯和埃利希曼这样的学者注意到波斯语与希腊语和德语的相似性。该世纪下半叶赫伯特·德·雅各尔辨认出爪哇语中的梵文和泰米尔外来语，乌特勒支的莱兰德注意到太平洋岛屿、马来群岛以及马达加斯加的许多语言源于同样的马来语词根，比较语言学的研究因此而发端。

中国引起的宗教问题甚至更为深刻。对其职责有着可以理解的热情的耶稣会士描绘出一幅有关中国人的鲜明的图画：他们道德高尚，尊礼守法，这尤其给舆论留下深刻印象。在孔子的学说中——对它进行攻击是不明智的，他们发现中国人崇拜真正的上帝的明显痕迹。1688 年奥尔良公爵问道："读到孔子出色的伦理道德学说，能不相信他就是一位基督教徒吗？"不知道基督的中国人已经达到了基督徒境界，在印度，西根巴尔就印度教得出了类似的结论。他翻译了某些泰米尔语著作，特别以此来表明"在多大程度上一位甚至没有《圣经》的异教徒通过其天资能获得有关道德法则的知识"。耶稣会士勒孔特声称有过这样的时候，中国人已在实践极纯的道德学说，其余的世界则仍处于邪恶和腐败之中。然而这一观点在 1700 年遭到索邦神学院（巴黎大学的前身——译者注）的正式谴责，多明我会士证明儒家道德属于无神论的道德，教皇也将中国的有关礼仪斥责为偶像崇拜。在欧洲多明我会士和扬森会士与耶稣会士之间展开的冲突同样也在中国发生，即托马斯主义和莫林那主义之间的冲突，也就是尊奉得救预定论和仰赖上帝慈悲的信念与恪守道德法则的异教徒也能得救的信念之间的冲突。过去对耶稣会士行为放荡的指责又闹到了国内。

事情没有到此为止。如勒孔特所担心的那样，有人得出结论说，没有宗教的帮助一个庞大的帝国也能繁荣，一个民族也能尊礼守法。作为人类经验和理性的实践总结的道德产生出值得赞赏的政治硕果。在中国理性时代早已到来。当看到孔子如何"使君权为哲学所约束，使暴力温顺地服从于理性"[①] 时，启蒙思想家感到兴高采烈。其他人

---

① F. 德·拉·莫特·勒·瓦耶。

在亚洲也发现了有教益的楷模，皮埃尔·培尔并未忘记将路易十四的不容异端与康熙皇帝的宗教宽容作了比较，而孟德斯鸠也对宽容怎样在亚洲盛行的现象作了评价。沃邦发现，中国的全国人口普查可作为改进法国经济管理的一种方法。贝尼耶发现孔子的伦理道德观可作为君主们的教科书，而中国政府就是他所希冀的欧洲开明专制统治的样板。在印度，他注意到缺少强大的地主的重要影响。已在忙于对本洲各国的政治和经济制度进行比较的欧洲就这样也从亚洲汲取了各种经验。

中国以及亚洲其他的国家和文明之所以能够在较小程度上左右欧洲人的思想，就在于这种比较的可能性。它们提供了人们所向往和要求的样板，提供了在当时尚无法安然无恙地表达出来的思想，也就是为欧洲新的观念提供了外部根据。它们的多样性和陌生感刺激了调查和探究。它们所提供的答案既充分又带有危险性。讽刺作品选择虚构的航海作为其所喜爱的手法，借土耳其、波斯或中国人之口说出作者最严厉的批评，这样做绝不是无缘无故的。亚洲给予欧洲人新颖的衣饰、新的风格以及植物新品种，也使他们了解了某种新鲜而古朴的风俗习惯和新视野。

二 英国和荷兰东印度公司

到 17 世纪中叶，荷兰联合东印度公司是欧洲在亚洲最强大的组织。该公司的力量基础在于它的海权，但就陆地而言，它在亚洲的活动中心是西爪哇的巴达维亚。从巴达维亚和马六甲要塞（1641 年从葡萄牙人那里夺得）荷兰人能够控制巽他海峡和马六甲海峡，以及婆罗洲和苏门答腊之间的海域，这里是从印度洋到东方，或者从摩鹿加或中国海到西方的船舶的必经之地。以该中心为依托，荷兰人得以阻止其葡萄牙和英国竞争者维持与印度尼西亚群岛的任何重要的贸易联系，而他们自己却可以稳固地发展由从日本延伸到波斯的商站构成的商业体系。在公司雇员看来，这一商业体系最重要的部分是摩鹿加群岛，即传奇般的"香料之岛"。公司对班达群岛的控制使它垄断了肉豆蔻及其副产品肉豆蔻干皮的供应，安汶、塞兰岛及其在摩鹿加群岛南部的毗邻之地向公司大量提供丁香。在摩鹿加群岛北部，荷兰人或者通过与德那地苏丹达成协议，或者进行惩罚性的军事征伐，设法在他们尚未去开发的岛屿上禁止种植丁香以便获得对该产品的有效垄断。到 1656 年最为雄心勃勃的远征已告结束，德那地苏丹臣服于公司，公司对丁香生产的控制也许可以说是富有成效了，但它对摩鹿加群岛北部的控制直到 1663 年才完成，其时西班牙从蒂多雷岛上撤走了它的卫戍部队，岛上的苏丹失去了保护。荷兰人所牢固控制的另一个"香料之岛"是锡兰。在这里他们打着康提国王辛哈的盟友的旗号，约于 1658 年把葡萄牙人从他们的所有沿海要塞中赶了出去，并无视与康提统治者的协议而擅自占据了最重要的地方。占领加勒、科伦坡和尼甘布造成了他们控制锡兰西南肉桂丰产区的既成事实，而他们与辛哈国王的协议使他们获得了该海岸对外贸易的垄断权。

17 世纪中叶，或者通过强行割让，或者通过武力占领，荷兰东印度公司还对其他一些地区进行政治控制。其中最重要的有好望角（1652 年殖民化，作为通往欧洲海路上的停靠港）；中国台湾北部沿海的一个设防商站（建于 1624 年），从这里可以开拓与中国的贸易；以及南印度原先为葡萄牙人所控制的港口杜蒂科林和那伽钵亶，荷兰人分别于 1657 年和 1658 年占领该两港以防止葡萄牙人对锡兰发动反攻。然而，总的来看，除香料垄断地区以外，荷兰的控制范围并不是这一类带有政治控制性的，而是建立于亚洲独立国家管辖范围内的一些商站。例如所谓"摩鹿加群岛的左臂"的印度科罗曼德尔海岸的 10 个商站，它们供应的布匹可用以代替金银，作为交换媒介从苏门答腊和西爪哇购买胡椒。在布利格德——该地在那伽钵亶被占领前一直是这一带海岸各商站的大本营，荷兰人筑起要塞以防止葡萄牙人的袭击，所有商站都在某种程度上设防以进行自卫。但是，尽管在某些地方荷兰代理商付出年租金以取得对他们所居住城镇的管理权，但荷兰人的治理从未扩大到内地。他们没有控制纺织品生产地区，他们的地位最终还是依赖当地统治者的善意。这在孟加拉的胡格利河、西印度的古吉拉特尤其如此。这两个地区都处在莫卧尔帝国疆界内，所以政治上独立于它是根本不可能的，生意尽管兴隆，但如果当地总督的财政要求不能得到满足的话随时都可能被中止。同样，设在穆哈的阿拉伯咖啡商站和波斯的丝绸商站以及设在东南亚大陆诸国的一些小商站也是如此。但是，在政治不利的情况下仍能维持其商业利益的最典型的例证是设在日本的商站。葡萄牙和西班牙的传教活动吓坏了日本政府,它禁止日本与外部世界的所有交往,在这之后唯一被允许进入日本的只有荷兰人。1639 年以后荷兰代理商的活动被限于长崎附近的小岛,即出岛,允许停靠的船舶数量也受到严格控制。

同一时期英国东印度公司在亚洲的地位与荷兰公司相比要远为一般。由于没有资金或者不想去追求以海上和军事实力为基础的商业垄断政策,它在印度尼西亚群岛对付荷兰人的敌视也迄无进展,1628 年后它在那里唯一的落脚点是设在西爪哇万丹的一个商站,该地的统治者是反对荷兰人的。公司在印度东海岸和孟加拉的商站尽管有其商业上的重要性,但数量远远少于其荷兰竞争者。像该地区荷兰人的商站一样,它们的建立最初是为了向印度尼西亚群岛的市场提供布匹,直到 1652 年才从万丹加以管理。此后,东部管区的首府设在马德拉斯,公司被允许在此修筑城堡,即圣乔治堡,并对该城行使行政控制权,作为交换将海关收入的一半缴付戈尔孔达国王。然而这一时期的公司的主要努力集中在印度西海岸,17 世纪初叶它在这里得以在商业上树立相对有利的地位,而荷兰人的努力则集中在印度尼西亚群岛。英国的主要商站设在古吉拉特的苏拉特,但英国人也在内陆艾哈迈德巴德、布罗奇和阿格拉建立起贸易中心。作为 1622 年与伊朗国王联合驱逐霍尔木兹岛上的葡萄牙人的回报,英国人获得在波斯港口冈布龙落脚的特权,免征通行税。这就使他们能够开展波斯和印度西部之间有利可图的易货贸易。他们在该地区的贸易由于苏拉特商站经理政治上的主动性而得到长足发展,此人 1635 年与葡萄牙驻果阿总督达成一项地方性谅解。东印度不包括在 1630 年英国与西班牙菲利普四世签订的和约之中,但是 1635 年协定(由 1642 年英葡条约所扩充并由 1654 年克伦威尔所签订的条约所确认)不仅给英国人和葡萄牙人在东方带来了和平,而且向东印度公司的贸易开放了除澳门以外的所有葡萄牙殖民地。由于除了与联合省进行战争时不再需要护航,公司因此能够利用当地的小船发展"西部地区"(此为荷兰人对印度和波斯海域的称呼)的转口贸易;不像在印度尼西亚群岛有着自己供应来源的荷兰人,英国的东印度公司则能开拓马拉巴海岸的胡椒和其他产品的贸易。

到 17 世纪中叶荷兰和英国各自的公司在亚洲所取得的成就之所以不同也许很大程度上要归因于它们各自的母国组织的差异与它们在

荷兰和英国社会中所处地位的差异。荷兰联合东印度公司是先前存在的阿姆斯特丹、霍伦、恩克赫伊鲁、鹿特丹代尔夫特以及米德尔堡等六家公司的联合体。这些有关公司作为分公司仍然存在并派代表参加董事会，该董事会为公司安排常设中央管理机构。公司的资金来自尼德兰所有的商业中心。它最初的资本大约为 650 万盾，几乎十倍于英国东印度公司开创时的资本。各分公司和总公司董事会的董事是各城市统治家族的成员。因此，公司的中央指令有分量，能对个体股东施加支配性影响。同时，公司通过私人关系与政界联系密切，它是该国在亚洲名副其实的代表。它获得的特许状除了给它好望角以东贸易的国家垄断权外，还授予它与亚洲国家签订条约、享有全部主权的占据领土、修筑要塞、征募军队以及发动战争的权利。董事们的地位是如此牢固以致他们能动用公司的大部分资金和利润在亚洲进行政治性的固定投资，而不用担心个体股东的挑战，这些股东不能审查公司的账目。

英国东印度公司是 17 世纪初根据皇家特许建立起来的，特许状授予"总督和进入东印度贸易的伦敦商业公司"以好望角以东贸易的国家垄断权与购买土地、起诉和被起诉以及使用一枚印玺的权利。然而，该公司并不拥有其荷兰对手所拥有的广泛的军事和外交权力，它的特许状效力不能扩大到与英国国王和睦相处的其他基督教君主所占据的地区，除非它受到特别邀请去那里做生意；它与英国政府也没有紧密的联系。斯图亚特王朝的对外政策经常与公司的利益相左，1635 年当需要用钱时，查理一世将在公司垄断区域内的贸易许可证授予另一家敌对的商业辛迪加。公司的事务由总裁、副总裁、司库以及 24 名"委员"即董事组成的董事会处理，这些董事每年在全体股东大会上选出，但公司在它存在的前半个世纪中没有固定资本。公司成员投资于一系列海运或合股项目，每一项逐次完成，资金和利润也逐次分掉。经营之所以具有连续性是由于总裁和"委员"们都是大股东，他们的命运依赖于东方商品的销售和再出口，而且他们年年当选。1653 年他们所拥有的股份比 400 个小投资者加在一起还多。然而，他们的权力仍然受到限制，因为所有的股东，不管其投资多少，在股东大会上的投票权是平等的。大多数小股东除了有利可图的投资机会外对公司的活动没有直接的兴趣，他们将总裁和"委员"看作代表而不是经理人员。这些董事因而不得不顶住分红的压力，以便他们能筹措资金对公司设在亚洲的商站进行固定投资，在亏损的年头也能使贸易维持下去。他们的困难因内战造成的混乱和前途难卜而大大加深。然而，1657 年 10 月奥利弗·克伦威尔授予公司的特许状标志着其命运的转折。它使一个长期性合股公司第一次建立了起来，每一股东根据其持股比例在股东大会上获得相应的投票权，通过这一方式公司官员和大股东取得了对小股东的支配权。查理二世和詹姆斯二世颁布的特许状使增强公司实力和稳定性的这些因素永久化了。通过与宫廷紧密的私人联系和斯图亚特王朝后期的对外政策，公司的地位得到大大加强。1660 年以后，英国公司执行贸易政策连续性的能力与荷兰公司不相上下。

就荷兰东印度公司而言，1660—1684 年是它的兴盛巩固时期，在此期间大都是以战争为推行政策的手段。公司的董事关心利润甚于获得领土，他们尽可能设法将其权力限制在重要的贸易港口这一最小范围内，避免卷入亚洲国家内部的冲突。但是部分因为当地政治的不稳定性，尤其是在印度尼西亚群岛，部分因为他们坚持垄断和消灭当地对手，这一时期的大部分时候荷兰人不得不用武力来扩大其势力。首先他们从新获得的锡兰一些基地出发，将他们在印度洋的竞争者葡萄牙人打击得毫无招架之力。从 1636 年起，他们断断续续地对葡萄牙人的大本营果阿进行封锁。1661 年他们派遣由里伊科弗·范·贡斯指挥的一支舰队进攻马拉巴海岸的葡属港口，夺取了奎隆和克朗干努尔两城，尽管他们未能夺取葡萄牙人在科钦的主要地位。同年葡萄牙和荷兰在欧洲签订和约，如果该和约能获得迅速批准，科钦或许还能得到拯救。然而，这一谈判因葡萄牙的盟友查理二世的干涉而被耽搁，他不情愿看到荷兰人获得英国人根据 1635 年协议在葡萄殖民地所享有的贸易特权。和约直到 1662 年才获得批准，而直到数月后有关官方消息才到达东方。这一延宕造成了科钦的命运。1661 年 9 月，一支庞大的舰队从巴达维亚驶向马拉巴海岸，在经受了数次攻击之后，1663 年 1 月该城陷落。随后对坎纳诺尔的占领完成了对葡属各港口的征服，这些港口交由锡兰总督管辖，从而使荷兰东印度公司得以实际垄断该地区的胡椒生产。

在印度尼西亚群岛，荷兰人在摩鹿加以外的地位依赖于与当地统治者所签订的商务条约，那些统治者给予公司各种进出口产品的全部或部分垄断权。然而也有一些印度尼西亚有实力的贸易中心不肯默认这种状况，荷兰人便处心积虑削弱他们的影响。这些贸易中心之一是坐落在苏门答腊北端的亚齐苏丹国。这个国家是该地区伊斯兰教影响和贸易的主要中心，并对马来半岛西侧的产锡国霹雳和苏门答腊西海岸的胡椒产区拥有宗主权。1637—1659 年公司与亚齐签订了一系列商务条约，获得了胡椒出口的垄断权并分享了霹雳锡的出口，但是这

422些条约未能得到遵守，尽管荷兰人的经常性封锁防止了这些货物出售给其他客商。有鉴于此，荷兰人在 1660 年采取了更直接的行动，他们在苏门答腊的西海岸若干港口建立行政机构，鼓励马来居民摆脱亚齐人的控制。1663 年帕伊南条约导致荷兰公司对巴东、蒂古和因德拉普拉进行保护以换取对贸易的垄断，到 1670 年亚齐人被从因德拉普拉沿岸驱赶回其本国境内。同时荷兰海岸的巡航和在霹雳河口附近的天定岛上荷兰要塞的修筑有效地使亚齐人再也不能染指锡的贸易。同一时期荷兰公司还巩固了它在苏门答腊西海岸的地位。巴东周围"被保护"地区的反抗遭到了镇压，所利用的是安汶和布吉斯的雇佣兵。在公司驻该地区代理人雅各布·皮茨的怂恿下，公司委任巴东高原米南加保人的一位头领为米南加保国的统治者，接着承认他为西海岸所有其他小国的君主，反过来荷兰人在那里的贸易得到确认并获得巴东周围的一片领土，后来公司在西苏门答腊的大本营就设于此。

　　此时一股对荷兰商业优势比亚齐更为危险的威胁正在发展，那就是西里伯斯西南的望加锡苏丹国。在摩鹿加诸统治者的独立被镇压之下去之后，望加锡成了这一海域穆斯林势力最重要的中心，它也被印度尼西亚人用作从毗邻出产香料的岛屿走私丁香的基地。它还是英国人、丹麦人和葡萄牙人等其他欧洲人的活动中心，荷兰人一律视之为不速之客。1653 年和 1660 年望加锡和荷兰发生冲突，其统治者企图与其他伊斯兰国家组成反荷联盟，并在第二次英荷战争期间欲与英国公司携手，这最终决定了马策伊克（荷兰总督，1653—1678 年）发动对望加锡的征服战争。1666—1668 年年轻的科内利斯·斯佩尔曼指挥了这场战争。彭加条约（1668 年 11 月）使苏丹的权力缩小到仅

423管辖望加锡城及其郊区。它先前在此范围以外的领土以及属国坡尼、布通和松巴哇均落入荷兰宗主权之内。在望加锡本地，公司强制行使

其贸易垄断权，驱赶所有非荷兰欧洲人，宣布其铸币为合法货币，并在城中心建起要塞"鹿特丹"。考虑到以上条款的苛刻性，无怪乎在条约得到实施前还要进行一次征战。

亚齐和望加锡归附以后，公司的权利扩展到爪哇，这在很大程度上是马打蓝和万丹的政治不稳定所引起的。16世纪末马打蓝国由一位王公所建立，将爪哇中部和东部大部分高原和丰饶的平原以及北海岸原先独立的港口置于自己的统治之下。年轻的皇帝阿莽古拉特一世（1645年登基）继承其祖先的事业，对这一广袤的地区实行了有效的控制并削弱地方首领的权力和穆斯林阿訇的影响。但他的垄断措施特别引起北海岸半独立国家君主的敌意，1674年他们在马都拉的统治者特鲁纳耶约的领导下起来反抗。1669年被斯佩尔曼从望加锡赶出去的人加入他们的行列。受到荷兰人在第三次英荷战争中陷于困境的鼓舞，他们希望利用这场运动打击荷兰在印度尼西亚群岛的势力。同一时期，西爪哇万丹的阿甫杜尔法达·阿根想方设法从其邻居的麻烦中得到好处，占领了巴达维亚以南和以东的马打蓝西部省份。阿甫杜尔法达（1651—1683年在位）是荷兰东印度公司在政治上和商业上的强劲对手，其首都是欧洲人和穆斯林商人的活动中心，他与麦加和土耳其的联系使他成为穆斯林反荷舆论的当然领袖。荷兰人自然因其大本营有为万丹的领土所包围之虞而感到直接的威胁。尽管荷兰人占领了苏腊巴亚，海军采取了行动——此二者都旨在阻止给予叛乱者以供应和增援，但是1677年阿莽古拉特一世最终被推翻一事还是在公司官员中引起意见分歧。里伊科弗·范·贡斯和斯佩尔曼都赞成干涉并在爪哇建立公司的支配权，马策伊克不赞成，他年龄较大，关心维护在荷兰董事中所享有的小心谨慎和善于经济管理的声誉。由于阿莽古拉特的儿子前来避难，答应做出商业和领土让步以换取荷兰的支持，争论尖锐化了。1678年1月马策伊克的去世最终解决了问题。范·贡斯和斯佩尔曼先后继任为总督（分别为1678—1681年和1681—1684年），他们主持推行了他们所一直赞成的政策。在范·贡斯的指挥下，特鲁纳耶约的叛乱遭到镇压，阿莽古拉特二世重新登上其父的王位。1682年斯佩尔曼利用万丹的王朝冲突废黜了苏丹阿甫杜尔法达，并使其子、以哈只苏丹闻名的阿甫杜尔哈尔替代他为王。这两位新统治者都依赖荷兰人的支持，并对荷兰公司将他们扶上王位

424

而付出战争代价感恩戴德。在公司这方面，它获得了爪哇对外贸易的实际垄断权，驱逐了所有其他欧洲人，包括关闭英国东印度公司设在万丹的商站。同时荷兰公司还割取芝沙丹尼河地区，该地区从巴达维亚向南穿过爪哇直抵大海，并将马打蓝和万丹分开。公司还将港口三宝垄和井里汶置于自己的控制之下。这样，从1684年始，荷兰人在印度尼西亚群岛遂无任何重要对手，他们摧毁了所有重要的独立贸易中心，处在能对爪哇诸国进行控制的地位。虽然荷兰人一直不是任何大片土地的直接统治者，但从该年起我们似可正确地称这一地区为"荷属东印度"。

　　荷兰东印度公司在印度尼西亚群岛建立绝对优势之日，却是英国东印度公司在印度开始陷于危机之时。1660年后的若干年中，英国设在印度的商站和殖民地数目不断增加，出现繁荣景象。这种繁荣不仅表现在苏拉特和马德拉斯这些中心地区得到巩固，而且也反映于孟加拉商站贸易的发展，以及在马拉尼海岸地区一些殖民地建立了起来以重开胡椒贸易，该贸易因葡萄牙人所控制的港口落入荷兰人之手而一度中断。然而，公司最重要的收获是孟买岛。该岛最初在1661年作为与葡萄牙联姻协议中的一部分落入查理二世之手，但国王发现它无利可图。1662年派出的皇家卫戍部队实际上直到1665年才控制该岛，这时因染病卫戍部队的士兵从500人减少到102人，因而1668年查理二世高兴地将它交与东印度公司以换取每年10英镑的代役税。孟买的潜在重要性不仅在于其作为印度西洋岸贸易和船运中心具有优越地位，而且在于它不从属于任何印度邦国的控制或不在地方省长的管辖范围之内，易于防御陆路的进攻。它被交由苏拉特控制，主要由于杰拉尔德·昂吉尔（苏拉特管区负责人）的努力，它很快成为一块兴旺的居留地。那里建立的造币厂所制造的硬币在整个西印度迅速赢得普遍接受；尽管疾病流行，其人口到1671年仍上升到6万，公司官员已习惯地称呼它为"殖民地"。然而，公司为获得孟买而与王室发生的联系不无令人困窘之处。各商站中来得较早的清教徒和1660年以后派来的保皇党高级职员之间泾渭分明，或者这一时期通常能得到各殖民地许多英王官员的支持。两派之间和军政之间的冲突不断升级，结果印度和圣赫勒拿（该岛1673年作为停靠港被长期占据）发生多次叛乱，持不同政见的党派在叛乱中力图以国王的名义接管政府。最后一次也是最严重一次的叛乱是 1683 年和 1684 年孟买的军事指挥官理查德·凯格温所领导的叛乱。在所有这些事件中，查理二世信守诺言支持公司当局，并对不满分子施加影响以使他们俯首帖耳。

军人也要求在印度商站有关事务的管理中占有一席之地，这种企图反映了军事因素对维持公司在印度的地位之重要性与日俱增。例如，昂吉尔不得不去维护西海岸殖民地的安全，以对付强大的马拉巴海盗，对付马拉塔人（他们在 1664 年和 1670 年劫掠了苏拉特），以及 1673 年对付荷兰人对孟买的非分之想。在马德拉斯地区和孟加拉，由于在奥朗则布皇帝统治期间（1658—1707 年）莫卧尔中央政府的权力不断削弱，英国的利益也愈来愈陷于危险之中。马拉塔首领西瓦吉和莫卧尔军队之间的战争使西海岸一直处于动荡不安的状态。西瓦吉能随心所欲地截断孟买的陆路贸易，抢劫更南的商站，因此 1674 年公司官员被迫与他达成协议。然而，莫卧尔人要求让其雇佣的海上辅助兵员，即金吉拉的黑人利用孟买及其港口，如若不然他们是有能力对苏拉特商站进行报复的。就这样孟买遭到两面夹击。当莫卧尔舰队躲入孟买港并使一支军队在那里登陆时，马拉塔人做出反应，他们对其他英国殖民者进行报告。1679 年敌对双方分别占领了孟买港中的不同岛屿，附近水域成了战场。在科罗曼德尔海岸，1672—1674 年的英荷战争导致法国和荷兰为争夺位于马德拉斯南郊的圣索美城展开激战，而且荷兰海军一支分舰队打乱了正常的航运秩序。1677 年西瓦吉率领一支 6 万人的军队把他的活动范围扩展到印度东南部。马德拉斯内陆因马拉塔人的劫掠而一直混乱不堪，马德拉斯城本身也受到了威胁。1681 年混乱达到了顶点，一个地方首领就能封锁马德拉斯并使它陷于饥荒的边缘。只是到 1683 年奥朗则布御驾亲临南印度并征服戈尔孔达之时，某种表面的秩序才得以恢复。科罗曼德尔海岸的英国商站转而处于莫卧尔帝国的宗主权之下（1687 年）。在孟加拉，帝国政府的软弱不是表现在那里的秩序混乱上，而是表现在"纳瓦布"（即总督）及其官员能放肆地自征贸易税而不受上级检查。从 1656 年起，东印度公司开始享有豁免在那里的所有赋税的自由，条件是每年支付 3000 卢比。然而在 1672 年，当时的"纳瓦布"什塔汗觉得自己很强大，足以不顾这一协议，禁止了贸易，直到他的附加要求得到满足。孟加拉的贸易特别经受不起这样的打击，因为商品需从内地装船顺流而下到达设在胡格利的主要商站，这里距公司船只能够到达的最近点约有 20 英里远。1677 年，什塔汗暂时离职，公司以支付 2.1 万卢比再次获得赋税豁免权，1679 年他复职，次年公司从皇帝本人那里获得一份确认上述安排的敕令。然而什塔汗不理这一套，重新征收他自己的赋税，并允许其地方官员敲诈勒索，任意征收能中饱其私囊的附加税。1685 年当公司驻胡格利的官员要求允准往下游迁移时，他加以拒绝并派军队包围了一些商站。

印度发生的这些情况，以及 1682 年英国人被荷兰人从万丹赶走，导致公司董事会放弃了 80 年来始终不渝地加以坚持的政策，即将其活动限于和平贸易并令其商品和殖民地的安全依靠当地政府的保护。英国人转而决心在其殖民地设防，以武力维护其贸易的安全。政策的这种变化与乔赛亚·柴尔德爵士的名字是联系在一起的，他在 1681 年到 1687 年间五任公司总裁，对公司董事会具有主要影响，与他同姓的约翰·柴尔德爵士 1682—1690 年担任公司驻苏拉特管区负责人和孟买总督。1684 年他们以位于苏门答腊东南的明古连的设防商站替代了万丹。为推行其印度政策，他们派出一支由 10 艘舰只和 700 名士兵的远征队。这支部队受令帮助从孟加拉撤出公司雇员，占领孟加拉湾东北岸的吉大港并进行设防，在那里建立具有自己造币厂的第二个孟买，作为在印度东北部进行贸易的可靠中心。这种做法以及切断西海岸和孟加拉湾的所有地方航运路线，其目的是想让皇帝和"纳瓦布"接受以下主意，即给予英国人优惠的贸易条件并能在以后表面尊重英国的利益。酝酿于伦敦的这一计划完全低估了莫卧尔帝国仍有强大的实力和地理上的路途遥远等有关的困难。远征队在航行中走散了，但 1686 年秋部分船只到达恒河三角洲，300 人乘坐小船遣往胡格利。他们抵达时遭到地方军事首领的袭击，虽然他们击退了进攻，但商站经理乔布·查诺克感到其地位不安全，因此他抓住机会撤向下游。在三角洲多沼泽的岛屿上他与敌人和疾病展开搏斗，坚持生存下来，直到 1688 年 9 月一支去攻打吉大港的部队将他解救出来。然而吉大港防守牢固，15 只小船和 300 人的部队不足以将其攻下，英国人别无选择，只好向马德拉斯退去，他们是在 1689 年 3 月到达那里的。印度其他地方的情况同样也是灾难性的。1687 年孟买已成为整个西海岸殖民地的行政中心，约翰·柴尔德爵士试图切断莫卧尔的航运并将苏拉特的商站撤往孟买，这招致苏拉特商站和位于科罗曼德尔海岸的默苏利帕德姆和维沙卡帕特南两商站都被攻占。同时黑人舰队向孟买发动进攻，当被击退时它又组成一个紧密的包围圈。因此，柴尔德代表公司要求媾和。奥朗则布意识到，尽管英国商站处在他的掌握之中，但英国的舰船仍有能力阻遏印度与西亚之间的贸易往来和朝圣交通，于是他同意了和平。1690 年 2 月 27 日他颁布敕令，重新同意英国人在莫卧尔帝国进行贸易，条件是他们要缴付 15 万卢比（约 1.7 万英镑）罚金和将柴尔德革职。后一要求没有产生困难，因为 2 月初柴尔德已在孟买去世。然而，查诺克拒绝从马德拉斯返回孟加拉，直到除了皇帝的敕令之外，他又从"纳瓦布"易卜拉欣汗（他已替代什塔汗）获得保证，特许公司的贸易可以豁免赋税并不纳地方捐税，条件是公司缴纳原先的每年 3000 卢比。1690 年他返回孟加拉，但没有将他的大本营建在胡格利，而是建在 1686—1688 年他已占领的下游很远的地方，即处在公司舰船可抵达的范围之内。1696 年该地建起城堡，名为威廉堡，也就是后来的加尔各答城。

　　这些年间英国东印度公司的政治和军事活动，比起荷兰公司来范围要小，也不成功。然而，在斯图亚特王朝后期，它确实从一个纯粹贸易团体发展为一个刚起步的拥有领土的实力集团，具有包括大量当地人口的设防殖民地，具有铸币权、对英国和印度军队的指挥权、缔约与宣战权以及受权拥有主权地位者的其他特征。而且，就它在英国与亚洲间的贸易、派出船的数量以及它在国内红利的规模而言，在 1660—1688 年它的商业活动与荷兰公司相比占有很大的优势。这一时期荷兰人将其利润中远为巨大的一部分用在政治和军事以及固定投资方面，这是他们在印度尼西亚群岛取得成功的代价。但即使考虑到这种情况，如果我们拿 1688 年以前荷兰公司与英国公司的账目作一比较，仍然可以看到后者商业上的成功在不断扩大。然而从 1688 年起，英国的贸易和船运数量下降，1692—1700 年公司已无红利可分。这种衰弱可部分归咎于与莫卧尔的失利的战争所花费的代价和 1689—1697 年与法国战争期间所遭受的航运损失。但是，它主要反映了东印度公司在国内政治地位的变化，这是 1688 年革命的后果之一。东印度公司与斯图亚特王朝和查理二世、詹姆斯二世反荷亲法政策的紧密联系意味着与英国政治舆论的主流日益乖隔。光荣革命之后在它面前出现了一个敌对的议会，该议会宽宥侵权者的活动，支持反对公司贸易垄断言辞刻毒的宣传战，至 1694 年连它自己也向那种垄断进行挑战。苏格兰人公司（建于 1695 年）花费钱财企图在达里安地峡建立殖民地，但对英国东印度公司的地位并没有构成真正的威胁。然而在 1698 年，根据议会法案，一个敌对的"新"东印度公司在伦敦建立并最终从威廉三世那里获得特许状。新公司在印度挨着其对手的商站建起自己的商站，这之后在伦敦的新老公司之间和在印度的双方职员之间展开了竞争。二者皆无利可获。1709 年，竞争最终结束，它们合并为"英国东印度贸易商人公司"，这给英国在亚洲的商业活动再次提供了自 17 世纪 90 年代所一直缺乏的那种力量。

到 1709 年，英国和荷兰东印度公司的活动和利益在 18 世纪所行将遵循的主要路线也许可以说已经区分出来。1703—1705 年荷兰通过进一步干涉马打蓝内部事务，加强了他们在爪哇的政治优势。他们能够利用这种优势获得大量适销产品的供给，如胡椒和稻米。从 18 世纪初开始，他们引进植物新品种，其中最重要的是咖啡和甘蔗，它们成了向欧洲出口贸易兴旺的基础。他们在台湾的殖民地早在 1662 年就失去了，而且与中国的贸易对公司已价值不大，尽管其在巴达维亚的官员从与广州舢板贸易中大可中饱私囊。荷兰在印度和日本的商船仍旧保留，但就其贸易比例而言，重要性已下降，荷兰的兴趣愈来愈集中在印度尼西亚群岛，而在该群岛之内则集中在爪哇。英国东印度公司在苏门答腊西海岸继续维持自己的商站，但英国人在明古连的机构并没有获得他们所希望得到的大量香料，在那里进行贸易的重要性已经下降。较有意义的是与中国贸易的发展，为了从中获利，1672—1697 年公司坚持斗争，先后在东京、厦门和台湾设立了无甚利益的商站。1699 年新公司派遣"麦克尔斯菲尔德"号船前往广州，成功地在那里建立起贸易联络处，从 1705 年始，这种贸易的重要性与日俱增。然而，联合公司的力量主要投入在印度，驻莫卧尔的使节从法鲁克西耶尔皇帝那里获得对公司贸易特权地位的多次承认，它可以将贸易扩大到其商站周边的行政区域内。英国东印度公司因此能建立起自己实力地位，当莫卧尔政权瓦解时便能与法国人一争在印度的支配权。

（洪邮生　吴世民　译）

第 十 八 章

三十年战争后的神圣罗马帝国

　　1648 年 10 月 24 日威斯特伐利亚和约签署，交战双方最终放下了武器，一项解决争端的协议随之达成，就其主要内容而言，它一直存在到 1806 年神圣罗马帝国解体时才失效。此前有一个多世纪，德意志的内战连绵不断，缔约后也还是小动乱屡屡发生，但直到 1740 年普鲁士的腓特烈二世蓄意入侵西里西亚而破坏了帝国的和平之前，那种和平局面并未为任何大的内战所扰乱。可是，1648 年和约稳定了帝国的局势却未能稳定欧洲的局势。西部反对法国和东部反对土耳其的战争仍在继续，而且路易十四也发现他可以轻而易举地在德意志诸侯中找到盟友，利用他们反对正在与之作战的皇帝。然而在帝国内部，皇帝和诸侯之间、新教和天主教之间、离心力量和旨在加强中央集权的力量之间的平衡已经形成。某种妥协性的解决办法已经找到，它因其作用相当持久而具有不无令人满意之处。

　　实际上，帝国现在由德意志和哈布斯堡世袭领地两部分组成，它的边界缩短了；但瑞士和尼德兰早已不是帝国的组成部分，正式承认这一事实是有利之事而不是一个损失。远为重要得多的是阿尔萨斯的一部分割让给了法国，西波美拉尼亚连同斯台丁、维斯马以及不来梅和费尔登两公国割让给了瑞典。这不仅意味着领土的丧失，而且还向两大强国提供了无数机会提出进一步的要求和浑水摸鱼，其中特别是法国不失时机地为自己谋取私利。瑞典不仅获得了那些分散的领土从而控制了奥德河、易北河和威悉河三条河流的河口，而且得到了 500 万盾的战争赔款，这笔赔款不得不由那些业已贫困不堪的邦国来筹措。直到 1650 年 6 月，瑞典军队才解散，离开非瑞典的领土；此后又过了三年的时间瑞典军队才从东波美拉尼亚撤走（它落入勃兰登堡之手），其条件是瑞典须获得港口通行税和关税收入的一半。1652
年瑞典军队进攻不来梅自由市，该市并未割让给瑞典（与不来梅公
国相反），因而拒绝向瑞典效忠。市民们决心进行抵抗，皇帝和毗邻
诸侯则试图调解。1654 年妥协达成，规定不来梅是否系帝国自由市
的问题暂且搁置起来，但其市民必须对瑞典作有条件的忠诚宣誓。然
而在瑞典国王查理十世死后他们又拒绝向查理十一世俯首称臣，相反
派遣自己的代表出席帝国议会。于是 1666 年瑞典军队包围了不来梅，
但市民的抵抗和丹麦、联合省以及若干德意志诸侯的干涉迫使瑞典政
府缔和，承认不来梅为自由市。可是直到 1700 年，不来梅才被允许
向帝国议会派遣代表。

威斯特伐利亚和约的规定有利于外国列强的干涉，这在莱茵表现
得尤为明显。1654 年年末，科隆、特里尔和美因茨三地大主教、明
斯特主教以及诺伊堡宫伯（他也是于利希和贝格公爵）组成莱茵同
盟，旨在保护其成员不受攻击并在欧洲政治中起调解作用。由于皇帝
斐迪南三世的长子即选定的继承人于同年去世，而其幼子利奥波德仅
14 岁，这一同盟的重要性增强了。红衣主教马扎然借口利奥波德年
幼，提出要支持一位非哈布斯堡家族出身的王公，即巴伐利亚选侯或
诺伊堡宫伯出任帝位候选人。1657 年 4 月斐迪南三世驾崩时继位者
并未选定，空位时间延续了 15 个月，这期间法国人竭尽阴谋、威胁
和许愿之能事。然而，1658 年年轻的利奥波德被选侯们一致推选为
皇帝，他允诺在仍进行的法国和西班牙的战争中无论如何不会支持西
班牙。四周后许多德意志诸侯签署莱茵同盟条约，参加者有科隆、特
里尔和美因茨三地大主教、明斯特主教、诺伊堡宫伯、黑森—卡瑟尔
伯爵、不伦瑞克和吕讷堡诸公爵以及身兼不来梅公爵和费尔登公爵的
瑞典国王，次日还有法国加入。同盟军队的数量达到 1 万人，其中
2400 名是法国人。同盟的目标是维护和约、捍卫帝国内各邦的自由
和维持法国与哈布斯堡王朝之间的均势。但是，加盟的德意志各邦实
力太弱，不足以实行独立的政策或形成第三种力量，事实上同盟成了
法国对外政策的工具。它被数次续订，也陆续有其他德意志诸侯加
入，其中包括勃兰登堡选侯。但是 1668 年它瓦解了。到那时事实已
经昭然若揭：对德意志自由的威胁不是来自皇帝利奥波德，而是来自
路易十四。由于法国和瑞典两国国王被公认为是和约的保证者，而且

由于瑞典在帝国议会中占有两席，这两个强国继续在帝国的内部事务中起着非常重要的作用，直到路易十四统治的结束和瑞典帝国在北方大战中瓦解时为止。

在三十年战争中，为了扩大皇帝的权力，为了建立一个中央集权的君主国，为了镇压新教诸侯以及为了推进反宗教改革的事业，哈布斯堡王朝曾作了顽强的努力，而且它离成功仅一步之遥。威斯特伐利亚和约使这些努力都付诸东流，但它也破坏了相反的趋势，即加尔文派诸侯企图将帝国转变为一个贵族共和国，将新教的旗帜插进哈布斯堡领地的心脏，以及削弱哈布斯堡王朝的实力。威斯特伐利亚和约是一个妥协性条约。帝国的统一得到了维护；只要奥地利王室的男嗣绵延不绝，帝国的皇冠就会仍然留在哈布斯堡家族手里；通过打败波希米亚人和在其世袭领地上反宗教改革运动的展开，哈布斯堡的权势得到了增强；即使在帝国内，皇帝的权力也绝不可以忽视。皇帝仍旧能对帝国议会的决定施加影响，保卫帝国的边界不受外来侵犯，在诸侯间和诸侯国内发生内部冲突时充当仲裁者。他的世袭领地（很快就要向东南进行扩展）使他成为比其他任何选帝侯要远为强大的君主。斐迪南三世和利奥波德一世在政治上毫无退缩之意，继续将其注意力集中于帝国。土耳其人对维也纳的围困导致了基督教各派和帝国全境的重新团结，而且这种团结远及帝国的边界之外。在成功地抗击土耳其人的各次战役中，精诚团结之情感一直存在着，而且皇帝依然是此团结之情感的活生生的象征。人们希望在战争结束后他会恢复帝国良好的传统法律和重新树立皇帝的权威，这不完全是某种虔诚的希望：1648 年后的一个世纪皇帝的权威得到明显的复兴，尤其在利奥波德的继承者约瑟夫一世和查理六世统治时期是如此。哈布斯堡王朝在欧洲强权政治中的崛起在整个帝国内部有着明显的影响。

但是，1648 年后帝国已不能作为一个整体行动，没有自己的统一意志，帝国各邦都在追逐他们自己的特殊利益，相互嫉妒，想方设法增强自己的内外实力和削弱皇帝的力量。法国的政策是承认德意志诸侯享有充分的主权，这在威斯特伐利亚和会上确实没能得逞，通过和约条款他们只能被授予 ajus territorii etsuperioritatis（领土及其支配权）。然而似乎令人怀疑的是，这在实际上是否能造成很大区别。如果诸侯们被授予在他们之间和与外国结盟的权力，那么这是他们早就

432

一直在行使的权力。如果他们被禁止结盟反对皇帝和帝国，那么这种
禁止可以用不同的方式来解释。该时代的政治学家发现给皇帝下一个
定义是困难的，这并不令人感到惊讶。希波利撒·阿·拉皮德否认皇
帝是一个最高统治者，他认为帝国是由诸侯组成的一个贵族国家；塞
缪尔·冯·普芬道夫写作《德意志帝国状况》（1667 年）的意图则
是调和影响帝国的各种不同的因素，宣称它是一个"irrgulare aliquod
corpus et monstro simile"（异乎寻常的类似怪物的东西）。它确实异乎
寻常，尽管可能不是一个怪物而是一个令人惊奇之物。虽然存在着各
种压力和纷争，但由威斯特伐利亚和约所规定的帝国内部边界却基本
上维持了半个多世纪，仅有法国在西部不断侵略帝国的领土，这一事
实也是异乎寻常的。

　　由冲突的宗教信念所划分的边界甚至更为稳定。新教从哈布斯堡
领地、波希米亚和巴拉丁被清除，但世俗化了的修道院和主教管区并
未恢复。1648 年以后很少有德意志诸侯行使他们的权力，将那些坚
持信奉与其统治者不同宗教的臣民驱逐出境。在他们人烟稀少的地
区，老百姓显得重要，而且颇有一些开明君主想方设法吸引移民，即
使他们的宗教信仰不同。受迫害的新教异端教派和犹太人在勃兰登堡
和其他地区找到了立身之地。许多诸侯的实力或宗教狂热还不足以在
他们的领土上强制推行其宗教。因此，勃兰登堡的加尔文派选侯和黑
森—卡瑟尔伯爵统治着一些路德教封邑，而且没有要将加尔文教定为
国教之意①。后来在该世纪中巴拉丁选侯和萨克森选侯都成了罗马天
主教徒②，而新教仍然是他们邦国的主要宗教。反宗教改革运动没有
得到任何进一步的发展，宗教热情业已冷却，私利决定着君主们采取
更为宽容的方针。因此，在很大程度上，现代德意志的宗教分布图就
是 1648 年的那张，并无什么改变。

　　许多问题仍未得到解决，或者说要延宕好多年才得到解决。恢复
法治和秩序可是一个艰巨的任务。尽管金钱极其匮乏，雇佣兵的薪饷
还是付清的。但是雇佣兵该如何处置，怎样才能使他们过上平民生
活？能够吸收他们的常备军在当时尚未建立。在战争所导致的混乱时

① 有关详情见前第 6 章边码第 126—127 页（原书页码）。
② 见边码第 452、454 页（原书页码）。

期，许多人为匪为盗，或者学会靠小聪明混日子；成群的老兵在乡间闯荡。帝国中的某些诸侯联手对违法乱纪、破坏秩序者进行了镇压。法国和西班牙之间继续进行的战争以及 1655 年瑞典和波兰之间爆发的战争，都吸引了一些对其他行当一窍不通的雇佣兵，后来路易十四发动的战争也有一批雇佣兵参加。恢复经济面临的困难更为严重，不仅因为如人们所经常强调的那样，所有流经帝国的大河河口都被外国列强所控制，不仅因为贸易萎缩或者为避开动乱地区人们另辟蹊径做生意，而且首先因为诸侯和城市的自私和相互嫉妒，在重商主义思想的影响下对贸易和生意筑起愈来愈多的壁垒，在每一个诸侯国的边界和沿着所有的河流路线设下无数的税卡，征收新的苛捐杂税，从而在数十年中赶走了生意并延缓了经济恢复。如果说法国令人惊讶地很快从长期内外战争中恢复过来的话，那么这部分应归功于有一个中央集权政府并实行了开明政策。德意志政治上的分裂则在经济领域造成了严重的后果。

1668 年约翰·约阿希姆·贝歇尔发表"关于城市、乡村和国家兴衰真正原因的政治论文"，提到荷兰人从海上发财致富：如果他们像德意志民族那样恐惧大海，他们就聚敛不到他们的财富。"后果是在德意志几乎所有贸易和生意都不存在，所有商业都被葬送，无论达官贵人还是平民百姓都一贫如洗。"同年，受雇在巴伐利亚厄廷根征收酒税的官员将税务的急剧衰落归咎于以下事实："在情况较好的去年，甜酒不仅运往全邦，而且也常常运往奥地利、波希米亚和布拉格，甚至波兰的克拉科夫。而今年由于战乱频仍、尸骨遍野，结果全邦遭殃，金钱匮乏，销售几乎停止。"奥地利酒的销售也出现同样情形。[①] 在慕尼黑、奥格斯堡、施派尔、法兰克福和莱比锡，17 世纪60 年代黑麦的价格比战前水平低 13% —34%，燕麦低 15% —29%。城镇人口的减少在战后持续了较长时期，导致谷物消费急剧下降，谷物贸易的萎缩和土地价格的严重下跌。在柏林，整个 17 世纪后半叶黑麦和小麦的价格一直受压。

毋庸置疑，德意志的广大地区不仅因战争及其后果遭受严重浩

---

① 慕尼黑国家档案馆，"旧巴伐利亚地区"全宗，第 1993 号；呈交 1668 年 11 月 20 日审查酒税征收情况的三级会议代表之报告。

劫，而且丧失了它的大部分人口。当城市能够较容易地保护自己反对敌对力量时，它们又遭受到瘟疫的更为严重的袭击。奥地利、蒂罗尔、萨尔茨堡和瑞士基本没有卷入战争，它们的人口增长了。德意志西北的大部分，包括石勒苏益格、荷尔斯泰因、下萨克森、奥尔登堡、威斯特伐利亚和部分莱茵兰，人口数量没有严重下降，甚至在西里西亚和波希米亚人口数量下降率仅为 20%。但是其他地区要严重得多。在勃兰登堡的许多地区，1652 年时 15%—60% 的农户已离乡背井，人口下降平均数约为 50%。柏林失去其人口的 25%，而波茨坦和施潘道超过 40%，勃兰登堡城超过 60%。在老马尔克（Old Mark，位于易北河以西）6 个小镇中，1567 年有 2444 户，一个世纪后剩下 1021 户。其中最重要的小镇施腾达尔，在 17 世纪第一个 10 年出生了 2980 名婴儿，到 70 年代出生婴儿的数量仅为 969 名，而施滕达尔既未遭征服，又未受劫掠。但人们须记住，勃兰登堡的城市的衰落始于 16 世纪。在德意志另一端的符腾堡，1652 年被毁的房屋和谷仓超过 4.1 万间，约 1/3 可耕地荒芜，总数达到 309957 "摩肯"（约 24.1 万英亩）。51 个地区报告说，它们在战前有市民 58865 人，但只有 19071 人活了下来，另外 24 个地区只是报告它们丧失了 18546 名市民。纳戈尔德城仅丧失其人口的 8%，但乌拉赫却丧失了 75%。在已登的普福尔茨海姆，到 1667 年仍有许多房屋空无一人，以致该地区侯爵不得不进行干预。慕尼黑的人口从 1.8 万或更多下降到 9000 人，在西北地区中，巴拉丁和符腾堡人口下降得最为严重，在东北则是梅克伦堡和波美拉尼亚。许多居民迁徙到较为安全的西北地区，那里的汉堡和不来梅日见重要，它们向海外出口谷物，从英国和荷兰进口货物。汉堡的崛起导致其对手马格德堡的衰败。乌尔姆和纽伦堡一方面人口数量下降，另一方面因奥地利新教徒及其随身所携资本的流入而在一定程度上得到好处。然而在奥格斯堡，1617 年有 143 人各纳税 50—100 盾，但到 1661 年只剩下 36 人，而纳税 100 盾以上的人口数量从 100 下降到 20，尽管征税更为严格。因此各邦情况不尽相同，但形势是够严峻的了。

　　乡村人口下降的后果在德意志因地而异。在巴伐利亚，贵族的收入来自农民缴纳的地租，他们日益贫困，依赖放债者过日子，甚至较富裕的人家都负债累累。富裕程度等而下之者的财产常常落入寺院、投机者、军官或者将其资金投入不动产的官员之手。在1669年议会上，贵族们对大量购买贵族财产的情况怨声四起：如果市场上销售什么东西，教会出价最高，它们手中的现款就会让贵族无从问津。只有少数贵族还能按照他们的习惯过日子，将其子女送到国外去"体验贵族生活"。由于谷物价格普遍低廉，庄园农业对地主们失去了吸引力；但这种趋势并没有真正得到发展，后来情况发生了逆转。另外巴伐利亚的农民从这一形势中得到好处，由于佃户缺乏，地主被迫给予他们较优的待遇。正如1669年一些高级教士所说的，如果他们不想让他们的农庄完全荒芜的话，他们就得接受向他们提出的任何条件；如果他们想为其荒芜的土地雇用新佃户的话，他们就得改善那些人的法律地位，允许他们若干年中免交应付款，并满足于那些农民所愿意缴纳的地租。

　　恰恰相反的情况出现在勃兰登堡、波美拉尼亚和梅克伦堡，自15世纪以来那里的庄园农业愈来愈重要，而农民的地位则日益恶化。人口下降迫使贵族将多得多的农民抛下的土地自行耕种，因为他们找不到新的佃户。农民承受着更为沉重的劳役负担，因为他们的数量减少而庄园扩大了。他们的子女被迫在庄园里充当奴仆或劳动力。农民及其整个家庭不仅固着于土地——这在16世纪已经发生——而且许多人失去人身自由：甚至他们的身体也属于其主人（Leibeigen-schaft——农奴制）主人们还控制着其农民的私人生活，连婚嫁也需要他们的同意；许多农民像牲口一样被出卖或进行交换。在之后的数十年中，更多的农民被驱赶或者买走。17世纪后半叶勃兰登堡贵族庄园的规模扩大了约30%。另一方面这时在下萨克森，一个强大而独立的农民阶层出现了，原因是该地区仅仅丧失很少一部分人口，并得益于来自遭受灾难地区的移民。政府深谋远虑的政策鼓励了这种趋势，而在德意志东北地区，政府只是很轻易地屈从于贵族的要求，这些要求旨在使农民完全服从和进一步扩大其农庄。在17世纪中，只是在有着种种出口便利的波罗的海沿岸——梅克伦堡、波美拉尼亚、勃兰登堡、普鲁士公国、波兰和立窝尼亚——贵族大庄园（Guts-herrschaft，依靠农奴劳役为市场生产谷物的贵族大庄园）建立了起来。甚至在萨克森和马格德堡也没有出现这样的情况，尽管那里同样具有"殖民地"的特点和沿易北河运送谷物的便利条件。在那里农民耕作仍然是农业的主要形式，农奴制从未像波罗的海沿岸地区那样严厉地实行。那里的地方贵族不拥有无限权力，其影响受到城市特别是其集市具有欧洲意义的莱比锡的限制。另外波希米亚和摩拉维亚类似于东北地区，尽管两地和该地区之间隔着萨克森和西里西亚。波希米亚的贵族也拥有大地产、庄园、牧羊业、酿酒厂和鱼塘，依靠劳役来经营，农民是奴隶，许多人不得不经常来为主人干活，随叫随到，而在奥地利人的土地上，农民的劳役大受限制，通常一年仅12天①。

　　在庄园农业不太重要、贵族的地产较小且分散的地区——如德意志西部——农奴制实际上已经消亡，劳役常常转换为代役租（quit-rents）。在这些地区30年战争造成的人口下降不会导致采邑制的复兴，而农民的地位继续得到改善。社会发展的这种巨大差异可以用人口密度数字来说明。1700年前后，勃兰登堡每平方英里的居民仅约为30人，普鲁士公国仅28人，波美拉尼亚仅19人；而巴伐利亚每平方英里大约73人，汉诺威63人，马格德堡78人，萨克森93人，符腾堡105人，后几个数字接近尼德兰和法国，并超过英格兰和威尔士的相应数字。显而易见，人口最少的地方农民的状况最差。人口分布的这种不均衡并非30年战争所造成的；它仅仅是加强了数世纪以来所一直存在的某种趋势。

　　在德意志东北部，30年战争后的一个世纪里农民的状况没有得到改善。18世纪初在勃兰登堡的新马尔克（New Mark）每周3天的劳役被看成较轻的负担，一般每周4天，常常多达6天，而且是从日出到日落，几乎没有留给农民什么时间耕作自己的土地。可耕地总量的2/3属于贵族，另有1/4属王室领有。在勃兰登堡的贝斯科和斯托科夫地区，1746年有农民429人，而在30年战争以前曾有814人，但佃农的数量却从172人增加到828人。在波美拉尼亚东部，16世纪末处在贵族统治下的农民为6514人，但到1670年前后仅有3419人，到1718年仅有3584人。许多农民逃往波兰去谋求较好的生活。1684年有一位教士描绘了当地农民的情景：

438

---

　　① 沃尔夫·黑尔姆哈德·冯·霍贝格，《农事览胜》，第一篇："贵族土地和田野生活的翔实记述与剖析……"（纽伦堡，1682），第1、46、53、150节，有趣的是，这位奥地利贵族认为波希米亚农民的农奴处境及其无限制的劳役"并不符合德意志土地的习俗"，毫不顾及德意志东北部的状况。详情见边码第20章边码第480—481页。

农民的确是人，但比其他人要卑贱和粗野……就他们的举止而言，他们几乎想不到他的帽子和将它脱下……但是如果他脱帽的话，他就像玩纺轮一样去旋转帽子，或者捏在手中并擦它……他们吃东西时不用叉子，而是用五只手指从罐子里抓……当兵的偷窃只是出于迫不得已，但大多数农民这样做是蓄意的……众所周知，那些与牧师保持良好关系的人受到其他农民的虐待，这些农民把所有恶名都加在他们身上，叫他们叛徒、马屁精、谄媚小人、乱嚼舌头的……农民就像鳕鱼干一样，只有经过好好拍打才能成为上品。听话的农民也只有当干活喘不过气来的时候才表现良好；他们只有处在在控制之下感到胆怯时才可能保持循规蹈矩……①

1710 年，一位普鲁士高级官员冯·卢本也向国王报告说：

由于在某些地方存在着严格的人身农奴制度并且当地的贵族不仅不想将之废除而且希望对其臣民保留很大的权力，他们用埃及式的沉重劳役、多种粮食税和其他转运赋税、严厉的惩罚以及其他苛捐杂税去折磨他们，以致他们仍然一贫如洗；再也不能从他们身上榨取贡税和其他捐税，要不然他们就会逃跑。但如果他们这样做就会被抓回，情况就会变得更糟；这些人正在受到惩罚和残酷地对待……他们不能从各地政府、地区法院和当地法院获得公正，因为贵族控制着这些机构，这些贵族感兴趣的只是自己的财产和农民，不希望涉及自己的案件会不审而判……地粗、劳役、捐税、摊派的营房和贡税常常增加，以致人们几乎无法生存。因此农奴长期贫困，而且变得愈来愈穷，毫无改变之望，最后只有逃亡之一途②。

但是，有关德意志东部贵族的情况也不能令人恭维。在西里西亚

---

① "诺因霍蒂根和海姆布赫嫩两地农民的恶行陋习举例"，作者为瓦尔堡的冯·韦罗安德罗。
② 《腓特烈·威廉一世与普鲁士农业工作》，帝国鲁士档案馆出版，第二卷（莱比锡，1878），第213、216—217 页；报告日期为 1710 年 10 月 14 日。

的一则讽刺故事中，一位母亲就她年轻的贵族儿子作了如下描述：

> 这个浪荡子早已知道自己贵为容克，因此他什么也不想学，宁愿骑马、带着马童转悠……但最终我还得为他买一本识字课本……要是它不值什么，而且有学问的小伙子也不需要一大堆书，那有多好……我早就听说在其他国家没有像我们国家这样特有的贵族……①

另一位批评贵族的人写道：

439

> 如果有人到他家做客，啤酒杯马上摆上了桌；这只杯子总是不分彼此地传个遍，也不管客人渴不渴。……如果客人下午抵达，饮酒也立即开始，所用的几乎与罐子不相上下的中等杯子；接着主人向客人敬酒，干了整杯或半杯，客人也得干。这样天黑前他们都醉了，而在一大早，一些客人又饮普通烈酒，另一些人则饮掺有鸡蛋和生姜的加热啤酒……②

其他观察者对酗酒习惯亦有评论。大约1650年依然有人从汉堡报道说，在礼拜天，"当今的人们总是在去教堂前先去买酒"③。1686年英国使节乔治·埃瑟里奇爵士从雷蒂斯堡写道：

> 这个国家的绅士，其享受方式全然不同……他们热衷于扩大其酒窖，而对发展祖业则不甚关心。简言之，饮酒是这个国家祖传的恶习，代表中如有一位饮酒之雄，能一口气地将所有他国的使节全都灌醉，那么此公就会像洛林公爵立下勇退土耳其人的著名功勋一样备受赞赏，甚或有资格要求在德意志的任一城镇由公家出资为他竖一座塑像……他们这样毫不客气的强行灌酒，完全不顾我们苏格兰人称之为友谊的东西，以致出席他们的晚宴总使我的心灵受到巨大压抑，就像在听十位长老会牧师一个紧接着一

---

① 保罗·温克勒尔：《贵族》，克里斯托夫·里格尔斯出版（纽伦堡，1697）。
② A. 特鲁克：《理性主义潮源》，Ⅱ，2（柏林，1862），第197—198页。
③ 同上，Ⅱ，1（1861），第121页。

个宣讲冗长的连篇废话一样。……①

一道鸿沟将贵族与平民分离开来，城市显贵家族同样维护着这种区别。在奥格斯堡、纽伦堡、法兰克福和乌尔姆，高贵的家族与市民有着严格的区别。在纽伦堡，他们视经商为不光彩的行当，在法兰克福，老林普格社（Society of Old Limpurg）要求新会员出具八位贵族祖先的证明，并不准参加任何商业活动。除了这些古老的显贵家族，还有许多新的显贵家族，其中有文武官员和商人，他们的家室喜欢炫耀摆阔。他们驾着镀金的马车四处溜达，他们的女眷只穿戴巴黎和威尼斯生产的装饰织品，他们住宅的装潢极尽奢侈。出身于世家望族的贵族对这些新贵族不屑一顾。一位18世家的作家约翰·米夏埃尔·冯·莱昂批评性地将德意志贵族的态度与英国贵族的态度作了比较，在英国，"甚至最伟大的贵族的子孙也不会羞于当律师，所以后来他们能成为地方法官并被选进议会"；另外还与西班牙的贵族比较，在那里"古老世家的贵族青年获得博士学位……"他还对德意志贵族的衰落进行评论，说他们一个比一个摆阔，一个比一个铺张，最后不少贵族不得不去从军。"就从军而言，现在倒是绝好的机会，因为欧洲各国都引进了常备军和雇佣兵制……"② 毫无疑问，三十年代战争后的时期贵族们面临着经济困境，这种情况确实说明了为什么勃兰登堡和波美拉尼亚的贵族心甘情愿地参加霍亨索伦的军队并成为职业军官。其他某些德意志邦国存在着类似的情况。然而在巴伐利亚，穷困潦倒的贵族显然宁愿去谋求文职，迫切希望在政府和法庭有个一官半职或挂个名。不包括帝国骑士的法庭，在德意志有500个或600个法庭，因此破落的贵族确实有许多机会。

如果说在德意志的许多地方贵族是一个衰落的阶级并不得不去寻求公职和肥缺，那么城市的状况也好不到哪里去。除了日趋重要的汉堡和法兰克福，帝国自由市的强盛已成明日黄花。在阿尔萨斯的城市丢失给法国之后，帝国自由市的数量是51个，绝大多数坐落在德意志西南部。它们中大多数仅为弹丸之地，在与周边诸侯国的争斗中不

---

① 西比尔·罗森菲尔德编：《乔治·埃瑟里奇爵士书信集》（伦敦，1928）。
② 约翰·米夏埃尔·冯·莱昂：《贵族论》（乌尔姆，1752），第271，290页。

能自保。但即使较重要的帝国自由市，即南部的奥格斯堡、纽伦堡、乌尔姆、雷蒂斯堡和北部的科隆、亚探、不来梅、吕贝克，发现要使自己适应变化了的形势也是困难的。德意志南部的城市因与意大利贸易的衰落和弗格尔、威尔塞两个金融家族的破产而遭受沉重打击。德意志北部城市则因占优势的荷兰人和较少程度上英国人的竞争而受创。外国商人在出口德意志的原材料和农产品，进口殖民地和国外的货物。汉萨同盟的城市在外国和贵族的竞争双重影响下早就衰落下去，它们不再派遣自己的船舶出海，如果能在国外来客与内陆之间起中间人作用就感到心满意足了。不来梅和科隆为维持帝国自由市的地位不得不艰苦斗争，君主的权力和诸侯国的兴起使得帝国自由市不可能取得持续发展：它们生存的所有方面都受到阻碍，直到 1803 年《帝国代表最后文件》（*Reichsdeputationshauptschluss*）实施时其数目虽未减少，但它们称雄显赫的日子俱已往矣。即使 18 世纪的经济恢复也没有导致它们的复兴。

帝国自由市的衰落没有引起坐落在各诸侯国内并受其君主支持的那些城市的不断发展。它们的贸易和工业受到严重损失。例如在慕尼黑，1618—1649 年织布工的数量从 148 人下降到 64 人，亚麻布织工从 161 人下降到 82 人，制帽工从 23 人下降到 9 人，裁缝从 118 人下降到 64 人。三十年战争结束以后，巴伐利亚选侯做出不懈的努力不仅未复兴巴伐利亚的制布业，而且劳而无功，织布工数量下降得更多。各邦君主的横征暴敛和垄断频频阻碍着贸易和企业的复兴。许多外国货物被禁止进口，羊毛和皮革这样的原料又不让出口，而国内又尚无任何工业能够吸收这些原料或满足国内的需求。即使某些种类的商品能在当地生产，但外国商品常常更价廉物美。因此许多禁令和垄断不得不取消，只是稍后又重新实施，其结果同样是灾难性的。在勃兰登堡大选侯统治时期，原毛出口被禁止过不下 10 次，但由于贵族不受这种禁令的约束，结果被证明是禁而不止。至于一再颁布的不许进口铁和金属制品的禁令则连政府官员也没有把它当回事。沿易北河而下的贸易承受着沉重的通行税负担，以致作为"商业之魂"的谷物要由别的水路运送，而由陆路转运，其花费也要小一些。易北河畔伦岑的通行税给人承包了若干年，这给贸易造成恶果，但后来重又由政府官员管理时，情况也未得到改善。大选侯认为这些沉重的通行税完全合理，讨论易北河通行税问题的三次会议均无果而散，因为大选侯不纳枢密院成员的进谏，拒绝作任何让步。奥德河畔的法兰克福和施潘道的军事长官对过往车辆和船只自行征税，其他人也不顾官方的禁令自行对过客征税。由于政府征收新的关税和通行税，进入柯尼斯堡的船只急剧减少。

同样糟糕的是新课货物税的影响，那是 17 世纪各邦政府喜用的手段。在萨克森，货物税引进于 1640 年，战争结束后也未取消。因此许多货物绕过萨克森，沿另外的道路转运。丝绸和其他来自意大利的贵重物品通过图林吉亚运往北方，波希米亚和西里西亚的亚麻布则经由勃兰登堡北运（在征收货物税之前就是如此）。萨克森的三级会议徒劳地抱怨货物税导致国家尤其是织布业和亚麻业的毁灭而使萨克森的邻国渔利。汉萨同盟与德意志南部和西部的城市也同样徒劳地屡次宣称在这种状况下它们与莱比锡的贸易断难复兴。尽管存在着大量的消极抵抗，但是货物税依然征收，只是对国产商品暂时取消该税，然而到 1681 年又再度征收。到那时勃兰登堡也征起了货物税，其影响甚至更具负面性，因为该邦并不是全境都征收，而是仅仅限于城市，所以每一个小城镇都被人为的关卡所包围，货物税只得在城门口征收。因此，一方面城市贸易和企业承受着新税的负担，另一方面城墙之外的那些贸易和企业仍然无须纳税，并且贵族的赋税豁免权得到保留。这些意味着城市不得不承受不合比例的赋税负担：它们之迟迟得不到恢复就不足为怪了。而且这种做法逐步从勃兰登堡扩大到其他霍亨索伦的领土上。别的诸侯国则较为幸运。1700 年下莱茵的于利希和贝格两公国仿效勃兰登堡也实行货物税制，但几年后两公国的三级会议和城镇取消了它，因为实行此税后，城市企业日益衰落，而生意也都落到了邻邦的手中。

诸侯国内各城市所受到的打击还来自它们的统治者力图将其权力扩展到城市的行径。从 1648 年起，美因茨大主教约翰·菲利普就企图在图林吉亚的爱尔福特城行使其特权，但该城奋力抵抗他的所有威胁甚至帝国的声讨。1664 年菲利普大主教悍然使用武力，在法国和莱茵同盟的支持下包围了爱尔福特。一个月以后该城投降，表示效忠约翰·菲利普，接受了这位君主派出的卫戍部队。同样，两年后大选侯迫使马格德堡就范。以类似的方式，克里斯托弗·伯纳德·冯·加伦主教和不伦瑞克—吕讷堡公爵分别使明斯特城和不伦瑞克城俯首称臣。普鲁士公国的首府柯尼斯堡和克勒弗公国的诸城市奋起反抗横征暴敛和军人的劫掠，结果被军队所镇压。18 世纪初叶货物税的征收导致这些城镇昔日的繁华消失。仅 12 年内克勒弗最重要的城市韦瑟尔丧失其居民的 1/4 以上，而克勒弗所有城镇丧失的居民都在 11%以上。

　　的确，这一时期汉堡的蓬勃景象还在发展，莱比锡的集市成为东西南三方交换的中心，西里西亚的亚麻业也在继续繁荣，但这些例外仅仅是突出了普遍的停滞局面。常常是政府的行为所引起的德意志许多城市的持续衰落给外国商人和金融家提供了良机。早在三十年战争以前荷兰人就进入莱茵河上游地区并由波罗的海港口深入陆地。战后他们的影响不断增长，并在某些地方占有支配地位。荷兰人以其雄厚资本、贸易联系、诸多船舶和低廉运费，在与德意志小城之小商人的竞争中占尽其利。三十年战争和大金融家族的破产业已破坏了所有的信贷，消耗了大部分的资本。缩手缩脚和心胸狭窄是这个时代的特点。为了海上和殖民地事业，大选侯不得不利用荷兰的专家和水手，荷兰的公司和金融家，因为在勃兰登堡和普鲁士找不到这样的人才和物力，出于同样的理由也欢迎犹太商人，尤其是他们也代表着荷兰利益的话。因此，摩西·雅各布森·德·容格 1664 年获得一项重要特权，即在犹太人仍被排斥在普鲁士公国以外的时代，他获准居住于梅梅尔。容格很快与波兰、立陶宛、立窝尼亚做起兴旺的生意，几乎垄断了极其重要的食盐贸易并成功地与当地商人进行竞争。1694—1696年他缴纳的关税比梅梅尔其他所有商人所纳的税要多 80%。这些商人和普鲁士三级会议自然对这位新来者抱怨不已。在克勒弗，贡帕茨家族在金融事务方面起了重要作用，贷款给政府和三级会议，预缴税款，提供欠法国的贡纳。1700 年卢本·艾利阿斯·贡帕茨被任命为克勒弗和马尔克两邦的主要收税官，腓特烈·威廉一世统治时该家族的成员再次被委以官职。由于存在着众多的宫廷和众多的贫困君主，由于他们的虚荣和野心不断膨胀，由于他们不得不维持一支粮械齐备的常备军，数以百计的奉仕于宫廷的犹太人就不得不设法去满足这些君主们总是在增长的需求。

　　因此三十年战争对德意志的历史发展进程，尤其对其社会和经济有着深远的影响。在舆论看来，它是万恶之源，甚至将中世纪后期村庄的荒废也归咎于瑞典人的破坏或者战争的其他灾难。当然，当时的民间文学容易过分渲染恐怖和形势的绝望。如果说这幅图景过于片面或带着偏见的话，那么近代某些历史学家也是如此，他们企图"澄清"三十年战争，把凄惨的情况主要归咎于后来的宣传。据说当时人们并不认为这次战争只是一场战争而是将其分为若干互不相干的战争。但是可以证明的是，"德意志大战"或"三十年战争"的名称当战争结束就被使用了。当然，德意志在政治上的不统一的确不是三十年战争造成的，而是因它而加剧，同时上述某些负面特征的确也应归咎于政治上的不统一。然而在战争爆发前社会和经济衰落至多是局部的，战争却使这种衰落大大普遍化了，这也依然是事实。同样确实的是早在战争爆发前西欧诸国即已崛起多时，但似乎至少可能的是，如果战争不介入，德意志也会像它们那样勃兴。16世纪的德意志还是一个繁荣的国家，它花费了一个世纪或更长的时间才再次达到在三十年战争爆发以前它所已达到的发展水平。

如果说17世纪后半叶德意志的经济和社会发展呈现的是一幅几乎十分灰暗的图景，那么在政治体制方面的情况则并不完全那样糟。帝国尽管已衰落和四分五裂，但它的机构仍在起着比人们所预料的要好的作用。帝国达到了某种稳定，并持续到18世纪，已经形成的势力均衡没有受到严重的挑战。可能是来自法国的持续不断的威胁，在不同的势力之间注入一点黏合剂，另外还有来自土耳其人的压力也是如此，但后者的危险远不及15世纪和16世纪，而围攻维也纳只不过是一场转眼即逝的插曲。路易十四在德意志一直有他的同伙和爪牙，就此而言法国的权势是一个分裂的因素而不是黏合剂。帝国中只有某些部分受到外敌的威胁。然而事实是不仅仅莱茵兰诸邦联合起来反抗法国——相反，路易十四在莱茵兰找到或多或少自愿的"同盟者"——也不仅仅是东南部诸邦一起与土耳其人作战。如果人们记得帝国中大约有360个大大小小的邦国——这还不包括1500个帝国自由骑士，那么尽管如此严重的不统一，帝国还能维持某种程度的团结就似乎是一个奇迹了。

并不是360个邦国都派代表出席了帝国议会。该议会在雷蒂斯堡召开，讨论有关铸币、节约法令、对付流浪汉和乞丐的措施以及最主要的，即军事和用作防务或其他目的的征税等事宜。因为除了作维持帝国最高法庭之用的征税这唯一例外，没有常征的帝国税，而"罗马月"（Roman Months）则要帝国议会投票批准①。帝国议会的另一弱点是，如果某些邦国不执行帝国议会做出的决定，它没有任何的行政权威进行处置。在这种情况下唯一的可能性是交与帝国最高法庭裁决，而该法庭办事拖拉和制造纠纷是众所周知的。帝国议会由三院组成。第一院是选侯院，1648 年其成员增加到 8 个，但波希米亚选侯（即哈布斯堡皇帝）不行使选侯职权。这样就有 4 位天主教选侯，即巴伐利亚选侯和科隆、美因茨和特里尔三地大教主；3 位新教选侯，即信奉路德教的萨克森选侯和 2 位信奉加尔文教的勃兰登堡和巴拉丁选侯。然而在巴拉丁，1685 年选侯之位由选侯家族中信奉天主教的一支继位，12 年后萨克森选侯也成了罗马天主教徒。只是由于汉诺威成为第九个选侯国，这种情况才在某种程度上得到平衡，这是皇帝自行安排的，事先未与其他选侯或邦君磋商，他们别无选择只有默认。因此，至该世纪末，仅有二位新教选侯对六位天主教选侯（波希米亚选侯除外）。美因茨选侯领导天主教集团，萨克森选侯是新教集团的领袖。但事关宗教争论，任何一方都不能击败另一方。

第二院是诸侯院，院中分为教会诸侯"席"和世俗诸侯"席"。教会诸侯有 37 张选票，世俗诸侯席有 63 张，其中有 6 张是集体票：士瓦本和莱茵两地的高级教士和四个帝国伯爵集团各有 1 票。在诸侯院中也是天主教徒占多数，但多得有限。第三院由 51 个帝国自由市组成，其中 13 个属天主教，34 个属新教，4 个是"混合型"。但是它们的影响非常有限，因为 1653 年帝国议会只是授予它们在前两院之间达成协议以后的表决权，所以，如果前两院未有协议，它们不能对结果施加影响。正如英国使节乔治·埃瑟里奇爵士在 1685 年所写的那样："城市代表的作用只是摆摆样子，在其他两院达成协议以前无事可做……"②结果是城市代表实际上除了同意别无选择，因为公认的原则是任何一院都不能被其他院否决。就帝国税而言，自 1653

① "罗马月"的征收最初是为了资助帝国对罗马的远征，16 世纪以后变为由帝国议会同意提供的旨在供养帝国军队的补助金，它根据固定份额再分摊给帝国各邦的三级会议。
② 《乔治·埃瑟里奇爵士的书信集》，第 61 页。

年以来同样有一条公认原则，那就是信贷投票要求一致通过的原则，因为如同 1652 年下萨克森地区的决定所说的那样，"如果一个人通过他的投票来裁决别人该拿出什么的话，那就完全有悖于天赋的自由……"皇帝斐迪南三世不得不放弃他的在征税问题上把多数人的决定强加给少数人的计划，各等级的自由再次获得胜利，勃兰登堡所领导的诸侯反对派占了上风。

　　1654 年诸侯又取得一项胜利：帝国议会闭幕时所拟定的"议事总结"（Recess）也即第 180 段规定，帝国内每一等级的臣民均有义务资助其君主或宗主，以便为关键的要塞、地区和卫戍部队配置人员并加以维持。如果说这是给予各地三级会议的打击——在绝大多数诸侯国内它们仍然行使财政权，那么 1657 年斐迪南三世死后在这方面采取了进一步的措施。年幼的利奥波德被选为皇帝前不得不做出意义深远的让步。勃兰登堡和科隆选侯陷入了与其三级会议的复杂斗争之中，他们要求这些三级会议以其自身资源维持城堡，不经君主召集三级会议禁止召开，也不得向帝国法庭对他进行起诉。另外，巴拉丁、萨克森和特里尔满足于现状，萨克森尤其反对禁止向帝国法庭上诉，因为它从中得不到好处：那时只有萨克森和巴伐利亚两世家，巴拉丁选侯和美因茨选侯的领地已经享有使它们不受帝国法庭管辖的免于上诉特权；但在霍亨索伦的领土上，这种豁免权仅授予勃兰登堡马尔克，而未扩展到其他领地。然而，如果利奥波德想被选为皇帝，他就得接受选侯们的条件。因此下列规定就做出了：各地三级会议无权拒绝资助"必要的"要塞和卫戍部队，不受召集无权开会，也无权单独征收地方赋税。如果它们向帝国法庭上诉，这些上诉将不予受理。对 1654 年"议事总结"第 180 段也不得上诉。如有三级会议拥有与这些规定相抵触的特权，这些特权应予取消，若干诸侯国内的一些三级会议的联盟或联合也要解散。正是做出这些规定以后，利奥波德才被一致选为皇帝。于是诸侯拥有了合法权利，总能一致来反对他们下属的三级会议。然而，与禁令相反，帝国法庭尤其是宫廷会议①继续受理各地三级会议对其统治者的申诉：这是一个行将有极其重大意义

---

　　① 宫廷会议（Aulic Council）为神圣罗马帝国时的私人顾问会议，主要享有最高司法权。设于 1501 年，1806 年帝国瓦解时不再存在。

的因素①。

　　来自土耳其和国内局势的危险使得皇帝召集了新的一届议会。这届议会开幕于 1663 年年初，经过 12 个多月的审议同意支持皇帝以一支约 3 万人的军队去对付异教徒。但是，只有该数目 1/3 的军队出现在战场上，而且他们仅仅参加了最后阶段的战斗，对其他议题的讨论拖延的时间甚至更长，以致没有作"议事总结"：帝国议会变成了常设机构，由诸侯的代表组成，在每一个问题上这些代表都得请示各自的君主。因此它成了外交家的会议，为级别和程序问题争吵不休，正如 1687—1688 年乔治·埃瑟里奇从雷蒂斯堡所发的信函中描述的那样："帝国议会中的大多数事情只是适合于让那些麇集在圣詹姆斯公园大树下的政治小丑感到兴味盎然……" 4 个月后他又写道："这么长的时间议会所做的唯一事情就是围绕着支持和反对温蒂斯格拉茨伯爵的权力所展开的结党拉派和耍弄阴谋……" 5 个月后情况仍然如故："那些不熟悉这种议会议程的人会感到奇怪，如此众多的代表云集在这里，而且全都花费了他们各自主公的大量金钱，却只干了这么一点点事情，而且就是这么一点点事情也是慢条斯理干出来的……"这位英国使节不喜欢德意志人的斗酒，并发现他们的太太是"如此不可忍受的矜持和贞娴……以致根本不可能与她们发生私情……"，因而他的这种官运并不值得羡慕②。上述体制究竟滑稽可笑到何种程度，可由 1701 年美因茨选侯代表的行为来表明。当他在帝国代表下榻处走下马车时，要求接待人员带他走一条秘密楼梯，因为他在有关文件中得知这是惯例。当他被告知这条秘密楼梯由于在建筑改建时业已拆掉而不复存在，因此他的要求不可能得到满足时，他却坚持并宣称在这种情况下他不敢要求接见，他得写信给他的主公请求训示。

　　当 1667 年移归权战争③爆发时，帝国议会面临一个问题：构成帝国"勃艮第地区"的西属尼德兰是否应该得到保护？法国大使用尽一切手段阻止做出保护的决定，而帝国代表萨尔茨堡大主教则竭力抵消他的影响。与此同时路易十四接连征服多座城镇，但帝国议会仍然保持沉默。9 月，选侯们宣称赞同调解而不顾西属尼德兰是否构成

_____

① 见边码第 455—456 页（原书页码）。
② 均引自《乔治·埃瑟里奇爵士书信集》，第 210、270、328、416 页。
③ 见前第 9 章第 210—212 页。

帝国一部分的问题。萨尔茨堡肯定该地是帝国组成部分的议案在诸侯中仅得到 30 票，而赞成调解的有 41 票，另有 13 位代表未得到训令。在以后数周里，双方继续进行各自的努力：由于法国大使的影响越来越占上风，萨尔茨堡大主教不再坚持，事情也就无声无息地搁置起来了。只是等到 1674 年新的侵略行动发生后，帝国议会才最终向法国宣战。可是甚至到那时也仅有部分邦国提供宣战决定要求它们提供的部队充实帝国军队，而弗兰科尼亚和士瓦本两地区以及巴伐利亚则反对皇帝的军队在它们境内扎营。奈梅根和约签署（1679 年）以后，不下于六个选侯国——巴伐利亚、勃兰登堡、科隆、美因茨、特里尔和萨克森——站在法国一边，或者是旨在通过与路易十四的联盟达到它们自己的目的，或者是迫于地理位置不得不与他保持友好关系。然而 1680 年以后，巴伐利亚和萨克森的新选侯采取了一项较为亲近维也纳的政策，把亲法集团的领导权留给了勃兰登堡大选侯。

正是在路易十四的权势处于极盛时期的那些年月里，帝国议会就组建军队以捍卫帝国的问题取得了真正进展。1681 年 5 月制定的一项帝国法令规定了军队的数量为 4 万人，其中骑兵 1.2 万，步兵 2.8 万。该总数接着在帝国十个地区进行分配，奥地利地区应出 20%，勃艮第、上下萨克森、士瓦本和威斯特法利亚地区各出 10%。在各地区内，各小邦必须提供自己的部队，具体分配事宜由有关地区内各小邦自行处理。这就意味着在当时小邦数量最多的士瓦本地区，部队得由 91 个不同的小邦，包括 31 个帝国自由市来提供。同时帝国战时金库建立了起来。皇帝可以亲自指挥帝国军队或委任一名帝国元帅，而帝国议会则任命各路将领。路易十四在莱茵河右岸修筑的要塞——菲利普斯堡，还有 1697 年后的凯尔——在法国归还后被当作帝国的要塞加以维持和卫戍。1681 年规定的兵员数如果需要可以增加，它也确实很快就扩编了 50%，达到 6 万人。根据 1702 年 11 月的法令，兵员又增加到 12 万人，其中 8 万人常备不懈（duplum）。然而问题来了，那些自己已拥有常备军的诸侯国如勃兰登堡不希望向其他地区的军队提供自己的部队。因此实际上，整个组织体系仅仅在受到路易十四直接威胁的帝国西部地区起作用。1697 年巴伐利亚、弗兰科尼亚、士瓦本、威斯特伐利亚和两莱茵地区订立了一个联盟，它在 1681 年法令的基础上组织起一支 6 万人的军队，和平时期减至 4 万

448

人，并对具体的组织结构作了规定。正是这支军队许多年里捍卫了莱
茵边界反对法国的侵略，卫戍帝国沿莱茵河的要塞。因此这就证明了
三点：一是并不需要每一个诸侯国都拥有自己的常备军；二是帝国有
能力保卫自己的边界；三是划分地区的制度有着很大的实际意义。某
些地区成功地处理了诸如贸易、关税、货币、筑路、法律和治安、健
康和福利等事务。在西南部，它们采取措施在更大的程度上协调司法
和经济事务，这对帝国内这个最为四分五裂的地区的发展是十分重
要的。

在 17 世纪后期和 18 世纪仍有迹象表明货真价实的另一帝国机构
是维也纳的宫廷会议。对于诸侯所辖的臣民和三级会议来说，帝国法
庭是他们与帝国之间尚存的联系，因为他们可以向之提出申诉或上
诉，即使是控告其君主也可以，除非该君主享有免于上诉的特权，而
享有这种特权的又仅有四五位君主，例如巴伐利亚和萨克森的君主。
宫廷会议（Reichshofrat）的重要性稳定地与日俱增，因为它处理案
件比帝国最高法庭更为迅速、更有效率，它的程序规则更为灵活，实
施其判决的手段也更为有效。因此，许多当事人宁愿接受它的审理。
宫廷会议有权处理诸如封地和特权等问题，并且是帝国内终审上诉法
庭。它完全听命于皇帝，皇帝任命它的主席、副主席和 18 位成员，
其中 6 位必须是新教徒。1654 年皇帝根据自己的权力颁布有关宫廷
会议程序的规定，使帝国三级会议失去一切参与和施加影响的机会。
宫廷会议的司法权有助于保护德意志某些诸侯的臣民反对其君主专制
的极端暴政，阻止梅克伦堡、符腾堡、于利希和贝格公爵使自己成为
专制君主。然而由于免于上诉的特权被授予好几个诸侯世家（有些
甚至不属于选侯之列），于是在 18 世纪宫廷会议的权力范围逐步受
到限制。

另一个帝国法庭，即帝国最高法庭（Reichskammergericht）的重
要性则在持续下降。1688 年之前帝国最高法庭的驻地在施派尔，而
在巴拉丁遭受第二次浩劫后又迁移到韦茨拉尔。对于诸侯的臣民来
说，它是终审上诉法庭，而对于那些不属于任何诸侯的臣民（例如
帝国自由骑士）以及在发生否定司法的案件时它又是初审法庭。皇
帝委任法庭的庭长，但它受皇帝的影响很小，而受帝国各邦的影响要
大得多。法官中有 24 名由选侯任命，另有 24 名由诸大区任命，仅有

2 名由皇帝任命。然而由于缺乏经费，法官的数目从未超过 18 人，而且常常还要少得多。帝国最高法庭因其程序拖拉而名声不佳：案件可以拖延数年，有时拖延几个世纪都得不出结论。巴拉丁遭劫和内部争斗进一步加剧了它的衰落，这又促进受到皇帝青睐的宫廷会议的崛起。为加快对悬而未决的上诉案的审理曾派出帝国代表，但直到 1767 年他们才开始工作。除了以上两个帝国法庭之外，还设有一个由副宰相领导的帝国公署（Imperial chancery），它作为管理帝国的秘书处为皇帝服务，以区别于他的世袭领地的管理，后者的管理机构有帝国枢密院、枢密会议和内务府等①。

如果说帝国几乎已经失去一个国家的特征，那么政治生活的重心转向了诸侯国。大诸侯采取专制政府的原则，力图通过牺牲弱小邻邦和自己臣民的利益获得更大的权力。他们这种兼并和"加强自己地位"的政策势必要导致与那些起制约这种企图作用的机构，尤其是自己的三级会议发生冲突。在大多数诸侯国，三级会议拥有广泛的特权。首先是财政权，这使统治者需依赖它们对征税的投票，无论这些税收是用于不断增长的宫廷开支，还是用于维持其军队或发动战争。其次，在许多诸侯国，各地三级会议在行政方面还拥有强大的影响：通过承担君主愈来愈多的债务，它们逐步建立起自己的行政机构，有自己的官员和常设委员会，与邦国机构并存或者取而代之。再次，在某些诸侯国，它们还获得定期集会的特权，或者无须经统治者召集就能够开会的权力。诸侯们对这些特权极端反感，他们希望摆脱任何羁绊，一心想着建立自己的行政体制。这种趋势在利奥波德一世被选为皇帝以前就已清晰出现，但许多诸侯不满足于已经取得的让步，他们希望通过 1654 年"议事总结"将已取得的权力扩大到他们有关军事的所有方面，并希望看到三级会议的财政权被取消。1670 年帝国议会通过一项其内容大致符合诸侯愿望的建议案，但皇帝本人拒绝予以同意。于是，那些特别倾向于专制统治的诸侯们，即巴伐利亚、勃兰登堡、科隆、巴拉丁—诺伊堡等国君主于 1671 年 6 月结成同盟，以便在其三级会议以武力抵抗他们，或它们拒绝给予防务或维持要塞所必要的款项或者拒交帝国和地区已经同意的款项时，相互进行支持。

450

---

① 关于哈布斯堡的政府机构，见边码第 20 章第 477、485 页（原书页码）。

德意志诸侯发现，要做到联袂反对他们的三级会议是轻而易举之事，因此勃兰登堡大选侯、巴拉丁伯爵菲利普·威廉（也是于利希和贝格公爵）一起设法拆散便于利希，克勒弗、贝格和马尔克的三级会议联合在一起的传统同盟。

路易十四以他拥有无限权力的榜样鼓舞着许多德意志诸侯。如果说他们无望与法兰西国王的显赫一争高下的话，如果说他们的军队不可与他的军队同日而语的话，那么他们至少可以在内卡河或斯普雷河河畔建起小凡尔赛。萨克森的约翰·乔治二世修筑一座歌剧院。供养了一支拥有 1 名指挥、2 名助理指挥、4 名意大利作曲家和 46 名歌手的乐队。1648 年在符腾堡宫廷上演一出名为"快乐的约会"伴有芭蕾舞的歌剧，参观凡尔赛几乎成了德意志诸侯的王孙公子应尽的义务，这很快又为高级贵族所仿效。1671 年符腾堡枢密院院长神气十足地向三级会议的代表们描述了符腾堡王子盛大的法国之行。

两位王子抵达巴黎后，在他们的下榻处很快受到达官显贵的拜访，并多次在这些人的邸宅受到隆重款待，最后德·蒂雷纳元帅用自己的马车送他们去卢浮宫进行陛见，在那里国王陛下非常友好地接见了他们。觐见之前他们被告知在接见时国王将不戴帽子，而是光着头与他们谈话。就这样在他的私室里国王与他们进行了整整半小时非常礼貌的交谈，这是一种殊荣……①

凡尔赛的太阳甚至使很小的星星也闪闪发光。法兰西的风尚和法国的统治方式越过了莱茵河，法国的金钱对许多诸侯的宫廷有着极其强大的影响。1679 年以后，法国大使雷伯纳克伯爵在柏林影响巨大，他在大选侯的臣仆中大把大把散发金钱，恰如法国的驻英大使在查理二世的支持者和反对者中间的所作所为那样。

在德意志诸侯中，四个世俗诸侯国仍然是最有影响的。但在这一时期，巴拉丁失去了它长期所占据的领导地位。当 1649 年选侯查理，路易回到他的备受蹂躏的土地上时，他采取了专制统治的方式，试图恢复贸易控制经济，改善教育和平息宗教纷争。他也建起一支常备军——其数量在战时增加到 8000 人以上——和包括军事委员会在内的军事管理机构。为了维持它们，他对酒、水果和肉类开征经常税。

---

① 斯图亚特国家档案馆，《大事卷》，第 71 卷，第 270 宗：1671 年 2 月 13 日报告。

这位选侯强烈反对所有特权和对国家权力的任何阻碍。在他的严厉统治下，巴拉丁开始从三十年战争的破坏中复苏，但 1673 年可征税的资产估计仅有 1618 年数字的 1/4，在不同区域它是战前数字的 1/6—3/5。然而最糟糕的事情还在后面。1683 年巴拉丁选侯所属的锡门世家无嗣，便由诺伊堡旁支继承选侯之位，而诺伊堡世家同时还统治着于利希和贝格两公国。早在 1674 年巴拉丁已遭受法国人严重破坏，现在路易十四以其弟的名义又对它提出继承要求，因其弟娶了锡门家最后一位选侯之妹伊丽莎白·夏洛特为妻。战争随之而来，其结果是巴拉丁遭到第二次浩劫，比起上一次，这次更为彻底，也更为蓄意。在许多毁坏一空的城镇和村庄中就有首都海德堡，它的古老的大学和华丽的宫殿也未能幸免。遭到连续打击的巴拉丁从此一蹶不振。此外，新选侯约翰·威廉是一位天主教徒，他很快就开始镇压加尔文教徒，他们中许多人只得逃到国外寻求避难之所。就这样，巴拉丁失去了在德意志诸侯中的领导地位而成了诸多小邦中的一个，甚至到 18 世纪它也未能恢复其原有的地位。

　　另一个由维特尔斯巴赫世家统治的选侯国，即巴伐利亚，则从三十年战争中崛起，它的实力大增，尽管也受到战争的不利影响。马克西米连一世是天主教联盟的公认领袖，获得选侯的称号并征服了上巴拉丁，在那里他压制了三级会议并实行反宗教改革的政策。在巴伐利亚他也奉行专制统治的原则。正如去世前不久他在留给他妻子的"遗言"中所写的那样：几乎每一个邦国的君主和三级会议之间都有利益冲突，因为各等级总是想方设法增加自己的特权和自由，逃避承担和交纳君主根据其权利所应享有的赋税，或者至少用尽办法减少这种负担。因此，除非特别重要的原因，召集议会是不明智的，因为各等级只是利用议会发泄不满和要求新的权利。[①] 于是三十年战争之后尽管各等级一再要求，议会却从未召集过，但它们成功地做到使军队解散，只剩下少量的卫戍部队。马克西米连的继承者斐迪南·马利亚（1651—1679 年在位）秉承乃父的统治手段。其核心是枢密院，其他负责财政、军事和宗教事务的中央权力部门均从属于枢密院，成为其

452

453

---

　　① 克里斯蒂安·吕普雷希特，"巴伐利亚选侯马克西米连一世 1651 年 3 月 13 日留给其夫人的'遗言'"，见《上巴伐利亚祖国史文献》，第 59 集（1895—1896 年），第 317 页。

执行机构。为了监督地方当局和诸如"治安"、农业、贸易、工业、宗教和学校等事务，财政总管（Rentm eister）被用作无远勿届的统治工具，他们的多重职能与法国按察使（intendants）的职能相仿。选侯将全邦当作他的私产一样来管理，并以保护人的姿态来统治其臣民。通过开征新税和审慎地利用垄断权，选侯的收入有了相当大的增加，这些收入被部分用于鼓励音乐和艺术的发展。为数二三千人的一支常备军建立了起来，但只是在反对路易十四的战争期间才达到较为庞大的规模。经历了若干年并且在等级委员会屡次三番的请愿下，斐迪南·马利亚同意召集一次议会。在中断了 57 年之后它终于在 1669 年召开了：这是"旧时代"（指 1789 年法国大革命前的时代——译者注）历史上的最后一次议会。各等级同意在九年内每年提供 37.2 万盾，并承担选侯的绝大多数债务。它进一步授权其 20 名代表同意在必要时再征 20 万盾，如果还不够则召集等级会议。但几天后选侯发布一道敕令，更改了这一条文。敕令授权代表们与他一起决定当务之急的事情，并在发生空缺时可增补新成员。因此，各等级的代表得以继续每年集会数次，通过政府所需要的赋税额，陈诉疾苦，监督各等级的财政及其官员的工作。斐迪南·马利亚的继承者马克斯·埃曼努埃尔（1679—1726 年在位）甚至更不关心三级会议的特权：他把它当作一个无用的机构和一个妨碍其野心勃勃的对外政策的赘疣。西班牙王位继承战争期间，他站在路易十四一边，因而遭到帝国的声讨，并在布兰海姆（Bleuheim）一仗之后被驱逐出巴伐利亚①，1714 年他复辟后继续实行专制主义政策，但没有取消各等级代表尚存的权利。

德意志东部的勃兰登堡和萨克森这两个新教诸侯国，其地位在三十年战争后的时期里甚至比天主教的巴伐利亚还要突出。关于勃兰登堡的情况另有专章详加论述②，但在这时的两国中倒是萨克森依然远为发达、富裕和人口众多。作为战争的结果萨克森获得了卢萨蒂亚以及迈森、梅泽堡和瑙姆堡三个业已世俗化的主教区。不久，一个更为重大的目标即波兰在萨克森选侯的政策中居于突出的地位。但攫取波兰的价值，这是非常可疑的，因为要在波兰撒出大量金钱，其中一部

---

① 关于这些事件，见第 6 卷第 8 章。
② 见后第 23 章边码第 543 页以下多页。

分要花在贿赂有选举权的贵族身上，正是这个波兰王国耗费了韦廷世家许多精力，因而使他们不能集中力量来发展自己的邦国——而发展自己的邦国却是霍亨索伦世家所坚定不移地实行的政策。波兰以及萨克森选侯因波兰而使自己卷入的多次战争——尤其是 18 世纪初的抗瑞战争，当时萨克森为瑞典军队所占领①——是萨克森衰落的重要原因。从勃兰登堡的角度看来，十分幸运的是大选侯及其想当波兰国王的长子均未能实现其野心。与勃兰登堡和巴伐利亚不同，萨克森的各等级没有丧失其权力，相反选侯所负的沉重债务迫使他们对各等级做出新的让步。1661 年各等级的代表获得自行召集会议以讨论重要事务的权利，如果选侯想改变国教即路德教，那么各等级对筹款的表决就会归于无效和作废。宗教问题加强了各等级对专制君主制的抵制，因为 1697 年腓特烈·奥古斯特一世为了获得波兰王位成了罗马天主教徒，这就丧失了他作为萨克森教会最高领袖的权力，（此权力转归枢密院）。腓特烈·奥古斯特不得不出售或抵押出许多土地和特权，但他使首都德累斯顿成了艺术中心，并建立了迈森陶瓷工场，该工场在德意志是第一座，很快出了名。17 世纪后期萨克森还组建了一支约 1 万人的常备军。这支军队在萨克森反对土耳其人的战争中起了突出作用，并增加到近 2 万之众，仅次于勃兰登堡军队的数量。但是常备军的发展并没有摧毁各等级的权力，三级会议继续定期召集，其影响要到 18 世纪初萨克森仿效勃兰登堡实行普遍货物税之时才下降。对金钱愈来愈大的需求，宗教势力的反对以及陷于波兰问题等因素都使萨克森选侯不能亦步亦趋地仿效霍亨索伦世家的做法，常备军相对来说依然规模较小，萨克森也依然是一个立宪君主——相对于普鲁士王国而言。

　　1692 年汉诺威成为最年轻的选侯国，由于那种在德意志公侯世家中司空见惯的兄弟之间的冲突以及随之而来的领土的分割，它的发展受到相当大的阻滞。最近的两次分割发生于 1641 年和 1665 年，但 1683 年汉诺威的埃内斯特·奥古斯都在其领土上实行长子继承制，1705 年其子乔治·路易选侯成功地重新统一了公爵领地，9 年后又登上英国王位。17 世纪下半叶，汉诺威的约翰·腓特烈和埃内斯

①　见第 6 卷第 20 章。

特·奥古斯都两位公爵建立起一支强大的军队，这使他们能够积极参与反对路易十四和土耳其人以及平定匈牙利人叛乱的战争。利奥波德皇帝将埃内斯特·奥古斯都升格为选侯，即系皇帝对他效劳的奖赏。埃内斯特·奥古斯都还曾支持奥兰治威廉的远征。在选侯的控制下，汉诺威的管理由枢密院进行，它设有四院，分别掌管财政、司法、战争和教会事务，宫廷受到哲学家莱布尼茨的影响①，但统治集团由贵族构成，这就阻止了绝对专制政府的建立。这种趋势在 18 世纪得到很大加强，因为选侯频繁出国，故而政府掌握在选自本邦贵族的摄政手中。所有重要职务都为少数几个家族所控制，社会等级森严，由贵族所主宰的三级会议实际上统治着国家。传统的分野依然存在，三级会议中分有 7 个不同的集团，代表着组成该选侯国的一些公国和州郡。恰如萨克森几代选侯陷于波兰事务而妨碍了他们在德意志起领导作用一样，汉诺威几代选侯陷于英国事务而影响了他们集中精力于其德意志的发展和统一。

此外，在汉诺威以北的荷尔斯泰因公国，17 世纪后叶三级会议已完全失去其影响。在那里，联合统治者——荷尔斯泰因公爵和丹麦国王——充分利用 1654 年帝国"议事总结"② 所授予的权力，这些权利得到下萨克森地区所做出的一项决定的支持。统治者坚持认为只有他们才有决定要塞和卫戍部队的维持等事宜的权力，可是三级会议却拒绝向他们提供必需的资金。然而，1659 年克里斯蒂安·阿尔布莱奇公爵登位后要求每年春季定期征收用于军事目的的赋税：如果三级会议不同意，那就要由政府来征收。当三级会议指出这是它的特权时，政府宣称这种特权仅仅构成某种私法，而帝国和地区的决定则是基本法和公法。当各等级坚持应首先解除其苦楚时，统治者加以拒绝并着手强行征税。1675 年最后一届议会被召集，当争论重新发生后就被勒令休会，以后再也没有开过，三级会议也就完全失去其影响。德意志西南的巴登—杜拉赫侯国的发展情况与此十分相似，它在三十年战争中遭受严重损失，在路易十四发动的几次战争中损失甚至更惨重。1668 年这里也召开了最后一届议会，这届议会在未进行任何反

---

① 关于莱布尼茨，见前第 4 章边码第 82—85 页；第 5 章第 114—117 页；第 6 章边码第 145—146 页（原书页码）。

② 见前边码第 445 页。

对的情况下，将财政权和债务管理权移交给了侯爵腓特烈六世。宪法没有废止，但议会不再召集，因为它已没有什么用处了。巴登—杜拉赫侯国的统治方式是家长式的专制主义，它消除了一切纷争，促进了经济复苏。1771 年起草的一份备忘录明确地指出，三级会议这一名称已被遗忘久矣。

然而在其他一些诸侯国，正如在萨克森那样，三十年战争期间及其以后三级会议继续保留了甚至扩大了它的权力。在荷尔斯泰因以东的梅克伦堡公国，公爵也要求不经三级会议同意而征收用于军事目的的赋税的权利。1659—1663 年，三级会议向皇帝利奥彼德和宫廷会议提出申诉，皇帝和宫廷会议对其特权均予以肯定。由于受到帝国最高当局的支持，1671 年它便拒绝支付帝国议会所同意的援助联合省的款项，于是公爵动用武力强行征收。当三级会议再次向宫廷会议提出申议时，宫廷会议未予受理，但冲突仍在继续。1698 年宫廷会议决定，如果赋税是为帝国征收的，三级会议有义务支付。三年后一项协议达成，为军事目的每年将征税 12 万塔勒，其中贵族、城市和公爵领地各出 1/3。协议得到皇帝的同意，可是又为部分贵族所拒绝。在北方大战期间新的冲突爆发，在这场战争中，查理·利奥波德公爵站在彼得大帝一方，俄国军队占领了梅克伦堡。[①] 三级会议拒绝批准所要求的大笔款项，公国中唯一重要的城市罗斯托夫又向宫廷会议发出呼吁。但是在 1715 年该城市不得不投降，接受了公爵的条件。同年经梅克伦堡的三级会议和汉诺威的选侯乔治·路易请愿后，皇帝查理六世颁布了"帝国制裁执行令"以压制查理·利奥波德，并把执行权授予汉诺威和不伦瑞克两邦君主。他们的军队在俄国军队撤离后占领了梅克伦堡公国，实际上废黜了查理·利奥波德。根据宫廷会议的决定，1728 年该邦统治权授予他的兄弟，在三级会议的帮助下宪政恢复了。到 18 世纪中叶冲突再起，但得到宫廷会议支持的三级会议再次战胜公爵，它的特权仍然有效。

如果说梅克伦堡的三级会议为贵族所支配的话，那么西南部的符腾堡公国则情况相反：在那里三级会议仅有大约 60 个城镇和 14 个世俗化修道院的代表所组成并且是一院制，这是罕见的例外，其原因在

456

---

①　关于此事详情，见第 6 卷第 30 章。

于贵族早已是帝国自由骑士。在符腾堡，公爵和三级会议之间的主要争执也是有关常备军问题。三级会议顽强地拒绝提供和平时期维持军队的资金，而且做到在战争刚一结束时，就使军队减少到只有二三百人。当腓特烈·查理公爵在 17 世纪 90 年代将民兵转为正规军时，三级会议宣布这是违宪行为并向宫廷会议上诉，但没有取得多大成功。18 世纪冲突依然存在，这期间三级会议先是节节败退，但最终还是成功地重新发挥了其影响，原因在于它得到了宫廷会议与普鲁士和英国两国国王的支持。在符腾堡从 1733 年起三级会议就在反对罗马天主教，这也加强了它抵制专制统治的力量。

因此，德意志不同地区的宪政发展情况迥异，其影响则持续到 20 世纪。但是，西南部巴拉丁和巴登的情况和东北部梅克伦堡的情况绝不表明西南部较为宪政化和"自由"而东北部较为专制。不同的发展情况不能拿地理因素来解释，也不能拿社会结构的不同来解释，因为梅克伦堡的三级会议——像波兰和匈牙利的议会一样——由贵族所控制，而符腾堡的三级会议则由小城镇的市民所支配。只是在萨克森存在着贵族和城市的平衡，在诸城市中莱比锡最为重要。另外，在勃兰登堡和普鲁士，贵族像在梅克伦堡一样处于支配地位，专制统治取得胜利，所建立的常备军远比其他任何德意志诸侯国的常备军庞大得多。这首先归因于霍亨索伦世家果断的政策：在三十年战争后的一个世纪中他们的坚韧不拔帮助他们超越了维特尔斯巴赫世家和韦廷世家。个人因素在这方面至关重要。除了普鲁士，其他国家的常备军仍然规模很小，拥有传统自由和宪法权利的三级会议只是在少数诸侯国不复存在。无论哪里，只要三级会议的影响得到维持，只要军队的影响没有遍及全邦，传统就依然具有生命力，它将有利于近代自治和代议制的建立。

（洪邮生　吴世民　译）

第 十 九 章

三十年战争后的意大利

　　威斯特伐利亚和约以前，意大利是一张庞大的欧洲利益交汇网络中的一个有机部分，它是大主教反宗教改革运动的中心，并且是西班牙帝国扩张的主要基地之一。西班牙—天主教的政治利益，是与热那亚、米兰、托斯卡纳、那不勒斯和西西里的航运、银行、工业及商人在其中起着重要作用的一些广泛的经济利益联结在一起的。威斯特伐利亚和约重创了西班牙的帝国主义，遏制了反宗教改革运动。作为间接的结果，意大利被挤到欧洲历史的主流之外，并在欧洲列国中仅限于据有一种极为次要的地位。故而，威斯特伐利亚和约对于意大利历史来说也是一个极其重要的，虽然其影响只是随着时间的推移才逐渐显示出来。和约并没有立刻终止使亚平宁半岛及半岛各邦卷入其中的争斗，即法西战争和威尼斯与其之间争夺干地亚的战争；也没有改变意大利的政治地图，这张政治地图的基本结构原是由卡托—康布雷齐和约（1559 年）所确定的，并在某些细节上由随后发生的一些事件特别是凯拉斯科条约（1631 年）加以修改的。

　　西班牙仍然是其传统领地米兰、那不勒斯、西西里和撒丁的主宰。它凭借一系列战略要点，保持着对第勒尼安海——对帝国交通至关重要——及其沿岸诸国的控制。热那亚共和国及其自身的领土利古里亚和科西嘉仍然是西班牙推行其政策的保证，它受到一些战略要塞的监视，这些要塞位于费内尔侯爵领地（在利古里亚海岸，受西班牙直接统治）境内和卢尼吉亚那谷地（该地区处在波河流域与蒂勒尼安海之间，零落分布着马拉斯皮纳家族的封邑，这个家族理论上是神圣罗马帝国的封臣，但实际上是西班牙米兰总督的下属）。西班牙人还通过卢尼吉亚那控制着周围一些小邦，如 Cybo 的马萨公国和卡拉拉公国以及卢卡共和国，并监视着托斯卡纳大公国。此外，通过直接控制隶属那不勒斯总督的要塞和间接控制皮翁比诺公国（该公国自 1634 起成为卢多维西家族的封邑），西班牙还从南面遏制着托斯卡纳。最后，这些据点保护了从那不勒斯到热那亚的交通线，并间接控制了教皇本身。

　　与西班牙在意大利的巨大权势相对抗的是法国的权势，它在领土占有上无足轻重，但在政治和军事方面却非常有力量。法国通过凯拉斯科条约取得了皮内卢鲁要塞和毗邻的位于皮埃蒙特境内的阿尔卑斯诸山谷。它由此能够在任何时候派军队进入意大利，控制萨伏依公国及公国领土萨伏依、皮埃蒙特、尼斯和在利古里亚的包括奥内格里亚在内的一块飞地。克里斯蒂娜公爵夫人，也即他们年幼之子萨伏公爵查理·伊曼纽尔二世（1637—1675 年在位）的摄政，曾希望凯拉斯科条约的条款在威斯特伐利亚和会上被废除，但没有成功。在此事上，皇帝斐迪南三世屈从了法国的要求，因而皮埃蒙特仍然是占据着都灵城堡的法国人与由米兰总督卡拉赛纳统率、驻扎在维尔塞利的西班牙军队进行厮杀的战场。意大利所有的小邦都围着这场大争斗转，根据自己的利益和野心，或支持法国，或支持西班牙。

　　在威斯特利亚和会前的几十年时间里，意大利各邦推行了一种巩固内部的政策，这种政策往往体现在为大邦吞并邻近的小诸侯国，这些小诸侯国能从中世纪幸存下来，本身就是时代的错误。吞并进程自然引起了一些地区性冲突，它们转而又与法西之间的大争斗联系到一起。在亲西班牙的热那亚与法国的仆从萨伏依世家之间，存在着一种持续的"冷战"；萨伏依世家同时还与统治曼图亚和蒙费拉托的贡扎加—内维尔公爵世家公开敌对，为的是争夺位于伦巴底、皮埃蒙特及利古里亚之间具有战略地位的蒙费拉托领土。法国通过凯拉斯科条约已成了这场争斗的仲裁者并使萨伏依沦为附庸，同时它还想以贡扎加—内维尔世家将阿尔巴和特里诺割让给萨伏依为条件，保证贡扎加—内维尔世家拥有蒙费拉托。但是，西班牙以武力反对这一裁决，而贡扎加—内维尔世家虽然祖上是法国人，却也不愿放弃阿尔巴和特里诺。于是，法国人在 1648 年驻军于蒙费拉托的最大要塞卡萨尔，而卡拉塞纳则试图把贡扎加—内维尔世家的查理二世（1647—1675 年在位）争取过来。与此同时，卡拉塞纳还利用莫德纳公爵费朗西

斯一世·埃斯特（1629—1657 年在位）对科雷纳奥小诸侯国的野心，
竭力争取这位公爵。就法国方面而言，它也支持帕尔马和皮亚琴察公
爵拉努齐二世·法尔内塞在拉丁姆的封邑卡斯特罗。

　　此外，马扎然对托斯卡纳发动了一场征讨以占领皮翁比诺及其要
塞的战争。但托斯卡纳大公美第奇家的斐迪南二世一面保持审慎的中
立，一面继续倾向于西班牙。他这样做是希望继续执行其祖先的传统
政策，即在卢尼吉亚那和马雷马这两个战略地带努力加强边防。美第
奇家在马雷马地区已取得了皮提格里亚诺（1604 年）和桑塔·费奥
拉（1634 年）两伯爵领地，而对卢尼古亚那地区，他们则觊觎彭特
莫雷利，该地早先是马拉斯皮纳家族的封邑，是通往西萨关的要冲，
因而也是通向整个卢尼吉亚谷地的关键。

　　罗马教廷也推行兼并政策，在夺取了费拉拉公国（1598 年）和
乌尔比诺公国（1631 年后），它现在又觊觎起卡斯特罗。但英诺森十
世·庞菲利（1641—1655 年在位）最为关心的是确保天主教国家间
的和平，以图一面重建其在威斯特伐利亚和会上受到重创的教廷威
信，一面对抗正在干地亚（克里特）岛进攻威尼斯人的土耳其。[①] 这
样，教廷与威尼斯共和国之间尽管以往冲突不断，现在却在政治目标
上趋于一致，即两者都希望和平并结成基督教反土耳其阵线。此时威
尼斯在法国和西班牙之间执行一项中立的政策，旨在既利用它与法国
的传统友谊，又利用西班牙对土耳其人的传统仇恨，左右逢源。

　　在黎塞留的心目中，凯拉斯科条约应使法国得以推行一项征服意
大利的野心勃勃的政策，也就是与 16 世纪法国诸国王所推行过的相
似的政策。但在 1648 年，法国缺乏执行这项政策所必需的物质条件。
法西两国都因三十年战争而精疲力竭。这样，它们在意大利的争斗就
变成了一场无关痛痒的拳来脚往。在起初阶段，投石党运动[②]引起的
危机使西班牙人得以把法国人从卡萨尔和皮翁比诺等要害地区逐出并
通过满足几位意大利君主的野心使他们归附自己。英诺森十世因此能
够从亲法的法尔内塞那里取得了卡斯特罗（1650 年），美第奇家的斐

---

①　后边码第 461—463 页。
②　见第 4 卷第 16 章。

迪南二世也免除了法军驻扎皮翁比诺的威胁，并在 1650 年获取了彭特雷莫利。卡拉塞纳答应让已成为西班牙盟友的弗朗西斯一世·埃斯特吞并科雷吉奥，而贡扎加—内维尔家的查理二世也加入到西班牙一方，并在 1652 年夺回了卡萨尔。然而，此后不久，马扎然重掌大权（1653 年），成功地勾销了西班牙所取得的上述种种成果；但马扎然自己也没能够劝使意大利各邦组成一个足够坚强的联盟来抵抗西班牙人。这主要是由于威尼斯人拒绝参加；他们太专注于干地亚事务了，以致不愿置身其他任何地方的活动。于是，马扎然不得不在其他地方寻求决定性的外交胜利，他转而图谋与克伦威尔的英国结盟。

　　在这个节骨眼上，意大利发生了一个插曲，这个事件本身很小，但由于它对英国公众舆论产生了巨大的影响，以致对英法关系颇为重要。1655 年，萨伏依世家在马扎然的默许下派遣一支讨伐军前往皮埃蒙特阿尔卑斯山区的瓦尔登西安诸谷地，讨伐自己属下的新教臣民。这支军队肆意蹂躏诸谷地区，犯下种种暴行，却仍未能彻底扑灭抵抗。"瓦尔登西安复活节"事件激怒了新教国家的公众，弥尔顿在他的一首最著名的十四行诗中就热情讴歌了该事件的遇难者。克伦威尔威胁要派舰队到意大利海岸实施报复，而马扎然为了获取他的友谊，主动承担他与都灵宫廷间的调解人。结果，瓦尔登西安人得以安居乐业，意大利则第一次得知了英国海军力量的大增。与此同时，马扎然还成功地争取到了莫德纳公爵弗朗西斯一世，公爵娶了马扎然的一个侄女，与卡拉塞纳断绝了来往，甚至率领一支法国军队推进伦巴底，连战皆捷，但 1658 年他在激战中身亡；而马扎然也没有把他的意大利攻势贯彻到底，倒是在佛兰德斯，他借助与英国的同盟大获全胜。

　　比利牛斯条约（1659 年）恢复了意大利的战前状态。西班牙保住了它的传统领地，法国则占有皮内卢鲁要塞并由此得以对萨伏依公国进行控制。西班牙人撤出了维尔塞利，法国人也早就离开了都灵城堡。但显而易见，西班牙的政治和军事衰败正在加剧，而罗马教廷威望的低落也同样明显：教皇亚历山大七世·基吉（1655—1677 年在位）竟未获准参与媾和谈判。意大利旧有的西班牙—天主教体制的支柱正悄悄地倒下，却不见形成任何可以替代这个体制的新秩序。尽管西班牙在此后的几十年里继续衰落，法国却也未作任何把西班牙逐出意大利并取代其统治地位的认真尝试。法国甚至丝毫没有把意大利利益与其自身利益有机联结起来的企图。它满足于在皮内卢鲁驻扎军队，时而炫耀一下军事力量来恫吓半岛上的各邦。让意大利保持稳定，不惹什么麻烦，而法国军队则在其他战场获取更重要的目标，这就够了。故而，意大利在1659年到1690年之间度过了一个政治上没有波澜的时期，在此期间，至少从所有的外观上来说，意大利没发生过什么大事。

这种政治上没有波澜的局面由于下列事实而显得更为突出，那就是意大利最强大的自主邦威尼斯一心扑在干地亚战争上，无暇顾及意大利事务达25年之久。与西班牙一味征讨土耳其人的好战政策相反，威尼斯对土耳其人历来采取一种和平的政策，这是出于贸易实利的合理考虑。此外，威尼斯作为西班牙—天主教政策的传统敌对者，明显得益于三十年战争所引起的西班牙和教廷的衰落。然而，威尼斯还没来得及从中渔利，就突然被迫投入一场大规模的对土耳其的战争，这场战争使威尼斯历史发生了巨变。

尽管威尼斯谨慎地避免与土耳其人发生任何争吵，却没法阻止土耳其政府在1645年派出一支强大的远征军进攻威尼斯所属的干地亚岛。当时的时机对土耳其人极为有利，因为基督教国家正忙于在三十年战争中相互厮杀，无暇派兵援救干地亚岛，尤其是奥斯曼帝国在地中海的最强大对手西班牙，此时已遍体鳞伤了。至于威尼斯本身，从军事观点来看是一点准备也没有的。似乎这还不够，拙劣的威尼斯殖民统治早已激怒了干地亚的居民，以致他们对岛上的防务袖手旁观。土耳其人在几周之内（1645年6月至8月）就攻占了坎尼亚城，然后横穿全岛围困该岛的主要据点干地亚城。在以往相似的情况下，西班牙和教廷都曾成功地调集一支十分强大的军队；但这次，它们只能派出一支归皮翁比诺亲王尼科洛·卢多维西统率并由那不勒斯、托斯卡纳、教皇国和马耳他等邦船只组成的舰队，这支舰队到达太晚了，没能挽救坎尼亚。不管在当时还是以后，威尼斯人都未得到任何真正有效的支援。甚至在威斯特伐利亚和约以后，威尼斯外交仍未能有所建树，西班牙和法国继续相互争斗，建立基督教联合阵线一事仍然是难圆之梦。

但是，干地亚是威尼斯最富庶的领地，故而那个共和国是不愿拱手让人的。为了装备一支可观的舰队，威尼斯人决心采取各种应急的财政措施，诸如授予任何捐献大笔资财的人以元老称号等。他们用这支舰队夺回了制海权，切断了围困干地亚的土耳其军队的后路，并且从 1647 年起把战争推向敌人营垒。他们在 1648 年攻占了达尔马提亚的克利萨城，并多次击败土耳其舰队。在 1656 年的赫勒斯滂大战中，他们失去了统帅，但也摧毁了大批敌军战舰，把土尔其人封锁在达达尼尔海峡内。土耳其人打破封锁的企图在 1657 年遭到了惨败，新任威尼斯统帅拉扎罗·莫塞尼戈甚至还成功地率军冲进了达达尼尔海峡。莫塞尼戈向君士坦查堡的进军最后为土耳其的海岸炮台的炮火所阻，威尼斯舰队的旗舰被击沉，其英勇的统帅阵亡。

463　　然而，经过 12 年的战争之后，威尼斯共和国精疲力竭了。它没能摧毁土耳其人的坚定信心，他们在穆罕默德·柯普律吕的铁腕政府领导下重新振作了起来，[1] 威尼斯舰队丧失了制海权，起初的那种运动战逐渐变成了一场围绕被困的干地亚城的消耗战，在这种消耗战中，奥斯曼帝国因拥有较多的人力物力而占据了优势。威尼斯人又以异乎寻常的顽强继续战斗了 12 年，但干地亚战争之于他们就像尼德兰战争之于西班牙，成了一个无底洞，他们不断地往里面倾注人员、资金和装备，却无济于事。

威尼斯的外交活动也毫无成效。比利牛斯条约（1659 年）后西班牙疲惫不堪，而马扎然统治的法国仅派出一小支援军，威尼斯新任统帅弗朗西斯科·莫罗西尼想方设法把这支部队增派给干地亚驻军，但收效甚微（1660 年）。土耳其政府与哈布斯堡王朝之间爆发的一场新的战争终于使干地亚的形势有所缓解，因为它引开了大批奥斯曼帝国的军队。但在 1664 年，威尼斯人又一次孤军奋战了，仅仅从几个意大利邦君处获得一些微不足道的援助，如萨伏依的查理·伊曼纽尔二世等，伊曼纽尔二世希望通过这条途径诱使威尼斯人给予他与国王相同的待遇。稍后，教皇克雷芒九世·罗斯皮里奥西（1667—1669 年在位）在意大利和帝国各邦中积极地募集援兵，并努力促成 1668 年的埃克斯—拉—夏佩尔条约[2]以结束移归权战争，其意在于希望路

---

① 见后第 21 章边码第 507—509 页。
② 见前第 9 章边码第 213 页。

易十四最终能把强大的法国军事力量用于基督教事业。但法国在地中海东岸的贸易利益对法国来说太重要了，以致它不愿像以前的西班牙那样成为反土耳其人的堡垒。法国的干涉仅限于派遣一小支军队，且在教皇的麾下作战以免与土耳其政府决裂，法国干涉的主要目的是获取荣耀，或许更是为了向土耳其政府施加压力以便改善准许法国人经商的条件。几个月后，法国人抛弃了干地亚，光剩下莫罗西尼和区区3000名因残酷战斗和给养殆尽而奄奄一息的幸存者。1669年9月，莫罗西尼终于不得不撤离了被困达23年之久的干地亚，在这场围困中，近10万人死于非命。

威尼斯人无疑作了坚强的防御，当他们投降时，给予他们的条件相当优惠：他们保留了苏达、斯皮纳隆加和卡拉布萨等要塞，还有克利萨城和爱奥尼亚海的赞特岛。然而，仍有人严厉指责那些被认为对失败负有罪责的人，莫罗西尼也在受审之列，但他被判无罪。战争有着比这些表面的不满现象更深刻得多的后果。威尼斯在开战之时是一个强大的商业国家，也是哈布斯堡王朝和教廷的坚强对手。在战争中，它的地中海东岸贸易几乎全丢给了法国人、英国人和荷兰人，而且它还转变成为天主教的支柱和哈布斯堡的盟友。这个转变的标志是，半个世纪前要被赶出威尼斯的耶稣会士竟在1657年被重新接纳，以示这个城市奉承教皇亚历山大七世之意。同样明显的是威尼斯的资本从航运和商业转向了土地。元老等级不再是一帮敢于冒险的资本家巨头了，而是变成了一群保守的地主贵族。

在这个时期，罗马教皇的精神威望和政治威望下降日益显著。这在1648年就已经很明显了，威斯特伐利亚和约实际上是教廷的失败。英诺森十世由于他软弱无能，更由于他的那些贪婪无比的亲属，早已成为许多激烈批评和冷嘲热讽的靶子。在罗马路人皆知，只要某人能满足教皇骄横的嫂嫂奥林匹亚·马伊达尔基妮的金钱欲，他就能从教廷得到任何东西。贿赂公行和吏治腐败在教皇国是普遍现象。就在教皇宠爱的建筑师贝尔尼尼继续以其令人眼花缭乱的创作成果装点圣彼得大教堂的同时，罗马平原上却是因疟疾滋蔓和盗匪横行而贫困不堪。这些情形在以后的几位教皇任内也没得到丝毫改善。

教廷与法国的关系也极不友好，部分原因是巴黎大主教雷斯红衣主教事件，这位大主教因参与投石党运动而受到马扎然的迫害。

为了安抚教皇，马扎然允许让教廷声讨扬森派教义（1653年）[1]。但扬森派的宣传并未销声匿迹，而法国与教廷关系的难题似有成为对教皇的持续威胁之虞。英诺森十世死后被选为新教皇亚历山大七世的是西埃尼斯·法比奥·基吉（1655年），他曾是出席威斯特伐利亚会议的教皇特使；他对耶稣会的支持以及他的意识形态观念促使法国的限制教皇权力论喊得更响。他时常发布训谕斥责扬森派教义，他举行盛大的仪式接待脱离新教而改宗大主教的瑞典女王克里斯蒂娜，而且，正如前文提到的那样，他还确保了耶稣会士返回威尼斯，但他与马扎然发生了冲突，马扎然个人对亚历山大七世怀有敌意，也不满罗马为逃离法国的雷斯红衣主教举行的欢迎仪式，更反对亚历山大呼吁法国僧侣支持他促成基督教君主间和平的尝试。这样，教廷在签订比利牛斯条约（1659年）时又遭受了一次道义上的失败，它也没能为威尼斯人提供帮助。在马扎然去世、路易十四亲政后，教廷处境更为恶劣。1682年，[2] 一些教皇的士兵与法国驻教廷大使克雷基的随从之间发生的一场无谓的小斗殴被渲染成采取激烈行动的借口：路易十四占领了阿维农，甚至还威胁要派兵进入意大利。教皇的地位是如此虚弱，以致他在1684年[3]被迫接受解决这场争吵的极其屈辱的办法，他的兄弟马里奥·基吉被派往法国向路易十四作郑重道歉。

465　　　在亚历山大七世死后举行的教皇选举会议上，仍能感受来自路易十四方面的沉重压力，这次会议选出了一位托斯卡纳人朱利奥·罗斯皮里奥西，法名为克雷芒九世（1667年）。克雷芒是最后一位在教皇史上发挥过重大作用的来自托斯卡纳的当权者。多亏了他的外交才能和温和性格，克雷芒得以消弭与法国的紧张关系，从而促成签订1668年埃克斯—拉—夏佩尔条约的法西谈判，并保证了扬森教派问题暂时得到解决（1669年的"教会和平"）。但他试图劝说全欧支援威尼斯反对土耳其人的努力却彻底失败了，这一失败对他打击极大，他不久就去世了。在接着召开的教皇选举会议上，法国的压力更为无耻，并致使了一位年老体弱的罗马人阿尔蒂里当选，法名为克雷芒十

---

① 见前第6章边码第133页。

② 原文如此，应为1662年。——译者注

③ 原文如此，应为1664年。——译者注

世（1670—1676 年在位）。克雷芒十世竭尽全力取悦"太阳王"，避免再发生争执；但即使是他心甘情愿的谦卑恭顺也不能使他免遭痛苦的屈辱，尤其在与狂妄的法国大使德斯特雷打交道时更是如此，德斯特雷不止一次地公开侮辱这位年迈的教皇。在克雷芒十世死后举行的教皇选举会议上，法国人坚持任何与克雷芒关系友好的红衣主教都不得当选，这不啻再次表明已故教皇已在路易十四那里失宠了。最后，伦巴底红衣主教奥特斯卡尔奇当选为英诺森十一世（1676—1689 年在位），他之所以获准当选仅仅是因为他被认为是其前任的反对者。

但英诺森十一世与克雷芒十世不同，他具有较大的勇气和较强的决断力来维护教皇的特权。英诺森是一位严守原则、秉性稳重的教皇，他致力于教义方面的重要工作，鞭挞道德决疑法和寂静派的模糊的神秘主义，寂静派是西班牙人米格尔·德·莫利诺斯的门徒，他们在意大利颇有追随者。英诺森十一世更著名的事迹是他与受路易十四保护的限制教皇权力论的斗争，这突出表现在 1682 年有关《四条论纲》的争论①中。英诺森也执行了组织联盟反对土耳其人的教廷既定方针，因而当土耳其进攻神圣罗马帝国时，他劝使波兰国王扬·索比斯基成为哈布斯堡的盟友进行干预。②他创立了一个新的节日"玛丽姓名节"来庆祝索比斯基在维也纳城下的胜利（1683 年）。1684 年，他促成奥地利、波兰和威尼斯之间的神圣同盟（关于此事下文还要谈到）。与此同时，他还在教皇国内努力消除裙带关系、打击贪污腐化、减少犯罪率，并着手整顿被几位前任的腐败统治损坏了的财政状况。他凭借着改革热情，不惜与法国大使（拉瓦尔丹）发生又一轮冲突（1687 年），因为拉瓦尔丹过分滥用外交豁免权。当路易十四再次威胁要派兵到意大利时，英诺森十一世毫不退缩。

就这样，一个长达 40 年的时期就结束了，在这 40 年中，法国对教廷采取的是一味进行恫吓和使用武力的政策。法国的这种政策严重地损害了教廷在意大利人心目中的威信，也丝毫无助于把法国的力量与天主教事业联结到一起，这与哈布斯堡王室把西班牙与反宗教改革运动联结起来的做法迥然相异。路易十四尽管摆出一副反新教的天主

466

---

① 见前第 6 章边码第 137 页。
② 见后第 21 章边码第 514 页。

教卫道士的姿态，却发现自己孤立无援，并受到即将来临的对奥格拉斯堡同盟进行战争的威胁。[①] 法国的政策仅仅是消极性的，它有助于旧秩序的衰落，却无益于新秩序的诞生。

英诺森十一世的功绩无法掩盖意大利天主教的缓慢衰落，它似乎已经僵化了，依然停留在反宗教改革运动时期所采取的立场上，毫无迹象表明已认识到改革的需要。从表面上看，天主教会取得了完全的胜利。除了一些受宗教法庭严密监视着的小型寂静主义者集会以及一些法国扬森派分支外，它在意大利已没有任何对立面了。事实上，在意大利人懒散的迷迷糊糊的循规蹈矩和表面的欢呼雀跃的宗教狂热之底里，是一种完全的空虚，充斥这种空虚的大多是怠惰的怀疑主义而少有新颖的观点，往往还带有一种愚昧型的反教权主义。最能反映后一点的是一名叫格雷戈里奥·莱蒂的冒险家（1630—1701 年），他来回于日内瓦、巴黎、伦敦和阿姆斯特丹之间，在几十年里向意大利散发了无数恶意诽谤的小册子，这些小册子虽然毫无价值，却风靡一时。

意大利政治上一潭死水的状况多少也是三十年战争带给它的可怕处境所造成的。亚平宁半岛在 1648 年时正处于一种经济和学术均趋衰败的状态，而且其人口也在下降。在以后的 40 年中，这种衰败更由于意大利孤立于欧洲历史的主流之外而愈加严重了。持续的衰落很久才到达最低点并稳定在一种较之以前要低许多的水平上。

战争带来的可怕瘟疫、兵匪的蹂躏破坏以及随之而来的贫困，使意大利的人口锐减。在随后的 40 年中，人口差额只是缓慢地得到弥补，因为瘟疫的流行至少延续到 1660 年（虽然严重程度要小些），而其他一些消极因素，如独身教士的不合理增长、下层阶级的普遍贫穷和居住条件的恶劣等，影响得更为长久。1659 年后的长时间和平确实最终带来了某些改善，但城市仍未达到以前的人口水平。在 16 世纪后期，米兰和威尼斯分别有近 25 万和 20 万居民。两市都因 17 世纪前几十年的瘟疫而失去大量人口，虽然后来两市有所恢复，但它们的人口都未超过 12.5 万和 13.5 万。这样的人口削减与同时期巴黎和伦敦的人口增长作一比较就更要令人震惊了。

---

① 见前第 9 章边码第 220—221 页。

城市中心的衰败是更为普遍之现象的一部分。17世纪初，意大利仍是一个商业、工业和银行业都很繁荣的国度，这些行业主要集中在城镇，到该世纪末，意大利几乎成了一个纯粹的农业国，它的那些毫无生气的小城镇大多是行政中心或地主们的居住地。意大利的金融除热那亚以外已不再是国际经济的一个要素了。意大利商业主要存在于对往昔的回忆之中。在当时主要的商业活动即殖民地贸易中，意大利人没有立足之地，他们的港口完全荒废了。（前面已谈了威尼斯如何失去地中海东岸的贸易，后面还将谈到墨西拿被剔除出地中海大港口之列的经过。）由于西班牙帝国的衰落，一直是帝国传统经济中心之一的热那亚也严重受损。里窝那仍很繁忙，但它主要是外国商船尤其是荷兰和英国商船的转运点。工业也衰落了：米兰布厂的数目从17世纪初的70家下降到15家，而佛罗伦萨的丝织工业则完全绝迹了。造成这一惊人衰败的因素有：连累意大利3/4地区的西班牙帝国之崩溃，外国列强特别是英荷两国的竞争，以及法国重商主义的扩张。路易十四对意大利诸邦所采取的暴烈行动，总是伴随着无声的经济战，例如马赛与热那亚进行竞争、法国也生产威尼斯制品最著称的镜子等。这也是路易十四未能在法国和意大利之间建立有机纽带的又一例证。

于是农业便成了意大利的主要经济活动，但这基本上是由于农业具有消极保守的性质，只是偶尔某个地方出现改进的尝试。例如，在西西里，有些富豪营建了整座整座新村庄来安置其庄园的佃户。土地产业的日益固定不变也促进了妨碍技术改进的趋势。越来越多的土地落入教会之手，而贵族庄园却由于财产托管和限定继承越来越不胜负荷，最后，商人家族越来越多地舍弃其传统经营而逐渐转化为土地贵族的趋势，导致了勤劳俭勉、算计锱铢的经济上创业习惯之消失，代之而起的是饱衣终日、奢侈张扬的经济上寄生于人的贵族习气。17世纪中的意大利贵族把土地的收入当作能使他们不劳而获且保持高消费生活方式的资金；他们宁愿把钱花在修建豪华的别墅上也不太愿意投资于农业的改进。社会风气也显示了地产的重要地位和城镇的衰落。人们以到乡下去过"田园生活"来显示他们的时髦高雅，有无能力支付"田园生活"的花费往往被当作划分上流社会与下层社会的界限。土地的重要性与其在经济上的利用已没什么关系了。

社会本身在结构上越发变得僵化了。意大利正变成一个由无所用心、和蔼可亲的绅士和逆来顺受、听天由命的农民组成的国家。除了贵族和教士以外，唯一还值得一提的是由一小批各种专业人员组成的阶级，即教师、律师和官吏。另外，长期的和平和通货紧缩的总趋势结束了因通货膨胀引起的混乱以及在16世纪后期和17世纪上半叶出现的民不聊生、盗贼四起、盲流遍地的极端惨景。食品价格下跌了。生活是较为稳定的；民众固然忍受着贫穷和困乏。但他们能设法活下来，而且日子还相对安宁。

到17世纪末，这段长时期的和平开始慢慢产生好结果了，在某些地区，资本悄悄地积累了起来，伦巴底地区的情况尤为突出，这主要是由于该地区土地天然肥沃，加之该地的西班牙统治日趋衰微，已无力造成太大的危害了。在托斯卡纳，行政和学术传统多少幸存了下来，那些已变成土地贵族的佛罗伦萨商人后裔也不全都是无所事事的人。那不勒斯有着一批备受社会尊敬的法律工作者，他们经常表现出相当的学识。这就慢慢地为行将在下个世纪出现启蒙运动准备了条件。然而，尽管这些知识分子、专业人员和行政官吏们拥有学识和才干，他们自己却毫无经济实力或政治实权，因此只能指望在国家机器所允许的范围内发挥影响。毫不奇怪，他们不久就将投身开明专制的事业，并对之加以热情的支持。

改革和强有力的政治措施仍然遥遥无期。在伽利略、康帕内拉、萨尔皮和博卡利尼等一代伟人逝去之后，意大利再也无力继续光大其长远的学术传统了。威尼斯仍然是一个重要的出版中心，意大利的大学也还能夸耀有几个具有欧洲知名度的教授，如波伦亚大学的马尔塞洛·马尔皮基（1628—1694年），他是现代生物学的奠基人之一。试验科学院的建立（1657年）及其成员——其中有阿雷佐医生弗朗切斯特·雷迪（1626—1697年）——的杰出研究，使伽利略精神在托斯卡纳得到了发扬，尤其是在生物学领域。但是，欧洲思想和学术的主流在意大利以外的地方。那不勒斯富有的律师阶层和开明贵族们对科学和哲学的强烈兴趣主要是在关心英国、法国和荷兰的文化中表现出来的。从当时的观点来看，意大利仍是适于从事艺术和高尚娱乐的伟大国家。它拥有巴洛克大师贝尔尼尼和博罗米尼，[1] 它的画师和建

469

---

① 见前第7章边码第156—159页。

筑师遍布欧洲，深深影响着当时的风尚，它拥有水平很高的歌手和讨人喜欢的乐师，拥有吕里和斯卡拉蒂，拥有巴洛克风味的罗马城连同其豪华的庆典、教堂和红衣主教们的别墅，拥有威尼斯连同其沿大运河两岸的迷人宫殿及其著名的狂欢，它不再是一个可望在文学上、哲学上或政治上出现指路星辰的国度了。去意大利旅行仍被认为是对年轻贵族和艺术家进行教育必不可少的一个项目，但这个半岛正在变成旅游地，一座博物馆。

各统治家族及其宫廷在苟且偷安之中沦落了，这种沦落既是生理上的，也是政治上的和道德上的，我们已论述过罗马教廷中曾经相当活跃的托斯卡纳官吏阶层之销声匿迹，也考察过 17 世纪下半叶历任教皇的致命弱点。到 17 世纪末，埃斯特、贡扎加和法尔内塞等家族也呈现出一幅笨蛋和恶棍辈出的衰微景象。美第奇家的斐迪南二世虽然胆怯软弱，却娴熟地引导他的小国家度过了三十年战争这场狂风暴雨，因而颇有政治家的美誉。但他的儿子科西摩三世（1670—1723年在位）却是一个心智紊乱的可怜虫，他那病态的宗教狂使自己的臣民饱受苦楚。意大利各邦中几乎没有一个可以说曾制定过国内政策。它们一味通过财政安排从臣民那里刮取钱财；对普通消费品征集间接税加重了穷人的负担，成倍加收关税和通行税则妨碍了各种贸易。这些收入当时都大把大把地用来修建又一座新宫殿或奢华的巴洛克式教堂，用来豢养一小撮廷臣和寄生虫，仅此而已。

唯一例外是在软弱无力的克里斯蒂娜摄政结束后的皮埃蒙特。查理·埃曼努尔二世当政时期的积极进取显然是由于他一心想仿效路易十四：他因此对立法、财政和军事事务进行了一些改革，并推行一套严厉的旨在贬黜贵族阶级的专制主义和一项野心勃勃的重商主义政策。但实际上，这些雄心壮志显得超出了皮埃蒙特的国力，或者说超出了公爵实际的政治才能。查理·埃曼努尔念念不忘于获取国王头衔，故他派兵远赴干地亚参战并异想天开地筹划征服日内瓦和热那亚。公爵认为夺取热那亚将使萨伏依的重商主义登峰造极，他计划趁路易十四准备 1672 年对荷战争①的良机采取行动。由于指望西班牙会因那场法荷战争而被束缚住手脚，查理·埃曼努尔于 1672 年入侵

① 见前第 9 章边码第 215 页。

利古里亚，他还试图通过一位冒险家拉法埃莱·德拉·托雷在热那亚
内部组织一场叛乱，但颠覆阴谋一下子就败露了，而萨伏依军队也惨
败于热那亚人之手。查理·埃曼努尔二世不得不靠路易十四出面调停
尽快地中止了这场倒霉的冒险。重商主义之梦也未能改变皮埃蒙特农
业的和过时的经济结构。贵族们虽然暂时被遏制，但仍然是统治阶
级。1675 年，郁郁寡欢的公爵去世了，随后建立的摄政统治，甚至
比前一次的摄政统治更加软弱，更加声誉扫地。

　　西班牙在那不勒斯、米兰、撒丁和西西里等地互不相属的统治就
算还能维持下去，却是更无效率和腐败了。西班牙统治之所以能够幸
存下来，与其说是由于它自身的力量，倒不如说是因为法国对意大利
缺乏兴趣。西班牙的官吏们颇为留恋这个半岛，因为它能为他们提供
仕途和薪俸，但法国却不然，它的目光盯着其他一些地方。在法荷战
争之际，法国一度恢复对意大利的兴趣，但即使在这时，法国的兴趣
也只是表现为突如其来、变幻莫测的干涉，而非处心积虑、周密计划
的方略。

　　墨西拿是西属西西里唯一保持一定程度经济繁荣的地方，它的港
口仍在忙碌地经营着走俏的丝绸生意，它自古就有的种种特惠使它颇
像一个独立的商人共和国。但西班牙政府非常嫉恨这种自治状态，因
此它大力鼓励当地的平民党派梅尔利派反对居统治地位的贵族党派马
尔维齐派。1674 年，马尔维齐派进行报复，组织了一场墨西拿起义。
西班牙军队被赶了出去，马尔维齐派举城投靠路易十四，路易十四不
仅接受输诚，还派军前来协助城防。法国舰队在里巴利岛附近击败了
西班牙人（1676 年），又在奥古斯塔附近海面战胜了德·勒伊特统帅
的荷兰人舰船（1676 年）。一时显得法国人很快就要征服整个西西里
岛。但英国把这种局势当作对其地中海利益的威胁，为免激起英国的
敌意，路易十四毫不犹豫地抛弃了墨西拿人，他在 1678 年撤走了军
队。由于路易十四袖手不顾墨西拿的困境，成千上万的墨西拿市民只
得逃离故土。人口锐减的墨西拿受到了西班牙血腥报复的惩罚，并被
剥夺了以往的特惠，它彻底丧失了往昔的繁华。

　　太阳王不去支持那些曾信任过他的人，现在反而利用曼图亚公爵
费迪南德·查尔斯（1669—1707 年在位），因其放荡无度而加剧的财
政困难，重提法国对卡萨尔的要求。1678 年，曼图亚公爵答应订立

一项协定，割让卡萨尔以换取一笔钱财。为避免其他列强可能采取行动，这项协定对外保密，但公爵的一位大臣马提奥伯爵出卖了这一机密——也是为了钱财。路易十四设计拿获马提奥利并将之囚禁：他可能就是著名的"铁面人"，之后，路易十四重新与公爵谈判，终于在1681年把卡萨尔弄到了手。

这一胜利使路易十四大受鼓舞，他企图进而获取热那亚。他在热那亚建立了一支亲法的"第五纵队"以图挑起事端，制造武装干涉的借口。当1683年法西两国战火重起之时，路易十四责令热那亚人中止给西班牙的传统支持，另外还提了广泛的要求。然而，即使是一支法国舰队不宣而战开到了热那亚大门口并对该城进行了持续5天（1684年5月17日—22日）的猛烈炮击，热那亚共和国却毫不屈服。路易十四的侵略与热那亚代价惨重的抵抗大大影响了意大利人的舆论，激起了他们对路易十四恃强凌弱作风的义愤。但西班牙的虚弱却使路易十四得以用惑人耳目的胜利表象来掩盖其征服计划的真正失败。路易十四在雷蒂斯堡停战协定（1684年）中答应将尊重热那亚的独立，但他却仍有权随意压榨热那亚以满足其虚荣心。1685年5月，热那亚总督被迫前往凡尔赛宫郑重其事地表示屈从，乞求法王宽恕热那亚招惹了他。

此时，国际局势正再次发生变化，英诺森十一世讨伐异教徒的政策，以索比斯基在维也纳的胜利（1683年）和帝国、波兰及威尼斯三方反土耳其神圣同盟的建立（1684年）初步告捷。加强神圣罗马帝国反土耳其人的力量，也暗示着增强哈布斯堡王室对抗波旁王室的能力。神圣同盟不久就取得了辉煌的胜利。弗朗西斯科·莫罗西尼在他撤离干地亚的15年之后又重被任命为统帅，他率领一支得到托斯卡纳、马耳他和教皇国战船增援的舰队进攻圣马拉（爱奥尼亚海的一个岛屿）和普雷维萨要塞。阿尔马尼亚和伊庇鲁斯的居民以及埃皮鲁斯人和达尔马提亚的摩尔拉齐人也起而反抗土耳其人。1685年，莫罗西尼的舰队攻占科洛尼，开始了对希腊的进攻。1687年，摩里亚半岛被彻底征服，莫罗西尼获得了"伯罗奔尼撒库斯"的称号。是年岁末，威尼斯人横跨科林斯湾，占领了雅典。1688年新年伊始，正是威尼斯军队及其神圣同盟盟军喜气洋洋之时。

北意大利此时正在酝酿更直接威胁到路易十四的事件。路易十四　472

很久以来就一直希望能够控制萨伏依，尤其在查理·伊曼纽尔二世死后（1675年），当时法国公主萨伏依—内穆尔的让娜—巴蒂斯特充当了她的年幼之子维克多·阿马戴乌斯二世（1675—1730年在位）的摄政。让娜—巴蒂斯特在儿子成年后仍想掌管权柄，她不让儿子亲政，并依赖于法国国王的支持，少年老成的维克多·阿马戴乌斯善于伪装，他隐藏起自己对母亲和法国人的感情：他具备作为一位"马基雅维里式"君主的真正政治才能，这种才能是在他那段孤独沉默的生活里慢慢形成的。但是，他的国家仍在内政外交方面继续急遽衰落。在1680年至1682年，蒙多维及其周围农村发生了一场残酷的被称为"食盐战争"的反宫廷税收叛乱，这场叛乱几经血战才镇压下去。1687年，[①] 让娜—巴蒂斯特以她自己和她儿子的名义增订了凯拉斯科条约所规定的向法国臣服的条款，包括维克多·阿马戴乌斯在1684年娶一位由路易十四为他选定的法国妻子。年轻的公爵利用婚礼发动了一场政变，剥夺了他母亲的权力，亲自执掌了邦政，但路易十四以大量羞辱性的令人恼火的事情来报复公爵这一有力行动。

1685年废除南特敕令之后，路易十四迫使维克多·阿马戴乌斯迫害他的新教臣民瓦尔登西安人。瓦尔登西安人面临着要么立即改信大主教，要么被逐出皮埃蒙特的选择，但他们在一位名叫恩里科·阿尔诺的牧师领导下进行了抵抗。路易十四于是借口帮助公爵镇压叛乱者派卡蒂纳率军进入皮埃蒙特。瓦尔登西安人的抵抗被骇人听闻的血腥手段镇压下去了，所有谷地居民，包括妇女儿童，被圈集到一起，然后关押到皮埃蒙特的各个要塞，被囚禁的1.2万人中有2/3死于虐待和疾病（1686年）。但仍有少数游击队继续在阿尔卑斯山上坚持战斗，直到最后公爵决定释放幸存的囚徒并把他们送往日内瓦，在那里，他们得到了新教同道的慷慨救济。

此时，奥格斯堡同盟这个欧洲大联盟正在形成，这个同盟在奥兰治威廉入主英国后将进行一场反路易十四的大战争。维克多·阿马戴乌斯开始与法国的敌人秘密接触，他非常谨慎，以免他的行动被人发觉而招来路易十四的报复。经年不息的瓦尔登西安问题又突然重现了，这次是由阿尔诺挑起的，他开始在威廉三世的帮助下组织他的乡

473

---

　　① 原文如此，疑为1678年之误。——译者注

亲进行"光荣返回"的壮举，他们现在是在威廉三世的麾下作战。1689 年 8 月，瓦尔登西安人武装在阿尔诺统率下从日内瓦湖出发了；他们以无与伦比的胆略翻过阿尔卑斯山进入故土，并在这片谷地重开游击战争。关于这场游击战，流传下来一些看来直接取自历险小说的传说，例如瓦尔登西安人坚守巴尔齐格利亚峰抵抗一支多达 1.1 万人的法国军队的围攻。1690 年 6 月，正当阿尔诺的勇士们大批战死、他们的事业明显失败之时，萨伏依公爵的一位特使前来提议讲和，条件是他们要加入萨伏依军队对法国国王作战。

路易十四以打击瓦尔登西安人的惯用借口，再次派卡蒂纳率军进入皮埃蒙特。事实上，他正怀疑公爵与其对手达成了协议。卡蒂纳提出一些更为麻烦的要求，最后竟责令萨伏依放弃它的一些主要要塞并派它的军队前往法国以保证其忠诚。维克多·阿马戴乌斯对卡蒂纳的要求虚与委蛇以争取时间，同时与西班牙和神圣罗马帝国暗中谈判。1690 年 6 月 3 日，双方签署了一项秘密协定，据此，萨伏依加入奥格斯堡同盟，作为回报，它可望立即得到军事援助以对付法国，并在战争结束时夺回皮内卢鲁。几天以后，卡蒂纳要求马上接管都灵城堡，维克多·阿马戴乌斯报之以公开进行敌对行为。由此开始了欧洲历史和意大利历史上的一个新篇章。

（计秋枫　译）

第 二 十 章

哈布斯堡诸领地

在查理五世于 1519 年当选为皇帝之后的 2 年之中，他把哈布斯堡王室在中欧的所有世袭领地全交给了其弟斐迪南。1526 年，斐迪南一世使自己当选为波希米亚和匈牙利两国的国王，这就使哈布斯堡帝国臻于完整了。他那一支是哈布斯堡的幼支，他的领地远离大西洋海岸线，经济上比较落后，社会矛盾和内部冲突非常激烈，还屡遭土耳其人的蹂躏摧残。除了华伦斯坦的那段短暂的辉煌外，奥地利在三十年战争期间只扮演了一个配角；而且，战争使它满目疮痍，人口大减，一片凋敝。但至 17 世纪末，这个哈布斯堡君主国却成为列强之一，它在最后一场，也是唯一一场不断胜利的征讨异教的战争中被奉为基督教世界的救星；它为海权国家所看重而一味争取它做盟友，并被法国视为一个可怕的对手。诚然，哈布斯堡王朝是通过摧毁波希米亚人国家并剥夺匈牙利人的自由而登上这一权势地位的，但取得这一成就的途径和人物却使 17 世纪下半叶哈布斯堡诸领地的历史成为欧洲社会的历史上重要的、光彩夺目的一章。

很少有哪能个王室像哈布斯堡那样保持纯正的血统。1619—1705 年 3 位相继在位的哈布斯堡君主之统治并未因王室纷争或年幼孱弱而出现中断的现象，他们 3 人都表现出其世系典型的优缺点；他们诚心诚意，对其自认为是天授的权位之尊贵、权利和职责深信不疑；他们是笃实的天主教徒，他们的私德也毫无瑕疵。在 17 世纪下半叶大部分时间里执政的利奥波德一世，与他的祖辈和到约瑟夫二世为止的他的后辈一样，是位书籍和绘画的收藏家、音乐的业余爱好者和热衷于下棋的人。虽然他所择定的政策迫使他对臣民猛收捐税，令其陷于贫穷境地，并成千上万地征集他们参加战争，但当他偶尔想到臣民的苦楚时，他并非全无基督徒和常人皆有的同情之心。当 1680 年波希米亚农民得以直接向他陈情之时，他写信给胡姆普雷赫·切尔宁伯爵说："在此险恶世道，确需为这些农民们做些事情，并仁慈地对待他们，因为他们毕竟是与我们一样的人类。"① 斐迪南三世和利奥波德一世强烈的君权神授信条使他们对几位同时代君主的无限制独断羡慕不已。1665 年，利奥波德在他的老师和首席大臣齐瓦尼·波尔齐亚公爵死后宣布他决定"自己当自己的首相"。② 但利奥波德一世却没有大选侯或彼得大帝那样的雄才。他常因苦于无法拿定主意而令旁人恼火，以致教皇特使阿尔比齐忍不住这样评说："如果允许说几句，那我个人是希望皇帝对上帝的依赖更少一些，这样他就能以稍许多一点的远见应付临近的危险，并在他做出决定后就付诸行动。"③

　　我们在考察哈布斯堡领地的历史时，最主要一点就是：片刻也不能忘记，奥地利哈布斯堡君主从 1556 年到 1740 年一直据有神圣罗马帝国的帝位。他们自己也从未忘记这一点。这加强了他们的天命意识，并使他们确信，作为整个基督教社会的世俗领袖，他们尤其要对恢复基督教世界的信仰统一和领土完整负责，特别是利奥波德完全意识到他的帝位所带来的权利和责任。他悉心看护着帝国的每一寸土地，当 1674 年他的亲法派大臣洛布科维茨解职以后，他毫不迟疑地将其奥地利、波希米亚和匈牙利臣民的人力物力投入三场旷日持久的对法战争以保卫德意志。另外，他坚信自己作为皇帝和德意志国王有权要求帝国议会向他提供人员资金来支持他进行对土耳其苏丹和对法国国王的战争；而帝国议会虽然此时的能力和资源大大下降，却通常总是尽其所能予以响应。诚然，皇帝不再能召集德意志诸侯为他服兵役了，但不管怎样，共同的危险感、弗朗索瓦·德·利索拉非凡的外交技艺以及尚存的一点点对基督教帝国的责任感等因素加在一起，还是促使了大多数德意志大诸侯在皇帝对法国和对土耳其所进行的战争中与他积极合作。有四位帝国诸侯率军参加了把土耳其人赶出匈牙利的战争，他们是：洛林公爵查理、巴伐利亚选侯马克斯·埃曼努埃

---

① 引自 V. 诺莱特尼主编《捷克斯洛伐克》，第 4 卷，"历史"（布拉格，1930 年），第 531 页。

② 见《私人信札》1665 年 2 月 18 日，第 1 卷，第 105 页，转引自 D. 雷德里希《奥地利史》（哥达 1921 年版），第 6 卷，第 112 页。

③ 引自雷德里希，前揭书。

尔；巴登侯爵路易和萨克森选侯腓特烈·奥古斯特，其中前三人战功卓著。

当1648年10月威斯特伐利亚和约签订之时，斐迪南三世年届40。战争的忧虑、政事的操劳和痛风病已使他认为自己是一个不久于世的老人了。在他余后的9年时间里，他主要的关注是在他有生之年保证帝位传给他的某个儿子。[1] 三十年战争使斐迪南的领土有所缩减，因为他父亲曾在1635年以割让卢萨蒂亚换取萨克森脱离新教联盟，但即便如此，斐迪南的辖地仍然数量久多、幅员广阔。作为鲁道夫一世的嫡传子孙，他是上下奥地利的公爵，斯提利亚侯爵，卡林西亚、克恩膝和加尼奥拉的公爵和士瓦本境内各分散领地的世袭领主。他的堂兄弟斐迪南·查理大公以邦君身份统治着提罗尔伯国，这是哈布斯堡家族的最后一块王子封地，当提罗尔支系的最后一位男嗣西吉斯蒙德·弗朗西斯大公于1665年去世后，这块封地就收归王室了。这样，哈布斯堡家族的所有领地就全部回归族长之手，完成中央集权试验的条件也因此成熟了。

斐迪三世和利奥波德一世都身兼波希米亚的国王，因而也是圣文采斯拉斯王位所有属地的统治者，这些属地有：波希米亚王国、摩拉维亚侯爵领地和构成上下西里西亚政治混合体的许多小公国。1627年的《领土更属敕令》从法律上规定了1620年波希米亚叛乱在白山溃败后该王国的归属，即使圣文采斯拉斯王位由哈布斯堡家族世袭。波希米亚叛乱的彻底失败为17世纪的哈布斯堡君王提供了一个初步实施中央集权专制统治的理想场所。这种统治得以推行靠的是哈布斯堡国王与波希米亚贵族之间达成的默契；许多波希米亚贵族作为雇佣军军官站在奥地利一方参加了三十年战争，他们在后来都得到了姗姗来迟的却又是丰厚的奖赏，奖品是那些因定为叛国者或异端而被处死或流放的捷克地主的庄园。波希米亚的等级会议仍然召开，但举行与否要听国王的"尊便"。在传统的显贵院、乡绅院和市镇院三院之外，现在又添了一个由教士组成的第一院。但等级会议已被剥夺了大部分动议权；它们只能任命一些毫无实权的高级职务和下级官吏；它们可以审查由维也纳的御前会议送来的财政预算草案，但除了教士院

---

① 见后第486页。

外，其他各院很少提什么异议，而且即使提了出来也从未有什么效果。这段时期波希米亚等级会议主要关心的是使对农奴的剥削合法化并通过牺牲一点市镇的权利来保证地主经济特权的立法。从 1627 年起，最后一点市镇自治残余消失了；它们的行政长官由国王或领主来任免，它们一度很广阔的地产被没收，领主们所开办的拥有种种特惠的酒厂、客栈、商店和作坊几乎彻底挤垮了市镇的经济。自 1632 年开始，一个设在布尔诺的由指定人员组成的法庭，撕去了维护等级会议权利的伪装而对摩拉维亚侯爵领地进行统治。西里西亚没有参与 1618 年的叛乱，因此它获准保留了两个议会，并且未被施以什么正式的宪制变革。波希米亚本身的治理由设在维也纳的波希米亚总管衙门执行，该衙门由一位总管大臣和几位参事组成，他们有的是波希米亚贵族，有的是奥地利或德意志人，但他们全是由国王任命的。

　　斐迪南三世忧虑不安的头颅上还戴着一顶既荣耀而又沉重的拥有政教权力的圣斯蒂芬王冠，这顶破损的王冠是哈布斯堡家族从 1526 年莫哈奇战役所造成的混乱中捞到的。由于这顶王冠，斐迪南成为匈牙利和特兰西瓦尼亚、克罗地亚、斯洛文尼亚以及在尔马提亚等地名义上的国王。事实上，在被苏莱曼一世搞得七零八落的庞大的匈牙利王国中，只有 1/4 略多一点地方，即西部和北部诸县，是在斐迪南的统治下。大约 5/12 的地方受特兰西瓦尼亚君主统治，它通常是苏丹的藩属，但不管怎样，在 1687 年以前始终不受哈布斯堡的控制。剩下的 1/3 匈牙利成楔形状，它宽宽的底部位于萨瓦河和多瑙河之滨，粗粗的顶端则伸到了斯洛伐克南部，这片领土由土耳其人直接统治，分为卡尼萨、布达和台默斯瓦尔诸省，每省设一位统兵总督即帕夏。虽然匈牙利的主要城市布达和塞克什白堡及埃斯泰尔戈姆（格兰）大主教的首主教辖区都在土耳其人手中，但土耳其所夺取的只是这个国家最贫瘠荒芜的部分。斯洛伐克的矿产资源位于国王统治的那部分领土，而西本卑尔根的矿藏则在特兰西瓦尼亚境内。1648 年，国王统辖的匈牙利仍享受着它在 1606 年和 1608 年从内部不和的哈布斯堡家族争取来的民族自治。它有一个两院制的议会，其中的一院由政府大员即显贵和高级教士组成，另一院则由各县乡绅推出的代表组成；匈牙利等级会议拥有比削弱了的波希米亚和奥地利等级会议要多得多的实权。它选举一位宫伯（称"纳杜尔"），任此职者既统率全国武装力量，又就社会、经济、法律和宗教等方面事务广泛地制定法令。匈牙利总管衙门固然是设在维也纳，但匈牙利财政院却设在普雷斯堡，而且匈牙利人还极其警戒地保护着这两个机构的独立性。唯一在匈牙利拥有某些权威的帝国国务机构是御前军机处（Hofkriegsrat）和御前会议（Hofkammer），它们有一定的实权，如管理斯洛伐克的矿产等。

斐迪南的克罗地亚王国被照旧当作抗击土耳其人的前哨阵地和基督教君主在巴尔干的最后一个据点。该王国的东部地区在土耳其人手中并被划入他们的西尔缪姆省。克罗地亚西半部和达尔马提亚北部构成了一条由北向南伸展至亚得里亚海的细带状的基督教领土。克罗地亚等级会议仍在萨格勒布聚会，但这个国家的政府是一个军事政府，由国王任命的名称为"班"的大员领导，在 1648 年时担任"班"的是伟大的匈牙利军人兼诗人米克洛什·兹里尼。

自 1538 年斐迪南一世与匈牙利国王扬·扎波约瓜分匈牙利王国时起，特兰西瓦尼亚就独立于奥地利之外。在 17 世纪上半叶的国际风暴中，特兰西瓦尼亚的君主博尔·拜特伦和捷尔吉·拉科齐一世保住并加强了这个邦国。捷尔吉·拉科齐一世死于 1648 年。他的儿子与他同名，在 1642 年就已被特兰西瓦尼亚等级会议选为邦君。捷尔吉·拉科齐二世 1648 年开始执政时，年已 27 岁。他从其父和其母索菲亚·巴索丽双方继承了在特兰西瓦尼亚和匈牙利东北部的好些庞大家产业，外加与邦君之位俱来的许多领地。他是一个被宠坏的、爱慕虚荣而又鲁莽成性的年轻人，野心勃勃地想成为匈牙利或波兰的国王。他除了特兰西瓦尼亚以外还统治着毗邻的两个大县索特马尔和索博尔奇，这个邦国形式上仍然是由三个"民族"组成的联邦：马扎儿人、东部地区操马扎儿语的塞凯尔人和日耳曼血缘并操德语的城市居民"萨克森人"。

三十年战争后哈布期堡领地的物质状况颇为恶劣。在皇帝的号令仍能通行的各个部分，尽管并不是所有地方都曾成为战场，却都发生了人员、金钱和必需品的巨大损耗。因交战双方军队到达并发生战斗而遭荼毒的地区有多瑙河以北的奥地利、波希米亚和摩拉维亚，尤以后两个地区为甚。战争始于 1618 年布拉格的掷出窗外事件，止于 1648 年布拉格的查理大桥之战。在这两者之间的岁月里，捷克土地上进行了 6 场血流成河和毁灭一空的大战，大多发生在帝国军队和瑞典军队之间。瓦伦斯坦的军队在这片国土上搜刮压榨，而瑞典占领军则更是强取豪夺，尽情破坏。1648 年时瑞典人仍在波希米亚，要再过 2 年等到纽伦堡条约签订并支付了 500 万盾之后才把他们打发回家。即使到那时他们还把鲁道夫二世收藏在布拉格的艺术珍品以及威克利夫和胡斯的许多手稿当作战利品席卷而去。

后果最严重的战争影响是人口的减少。直接由战争造成的对生命的摧残，如士兵的阵亡病死、近 20 年里过往于境内的各方军队之征集和劫掠所导致的饿殍饿弃，持续到和平年月的瘟疫，因那么多男人长久外出从军而引起的自然生育率之下降，所有这些合在一起促使了人口的锐减。除了这些直接由战争引起的损失外，还要加上由于强制的或自愿的迁徙所造成的损失。当君王和天主教会在奥地利和捷克获胜后，新教徒被迫改宗，否则就得离开。1654 年和 1655 年波希米亚等级会议派出的巡回委员会为这个国家大部分地区所编制的大税收名册（bernirula），提供了有关波希米亚所遭受的破坏和人口减少程度的具体证据。这一名册在形式、内容和目的各方面都很像末日总查录，① 记录了地产上的佃户以及他们的土地及牲畜。虽然只公布了大约一半的税收名册，但它已足够证实其他证据所反映的情景了，即自 1618 年起发生的生命财产之损毁是极其巨大的，尽管或许并不像有些人所说的那样大。当今的捷克历史学家估计，波希米亚的人口从 1618 年的约 170 万下降到了 1648 年后的 90 万略多一点。摩拉维亚的下降比例也大致相等。奥地利各地在 1626 年和 1627 年起义被镇压后也因宗教原因而出现许多逃亡者。1627 年斐迪南二世发布的一项特别敕令命上奥地利的骑士和贵族或者改宗或者离开，1628 年下奥地利也受到了同样的待遇。1645 年，瑞典军队在离开时一路烧杀抢掠了多瑙河以北的奥地利农村土地。匈牙利的人口下降也许要比哈布斯堡君主国的西部领地小一些。但它的损失也是颇为可观的，而且还在继续。在土耳其统治的那部分匈牙利，由于贫瘠的沙土地和沼泽地、落后的耕种技术及地主、收税人和苏丹征粮官的盘剥勒索，基督教居民大批死于赤贫和饥饿，还有许多境地较好的人则逃亡到北匈牙利和

---

① 指 1086 年英国国王威廉一世颁布的全国土地、财产、牲畜和农民的调查册。——译者注

西匈牙利。① 整个匈牙利未曾遭受三十年战争交战军队的入侵和蹂躏。自 1606 年吉特瓦托洛克条约以来，皇帝与苏丹之间的官方关系一直保持着和平。但无论是基督教皇帝还是穆斯林皇帝都无法控制远在边境线上的军队指挥官。在名义上保持和平的 50 年时间里，不断有一些好大喜功和贪得无厌的土耳其帕夏人入侵基督教管辖区域，在那里杀戮劫掠城乡居民，或把他们带回当奴隶。匈牙利边陲的统兵官也经常越过界线不明的边界作防守性或报复性的突袭，但这些突袭对土耳其人的损害往往不如其对基督教居民的损害。17 世纪下半叶时有发生的瘟疫荒灾也使匈牙利受害匪浅。

480　　　在以农耕和森林业为主要经济的上述所有哈布斯堡领地，由人口减少而导致的劳动力短缺的情况极为严重，因为这种人口减少正值农村劳动力需求不断提高之时。整个中欧的地主们逐渐认识到，如果他们不仅靠土地解决自己家庭的温饱而且靠土地生产能用以出售的商品，那么他们就能取得一笔金钱收入来满足日益膨胀的欲望和更为广泛的雄心。农林产品的市场正在扩大；正越来越多地投身商业和制造业的西欧国家需要谷物和木材；维也纳、布拉格和南德意志城市需要解决吃饭穿衣问题；皇帝和苏丹所保持的庞大常备军和土耳其边境线上的许多永久性驻军形成了一个可观的市场，各地诸侯、显贵和高级教士的宫廷府第也是如此。所有这些市场均系地主所垄断。这种利用土地经营商品盈利的做法在波兰较为流行，② 但这在波希米亚、匈牙利和奥地利也很重要。土地所有者生产并销售谷物、木材、生猪、家禽、果酒、啤酒和烈酒，他们能够利用在各等级会议中的优势给予自己种种专利和贸易特权。他们建造了边境粮仓和运送谷物的大船。他们把木材结成木排筏运经赫龙河和瓦赫河而进入多瑙河。波希米亚的地主则修挖了许多可获巨利的大鱼塘。这是一种从庄园的自给自足经济向为市场而生产的经济转变，它包藏着一场深刻的土地革命。地主不再满足于让佃户们拖家带口住满他的庄园。他需要的不是他们通常所缴纳的往往微不足道的地租，而是他们的劳力。因而他们千方百计地增加地产，也就是不租出去而是留在自己手里用以种植可出售之庄

---

① H. 伊纳尔切克教授的研究最近表明，土耳其的财政制度对待巴尔干的基督教臣民并不像迄今人们所认为的那样严酷。不知这种情况是否也适合于土耳其治下的匈牙利。

② 见后第 24 章边码第 565 页。

稼的那种土地。地产的增加靠的是严格解释有关的法令和惯例，这些法令和惯例规定没有男性后嗣的农民，其产业应转归地主。那些因战争或瘟疫而空置的农民产业也被并入地主的地产。

这些地产的经营，如要获利，就需有充足的廉价劳动力。货币的贬值使地主用工资来雇工显得很不划算。他剩下的唯一办法就是迫使农民在地产上无偿劳动，而由于当时劳动力的减少，从每家农户所征的劳役也就不得不增加了；中欧东欧的农民因而承受了大大增加的劳役数量，这是本时期的特有现象。关于波希米亚的这种情形我们不仅有等级会议的立法为证，还有时人如丁·E. 韦格纳和荷兰裔耶稣会士雅各布·德·埃厄斯的记载作证。在领主地产上的劳役（rovota）、佃租、赋税和什一税要占去农奴劳动的 3/5；1/4 以上的农奴除去星期天和宗教节日外每天都要为他们的领主劳动。1620 年前佃农每年通常只要为其领主干 4—12 天的轻活；而到 1627 年以后，他们被迫每星期都去干活，一开始还只是特殊情况，后来竟成了惯例，而且定为每家佃户每周须有 3 天干田里的活。有些产业较丰的佃户还须支付"脚力劳役"，即除了出人力外还要提供两匹马加一挂马车或一副重犁。地主们通常自己不养脚力牲畜，只养一些供宰杀食用的牲畜；运送货物到市场或码头的事都由农民的无偿劳动来完成。农民们被迫只从他们自己的领主那里购买自用的谷物、果酒、啤酒和烈酒，往往还有自用的奶酪、鱼、牛、家禽和盐等。为使用领主的磨坊和获准离开领主庄园而交付的费用也很高。在哈布斯堡王室所辖的匈牙利，农奴的待遇也同样恶化了，马扎尔、斯洛伐克和克罗地亚也是如此。

土地所有者的经济政治优势也是哈布斯堡领地上城镇灾难性衰落的重要因素。1618—1626 年波希米亚和奥地利发生叛乱时两地城镇都曾卷入，这就提供了限制城镇市民自由和破坏城镇工商业的机会，它们被禁止向农民出售各类在领主庄园上也生产的商品。由一些政治家如韦格纳、开明爱国的捷克耶稣会士博胡斯拉夫·巴尔文、P. H. 莫根培勒和 F. S. 马利尔斯基等人提出的工商业发展规划被视若无睹。国王直辖城市被债务和税收压得透不过气来，而御前会议也对之不闻不问，因此它们就算有所进步，也是微不足道的。"从属"城市，即作为某些领主或高级教士产业一部分的那些城市（它们的居民人数是国王直辖城市人口的 2 倍多），恢复得比较快一些，因为那样符合领主的利益。然而，当 1650 年后工业开始在捷克和斯洛伐克土地上重新发展之时，这种情况却是主要发生在乡村而非城市。

三十年战争的种种后果、土耳其边境上持续不断的战争（一开始是非正式的，但从 1661 年到 1699 年间则是公开的、大规模的而且几乎从未间断过）、为维持常备军队和各处驻军、利奥波德统治时期与法国的长期战争而造成的人力财力之枯竭，城市生活的败落，所有这些合在一起阻碍了哈布斯堡诸领地上的文化发展。德语或捷克语的作品对诗歌贡献甚微，对戏剧则毫无贡献。只有产生在某些耶稣会学院和学校的拉丁语戏剧、巴尔文的拉丁文著作、一些关于政治和战争艺术的德语和意大利语论著以及最突出的米克洛什·兹里尼的马扎儿语诗歌，还稍稍预示了下个世纪的文化繁荣。在绘画、雕塑、建筑和音乐方面，利奥波德及其领地上的贵族们才刚刚开始接纳意大利、德意志、波兰和法国的艺术家，这些艺术家为布拉格、维也纳和斯洛伐克诸城市的巴洛克风尚奠定了基础。两位 17 世纪最优秀的捷克画家卡雷卡、斯克列塔和文采斯拉斯·霍拉尔是在他们流亡于德意志、荷兰或英国期间完成他们大多数杰作的，这真是波希米亚哈布斯堡国王们的大错和损失。同样被迫过流亡生活的还有一位更著名的人物，扬·阿莫斯·考门斯基，即以夸美纽斯之名闻名于世的那位波希米亚兄弟会的末代主教，即从波兰的莱什诺到伦敦，到斯德哥尔摩，到普鲁士的埃尔宾，到匈牙利的萨罗斯巴塔克，最后到了阿姆斯特丹，1670 年他死于该地。在奥地利和捷克的新教徒被驱逐或改宗之后，高等教育由耶稣会士控制，他们的所作所为并非全是有害的。有一个名叫安东宁·科尼阿什的耶稣会士吹嘘他曾焚毁了 600 册捷克文书籍，但他的年轻同道巴尔文却是这个王国里唯一一位对捷克人的历史和语言感兴趣的人。他的著作《波希米亚优雅的斯洛伐克语论辩》行文华丽流畅，但一直到了成书一个多世纪后的 1775 年，才有人敢将之出版。在匈牙利北部，耶稣会教师撰写了有关圣经教义、历史和时兴话题的著作，而且有时还是用斯洛伐克语写的。

到 1648 年时，"反宗教改革"运动的第一阶段在奥地利和捷克土地上已差不多完成了；也就是说，公开奉行和宣讲新教教义的行为已被以下种种措施制止住了：驱逐信奉新教的牧师和学校教师、处决或监禁所有参与叛乱或异端行动的乡绅和市民、占用或捣毁新教社团的财产、强迫新教徒群众改宗天主教，违者课以罚金和流放。制止新教的任务比较容易，因为捷克和奥地利的新教主要是地主们关心的事；作为教区教会的赞助人，他决定他所任命的牧师的信仰归属，从而也决定了教区教民的礼拜形式和宗教信仰。每当信奉新教的地主被一位天主教徒取代或他本人转变成天主教徒并任用一位主持天主教礼拜仪式的天主教神甫，那么教区的教民们接受新情况就是一件再容易不过的常事了。重新天主教化在奥地利则更为容易，因为那里的新教比波希米亚兴起得晚、影响范围也较小。只有下奥地利的土地所有者获准在自己家里遵奉新教礼拜仪式，但他们不得接纳邻居和佃户加入。到 17 世纪中期，只剩下 42 位领主和 32 位骑士享有此等特权了。

　　在波希米亚和摩拉维亚，重新天主教化的任务更巨大更困难。这不仅因为绝大多数捷克人从 15 世纪初起就已成了异端分子和教派分立主义者，而且还因为这里的天主教会已如此的财尽智竭，以致要重建就几乎得从头做起。波希米亚是唯一的新教占绝对优势却被完全拉回到天主教阵营的国家。斐迪南三世笃信他应对误入歧途的臣民负责。他是圣母玛丽亚崇拜热的支持者，在他所有的领地内发起这样一股崇拜热潮是反宗教改革运动的最有效手段。在捷克、斯洛伐克和奥地利的许多城镇和村庄的中心广场上，至今还耸立着"圣母柱"。布拉格大学的教授不再"拥戴查理"，而是"拥戴斐迪南"，他们每年都要宣誓崇信"圣灵怀胎说"。扫荡胡斯派教徒的最后战役始于波希米亚摄政在 1639 年 9 月和 1650 年 2 月发布的两道敕令，敕令宣布各色人等必须在 3 星期内改宗天主教云云。波希米亚出现了一些骚乱，许多人逃离了这个国家，这种现象促使久患劳力短缺的地主们争取稍稍放宽敕令的严限。布拉格大主教阿达尔贝特·哈拉赫红衣主教和一些比较谨慎的耶稣会士约束狂热分子的仓促行动，并制止一些对坚不顺从者吊打、囚禁的现象。哈拉赫意识到需要采取一种更积极的政策，他因而着手重建并扩展教会机构。1655 年，在利托姆涅日策建立了波希米亚的第三个主教区，1664 年又在克拉罗夫建立了第四个主教区。

　　更为困难的是劝说现在已成为天主教徒的领主们交出他们的新教徒祖辈从教会没收来的财产以及培养充足的合格天主教教士，因为许

483

多地主仍不愿让其农奴的儿子进入教会学道。在波希米亚像在匈牙利一样，教区执事人员往往不得不由修道士来充任。1651 年，斐迪南在奥地利和波希米亚各地建立了"反宗教改革委员会"，各区的委员均有一位国王指定的世俗人士和一位教会人士，一般是当地的大小修道院的院长，由他们挑选教士推行"训诲"。注册受训的都是非天主教教徒，他们被召集来接受为期 6 周的训诲，然后由他们选择是改宗天主教还是宁愿被流放。这一指令能否执行通常取决于当地的领主。许多坚决不改宗者千方百计地躲避集训，领主们也往往帮助他们逃匿。尽管如此，耶稣会士的不懈努力无疑赢得了事实上已失去教俗两方面领袖的广大民众。到 1664 年，除奥勒山脉中的一些矿区村庄外，捷克各地至少表面上全改宗了天主教。秘密的新教礼拜仪式，如唱赞美诗。祷告会和诵读圣经等仍有继续，特别是在这个国家的北部和东北部地区，因而这些地区时有逃亡在外的牧师潜伏活动，并能从萨克森和西里西亚偷偷运进一些违禁书刊。这种小范围的地下新教活动一直持续到 1781 年约瑟夫二世发布宽容特令才转入公开，波希米亚国王所属各领地中，只有在西里西亚一地新教是得到官方宽容的，因为萨克森选侯坚持：根据威斯特伐利亚和约，应该允许路德教在西里西亚境内的奥尔斯、布里奇、利格尼茨及沃劳各小邦和布雷斯劳、施韦德尼茨、乔埃尔和格洛高等城市存在。布雷斯劳主教、斐迪南的兄弟利奥波德·威廉无暇在西利西亚开展反宗教改革运动，因为他同时还是奥洛穆茨的主教和西属尼德兰的总督。

　　在 1648 年以前，埃斯泰尔戈姆大主教彼得·帕兹马尼红衣主教就已在匈牙利和斯洛伐克大力开展了重新天主教化的活动。在耶稣会士和方济各会士的热情帮助下，他把匈牙利西部和西北部地区的许多贵族拉入了天主教会，而且在正常情况下，这些贵族还把他们的佃户和农奴带了进来。但信奉卡尔文教的特兰西瓦尼亚君主加博尔·拜特伦和捷尔吉·拉科齐一世所取得的军事和政治成就阻止了这一进程。根据 1645 年斐迪南与拉科齐之间签订的林茨条约，哈布斯堡王室所辖匈牙利确保了享受马提亚二世早在 1608 年加冕时就许诺的一定程度的宽容：所有贵族血统的人及国王直辖城市都享有信仰自由。在土耳其治下的那部分匈牙利地区，基督教教派之分因穆斯林的一视同仁的宽容而显得无足轻重了。在这里，天主教会处于最坏的境地，因为那些辖区处在土耳其占领区的高级教士早就远走高飞：埃斯泰尔戈姆大主教逃到了特尔纳瓦，埃格尔、佩奇、纳吉瓦拉德（格罗斯瓦尔代）、久洛堡（卡尔斯堡）和维斯普雷姆等地的主教则逃往西方避难，但巡游的方济各会和其他一些传道使团却使天主教会在土耳其占领150年期间存留了下来。卡尔文教徒设法在土耳其人统治下保住了一些地方组织，而且因与特兰西瓦尼亚境内的教派同道继续保持联系而颇得助益，特兰西瓦尼亚本身在整个17世纪中保持了它独特的彻底的宗教宽容。它的君主是卡尔文教教徒，而且卡尔文教是大多数马扎儿领主和绅士的信仰，因而实际上（虽然不是法律上）它也是他们的农奴的信仰。路德教在"萨克森人"即特兰西瓦尼亚城镇的日耳曼族居民中广有信徒。一个人数大减的少数派别仍然崇信16世纪后期在特兰西瓦尼亚一度盛行的索齐尼教派的反三位一体说，这个派别艰难地避免了被新教教会或天主教教会彻底同化。幸存的罗马天主教教会的地位几乎是岌岌可危的，但尽管教廷委派的高级教士有的逃离有的被赶走，且等级会议和君主也反对耶稣会士渗透进来，特兰西瓦尼亚的天主教社团却继续存留下来，直到17世纪末随着该邦国重新归顺利奥波德一世而恢复了元气。人数不断增加的操罗马尼亚语的特兰西瓦尼亚人被允许保留他们的希腊正教教堂、各级教阶和礼拜仪式。特兰西瓦尼亚的这种宗教信仰五花八门的状态应该看作国家虚弱的后果和标志，而不应解释为什么超乎寻常地实现了当时约翰·洛克还正刚刚开始加以阐述的那种宽容理论。

对于前面各页所描述的各片领地、各个民族的情况和各种难题，斐迪南三世和利奥波德一世都试图通过与大土地所有者和高级教士结成非正式联盟加以处置，因为大地主和高级教士连同他们的吏属以及县府和领主法庭起着掌管地方行政和司法的文官机构的作用，至于哈布斯堡君主国的中央行政管理，皇帝则借助现存的咨询机构和行政机关来进行。政策系由他与其枢密院商量后制定的，该枢密院由院长（Hofhochineister，他的地位与首相最相像）、宫廷大法官、御前副总管和2—3名枢密官组成。枢密官一般是奥地利的、德意志的、波希米亚的、意大利的，偶尔也有匈牙利的贵族和高级教士。中央政府的行政机制是御前总管衙门，它自1620年起从帝国总管衙门中分离了出来。它处理整个哈布斯堡君主国，尤其是奥地利的内部事务。

1667—1683 年任御前总管的是一位能干勤勉的莱因兰人约翰·保罗·霍歇尔博士，他是弗赖堡一位教授的儿子。中央财政部的职能由宫内省（Hofkammer）执行，它建立于 1527 年，作为一个财政机构它高于哈布斯堡君主国各领地的财政院。宫内省制定并分配财政预算，统管工商业、铸市和金银矿等事务。军事事务由御前军机处（Hofkriegsrat）的掌管，它自 1556 年起权力范围扩展到所有哈布斯堡领地。军机处除了履行其军事职责外还处理与土耳其政府的外交关系。历任军机大臣都很干练，如洛布科维茨、曼图亚侯爵汉尼拔·贡扎加、雷蒙多·蒙特库科利和巴登侯爵赫尔曼；这些人中没有一人是奥地利人或匈牙利人，这也是哈布斯堡政府的一大特色。

　　1648 年刚实现和平时，斐迪南三世的直接关注点是国际事务。无论是战争还是和平，都未促进他的家族或君主国的利益。宿敌法国比缔结卡托—康布雷齐和约（1559 年）以来的任何时候都更强大、更危险并且仍在成功地打击斐迪南的西班牙同宗。庆幸的是，除了边境上倒霉的马扎尔人、斯洛伐克人和克罗地亚人外，没有来自土耳其苏丹方面的直接威胁。土耳其帝国因 1648 年易卜拉欣一世被废黜并由其年仅 7 岁的儿子穆罕默德四世继位而国势大衰。[①] 特兰西瓦尼亚在一个短时期内也不惹麻烦，因为捷尔吉·拉科齐一世死于 1648 年，他的儿子和继承人捷尔吉·拉科齐二世要过 7 年才找到机会对王位提出要求。一向热切关注其家族的斐迪南三世在他未老先衰时主要关心的是如何确保他的长子斐迪南继承他所有的头衔和王冠。他已在 1646 年不费吹灰之力使此子当上了波希米亚国王，1647 年又使他当上了匈牙利国王。但要继承帝位就不那么容易了，这一方面是由于刚在威斯特伐利亚和会上获胜而得意扬扬的选侯们之自私和贪婪，另一方面是由于马扎然不知疲倦地进行活动，一心阻止哈布斯堡家人当选皇帝。选侯们经过半年的讨价还价最后于 1653 年 5 月在奥格斯堡选出了小斐迪南并于 6 月在雷蒂斯堡给他加冕。但 1654 年 7 月斐迪南四世的去世却使此前种种苦心孤诣的外交和刮自波希米亚及西班牙农民的钱财都付诸流水了。他的弟弟利奥波德结束了在西班牙的神学研究被带回奥地利，劳民伤财的竞选再度开始了。利奥波德分别于

486

---

① 见后第 21 章边码第 504—505 页。

1655 年在普雷斯堡和 1657 年在布拉格加冕为波希米亚和匈牙利的国王，但重起的战争妨碍了斐迪南三世在自己死前让利奥波德当选皇帝。

这场始于 1655 年 6 月瑞典国王查理十世入侵波兰的战争①与奥地利大有关系，不仅因为它有将新教国宗瑞典的霸权伸展到中欧之虞，还因为它直接威胁到了哈布斯堡君主国。查理十世野心勃勃地想当上波兰和波希米亚两国的君主，在距波希米亚起义还不到 40 年的当时，这个计划并非痴心妄想，尤其对于查理十世这样一位来自古斯塔夫嫡传的新教尚武国王来说更是如此。战争对斐迪南三世更直接的危险是轻率狂妄的特兰西瓦尼亚君主捷尔吉·拉科齐二世把瑞典国王查理当作可以帮助他实现野心的同盟者。查理十世刚占领华沙，拉科齐就于 1655 年 8 月派特使前去觐见查理；双方在 1656 年 12 月缔结了一项同盟，据此，拉科齐可望得到波兰的南部和东南部地区。斐迪南对这两个新教国家瓜分波兰领土的前景大为惊恐，他开始与流亡在外且又无子嗣的波兰国王扬·卡西米尔谈判，但行将就木的斐迪南三世很难有所作为了。拉科齐率领一支特兰西瓦尼亚军队经普热米什尔进到克拉科夫和桑多梅日，并于 1657 年 4 月 11 日在此与战果辉煌的查理十世会师了。斐迪南死于此前 9 天，他 16 岁的儿子就面临着与其祖父 1619 年登基时所面临的同样危急的局势。不到一个月他就作为波兰的盟友对瑞典开战了。幸运降临到了这位新统治者身上。首先，1657 年 5 月丹麦人进攻瑞典领土迫使查理十世为消除这一对其补给线的威胁而抛开了拉科齐；接着，土耳其人也转而反对拉科齐，这是基督教世界获悉的关于土耳其内部已发生巨变的第一个警报。在土耳其，穆罕默德·柯普律吕于 1656 年当上宰相。他严酷无情地清除了宫廷和军队中的怠惰腐败现象，并在四处寻觅重振和扩展土耳其帝国的机会。②柯普律吕绝不愿听任特兰西瓦尼亚君主自行建立一个独立的王国，因此，当拉科齐废黜摩尔达维亚执政并摆出一副领主架势命摩尔达维亚新执政和瓦拉几亚执政给他派遣辅助军队之时，苏丹命其藩属克里米亚鞑靼汗把特兰西瓦尼亚入侵军赶出了波兰。被瑞典

_____

①　见后第 22 章边码第 521 页和 24 章边码第 566 页。

②　见后第 21 章边码第 507—508 页。

盟友和哥萨克辅助军队抛弃且心挂本土的拉科齐于 1657 年 7 月以赔款 120 万弗罗林的代价与波兰人匆忙缔和，然后急急返回特兰西瓦尼亚。他在波兰留下一部分军队，由骁勇的亚诺什·凯梅尼统率，但这支军队人数太少了，根本没法抵抗鞑靼人的猛攻。在 7 月 31 日发生在塔尔诺波尔以南的特伦姆包拉之战中，凯梅尼所部不是战死，就是连同凯梅尼本人一起被送往克里米亚关押起来。

到了这时奥地利军队才首次投入战场。他们协助波兰人收复了克拉科夫并让卡西米尔复位。另一支奥地利军队在波兰人和勃兰登堡人的配合下，在波罗的海沿岸发起一次战役打败了瑞典人。在战役中，奥地利军队指挥官蒙特库科利以他在新明斯特、桑恩和阿尔森岛的辉煌战绩一举成名。

这对利奥波德的统治而言不能说是一个不利的开端，但他自登基之日起就不得不向臣民们提出人力、财力要求却是不祥的预兆。为贿赂选帝诸侯们不受马扎然的诱惑而花去的巨额费用则使税收更为加重。马扎然此时在千方百计影响选举，其意图在即使不能让路易十四当选为神圣罗马帝国皇帝，那也要某个将成为法国人傀儡的小诸侯登上帝位。利奥波德及其哈布斯堡同宗西班牙国王菲利普四世不仅担心哈布斯堡家失去帝位尊号，还害怕法国问鼎帝国的不言而喻的野心。哈布斯堡家抛出的流水般的金银和德意志诸侯对法国侵略的一知半觉的恐惧最终保证了利奥波德于 1658 年 7 月当选为皇帝，并于同年 8 月在法兰克福加冕。[①]

利奥波德朝初期最危险的事态发展是土耳其在其宰相穆罕默德·柯普律吕治下恢复了侵略力量。当土耳其还只威胁到特兰西瓦尼亚之时，维也纳的政府始终安之若素，甚至从哈布斯堡所辖的匈牙利开始送来的告急文书也未使它恐慌。在那里，从 1648 年起，就不断发生了零星的土耳其人入侵；在 1652 年，莱瓦和杰尔的边境要塞受到了威胁，只是由于亚当·福尔加奇在纳吉维瑞克斯打败了一支 5000 人的土耳其劫掠部队，两座要塞才得以保全。在匈牙利西南部的多瑙河中游边境，当地显贵在维也纳未给予任何援助的情况下进行了一场

---

① 　见前第 18 章边码第 446 页。

持久的苦战。克罗地亚"班"米克洛什·兹里尼在塔索式诗歌①中夸
耀了马扎尔人的英勇善战，并在散文诗中悲叹利奥波德的谋臣们的漠
不关心和无所作为，他写道："风吹何能干海啸，君王难违谋臣言。"②

　　终于引起维也纳意识到危险的是特兰西瓦尼亚向土耳其人的归
顺。在拉科齐灾难性的波兰冒险失败后，特兰西瓦尼亚等级会议为取
悦土耳其人而在 1657 年 11 月推举了费伦茨·雷代伊为君主。但拉科
齐决心保住自己的国家和君位，于是又反过来胁迫等级会议在 1658
年 1 月重新承认了他的地位，懦弱的雷代伊宣告退位。5 月，拉科齐
在利帕迎战土耳其入侵者并打败了他们。但在 9 月间，从瓦拉几亚率
军前来的鞑靼汗和从南面率军亲征的土耳其宰相对特兰西瓦尼亚两面
夹击，洗劫了卡尔斯堡，并占领了特兰西瓦尼亚西部杰诺、卢戈斯和
卡兰塞贝斯这三个最坚固的要塞。同月，土耳其宰相宣布阿科什·包
尔齐伊为特兰西瓦尼亚的具有土耳其附庸身份的君主，随后怯懦的等
级会议于 11 月承认了他。与此同时，拉科齐在他的匈牙利领地上拼
命招募军队，并于 1659 年挺进特兰西瓦尼亚，赶跑了与他为敌的包
尔齐伊并再度被等级会议承认。但在同年，布达帕夏艾哈迈德·西迪
率一支土耳其军队横穿从特伦斯瓦尔到托尔达和塞本（赫尔曼施塔
特）的东南诸县，所到之处故意洗劫边境要塞。显然，土耳其宰相
要坚持实施他的计划，而拉科齐光靠自己单薄的力量是无法挽救特兰
西瓦尼亚的。他转而向在维也纳的匈牙利国王乞援，利奥波德终于同
意帮助他。利奥波德的帝位竞选已经成功；蒙特库科利正在夺取波罗
的海战争的最后胜利；新任枢密院院长约翰·阿道夫·冯·施瓦岑贝
格也准备对土耳其采取行动。拉科齐以将索特马尔和索博尔奇县交给
国王为条件确保了军事援助的承诺。利奥波德的部队占领了索特马尔
和卡洛，但他们迟迟不与土耳其人开仗，一直到 1660 年年初波罗的
海地区的奥地利军队因查理十世去世及缔结奥利瓦和约腾出手来之后
才开始行动。③ 但为时已晚矣。是年春，西迪帕夏的军队在匈牙利东
北部进行了一场大规模的扫荡，远达德布勒森，然后直插特兰西瓦尼

－－－－－－－－－－

　　① 是一种由意大利诗人托夸托·塔索（Torquato Tasso 1544-1595）开创的韵律诗。——译者注
　　② Szekfü 在 *Hóman Bálintes Szekfü Gyula*，*Magyar*，*Történet*（布达佩斯 1935 年版）第 4 卷边码第
163 页中所引。
　　③ 见后第 24 章边码第 568 页。

亚心脏进至科洛茨瓦尔（克劳森堡）。1660 年 5 月，拉科齐试图在科洛茨瓦尔以西 10 英里处的费恩斯制止这股破坏狂潮，但被打败，他身负致命重伤逃往纳吉瓦拉德，两星期后他死于该地，享年 39 岁。艾哈迈德·西迪杀到纳吉瓦拉德，围困了这座特兰西尼亚最大的城市。奥地利将军路易·德·苏谢小心翼翼地率领军队来到邻近的拉卡马茨，从这个城堡的主墙上眼睁睁地看着土耳其军队对纳吉瓦拉德的最后攻击，8 月 27 日，西迪帕夏攻陷了纳吉瓦拉德城。

纳吉瓦拉德的失陷未结束特兰西瓦尼亚覆亡前的痛苦挣扎，凯梅尼已从克里米亚囚禁地返回，1661 年元旦，特兰西瓦尼亚等级会议把他选为捷尔吉·拉科齐二世的继续人。凯梅尼谨慎地请求奥地利的帮助，蒙特库科利被任命为援军的统帅。蒙特库科利原倾向于打击埃斯泰尔戈姆和布达的土耳其人，从而把他们从特兰西瓦尼亚吸引出来，但军机处命他会合处境极度狼狈的凯梅尼。特兰西瓦尼亚等级会议已于 1661 年 9 月逮捕并处死了凯梅尼的对头包尔齐伊，但土耳其人再也不愿容忍一个不是其奴才的君主了。是年 10 月，土耳其宰相穆罕默德·柯普律吕去世，但他的儿子和继位者法泽尔·艾哈迈德·柯普律吕精明强干不亚于乃父，而且同样热衷于彻底征服特兰西瓦尼亚。蒙特库科利已率 1 万名士兵在蒂萨河上游与凯梅尼会师，但他未采取任何行动来阻止土耳其大将军阿里帕夏会同鞑靼汗和瓦拉几亚及摩尔达维亚两邦君主对特兰西瓦尼亚东部的大举进犯，在这次进犯期间，阿里帕夏册立了另一位特兰西瓦尼亚贵米哈伊·阿保菲为该国君主。蒙特库科利所做的只是小心地挺进至科洛斯瓦尔，却发现该城在土耳其人手中，他无法给部下提供给养或军饷，当地的马扎尔人和萨克森人也并不友善。于是，奥地利人在特兰西瓦尼亚北部一些要塞留了些驻军后就撤退了。1662 年，这场悲剧结束了。一支由穆罕默德·库楚克率领的土耳其军队从杰诺出发，于是年 1 月 22 日在谢格斯瓦尔（谢斯堡）附近的纳吉楚留斯追上了凯梅尼，打垮并杀死了他。特兰西瓦尼亚历史上唯一的 100 年短暂的伟大时期完结了。它的覆灭震撼了利奥波德皇帝，也震撼了整个基督教世界。他们意识到特兰西瓦尼亚曾是一道堤坝，它的坍塌使哈布斯堡王室所辖的匈牙利完全暴露在趾高气扬且锐意进取的土耳其人的倾力攻击面前。土耳其宰相法泽尔·艾哈迈德没有给利奥波德一点时间来寻找盟友或扩充军队。1663 年 4 月他启动了他的军队。他的计划是逆多瑙河而上直趋普雷斯堡和维也纳。在他的征途上，除了坚固的诺伊豪塞尔（新扎姆基）要塞外，其余都不在话下，诺伊豪塞尔要塞前此已遏制了土耳其人的进犯达一个多世纪，此时该要塞驻守着一支由奥地利人和匈牙利人组成的军队，指挥官是亚当·福尔加奇。在他的后方，蒙特库科利率一小支部队驻扎在瓦赫河畔。1663 年 11 月，被团团围困的诺伊豪塞尔驻军逼迫福尔加奇投降了；但该要塞的顽强抗御却迫使土耳其人把他们对维也纳的进攻推延到了下一年。

皇帝的使臣们拼尽全力吁请基督教世界各国君主出兵求援奥地利，由于情况危急是如此明显，因而连帝国议会和法国国王都做出了反应。教皇亚历山大七世、西班牙国王菲利普四世、大选侯腓特烈·威廉和其他一些德意志诸侯都纷纷出人出钱。波希米亚在 1664 年度缴纳了 200 万盾的税款、路易十四让宝贵的 6000 名"志愿军"参战。在 1664 年 1 月土耳其人重新发起进攻之前，兹里尼攻进了土耳其所属的匈牙利领土以图切断法泽尔·艾哈迈德的补给线。但当是年夏法泽尔·艾哈迈德终于行动起来之时，兹里尼率领的这支匈牙利人和奥地利人小股武装不得不退却，而土耳其宰相则得以攻占了匈牙利西部的最后一个大据点泽杯瓦尔。此时已是 6 月 3 日，这场南方战役为蒙特库利赢得了时间集结基督教世界各方军队来守卫维也纳以东约 50 英里的拉布河防线。就在这里，1664 年 8 月 1 日，当法泽尔·艾哈迈德的大军试图从圣戈特哈德修道院附近强渡拉布河时，蒙特库科利打垮了这支大军。①

圣戈特哈德战役是基督教军队的一次大胜利。诚然，它并未一劳永逸地消除对维也纳的威胁，而仅仅是将之推延了 19 年。利奥波德及其谋臣们根本没有企图乘胜追击士气大落的土耳其人直捣布达和特兰西瓦尼亚，却在 10 天之内缔结了沃什瓦和约。② 和约规定了为期 20 年的停战；对于特兰西瓦尼亚土耳其和帝国双方均不予占领，但它仍以土耳其苏丹为宗主；利奥波德须向刚刚被他打得大败的敌人赔偿 20 万弗罗林；而更为危险的是允许土耳其人继续占领纳吉瓦拉德

---

① 见后第 21 章边码第 511 页。

② 同上。

和泽林瓦尔以及斯洛伐克西部的三个要塞：诺伊豪塞尔、尼特拉和莱瓦，这三个要塞此前一直是通向多瑙河上游的一道不可逾越的障碍。一方面是奥地利人和德意志人坚持认为，以在 1664 年可调集起来的薄弱兵力尝试把土耳其人赶出匈牙利是愚不可及的举动，冒这种重蹈莫哈奇覆辙之险将危及基督教世界；另一方面则是匈牙利人始终把沃什瓦和约看作哈布斯堡朝三暮四习性的集中体现。他们坚称，土耳其人在战败沮丧、狼狈逃窜之际是不可能在萨瓦河以北及多瑙河下游地区组织任何有效抵抗的，他们谴责维也纳政府不想看到匈牙利获得自由和重新统一；他们还认为，利奥波德之所以匆匆缔结这项于己不利的和约是因为他突然被某种比解放匈牙利或驱逐异教徒更诱人的前景迷惑了。在 1664 年 1 月和 2 月举行的帝国议会会议曾被说动向处在危急关头的利奥彼德提供援助，也正是在这次会议上，美因茨选侯兼大主教约翰·菲利普·玛·申博恩提请皇帝注意西班牙国王正奄奄一息，命悬旦夕，而且他病魔缠身的年幼独子也有即将夭折的可能。人的动机很少是纯净不掺杂的，或许可以这样推测：军事上的谨小慎微与王朝的野心两者加在一起促使利奥波德及其谋臣没有去抓住圣戈特哈德战役所提供的机会。

　　利奥波德对西班牙命运的兴趣是由其主要大臣促成的。1665 年他的导师兼首席大臣波尔齐亚公爵死后，枢密院首脑一职起先落到约翰·奥尔斯佩格伯爵头上，而于 1669 年他下台后又落到文第尔·洛布科维茨公爵头上。这两位政治家一位是刻板谨慎的德意志人，另一位是聪明多变的捷克贵族，他们之间的唯一相似之处是他们都忠于哈布斯堡王朝并都相信：在若与路易十四取得协议便可大有所获之时反与他争吵是愚蠢危险的。当没有子嗣的波兰国王扬·卡西米尔于 1667 年 9 月宣告退位而出现继承人问题时，哈布斯堡的外交一如既往地支持一位帝国王公即洛林公爵查理四世之子查理竞选而反对法国的候选人小孔代。但当路易十四在菲利普四世死后于 1667 年 5 月发动移归权战争以图加速西班牙帝国解体①之时，利奥波德却没有加入三国同盟，反而谋求与他的对手妥协。利奥波德最能干的外交家利索拉伯爵警告他说法国人对西属尼德兰的进攻是"敌人向维也纳城门

---

① 见前第 9 章边码第 210 页。

进军之开端"，① 但他置之不理。1668 年 1 月，利奥波德与路易十四
订立了一项秘密瓜分条约，该约规定他获得西班牙本土、西属美洲、
米兰、撒丁、巴利阿里群岛和加那利群岛，法国则获得西属尼德兰、
弗朗什孔泰、那不勒斯及西西里、纳瓦尔、菲律宾和西班牙在非洲的
据点。

　　利奥波德对西班牙继承问题的极度关注几乎毁掉了他的匈牙利王
冠。沃什瓦和约所表明的利奥波德对匈牙利命运的漠不关心使马扎尔
显贵们相信，如要挽救王国的残余部分免遭土耳其人的征服，最好还
是与土耳其苏丹妥协。甚至像费伦茨·韦谢莱尼宫伯那样迄今一直忠
于利奥波德的人现在也转而参与谋反。路易十四很快洞察了法国能从
中获取的利益。他已开始在策划摧毁联合省，因此他很愿意让皇帝的
注意力转向别处。他派驻维也纳的大使雅克·格雷蒙维尔以大放厥词
和抛散一点金钱的办法，煽起了匈牙利人的不满情绪。他拉拢克米洛
什·兹里尼，但后者拒绝变节。兹里尼在 1664 年 9 月被一头遭追猎
的野猪撕咬得粉身碎骨，这对他来说或许应该算是幸运的。其他人则
都为格雷蒙维尔拉拢过去。最鲁莽的谋反分子是彼得·兹里尼，他继
承了其兄长克米洛什的领地和封号，还妄想成为特兰西瓦尼亚的君
主。匈牙利首席法官费伦茨·纳道什德伊希望继韦谢莱尼为宫伯，也
参与了阴谋。斯洛伐克和匈牙利东北部的一些主要的新教教士因担心
自己的宗教自由，也被说动允诺提供支持。

　　随着谋反者逐渐明白格雷蒙维尔根本无权促使路易十四做出提供
任何实质性支持的允诺，他们越来越多地指望苏丹的帮助。1666 年 8
月，韦谢莱尼主持了一个心怀不满的领主们所举行的会议，会上有人
提议应与阿保菲合作以争取土耳其政府承诺保卫匈牙利的自由；匈牙
利将每年向苏丹政府上交一笔固定的贡赋，以换取匈牙利可自由地选
举国王并在对外事务上保持独立。很少有哪场阴谋酝酿得那么久，而
又那么快就被那么多参与者出卖。当 1667 年春阿保菲派一名特使前
往试探土耳其宰相法泽尔·艾哈迈德·柯普律吕时，神圣罗马帝国驻
君士坦丁堡使馆的译员风闻这个阴谋并将之汇报给维也纳。1667 年 4

492

_____

　　① 转引自 A. F. 普里勃拉姆《利索拉伯爵弗朗茨·保罗（1613—1674）与当时的政治》（莱比锡
1894 年版），第 311 页。

月韦谢莱尼的去世使谋反者群龙无首。但在此后三年多的时间里，阴谋勾当仍在继续，只是更加惨淡，更加复杂，告密、争吵不断发生。阴谋者的急功近利和颓废胆怯使这场运动曾有过的一点爱国性质荡然无存了。土耳其人正忙于对干地亚的长期围困和与波兰的战争[1]，以致不能给其任何帮助。纳道什德伊、韦谢莱尼的遗孀和彼得·兹里尼相继把阴谋的每一个细节都泄露给了奥地利人。兹里尼表示忏悔，得到了赦免过后却又与土耳人勾勾搭搭。利奥纳和格雷达蒙维尔向利奥波德揭露了他们所知道的一切。当年轻的费伦茨·费龙盖潘最终起兵试图占领萨格勒布时，这场整个阴谋中唯一的军事举动于 1670 年 4 月被一支奥地利军队轻易地镇压了。北部诸县的军事准备开展得太晚了，当他们得知彼得·兹里尼被捕后就打消了起事的念头。1670 年仲夏以前，整个运动彻底完了。贻误拖延、昏聩愚昧、合作不力或组织无能、钩心斗角、朝秦暮楚和背信弃义使匈牙利成为敌人的俎上鱼肉。

　　洛布科维茨急切地抓住这次机会"将匈牙利纳入治理捷克的模式"。他委任一位匈牙利宿敌、奥地利的御前总管约翰·霍歇尔审理此案。政府无视彼得兹里尼、纳道什德伊和弗龙盖潘所享有的只受匈牙利贵族审判的法定特权，而是将他们交给一个由清一色德意志人组成的法庭，这个法庭在逗弄他们几个月后宣判他们死刑。1671 年 4 月，他们被斩首。一个由埃斯泰戈姆新任大主教捷尔吉·塞莱普琴伊主持的匈牙利人法庭审判了次要的谋反者，他们中 3 人被判死刑。政府靠没收谋叛者的家产在财政上大得收益。约有 2000 人逃亡，大部分逃到了特兰西瓦尼亚，在那里策划复仇。所有这一切使蒙特库科利早就为整治匈牙利定下的办法得以施行，这就是军事占领。1670 年 5 月，奥地利军队渡过瓦赫河，使这个王国沦为一个被占领国。帝国副宰相利奥波德·威廉·柯尼希塞格的话表达了奥地利政府的主旨："马扎尔人犯上作乱因而丧失了他们的一切特权，从今往后他们必须被当作'军管臣民'对待了。"[2] 1671 年 5 月国王颁旨令受军管诸县市供养当地驻军。大主教塞莱普琴伊被任命为匈牙利总督，一位臭名昭著的马扎尔人的对头、维也纳新城主教利奥波德·科隆尼奇被任命

---

[1]　关于这些事件见后第 21 章边码第 510、512 页。
[2]　O. 雷德里希编：《普苏道夫日记》，载于《奥地利历史学会会刊》（1916 年），第 589 页。

为匈牙利财政总监，1673 年 3 月，利奥波德指令在普雷斯堡设立一个执政府，该机构由 4 名德意志人和 4 名匈牙利人组成。其主席亦即这个国家的真正统治者，是条顿骑士团荣誉总团长约翰·加斯帕·安普林根。该委员会通过军事占领来实施统治，而占领军的贪婪残酷是如此莫之为甚，以致教皇驻维也纳使节弗朗切斯科·布翁维亚也表示他对将会产生的后果极感惊恐。

匈牙利政治自由的被剥夺在天主教高级教士们看来是一个天赐良机，可借以废除这个使徒王国①里日益激愤的新教教会之存在。科隆尼奇从维也纳带来了 1.2 万名军士协助塞莱普琴伊大主教及其助手们查禁普雷斯堡、肖普朗、森特耶尔日和斯洛伐克矿区城镇的新教教堂和学校。耶稣会士、方济各会士和奥古斯丁会士尾随士兵们前去建立他们自己的寺院和学校。但是，制止新教信仰的行动在边境要塞遭到了当地匈牙利裔驻军的强硬抵制，于是 1674 年维也纳的政府下令停止强行重新天主教化。高级教士们曾诉诸司法程序。从 1673 年 9 月到 1674 年 4 月间，塞莱普琴伊一直在普雷斯堡主持一个司法委员会审查那些涉嫌参与韦谢莱尼阴谋的新教教士。他们中有 200 多人被劝使签署一份离开匈牙利并永不回来布道或执教的保证书。有 40 名牧师坚决拒绝签名，因而被判到那不勒斯船队去当划桨奴。他们所受的折磨激起了联合省、勃兰登堡、萨克森和瑞典等新教国家的强烈抗议，而此刻利奥波德最不愿意与这些国家生隙。这些不幸的囚犯在船上经历了两年多的磨难后被德·勒伊特海军上将救出并送往荷兰避难。

从 1671 年到 1681 年间，利奥波德异乎寻常地受到东方事务的困扰。匈牙利已被镇服；土耳其人也不是对奥地利的直接威胁，因为他们正全力同波兰和俄国进行争夺乌克兰的战争②。皇帝因此得以全神贯注地对付路易十四的帝国主义引起的麻烦。利奥波德很难完全抛弃洛布科维茨提出的通过与法国亲善来最顺当地夺取西班牙王位的政策。但路易十四摧毁联合省的明显决心，他在 1670 年对帝国所属之洛林公国的占领。他与瑞典的结盟以及他在 1672 年春对荷兰的入

494

---

① 使徒王国（apostolic kingdom）系指奥地利君主所属诸领地，因奥地利君主一向自称为使徒国王，正如法国国王一向自称为最信仰基督的国王一样。——译者注
② 见后第 24 章边码第 569 页。

侵①，最终使利奥波德意识到帝国受到了威胁。他于是让利索拉放手大干，在 1672 年、1673 年和 1674 年，皇帝相继与荷兰、西班牙、勃兰登堡、不伦瑞克和萨克森结了盟②。1672 年 8 月，蒙特库科利率 1.5 万人从埃格尔踏上了征途，在此后的 7 年中，哈布斯堡诸领地的人力、物力全倾注于收复阿尔萨斯并阻止蒂雷纳及其后任打开通往维也纳的多瑙河大道的代价高昂且无结果的争夺中。

在上莱茵河地区如此旷日持久地维持一支 5 万人的军队榨干了利奥波德所有领地，尤其是其波希米亚王国的人力、财力。这个王国发生了史无前例的灾难。波希米亚在哈布斯堡的专制统治下度过了捷克人称之为 "Temno"（黑暗）的岁月。但在 1680 年，农民起义的熊熊烈焰短时间地照亮了这些年代。在 1652 年、1668 年和 1673 年，当领主对劳力的需求大增之时，乡间的不满曾爆发成一些小规模的地方性骚乱。1679 年的饥荒和从巴尔干半岛蔓延到哈布斯堡领地的瘟疫引起了一场更普通的骚动。瘟疫在 1678 年横扫了匈牙利，1679 年蹂躏了奥地利；尽管波希米亚作了一些为时过晚且原始、无效的预防，瘟疫还是在 1680 年降临到了这里。布拉格有 1.5 万人，亦即其人口的 1/3 死于瘟疫，其中 3500 人是犹太人居住区居民。利奥波德为躲避维也纳的瘟疫逃到了波希米亚，他的到来在一些波希米亚农民看来是一个直接请求他施仁政的良机。1680 年年初，波希米亚北部的一群农奴向国王提交了一份请愿书，国王接受了。但当这个国家全境的其他农奴受此事件的鼓舞也纷纷效仿之时，害怕仁慈的利奥波德会被打动而有所恩赐的领主们开始逮捕关押农民们选出的代表，并劝请利奥波德颁布一份特谕，禁止直接向国王请愿，而应把请愿书递交给地区法院长官。随后发布的一项公告又宣布：1618 年 "罪恶叛乱" 之前农奴所享有的一切自由一概废除。

于是，一些更激进的农民领袖开始鼓动公开反叛。在波希米亚北部和西部的许多地区，农奴们拒不为领主服田地上的劳役，并对地主及其管家进行武装示威。一支由克里斯托弗·阿朗上校率领的军队立即被派去镇压起义。阿朗上校率部从波希米亚东部经北部开到西部；

---

① 见前第 9 章边码第 215—217 页。
② 见前第 9 章边码第 217—218 页。

大多数农民武装都望风解体。有一些小冲突，但由于农奴在法律上是不能拥有武器的，因此大多数仅仅手持钩镰铁枷的农民根本无法抗御训练有素的部队。仅有的两场姑且可算作最小规模的战斗，一场发生在比尔森区的切利夫——两连巡逻兵在火炮支持下驱散了农民；另一场发生在恰斯拉夫区的切斯蒂纳附近。在这两场冲突中有 200 多名农民被杀死。所有手持任何种类兵器的农民一经俘虏就被吊死。到 4 月底，起义被镇压了。一个以军队为后盾的罪犯审讯委员会被派往巡视叛乱地区搜寻并审判起义领袖。有几百人被定罪，处以绞刑、斩首、分尸或刺杀。好几千人被送去强迫劳动，或关进领生及匈牙利的监狱。1680 年 6 月，国王发布了《劳役敕令》，它虽然也表示某些领主有非人道行为，但却又承认自 1620 年以来的大多数新措施是合乎法律的，敕令规定每家农户每星期所出的劳役最高标准为 3 天，只有在庄稼收获季节和打捞鱼塘时才能超过这个标准，"但领主须保证农民因此等超额服务而获得一定的报酬"。① 在那些劳役每周不满 3 天的已成定例的庄园，劳役量不应再增加。1680 年的这项敕令仅得到了暂时的和不彻底的缓解；在许多地方，敕令还被置之不理。

安普林根和执政府在匈牙利推行的奥地利专制统治，未能安抚这个国家或给予它以和平和秩序。米哈伊·泰莱基伯爵在同他一样笃信卡尔文教的特兰西瓦尼亚君主阿保菲的资助下，把 1671 年的流亡者组织成一支爱国者军队（著名的"库鲁茨"）②，他们在匈牙利东北部的荒芜区建立了根据地，在那里他们上无片瓦，下无耕地，吵吵嚷嚷，四处劫掠，并一直受着斯潘考将军所部雇佣兵的追剿，但他们坚持了下来。泰莱基试图利用路易十四的反哈布斯堡外交，法国当时正设法鼓励波兰国王扬·索比斯基、阿保菲和匈牙利"流亡者"骚扰利奥波德的后方。于是就有了泰莱基的流亡伙伴伊姆雷·乔凯伊发起的进攻，他是一位精明强干、不知疲倦的年轻贵族，时年 22 岁。他的出身、教养和财富把许多人吸引到"库鲁茨"的队伍里：他们中有被放逐的地主，也有农民，有斯洛伐克人，也有马扎尔人。1678 年，乔凯伊在法国军官和波兰雇佣军的帮助下，开始尝试把奥地利人

496

---

① 见 V. 诺莱特尼主编《捷克斯洛伐克》，第 4 卷，"历史"（布拉格，1930 年），第 531 页。
② 意为"十字军"。——译者注

赶出匈牙利北部。这场战争的双方都残酷无情，宗教热情的升温使他们都无所不用其极。塞莱普琴伊大主教处死了18名支持乔凯伊的新教牧师，乔凯伊也在所到之处镇压各种教团，把天主教教堂交由新教徒掌管。天主教教徒方面封闭了普雷肖夫和萨罗斯巴塔克的新教学校，乔凯伊则封闭了乌兹霍罗德和科希策的耶稣会学院。两位奥地利将军，即久经战阵的瓦尔特·莱斯利及其后任埃涅斯·谢尔乌斯·卡普拉拉，都无法阻挡乔凯伊及库鲁茨部队占领斯洛伐克中部的矿区诸城并向北向西分别攻入西里亚和摩拉维亚。到1680年时，乔凯伊已占领了匈牙利北部和西部几乎所有的县。

　　基督教世界中较有远见的政治家们清楚地意识到局势的危急。已在乌克兰受挫的土耳其人对乔凯伊军队的作战潜能大感兴趣。人们普遍感到安普林根将永远无法驯服匈牙利。首先出面调停利奥波德、路易十四和匈牙利之间关系的是新任教皇英诺森十一世，英诺森是继庇护二世之后最狂热的反异教之教皇。1677年，他派布翁维西前往维也纳把皇帝争取过来，不出一年，这位使节就促成了匈牙利显贵到维也纳与利奥波德的大员们会谈。当西方在尼曼根签订了和约①之后，利奥波德于1981年5月在肖普龙召开匈牙利等级会议。会上，他以恢复匈牙利王国的自由权利为条件换取了王国领主们的支持。等级会议恢复了选举宫伯的权利；总督衙门和执政府被废除；匈牙利财政院再一次独立；国家各种官职应由匈牙利人担任的原则被确认；等级会议每三年召开一次；最后，新教徒重新取得了1608年时的种种自由，逃亡的牧师获准返回。

　　这场风水倒转来得正是时候，乔凯伊意识到，利奥波德与等级会议的和解意味着他没有土耳其的帮助就不能主宰匈牙利，而继承法泽尔·艾哈迈德·柯普律吕担任土耳其宰相的卡拉·穆斯塔法此时已准备干预，因为他相信摧毁哈布斯堡帝国的时机已经成熟。1682年夏，布达帕夏举行了盛大典礼欢迎前来的乔凯伊，随后，一支库鲁茨与土耳其联军立即发动了征服匈牙利的战役。它们迅速攻占了东北部的要塞科希策、普雷肖夫和莱沃恰，并以4000名土耳其人阵亡的代价占领了菲迪亚科夫。紧接着，易卜拉欣帕夏向乔凯伊传递了苏丹穆罕默

---

　　① 见前第9文章，第219页。

德四世的诏书，宣布乔凯伊为全匈牙利暨克罗地亚国王，但须向苏丹纳贡称臣。上匈牙利的新征服者给这里造成了比奥地利军队的占领更加惨烈的灾难。鞑靼人和塞凯尔人的骑兵焚烧村庄，掳掠居民为奴；土耳其人的骆驼糟蹋花园和葡萄园，边境要塞被夷为平地。1682 年年底，利奥波德与乔凯伊订立了一项停战协议，庆幸地争取到了寻找盟友和组建一支军队的时间，但停战协议使赫龙河以东的所有匈牙利领土落入乔凯伊手中。在奥斯曼苏丹及其宰相看来，发动一场他们相信将实现苏莱曼大帝 1529 年未竟之功的大战已万事俱备了。

利奥彼德在注视土耳其人战备的同时仍焦虑地注视着路易十四的"归并会议所"的活动，[①] 倒是教皇，通过他派往各处的使节，在组建由奥地利、神圣罗马帝国诸侯和帝国议会及波兰组成的基督联盟过程中发挥了最大的作用。与扬·索比斯基之间的关键性同盟一直到 1683 年 3 月 31 日才得以缔结，也正是在这一天，穆罕默德四世和卡拉·穆斯塔法统率他们的庞大军队从亚得里亚堡出发。他们在匈牙利境内会合了阿保菲与特兰西瓦尼亚的军队。乔凯伊重新开始他在斯洛伐克西部的战争，但他未能夺取普雷斯堡这个要冲。当基督教军总司令洛林的查理公爵获悉敌军已接近杰尔城时，他向西撤退了，这样，匈牙利就只能听天由命了，而维也纳则要经受一场围困。从 7 月起，维也纳守军在吕迪格·冯·斯塔勒姆贝格伯爵的指挥下奋勇抗战，一直坚守到 9 月 12 日索比斯基的救兵从卡伦山顶旋风般地杀下并击溃了土耳其人，从而使基督教世界永远解除了困扰心头达三个世纪之久的对穆斯林征服之忧惧。

维也纳的巨大胜利，像勒颁多战役一样，既平息了诸多的恐惧，也激起了诸多的喜悦，而且比勒颁多战役更有理由这样说，因为这场胜利的后果更重大、更持久。它像勒颁多战役一样，是教皇和皇帝的共同胜利。此外，它标志着奥地利登上了大国的地位。现在处在光辉顶峰的是利奥波德，而不是路易十四，而在此后的数年里，当路易十四的强大军队在奥格斯堡同盟战争的困境中杀得昏天黑地且屡屡失利之时，利奥波德的军队却在重新擦得锃亮的圣斯蒂芬王冠照耀下，把异教徒赶回到多瑙河和喀尔巴阡山以南。解放匈牙利的战争是一场真

---

① 关于这些活动，见前第 9 章，第 219—220 页。

正的十字军东征，是高奏凯歌的反宗教改革运动的最后成就。正是英诺森十一世于 1684 年 3 月在林茨组织了由皇帝、波兰国王和威尼斯参加的神圣联盟；联盟军应同时在匈牙利、摩尔达维亚和希腊发起进攻也是他的计划。这位教皇为了让每一枚金币都花在战争上几乎使教廷的金库空空如也；哈布斯堡君主的寺院被课以占它们收入 1/3 的税收。布翁维西红衣主教不光是掌管这些钱财，他还运筹帷幄制定方略并督促优柔寡断的利奥波德予以实施。

把土耳其人赶出匈牙利并不是一件轻而易举的事。[①] 它花费了 16 年的时间，而且，当 1688 年法泽尔·艾哈迈德之弟穆斯塔法·柯普律吕当上奥斯曼帝国宰相之时，一时还出现此前 6 年的所有胜利成果似要毁于一旦之状。但尽管土耳其人有这段回光返照，继他们在维也纳城下惨败后又发生的一些政治性灾难已使土耳其受到了致命伤。[②] 确保把土耳其人赶出匈牙利的是基督教军队的数量规模及其用兵的巧妙。在那场导致 1686 年 9 月 2 日收复布达的残酷战斗中，有 4 万人参战，其中包括奥地利人、捷克人、匈牙利人、勃兰登堡人、士瓦本人、弗朗科尼亚人、巴伐利亚人、瑞典人、意大利人、西班牙人，甚至还有少数英格兰人和苏格兰人。帝国将领的卓越才干在一些战斗中显现了出来。如 1687 年洛林的查理在纳吉哈尔塞尼附近几乎是与莫哈奇古战场同一地点的战斗中取得的巨大胜利，这次胜利使被土耳其人统治达 150 年之久的匈牙利南部回归哈布斯堡王室。

赶走土耳其人对于匈牙利来说是喜忧参半，因为到 1687 年，利奥波德已有充分能力主宰整个国家，以致他觉得时机已经成熟，他可以废除自己在 1681 年被迫给予匈牙利的种种自由了。1687 年 10 月，他把匈牙利等级会议召集到普雷斯堡开会，迫使各等级宣布匈牙利王位不再由选举产生，而由哈布斯堡王室男性直系世袭。一直弥足珍贵的 1222 年《黄金诏书》第 31 节被废除了，这一节曾使匈牙利领主有权反抗任何违背《黄金诏书》的国王。匈牙利等级会议停止集会，匈牙利最终降到了如波希米亚已充当了 60 年的行省的地位。

---

① 关于土耳其人被逐出匈牙利的详情，见本书第 6 卷第 19 章。
② 见后第 21 章，第 517—518 页。

特兰西瓦尼亚邦国在从土耳其人手中解放出来后比匈牙利其他部分的处境要更好一些。当穆斯塔法·柯普律吕当上土耳其帝国宰相并发动 1690 年大反攻时，他意识到必须确保使特兰西瓦尼亚成为多瑙河下游北部的一个桥头堡。1690 年 4 月阿保菲邦君死后，苏丹册封乔凯伊为特兰西瓦尼亚邦君并拨给他一支军队，这支军队 8 月间在策尔耶斯特打垮了神圣罗马帝国和特兰西瓦尼亚的军队。巴登的路易于是被迫率其主力回师特兰西瓦尼亚，尽管这意味着将让土耳其宰相重占维丁和贝尔格莱德及萨瓦河以南所有刚收复的领土。决定特兰西瓦尼亚命运的战斗于 1691 年 9 月 19 日在蒂萨河交汇处附近的佐伦凯梅进行。路易大获全胜。虽然乔凯伊得以逃脱，但穆斯塔法·柯普律吕和 2 万名土耳其人却被击毙。1690 年 10 月和 1691 年 12 月在维也纳先后发布的两份利奥波德朝文书规定了特兰西瓦尼亚在哈布斯堡君主国中的宪法地位。这个公国未被重新并入匈牙利，而是直接隶属于维也纳，但它也获准享有极少一些自治的权利。它必须向哈布斯堡国王效忠。天主教、卡尔文教、路德教和反三位一体派信仰活动共存的局面得以继续。尽管特兰西瓦尼亚等级会议继续召开并立法，但这个邦国实际上由国王任命的总督及参事会统治。它的这种宪法地位一直保持到 1848 年。

土耳其人并不轻易地向利奥波德认输。在佐伦凯梅战役后的 6 年中，他们仍拼命抵抗，而且，在同巴登的路易之无能后任及因西方对法国战争之需求而进一步削减的帝国军队作战时还屡屡获胜。1697 年萨克森选侯腓特烈·奥古斯特当选为波兰国王一事决定了土耳其人的命运，因为这导致了萨伏依的欧根接替奥古斯特出任帝国军队统帅。1697 年 9 月 4 日，欧根在蒂萨河下游的曾塔歼灭了最后一支较有战斗力的土耳其军队。土耳其苏丹穆斯塔法二世开始通过英国驻土耳其政府大使佩吉特勋爵谈判媾和。海权国家基于西班牙国王查理二世命在旦夕的局势，敦促利奥波德结束其东方战争。在德拉瓦河下游一个名叫卡洛维茨的荒废村庄附近，皇帝、苏丹、波兰、俄国和威尼斯的全权代表签署了和约；据约，土耳其放弃整个匈牙利和特兰瓦尼亚，将之让与利奥波德，只有特兰西瓦尼亚的一个名叫巴纳特的地区除外，这块地方位处匈牙利的东南部，卡在马罗斯河、蒂萨河下游、多瑙河和瓦拉几亚边界线之间。贝尔格莱德仍在土耳其人手中，现在，除了巴纳特和卢萨蒂亚以外，利奥波德一世统治着斐迪南一世所建帝国的所有领地，而且，他是以一种斐迪南一世肯定会羡慕不已的专制权力行使着其统治。

（吴世民　译）

第二十一章

穆罕默德四世统治下的奥斯曼帝国

1648 年登基的苏丹穆罕默德四世继承了一个由其先辈用刀剑所征服、横跨三大洲的庞大帝国。在欧洲,奥斯曼帝国的边界距维也纳仅80 英里;在北非,仅摩洛哥不属于它;其版图囊括上埃及并扩展至亚丁;黑海和红海都是土耳其的内湖;在东部,它延伸至里海沿岸和波斯湾。要说出该帝国人口的确切数字是不可能的,但在 17 世纪其人口有 2500 万或 3000 万。土耳其人尽管是统治民族却仅占人口的少数。穆斯林——土耳其人、阿拉伯人、库尔德人、波斯尼亚人、阿尔巴尼亚人、切尔克斯人、克里米亚鞑靼人、高加索各突厥语民族——可能要多于基督徒——希腊人、塞尔维亚人、匈牙利人、保加利亚人、瓦拉几亚人、摩尔多瓦人。这一时期土耳其人中的佼佼者有著名的史学家、地理学家和文献学家卡蒂布·特杰莱比(1609—1657 年)以及著名的旅行家埃弗尔亚·特杰莱比(1611—1678 年),后者在其十卷巨著中记叙了奥斯曼帝国的城市、风俗习惯和各民族。帝国的心脏是君士坦丁堡(伊斯坦布尔),它是帝国军事机构的所在地和商业、文化以及娱乐中心。有 50 多万人,包括穆斯林、基督徒和犹太人,居住在这里,数世纪以来他们生活在一起,各自遵守自己的习惯。城里有苏丹的皇宫和阿赫默德苏丹、苏莱曼尼耶、巴耶兹德、塞利米耶以及征服者穆罕默德苏丹等宏伟清真寺,还有许多大学、图书馆、公共浴室、医院、客栈和由虔诚信徒的施舍所维持的食物分配中心。帝国的"第二首都"是亚得里亚那堡,历代苏丹常来这里消闲,并作为军队发动进攻基督教国家的基地。圣城麦加和麦地那受到苏丹的特别关注,因为作为哈里发,保护此两地是其职责,每年从穆斯林世界的各个角落有成千上万的朝觐者前来并施与丰厚捐赠。

　　奥斯曼帝国基本上是一个有着广袤沃土的农业国，土地和农业税是其收入的主要来源。但是，经营农业的方式非常原始，所使用的工具也是落后的。农民的地位相当于农奴，穆斯林农民缴纳农产品什一税并承担许多其他义务，而基督教农民另外还得缴纳使他们免除兵役的人头税（Dizye），其数额根据农民的地位和收入而各不相同。由于帝国控制了从地中海到东方的主要贸易路线，因而贸易尽管受到许多阻碍，仍然起着重要作用。君士坦丁堡和士麦那是与外国通商的中心，而亚得里亚那堡、布鲁萨和塞萨洛尼卡则是著名的国内贸易中心。关税是大宗收入的另一来源。许多犹太人、希腊人和亚美尼亚人从事商业，因为土耳其人通常认为经商有损其声誉而更愿意担任军事和行政职务。外国商人也非常活跃并享有特权，譬如在缴纳商品进口税方面即是如此。成功地排挤了威尼斯人和法国人的英国利凡特公司占有主导地位，但为上层社会所使用的布匹既从英国也从威尼斯进口，贵重毛皮则从俄国进口；咖啡来自也门，烟草由英国和荷兰商人进口；尽管吸烟受到严厉惩罚，但这种习惯还是迅速得到传播，而且就在此时还开始了烟草种植。

　　帝国的稳定和安全端赖于其军队，它的悠久的历史可追溯到 14 世纪。这支军队包括以近卫军（"雅内萨里"）著称的常备军和各省由因服兵役而获得土地所有权的采邑主所供养的封建征募军。每个采邑主根据其收入的数额必须装备一定数量的骑兵并与他们一起参加战斗。这种制度提供了一支约有 10 万之众的骑兵部队，但它逐渐腐败和失去作用。采邑经常被不合法地分配，而且提供兵役的义务被置之脑后，尽管拒绝服役原本要停止采邑主的土地使用期的。近卫军建立于 14 世纪，其基础为少年征役制（"代弗希尔梅"），即从巴尔干基督教儿童中征兵的制度。他们改宗伊斯兰教，在特殊管理和严格纪律下接受教育和训练：这支十分精良的军队使土耳其人得以进行其伟大的征服。近卫军被划分为 150 多个不同规模的"奥塔"，它们因其序号以及特别的军旗和徽章而著称。士兵们身穿制服，生活在兵营，根据所服兵役长短领取薪饷，新苏丹登基时还可领到特别赏金。近卫军总人数达到 5 万人，但其纪律和作战能力均已松弛和下降。控制叛乱的近卫军问题极端重要，因为它的暴乱会动摇帝国的基础。而且，在穆罕默德四世统治时期少年征役制度已经废弛，只有穆斯林，尤其是近卫军的儿子才应召参加近卫军，这是促使其衰落的另一个因素。除了近卫军，常备军还有少量的炮兵、投弹兵、坑道工兵、御手和军械士。

海军也非常重要，海军部在金角湾占据了很大的地区，在那里制造新舰，修理受损的舰只。水手主要从希腊人和以"利文德人"〔Levend，为意大利语"利凡特人"（Levantino）之误〕著称的人中招募。但是奥斯曼海军同样腐败，所以威尼斯人不仅在地中海甚至在爱琴海能建立起自己的霸权，其后果对奥斯曼人来说是致命的。在其他领域，他们固有的保守主义也阻碍了他们做出必要的变革和调整。对于欧洲迅速变化的经济状况和技术进步他们视而不见，许多要职任用非人，权柄往往落入巧言令色之徒手中。

奥斯曼帝国在苏莱曼大帝（1520—1566 年）统治时期达到了极盛，那时它拥有堪与其成就相称的发达而有效率的各种机构。但是苏莱曼的继承者除两人以外，缺乏其先辈的才智和热情，不再在公开场合起到显耀的作用，而宁愿身居宫墙之内。早在 16 世纪后期穆拉德三世统治时，衰落的迹象就已露端倪。政府屈从于苏丹宠妃的阴谋诡计或太后的影响。后宫的总管是一个黑人太监，他常常参与国家要务，而苏丹不再勤于朝政。根据成规，政府由宰相掌管，他拥有重权。但是直到 1656 年柯普律吕上台，宫廷的阴谋和苏丹宠信的干涉导致宰相权力和整个政府制度的衰落。国务会议（Divan）只是一个咨询机构，它由宰相领导，参加者有某些其他高级官员、高级僧侣以及鲁美尼亚和安那托利亚的法官（"卡迪"）。

由于帝国是伊斯兰国家，伊斯兰总法典官（即教长）在政府中举足轻重。他是掌管所有穆斯林法律和宗教机构的领袖，享有特权地位。许多重要决定，譬如宣战、媾和或者苏丹的废黜，均需经他首肯方可实施。与宰相不同，总法典官犯了罪不能处以死刑，只能流放。重要性次于总法典官的是法官，他们另有许多其他的职责。在其辖区内法官必须执行中央政府的指令，监督市政和食品供应。法官中地位最高者是鲁美尼亚法官，其次为安那托利亚法官，他们是军法官，有关军队的司法事务均在他们的管辖范围之内。司法制度的基础是伊斯

503

兰法典《谢里阿特》（即伊斯兰的神圣法典），在司法和行政领域工作必须通晓此法典。

帝国被划分为 32 个行省，其中最重要的有鲁美利亚、安那托利亚以及沿爱琴海和地中海地区。后者在海军统帅卡普丹帕夏的管辖范围之内，其他重要省份则由中央政府任命的总督（Beylerbeyi）所统治，他们领取很高的俸禄并获得作为采邑的大片土地。总督行使立法权和行政权，必须监督完成有关征兵的一定军事义务并作为本省军队统帅参加战斗。在他们所监督的军事义务中还有组建其占有者必须提供封建劳役的军事采邑（"蒂马尔"）。较小的省份由省长（Vali）统治，他们也由君士坦丁堡任命。省下再分为桑甲克（一个标准军事单位），它们与征募一定数量军队的区域是吻合的。各桑甲克均由中央政府的一名军政代表（Sandjakbeyi）管辖，该代表也占有一大片采邑，他负责在自己管辖区征兵并在战争时期指挥所征军队。因此，这种制度将军事和行政职能的结合发展到超常的程度；它似乎高度集中，但事实证明不可能在边远省份维持秩序和控制有权势的省督。无能之辈经常充任各省和地区的统治者，他们上台后敲诈勒索，鱼肉百姓。

某些省份，如大马士革、也门、阿比西尼亚和埃及，享有特殊地位和独立的特权。土耳其省份实行的赋税和义务制度，如军事采邑制，不适用于埃及和阿拉伯各省。埃及不仅是帝国收入的主要来源地之一，而且是帝国重要的商业中心和产粮区。维持政府和军队的全部负担几乎都落在土耳其本土各省身上，但是只有穆斯林必须服兵役，非穆斯林则以缴纳人头税替代之。摩尔多瓦和瓦拉几亚这两个基督教公国享有自治地位，其大公由苏丹政府任命，但其臣民没有服兵役的义务，两公国也不由土耳其军队卫戌。它们须向奥斯曼军队提供谷物和羊，向苏丹政府纳贡，其他方面则均根据当地习惯进行治理。这种情况同样适用于克里米亚汗国，它是一个自治的伊斯兰国家，其汗由苏丹政府任命和废黜。他们受居克法和奥居的奥斯曼总督的监督，如有必要后者即行干涉。鞑靼汗不用纳贡，但必须提供 2 万—3 万骑兵参加土耳其的战斗，他们被用作军队的前卫，还须保卫奥斯曼领土不受第聂伯河和顿河哥萨克的袭击。反过来，鞑靼人几乎每年都袭击波兰和俄国，掠走许多俘虏，将他们从克法或阿扎克（亚速）装船运往君士坦丁堡和埃及贩卖为奴。埃及以西的北非诸邦——的黎波里、

504

突尼斯和阿尔及尔——与奥斯曼帝国的联系一直较为松弛，它们或多或少保持独立，拥有自己的军事或行政组织，它们对苏丹政府的义务仅仅是向苏丹进贡一些礼物。

当新思想在欧洲许多领域不断涌现时，奥斯曼帝国的机构和社会失去了活力，开始停滞和衰落。东方和西方的差距变得更大了，特别是在技术领域，但是奥斯曼人并没有认识到这个事实。他们仍然将其帝国视为世界上最强大的国家，他们的伊斯兰生活方式是无与伦比的。欧洲列强也没有注意到奥斯曼帝国的衰落——直到其兵败维也纳城下才使同时代人的眼睛睁开，其实际形势开始受到了正确估价。

由于奥斯曼帝国是以中世纪专制主义的形式及与之相应的机构进行统治的，苏丹和宰相的才能至关重要。当精力充沛、颇具才干的苏丹穆拉德四世（1623—1640年在位）登基后，奥斯曼的财力和军力有了复兴。前几代苏丹统治时的腐败和无政府状态结束了，丢失给波斯的土地经过血战重又夺回。然而，在穆拉德的兄弟易卜拉欣统治时期（1640—1648年），衰落的征兆更为明显。苏丹昼夜耽于逸乐，其心智迅速失常。治理不善和滥用职权之事遍及各省，导致各地发生起义。除了这些叛乱外，威尼斯人和哥萨克也入侵奥斯曼帝国。威尼斯人很快成功地占领了利姆诺斯和特内多斯诸岛，从而封锁了达达尼尔海峡并威胁君士坦丁堡本身。在这种面对无政府状态蔓延和革命爆发的威胁的形势下，一些有影响的人士力劝总法典官和克塞姆苏丹（皇太后）废黜易卜拉欣。1648年8月易卜拉欣被废，其子、时年仅7岁的穆罕默德登基。为防止易卜拉欣重掌权柄并向继承皇位的穆罕默德挑战，11天后他被谋杀了。由于穆拉德杀害了他的三个兄弟，易卜拉欣是幸存者，穆罕默德及其弟确是奥斯曼王朝仅存的男性胤嗣，所以穆罕默德即位的消息很受整个帝国的欢迎，尽管有着某些不祥之兆。

穆罕默德年纪太小，自己不能执掌朝政，皇权就落到相继任职的几位宰相以及穆罕默德的祖母和俄国血统的母亲图尔汉手中。因此，政局不稳仍然存在，各种阴谋在皇宫中层出不穷，这很快反映在各省盗匪盛行和叛乱频仍上。在易卜拉欣统治时期与威尼斯人的战斗中，克里特岛上的干尼亚要塞已被土耳其人所征服，但现在却需要向克里特岛增兵，打破威尼斯人对达达尼尔海峡所实施的封锁。因此，1649年土耳其舰队从恰纳克起航，但在威尼斯人的打击下只是再一次遭受失败，结果，宰相索富·穆罕默德帕夏被解职并处死。但是穆罕默德的祖母克塞姆和母亲图尔汉之间争夺权力的斗争仍在进行。在这场斗争中克塞姆依靠近卫军的支持，谋划通过扶持穆罕默德之弟苏莱曼登位来清除异党。当她的计划几近成功、与近卫军的首领已经达成协议之时，1651 年 9 月她被图尔汉的党羽谋杀了，克塞姆的同谋随后遭到杀戮，所以近卫军在之后一段时间里失去了影响，得到宫廷官吏支持的图尔汉则权倾一时。宰相和政府官员根据他们的愿望加以任命，年幼苏丹的教育和训练被全然不顾，他大部分时间与玩具做伴，嬉戏玩耍，很快对成其终生癖好的打猎有了兴趣。这种趋势得其母后的鼓励，她因此而将国家完全玩弄于股掌之间。因此，穆罕默德四世被奥斯曼编年史家称为"猎人"：甚至当他的军队进攻维也纳并折戟于其城下时他也不能放弃狩猎——这一癖好是他被废黜和囚禁的原因，他从未对文学或统治艺术表现出浓厚兴趣。

　　1652 年 6 月，图尔汉任命十分诚实的塔尔洪丘·艾哈迈德帕夏为帝国宰相。这时，两年后的收入已经预支，铸币成色下降。新宰相试图整顿帝国支离破碎的经济并提出一个预算，据该预算，收入约为 14503 珀斯①（purse）白银，支出约为 16400 珀斯，留下 1900 珀斯的少量赤字。但是，实际困难来自未来两年赋税已经征收，因而一时所望获得的收入极少。支出的大部分——约 1 万珀斯——归于陆军和海军；其中 3866 珀斯用于当时注册士兵为 51647 名的近卫军，只有 988 珀斯用于海军，它拥有 50 艘多层甲板大帆船和 13 艘单层甲板帆船。966 珀斯分配给御膳房，255 珀斯给御厩。鉴于财政形势，名副其实的搜刮金银开始了，因为士兵的薪饷必须按时发放。专横的新税法采用了，即使富人的财产也要没收。严厉的措施被用来剥夺宠幸的特权和总法典官亲信的非法所得，但是，这些做法触犯了许多有权势的人物：他们的阴谋最终获得成功，塔尔洪丘·艾哈迈德帕夏被赶下了台，他的改革政策也随之取消了。他在台上仅 9 个月就被褫职，而且很快就被处死了。

---

① 一珀斯（kese）白银价值 500 皮阿斯特。

　　他的继任者同样不能克服帝国的财政和行政困难。宰相易卜西尔帕夏 1655 年 8 月被处死。小亚细亚爆发了起义；税率依然很高；省督们则表现出完全不负责任的态度。威尼斯人的威胁没有消除，其海军统帅拉扎罗·莫塞尼戈对土耳其海军作战大获全胜，而争夺克里特岛的斗争依然没有减弱。由于威尼斯人对达达尼尔海峡的封锁，向君士坦丁堡输送的食物和给养几乎中断，物价飞速上涨。居民十分焦虑和不满，因为政府没有采取任何安全措施来保卫首都不受来自海峡的攻击。人们对宫廷和有关官员多有抱怨，但宰相穆罕默德帕夏却不能决定应该采取何种措施；苏丹则忙于在博斯普鲁斯海峡对岸的斯库塔里打猎。国务会议是召开了，但没有结果。显然政府不能应对内外交困的局面，必须任命一个有才具的人担任首相，必须采取严厉措施方能适应形势。认识到形势严重性的人士向皇太后图尔汉力陈利害，因为没有她的同意就无法做出任何重要决定。皇宫的总建筑师向她建议，任命像他自己一样也是阿尔巴尼亚人的柯普律吕·穆罕默德帕夏为宰相定能克服困难。此议为图尔汉所接受，相印遂授予时年 71 岁的柯普律吕。他先前曾在宫廷和财政部担任过不同官职，也曾辅佐过先前的一位宰相，并当过若干省的省督，但自 1655 年已经退出官场。他缺乏担任宰相所需的教育，但他精明、经验丰富，洞悉政府机器及其缺陷。因此，他提出了接受任命的几个条件：不允许批评宰相，即使有批评也不应予以考虑；不得授权任何大臣反对宰相的所作所为；不得干涉对大小官员的遴选，所有呈交御览的奏章均须经宰相之手。图尔汉为了儿子的利益同意了这些条件，1656 年 9 月柯普律吕走马上任。他是到当时为止仅 8 年时间内的第 11 位宰相。他任该职直到 1661 年去世，在这期间他的地位相当巩固。

　　上台伊始，柯普律吕对政府官员进行了清洗。因违法乱纪而臭名昭著者被褫职，其中不乏高官显贵，如财政大臣、总法典官以及海军总司令。宫廷阴谋的主要策划者太监总管被流放到埃及。任命了许多新法官和地方官员。然而，柯普律吕不满足开除那些他所不信任的人，他的许多对手和潜在竞争者均一一为他铲除。被认为对利姆诺斯失陷负责的海军将领和因军纪废弛而获罪的近卫军司令被处以死刑。一名受控残害人民的税吏和虐待鞑靼人的锡利斯特里亚省省长得到了同样的下场。东正教大主教帕森尼奥斯三世被绞死，其罪名是煽动摩

507

尔达维亚和瓦拉几亚大公发动起义。许多帕夏、大臣、大官以及封疆大吏因招惹了宰相而遭到同样的命运。清洗对象总数据说达到5万—6万人。所有不必要的开支都被削减，一场反腐败运动开展了起来，根据1660年的预算，收入估计为14531.5珀斯（几乎不多于1652年），支出为14840珀斯，留下微不足道的赤字。然而，与1652年相比，收入没有预支，所以财政形势有了很大改善。总的说来，柯普律吕并没有什么新招，而是满足于使现存政府机器正常运转以及严格实施现有法律。

反政府的叛乱遭到了严厉镇压，其中阿巴扎·哈桑帕夏所领导的小亚细亚叛乱在1657—1658年对政府构成了真正的威胁。叛乱的中心在布鲁萨，由此蔓延到毗邻省份。许多大臣、帕夏、高级官吏以及其他政府官员参与了这场得到人民支持，不仅仅是另一场亡命之徒的运动。阿巴扎·哈桑的目标是在小亚细亚建立自己的政权，因而一个叛乱政府在那儿建立了起来。柯普律吕不得不从特兰西瓦尼亚被召回，他正在该地镇压另一场同样危险的起义。大量的军队被派去对付阿巴扎·哈桑，经过激烈战斗他们成功地粉碎了叛乱。作乱者横遭杀戮或被处决，31颗头颅送往君士坦丁堡示众——其中包括阿巴扎·哈桑、4位帕夏以及2位大臣的头颅。

在对外政策方面，柯普律吕同样取得了成功。他派遣海军进攻仍在威胁着达达尼尔海峡的威尼斯人，后者在遭到最初的几次失败之后被迫解除他们所实施的封锁。接着，柯普律吕不失时机地着手收复落入威尼斯人手中的岛屿。他亲自指挥前去攻打特内多斯岛之部队的启程。该岛于1657年8月收复，11月利姆诺斯岛又被占领。这样土耳其获得了重大胜利：不仅达达尼尔海峡免除了威尼斯人的威胁，而且奥斯曼海军重新获得爱琴岛海上的优势从而有可能增援克里特岛。在达达尼尔海峡的入口处塞迪尔巴希尔和库卡莱两大城堡建立起来，以保卫海峡防御未来的进攻。

在柯普律吕看来更为重要的是争夺匈牙利和特兰西瓦尼亚的斗争，这两地是通往中欧的咽喉，因而自苏莱曼大帝时代以来就是奥斯曼与哈布斯堡王朝的必争之地。匈牙利的大部分处于土耳其的统治之下，特兰西瓦尼亚的邦君经常就其施政寻求苏丹的同意和批准。就维持奥斯曼对匈牙利的统治和获取土耳其对波兰的影响而言，特兰西瓦尼亚至关重要。17 世纪初叶奥斯曼帝国衰落的结果是它对特兰西瓦尼亚的控制变得十分松弛。在穆罕默德四世统治之初的危机年代里，特兰西瓦尼亚邦君捷尔吉·拉科齐二世企图使其国家摆脱土耳其的统治①。在北方战争（1655—1660 年）期间，当波兰大部分领土为瑞典所占领时，拉科齐的目标是夺取波兰王位②并干涉摩尔多瓦和瓦拉几亚。由于这些计划有损于土耳其的利益，柯普律吕决定干涉。他要求废黜拉科齐，另选新君。1657 年 11 月及时选出了费伦茨·雷代伊，但两个月后他被拉齐科赶出了特兰西瓦尼亚，于是柯普律吕决定率远征军进入该公国。在离开君士坦丁堡前，他成功地整肃军纪，他所不信任的许多近卫军士兵被处死。新近接受奥斯曼保护的克里米亚鞑靼人和哥萨克参加了远征军，一支庞大的军队集结了起来。尽管拉科齐进行了抵抗，但土耳其人很快完全控制了特兰西瓦尼亚。土耳其与新邦君阿科什·包尔齐签订协定，据此年贡从 1.5 万弗罗林增加到 4 万弗罗林，若干要塞由土耳其卫戍军占领。拉科齐不得不到哈布斯堡属下领土寻求避难，并向身为匈牙利国王的利奥波德一世呼吁援助；但他只得单独坚持斗争，1660 年 5 月在一次交战中负伤，两周后去世。但是，他在特兰西瓦尼亚的支持者没有放弃战斗。1661 年年初他们选出亚偌什·凯梅尼作为拉科齐的继承者并成功地绑架和杀死了其亲土耳其的对手包尔齐伊。由于 1658 年柯普律吕不得不返回君士坦丁堡去处理小亚细亚叛乱，特兰西瓦尼亚有数年未能加以控制。苏丹政府转过来宣布与凯梅尼争夺该邦控制权的米哈伊·阿保菲为特兰西瓦尼亚邦君。1662 年在一次遭遇战中凯梅尼被杀，接着阿保菲成功地控制了特兰西瓦尼亚，从而土耳其的宗主权得以恢复③。

柯普律吕没有活着看到他的特兰西瓦尼亚政策的成功，1661 年 10 月他去世了，享年 75 岁。他的成就表明，如果任用有能力的人掌权，奥斯曼帝国是能够克服艰巨困难的，但为达到该目的不得不建立恐怖统治。在同时代人的眼中，柯普律吕是一个"残酷无情的人"而不是一个伟大的政治家，后世史学家的论证也是如此。他特别受到批评的是残杀无辜和没收被处决者的财产，其并不是为了帝国的变革而是为

509

---

① 见前第 20 章边码第 487—488 页（原书页码）。
② 见前第 20 章边码第 486 页（原书页码）。
③ 详情见前第 20 章边码第 488—489 页（原书页码）。

了充实国库。但是，不可抹杀的是，他遏制了衰落，帝国的实力得到了迅速的恢复。苏丹及其母后图尔汉尤其喜欢柯普律吕的总揽朝政，这可以使他们摆脱治理的负担。因此，穆罕默德四世得以完全沉醉于在斯库塔里和亚得里亚那堡的狩猎，时或有人为他在巴尔干地区安排围猎，以致每每当地上万名他的基督教臣民不得不丢下工作以围赶禽兽或用其他方式为皇上助兴。常有来自俄国的大量纯种猎狗和猎鹰供他驱使。根据柯普律吕的建议，他的儿子、时年 26 岁的柯普律吕·法泽尔·艾哈迈德帕夏继乃父为相，在任时间是从 1661 年至 1676 年。

法泽尔·艾哈迈德与其父迥然不同。担任省长时他已获得统治经验。他睿智聪明，是一个卓越的司令官，显然也是当时伟大的政治家之一。作为宰相他没有采取恐怖政策，由于他合理的统治方法和人道行为很快赢得民心，他的谦逊礼让使他受到普遍尊重。他拒绝受贿，通过其表率作用成功地遏制了腐败。他反对宗教狂热，基督徒和犹太教徒受到善待和保护，得以免受侵凌。尽管依旧征战频仍，但国库仍颇为充实。由于他的治理才能和对文艺的奖掖，奥斯曼帝国经历了它的一个黄金时代：他大概是继任职于 1565—1579 年三朝苏丹统治时期的索科卢·穆罕默德帕夏之后最成功的宰相。

在对外政策方面，法泽尔·艾哈迈德最大的成就就是征服了自 1647 年就为土耳其人包围的干地亚。在经历了一场迁延 20 多年的斗争后，威尼斯人发现不可能抵挡住到达克里特的庞大土耳其军队，从而在 1669 年放弃了该要塞。征服克里特使东地中海变成了土耳其的内湖，大大加强了奥斯曼帝国的实力[1]。

在陆地上，土耳其军队获得了几乎同样的成功。哈布斯堡王朝对特兰西瓦尼亚的干涉引起两大帝国之间的关系相当紧张。为维持土耳其在那里的影响，法泽尔·艾哈迈德率领军队于 1661 年春由君士坦丁堡进至贝尔格莱德。奥地利人随即派遣一位使节去贝尔格莱德进行谈判。法泽尔·艾哈迈德要求奥地利人撤出特兰西瓦尼亚，拆毁他们面对卡尼扎要塞的城堡，释放所有穆斯林俘虏以及中止一切军事行动。当土耳其军队到达德拉瓦河之时，他又另外要求支付苏莱曼大帝时期哈布斯堡王朝一直支付的年贡 3 万弗罗林。奥地利人拒绝接受，

---

[1] 详情见前第 19 章边码第 462—463 页（原书页码）。

进军重又开始。1663 年夏，宰相率领一支 10 万人的军队穿过布达，包围了匈牙利西北处于哈布斯堡统治下的新扎姆基（即诺伊豪塞尔）要塞。沿途并未遭到什么抵抗。奥地利人仅以摆出一副准备动武的姿态为限——蒙特库科利在普雷斯堡集结了 6000 多人，但并无一兵一卒派往诺伊豪塞尔。守军顽强地保卫要塞，但当进一步抵抗不再可能时，1663 年 9 月达成了允许守军撤出要塞的协议。此役胜利后法泽尔·艾哈迈德返回贝尔格莱德过冬。

　　土耳其军事力量的复兴和欧洲由此而重新遭受威胁有着重大影响。在雷蒂斯堡举行的帝国会议一致投票同意给予哈布斯堡王朝财政和军事援助①。不仅西班牙，甚至路易十四尽管近来与哈布斯堡王朝多有争执，也一反他亲土耳其的名声，承诺提供帮助；一支 6000 人的法国部队被派往匈牙利，许多德意志诸侯也都派去了部队。在教皇亚历山大七世的主持下，一个反对异教徒的神圣同盟建立了起来。由于这种援助，奥地利得以在 1660 年春季发动攻势。蒙特库科利增援了处在重要前沿位置的拉布（即杰尔）要塞，意在保护哈布斯堡王朝的领土不受土耳其人的进攻。法泽尔·艾哈迈德渡过穆尔河，占领了泽林瓦尔，兵临多瑙河畔的科马罗姆要塞，企图占领所有阻碍他进军维也纳的城堡。这一计划在土耳其人以 "红苹果" 为代号并成了他们政治抱负的象征。考虑到这种威胁，奥地利人决定媾和。7 月底在沃什堡开始谈判。根据协议的条款，奥地利人默认土耳其人占领诺伊豪塞尔和瑙吉瓦劳德（即大瓦代恩）；双方撤出特兰西瓦尼亚，承认阿保菲为其邦君；停止一切军事行动，赠送苏丹 20 万弗罗林，苏丹也向皇帝赠送适当的礼物。该条约有效期为 20 年（1660 年开始），但在双方批准之前，土耳其人保留行动自由以迫使利奥波德不敢延宕而立即予以同意。当条约文本还在送交皇帝批准途中之时，法泽尔·艾哈迈德渡过拉布河，沿其左岸西进，遂与蒙特库科利的军队相遇；如果这支军队被摧毁，那么进军维也纳就会恢复，该首都就有可能陷于 1664 年 8 月 1 日，土耳其人以优势兵力在圣哥特哈德进攻蒙特库科利军，但犯下了未将其军队全部渡过拉布河的错误。他们开始在攻击帝国军队的中军时曾取得成功，但最终被击退，被迫退回拉布河。

① 见前第 18 章边码第 446 页（原书页码）。

他们损失了5000人和15门大炮，但其对手也遭到了严重损失，蒙特库科利不敢渡河追击土耳其人，接着土耳其人撤退到多瑙河。圣哥特哈德之役显示了奥地利人在军备和战术上的优势，显然土耳其军队不是如所恐惧的那样坚不可摧。随着圣哥特哈德战役的结束，敌对行动也停止了，因为尽管获得胜利，利奥波德10天后还是批准了沃什堡和约，将诺伊豪塞尔和瑙吉瓦劳德给了土耳其，保证土耳其对特兰西瓦尼亚的影响。只有匈牙利西部和北部为哈布斯堡所保留，到那时为止并无哈布斯堡势力东扩的征兆，因而法泽尔·艾哈迈德作为凯旋的将军在君士坦丁堡备受欢迎。

　　这时，土耳其的影响也扩大到了乌克兰。哥萨克头领彼得·多罗森科寻求穆罕默德四世的保护，后者同意维护其不受波兰人和俄国人的进攻以及克里米亚鞑靼人的袭击。在波兰和俄国暂时解决其分歧的安德鲁索沃停战协定签订以后，多罗森科进一步加强与土耳其的紧密关系，希冀在土耳其的帮助下征服俄属乌克兰，但是所承诺的援助被证明是不够的。然而，1672年一支土耳其大军在克里米亚汗和1.5万哥萨克的支持下挺进波兰，征服了卡门涅克要塞，前进远至利沃夫。但是，规定波兰必须向土耳其政府缴纳年贡的条约未为波兰议会批准，多罗森科的独立也未为波兰承认，第聂伯河和德涅斯特河之间的波多利亚地区也未成为土耳其的一个行省。1673年索比斯基在霍廷的胜利——像九年前的圣哥特哈德胜利一样——暴露了土耳其在军事上的虚弱。可是，土耳其人成功地重新占领了霍廷和卡门涅克要塞以及波多利亚，所以他们能够对波兰施加压力及反对俄国夺取乌克兰。奥斯曼的势力在黑海西北建立了起来，但数月后法泽尔·艾哈迈德去世，土耳其在第聂伯河和德涅斯特河之间的统治仅仅延续了数年。

　　继法泽尔·艾哈迈德为相的是卡拉·穆斯塔法帕夏，时年43岁，与他的前任一起接受教育并娶其妹为妻，因而成为柯普律吕家族的一员。在柯普律吕父子治下，他任过多职，在法泽尔·艾哈迈德出征期间他代理朝政。此人野心勃勃，为人苛刻，有时还卑鄙下流，树敌很多，其中包括太监总管和御厩长。承袭其前任的方式，通过其巨大的权威，卡拉·穆斯塔法在维持秩序、安定以及经济方面取得了成功。但他真正渴望的是通过胜利和征服来获得名声。土耳其对乌克兰的权利未能维持，尽管 1678 年他率军前往，夺得了多罗森科哥萨克的首府奇希林，但土耳其人却留下一片废墟后撤退了。1681 年与俄国签订条约，土耳其人不再对乌克兰提出任何要求，因为他们认为该地并无多大价值，而此前为之进行的征战也未给他们带来满意的结果。基辅和第聂伯河左岸留给俄国人，波罗利亚和第聂伯河右岸（基辅除外）则很快就归属波兰，土耳其人从这块曾经被波土双方争夺的地区撤退了。卡拉·穆斯塔法开始全神贯注的问题是向西进军，攫取"红苹果"，即征服维也纳。

沃什堡条约的有效期到 1682 年为止，但是争夺在匈牙利和特兰西瓦尼亚的影响的斗争一直存在。匈牙利的马扎尔人服从奥地利的统治是勉强的，该地区的新教徒则害怕哈布斯堡的天主教——这是土耳其加以利用的因素。由于处在土耳其统治之下的匈牙利人被允许宗教信仰自由，因此信奉新教的匈牙利人希望土耳其支持他们反对天主教的哈布斯堡王朝的斗争。匈牙利人的领袖伊姆雷·特克伊遣使前往君士坦丁堡寻求奥斯曼的庇护，可是这一要求起初为卡拉·穆斯塔法所拒绝。但在 1682 年他又承认特克伊为西匈牙利的国王并承诺在需要时帮助他，实际上确有一支土耳其小部队前去支援。在土耳其的支持下，特克伊攻占了两座奥地利要塞。为消除这一对其领土的新威胁，奥地利人派遣阿尔伯特·卡普拉拉伯爵作为使节前往君士坦丁堡以续订 1682 年 8 月到期的沃什堡条约。然而，他的建议为一心要动武的卡拉·穆斯塔法所拒绝，后者并声称只有奥地利人交出杰尔要塞并补偿土耳其政府的备战开支时，他才愿意遵守该条约的规定。为增强其威胁，他说服穆罕默德四世在亚得里亚那堡与近卫军一起过冬，于是奥地利代表前往该地重开谈判。但土耳其人的态度依然强硬，近卫军司令再次要求交出杰尔，对此奥地利使节答道："一座城堡可以靠军队的力量来夺得，但绝不可能靠语言的力量来攻取。"战争因而在所难免。苏丹亲自率军进至贝尔格莱德，然后由卡拉·穆斯塔法指挥军队进入匈牙利。土耳其历史上最重要的战役开始了。

卡拉·穆斯塔法的军队的确切数目不详，加上一支 15 万人的后勤部队估计达到约 50 万人，但某些编年史家提出是 20 万人。根据奥斯曼历史学家西拉达尔·穆罕默德·阿迎的说法，仅仅工兵和炮兵部队就有 6 万人。克里米亚鞑靼人集结了 4 万—5 万人骑兵部队，但是，所有这些数字必须谨慎对待，实际数量可能要小得多。战斗部队由许多工匠、商人以及大量驮畜伴随，所以军队比实际状况显得更为庞大。根据土耳其史料，计划是征服杰尔和科马罗姆要塞而不是进军维也纳，有些土耳其史家断言，穆罕默德四世对要将战役扩展远至维也纳的意图一无所知。也有人断言，外交大臣穆斯塔法·艾芬迪深知卡拉·穆斯塔法渴求荣誉和声望，正是此人力劝他进行远征。但是，既然那位宰相有如此庞大的可用之兵，事情就绝不可能只夺取两座要塞就能使他满足，更为可能的是他从一开始就打算进军维也纳。外交大臣干预的说法可能是事后提出来的，用以证明卡拉·穆斯塔法不是唯一对失败负责的祸首。他所做的只不过是利用经过柯普律吕父子治理后重新以一个军事强国而崛起的土耳其的力量。但为了保守其战略计划的秘密，维也纳的名字未被提及，公开宣称的目标是杰尔和科马罗姆两要塞。的确，在企图攻击维也纳之前减少阻止通往这座首都道路的守备敌军是十分重要的。克里米亚汗穆拉吉雷批评卡拉·穆斯培法在占领杰尔和科马罗姆要塞之前就去进攻维也纳，但他因此而使自己成了宰相的敌人。年长的布达卫戍司令官易卜拉欣帕夏建议先夺取两要塞，到来年春季再进攻维也纳。然而，卡拉·穆斯塔法被这些建议所激怒，他争辩道，维也纳攻陷后"所有基督徒都将服从奥斯曼人"，并发布了进攻敌人首都的命令。

在土耳其政府宣战前，奥地利人没有料到他们的首都会受到围攻，而是认为卡拉·穆斯塔法会在匈牙利采取军事行动。只是当战争迫近时，哈布斯堡王朝才呼吁其他欧洲国家的援助。但是欧洲的形势对奥地利人并不有利。路易十四尤其没有隐瞒他对哈布斯堡王室的敌视，如果奥地利军队为土耳其人所击败，这就会使他得以成为基督教世界的领袖，通过势不可挡的胜利来赢得帝国的皇冠。勃兰登堡选侯腓特烈·威廉的态度同样令人怀疑，他是路易十四紧密的盟友。但是巴伐利亚选侯马克斯·埃曼努埃尔和萨克森选侯约翰·乔治三世承诺提供援助。教皇英诺森十一世作为天主教会的领袖做出不懈的努力以援助奥地利人。他向许多基督教国家的君主发出呼吁，向利奥波德一世送去大量金钱。许多意大利城邦响应他的呼吁给予金钱上的帮助，葡萄牙也是如此。然而，最有效的援助来自波兰的约翰·索比斯基，他在过去曾成功地打击了土耳其人。① 1683 年 3 月 31 日奥地利和波兰签订了攻守同盟，如果奥地利受到进攻，索比斯基答应向它提供 4 万人的援军。奥地利自己的军事力量不足以阻挡土耳其人的入侵，因为尼曼根和约（1679 年）之后它仅保留 3 万人的军队；圣哥特哈德之役的胜利者蒙特卡科利将军已于 1681 年去世，他的后任、利奥波德一世的妹夫洛林公爵查理缺乏同样的才能。

奥斯曼军队沿多瑙河右岸挺进，到达斯图尔威森堡（即塞克什白堡），从当场架起的十座浮桥上渡过拉布河，没有受到任何抵抗。只有一支小部队留下来佯攻杰尔要塞。当土耳其人渡过拉布河时，利奥波德一世带着其家族和宫廷人员离开了维也纳，逃往帕绍，而洛林的查理则率其军队从他打算包围的新扎姆基附近撤往多瑙河上游的林茨。土耳其军队经过一周的跋涉到达维也纳，开始对它进行包围。该城有城墙环绕，按照 17 世纪的标准它易守难攻。但是，当土耳其人出现时，其防御措施远未完善，维也纳城内仅有 1.2 万—1.5 万名士兵。它的防御交给了卫戍司令吕迪格·冯·斯塔勒姆贝格伯爵，他与市长安德烈亚斯·林贝格在作战中发挥了卓越的作用。如果土耳其人从杰尔要塞迅速推进，维也纳本会被土耳其人以暴风骤雨之势一鼓夺取；但土军的行动极其缓慢，到 7 月 14 日才抵维也纳城下，3 天后完成对该城的包围。土耳其人扎营于维也纳以西格林津与申布伦之间的地区；2.5 万顶帐篷看上去像一座庞大的城池。帐篷、5 万辆车，还有驮畜——骡子、骆驼以及水牛——使得营地拥挤不堪。

7 月 14 日晚，土耳其炮兵部队各就各位，准备次日发动进攻。根据惯例，进攻前一封以突厥语和拉丁语两种文字书写的书信用箭射入城中，要求守军投降并使居民皈依伊斯兰教。如果他们拒绝但同意放弃维也纳，则保证每一个居民安全放行。然而，斯塔勒姆贝格伯爵未予回复。于是土耳其的大炮开火了——这时正是苏莱曼大帝第一次包围维也纳 154 年之后。苏莱曼大帝时土耳其人没有重型大炮，而1683 年他们又重犯了这一错误。根据参加此役的西拉达尔·穆罕默德·阿迦的说法，土耳其人只有 19 门轻型大炮，一些榴弹炮以及 20 门中等口径的大炮。但最重型的大炮（Balyemez）没有使用。缺乏

① 见下第 24 章边码第 569 页（原书页码）。

重型大炮可能是这次战役的公开目标仅仅是夺取杰尔和科马罗姆要塞所致。另外，维也纳人在大炮的质量和数量上占有优势，这一事实在防御中起到了决定性的作用。为弥补这一不足，土耳其人企图在地下埋雷炸毁城墙和梭堡从而打开攻击的突破口。他们5年前在奇希林曾有过这种战术的成功经验，但维也纳城墙远为牢固，其守军比哥萨克首府的守军更具有勇气、决心和严明的纪律。守卫者不仅仅采取稳固防御战术，而且主动出击，致使土耳其人遭受严重损失。久攻不下使土耳其军滋生不满情绪，因为许多人已经捞到足够的掠夺物，他们希望尽早还乡。在围攻期间，克里米亚鞑靼人向西深入克雷姆斯和斯泰因附近以及远至巴伐利亚边界，他们的袭击在老百姓中引起恐慌。如果卡拉·穆斯塔法以其全部力量投入进攻，维也纳本来是可以占领的，但他担心，如果该城的陷落是进攻的结果，那就会由于士兵们的劫掠而只剩下一座空城。然而他最大的错误是忽略了救援维也纳的军队。

自受围之始哈布斯堡王朝的盟邦就加倍努力予以帮助，洛林的查理也在等待着来自波兰和巴伐利亚的增援。他与受到围困的都城一直保持着联系并成功地抵御了鞑靼人向西的袭击，也防止了特克伊夺取普雷斯堡。因此，约翰·索比斯基未遇任何抵抗成功地与奥地利军队会合。两位统帅在维也纳以北的霍拉布伦见面，巴伐利亚和萨克森的军队也在那里加入了他们的队伍。尽管索比斯基仅率领2万人参加联盟阵营，由于其国王的身份，总共大约7万人的军队的指挥权落到他的手中。但战略计划由洛林的查理所掌握，而他的将士也不得不承担战斗的主要压力。联军挺进的消息在9月4日传到土耳其大营，防止它渡过多瑙河应该是可能的，据说卡拉·穆斯塔法曾命令克里米亚汗进行阻击，但后者出于敌视宰相而让敌军安全地渡河到右岸。然而，事实上该汗对付拥有大炮的军队不可能有所作为，而卡拉·穆斯塔法铸下的大错是没有亲自指挥这次行动并没有为此动用更多的军队和大炮。看来是大败之后土耳其编年史家利用克里米亚汗作为替罪羊。在联军到达以前维也纳度过了几天最严峻的日子，因为9月初土耳其人成功地埋雷炸毁了若干梭堡，在城墙上打开了数处缺口，强行进入城市的内区，所以维也纳危在旦夕。斯塔勒姆贝格伯爵迫切要求援助，他已几乎不能阻挡住任何大举进攻。但在失陷成为事实以前，绝望的维也纳人通过卡伦山坡的篝火得知联军已经到达。9 月 12 日，联军从那里发动了进攻。卡拉·穆斯塔法认为骑兵足以将之击退——克里米亚汗曾建议使用近卫军对联军进行反攻，但未被接受。联军被证明在各个方面均远占优势：他们为其攻势选择了一个十分合适的地形，他们的炮兵及其机动性是优良的，他们的士气十分高昂，因为拯救维也纳被认为是一种神圣的责任。战至傍晚土耳其军队被击败，波兰骑兵闯进奥斯曼的营地，接着土耳其军开始向杰尔溃逃，但联军没有穷追不舍，因为他们认为这样的迅速撤退是个圈套。土耳其人的伤亡达到万人以上——与此形成对比的是基督徒的伤亡大约只有 5000 人或更少些——并丧失了包括财宝和给养在内的全部营地。

　　土耳其这次惨败的结果是匈牙利为哈布斯堡王朝占领。早在 10月中旬，奥地利人就夺取了格兰［即埃斯泰尔戈姆（Esztergom）］，这是落入他们之手的许多土耳其要塞中的第一座。卡拉·穆斯塔法最终重新集结了他的惊慌失措的军队，但不能阻止奥地利人挺进匈牙利。因此他返回贝尔格莱德，打算在那儿过冬，并在来年春天再发动新的进攻，但是他的严厉施政树立了许多敌人，宦官总管和御厩长怂恿穆罕默德四世允准处死宰相，1683 年 12 月 25 日他在贝尔格莱德被绞死。但是，他的处决是土耳其的一个损失，因为许多非常不喜欢卡拉·穆斯塔法的帕夏也都承认，只有他才有能力对敌人进行复仇。然而，穆罕默德四世不再能够宽心地去打猎了。他断言卡拉·穆斯塔法没有取得他的同意就去围攻维也纳，从而使卡拉·穆斯塔法个人承担了失败的责任，但是以后的宰相没有一个具有他的才能。

　　奥斯曼帝国的形势的确是令人惊恐的。奥地利人将土耳其人赶出了匈牙利，威尼斯人占领了达尔马提亚沿岸，甚至占领了摩里亚[①]。但是穆罕默德四世并没有改变他的生活方式。人们在议论纷纷，国家吃了败仗而他却从未割舍他的狩猎：如果他不考虑他的臣民，难道他不畏惧真主吗？在此期间，穆罕默德在君士坦丁堡附近的达武德帕沙打猎时，邀请某个教长在当地清真寺讲经，但这位教长拒绝了，他认为他只能祈祷苏丹应该放弃打猎，亲理朝政。接着宗教界人士开始规劝苏丹，总法典官阿里·埃芬迪亲自带头。穆罕默德因此而解除了他

---

① 关于这些事件，见第 6 卷第 19 章。

518 的职务，任命穆罕默德·埃芬迪继任，但这位新总法典官警告苏丹，如果他不放弃打猎就会发生起义。穆罕默德中止狩猎一个月，但他感到十分痛苦，度过了若干不眠之夜以后，他宣称又想去达武德帕沙附近打猎了。军队指责苏丹要为帝国所遭受的所有失败负责，也加入反对他的行列。面对这种严峻的形势，苏丹答应不再打猎，解散了所有狩猎机构，分送他的猎犬，出售他的马匹，并答应将来要厉行节俭。数百名妃子从后宫放出。但是这一切为时已晚。哗变的军队向君士坦丁堡挺进，1687 年 11 月 9 日苏丹被废黜。他于 5 年后去世，作为囚犯在"监狱"中度过了余生。他的弟弟苏莱曼二世继位苏丹，他自 1651 年 9 月其祖母希望使其登基以替代穆罕默德以来原是一直被囚禁的。

随着穆罕默德统治的结束，土耳其不再是对欧洲的威胁，基督教国家开始采取攻势[①]。欧洲军队的军事改革和圣哥特哈德战役标志着已经发生了的变化。对土耳其人来说确实幸运的是，直到维也纳城下土耳其军队的惨败欧洲列强才认识到自己的优势，这是一种由西欧科学和技术进步所导致的优势。就科普律吕父子所有成功的统治而言，他们只是使奥斯曼帝国过时的机构有秩序地运转，名副其实地将一个正在衰落的帝国转变为一个使人想起苏莱曼大帝时代的强大国家。但是，由于卡拉·穆斯塔法的错误，衰落的趋势恢复了：他出征的主要目标是获得战利品和声望，而不是消灭威胁奥斯曼帝国安全的力量，但这样做只是重施帝国传统的政策。从乌克兰退出和围攻维也纳这一雄图的受挫使土耳其的衰落完全显露出来，而这种衰落更为显著则是在 18 世纪初期欧根亲王大获全胜之时。

（洪邮生　吴世民　译）

---

① 见第 6 卷第 19 章。

第二十二章

斯堪的纳维亚和波罗的海地区

威斯特伐利亚和约大大地加强了瑞典在斯堪的那维亚和波罗的海的地位。瑞典的征服地除了先前东方的英格里亚、爱沙尼亚和立窝尼亚之外，又增添了属于神圣罗马帝国的西波美拉尼亚、不来梅、费尔登以及维斯马，总人口达到约250万，其中一半是瑞典人。然而，和约不仅没有解决瑞典的国内外问题，而且产生了新问题。新占的德意志省份使瑞典成了帝国的一员，它愈来愈深深卷入各邦君主与皇帝之间的明争暗斗之中。而且其他邦国也觊觎新省份。勃兰登堡一直耿耿于怀，因为它未能获得西波美拉尼亚、丹麦和吕讷堡君主希望得到不来梅和费尔登。在东方，一直存在着对俄国——在"动荡时代"之后——再图打通波罗的海出海口的担心。

而且，瑞典在三十年战争中的胜利没有结束14世纪以来瑞典与丹麦之间争夺北方霸权的斗争。根据布勒姆瑟布鲁和约（1645年），丹麦让予瑞典在松德海峡以及在波罗的海岛屿果特兰和厄塞尔、那姆特兰、海里耶达伦以及哈兰德（后者为30年）的关税豁免权。1648年的所得也意味着瑞典可以从南方进攻丹麦；尽管如此，丹麦仍然对瑞典的地位构成最大的威胁。丹麦迫切希望收复失去的省份，由于这一斗争从根本上来说是争夺北方霸权的斗争，它必然将之视作争取生存的战斗。因此，在直至1700年北方大战爆发的整个时期中，这两个斯堪的纳维亚国家企图通过与彼此在欧洲列强中的敌人结盟的方式来孤立对方。

争夺北方霸权的斗争是与瑞典夺取波罗的海控制权的目标紧密联系在一起的，这被认为对瑞典保持大国地位是必要的。瑞典在波罗的海占有海上优势的前提条件是控制波罗的海的港口和通过不允许西方

520 诸国舰队进入波罗的海使之变为它的领海。实现这一步有两个途径，一是完全击败丹麦，让瑞典控制松德海峡和贝耳特海峡，二是与丹麦合作。但无论在哪种情况下，都还得考虑其他国家的利益。英国和荷兰要保持它们的贸易利益，因此它们谁都不会容忍其舰队被关在波罗的海之外，也不会容忍该海域的控制权落入瑞典或丹麦之手。这在17世纪后半叶波罗的海外交中是一个突出的因素。

　　瑞典争夺波罗的海控制权还有着重要的经济内容。与当时的重商主义思想相一致，人们强调，没有商业的控制是"毫无意义而徒耗精力的"。阿克塞尔·奥克森斯蒂纳给1651年新建立的商务部的指示十分清晰地表达了这种希望。这位首相设想将沿波罗的海的瑞典港口作为面向欧洲大部分地区的进出口中心。通过对波罗的海向西欧出口谷物和船舰用品的控制，瑞典王室的收入有望通过关税和国内货物税而得到数倍的增加。

　　控制波罗的海的问题还与长期战争后瑞典所面临的防务和国内问题有着不可分割的联系。分散的征服地区受到一心要复仇之邻国的威胁，其防务需要一支控制波罗的海的舰队，以及一支时刻枕戈待旦的军队和一些配备足以遏制任何邻国军队最初进攻的戍军之要塞。瑞典王室的收入不足以维持如此繁重的防务。奥克森斯蒂纳和瑞典大多数贵族所赞同的解决办法是波罗的海沿岸的新省份要以其数量随贸易发展而增加的关税来承担自身的防务支出。该计划在很大程度上是如意算盘，它的实现无论如何需要时间，就贸易而言，波罗的海的控制权只是一个幻想。从波罗的海通过松德海峡的船只确实约有40%在瑞典港口装货，约35%来自瑞典最直接的竞争者波兰港口，但在17世纪中期通过松德海峡的所有船只中，有65%挂着丹麦旗帜航行，而只有10%挂着瑞典旗帜。

　　因此，一如既往，瑞典防务增长的需求必须通过赋税才能得到满足。然而，在长期战争中赋税收入剧减。为征募兵员或权充薪饷，王室土地和来自自耕农的税款均落到了贵族，特别是大贵族之手。这种情形在新征服的省份尤其适用；但甚至在瑞典和芬兰，王室土地的流失也十分严重，如1655年约有2/3的农庄在贵族的手中。由于贵族的特权，他们享受赋税豁免，因而赋税只得由其他1/3的农庄缴纳，所导致的赤字只得由各等级在议会开会期间正式投票同意征收的额外贡赋来弥补。

　　频繁征收贡赋和要求新征兵员日益在僧侣、市民和农民，也在对 521
大贵族的大地产心怀愤恨的下层贵族中引起不满。当 1648 年恢复和
平之后赋税的压力仍进一步加强时，不满就变得公开化了。针对王室
抽捐纳税的要求，较低等级强烈希望恢复王室土地，减少大封赏和大
采邑。人们争辩道，瑞典的胜利成果不能只让几个显贵家族享用而令
举国陷于更贫困的境地。早已开始的围绕这一问题的斗争在 1648—
1655 年愈益激烈起来。

　　不同等级间的分歧为克里斯蒂娜女王（1632—1654 年）所利用。
由于皈依天主教她决定退位，因为难以想象一个天主教教徒能坐在古
斯塔夫·阿道夫的王位上。女王想为其表弟查理·古斯塔夫取得继承
权，但遭到了以阿克塞尔·奥克森斯蒂纳为首的国务委员的反对，因
为大贵族希望利用这个机会扩大他们的权力。通过巧妙地利用各等级
间的不和，女王成功地使查理·古斯塔夫被宣布为她死后的继承者；
接着，在 1650 年各等级之间的斗争达到顶点的著名议会中，她以批
准收回王室土地的要求相威胁迫使国务委员会和贵族们无条件承认了
查理·古斯塔夫作为她的王位继承人。1654 年她正式放弃王位，离
开了瑞典。

　　查理十世（1654—1660 年）来自巴拉丁—茨韦布吕肯家族。他
在其短期统治期间主要执行了扩张主义的对外政策，这部分是因为他
是个军人：在三十年战争的最后 10 年中，他曾担任瑞典军队的总司
令。其他因素也迫使瑞典参加新的战争。俄国对波战争的胜利相当彻
底以致波兰的解体迫在眉睫①。西普鲁士的港口，尤其是但泽，要为
瑞典所控制而不是落入俄国之手，这对瑞典来说生死攸关。最后，解
决供养防务所必需的军队问题的方法之一是向外发动战争，在国外这
支军队可以靠敌人的资财来供养。由瑞典从立窝尼亚和波美拉尼亚发
动进攻而开始的波兰战争（1655—1667 年）最初给查理十世带来了
很大的胜利。他与勃兰登堡的腓特烈·威廉结盟，在毕沙著名的
"三日战斗"中击败了波兰军队；但无论是这场战斗还是穿越波兰领 522
土的长征都被证明不是决定性的。随着战争的发展，查理认识到其他

---

　　①　见下第 24 章边码第 566 页和第 25 章边码第 574 页（原书页码）。

欧洲国家是多么关心该地区适当的势力均衡。勃兰登堡因在波兰战役中合作而要求增加其补偿，并最后转而支持波兰。荷兰人决心不让瑞典取得西普鲁士港口，他们与瑞典的敌人靠得更近了。皇帝利奥波德站在波兰一边进行干预，俄国则从防御转入进攻。1657 年夏，丹麦向瑞典宣战，它希望利用当时的形势收复 1645 年失去的领土。

随后的战争证明，由于瑞典在帝国内的占领地，军事形势发生了有利于它的决定性的变化。瑞典的地位又由于查理与荷尔斯泰因—哥托普的海德维格·埃莱奥诺拉联姻而得到进一步增强，这成了注定要延续到 18 世纪的一个联盟的基础和瑞典对丹麦政策的基石。相反，这一联盟使得丹麦摆脱瑞典和荷尔斯泰因—哥托普的包围变得至关重要。查理得到丹麦宣战的消息后迅速从波兰强行军到荷尔斯泰因，接着征服了整个日德兰半岛。然而，随着冬季的来临，形势变得严重起来，因为舰船不能将瑞典军队运到丹麦的岛屿，而查理的敌人则准备从德意志进攻他。斯堪的那维亚军事史上最大胆的业绩之一——整个瑞典军队跨越业已冰冻的大小贝尔特海峡——决定了战局。丹麦人大吃一惊，面临未设防的哥本哈根有遭受进攻之虞，他们很快同意媾和，1658 年 2 月在罗斯基勒签订了和约。

该和约（1660 年的哥本哈根和约仅对之稍加修改）对斯堪的纳维亚内外发展来说是决定性的。丹麦的整个东部地区斯堪尼亚、哈兰德和布莱金格，以及挪威的博胡斯伦省永久割让给瑞典。因此，波罗的海的主要进出口松德海峡成了瑞典和丹麦之间的边界，丹麦人不再有权在松德海峡征收通过税。瑞典实现了它古老的梦想，获得了给它北海直接出海口的海岸，这是一个特别重大的胜利，对瑞典的贸易来说尤其如此。但对丹麦要进行复仇的担心依然存在，对万一丹麦进攻瑞典时前丹麦省份会发生人民起义也有着同样的担心。

对丹麦来说失去东部省份带来的影响不限于经济方面，因为与瑞典的战争导致了宪政的变化。丹麦贵族的地位与他们对政府和行政的影响甚至强于瑞典的情况。他们的权力基础部分在于贵族大地产（约一半的丹麦土地属于 150 个贵族家族），部分在于他们习惯上控制着地方政府。丹麦贵族依靠其地产享有甚至比瑞典贵族还要大的特权，譬如豁免其佃户赋税的更为广泛的权利。这种情形加上农民无限制的服劳役（霍夫里制）促进了领地农业的发展。优先担任公职的丹麦贵族也控制了整个政府。由最大贵族家族的代表组成的国务委员有着决定性的影响。这对各等级（贵族、教士、市民）的利益损害极大。均由贵族充任的各省省长掌握赋税的征收。在贵族很少的挪威，农民仍然维持其传统的独立地位，但这个属国常常处在哥本哈根中央政府相当严厉的统治之下。

1648年克里斯蒂安四世死后，其继承者弗雷德·里克三世（1648—1670年）和国务委员会之间爆发的斗争持续了数月之久。作为议会选其为国王的代价，新国王不得不签字同意国务委员会和贵族的广泛特权，保证他们享有他们没有法律根据就已经逐渐获得的经济和政治影响。国王的宣布意味着一个长期的无可争议的贵族政府统治的开始；但签字的墨迹未干，其就不仅在国王和贵族之间，而且在贵族领袖之间发生了摩擦。大司空科尔菲特斯·乌尔费尔特被指控为侵吞公款，在丹瑞战争中勾结查理十世并追随其左右，为其出谋划策。整个这一时期丹麦王室的财政困难加深了。王室土地的广泛转让虽能拯救危难于一时，但从长远的观点来看形势却更为恶化。沉重的赋税引起较低等级的不满，其矛头首先是指向拥有特权的贵族及其对政府的控制。

1657—1658年查理对丹战争的胜利和苛刻的和平条件暴露了丹麦贵族们不能维护和平与安全。另外，弗雷德里克三世和市民们在哥本哈根被围时表现出了英勇气概，从而准备了变革的基础。当1660年秋各等级在哥本哈根开会时，收入已经减少到和平时期水平的一个零头，而国债则达到了几乎500万丹麦达勒尔。当国务委员会建议征收某些货物税时，各等级间的敌对公开化了，因为一方面教士和市民拥护平等原则，要求人人都应缴纳新税，而另一方面贵族则要求不仅对他们自己而且对他们的某些佃户实行豁免。两个较低等级的决心迫使贵族逐步退让，有人提出了进一步的改革要求，譬如改变使省长们过于不受王权控制的行政体制。

当这些改革正在讨论之时，一项要求宣布弗雷德里克三世为丹麦世袭国王的建议被提了出来。尽管有关细节不详，创议者来自宫廷内部则是肯定的，其领袖克里斯托弗·加贝尔起草了采用世袭君主制的匿名建议书，他显然是与教士领袖汉斯·斯瓦纳主教和市民的代言人、哥本哈根市长汉斯·南森磋商过的；国王是旁观者，教士和市民受到鼓动向国务委员会请愿，要求更改宪制。当国务委员会拒不讨论该问题和贵族保持缄默时，弗雷德里克三世宣称他将不顾国务委员会和贵族们的愿望而同意自己被宣布为世袭国王。哥本哈根的城门尽皆关闭，战时民兵奉召出动。这些措施削弱了反对势力，三个等级一致承认了弗雷德里克的世袭统治。这一变化并没有立刻导致君主专制的建立。为便于提出制定新宪法的建议，组成了一个委员会，并在该委员会的建议下，议会同意归还弗雷德里克在他登基时所赏赐的特权并要求他起草新宪法；于是权力就落到了他的手中。国王进一步让自己被拥戴为"至上的国王"。1665 年新宪法制定完成，并被宣布为"国王之法"。它的思想基础是自然法原则：通过各等级与国王的协议，权力转交给该统治者。

　　君主专制的建立伴随以中央和地方政府的急剧变化。改革的推动者是大司空汉尼拔·塞赫斯泰德，他对 1634 年瑞典采用的分院制管理印象颇深。他将中央政府的不同分支机构组织为若干个院，各设有院长和一定数量的顾问。随着君主专制和分院制管理的采用，高级贵族组成的国务委员会不再起作用，后来在克里斯蒂安五世（1670—1699 年）统治初期它又以彼泽·格里芬菲尔德根据法国模式所建立的枢密院这一新形式重新出现。在地方政府方面，1662 年旧采邑（Len）区划转变为郡（amt），由郡长（amtmenn）而不是采邑主（lensmenn）来治理，但郡长的权力已被大幅度削减，因为旧省长兼握军政两方面的大权，而郡长则纯粹是文官。即使在民政方面他们的权力也是有限的，因为征收赋税权转交给了另外的官员，即郡秘书。前此所缺乏的中央对地方政府的有效控制现在建立了起来。

　　上述重组与 1660 年后塞赫斯泰德所提倡的财政改革是紧密联系在一起的。当时的问题是减少国债但同时要保留国防所需要的足够的军队。债务主要包括战争期间的贷款、未支付的薪饷以及因战争赊欠军需承包商的款项。塞赫斯泰德重施故技，不过规模空前：他将王室土地割让给受押人和其他债权人，其数量大致等同于所欠国债。王室让出如此大量的土地以致只得另寻财源。大家也都清楚，农民所承受的通常赋税负担过分沉重，而贵族却得以豁免。贵族在现存赋税方面的特权不容更改，因为国王在 1660 年采取君主专制时已经答应予以维持。为了给新税制提供根据，60 年代初全丹麦进行了一次土地普查，即所谓"马特里库敕令"（matrikulering），1688 年又进行了一次新的、颇有改进的普查。据此采用了一种城乡均适用的总的土地税法，这给王室带来了远高于先前来自王室土地的收入。因此，通过土地税的增加，或者换句话说，通过由基于自然经济之收入向基于货币经济之收入的变化，丹麦的财政困难基本解决了。

在丹麦采取君主专制的人士也热衷于在其他领域推行改革，新宪法的制定激起了他们对民法的兴趣。适用于整个国家的普通法从未有过，不同地区的各种中世纪法律构成了司法制度的基础。1661 年，一个特设委员会开始起草新民法，其他几部法典的草拟也随后进行，1683 年"丹麦法"终于完成。在经济领域，这些人代表了重商主义思想。他们致力于放松对贸易和手工业的限制，资助建立工场和作坊。他们的首创性结出了一些果实，尤其是在哥本哈根，到 17 世纪它已经发展成为拥有 6 万多居民的市镇。但是，贸易和手工业的发展不应被夸大，因为十分重要的谷物和牛的出口减少了，这不是哥本哈根的兴起所能补偿的。贸易的顺差源于对挪威的木材和鱼类出口的增加。

人们关注的焦点是影响到农村阶级——贵族和农民——及其相互关系的变化。旧贵族尽管失去了他们的政治权力仍然具有重要性。即使采邑变成了郡，新官吏起初主要还是来自旧家族。然而，这些职位不像过去那样有利可图了。某些高级贵族依然留在中央政府，尽管大多数贵族宁愿离开首都住在自己的庄园里。贵族保留了他们的经济和社会特权，但其经济特权却因基于土地普查的新赋税而成泡影。旧贵族在权势和收入两方面都趋于衰落是显而易见的。

与老贵族并存且部分取代它的是一个新兴贵族阶层，它部分是一些服役贵族（service nobihty），部分是一些土地贵族。这些新兴贵族主要由德意志移民组成。就像瑞典的情况一样，采取君主专制并不意味着土地从贵族转移到王室和农民手中。相反，丹麦新贵族通过上述王室土地的转让，也即在损害王室利益下部分成为土地贵族的。到 1688 年丹麦有 5.8 万个农庄，其中仅 1000 多个为自耕农所经营。王室拥有 25% 的土地，但 2/3 属于贵族或市民地主，余下的属于大学、教会以及中学。

与这种发展同时进行的是农业方式的变化，因为供出口的牛的养殖比谷物种植以及在一定程度上比较为后起的奶牛饲养获利更少。结果，旧农庄和旧村落被遗弃；大庄园出现了，它们相当于 40 个一般的农庄，作为一个单位进行耕作。农民的状况恶化，自耕农实际上不复存在。王室需要更多的金钱意味着赋税压力的增大，它十分沉重地落在了农民的肩上。佃农在新主人的统治下状况更差。向大庄园农业的转变要求更多的劳力投入领地。新贵族中的日耳曼人将德意志北部习以为常的更为苛刻地对待农民的做法传入丹麦。拥有田产的市民通常是由其管家代行监督，而这些管家出于自身利益更是压榨农民。许多贵族庄园存在着类似状况。有人作过一些努力进行改良，但这些改革者根据他们的重商主义原则对改善农民的命运没有兴趣。

　　这时，在瑞典发生了一个方向相反的运动——尽管广泛性较小。1660 年年初查理十世去世。临终前他留下遗嘱，安排好摄政期间瑞典的政府事宜，因为其继承者查理十一世（1660—1697 年）时年仅 4 岁，摄政是不可避免的。政府委托给母后海德维格·埃莱奥诺拉和五位国家高级官员。由于五个官位中有几个早已空缺，查理十世便任命了能指望捍卫王朝利益以对付那些上层贵族的人，他们中有查理十世的兄弟阿道夫·约翰公爵和赫尔曼·弗莱明，后者是支持 1655 年敕令的主要人物，该敕令规定部分收回王室土地，但因战争在很大程度上没有得到实施。然而，早在 1660 年秋，贵族诱使其他等级联合行动，宣布查理十世的遗嘱无效。五位高级官员被迫辞职，让位于更加顺从贵族的人士。悉由大贵族组成的国务委员会增加了其权势，对外政策的控制权交给了首相芒努斯·加布里埃尔·加迪耶。在内政方面，财政大臣古斯塔夫·邦德极力主张厉行节约的计划，但新政府的主要目标是维护贵族的地产。

　　当时最紧迫的任务是结束查理十世所遗留下来的战争。与丹麦—挪威的和约已如前述。根据维持领土现状的原则，1660 年瑞典与波兰在奥利瓦签订了和约，波兰王室最终放弃了自西格蒙德·瓦萨时代以来一直坚持的对瑞典王位的要求。1661 年在卡尔迪斯，瑞典和俄国签署和约，也未有领土变更。这三个和约标志着瑞典在波罗的海的势力达到了鼎盛。查理十世等人所一直期望的目标，即完全控制波罗的海和斯堪的纳维亚的雄图未能实现，瑞典帝国领土的许多部分一直没能连接起来，帝国也是不稳定的。危险依然存在，俄国无论通过打破波罗的海沿岸地区瑞典的阻遏或者通过波兰都可能获得通向波罗的海的出海口。不少德意志邦国，特别是生气勃勃的勃兰登堡，迫切希望瑞典在德意志境内的省份摆脱瑞典的统治。但是，丹麦的复仇计划构成了最严重的威胁，可是摄政政府认为丹麦不可能对瑞典发动进攻，因为在实行君主制后丹麦的对外政策发生了变化。

　　1600 年以前，丹麦传统的对外政策一直是依赖于与神圣罗马帝国皇帝、波兰以及联合省的结盟。这是顺理成章的，因为自三十年战争以来，其主要对手瑞典与哈布斯堡王朝的首要敌人法国一直联结在一起。在塞赫斯泰德掌权时期，大政方针曾有过改变，这意味着在短期内瑞典无须担心来自丹麦的威胁。根据节约财政开支的计划，塞赫斯泰德削减了常备军，这一步骤激起了军官团的强烈反对。丹麦对其盟友在战争中没有提供援助感到失望，而且它因荷兰控制波罗的海的贸易而遭受到的损失也不下于瑞典。因此，塞赫斯泰德开始转向法国和英国，这两国在万一发生战争时都能向丹麦提供津贴来增强兵力。在原则上，塞赫斯泰德相信两个北方王朝在外交事务上的合作对双方均有利，故他对瑞典称霸北方的企图所包含的危险不敢视而不见，故而他希望，通过与法国和英国的联合，可与瑞典的盟国和潜在的盟国建立起更加密切的关系。通过这样的组合瑞典可能受到遏制，因为它或者变得孤立，或者不得不容忍丹麦成为联盟中的一个平等成员。早在 1661 年塞赫斯泰德与英国签订了一个商约，该约有很长一段时间证明是英瑞达成协议的障碍。1663 年他与法国签署了共同防御和贸易条约，但这一条约主要有利于路易十四，而塞赫斯泰德所指望的津贴并没有得到。该政策最后的失败是在 1665 年，一个小事件阻碍了丹麦加入它所希望的与英国的同盟，并驱使它站在荷兰一边参加了两个海上强国之间的海战。即使塞赫斯泰德的政治体制在他掌权时代结束之后仍有信徒，丹麦倒向瑞典敌人的传统倾向却愈来愈居于支配地位，尤其在克里斯蒂安五世登基以后。就外交关系而言，在他长期统治期间主要有三重目的：摧毁荷尔斯泰因—哥托普公爵家族的独立地位；终止其与瑞典的紧密联盟；收复失去的东部省份，换句话说，通过战争结束瑞典在北方的统治。

　　丹麦对外政策的目的是孤立瑞典，另外瑞典也努力结成反丹同盟，这种努力导致了与路易十四的敌人进行暂时的合作。由于瑞典在德意志拥有领土，它在一定程度上要依靠皇帝，而皇帝这时也愿意收买瑞典的支持以反对法国。瑞典既对荷兰控制波罗的海贸易心怀不满，又对荷兰阻止瑞典商业扩张的政策更为不满，这就预示着瑞典要与联合省的头号敌人英国结成友好关系。瑞典的主动表示受到英国的欢迎，因为它与荷兰的关系特别紧张。1665 年两国签署了一项条约，据约英国保证荷尔斯泰因—哥托普的克里斯蒂安·阿尔布雷克特公爵的独立地位。由于丹麦因为这一英瑞条约而于 1666 年与联合省结了盟，也由于法国前此刚刚向英国宣战，北方两王国彼此再次参加对立的阵营。然而，瑞典不打算全心全意加入一个势力"集团"以致自己卷入战争。它派往德意志的军队是进行武力示威而不是参加战争。此时适值法国的外交目标是在北方维持和平，这也有助于瑞典的自行其是。法国防止丹麦进攻瑞典，同时又通过让步劝阻瑞典与哈布斯堡联合。1666 年瑞典宣布在英荷战争中保持中立并在 1667 年布雷达和平谈判期间作为调解者进行活动。

　　1667—1672 年，瑞典在不断变化的各个同盟中的立场像英国一样朝秦暮楚。影响瑞典进退的因素之一是它的国务委员会中所存在的相反的观点。国务委员在原则上赞同有必要维持和平与欧洲的均势，也赞同需要使丹麦陷于孤立而又避免瑞典的孤立。然而，在瑞典做到何等地步才不冒卷入战争的风险，以及在参加这一势力集团或另一势力集团，孰利孰弊等问题上未能达成一致意见。最终使其决定支持法国的因素有三：一是路易十四在德意志的几次胜利；二是英国从参加三国同盟转变为与法国合作；三是担心瑞典如果对法国的建议仍然保持消极态度则路易十四有可能与丹麦更为接近。1672 年法瑞条约签订：法国承诺给予大笔津贴并保证荷尔斯泰因—哥托普公爵的地位，瑞典同意派一支军队去德意志。路易十四以不付津贴相要挟，迫使瑞典进攻联合省的盟友勃兰登堡，1675 年 6 月瑞典军队在费尔贝林遭受败绩。瑞典违心地被拖进了大国的争夺之中。

　　在此期间，尽管丹麦开始与不少国家谈判以防止自己的孤立，它的外交依然是不明朗的。直到瑞典明确与法国结盟之后，而且路易十四在 1673—1674 年的运气也明显欠佳之时，丹麦才与皇帝结成同盟，丹麦同意在第三国即瑞典进攻荷兰人时向法国宣战。瑞典和法国使丹麦保持中立的努力没有成功。闻悉瑞典在费尔贝林受挫的消息，克里斯蒂安五世就立即逮捕了荷尔斯泰因—哥托普公爵，强迫他放弃对其领土的主权并将其要塞割让给丹麦。通过这次突然行动，克里斯蒂安使瑞典丧失了它在丹麦后方有价值的基地。

1675—1679 年战争的开局对瑞典不利，它遭受到在其强盛时期任何战争的初期阶段从未遇到过的挫折。费尔贝林之战是一场无关大局的武装冲突，但它打破了自三十年战争以来一直笼罩着瑞典军队的实力光环。由于瑞典舰队与受到荷兰分遣舰队增援的丹麦舰队交战时未能占到上风，瑞典的德意志省份遂难逃劫数。波美拉尼亚被勃兰登堡占领，吕讷堡公爵在勃兰登堡和丹麦的帮助下征服了不来梅和费尔登两公爵领地，维斯马在丹麦海陆军的包围和封锁下只得投降。1676年克里斯蒂安五世派遣军队渡过松德海峡以收复 1658 年失去的省份，于是战火燃烧到瑞典的领土。斯堪尼亚的要塞除一座之外全都落到丹麦国王手中。斯堪尼亚人仍然忠于丹麦，与它进行合作。拯救瑞典危局的首先是查理十一世的勤政，他在 1672 年宣布成年，得到很快就取得支配影响的约翰·于伦斯蒂纳的有力支持。1676 年暮秋，一支瑞典军队开进斯堪尼亚，在隆德的浴血战斗中击败了丹麦人。克里斯蒂安五世也被迫一个接着一个地放弃了斯堪尼亚的城堡，而老百姓与瑞典军队之间严酷的游击战则持续了若干年。

尽管瑞典在德意志遭到了失败，但 1679 年的和约只使它失去很少的领土，这部分是由于路易十四巧妙的外交，部分也是因为无论荷兰还是皇帝都不希望瑞典丧失土地这一现实。因此，路易十四没有进行任何真正的磋商就代表瑞典与它的敌人签订了和约：吕讷堡君主从不来梅和费尔登小有所得，勃兰登堡分到东波美拉尼亚的一小块，而丹麦则一无所获。

530

路易十四未与查理十一世进行磋商一事引起后者的不满。法国也未履行 1662 年结盟时的承诺，也就是瑞典未获得联合省在通过税方面所作的某些让步之前不与联合省媾和；更有甚者，法国在与荷兰人的和约中还有一项商务协定，该协定对瑞典十分不利以致查理拒不加以批准。因此，1679 年的瑞典对法国和联合省均不满意。克里斯蒂安五世同样感到失望，联合省 1678 年背叛了它单独媾和，而法国则强迫它结束战争而一无所获。因而瑞典和丹麦发现它们自己在反法和反荷方面有共同语言。在瑞典，现在是约翰·于伦斯蒂纳控制对外政策，战前他在国务委员中一直保持警惕，反对与法国结盟，并与国王一样对路易十四对待瑞典的行径感到不满。他也不支持与联合省合作的政策。在这样的背景下瑞典与丹麦举行和平谈判，根据于伦斯蒂纳的建议，谈判在隆德进行，结果在 1674 年秋查理十一世和克里斯蒂安五世签订了一项条约。该条约的条款与路易十四所确定的条款完全一致，其真正意义在于秘密条款，它规定两个北方王国间进行广泛的合作。缔约的任何一方没有通告和同另一方商诸，不得与其他国家达成任何协议或结成任何同盟。如果任何一方认为有必要发动攻略战争，它必须通告另一方；如果联合进行战争，战果则必须分享。双方承认，每一方均有其特殊的利益范围，在该范围内进行合作既不重要也不可能，如瑞典与俄国的关系就是如此；但在德意志帝国则双方有义务进行合作。这一联盟因查理十一世与克里斯蒂安的妹妹乌尔丽卡·埃莱奥诺拉的婚约之恢复而得到保证。

531　　自从 19 世纪 70 年代上述秘密条款公开以来，历史学家对于这种因无情的战争而加深的传统敌对状态一变而为紧密的联盟关系之现象进行了大量的讨论。例如，斯堪的纳维亚国家对抵抗联合省有共同兴趣，但这种兴趣的一致并不新鲜。实际上，该联盟并不如乍看起来那样新奇和令人惊讶，而是曾经有过若干先例。甚至约翰·于伦斯蒂纳在 1675 年战争前的争论中就强调组成北方联合阵线大有裨益，但是合作的政策在当时——就像后来一样——是与争夺北方的控制权牢牢地联系在一起的。在 1679 年这种争夺在荷尔斯泰因—哥托普公爵的问题上表现得十分清晰，他在和约中被归还了领地，而丹麦则徒劳地争取获得瑞典将来不干涉丹麦与该公爵关系的有约束力的保证，于伦斯蒂纳小心翼翼地规避作任何这样的承诺。的确，就在进行条约谈判的时候，瑞典一再企图撤去公爵身边那些被认为过分亲丹的顾问而代之以瑞典的忠实支持者，荷尔斯泰因—哥托普依然被看作对瑞典十分重要，于伦斯蒂纳的意图是缔结紧密的斯堪的纳维亚联盟，但在该联盟中瑞典应为居支配地位的成员。因此，他的政策与查理十世试图以武力统一北方的政策没有多大的不同。一当这种意图昭然若揭，克里斯蒂安五世便不再受隆德条约的束缚，北方两王国间相互孤立对方的行动又恢复了。

　　更为革命性的，首先是更为持久的战争影响，表现在瑞典国内事态的发展上。恰如 1657—1660 年的战争推动了丹麦—挪威采用君主专制，1675—1679 年的战争导致了瑞典君主专制的实行。查理十一世未成年时期摄政政府的财政窘困也是一个促进因素。在 1660 年，军队要供养，军官们要犒赏，庞大的防务花费要支付，但大贵族控制着政府，因而非贵族等级和下层贵族所拥护的解决办法，即收回转让出去的王室土地，得不到采纳。诚然，尽管想方设法节省开支，王室土地的出让仍在进行，尤其在那些从丹麦获得的省份。总之，政府企图维持现存的社会秩序和特权，反对非贵族阶级的要求；它还进一步希望在国王宣布成年之后延长其对权力的掌握，企图通过要求查理十一世做出事实上削减王室权力的保证来限制王权。这种企图因遭到反对，特别是来自下层贵族的反对而未果，但直到战争爆发，年轻的君主依然依靠大贵族所组成的国务委员会，尤其依靠芒努斯·加布里埃尔·加迪耶为首的集团。

战争给国王个人带来了显著的变化。1675 年秋，他按惯例离开斯德哥尔摩担任全军的统帅。这样，他便摆脱了仍然留在首都的国务委员会，其左右尽为下层贵族和平民。在他的首席顾问于伦斯蒂纳的影响下，国王愈来愈对种种事务在提交国务委员会前就自作决定，以致到战争结束时国务委员会实际上已失去了权力。查理十一世公开坚持认为他并不一定要听国务委员会的意见。当瑞典被拖进这场毫无准备、军备不整的战争时，摄政政府自然受到了责备。在 1675 年的议会中，各等级已经要求调查摄政政府的施政，并为此组织了一个委员会。1680 年调查结果出来，它像乌云一样笼罩着高级官员和国务委员会，并因其治理不善和谋划有误被课以罚金而可能要威胁到摄政官员和国务委员们的经济地位。

战争期间，查理十一世及其顾问决心使瑞典在 1675—1676 年所陷入的无准备状态不复出现。一般说来，摄政政府对建造新舰和建设海军显示出很大的关注，但战争表明，主要军港斯德哥尔摩尽管适合于在东波罗的海的活动，但不适合于在波罗的海其他地区的活动。在前丹麦省份布莱金格需要一个海军基地是显而易见的，该基地在 1680 年开始动工修建，并以国王的名字命名为查理斯克隆纳（卡尔斯克隆纳）。在查理十一世和于伦斯蒂纳看来，缺乏训练有素的军队是 1676 年在斯堪尼亚遭受挫折的主要原因，因此建立常备军的计划

532

便着手进行。战后，查理十一世及其顾问准备进行重大的军事重组，它的实行需要大笔款项，而瑞典的财政形势战前已经不稳定，现在则进一步恶化了。频繁的贡税和征兵不仅打击了非贵族各等级，而且也打击了贵族，所以各等级都要摆脱赋税负担。看似荒谬的是，查理十一世和于伦斯蒂纳在对沉重赋税日益增长的不满中看到了可用来解决王室财政困难的办法。在非贵族等级和下层贵族中再次响起了削减大采邑的呼声。就像国王和他的顾问所认为的那样，这种收回王室土地的办法可为常备军提供财政基础，从而使征收超额贡税的次数能减少一些。国内改革早已开始，但在 1680 年夏约翰·于伦斯蒂纳去世时，这些改革尚未获得议会的最后批准。

在数月后召开的议会会议上，各等级要求向它们公布调查委员会对摄政政府的调查结果。这一要求得到了满足，于是一个享有全权的各等级代表委员会建立起来以对摄政政府成员进行审判。在随后的几年，他们因犯有治理不善和谋取私利之罪而被责令缴纳大笔款项。首相芒努斯·加布里埃尔·德拉·加迪耶所受到的打击最为沉重，他原是一个最大的地主，如今则实际上丧失了他的所有财产。当各等级对查理十一世所询的他是否应就国事与国务委员会进行磋商这一问题予以否定回答之时，国务委员会在政治上的失势就确定无疑了。在议会召开期间，收回王室土地的问题首先在农民等级中提出来进行讨论。在贵族院，改革者成功地争取到下层贵族支持地产归还计划中的各原则。所有公爵和男爵的大采邑都将收回，而被征服的省份则被宣布为"不可转让的地区"，这意味着已经转让的所有采邑都将收回，赠送新的采邑将被禁止。无论何处年收入超过 600 瑞典达勒尔的采邑都要归还。这些建议在大贵族中引起惊恐，但面对下层贵族的背叛和其他三等级占绝对多数的威胁，他们作了让步。因此，1680 年地产归还计划获得了通过，一个专门委员会建立起来以拟定实施细节。

各等级在立法、决定预算以及对外政策问题上的权力依然没有受到正式触及。在 1682 年召开的下一届议会上，国王获得了无限立法权和收回王室土地的权力。使用的方法与 1680 年反对国务委员会的方法如出一辙：国王提出问题，根据宪法他是否拥有全权在必要时收回被出让的土地，又是否能够不与各等级磋商就可制定法律和条例、规章和敕令。对这两个问题他都得到了肯定的答复。在对外政策和决定预算方面王权仍有扩大的余地。在查理十一世统治后期召开的议会会议中，他获得了这两个领域的独占的控制权。1686 年和 1689 年的议会是应王室金钱之急需而召开的，与以前的议会相比，其相对短暂的会期反映了各等级的失势。1680 年和 1682 年的议会分别开了两个半月和三个月，1686 年议会也开了差不多两个月；但 1689 年议会仅持续了六周，而 1693 年议会仅为三周。不再有什么事情好讨论了。在 1686 年议会上，根据惯例对外事务应予以辩论，但各等级被告知国王不希望对他的演讲有任何反应，将来需要拨款时只以向各等级通报外交形势为限。结果 1686 年以后，各等级仅限于感谢国王"出色的治理、勤政和关怀"，不再提出自己的任何意见和建议。

通过王室土地的收回和经各等级同意的其他长期性财政措施，王室财政得到相当的改善，以致在 1693 年议会上查理十一世能发表先前几乎未曾有过的讲话："并无拨款的必要"，但他要求以后遇到必要时，各等级应全体同意征收赋税和由他们担保的浮动借款。对摄政政府成员课以罚金、收回王室土地以及政府的改组使得国王在和平时期能够不依赖各等级。所课罚金估计达到 400 万瑞典达勒尔。根据 1697 年查理十二登基时提出的数字，收回土地使岁入增加了 200 万瑞典达勒尔，其中 70 万来自瑞典—芬兰，其余来自波罗的海彼岸省份。1681 年估计为 4400 万瑞典达勒尔的公债到 1697 年已减少到 1150 万。所有转让给贵族的农庄中有 80% 的农民归还给王室或向王室纳税。在此基础上，通过所谓"印德耳宁"制（indelningsverk），军政管理进行了改组：一定农庄的收入用于一定的官员，军官由所分配的农庄来供养，等等。1693 年得到各等级同意的征收赋税和浮动借款权使国王在战争时期也不再依赖各等级；由于各等级同时也同意将有关对外政策的事务全交国王掌管，他们就不再需要被召来开会了。这一发展的完成体现在 1693 年的《君权宣言》中，它称国王为"绝对的、君临天下和统治四海的至尊国王"，他对自己的行为无须向尘世的任何人负责。

由收回王室土地所确立的经济制度毫无疑问使得瑞典财政有了较大的稳定性。然而，人们无法预言在一场大战的压力下该制度能否发挥作用。收回王室土地和对摄政官员及国务委员课以罚金也带来了社会结构的变化。对贵族个人来说极少造成灭顶之灾，因为通过将出租的庄子割让给王室，保住自营的庄园（sateri）仍是可能的。但以现金缴纳王室所要求的大量罚款和其他款项的困难迫使许多贵族以极低廉的价格出售他们的地产。这为在国家保护之下发展起来的新兴服役贵族提供了一个廉价获得地产的机会。1655 年贵族拥有瑞典—芬兰农庄总数的 2/3，而到 17 世纪末新疆界内（即包括从丹麦—挪威所征服的省份）所呈现的比例为：33% 的农庄为贵族所有，36% 为王室所有，余下的 31% 为纳税的农民所有。所以，大量不依附贵族的农民或者成为王室的佃户，或者拥有土地而成了王室的纳税者。当 18 世纪王室的佃农被允许购买他们所耕种的土地时，自耕农的人数增加了。由于纳税农民摆脱了对贵族的依附，这就意味着保留了瑞典农民阶级作为一个拥有土地并且政治上活跃的等级。通过"印德耳宁"制，农民变得依附于王家政府机关或委员会的主持者而不是依附于贵族，因此情况并未立即有什么改善，农民像以前一样怨声载道。然而，实际上自由农等级是受到保护的，查理十一世的"印德耳宁"制依然是直到 20 世纪初瑞典军事组织的基础。

　　如果考察给斯堪的纳维亚两国的统治带来变化的各种因素，其相似性是显著的。在这两国中，国王都能利用下层等级去反对贵族。从瑞典和丹麦两国的事例可以看出，一场毁灭性战争都曾暴露了统治的弱点，都曾摧毁了国家的财政基础，以一致在行政方面进行广泛的变革被证明是十分重要的。1658—1659 年哥本哈根受围时的弗雷德里克三世和 1676—1679 年斯堪尼亚战争时的查理十一世，其个人对战争所作的贡献均为王权主义者的宣传所夸大。下层等级寻求王室支持以反对贵族的传统趋势加强了。因此，在决定性的会议——1660 年哥本哈根议会和 1680 年斯德哥尔摩议会上，事态是沿着同样的路线发展的：宫内人士和下层等级的合作迫使贵族退让。但相似处仅以此为限。在丹麦，君主专制是一揽子地采用的，并在 1665 年"国王之法"中加以法典化。而查理的君主专制则是在 80 年代的议会中一步一步地发展起来，有时看来似乎纯属偶然，一直要到 1693 年《君权宣言》的发表才告完成。造成这种情形的原因可在推动变革的不同宪政思想中找到。丹麦君主专制的基础是自然法，权力通过人民与统治者之间的契约转移到国王手中。这是在特定条件下完成的，而国王行使其权力要受现存法律的约束。另外，瑞典的君主专制发展对于现存基本法——中世纪土地法进行了重新解释。当它最终在《君权宣言》中获得理论基础时，其依靠的完全是自然法的对立面，即国家的神权政治概论：1680 年宣言中的词句，即国王必须"依据法律"进行统治为"依据他的愿望和作为一个基督教国王"的词句所替代。他不受世俗法律的约束，只对上帝负责。

　　两个君主专制政府解决其困难所采取的措施也截然相反。在丹麦—挪威，汉尼拔·塞赫斯泰德试图通过裁军来平衡预算；而查理十一世在战争刚结束时就将军队扩充到 6.3 万人（2.4 万人作为戍军在瑞典—芬兰境外服役，约 3.8 万人根据"印德耳宁"制在瑞典征召）。塞赫斯泰德将大量王室土地转让给王室的债权人，建立以货币为基础的新型税收制度，这是根据重商主义的精神实行的变革；而在瑞典，收回王室土地和"登记"财物供王室之用则似乎是采取了完全相反的路线。在瑞典，采取专制君主制意味着贵族的采邑和许多贵族庄园转移给王室或自耕农。在丹麦，贵族和其他大地产所有者所拥有的土地面积则在损害王室和农民的情况下有所增加。从长远的观点来看，查理的君主专制导致了农民的解放，而丹麦的君主专制则使农民的状况恶化。在这两个国家中君主专制都导致新服役贵族的出现，但在瑞典这种贵族并不像在丹麦那样与旧贵族分离。瑞典旧家族成员继续以各种方式为国家服务，新家族也很快就被同化了。尽管在瑞典的服役贵族中也有德意志人，但这些人从未像在丹麦那样重要。

　　瑞典王室与波罗的海省份的关系也还要考察。自从这些省份被征服以来，它们与瑞典合并的程度一直是有争议的。问题是他们是否应该接受瑞典的法律和特权以及在议会中有其代表，或者它们是否应该根据它们自己的法律和特权生活以及保留它们自己的地方等级会议。瑞典的贵族反对前一种选择，因为其成员在这些省份已经获得地产而贵族在那里又比在瑞典占据更牢固的支配地位，尤其在与农民的关系方面。这种形势不同于从丹麦—挪威手里征服过来的省份，那里的社会结构远较波罗的海及德意志省份近似瑞典的社会结构。查理十世显然想将这些省份与瑞典合并，但在查理十一世未成年期间在这方面几无所成，因而当 1675 年战争爆发时，老百姓依然抱着亲丹的态度。斯堪尼亚北部和布莱金格两处起义使查理十一世及其顾问们清楚地认识到实行更为激进的政策是至关重要的。战争期间即已决定，一当和

536

平恢复，瑞典的法律和以瑞典语进行的宗教仪式就要采用，战后又做出有意识和耐心的努力促使这些省份的各等级要求与瑞典保持更大的一致性，于是为一场民族性的转变奠定了基础，而这场转变看来几乎比欧洲其他任何同类事件都更令人注目。最有影响的是宗教仪式方面的变化，因为此时教会是国家唯一有效的宣传工具。但隆德主教克尼特·哈恩和南部诸省总督鲁特格尔·冯阿谢伯格赢得当地人民信任的努力也同样重要。

537

　　瑞典化的努力不仅限于从丹麦—挪威手里征服过来的省份，而且扩大到了立窝尼亚和爱沙尼亚，那里的谷物和木材出口对瑞典来说在经济上十分重要，提供了瑞典—芬兰的1/3的收入。立窝尼亚议会顽强地拒绝承认瑞典收回王室土地的法令对该省的有效性，因为它在批准这项法令的瑞典议会中没有代表。这种态度使查理十一世感到愤怒，对他来说，在瑞典"陛下的议会"已经完全接受了他的绝对权力之时，却有一个省议会阻碍他行使权力，这简直是大逆不道。由于自条顿骑士团时代以来在该省居于突出地位的日耳曼贵族领导了对抗，这就促使瑞典国王要通过与立窝尼亚人民的合作来粉碎这种对抗。依靠采用瑞典的体制有望达到这个目的。在1690年，1686年的瑞典教会法为立窝尼亚和爱沙尼所采用。同年，多尔帕特学院建立，瑞典教授以瑞典语进行教学，而且国王的敕令宣称，只有那些在该学院学习不少于两年的人才能在立窝尼亚担任官职。有关当局设法将日耳曼学生排斥在这所学院之外，瑞典和芬兰学生占了大多数。国王进一步颁布敕令，这些学生在担任立窝尼亚教士方面应比日耳曼人具有优先权。1694年查理十一世通过颁布立窝尼亚政府条例，使其在瑞典化的道路上走得更远。他一直打算使立窝尼亚与瑞典完全合并，但因多次有人警告反对实行如此急进的步骤而放弃了这种打算，立窝尼亚的议会才得以保留下来。然而，它仅存的职能只是在国王要求征收特别税时才开会，所以失去了其重要性，成了"国王税令的登订处"。以此方式君主专制在立窝尼亚实行起来。同时国王决定，瑞典民法应尽可能广泛的运用，官方文书将来应以瑞典语拟写，以使立窝尼亚贵族"愈来愈习惯该语言"。这些措施引起日耳曼贵族的公开决裂。很快，以约翰·赖因哈德·帕特库尔为首的贵族集团开始与瑞典的敌人勾结起来。

　　直到北方大战爆发之前这段时间，查理君主专制国内外政策的特点可以用"巩固"和"捍卫"二词来表明。国家的资源用来维持一支常备军，这在瑞典是史无前例的。这支军队由后来在北方战争中名声大噪的军官指挥，处于常备不懈的状态，但这并不意味着它是用于侵略的目的。政府似乎从未认真地抱有继续进行扩张以维持瑞典大国地位的想法，也没有考虑完全控制波罗的海的计划。政府的目标是维持现状和团结拥有各种民族的省份。于伦斯蒂纳死后，瑞典的对外政策由首相本特·奥克森斯蒂纳所掌握，他应被看作他那个时代瑞典最有手腕的外交家。但专制的国王也每每使其意志体现于外交事务之中。在某些问题上他有着很顽强的信念，在另一些问题上他只是偶尔受顾问们的影响。本特·奥克森斯蒂纳非常熟悉欧洲的政治，尤其是有关神圣罗马帝国的政治，注意保护瑞典在德意志的利益，以及利用大国政治组合的变化所提供的机遇。国王的视野自然较为狭窄，他自己的痛苦经历教育他瑞典的主要敌人是丹麦。路易十四兼并查理的世袭公国巴拉丁—茨韦布吕肯以及他对 1679 年和约耿耿于怀都使他以怀疑的眼光看待法国。

538

　　丹麦的财政已毁于战争，但向君主制的巨大转变要早 20 年发生，而为改善财政状况在 1679 年后实行的改革也不太急进。值得注意的是，当查理十一世在瑞典建立由当地士兵组成的常备军时，丹麦决定取消民兵，仅仅依靠外国雇佣军。丹麦做了大量工作发展其舰队，这是为丹麦商船队的迅速发展所推动的。克里斯蒂安五世决心要结束荷尔斯泰因—哥托普公爵的独立地位，并收复丢失给瑞典的省份。丹麦的对外政策在弗雷德里克·阿勒费尔特于 1686 年去世前一直由这位伟大的首相掌握，尽管他的小心谨慎受到那些要求采取更为积极政策的人士的尖锐反对。1680 年以后，丹、瑞两国都清楚它们之间的紧密联盟不可能实现，每一国都回到了各自寻求盟友以防范对方的政策：这一政策在 1700 年以前的年代中愈来愈显著。两国所面临的选择都是法国和联合省。

　　在瑞典希望与丹麦合作反对荷兰在波罗的海贸易特权的要求时，查理十一世拒绝批准 1679 年与联合省签订的和约；但在荷兰人的强大压力下本特·奥克森斯蒂纳最终不得不接受了他们的条件。除了查理十一世对路易十四的怀疑外，反对与法国友好的论据是，在哥托普

539

政策上获得法国支持是不可能的，而瑞典舰队重建之时它又亟须波罗的海方面的海上支援。上次战争的经验已经证明，法国的舰队不敢开进波罗的海，而荷兰则给予丹麦人有效的且对瑞典人来说是致命的援助。因此，在1681年，与联合省的和约得到了批准，随后荷兰所要求的、具有深远意义的商务条约也被批准。1681年秋，海牙条约签署，根据该约，缔约国有义务维护威斯特伐利亚和约与尼曼根和约，如果任何国家的行为违反两条约的条款，缔约国有义务决心调解，如果调解失败，则有义务诉诸武力以捍卫两约；如果任何缔约一方因联盟关系卷入战争，另一方则有义务给予援助。瑞典与联合省的合作有着重要后果。商约意味着瑞典的全面退却：瑞典不得不解散它的特许公司，荷兰享有"最惠国"待遇，1659—1667年战争期间荷兰人在瑞典港口所曾享受的优惠条件重新被给予。瑞典通过对其港口对外贸易课税的形式以进行限制的企图被迫放弃了。

批准与联合省的和约意味着公开废止丹瑞条约，因为根据后者规定，两盟国必须共同进行谈判。瑞典人不仅秘密地与荷兰谈判，而且重订1640年和1645年保证荷尔斯泰因—哥托普公爵地位的瑞荷联盟，因而已有瑞典采取有利于丹麦敌人的立场之意。海牙条约进一步暗示瑞典已经转到法国的敌人那一边去了。路易十四利用他所能支配的一切手段企图阻止这些条约的签署，并十分巧妙地利用联合省和瑞典国内的反对势力，但终未能达到他的目的。因此，为抵消海牙条约的意义，路易十四开始与瑞典的潜在敌人勃兰登堡和丹麦进行谈判。两国都于1679年丧失了它们从瑞典夺得并希望保持的在德意志的征服地。作为给予津贴承诺的回报，勃兰登堡的腓特烈·威廉于1682年年初重订了他与法国的同盟。此后不久，路易与丹麦订立联盟，答应给它大笔津贴，同意既不保证北方的诸和约也不阻止丹麦进攻荷尔斯泰因—哥托普。

1682—1684年，勃兰登堡和丹麦都渴望发动进攻，但路易十四制止了它们。他的目的不是在北方重启战端，而是设置一个抗衡荷瑞同盟的砝码。然而，完全为好战集团所左右的克里斯蒂安五世于1682年秋侵入荷尔斯泰因—哥托普。1684年丹麦正式夺去了属于该公爵的那部分石勒苏益格，并宣布它与丹麦永久合并。

瑞典满怀忧虑地注视着这一针对荷尔斯泰因—哥托普的行动。然而，查理十一世按兵不动，对于公爵援引盟约要求援助的呼吁，其回答是含糊其辞的。瑞典不敢冒其在德意志的领地遭受直接进攻之风险，因为1683年勃兰登堡、丹麦和法国之间进攻性的盟约已经签署，尽管路易十四从未加以批准，但一支法国舰队出现在波罗的海而同时一支荷兰舰队也在北海游弋显示了1683年夏季形势的严重。

在1683年雷蒂斯堡停战谈判中[1]，瑞典提出的恢复巴拉丁—茨韦布吕肯和荷尔斯泰因—哥托普原有地位应包括在条约中的要求未获得支持，同时它提出的将明确保证其占领地包括在停战条款之内的要求也未能得到满足。此后，瑞典继续与其他国家谈判以争取对其要求的支持。与神圣罗马皇帝的谈判导致了瑞典参加1686年奥格斯堡联盟。更为重要的是由于勃兰登堡政策变化而产生的外交后果：1686年它与瑞典签订同盟条约，该盟约内容与勃兰登堡选侯已与荷兰和利奥波德一世所签条约的条款相仿：威斯特伐利亚和约与雷蒂斯堡停战协定应予维持；腓特烈·威廉承诺尽可能通过和平的手段帮助解决荷尔斯泰因—哥托普问题；缔约双方相互保证各自在立窝尼亚和普鲁士的领地。

540

由于勃兰登堡转而加入反法阵营以及它与瑞典结盟，丹麦变得孤立了，而在阿勒费尔特去世后，其政策又变得更加富有侵略性。吕讷堡公爵策动的乔治·威廉和汉堡自由市之间的冲突似乎给丹麦提供了一个巩固它在北德意志地位的机会。丹麦着手进攻汉堡，它可以对该城提出法律上的所有权，就像瑞典有权要求拥有不来梅自由市一样[2]。然而，吕讷堡人和汉堡联合了起来，甚至勃兰登堡也赶紧支援这座城市。由于丹麦似乎决意侵略——它依然占据着荷尔斯泰因—哥托普公爵的领地，北德意志诸侯决心阻止丹麦的扩张。仅因查理十一世的谨慎态度和勃兰登堡的反对才防止了公开战争。1687年春，查理十一世与吕讷堡的乔治·威廉和欧内斯特·奥古斯塔斯两公爵缔结了防御同盟。

在北方进行争夺的时候，路易十四准备进攻莱茵的巴拉丁。由于冲突迫在眉睫，法国和皇帝都努力避免卷入北方的斗争。因此，大国

---

[1]　见前第九章边码第220页。
[2]　见前第十八章边码第430—431页（原书页码）。

的压力迫使各有关方面接受了由利奥波德一世、勃兰登堡和联合省提出的对荷尔斯泰因—哥托普冲突进行调解的建议，并在 1687 年秋举行了阿尔托纳会议。由于克里斯蒂安五世和荷尔斯泰因—哥托普的克里斯蒂安·阿尔贝特公爵都不愿让步，会议久久不能取得成果，但 1689 年瑞典和吕讷堡有可能进行武装干涉的威胁决定了问题。它们结成一个新同盟，如果在限期内荷尔斯泰因—哥托普公爵不能复位就将进攻丹麦。瑞典议会召集了起来，备战开始了。由于无望得到法国的武装援助，同时由于勃兰登堡和联合省都致力于和平解决，克里斯蒂安五世不得不做出让步：克里斯蒂安·阿尔贝特重新获得他的所有领地。然而，也遗留下一些重要问题尚未解决，尤其是这位公爵在石勒苏益格设防和保持卫成部队的问题。瑞典的对外政策在 90 年代仍然为怀疑丹麦，尤其是怀疑它与荷尔斯泰因—哥托普的关系所支配。

1689 年英荷王室的合并与随后反法力量的加强对斯堪的纳维亚有着重要影响。王室的合并减少了英国与联合省的商业竞争，对此北方两王国是一直能够加以利用的，现在却不能在两者之间挑拨离间了。1689 年秋，当这两个海上强国宣布封锁法国港口却又没有使这种封锁行之有效和没有实行"自由船只装载自由货物"的原则时，这在瑞典和丹麦都引起了强烈不满。尽管这时瑞典和法国的直接贸易实际上并不存在，瑞典的政治家和商人却注意到战争所造成的可能性：波罗的海港口对俄国货物贸易的重要性增大了。同时可以正确地认为，战争将给交战双方所需要的货物带来特别有利的贸易条件。1691 年瑞丹谈判导致了一个武装中立条约的签订，两国一致要求给予被扣商船以补偿，如果不予补偿将实行报复，此外还设置护航队以便相互保护。1693 年该条约续订。

九年战争中同盟国的胜利和瑞典亲法集团的压力导致查理十一世在某些问题上缓和了他的反法态度。特别在同盟国战场得势阶段，瑞典就是否应该采取主动形成"第三方"以迫使交战双方媾和这个问题发生争论，并随即与法国和解。1693—1694 年同盟国原则上接受了瑞典的调解，其条件是未来和平应基于威斯特伐利亚和约和尼曼根和约。对法国来说，它企图通过在巴拉丁—茨韦布吕肯问题上做出让步而从瑞典方面得到好处。就在查理十一世去世前夕，要瑞典充当调解者的正式邀请书到达斯德哥尔摩。因此，里斯维克媾和谈判让瑞典享受了大国地位，尽管调解有名无实。而且，也许可以这样说，瑞典全神贯注于丹麦和丹麦与荷尔斯泰因—哥托普的关系以及西欧问题，在一定程度上妨碍了它注意东波罗的海形势的发展和看到那里正在出现的危险。

（洪邮生　吴世民　译）

第二十三章

勃兰登堡的兴起

17 世纪初以前，勃兰登堡选帝侯国——其境从老马克（易北河以西）伸展到新马克（奥得河以东）——一直是德意志最大的邦国之一，而且，作为七个选帝侯国之一，它对德意志和帝国事务拥有一定的影响力。但是，它位于神圣罗马帝国最落后的角落，即具有"殖民地"性质的东北部，全境人口稀少，并同海洋和所有重要的商路相隔绝。它的城镇都很小且在衰败，它们业已失去了同汉萨同盟的所有联系，并早在 15 世纪就被迫附属于霍亨索伦家族选帝侯。这个国家没有自然资源，土地是出了名的贫瘠，其中大部分不是沙地就是水涝地。农民已沦为农奴。就在剥夺农民自由和毁损城镇财富的基础上，贵族阶层建立起了不仅对农民，而且对选侯和城镇的统治。就像在德意志其他地区一样，这种统治是通过控制着选帝侯国的财政管理、对内政策乃至对外政策的等级会议得以实施的。德意志东部的，还有波兰的贵族热衷于经营庄园和出售其产品，尤其是出售谷物和啤酒，因此他们反对在对外政策领域采取任何冒险行动，也反对承担任何军事义务。由于他们的贸易利益，他们倾向于同邻国保持和平、友好的关系。他们构成了一种只把选侯当作头号地主的地主阶级，就像波兰贵族对待他们的国王一样。在等级会议内，城镇的力量过于薄弱，根本无法对统治贵族做出任何有效的反抗，同时随着宗教改革运动的传入，高级教士已不再成为一个等级。像在德意志其他地方一样，宗教改革运动并未导致君主权力的加强。许多被解散的修道院和女修道院落入贵族之手，而高级教士等级的消失使选侯不再有机会在两个等级之间挑拨离间和任命教士担任国家高级职务。作为选帝侯国最大的土地所有者，选侯同其他地主有着相同的利益，因为他的领地完全像贵族庄园一样依靠农奴的劳役经营，而他的庄园总爱酿造的啤酒也如同贵族庄园出产的啤酒有损于城镇的酿造业。实际上，直到三十年战争后期，选侯的权力一直在削弱。他没有能借以在战争中赢得权势的军队，而他的国家也被对他的权利毫不尊重的外国军队占领着。

有一段时间看来，勃兰登堡似乎注定要走波兰或梅克伦堡的道路，因此，17世纪后期一个强大的中央集权国家在如此不利的基础上突然崛起实乃德意志历史上的奇迹之一。的确，在17世纪前半叶，霍亨索伦家族就取得了一些重要的收获。他们的政策像哈布斯堡家族的政策一样，是进行王室联姻，从而使他们有可能在其他君主男性世系断绝的情况下继承其领地。这种联姻有可能使本宗族继承其他诸侯领地。1609年统辖于利希、克莱沃、贝格和马克等地的最后一个本地公爵死后，约翰·西吉斯蒙德选侯（1608—1619年在位）通过其妻、普鲁士的安妮公主得以要求拥有这些位于莱茵河下游非常重要的公国；同样，1618年在安妮公主之父死后，他又得以要求拥有普鲁士公国（即后来的东普鲁士）。虽然霍亨索伦对当时还是波兰附庸的普鲁士公国要求继承是无可争辩的，但位于莱茵河下游的诸公国却不得不同另一位要求继承者——诺伊堡宫伯分享：当1614年遗产被初步瓜分时，勃兰登堡只得到了克莱沃公国以及马克郡和拉芬斯堡郡。1666年的最后瓜分确认了1614年的瓜分条款。霍亨索伦家就这样获得了一些具有重要政治和战略意义的邦国：西面的同联合省紧密相连，且在三十年战争爆发后曾被荷兰驻军占领；东面的位于波罗的海之滨，为波兰和瑞典所垂涎。在威斯特伐利亚和会上，它又取得了进一步的收获。由于法国的支持，霍亨索伦家族获得了卡明、哈尔伯斯塔特和明顿三个世俗化了的主教区，并渴望获得位于易北河畔富裕的马格德堡大主教区，以及最为重要的东波美拉尼亚——但是不包括位于奥得河口的重要港口斯德丁，它连同西波美拉尼亚划归瑞典。这样，继哈布斯堡家族之后，霍亨索伦家族通过三十年战争一跃而为德意志最重要的统治宗族，而这几乎没有经过他们自己的军事努力。

但是，这些大片的领地散布于整个德意志，北部从默兹河至尼门河之间，并未形成一个国家。它们之间的间隔远比领土本身大得多。在中央，勃兰登堡马克连同东波美拉尼亚、马格德堡以及哈尔伯斯塔特一起形成了一块相对紧凑的领土。余下的都是一些在战时很难加以防御的边区，而且深受许多欧洲大国的威胁。再者，它们同勃兰登堡之间没有相同之处。诚然，普鲁士公国和东波美拉尼亚的社会结构与勃兰登堡的相同，路德派是占主要地位的宗教。但是，霍亨索伦家族却是加尔文派教徒，这就使这些地区反对勃兰登堡统治的意识更为强烈，在普鲁士公国尤其如此。此外，所有这些小邦都有它们自己的政府和等级会议，有它们自己的传统和联系。它们相互之间的共同之处甚少，恰如哈布斯堡领地内，布赖斯高或提罗尔之与波希米亚或西里西亚，或是恰如英格兰之与苏格兰。光是占有更多的领土就有可能成为其虚弱的原因，就像哈布斯堡家族行将显示的那样。现在的问题是霍亨索伦家族能否成功地把这些参差不一的土地连接成为一个国家。这一任务落到了在 1640 年即三十年战争期间即位的年轻选侯腓特烈·威廉身上。他即位时年仅 20 岁，被后世称为"大选侯"。不过这项任务的最终完成则是在 18 世纪由他的后人实现的。[①] 当他即位时，勃兰登堡的大部分地区为瑞典人所占领，他们是这个国家的真正主人；他的军队由一些领不到饷就走人的难以驾驭的外国雇佣兵组成；国家深受外国占领和士兵掳掠之苦，它看上去好像要彻底解体了。当他在 1688 年去世后，留下了一支 3 万人的训练有素的常备军，他在同等级会议的长期斗争中取得了胜利，并且为他所有领土的治理创立了第一批中央集权机构。他的统治的重要性不在于对外征服，而在于他的巩固国家和推行中央集权化的对内政策。就这一点而论，他是霍亨索伦君主中最重要的一位。

腓特烈·威廉把他的那么多散布很广的领地看成"身体之部分"（membra uniuscapitis），他在 1650 年就是这么说的。[②] 由于他有领土在莱茵河畔和波罗的海之滨，他就总是要被拖进欧洲大国的冲突之中——不管是法国与荷兰之间的冲突还是波兰与瑞典之间的冲突。自然，他愿意动用他所有领地的人力物力去保卫某一块领地免遭外国入侵。但这一政策必然会同各地等级会议发生冲突，凭什么克莱沃的等级会议要对波美拉尼亚的命运感兴趣？或者说凭什么普鲁士的等级

---

① 关于 18 世纪的普鲁士，见第 7 卷第 13 章。
② 柏林 1880 年版，《腓特烈·威廉·冯·勃兰登堡选侯生平文献》，第 10 卷，第 194 页。

会议要对路易十四的入侵感兴趣？1650年甚至勃兰登堡的等级会议也拒绝为处理瑞典与波美拉尼亚之间的边界争端而提供任何资金，他们说得很对：如果他们受到威胁，波美拉尼亚或克莱沃的等级会议也不会帮助他们；那么凭什么他们要卷入外省的争吵中去呢？[1] 如果选侯要保卫他的领地，他就需要一支军队，而这支军队又只有他的等级会议给予他的必要的资金才能招募得起来。因此在1652年年初，他就决定召集一次勃兰登堡的全邦议会，由整个贵族阶层和勃兰登堡马克的全体贵族和所有城镇参加，而通常只召集小规模的代表会议或由等级会议各委员会会议来处理当前事务。选侯向这个大议会提议开征一种普遍的间接税，不论贫富都须缴纳，这就将废除贵族阶层的免税权。这种税很像荷兰的货物税，早在选侯年轻时旅居联合省的那些年里就对货物税有所了解，而且货物税很适合于一个繁荣的商业社会的种种状况。拟议中的新税很可能成为一种永久性的税收，从而剥夺了等级会议的财权。诚然，一些勃兰登堡的城镇支持这种货物税，因为它们希望这会减轻它们沉重的纳税负担（通常城镇须缴纳各种税的59%）。然而，来自贵族阶层的反对如此强烈，以致这一建议不得不撤销，随后，等级会议提出，如果他们的不平能得到抚慰，他们将在六年内提供为数达50万银币的一笔相当大的款项。在这一基础上，议会经过八次休会后，终于在1653年5月达成妥协。腓特烈·威廉得到了钱，也就可以招募一支小规模的军队了，但他不得不对贵族做出重大让步，尤其是在他们控制其农民的权利方面。他还不得不保证在未经等级会议同意的情况下，不开征货物税，也不缔结联盟，并在所有重大事务上都要听取他们的意见：他们与选侯共同统治的地位再次得到确认。这次议会的结果并不是选侯的胜利，它也没有带来任何真正的变革。

1655年爆发的北方战争才给勃兰登堡以及其他选侯领地带来了真正的变化。[2] 正是在这场战争中，腓特烈·威廉通过巧妙地变换立场，先是同瑞典结盟，后又同波兰联合，取得了他统治时期在对外政策方面的唯一收获。在1660年的奥利瓦和约中，瑞典以及波兰都确

① 柏林1880年版，《腓特烈·威廉·冯·勃兰登堡选侯生平文献》，第10卷，第196页。
② 关于这场战争，见后第24章边码第566—568页以及第25章第574—575页。

认了他对普鲁士公国拥有主权，于是该公国不再是波兰的附庸，并为以后成立的新王国提供了名号。但是，北方战争也使选侯及其等级会议之间的关系发生了根本的变化。只要是出于军事的需要，不必等待等级会议的准许就可以随地募集新兵，征收赋税。在战争的头两年，勃兰登堡就筹集了 717766 银币，这还不包括实物供应在内。这种负担不断增加，到 1659 年某一时候每月竟要征收 11 万银币税款。在克莱沃和马克，战争期间共筹集了 150 万银币：考虑到两邦的面积狭小，这个负担就更沉重了。普鲁士公国则深受战火、劫掠、焚烧以及瘟疫暴发之苦。可尽管如此，新的通行费和税收还是不顾当地的强烈反对而开征了，以致首府柯尼斯堡的贸易迅速衰退。

戦争结束之后，腓特烈·威廉的地位更加强大。军队没有解散，等级会议也没有重新获得他们以前的权势。在勃兰登堡，尽管等级会议从未加以同意，但每月仍要征税 2.2 万银币，此数是战前的 3 倍。当等级会议抱怨说选侯并未和他以前所允诺的那样在重大事务上征求他们的意见，他干脆地回答说同一个人数众多的议会讨论机密问题是不可能的：在经历了 1652—1653 年的遭遇后，他决心不再重蹈覆辙。在普鲁士公国内，人们强烈反对继续课征重税，也反对承认选侯对普鲁士拥有主权。虽然贵族阶层可以调和，小城镇则更是如此，但柯尼斯堡——公国唯一的大城镇——却拒绝让步。在柯尼斯堡内部，城市平民在城市官员希耶罗尼姆斯·罗特的领导下，极力坚持他们的同意应在波兰议会一次全体会议上取得，并坚持应派一个代表团前往华沙寻求支持。他们最后还向扬·卡西米尔国王呼吁，并进行军事准备以保卫他们的自由，声称他们不能再忍受"暴政的枷锁"了。在他们看来，这场主权的转移在法律上是无效的，因为事先并未取得他们的同意。但是，柯尼斯堡的市议员对此却持有异议，他们竭力反对反叛的下层阶级以维护自己的权威。这种不团结被证明是致命的。单凭城市平民是抵挡不住勃兰登堡军队的，加之他们的领袖罗特被劫持和关押，这就足以使这场平民反抗偃旗息鼓了。等级会议承认了腓特烈·威廉的主权，并同意他征收大量的税款，但拒绝再做出重大的让步。1663 年腓特烈·威廉不得不确认等级会议的所有特权，保证在所有重大问题上听取他们的意见，每三年召开一次等级会议，不经他们的同意不征收任何税款，并把税款的管理交到等级会议手中。然而，尽管有了这些允诺，等级会议还是遭到了决定性的失败：脱离波兰从而也丧失波兰的支持，他们已无法抵挡选侯的军队了。

更引人注目的是腓特烈·威廉在克莱沃和马克的成功。两地的等级会议特别强大，这是下列一些因素造成的：最后几代本地公爵的政府软弱不堪；在争夺继承权的斗争中，等级会议成为决定性因素之一；选侯对其共同继承人——于利希和贝格的公爵——的侵略政策遭到所有四个小邦的等级会议的强烈反对。其结果是腓特烈·威廉不得不在 1649 年和 1653 年对两地等级会议做出具有深远影响的让步。他们被准许可自行集会，可以同外国列强进行谈判；未经他们同意，任何部队不得进入两公国；所有官员必须由两公国本地人担任；不经等级会议同意不得征收任何税款。然而，在北方战争中，这些特权不断地被破坏，而军事统治的建立更是引起了强烈的反对，以致政府害怕会爆发全面暴乱。由于荷兰驻军不再支持市民，他们已无力进行任何抵抗。等级会议不再团结一致，因为许多贵族已为选侯效劳或者已从其主上那里得到其他恩惠。这种分裂状况加上腓特烈·威廉自己的武装力量，使他能够放弃同等级会议讨价还价的政策。一项新的条令在柏林拟定，并送往克莱沃签字盖印。接着是向等级会议提出最后通牒，要么他们完全接受这个条令，要么他们的君主率部队前来给予他们应得的处分。这些手法大获成功。大部分人做出了让步，并接受了该条令，一小部分人离开了会议，但很快就被迫就范了。在这一新条令中，先前的许多特许权被取消了，尤其是那些涉及外国列强和军队进驻的特许权。但是等级会议的财政管理权以及他们自由集会（在适当的知会政府之后）和官职只限于任命公国本地人担任等权利得到了明确的承认。就像 1653 年勃兰登堡条令和 1663 年普鲁士条令那样，这也是一个妥协的解决办法。等级会议的共同治理权不再存在，但是他们保留了一些明确的权利。然而，同勃兰登堡和普鲁士不同的是：这些权利在随后的时期里一直有效。由于三级会议拨出大量款项，且不再试图推行独立自主的政策，霍亨索伦家族也就基本上不再管这些遥远的外省了。基于完全不同的问题和传统，柏林的改革热情在莱茵兰几乎没有引起什么反响。克莱沃和马克仍是霍亨索伦君主国的边区，这是不仅仅就地理意义而言的。

另外，勃兰登堡在大选侯统治的后期进行了决定性的改革，这些改革彻底摧毁了等级会议的势力。在 1661 年和 1667 年两届等级会议上，选侯又打算引进一种货物税即对财产开征直接税以代替古旧的贡纳，但这再次遭到贵族的强烈反对。贵族阶层拒绝放弃他们的免税权以免自己等同于"庶民"。选侯正在考虑再次退却，但城镇中一场平民运动迫使他采取行动，其结果是又一次的妥协。1667 年颁布敕令规定开征货物税，但这只限于君主直辖的城镇，而不包括贵族所辖的城镇。即使是这些"直辖"的城镇也有权选择他们是否接受货物税。直到 1680 年，这才变成强制性的，并在两年后扩大到先前免除此税的贵族所辖的城镇。就这样，贵族阶层的特权未被侵犯，反而保留到了 19 世纪。但是，等级会议失去了自身的政治影响。正如贵族阶层所担心的那样，货物税成为一种永久税，从而使等级会议的召开成为不必要了：因为在统治者看来，等级会议存在的理由就是就拨款进行表决。由于货物税是一种永久税，它可以根据选侯的意愿增加，并扩大到更多的商品上去，因此这些城镇也就无须再被召集进行会议了。由国家各区域交纳的土地税可以由贵族阶层的地方议会即所谓的县议会估定并重行分配。

货物税的征收和管理最初由城市当局负责，但很快就移交给由选侯任命监督货物税事宜的官员手中，即霍亨索伦君主国的军事和税务委员。一个全新的官僚阶层形成了，他们同等级会议及其利益相脱离，唯君主之命是从。到 18 世纪，这些新官员成了城镇的全权主宰。城市自治和自主的一点残余都被官僚政治破坏得荡然无存。城镇在政治上和经济上仍很衰弱。没有强大的中产阶级能在这些条件下得以发展，只有恭顺的市民期望能从上面得到一切，并指望得到国家的保护与鼓励。这种体制从勃兰登堡慢慢地扩大到霍亨索伦属下的其他地方。

在勃兰登堡，各等级对选侯改革政策的反抗是软弱无力的，因而选侯能在他们之间挑拨离间。由于贵族的特权得到确认，而且国家对贵族地产的经营和农奴的地位不加干涉，因此贵族阶层也就不吭声了。军队的迅猛发展使得他们以为已不能再为进入教会的幼子们提供出路。勃兰登堡的贵族很穷，他们的地产不可能再无止境地被分割下去。国家的行政部门为他们的经济困难提供解决的办法，尤其是在谷物价格下跌时期。普鲁士公国的贵族虽也要解决同样的问题，但他们要富有些，而且因传统也较为独立。他们的祖先曾在他们的统治遭到压制时起来反对"条顿骑士团"，而且由于同波兰的联系，他们已习惯于享有相当于波兰贵族的地位。当地对路德教的信奉加强了对外来的信奉加尔文教的君主之反对。甚至在 1663 年以后，在普鲁士贵族阶层中仍存在着一个亲波兰集团，他们的目标是要恢复同波兰的联系。为了反对他们，大选侯竭尽严酷之能事。1670 年，他们的领袖，陆军中校克里斯蒂安·路德维希·冯·卡尔克斯泰因，被勃兰登堡的使节从华沙劫持，遭到严刑拷打，并被处死：这不仅违反了国际法，而且也侵犯了贵族的特权。

　　柯尼斯堡的反抗也同样遭到镇压。当这座城镇拒绝接受选侯所提出的缴税要求时，"军事执行"的命令便在 1674 年被下达。士兵开进城镇并被分配到市民家中住宿；如果需要，他们就会使用武力以获得欠款。很快，这座城镇就同意不仅支付所有的欠款，而且还包括"军事执行"的费用。它的抵抗被粉碎了，贸易也衰退了。然而贵族的首领们认识到如果他们要重新获得他们的权势，并避免持续的重税，各等级之间的团结就必须恢复，因为在普鲁士，贵族并没有像在德意志大多数邦国那样被免除纳税。为了结束那种导致各等级各自通过不同方式筹集税款的分裂现象，贵族阶层步选侯的后尘，建议采用一种普遍货物税。这样，议会就将保留财政管理权，柯尼斯堡也可恢复其同其他等级的和睦关系。但是，到这个时候大选侯已经认识到能保证各等级永远分裂的勃兰登堡制度具有优越性。因此他放弃了改革政策，代之以"分而治之"政策。在 17 世纪 80 年代，贵族们虽不断赞成采用普遍货物税，但都一再被新军事当局强令缴纳通常的土地税，由勃兰登堡的官员领导的军事专员公署，其权力开始取代公国旧机构的权力，并使议会形同虚设。等级会议失去了财政管理权，而且在实际上分裂成四部分：贵族、自由农民、小城镇和柯尼斯堡。反抗只在贵族阶层内继续存在了一段时间，但未取得任何成功。渐渐地，他们也到霍亨索伦君主国任职了。

　　然而，不是在普鲁士公国而是在勃兰登堡马克，首先开征城市货物税，首先出现新的军事当局，等级会议也首先被强有力地制约。在勃兰登堡马克，17 世纪初枢密院就已成立，旨在就有关新获得的位于德意志西部和东部的领土之事务向选侯提出建议。实际上，在枢密

550

院成立的最初半个世纪里，它主要处理勃兰登堡的事务，只在很小的程度上处理有关霍亨索伦其他领土的事务。但是，慢慢地，它就扩大了它的活动领域。它虽是勃兰登堡马克的政府，但已成为一个凌驾于其他领地政府之上的机构。有关其他领土的事务以及外交政策问题却在枢密院内与一些纯粹是当地的问题一起加以讨论。枢密院没有任何部门，而且在大部分是贵族的枢密院官员之间也不存在明确的分工。最初，所有国家事务都属于枢密院的权限范围内。但是在给这个国家的历史带来了根本性变化的北方战争期间，一个新的军事机构即战争总委员会成立了。它负责与军队相关的财政和税收的所有事务。它要支付部队的薪饷，提供装备和粮秣，很快，它就在各领地拥有人数众多的下属官员，即前面所提到的军事和税务专员。在反对路易十四的战争中，增设了一个战时财政总署，举凡外国补助金和选侯属下各邦的税款均须交与该署。因而它成为整个国家的中央国库，其地位高于必须向它呈报收支情况的地方财库。由于常备军的存在依赖于税款的支付，因此对税务的管理和控制就成为战争总委员会官员最重要的任务。这尤其适用于货物税，所以城市当局被排除在该税的管理之外。由于各地等级会议都不愿意缴纳所要求的重税，这些新的官员很快就同各等级及其代表发生了冲突，他们不同于各地方政府的官员，与各等级没有任何联系。他们是这个新国家的机构，主动、冷酷，热衷于在没有任何约束的情况下维护他们的权力并执行君主的命令。他们成了"国家的灵魂"，古老的特权消失了，正如勃兰登堡贵族在1683年所说的那样，"真正自由似乎连影子都不存在了"[①]。

　　在大选侯统治的最后几年，战争总委员会将其活动范围从税务领域扩大到一般的经济生活领域。对贸易和制造业的监督、对新企业的提供资金，对行会的控制以及对海军和殖民活动的参与和筹措资金都属于它的职能范围。由于如此大量经济活动都由国家提供资金或控制而没有民间的积极参与，又由于军队成为整个国家活动的中心，因此战争总委员会也就成为霍亨索伦国家的最重要机构。随着三十年战争人口的减少和强加于人们的沉重负担，上述新机构又被赋予促进外来移民和定居的职责，这也成为国家的一个重要职能。更多的移居者意

---

① 《腓特烈·威廉·冯·勃兰登堡选侯生平文献》，第10卷，第595、600页。

味着更多的纳税人、更多的产品、新工业和新技术，也即有更多的钱财。在 17 世纪最后 20 年里，有 2 万多加尔文派教徒从法国和巴拉丁移居到勃兰登堡和马格德堡。纺织业——布料、亚麻织物、棉织品、丝绸、天鹅绒、饰带、编带、袜子、缎带等的生产——尤其受益巨大。蜡烛、肥皂、纸张、镜子、手表、光学物品、纽扣、手套、鞋、帽子、菜抽、烟草、铁、铜和黄铜的生产得到促进。就这样，战争总委员会的官员们就完成了法国各省按察使所要完成的许多任务，但这个新机构的特点是军事性的。在法国，各省按察使同样附属于军队，并向被占领的国家征收贡纳，而他们勃兰登堡同行则首先要提供给军队所需的一切，并扶植从军队角度看有用的企业。甚至对经济恢复的促进以及移民的安置也从属于这一目的。然而，就国家的财力而言，常备军的发展太快，严重推迟了经济的恢复。

当腓特烈·威廉在 1640 年继位时，勃兰登堡的军队只有 4650 人，而且由于缺乏金钱，很快就不得不进一步削减。1648 年和约缔结后，士兵所剩无几。1653 年在拨给选侯六年款项的勃兰登堡议会散会后，军队的人数也只有 1800 人。然而，在北方战争中，军队迅速发展到 2.2 万人，使选侯在那场战争中得以发挥重要作用。1656年在华沙，它同瑞典一起赢得了对波兰的第一个重大胜利。奥利瓦和约后，军队并没有解散，只是缩减到 1.2 万人——一支值得重视的兵力。虽然在以后几年中它被进一步消耗，但很快它就重新获得了先前的实力。1672 年以后的反对路易十四的战争使它又增加到大约 4.5万人。尼曼根和约后军队再度缩减，但只缩减到 2.5 万人——一支比其他任何德意志邦国的军队都大得多的队伍。在大选侯去世的 1688年，它的人数已超过 3 万。这支队伍两次从瑞典手里征服西波美拉尼亚，并于 1675 年 6 月在费尔贝林取得了对入侵勃兰登堡之瑞典人的著名胜利。它同样在反对土耳其人的战争中屡建战功。这是一支欧洲大国必须认真对待的军队，它一半是在荷兰和法国的资助下建立起来的，但 90% 的军事支出来源于国内。在 1688 年这一和平年里，大约有 100 万大选侯的臣民被迫筹集 338.2 万银币，大约相当于 68 万英镑；这对于一个极其贫穷的国家的居民，特别是对于占居民大多数的农奴来说，是一个巨大的负担。这支军队的军官主要是本地贵族，他们已开始认为自己的利益是与国家的利益一致的了。尽管他们中的许多人难以驾驭，不守纪律，但一种对选侯忠诚的精神和对君主国强烈的感情开始弥漫于他们的队伍之中。选侯是他们的总司令，而他们是选侯的封臣：因为非常多的军官来自本地贵族阶层，一种封建契约把他们同他们的主人联结在一起。在选侯和贵族阶层之间，一种起作用的联盟关系建立了起来，从而使贵族阶层忘却了它通过等级会议行使的政治特权之丧失。但是，贵族阶层保留了它的社会特权，且仍是统治阶级，尽管是以新的形式出现。正是勃兰登堡、波美拉尼亚和普鲁士的贵族占据了国家和军队的领导地位，尤其是在 18 世纪。

如果说军队及其管理大部分要归功于瑞典做出的榜样——腓特烈·威廉是古斯塔夫·阿道夫的外甥——那他的经济政策则受到西欧思想即科尔培尔和荷兰思想的强烈影响。然而"重商主义"原则当它运用到范围小、空旷且分散的领土上时则不可能有什么效果，而且钱财也不能像腓特烈·威廉所期望的那样留在国内，因为勃兰登堡的必需品依靠进口。但他有一些措施却取得了预期的效果，这尤其体现在连接奥得河和施普雷河的运河建造上。这条运河的建造是为了使河口控制在瑞典人手中的奥得河到他的首都柏林的交通改道。尽管位于奥得河畔的城镇——法兰克福、斯德丁、莱比锡等——采取了反对措施，这项工程仍于 1660 年完工，从而大大不利于萨克森和奥得河沿岸城镇。许多来自西里西亚和波兰的商品以前要经过莱比锡陆上运输，而现在则取道更加便利的路线，通过运河，顺易北河而下。奥得河畔的法兰克福衰退了，而柏林——一个此前非常不重要的城市——则发展了，这部分是由于所有的货物都必须在那儿转运。如果勃兰登堡不在位于易北河畔的伦岑和韦本征收大量的令人不快的通行费，从而使运输小宗货物的商人宁愿选择陆路的话，那它原可获得更多的利益。选侯国的许多禁令、规章和垄断同样对贸易产生极坏的影响；但就这方面而言，勃兰登堡所采取的政策同它的邻邦没有什么两样。

由于同联合省的密切联系，在德意志各邦君主中只有腓特烈·威廉似已认识到海军和殖民政策的重要性。建立一个东印度公司的计划在他统治早期就已制订。在反对路易十四的战争中，他雇用了由荷兰商人本亚明·劳拉装备的私掠船袭击瑞典和西班牙船只。在尼曼根和约（1679 年）后，第一支探险队在一家由劳拉任总裁的荷兰公司的资助下被派往黄金海岸。1682 年，一家非洲公司用 5 万银币（约 1

万英镑）的不大一笔资本建立起来，其中劳拉拿出了 2.4 万银币，而选侯只出了 8000 银币。次年，该公司的所在地从柯尼斯堡附近的皮劳移到爱旦，这就使它大为有利地坐落在北海之滨，靠近联合省。东弗里西亚的等级会议捐出 2.4 万银币，科伦选侯也要捐出同样的数目，但缺乏资本仍是一个很大的障碍。同年，第一个勃兰登堡商站的"大腓特烈城"在黄金海岸建立，很快，其他商站也陆续出现。西印度群岛圣托马斯岛上的一个贸易站已从丹麦手中买下，因为奴隶贸易是这些活动中最有利可图的。同土著首领建立起了友好关系，但荷兰西印度公司却充满敌意。1648 年，腓特烈·威廉用 11 万银币从劳拉手中买下 9 艘军舰，就这样建立起了他自己的海军，用以保卫殖民事业。在他统治的最后几年，又开办了一个东印度公司和一个美洲公司。然而，勃兰登堡太贫困，以致不能维持如此多的企业，也无力筹集到所需的资本。股东们创造不出利润，非洲公司很快就破产了。1717 年，要比他祖父现实得多的腓特烈·威廉一世以微不足道的6000 金币把黄金海岸的属地卖给了荷兰西印度公司。这个国家有许多其他的任务要分神去干，因而不可能成为一个强大中产阶级的替身。

在对外政策方面，腓特烈·威廉没有取得很大成功。他统治时期的一大收获——对普鲁士公国的主权——是在北方战争中得到的；但在 1660 年后，他没有取得进一步的收获。从 1672 年起，他一直站在联合省一边从事反对路易十四的战争，而他则从联合省获得大量的补助金。因为自己在波罗的海沿岸没有良港，所以选侯施尽自己的浑身解数试图从瑞典手中赢得斯德丁。这座城市在 1677 年被征服，但在两年后的圣日耳曼和约中它又被归还给瑞典。如果说在此之前腓特烈·威廉一直试图以同联合省结盟反对路易十四的方式来推进其利益，那他现在则戏剧般地改变了政策，成为路易十四的盟国。作为每年收取 10 万里弗尔即 33333 银币补助金的回报，选侯允许法国军队穿越自己的领土，并在下一次的帝位选举中投票支持路易十四。然而，他通过法国支持以获得斯德丁的希望终成泡影，与法国同盟也没有给他带来任何实质性的好处。在随后的几年，法国和勃兰登堡之间的关系仍十分密切，腓特烈·威廉支持路易十四的属地归并政策，并反对采取针对法国的军事措施。

直到南特敕令废除后选侯才又一次改变他的政策。1685 年 11 月
《波茨坦敕令》邀请胡格诺派教徒（选侯的宗教同袍）来勃兰登堡定
居——一个注定要引起路易十四不快的步骤。成千上万的胡格诺派教
徒来到勃兰登堡，并带来了他们本国的技术，柏林从这次人口流入中
受益尤其大。1686 年 3 月，选侯同皇帝利奥波德缔结了反对法国的
秘密同盟。根据同盟条款，选侯同意保卫西属尼德兰出 8000 人供皇
帝调遣，支持奥地利对西班牙继承权的要求，当帝国的帝位空虚时投
票支持利奥波德之子以及在和平时期接受每年 6.6666 万银币的补助
金。这是一项曲折的政策，由勃兰登堡的衰弱以及它对外国补助金的
需要所决定。它没有显示出任何德意志爱国动机，无论是有意识的还
是无意识的；但是在还没有德意志的时候，德意志爱国主义是不可能
的事。不过，这是一个现实主义政策，目的是要加强他自己的邦国和
军队，并根据其邦国利益的需要不时改变立场。如果说领土的获得难
倒了他，那只是由于勃兰登堡的虚弱，而绝非任何政策的错误。

　　在大选侯统治时期，勃兰登堡逐渐成为一个国家，由一个军队和
一个官僚阶层聚合在一起。腓特烈·威廉成功地使自己成为一个独裁
统治者，尽管他并没有事先想好这样做的计划。更确切地说，他是被
形势所驱使，主要是被等级会议对他那统一和力求"壮大"的政策
的反对所驱使才走这条道路的。为了贯彻这一政策他需要一支常备
军；这支军队需要越来越多的税款，如等级会议表明不愿意提供大量
拨款，那这支军队就可以用来强行向他们征收。因此，这支军队和新
的官僚机构就成为选侯政策推行时备受青睐的工具。正是这支军队使
勃兰登堡—普鲁士成为一个大国，并使整个邦国都带上了它的特征。
正是大选侯创建了军队和国家，但是他自己却几乎没有把勃兰登堡看
作一个国家。这可以从下列事实看出：在他的遗嘱中，他给他第二个
妻子，荷尔斯泰因的多罗西娅——他深受她的影响——所生的诸子留
出了那些分散的公国。在多罗西娅和他第一次婚姻所生的诸子之间所
发生的激烈冲突支配着他生命的最后几年。然而，在他死后，上述遗
嘱被他的继承人腓特烈三世宣布无效。在 1688 年 5 月腓特烈·威廉
临终前，"阿姆斯特丹"和"伦敦"这几个字还挂在他嘴边：他是支
持奥兰治的威廉远征英国的德意志君主中的一个。

　　腓特烈三世继续遵循他父亲的政策，尽管推行时没有那么有力。

他支持奥兰治的威廉之远征，并站在皇帝一边参加了反对路易十四的战争。1689 年，他指挥军队攻克莱茵河畔的波恩要塞。勃兰登堡的军队继续壮大，在反对法国的多年战争后，在 1713 年腓特烈三世的统治结束时，这支军队的人数已有大约 3.9 万人。然而正如前朝那样，站在大同盟一边的军事努力并未带来多大的报偿。在吕斯维克和约（1697 年）中，勃兰登堡既没有获得任何领土补偿，也没有得到应分给它的补助金欠款。这一失败再加上汉诺威选侯乔治·路易（即日后的英王乔治一世）的妹妹、索菲亚·夏洛特公主的阴谋，导致腓特烈的权臣埃贝哈德·冯·丹凯尔曼的下台，此人在过去的 9 年中一直按照大选侯的精神指导国家事务，他很快就被新的亲信科尔贝·冯·瓦腾堡伯爵所代替。丹凯尔曼一直在任到 1710 年（原文如此，疑为 1701 年之误。——译者注），他是以最体面的方式被免职的，但几天后他就被逮捕，并遭受审判。尽管控告他的证据完全不足，尽管各级法庭部拒绝判他有罪，甚至枢密院也赞同他应被释放，但选侯仍下敕令判处他入狱，并没收他的财产。1707 年他重新获得了自由，但他的财产却仍被充公。

　　然而，瓦腾堡伯爵在谋取大块领土上同样未获成功。从奥兰治威廉三世的巨大遗产中，霍亨索伦家族只获得了西德意志的林根和摩斯两个小伯国、纳沙特尔和以后的部分格尔代尔。但是他却成功地助长了他主上的一往无前的雄心。因为萨克森的腓特烈·奥古斯特已经成为波兰国王，也因为汉诺威的乔治·路易看上去将成为英国国王，腓特烈不愿被他的对手远远甩在后面，故而要使自己成为一个国王。由于他是位于神圣罗马帝国之外的普鲁士公国的最高统治者，他可以不经皇帝同意就使自己成为该地的国王。但他不想在没有后者同意的情况下这样做，于是漫长的谈判在维也纳开始了。当西班牙王位继承战争看来要一触即发之时，利奥波德终于同意了。1700 年 11 月一份条约签署了，按约恢复了 1686 年维也纳和柏林之间的反法同盟。腓特烈同意在战争期间出 8000 人的一支部队支持皇帝，而利奥波德则保证他得到 10 万银币的补助金以及对他的国王尊号的立即承认。两个月后，即 1701 年 1 月 18 日，宏伟壮观的加冕典礼在柯尼斯堡举行。腓特烈为他自己和妻子加冕，这标志着普鲁士君王将不受皇帝和任何宗教势力的支配。这样，条顿骑士团古旧领地——普鲁士公国使新的王国有了名号：腓特烈是以普鲁士为国名的国王，而不是普鲁士的国王。但是，名号的变换并不意味着公国对整个王国有任何更大的重要性，也不意味着重心从柏林转移到了柯尼斯堡。柏林仍是普鲁士王国的首都，勃兰登堡马克仍是其核心和最重要的省份。1697年勃兰登堡贡献了总税收的32%，普鲁士公国只有16.4%——紧随其后的是小得多的领地马格德堡（15.7%）以及克莱沃和马克（10.2%）。这些数字还表明不同的领土对整个国家的相对重要性。此外，新王国也没有继承一度统治普鲁士的条顿骑士团的传统。该团所建立的国家在1525年就已世俗化，而在随后的一个世纪里成为公国真正统治者的等级会议丝毫未受被他们所取代的教团之观点和习俗的影响。他们正统的路德派教义与骑士团的十字军大相径庭；而他们对波兰的同情心又与任何条款精神格格不入。普鲁士的黑鹰代替勃兰登堡的红鹰而成为新君主国的国徽，但这只是把它同"普鲁士精神"联系起来的唯一纽带。

　　上升到国王的地位使腓特烈对浮华和显赫的爱好显露出来。在霍亨索伦君主中，他是最受路易十四"豪华"影响的人。宫廷的礼仪变得复杂得多。由安德烈亚斯·施卢特[①]在柏林建造的一座豪华的宫殿代替了原先那座陈旧、简朴的宫殿。当这座新建筑物完工时，国王立即要求大厅的数量要加倍。其他宫殿和新开辟的宽敞的街道开始装点首都。在首都以外的雷森堡（后以索菲姬·夏洛特的名字重新命名为夏洛特堡），索菲姬·夏洛特命人建造了一座带有一个公园和一个歌剧院的宫殿。宫廷的男女贵胄在那儿演出喜剧，哲学家莱布尼茨也成了那儿的常客。例如王储即后来的腓特烈·威廉一世曾扮演丘比特的角色，有时他也表演独舞。为了促进绘画、雕刻和建筑学的发展，一所艺术学院按照罗马和巴黎的样式于1696年建成，学院内有荷兰等地的画家授课，而施卢特也因此有用武之地。几年后，根据莱布尼茨的计划，一所科学院也成立了，它同样有着更为实用的功能：管理整个教育制度，促进农业和企业的发展，例如对丝绸的开发。一所新的大学在哈雷成立，许多著名的学者都接受了该大学的职位。这样新君王就成为艺术和科学进步的保护者。缪斯女神看起来已经在柏

---

① 见前第7章第172页。

林，尤其是在王后的宫廷里找到了安身之地，但很快就再次被战争的音调赶跑了。腓特烈·威廉一世本不该扮演丘比特这个角色的。

如果艺术的繁荣是由于王室的支持，那么开支则是飞快地增长。1688—1700年，关于食品和酒的开支几乎翻了一番，而在仆从上的花费则是原先的三倍多。国王曾告诉法国大使他衣服上的珠宝估计值100多万银币。他对珠宝和其他珍贵物产生了一种强烈的爱好。他喜欢赠送金银餐具、赠送饰有钻石的宝剑、手杖、戒指和小画像，喜欢用昂贵的饰物和家具装点他的新宫殿。他还喜欢安排豪华的招待会和展览。很快，巨大的赤字出现了，因为勃兰登堡—普鲁士还是一个非常贫穷的国家，大国给予的补助金完全不足以填补这一缺口。王室的爱好和宫廷内的派系斗争都是对此起了作用的因素，财政和行政也深受其苦。在腓特烈统治的后期，情况开始有所好转，而西班牙王位继承战争的即将结束也为军队的大量缩减提供了机会，因为从长远的观点来看，这个王国没有能力维持一支庞大的常备军，也没有能力在宫廷和促进艺术方面花费大量金钱。然而，1713年登上王位的国王早已做出了他的选择：军队不但没有缩减，反而在和平时期扩大到4.5万人，而花费在非军用物品的开支则大力削减。战神成为这个新王国所崇拜的神。然而这个王国的第一代国王尽管有许多明显的错误，但也许应获得一个比普鲁士史学所给予他的好一些的称号。他的爱好总的来说是和平的，带有文化色彩的；他的首都正开始变成一个大都会；由于有将近1.4万在霍亨索伦土地上落户的胡格诺派教徒之努力，工业终于开始发展了。如果腓特烈的后继者显示出相似的爱好，如果军队未成为整个国家的核心和中心，那也许会对普鲁士和德意志都要好得多。正是这一特征把18世纪的普鲁士同所有其他德意志邦国区别开来。

558

（吴世民　杨冬艳　译）

第二十四章

扬·索比斯基去世前的波兰

在 17 世纪中叶，波兰—立陶宛（即波兰王国和立陶宛大公国）的领土面积约 35 万平方英里，它是仅次于莫斯科俄国的欧洲最大的国家。它从瓦尔塔河流域延伸到伏尔加河最西端的支流，大概拥有 1000 万居民，其中波兰族人不到一半。在波兰的布格河和桑河以东，居住着立陶宛人、白俄罗斯人和乌克兰人，分别集聚在各自的区域里。在这块东部领土上居住的波兰人主要是城镇居民，但在其他的地区，他们分散居住在各地的乡村。东部地区的贵族中许多自称波兰人，这在一定程度上是 17 世纪本地的立陶宛、白俄罗斯和乌克兰贵族都已波兰化的结果。在其他非波兰民族中，只有犹太人和德意志人在数量上还值得一提。犹太人占当时波兰—立陶宛总人口的 5%，主要居住在这个国家的东部地区；而德意志人则主要居住在西部地区，特别是大波兰和波属普鲁士。17 世纪中期，由于来自德意志的移民进一步增多，该民族在总人口中的比例提高了。各民族人口的比例与各派宗教信徒人数的比例大致相当。除了微不足道的少数人以外，波兰人和立陶宛人都是罗马天主教教徒，而白俄罗斯人和乌克兰人则要么信奉东仪天主教①，要么信奉东正教。在德意志人中，路德教拥有许多信徒。

就其社会结构而言，波兰—立陶宛主要是一个农民的国度。许多城市居民也从事农业。西部的城镇居民的百分比要高于东部；根据一些估计，西部地区的城镇人口比例差不多达到 20%。但是，波兰—立陶宛的社会结构中最显著的特征是贵族在人口中所占的比例很高。

---

① 见后边码第 572 页注①。

据估计，在 17 世纪波兰本土居民中，几乎每十个人就有一个是贵族。在贵族中，少数权贵具有特殊的重要地位。他们拥有庞大的庄园，占据最重要的官职，并在很大程度上左右着国家的政策。其余的贵族，"什拉赫塔"（szlachta），一般只拥有中等规模的地产，往往依附于一些大的权贵家族。贵族作为一个整体，相对于其他等级来说，保持着特权的地位。

贵族的领导作用，最清楚不过地体现在以下的事实上：自 15 世纪后期起就开始存在的议会（sejm），并不是各等级的会议，而是清一色的贵族的议会。议会两院之一的参政院（izbasenatorska）的席位，是留给教会或世俗人士中的位居要津者，即权贵的。议会的另一院，即乡村代表院（izbapostorska）中，议员是"什拉赫塔"的代表。那些少数来自城镇而进入乡村代表院的议员在该院的议事中无足轻重，只有有限的表决权。议会实际上行使着立法职能，它还拥有批准各种税收的权力。这样，从中世纪结束时起，国王的权力就一直由于贵族的利益而大大受到限制。

17 世纪下半叶波兰国内演变进程的特征是君权的进一步削弱和立法权力的衰落。君权的削弱与实行自由选王制选举君主的做法有关，这种做法从 1572 年雅盖隆王朝绝嗣后成为惯例。在一开始，所有的贵族都有权投票，他们坚持如下的原则，即只有统治王朝的王室成员才有资格做波兰王位的候选人。连续几届国王都是从同一王朝（瓦萨王朝）中选出的，在 17 世纪上半叶，虽然贵族仍墨守选王原则，不过国家并未因王位继承问题而发生激剧的动荡。但当波兰瓦萨王朝的最后一位国王扬·卡齐米日（1648—1668 年在位）退位后第一次出现王位空悬之时，选王制所固有的危险就变得很清楚了。在波兰和立陶宛贵族的竞选斗争中所出现的党派倾轧和外国的干涉有可能使国王成为各个权贵集团和外国的工具。1669 年，奥地利、法国、瑞典、勃兰登堡以及莫斯科都企图对波兰国王的选举施加影响。前四个国家虽一致同意支持诺伊堡宫伯菲利普·威廉为候选人。但法国却暗中鼓励孔代觊觎波兰王位，而哈布斯堡王室则支持洛林的查理公爵为候选人。令人十分奇怪的是，在什拉赫塔中间，反对选举一个外国人当国王的一派人占了上风。迄今为止始终遵守的只考虑统治王室成员的原则被抛弃，于是一位出生于波兰的权贵米哈伊尔·维什涅维茨

560

561

基当选为国王（1669—1673 年在位）。这种对外来干涉所做出的反应是可以理解的，在政治上也是机智的，但它却根本没有给波兰国家带来任何好处，因为，贵族们把一个虽是杰出家族的成员，其本人却并不杰出的人选为君主，这从一开始就妨碍了王权的巩固。而且，外国对国王的影响也并未因这项拥立一位"土贵族"的决定而消除，由于这项决定首先是针对法国的候选人的，其结果是米哈伊尔·维什涅维茨基更加屈从于波兰贵族中亲哈布斯堡派的影响，并最终娶了一位哈布斯堡家族成员埃莱奥诺拉女大公。结果，1669 年的选举成了维也纳的一场胜利。

1674 年为填补波兰王位空缺而展开的斗争仍然主要取决于法国与哈布斯堡的对抗。此外，勃兰登堡选侯所推候选人查理·埃米留斯的竞选，在一开始也起了远非不重要的作用。但与上届选举一样，在这次选举中，那些得到外国公开支持的候选人（洛林的查理、孔代、诺伊堡的约翰·威廉），也都未赢得胜利。相反，王位落入了波兰出生的大贵族扬·索比斯基（1674—1696 年在位）之手。索比斯基属于波兰贵族中的亲法派，但在他统治期间，他逐步放弃了对这个派别的忠诚。他与米哈伊尔·维什涅维茨基不同，是一个性格坚强的人，他虽然不是一个伟大的政治家，但应当说他在 17 世纪下半叶和 18 世纪的波兰诸王中算是一个与众不同的人。他的当选，是国家当时所处的非常状态之结果。土耳其人、鞑靼人和哥萨克人对这个国家东南地区构成的威胁需要指定一名将军执掌国家的最高权力，在这样的情况下，无人能与霍廷战役的胜利者索比斯基匹敌。[①] 但由于选王制的原则，在当时特殊的情况下推选出一位精力充沛的统治者，结果并没有形成一个强有力的全国性君主政体，而这却是加强国家内外地位的基本前提。

立法权力的衰落最明显地体现在以下事实中，即议会开始接受在做出决议时必须全体一致的原则。从理论上来说，这个原则在 16 世纪就已存在，不过并没有被严格遵守过。如果持反对意见的议员人数很少，他们通常被多数派置之不理。但是从 17 世纪中叶起，只要有一名议员表示反对，就会使整个议会的议案告吹（自由否决）。这种

---

① 关于索比斯基战胜土耳其人的情况，见后边码第 569 页。

情况第一次发生在 1652 年。在这年 3 月 9 日的会议上，一位名叫西青斯基的议员对一项要求把议会辩论通常六周的时限延长一天的动议提出了抗议。最初，其他的议员对于这项抗议没有介意，显然，他们当中的一些人意识到，如果对单独一名议员的反对意见也加以考虑的话，必然要耽误议会的工作。但结果，议员们能否延长会期，要取决于西青斯基是否撤回其反对意见。由于他没有撤回，议会没有做出任何决议就休会了。无疑，要不是这件事被那些反对宫廷的贵族看成开创一个先例的话，西青斯基的否决也不会成功。1652 年的这一偶然事件，并没有导致议会的"分裂"，即在为议会辩论正式规定的六周期限期期满之前就休会。直到 1669 年，"自由否决权"才在常规的期限结束之前得到了行使。1688 年，议会第一次在议程刚开始之时就出现"分裂"，甚至连议长都未选出。这样，"自由否决"原则到此时发展到了其必然的结局。它无论采取何种形式，都会严重破坏议会的活动。在扬·索比斯基统治期间召集的历届议会，已有半数无果而终。国家议会树立的恶劣榜样，迅即被许多地方议会（sejmiki）所效法。

　　"自由否决权"对议会活动产生的有害影响在财政和军队事务上表现得最为明显，这两个方面的事务都取决于立法机构正常通过的决议。由于在当时的波兰没有任何固定的税收，各种税收都是由议会投票决定，为了某些明确的目标和在某个特定的期限内征收的。虽然地方议会在这方面有某些权利，但批准征税和借款主要是国家议会的事务。这些定期批准的款项大致保持在维持一支人数不多的常备军的水平上，这支常备军在 17 世纪中逐渐取代了老式的贵族总动员的做法。滥用"自由否决权"往往危及重要军事行动的成功。

　　随着"自由否决"原则的胜利，外国列强得到了对议会活动施加影响的大好时机，而由于其中有些国家在大贵族中间操纵着政治上的追随者，情况就愈演愈烈。就奥地利和法国来说尤其如此，这两个国家之间的角逐在当时支配着欧洲的政治格局。这些派别之形成所带来的紧张局势，将会把波兰引向内战的边缘。如在 1672 年，由亲哈布斯堡派组成的戈瓦布联盟就曾参加了与由军队和亲法派组成的什济布尔泽钦同盟的一触即发的对抗。同样，"大选侯"统治时期，勃兰登堡不仅在大波兰的贵族中，而且在立陶宛大公国各主要权贵家族中都有一大批追随者。此外，莫斯科俄国也几次成功地在波兰东部地区取得了远非微弱的支持，这表现在1656—1658年的波—俄谈判期间，后来在1688年扬·卡西米尔退位后又一次显示出来。而最足以说明17世纪下半叶波兰—立陶宛内部局势特点的，莫过于各邻邦愈来愈多地致力于在波兰维持"秩序"——也即维持其内部虚弱——这一事实。1667年，瑞典与勃兰登堡签订了一项条约，旨在保持波兰的国王、参政院和贵族之间的现存关系。1675年，神圣罗马帝国皇帝与沙皇的使臣签署了一项条约（虽然该约并未生效），其中一项内容就是反对索比斯基的改革措施，换句话说，也就是反对对贵族享受的特权作任何限制。同样的企图也构成1686年瑞典—勃兰登堡协议和奥地利—勃兰登堡协议的基础。

17世纪下半叶，不乏通过内部改革来加强国家的尝试。扬·卡西米尔在其整个统治时期曾追求这一目标，虽然并未贯彻始终。他的王后，贡萨加—内维尔的路易丝·玛丽亚甚至以更高的热情致力于这个事业。她受法国君主专制思想的影响，但同时也被王朝利益的考虑所左右，这对促进改革的努力产生了有害的影响。宫廷成功地取得了一些权贵对其方案的支持，这些方案主要涉及君主的选举、议会的表决程序以及建立一个由参政院成员和"什拉赫塔"的代表组成的常设性委员会，作为在议会休会期间的咨询机构。关于君主的选举，改革者们仅限于建议在位国王生前就选定继位人（rege vivente），这将会使国家避免因王位空缺而产生危机。关于议会的表决程序，则提出废除全体一致原则并实行多数票制度，进行大刀阔斧的改革。但是这些改革的尝试，特别是有关选举王储的建议，最终遭到了大多数权贵首先是"什拉赫塔"的反对。贵族之所以采取这种态度，在很大程度上是因为宫廷试图指定一个法国人做扬·卡西米尔的继承人。他们担心，一个法国人将会表现出君主专制主义的倾向，从而对他们的特权构成威胁。由于波兰贵族反对法国，奥地利和勃兰登堡便支持他们抵制宫廷提出的选举方案。这样，1661—1662年，扬·卡西米尔及其追随者提出的改革计划一开始就遭受了失败。尽管遭到这次挫折，国王仍拒不放弃他的努力，其结果是，在此后数年间，他与贵族中以波兰大元帅耶尔齐·卢博米尔斯基为首的反改革派之间爆发了一场新的冲突。尽管与莫斯科的战事还未结束，这两派仍不惜诉诸内战，结果，国王再次被迫放弃了他的改革计划。1668 年他的退位表明，改革事业遭到了决定性的失败。

扬·索比斯基再度努力巩固波兰君主的地位，但像扬·卡西米尔一样，他也受阻于权贵和"什拉赫塔"的抵制。这两位国王的改革愿望实质上都很温和。但是波兰—立陶宛的贵族阶层不能容忍哪怕是适中程度的国家现代近代化。这表明，大多数代表，至少是控制着波兰政治、社会和经济生活的那个阶级的大多数代表，缺乏正当的责任感。在 16 世纪，波兰贵族对政治革新的反应是比较强烈的，但在 17 世纪，他们的态度逐渐僵化了。在 17 世纪下半叶的波兰—立陶宛，出现了好几起重要的权贵人物在政治上叛变的严重事件，如波兰副首相希耶罗内穆斯·拉杰约夫斯基事件，这绝非偶然。拉杰约夫斯基与法律和君主发生冲突，被迫逃亡国外，最后到了瑞典，并于 1655 年随瑞典入侵军重返波兰。

波兰的文学和科学在 17 世纪下半叶没有一个可资炫耀的著名代表人物。但在另一方面，波兰文化却向东和东南广泛地传播，超越了人种学意义上的波兰地区。宗教状况的特征是新教教堂和新教社团的数目继续减少，以及以东正教为一方与以罗马天主教和东仪天主教为另一方的两军对垒更为尖锐。

新教教堂虽然大减，但它们在德意志族人中还能维持其地位，并能保持一批人数稳定的中坚教徒。但在波兰族人中，新教教堂和社团只拥有一些微不足道的支持，而且这些支持在政府和罗马教会的压迫下还在进一步削弱。从 1666 年起，参政院中已没有一个议员是新教教徒。国家所采取的措施主要是镇压阿里乌派的激进集团（索齐尼派）。同瑞典进行的战争造就了拥护这些镇压措施的舆论气氛。在查理十世取得最初的一些巨大胜利之后，*szlachcici* 中的阿里乌派教徒与大多数波兰贵族一样都倒向了查理十世一边。许多阿里乌派教徒对这位瑞典国王特别亲近是因为他们希望从他那里得到宽容的待遇。那些在战争之初就离开了扬·卡西米尔的人都因此普遍得到了赦免；但在 1658 年，议会做出决议，阿里乌派教徒必须在 3 年时间内离开波兰，只有那些皈依加尔文教的人才能留下。大多数阿里乌派教徒似乎利用了这个皈依的机会，他们的精神领袖们则去了国外。新教教堂和社团被迫完全采取守势，而罗马教会却成功地巩固了其统治和特权地位。

1668 年颁布的一项法律规定，天主教徒改信他教将被处以驱逐出境的惩罚。

在瓦迪斯瓦夫四世统治时期，波兰—立陶宛东部地区的东正教会从 1596 年布列斯特合并的打击中很快恢复过来。17 世纪中叶，东正教会有五个主教管区：基辅、里沃尔、卢茨克、普热米什尔和莫吉廖夫。它得到了哥萨克人的大力支持；在赫梅利尼茨基起义①爆发后，东南省份中天主教和东仪天主教的地位削弱了，其对手东正教则取得了优势。但波兰—立陶宛在《安德鲁索沃条约》（1667 年）②中宣布放弃它的一部分领土，包括东正教徒居住的基辅，这就自动地大大削弱了东正教的力量。东仪天主教因而再度改善了其地位。1691 年，普热米什尔的东正教主教皈依了东仪天主教，索比斯基死后数年，里沃夫和卢茨克的主教也向他学习。从 17 世纪中叶起，沙皇对东正教在波兰—立陶宛的地位表现出强烈的兴趣。在 1686 年波兰—立陶宛与莫斯科缔结的"永久和约"中，东正教居民被保证有信仰自由，不得为了使他们皈依东仪天主教或天主教而对他们施加任何压力。从此，波兰—立陶宛东部地区的教会事务就开始在波—俄关系中扮演一个重要的角色了，在那些导致波兰被瓜分的事务中，教会事务再一次扮演这一角色。

17 世纪中叶以后，波兰的经济发展受到了连绵不断的战争的恶劣影响，特别是 17 世纪 50—60 年代的一些战争，因为这些战争主要是在波兰的国土上进行的。在这 20 年中，波兰的人口锐减；据估计，减少的人口高达总人口的 1/3。经济衰败在乡村和城镇都十分显著。在 17 世纪 40—60 年代，该国某些地区的耕地面积大大缩小。收成减少导致谷物出口量大大下降。农业中的这一不利的发展，伴随着社会结构中的各种变化。缺田农民的人数剧增，与此同时，地主的庄园（tolwarki）越来越重要。像从前一样，这些庄园的劳作是由农民的劳役提供的，但除此之外，地主现在可以从贫困的乡村人口中得到劳力了。在波兰的西部地区，人们试图通过吸引新来的农民（主要是来自德意志）来阻止农业的衰败。在波兰农民阶层中，发生了一些地

---

① 关于这些事件，见后边码第 566—567 页。
② 见后边码第 568—569 页。

方性的起义，但只有 1651 年波得赫（podhale）地区（在塔特拉山的北麓）的科茨察·纳皮耶尔斯基起义才取得过短暂的胜利。

城镇的衰败带来了商业和手工业的凋敝。小波兰地区的金属工业也同样受到这一总趋向的影响。无疑，许多经济部门从战乱损毁中复原的速度之缓慢主要是由于当时占支配地位的政治和社会条件，譬如，"什拉赫塔"对城镇的歧视等。这样，不仅在政体方面，而且在经济发展方面，波兰—立陶宛都落后于它的邻国了。

在 17 世纪中叶以前，波兰—立陶宛还一直能够在大多数国家中保持其国际地位，在这个世纪最初几十年中，它甚至还改善了它与莫斯科俄国的相对地位。但在该世纪中叶以后，出现了根本性的转折：由于无休止的战争，波兰—立陶宛丧失了它在东欧的霸权地位。波兰步入了衰落时期，其衰落最主要是由于前述的内部进程。

与第聂伯河哥萨克叛乱者之间的武装冲突开始于 1648 年，叛乱以哥萨克统领波格丹·赫梅利尼茨基为领袖，参加者是波兰乌克兰地区的农民。由于双方都不能取得决定性的胜利，哥萨克问题就成为一个由邻国加以干涉的国际问题了。哥萨克人与俄国之间最终达成的联盟对波兰—立陶宛产生了巨大的影响。1654 年，赫梅利尼茨基与他统率的军队承认了莫斯科沙皇的宗主权。这不可避免地触发了俄罗斯与波兰—立陶宛之间的战争，因为第聂伯河哥萨克人居住的领土（至少名义上）仍属于波兰—立陶宛。

侵入立陶宛大公国和波兰东南地区的莫斯科军队取得了巨大的胜利。他们在几个月中就占领了第聂伯河和德维纳河以东的所有领土。在北方，他们攻克了明斯克、威尔诺、考纳斯和格罗德诺；在南方，他们在赫梅利尼茨基队伍的配合下，兵临里沃夫城。在中路，莫斯科和哥萨克的军队占领了卢布林，甚至进至维斯杜拉河。波兰在此前与莫斯科的历次战争中，还从未遭受过如此惨重的败绩。自 17 世纪 30 年代莫斯科军队进攻斯摩梭斯克遭到失败时起形成的俄波军事实力的平衡，现在明显地变成了波兰的完全劣势。

东欧的重大事件，引来了瑞典国王查理十世的干涉。1655 年夏，瑞军分别从波美拉尼亚开入波兰，从立窝尼亚开入立陶宛大公国。在这几个月中，查理十世是波兰大部分地区的主宰。7 月 25 日，大波兰地区投降了，因为当地贵族不想作丝毫抵抗。10 月 8 日，华沙落入瑞典人之手，同月 19 日，瑞典人踏进了克拉科夫。国王扬·卡西米尔离开他的国家去了西里西亚避难。大多数波兰省份臣服于查理。在立陶宛大公国，以雅诺茨和波古斯拉夫·拉德茨维尔为首的一帮权贵向瑞典人投诚，与他们缔结了凯台尼厄条约，根据这项条约，大公国并入了瑞典。故而，在 1655 年秋，波兰—立陶宛王国处在分崩离析的状态。

　　但是，国土几乎完全被外国军队占领这个事实，并未像 100 年后那样导致波兰—立陶宛的瓜分。由于邻国之间的激烈对抗迅速使局势变得有利于波兰，对波兰生存的威胁消除了。这种风水倒转开始于 1655 年年底。自 1648 年起一直与赫梅利尼茨基的哥萨克人为伍的克里米亚鞑靼人这时转向波兰人，1655 年 11 月，在波兰东南地区作战的莫斯科—哥萨克联军被迫解除对里沃夫的围攻向东后撤。这样，在波兰南部就出现了一大块没有外国军队的地带。1655 年 12 月，扬·卡齐米日回到了这个地区，并在这里召集起一支波兰军队，重新开始对瑞典人作战。推动这一进程的是，波兰人民开始表现出民族抵抗的热情，最著名的实例（虽然并非第一个实例）是柴斯托柯伐附近的耶茨那·哥拉修道院在 1655 年年底成功地击退了瑞典人，守住了寺院。

　　与此同时，哈布斯堡与瑞典之间的敌意也开始对波兰局势发挥有利的作用。皇帝斐迪南三世急于防止瑞典控制波兰，他成功地调解了沙皇与波兰国王之间的矛盾。在皇帝使臣帮助下，俄波举行了谈判，1656 年 11 月两国缔结了一项友好条约。但扬·卡西米尔不得不为获取这份友谊做出冒险的妥协：许诺在下届议会上提名沙皇阿列克谢当选波兰国王，即提名让沙皇做他的继承人。但波兰人在此后举行的有关这个问题的谈判中审慎地拖延时日，使这些谈判毫无成果。不过对波兰的军事状况来说，这项条约意义巨大，它带来了到 1658 年夏季为止东方的一个停火期，这大大帮助了波兰人对瑞典人作战。自 1656 年 4 月起，沙皇自己也在芬兰和立窝尼亚与瑞典人开战，这样，他自然也希望与波兰停战。如果没有这些情况，那么，光凭哈布斯堡君臣的努力，波兰与莫斯科之间也许很难达成停火。

　　由于东欧出现了新的政治、军事局势，波兰实际上只需与瑞典及其盟国勃兰登堡作战了，因而也就能够时时战胜因对俄国开战颇觉不支的查理十世。瑞典国王在一些新的同盟者（哥萨克统领赫梅利尼

567

茨基和特兰斯瓦尼亚公爵乔治·拉科齐）帮助下，于1657年年初再度转战于整个波兰，大获全胜；但反波同盟的胜利这时又促使瑞典的两个敌国奥地利和丹麦参加进来。这两个国家的参战，几乎一下子解除了波兰的困境。查理十世转向对付丹麦，仅在几个波兰城市留了一些守备部队。拉科齐向南撤退，在波兰军队的追击下被迫投降。在这种新局势面前，勃兰登堡选侯腓特烈·威廉经奥地利调解，开始与波兰谈判，达成了一项反对瑞典的波—勃同盟。作为报酬，波兰国王取消了他对他的领地普鲁士公国的宗主权，并把比图夫和劳恩堡作为波兰领地赐封给了威廉选侯（威尔劳条约和布朗堡条约）。

在波瑞战争的最后阶段，波兰国土上没有发生任何大的战事。1660年年初，经法国调停，波兰、奥地利、勃兰登堡和瑞典在但泽附近的奥利瓦开始了和谈，由于1657年发生的有利于波兰人的外交和军事变化，波兰人得以在和约中保持与瑞典之间的战前状态。根据和约（1660年5月3日），波兰保留了波属普鲁士（波美拉尼亚），而瑞典则保住了对立窝尼亚的占有，但所谓的"波属立窝尼亚"（立窝尼亚东南部，含代那堡）除外。关于勃兰登堡与波兰的关系，和约确认了威尔劳条约和布朗堡条约。这样，波兰废除对普鲁士公国的宗主权一事就得到了一项国际条约的保证。

在奥利瓦和约签订以后，波兰—立陶宛就能够以巨增的精力专注于对俄国作战了。1658年秋，波兰与莫斯科军队之间重新开始了战斗。由于在哥萨克人中暂时弥漫着一股反莫斯科情绪，波兰得以改善在乌克兰的地位。结果，沙皇保留对第聂伯河右岸乌克兰领土的主权，而承认了波兰对该河左岸部分的主权。奥利瓦和约使扬·卡齐米尔能够专心进行对莫斯科的战争，故在北方的领土状况也能够得到有利于波兰的改变。1661年，波兰—立陶宛军队克复了格罗德诺、威尔诺、戈麦尔和莫吉廖夫。这场战争以1667年的安德鲁索沃（在斯摩棱斯克附近）休战条约为结局结束了。波兰—立陶宛在这个条约中放弃了斯摩棱斯克、斯塔罗多夫、切尔尼戈夫和诺夫哥罗德—塞维尔斯克等领土以及部分乌克兰地区，也就是说，它把它在第聂伯河以东的大部分领土割让给了俄国；条约还规定在第聂伯河西岸的基辅及其周围地区由俄军占领两年，但这块领土再也没有还给波兰。

仅仅根据奥利瓦和安德鲁索沃谈判所达成的领土变更，是不能充分估价 1648—1667 年历次战争给波兰—立陶宛国际地位造成的影响的。波兰—立陶宛王国丧失了将近 1/5 的领土，但这些割让的领土主要是边陲地区，波兰或立陶宛从未在那里有过长期延续性的统治，换句话说，这种统治只是以宗主权的形式存在。对波兰来说，更为重要的是它丧失了东欧最强大国家的地位。均势状态因 17 世纪五六十年代的这些战争而改变了，变得不利于波兰而利于俄国了。但在对瑞典和俄国的战争中，波兰也多次显示出它还远不是不能够维持其实力。

由于以后几十年中发生的土耳其战争，波兰国家没有机会恢复力量。奥斯曼帝国从 17 世纪中叶起经历了一场政治复兴，并最后一次重新推行其领土扩张政策。[①] 在 17 世纪 70 年代，它的进攻目标对准了波兰。波兰与土耳其的这场战争，像它与俄国的那场战争一样，起因于波兰国家与哥萨克人之间的冲突，这场冲突中的哥萨克人，是第聂伯河左岸乌克兰地区仍处在波兰统治下的臣民。土耳其政府在哥萨克统领多罗申科的煽动下介入了这场冲突，并把这块乌克兰领土置于它的保护之下。1672 年夏，一支土耳其大军开进波多利亚，占领了只有一小支波军驻守的卡梅内克—波多尔斯克，并进逼利沃夫。米哈伊·维希诺维耶茨基国王禁止作任何抵抗，他在 1672 年与土耳其人签订了布贾克条约。波兰在这项条约中保证向土耳其政府进贡，把波多利亚割让给土耳其，把第聂伯河左岸的大部分乌克兰领土割让给土耳其的封臣哥萨克统领多罗申科。

但是，以后几年中的事件表明，波兰还未虚弱到像这次未能保护自己免遭土耳其进攻那样的地步。1673 年 11 月，索比斯基在霍廷赢得了一场对土耳其人的辉煌胜利，1676 年，他又在加里西亚（Zuravno）附近避开了土耳其军队新的一轮冲击波。但在加里西亚签订的条件中，土耳其政府几乎完全保留了它在布贾克和约中取得的利益。波兰国王之所以愿意妥协，多少与他的外交计划联系在一起，这些计划的目标是反对勃兰登堡。基于这一政策，扬·索比斯基与法国（1675 年）和瑞典（1677 年）缔结了同盟密约；而与法国的同盟要求他顾及法国不愿让土耳其有任何削弱的态度。

570　　索比斯基最后放弃了这些外交计划，他从 1679 年起执行一项系

---

① 见前第十一章，边码第 508—510 页。

统的反土耳其政策。1683 年与奥地利缔结的同盟在此后几年中为他的外交政策提供了一个可行的依据。由于有一支波兰军队和波兰国王本人参加了 1683 年 9 月维也纳城外的那场大败土耳其人的战役[①]，波兰在外交和军事领域里取得了它最后的一次巨大胜利。但不久，波兰又清楚地显示出不再处在可以与其他欧洲国家抗争的地位上了。此后进行这场反土耳其战争的是由皇帝、波兰、威尼斯和教皇在 1684 年组成的神圣同盟，但那时，波兰只扮演了一个配角，索比斯基再也没能取得什么惊人的胜利。他试图光复那些仍然在土耳其人手中的波兰领土，后来又试图起码征服承认土耳其宗主权的摩尔达维亚和瓦拉几亚两公国。但他向摩尔达维亚的两次进军（1686 年和 1691 年），像试图从土耳其人那里夺取卡梅内克—波多尔斯克要塞的多次努力一样，都失败了。波兰只有在索比斯基死后签订的卡洛维茨和约（1699 年）中才收回了波多利亚和第聂伯河以西的乌克兰地区。

从波兰在 17 世纪最后 25 年中的军事和外交地位来看，索比斯基无缘实现对奥利瓦条约和安德鲁索沃条约的修正是情有可原的。事实上，他因 1686 年的"永久和约"而被迫永远放弃了 1667 年割让给莫斯科国家的领土。在 17 世纪 50—60 年代，东欧地区的均势已逐渐变成了波兰的劣势，这终究是一个无可挽回的事实。

（计秋枫　吴世民　译）

---

① 见前第十一章，边码第 516 页。

第二十五章

俄国：欧化的开端

罗曼诺夫王朝第二代沙皇、年仅 16 岁的阿列克塞·米海伊洛维奇是在太平无事的情况下即位的。在国内，王朝的地位业已稳固。在对外关系方面，俄国在阿列克塞统治时期（1645—1676 年）的初年保持了由米哈伊尔·费奥多罗维奇花费十分高昂的代价买来的和平：1617 年莫斯科把波罗的海沿岸地区让与瑞典；1634 年它又把斯摩棱斯克和通往第涅怕河流域的要冲诺夫哥罗德—塞夫斯克两地区割让给了波兰。① 而同鞑靼人的宗主奥斯曼帝国的和平则是通过放弃亚速夫（1642 年）才获得的。莫斯科尽管努力利用顿河哥萨克作为抵御鞑靼人和土耳其人的屏障，却始终不愿在君士但丁堡为他们的行动承担责任，以避免自己的南部边疆遭到严重的侵袭。除了顿河哥萨克居住地区外，俄国的欧洲边界基本上同伊凡四世去世时（1584 年）相同。

另外，在西伯利亚，受俄国统治的地区则大大地扩展了：1645 年波亚尔科夫到达了黑龙江；1648 年在太平洋之滨建立了鄂霍次克，而杰日尼奥夫则进行了环绕亚洲东北角的航行。几个设防的据点足以使俄国保持对人口稀少的游牧居民的统治。在偏僻地区，莫斯科的实际权威当然是微弱的，但这种业已存在的政治机构从一开始就是高度集中的；从 1637 年起，西伯利亚就由一个设在莫斯科的专门机构治理。俄国的殖民者并不享有政治上和司法上的自主权，同时他们也没有任何特殊的殖民地位。西伯利亚是被当作一个帝国行省加以对待的，而其政治结构则是逐渐演变而成的。

对西伯利亚的扩张，并没有像西欧所进行的海外殖民扩张那样起

---

① 关于这些事件，见第 4 卷第 19 章。

到拓宽俄罗斯视野的作用：俄国的殖民者并没有完全脱离他们的祖国，他们也不是面对一片完全不同的土地。再者，他们没有遇到高度发达的文化，而高度发达的文化之力量以及其迥异的性质也许可以刺激他们对自己的文化进行反省。从一开始，这个国家的幅员和一致性就通过减缓集中与强化的进程而对俄罗斯历史施加了致命的影响。对西伯利亚的并吞使空间的作用更加提高，因为开放的边疆防止了经济、政治和宗教的紧张关系变得过于尖锐：这一现象只有到了苏联统治时期才为现代技术所终止。经济上，除了捕猎毛皮动物以及同亚洲国家（1653 年后包括中国）的一些转运贸易外，西伯利亚无足轻重。政治上，在 19 世纪中叶以前，西伯利亚可以说一直是俄国的后院：是流放者和逃亡者的去处，它同俄国的欧洲外交政策毫无关系。

　　阿列克塞的第一个外交任务就是解决因丹麦的厄尔代马尔亲王和沙皇御妹伊林娜拟议中的联姻而发生的同丹麦的争执，这一联姻由于信奉新教的亲王拒绝改宗正教而告吹。这就使丹麦同俄国结盟以抗瑞典的希望破灭。波兰抱着与丹麦相同的愿望，因为波兰在东欧的霸权已为瑞典所摧毁。但急于避免与其可怕的邻国发生战争的俄国，再一次置身事外。而在 1646 年，波兰人也因土耳其人袭击波兰南部而拒绝俄国提出的联合鞑靼人的建议。然而，正是这种来自瑞典和土耳其的威胁给莫斯科和波兰之间带来了和睦，也正因如此，波兰的使节才能在 1646 年谈及两国的共同之处：两国的人民有着"相同的斯拉夫血液和相同的斯拉夫语言"——这是俄彼关系上最早诉诸泛斯拉夫主义情绪的场合之一。莫斯科内部的虚弱使它必须采取一项防御政策，而随着乌克兰政治的发展，这一政策也必将被抛弃。

　　乌克兰的哥萨克人一直在波兰国家的框架内为扩大他们的政治权利和社会权利而斗争。从 1620 年君士但丁堡大主教在基辅重新设立了一个东正教主教区（他还在其他地区重建了一些主教区）时起，乌克兰人的斗争就日渐变为东正教反对天主教和东仪天主教①的斗争。直到 17 世纪 40 年代后期，波兰国家才成功地镇压了哥萨克反叛并剥夺了他们享有的自由。但在 1648 年，哥萨克人联合举行了一场大起义，起义由来自奇吉林的贵族、身任哥萨克军队文书的彼格丹·

---

① 承认教皇至高无上，但保留希腊的礼拜仪式和惯例（1439 年的合并）。

573　赫梅尔尼茨基率领。在乌克兰农民反对波兰地主和官吏的血腥起义的
帮助下，哥萨克军队起先是取得胜利的。1649 年的扎博洛夫（利沃
夫附近）和约导致波兰做出最大限度的让步："注册"的哥萨克人数
从 0.6 万人增至 4 万人；波兰所有的军队从"小俄罗斯"撤退；从
布拉斯拉夫、卡夫和切尔尼奇夫省的东正教"什拉赫塔"（上层人
士）选举官员；取消宗教合并，驱逐耶稣会会士和犹太人；接纳基
辅大主教为参议院议员。但是，由于波兰方面的教会以及未注册的哥
萨克人之反对，这个条约没有履行。从 1650 年起，战争的形势转而
不利于哥萨克；1653 年，斯万尼克附近（乔丁附近）对波兰军队的
合围为他们不可靠的鞑靼盟友所破坏，而后者显然是不希望哥萨克变
得强大的。

　　在这种持续恶化的形势下，赫梅尔尼茨基加强了自己同莫斯科的
联系。从 1649 年起，哥萨克就忙于进行谈判，希望能从沙皇那儿获
得有效的支持。但是，就像对待在亚速夫危机中的顿河哥萨克一样，
莫斯科的反应极其谨慎，只局限于有时发送些补给品。负责对外政策
的 A. L. 奥尔丁—纳施金视打通进入波罗的海的出海口为俄国的主要
目标，因此，他极力避免同波兰的关系发生破裂。然而，哥萨克人所
遭受的失败增加了他们不是服属于波兰就是服属于土耳其的可能性，
这样就会使莫斯科的南部边境洞开。于是，在 1653 年，全俄缙绅会
议决定，为了维护东正教信条，沙皇应该置哥萨克于"他那强大的
君主手中"。1654 年 1 月，一个正式的哥萨克大会（拉达）通过了赫
梅尔尼茨基同莫斯科联合的建议，"我们将就此合而为一，直到永
远"。1 月 8 日，他们郑重宣誓效忠。具体事宜则于 3 月在莫斯科商
定：哥萨克准备选举他们的首领和其他领导；注册的哥萨克人数增至
6 万；现有的财产和司法权得到确认，正如他们已获得的市政自治等
城市权利一样；波兰国王和权贵们的地产以及天主教会的财产被没
收，分给哥萨克的贵族或赠给东正教会；农民的地位得到改善。

　　1654 年的协议并非联盟：哥萨克人寻求沙皇的保护，而沙皇则
雇用他们；沙皇向哥萨克保证，他"将友待他们，保护他们，庇护
574　他们免受敌人侵犯"。哥萨克向莫斯科使节要求"沙皇不应让他们的
首领波格丹·赫梅尔尼茨基和整个扎波罗哥（Zaporog）集团听由波
兰国王摆布，而应支持他们，不破坏他们的自由。任何人，无论迄今

为止是贵族，或是哥萨克人，或是市民，或是拥有地位和财产的什么人，一切都应如从前一样。贵君主可屈尊下令，根据他们的财产赐予他们头衔契约"。哥萨克人列出了他们作为个人以及作为一个集体应享有的权利；他们没有要求制定新法律，也没有考虑成立哥萨克国家。沙皇的使节应邀发誓保留上述种种权利。当沙皇使节拒绝时，哥萨克提醒他们说，"波兰的国王总是对他们的臣民发誓的"，莫斯科的显贵则解释道："从来没有人要求过君主应对他们的臣民发誓。至于波兰国王过去常常对他们的臣民发誓一事，用来作这先例是不妥当的，因为这些波兰国王是异教徒，而且他们也不是专制君主。"这样，莫斯科就明确地拒绝了建立任何条约关系，也即任何平等的伙伴关系。协议只保证了在波兰统治时业已存在的特殊权利，而这种保证是以沙皇支持某些个人和某些社会团体的形式做出的一种恩赐。

哥萨克并不是简单地作为臣民并入俄国的，因为他们的首领获准与其他国家互换公使——虽然他们不能同最重要的国家土耳其和波兰互换，并且所有这些互换都必须向莫斯科报告。这样即使是在对外政策领域，哥萨克也未拥有真正的主权，人们充其量只能把哥萨克看作在他们的军事性自治权利被确认后并入了俄国。事实上，哥萨克人继续享有广泛的、"实际存在的"自治，因为中央政府只能逐渐地在乌克兰行使自己的权威。

莫斯科首先必须保卫基辅及重新获得的领土免遭波兰侵袭。战争于1654年5月开始。俄国军队攻占了戈麦尔（Gomel）、莫吉列拉夫（Mogilev）和波洛茨克（Polotsk）；9月，斯摩棱斯克投降，11月，维切布斯克（Vitebsk）被攻克。1655年胜利继续接连不断。明斯克和立陶宛首府威尔诺（Wilno）于是年7月被攻克。此时，哥萨克人也已占领了奥斯特罗哥（Ostróy）、罗夫诺（Równo）、图罗夫（Turów）和平斯克（Pinsk），并已抵达了利沃夫（Lwów）城外。波兰还遭到关注俄国在立陶宛扩张的瑞典的进攻。瑞典军队占领了此前俄国人已扎下营寨的德温斯克（Dvinsk），在起初执行了一种相同的政策之后，瑞典和俄国不可避免地发生了冲突。入侵波兰王国的瑞典人强迫波兹南、卡利什和华沙承认了他们的主权。波兰国王离开了他的国家，波兰的势力看上去已被摧毁了。在1656年夏季，俄国的政策发生了变化：继同丹麦缔结了一项反对瑞典的进攻性同盟及同勃兰登堡缔结了一项防御条约之后，俄国开始同波兰进行和谈。虽然这些谈判因为俄国的要价［俄国要求波兰割让立陶宛，并在扬·卡西米尔（John Casimir）去世后接受沙皇为波兰国王］而失败，但它们却在 10 月达成了一项停火协定：所有没解决的问题都暂时搁置了起来，而双方在军事合作方面则达成了协议。俄军主力从瑞典人手里夺取了德温斯克，随后又占领了多尔派特（Dorpat），但对里加的围攻（8 月到 10 月）却失败了，因为这座城镇从海上获得了给养。在此期间，波兰赢得了复原的时间：波兰人全体动员了起来，国王得以回国。在 1657 年至 1658 年的冬季，波兰和俄国重开了和谈，但没有结果。

在乌克兰，赫梅尔尼茨基的去世（1657 年 7 月）给乌克兰带来了对俄国极为不利的混乱局面：在新首领伊万·维戈夫斯基的领导下，哥萨克人倒向了波兰。根据哈吉兹条约（1658 年 9 月），波兰承诺将把卢布林的波兰—立陶宛联盟（1569 年）扩大到乌克兰：布拉茨拉夫、基辅和切尔尼哥夫的诸伯爵领地将作为"俄罗斯大公国"并入波兰；注册的哥萨克人数仍保持在 6 万人；首领从哥萨克人提名的候选人中挑选产生；哥萨克人代表将在波兰参议院中占有席位；他们将有自己的行政机构和自己的货币；东正教将享有同其他基督教教派相同的权利。1658 年 11 月，在这一危险的事态逆转的影响下，莫斯科同瑞典签订了一项为期 3 年的停火协议。尽管哈吉兹条约的款项对哥萨克有利，但哥萨克的普通民众仍忠于俄国；1659 年 10 月，他们推选赫梅尔尼茨基的儿子尤里（一个亲莫斯科分子）为他们的首领。同波兰截然相反的是，莫斯科强加给了哥萨克人一些比 1654 年条款更加苛刻的条件：哥萨克人首领的任免要得到沙皇的同意；其外交权利被取消；他只有在得到莫斯科的首肯后才能处决哥萨克人的头目，哥萨克人被授权直接向沙皇提出申诉；当首领任命他人担任哥萨克行政机构的高级职务时，必须征求普通士兵的意见；沙皇的代理将派驻哥萨克领土内的主要城镇；从此以后沙皇可无所限制地雇用哥萨克军队服役。

然而，即使是尤里·赫梅尔尼茨基担任首领也没有使莫斯科牢牢地控制住乌克兰。每当波兰在奥利瓦和约（1660 年）之后集中其所有兵力对抗俄国时，尤里·赫梅尔尼茨基首鼠两端的态度就越发危险了。这便促使莫斯科同瑞典缔结了卡底斯和约（1661 年 6 月）。在该和约中，莫斯科承认先前的俄瑞边界，而瑞典则承诺不再介入俄波战争。虽然俄国现在免除了来自北方进攻的危险，但它仍无法保持住它在波兰的地位。波兰军队压过第聂伯河推进诺夫哥罗德—塞夫斯克。在乌克兰相互竞争的哥萨克人首领之间爆发了争斗。他们中最能干的彼得·多罗森科在 1666 年 10 月决定让他自己和他的部属归顺克里米亚汗。在这种形势下，俄波于 1666 年夏恢复了和谈，并在 1667 年 1 月于安德鲁索沃达成一项停战协议。该协议将持续 13 年半，在此期间双方将筹备实现一种"永久的和平"；俄国保留斯摩棱斯克；波兰承认莫斯科对第聂伯河以东的乌克兰拥有主权，而西乌克兰和白俄国则仍属波兰；基辅和第聂伯河右岸的一些领土割让给俄国两年时间；扎波罗哥的哥萨克人将由波兰和俄国共同管理。

哥萨克人为了在一个强大邻国的保护下巩固他们的军事和政治体制而发动了这场战争，但这场战争以他们内部的分裂而告终了。哥萨克人没能把位于俄罗斯国、波兰和鞑靼人克里米亚之间的边界地区统一成一个国家。除去这一地区性影响外，这场战争还对东欧的总体局势产生了影响。瑞典保住了它的大国地位，而波兰则丧失了大国地位。波兰国家被它那过时的内部制度拖垮了，这就造成了刺激其邻国欲望的真空。那种灾难性的事态只是由于俄国和瑞典之间的冲突才得以避免。俄国已经显示出它无力进行两翼作战：它既无法巩固它在波兰的地位，也无法突入波罗的海，但是俄国的进攻毕竟使它获得了第聂伯河沿岸具有重要战略意义的前沿领土，以及古老的俄国首府基辅！这是一个重要的收获。俄国人没有撤离基辅，波兰无法实现它的权利，因为即使是在扬·索比斯基卓越的军事领导下，波兰也不能战胜土耳其人，而土耳其人的向前推进也同样威胁着俄国，尤其是在阿列克塞的继承人费奥多尔·阿列克谢那维奇统治时期（1676—1682 年）。1676 年以后，在哥萨克士兵的压力下，多罗森科停止抵抗莫斯科，其结果是西乌克兰仍处于俄国的统治之下。但是土耳其人则在两次成功的战役（1677—1678 年）中坚持他们对乌克兰的要求。在这两次战役中，土耳其军队抵达了奇吉林。1681 年俄国不得不承认土耳其对第聂伯河以西乌克兰的权利，但基辅不在其内。安德鲁索沃停战协议没有使波兰从莫斯科获得任何援助，1683 年的维也纳大捷①也没有减轻波兰的压力。索比斯基计划同神圣罗马帝国、威尼斯和罗马教廷结成反土同盟，以便使波兰重新获得它先前作为基督教世界前沿堡垒的强盛地位，但这一计划如要成功就必须把俄国包括在内。索比斯基很不情愿地决定通过把安德鲁索沃停战转化为"永久的和平"来获得俄国对这一同盟的支持。1686年4月，波兰最终放弃了基辅和第聂伯河以东的乌克兰，并同意给予它的东正教臣民以宗教自由。作为赔偿，俄国付给波兰146万金卢布，同时承诺提供军事援助以抗击土耳其人。只有到了在女沙皇索菲娅摄政时期（1682—1689年）缔结的这一条约，阿列克塞的政策所取得的成就才得到了确保。

　　力量和领土的获得进而开阔了莫斯科的政治眼界。1645年，阿列克塞只把他的登基一事通知了邻国波兰和瑞典以及俄国的老商业伙伴英国、荷兰和丹麦。1673年，考虑到来自土耳其的威胁，莫斯科第一次提出了欧洲联合的观点。由于俄国对西方诸国宫廷的情况一无所知，这一动议失败了，然而，这却显示出俄国正在怎样地扩大它的外交接触：除了前面提到的几个国家，现在俄国已注意到了神圣罗马帝国、勃兰登堡、萨克森、威尼斯、罗马教廷、法国和西班牙等国。然而，在欧洲事务上，俄国仍宁愿做一个被动的而不是一个主动的参与者。瑞典、丹麦、波兰和荷兰分别从1631年、1672年、1673年和1677年开始在俄国都设立了常驻代表，而俄国只在波兰派驻了代表（从1673年开始）。不管俄国同其北欧商业伙伴间的贸易有多么重要，但总体来说，俄国仍然处于欧洲政治体系以及它不断变化的同盟结构之外，这一部分是因为距离所致，另一部分是因为俄国的宗教信仰在西方被认为是异教，它的政府形式被认为是专制政体。17世纪更加频繁的西方旅行者对这个国家的描述几乎没有改变这一观念，直到在一个比较理性的时代，当宗教和历史背景的差异变得不那么重要时情形才有所改变。俄国对西方政治局势的了解则更为朦胧。第一位系统收集有关外国资料并扩大同外国联系的人是奥尔丁—纳施金。他于1667—1671年担任大使部（Posol'skiy prikaz）的首脑，奥尔丁—纳施金认为从国外借鉴一些东西很有便利，这样可以避免传统偏见，

---

①　见上文，第21章边码第516—517页。

并寻求在现实政治的基础上处理同波兰的关系——这一政策的最终目标仍是实现斯拉夫人的统一。

俄国对外政策的性质受其内部衰弱的制约。这个国家还没有从动乱时期（1605—1613 年）恢复过来，因此，政府所采用的方法必然是防御性的。在国内，自 16 世纪以来，专制制度就一直在沿用：这个政策是使行政管理集权化，逐步建立一个强大的军事机器，造成不同的社会阶层使政府能够控制它们，并使它们为政府效劳。外国的入侵已经证明了有必要成立一支有效的军队以保护俄国扩展的边界。16 世纪初的那些动乱还表明了它的邻国的军事优势，证明了俄国有必要按照欧洲的模式使部队现代化，其方法是聘用外国教官和外国雇佣兵，并进口和生产装备及补给等。1632—1680 年，俄国现役战斗兵力从 3.46 万增长到 12.93 万（1680 年的总兵力达 17 万—19 万人）。

俄军中最具贵族性质的部分——虽然这一部分的相对重要性已在这些年里由占总兵力的 34% 减少到了 8% ——是由宫廷、首都（莫斯科）、外省贵族和鞑靼贵族通过传统招募手段提供的兵员。贵族根据完全的或有条件的占有权拥有地产，并有义务在继承财产后服兵役。戍守部队、弓箭手、炮兵和哥萨克要塞守卫等兵役也是强制性的。这些服役者居住在城镇的特殊地区，靠农业和手艺为生，享受税款特权。除他们之外，接下来的便是所谓的 "datochnye lyudi"，即教会管辖区、宫廷和政府领地派给的士兵。像贵族服役者一样，由这些地方提供的服役者人数最初是由土地的面积所决定的，但后来（最终是从 1679 年开始）则因各地人口密度的差异而改为根据家宅的数目而定。特种服役者包括那些外国雇佣军、由外国军官指挥同时也作为模范部队的俄国士兵以及进行边防警戒的哥萨克人。俄国正朝着创建一支常备军的方向发展：职业军官团体的引进，屯田以及加强军事训练是提高部队战斗力的步骤。管理服役义务和地产分配的官署属最古老的朝廷官衙。在 17 世纪中，又增设了其他一些机构来处理各种特殊的军事单位和军事设备。

法制制度在 15 世纪末的迅速兴起要归功于俄国内部没有像西欧国家那样的社会等级。在服役贵族和官僚的支持下，16 世纪中叶俄国就已经在尝试把国家的义务强加给社会。这种基本的发展趋势在 17 世纪促使了由中央控制的一些服役阶层的产生。每个这样的阶层都有其对国家的特殊义务，但却没有相应的行使政治影响的权利。这种在政府命令下产生的独特的社会团体截然不同于西欧式的自治社会等级。西欧的等级建立在出生、特权和法定的传统之上，并清楚地知道他们古老的政治权利和特殊的地方身份。俄国政府坚持明确划分为它服务的社会等级，这种划分不是考虑到他们的法定地位，而是根据每一等级都应执行它所派给的任务：贵族必须在军队和行政机关服役，农民必须通过提供劳役和缴纳税款使贵族完成他们的服役，而市民则首先必须提供税收。这一制度存在的危险是有些个人可能会通过变成非自由人或依附于其他人而逃避为政府服役的责任。为了避免为国家服役人员的减少，政府试图通过立法活动加强个人自由。

在 17 世纪初的那段动乱期间，一些新的家庭涌进服务贵族阶层，使旧式的官僚任职措施得以刷新。在旧的模式中，一个贵族在被派往一个政府岗位之际，会把这一任命同他的上级、他自己和他的祖先在过去所担任的职务进行比较，如果他认为这一职务低于他的地位所应拥有的职务，那他可以拒绝上任。在 16 世纪，这种习惯已经证明了它的危害，在部队作战期间填补军队的指挥职位时尤其如此，但是在贵族阶层里的不断争执却帮助专制政府巩固了它的权力。在 17 世纪，专制政府得以运用它那无人争夺的权力努力反对旧式官僚任命机制的有害方面：在作战期间，旧式机制愈来愈频繁地被搁置起来，到 1682 年 1 月，一项法令使它最终被取消了。全权占有的财产与有条件占有的财产之间的差别消失了，因为任何一个财产所有者都必须服役，而且其产业也能继承。除了教堂和寺院外，只有服役的贵族被允许拥有土地和农民。1649 年，教会被禁止扩大它的地产。1642 年，贫困的贵族就已经被禁止成为比较富裕的贵族的侍从。1649 年，政府还禁止实行"抵押自己"（即同意为债权人工作直到还完贷款），因为这种行为常常会使抵押者及其后代长期处于农奴地位。

为了在经济上使贵族阶层服役成为可能，他们的农民被拴在土地上。没有劳力，土地就一文不值。被大量的税收榨得一贫如洗的自由民试图逃避征税，他们或是逃往边境地区，或是定居到某个能付清他的欠款，并为他提供一个较好环境的地主家庄园，或是通过契约让自己及其家庭为某个主人服务，直到后者去世。后一种做法经常会使他的服务变成世袭，这样，自由民和非自由民之间的区别就变得模糊不清了。导致区别日益模糊的另一种原因是地主面对劳力不断缺乏的局势，把非自由人的奴仆作为农民安置到田地里。早在 1592 年，政府就试图阻止农民逃跑，或阻止他们被地主买下。其方法是确定一个法定限期，在此限期内，农民必须回到他们原来的主人那里。这一在大动乱后重新制定的时限在 1649 年被取消。从那以后，任何一个地主都可以在任何时候保证逃跑的农民返回。这样，农民就被束缚在了他们的主人身上。17 世纪 20 年代调查登记的修订也具有相同的作用。这次修订确定了农村和城镇的税额：它很自然地从社区利益的角度阻止纳税人员的离开。所有这些情形一并致使俄国的农民在 17 世纪中叶时转化成了农奴。政府只试图把农民束缚在土地上，却没有把他们降到农奴的地位。故而，从此时起一直到 19 世纪，国家都克制着不干涉主人和他的附属之间的个人关系，虽然国家本身那套旨在造就一个服役贵族阶层的政策在很大程度上对农奴制的发展负有责任。

城镇居民也同样被转化成了服役阶层。俄国的城镇既小又穷，不拥有西欧城镇所享有的豁免权和特权。它们同村庄没有明显的差别。在城镇里，并不是所有的土地都是"黑地"，即要纳税的地，如果这些地是属于城镇外的某个显贵或寺院的话，那么，它们就是所谓"白地"。城里的一些房屋由于主人成为城外某领主的非自由附庸也就变成"白"的了，但房屋主人却仍继续从事手工业或贸易活动，不向城镇缴纳任何税款，甚至还通过竞争损害城市的经济。同样，居住在城镇近郊的手工业匠人也参与城镇的经济生活，却不用承担该城镇的任何财政义务。在前一个沙皇统治期间，政府就已经在尝试改善这一状况。1649 年，政府颁布法令，只有纳税人才能住在城里并进行贸易；纳税人被禁止离开城镇，不缴纳税款的所有财产被没收充入城镇税库。在俄国，把城镇同农村分离开来并建造城市的不是强大的市民阶层，而是国家——但是国家没有给予它们那种中世纪西欧典型的市政自由权利。在城市人口中，最高一级的部分是"富商"（gosti）。在 17 世纪中叶，每个城市约有 30 个富商。他们与其说是私人企业家，还不如说是国家的职能机制。他们处于沙皇的直接管辖之下，并代表沙皇管理关税、铁制品贸易、酒类专利品以及西伯利亚黑貂皮买卖的税收。他们享有财政特权，但必须以他们自己的财产来担保任何亏损。在"富商"以及他们的合伙人和代理人之下是不太富裕的商人社团成员（gostinnaya、sukhonnaya sotnya）。他们也必须为财政部履行职能。这样，只有国家和少数"富商"才能掌握任何大额资本。

581 由于缺乏社会需求以及占优势的自然经济结构，国内市场总的来说局限在地区范围内且不怎么有利可图。对外贸易可望获得较好的回报，但它主要控制在外国人（英国人、荷兰人、德国人、法国人和丹麦人）或沙皇的代理人手中。俄罗斯进口各类产品，尤其是金属制品、武器、布料和奢侈品，并出口原材料，如木材、沥青、大麻、亚麻、钾碱、毛皮和兽皮。第一家铁制品和大炮铸造厂以及第一口矿井都是由外国企业家创办的。俄国政府鼓励外商的经营，因为他们的经营能增加俄国国库收入，且能起榜样示范的作用。另外政府还不断寻求从国外招聘技术人员。从 17 世纪 20 年代起，俄国的商人就不停地抱怨外国人的竞争，这些外国人组织得更好，并拥有更多的资本。政府对此的反应是采取重商主义措施。1649 年，英国人再次被剥夺了他们的特权，其中有些特权可追溯到 16 世纪，他们再一次失去了同亚洲进行过境贸易的权利。1654 年的商业法令取消了几乎所有的国内关税，并保护商人免受地方官员的干扰。1667 年的一项"新商业法令"把外国人的贸易限制在一定的边界地点，并对他们征收更高的用外汇支付的关税才允许他们进行国内或过境贸易。禁止外国人从事零售贸易（他们一直钻空子做着这种买卖）的长期禁令现在又通过没收商品等惩罚得到了重申，外国商人之间的免税贸易也被禁止了。

俄罗斯社会中唯一真正的阶层是教士。他们构成了一个独立的、经法律限定的实体，并在主教管区内拥有自己的代表席位。但是他们也必须为他们世俗的财产纳税，并从中提资供养士兵，他们从属于国家的管辖机制。

俄国的行政体制大致可以被看作中央集权式的，因为决策的最后责任掌握在位于莫斯科的沙皇和最高当局手中，但就这个体制的运作而言，它便很难说是中央集权了。在 17 世纪，最高当局规模大增并日益分化，但它们并不依据任何理论性计划加以系统化，而且在各种不同的官署间也不存在任何明确限定的权力等级或权限分配。假设某个部的事务主要由某个专职的大员掌管，但是沙皇常常会委任一个大员同时掌管几个部的事务，权限的区分就变得模糊不清了。有些部处理某个特定的事务，而另一些部则处理某个特定的地区。一个部常常会关注一些相互间毫无关系的事务，或是一些只在过去有过联系的事务；另外，同一件事务会有几个机构来插手。例如，在17世纪80年代，至少有18个部插手军事事务。几乎所有较重要的部都有自己单独的财政机构，并对它们自己的人员行使司法权。除了负责对外事务、军事和财政事务及司法管理等常设机构外，还有其他一些次要的或临时的机构，如在战时征集钱粮的机构等。阿列克塞统治时期大约有40个部，但该数目时有变更，因为一些官署会根据需要新建、合并或解散。

　　1637年为喀山而设立的西伯利亚事务署在1661—1663年临时合并到总税收署。同样，有关小俄罗斯的事务在1649年后先由大使部处理，只有到了1663年才设立了一个单独的部。1649年，总司法部下属负责教会事务的部门变成了一个独立的机构——寺院部。这样，除了主教对他自己直辖区的司法权外，教会逐渐积累起来的所有司法特权都被取消了。寺院部最初由教士和俗人共管，但很快它就全由俗人掌管了该部监督教会的财政以及在非宗教事务上的司法权。教会对这种控制不满，1677年终于达到了使该控制中止的目的。在有关军事事务的诸部门分别管辖弓箭手哥萨克人、炮兵和外国服役者的各部门中，1651年增加了一个骑兵署。裁决莫斯科、梁赞、弗拉基米尔和德米特罗夫地区案件的各司法部门于1685年并入了莫斯科司法部。在新建部门中，有成立于1667年、负责财政监督的审计署（Prikaz Schetnykh），以及最高管理机构枢密院。枢密院不仅仅是沙皇的私人办事机构，处理他的个人事务（如通信、狩猎等）并只对他负责；它还负责对行政机关实施控制和监视，这是任何专制政府所必不可少的，枢密院的权力是不受任何限制的。

　　在"大动乱"时期，个别地区所遭受的隔绝和威胁局势导致了所有权力都集中到地方军事长官（Voivod）的手中。在17世纪，由军事长官实施行政管理的状况变得很普遍。军事长官一般是服役贵族的成员。他坐镇一个地区的首府地，对该地区行使权力，该地区是中央政府通过特殊指令分派给他，由他负责所有当地行政事宜的。他的短暂任期（从1年到3年）以及从中央政府拿薪俸的事实使他有别于他的前任，即 16 世纪的"副将"（namestnik），他们是由当地出资供养的——当然即使是在 17 世纪也还不断有关于军事长官强索"礼物"的抱怨。政府偶尔会注意到这类不满，但却没有对军事长官实施加以控制的持久措施。到 17 世纪中叶，俄国有 250 多个地区。大多数军事长官会同一位负责当前事务的文员（d'yak）坐镇官衙管理他们的辖区。在一些较大的地区，会有 2—4 个军事长官，其中的一个地位要高出其同僚，另外，还有几个文员：政府希望以此来造成相互监督，而这自然不利于友好的合作。

军事长官的统治附加在自 16 世纪下半叶起就已存在的地方自治政府之上。军事长官被授予对由农民和市民选举出的代表行使权力，这些代表（gubnyestarosty 和 tseloval'niki）履行着治安和处罚职能，以及总的行政管理职权。原则上来说，军事长官作为中央权力的代理人把地方自治机构转变成了从属的执行机构。这样，地方自治虽仍然存在，却实际上成了国家行政机构的组成部分——由于自 16 世纪以来自治已经变得不再是一种权利，而是对国家的一项义务，情形就越发如此了。因此，政府甚至能够暂时不需要军事长官。它在 16 世纪 60 年代也确实一度废置了军事长官制度，并在 70 年代恢复了自治政府体制。

大行政区（razryady）的建立即反映了这种使地方政府体制尽可能标准化，并尽可能使之同中央紧密挂钩的总体趋向。这个进程发端于边界地区。在那儿，军事职能和一般的民政职能之协调尤为重要。16 世纪起就已经存在的图拉行政区随着边界的向南推进于 1663 年改造为别尔哥罗德行政区。行政区很早就在西伯利亚建立了起来，而与波兰和瑞典的战争则促使在斯摩棱斯克、诺夫哥罗德和塞夫斯克（1654 年、1655 年和 1665 年）建立了这种机制。在 17 世纪晚些时候，它们又被引进国家的中心地区（莫斯科、弗拉基米尔、塔波夫、梁赞和喀山）。这就划定了一种行政等级体系的轮廓，因为地方军事长官受命从属于行政区的军事长官（或从属于首要军事长官），但是这一体系仍然缺乏一致性：军事长官要对不同的中央部门负责；行政区也还没有覆盖整个国家；许多军事长官仍直接同中央联络。既加强地方政府，同时又保持中央控制的问题直到最近仍是拥有广阔领土的俄国的一个关键难题。

　　建立一套中央集权的、靠薪俸供养的行政机构，一支现代化的常备军以及长时间的战争增加了沉重的财政负担，这是这个国家的农业经济所不能承受的。核定税额的依据是 17 世纪 20 年代重新确定的"苏克哈"（sokha）。它是一种把土地拥有面积或（在城镇的）家宅大小考虑在内的计量单位；税额时有变更，或是根据土地的质量或贸易的状态，或是根据服役的等级。1646 年和 1678 年，全体男性人口都进行了登记——这标志了有别于土地拥有权的人力之重要性。从 1679 年起，税收不再向可耕地征收，而是向每一户家宅征收。政府提高了税额，采用了间接征税法，颁布了税收法规并动用了军队，所有这些都增加了民众的不满。1646 年，盐税增加了 4 倍，可是税收的下降却显示出这已大大超出了民众承受税款的能力。

　　不出所料，对沉重的财政负担和对日益膨胀的官僚机构之专横作风的不满情绪在城镇中激增。1648 年 6 月，莫斯科发生了持续几天的骚乱，在骚乱中，弓箭手加入市民行列中。几个高级官员丢了性命，曾拥有绝对政治影响的权臣、沙皇的姐夫并私人教师 V. I. 莫罗佐夫也不得不暂时辞职。反对过重税收及贪官污吏敲诈勒索行径的类似暴乱在许多其他城镇也屡有发生。这些暴乱的直接原因各有不同，而且动乱也都保持在地区范围内，但是 1650 年 2 月的波斯科夫起义则体现出对政府的政治威胁。波斯科夫的居民同诺夫哥罗德联系起来，并动员了周围的农村支持他们，他们经受住政府军队的围攻达三个月之久；他们的要求是更大的地方自治。 584

　　在波兰战争开始时，政府降低银币成色，并根据强制交换比率铸造铜币，从而引发了一场更大的危机。使这一情况变得更糟的是官员们不去阻止私铸铜币。铜卢布的价值下跌，尤其是由于政府和外国商人要求用银子支付。在 1660 年，1 个银卢布价值 2 个铜卢布，而在 1663 年，则相当于 15 个铜卢布。1662 年 7 月，传单遍布整个莫斯科，随后便爆发了动乱。公众的愤怒指向皇位周围的最高官员，甚至威胁到沙皇本人。镇压动乱时的暴行表明了政府的无能，也破坏了它的声誉。

　　民众试图用他们通常的方式来逃避中央政权的压力。他们逃往边界地区，尤其是顿河流域。先前脱离枷锁获得自由的顿河哥萨克正受到土耳其人的围困，土耳其人在亚速夫事件后封锁了顿河河口，于是 585

哥萨克人侵袭了莫斯科公国境内的伏尔加河下游地区。1668 年，哥萨克首领斯杰潘·拉辛发动了一场惊人的劫掠运动，深入里海附近的波斯境内。1670 年他转而反对莫斯科。在 4 月，他率领 7000 人攻取了察里津，6 月攻取了城防坚固的城市阿斯特拉罕，7 月攻占了萨拉托夫和撒马拉。一些部队投向了拉辛。9 月拉辛的攻势在辛比尔斯克前停顿了下来，尽管他的一些分遣队抵达了大诺夫哥罗德地区。随着 10 月政府军解除了辛比尔斯克之围，拉辛不可战胜的神话破灭了。1671 年 4 月，他被顿河哥萨克人抓获并被移交到莫斯科，6 月被处死。叛乱所表现出的对政府的极大威胁在于拉辛的出现激起了从南部顿涅茨到北部加利奇（沃洛格达附近）的整个俄国欧洲部分东部的类似叛乱。哥萨克人、逃亡的农民、无薪的外国雇佣军、贫穷的贵族，甚至乡村教士和外国流浪者都成群结队地投向拉辛，而当地爆发的起义则是针对可憎的地主和官员。政府不断施加的空前压力触发了一场反抗各种国家权威的斗争。拉辛在他的呼吁中号召人民为了"好沙皇"而同"卖国的"权贵、军事长官及政府官员做斗争。拉辛的政治方案只限于引进原始的哥萨克管理体制，它不包含任何超越现政府原则的东西。这场孤注一掷的起义是与无助的苦难境地抗争，这是可以理解的，尽管如此，它却是无政府主义式的，而且同专制制度相比，它也是倒退的。

政府试图通过把法律条文，尤其是司法程序编集成典来限制行政机制的滥用职权。在 1648 年 6 月的莫斯科起义之后，一个政府委员会开始编制一部法典。该法典在 9 月被提交给了一个咨议会，并于 1649 年 1 月定稿。委员会的草案和各个不同集团的建议得到了彻底的讨论。这部首次印刷成册（共印制了 2000 份）的法典（ulozheniye）马上生效了。法典的 25 个章节包含了 967 个条款。它不是根据系统的法律原理起草的，而是汇集了一些精选的司法惯例加上一些因政治权宜而做的革新。自 1550 年最后一部法典颁布以来，历任沙皇都颁布了大量具有法律效力的法令（ukazy），但只有收藏这些法令的相关部门才知道它们。这些沙皇法令、1550 年法典、从拜占庭法那里吸取的主要原则、立陶宛法令以及一大堆包含西方因素的古俄罗斯法律，构成了这部涉及政治和社会秩序及司法程序的新法典的基础。前文已提及了这部新法典的一些最重要条款：服役阶层的区分、取消农民离开和抵押自己的权利以及建立"寺院部"等。除此之外，该法典的重要性在于其中一些旨在保证公正执法的详细条文。第287项条文即专为此立，此外它还给现存的法律带来了一致性，并使现存法律更加广为人知。它不包含法律概念的定义，也不是包罗万象的。俄罗斯缺乏罗马法传统以及依据这一传统训练出来的律师阶层之现实决定性地阻碍了在立法和行政领域里的法律进展。

尤其是法典里没有关于专制制度本身的定义。"大动乱时期"之后，统治者的传统概念被恢复：他是所有司法、行政和政治决定的制定者，是国家的主人、教会的保护者；他的权力既不受法律也不受拥有自身特权的等级议会之存在的限制。如同在16世纪一样，专制君主依然是国家的化身；然而，现在专制制度却拥有了更明确的制度特征，它使统治者个人的个性更加独立。"大动乱"期间俄罗斯的分裂使沙皇专制权力的传统观念深化为一种希望强有力的国家凌驾于敌对派别之上的愿望，专制制度的巩固使俄国有了一个坚实的中央权威，但在这个权威中，所有的政治主动权都来自国家。沙皇继续在一个咨询和执行机关——显贵委员会（杜马，Duma）的协助下主持政府工作。1668年该委员会有68名全由沙皇任命的终生任职成员。其中，只有26名来自古老的显贵家族；大多数委员则是"新人"，其中有些甚至还不属于服役贵族。在杜马里，如同在其他地方一样，为国家服务逐渐取代了传统和出身成为晋升的标准。

在俄罗斯内部发展中的"复辟主义"专制倾向之特征是"全俄缙绅会议"（zemskysobor）的衰落。在米哈伊尔统治时期，缙绅会议曾相对频繁地召集，它有可能发展成为一种代表俄国社会的政治机制。但在阿列克塞统治时期，它只是偶尔被召集：1648年至1649年讨论"法典"之时、1650年决定采取反对波斯科夫的措施时、1651年和1653年讨论对波兰和乌克兰的政策之时。应沙皇请求所召集的该会议由沙皇、显贵委员会、东正教会以及中小贵族和城镇选举出的代表组成。关于会议的组成或活动没有固定的条规。与会者的人数时有变化，人数最多的一次是在1648年，选举产生的代表达290人；农民没有代表权，外省城镇在1650年也没有代表出席会议。会议的讨论有时是共同进行，有时（如1648—1649年的会议）则分成选举产生的成员与"当然"（ex officio）成员两部分隔开进行。代表们很

586

显然并没有从他们的选举人那儿带来任何指示，他们的作用是咨询性的，但偶尔也能表现出某种立法团体的特性，如在制定"法典"和决定吞并乌克兰时那样。决定总是要由沙皇和杜马来做，由于其召集没有定期性，代表选举和会议议程也没有明确规定，因此全俄缙绅会议无法经常性地代表各个社会团体的反政府利益，更不要说代表人民的利益了——尤其是因为政府本身就是会议的一部分。参与会议讨论是一种责任，而不是一种权利。1653 年后，政府只召集一些具有顾问性质的专家委员会，缙绅会议便日渐衰落了。

　　在阿列克塞统治时期，俄罗斯东正教会牧首尼康确曾尝试过限制专制制度。尼康是一位农民的儿子，他赢得了阿列克塞的青睐扶摇直上，1648 年当上诺夫哥罗德大主教，4 年后，在他 47 岁时便成为牧首。年轻的易受影响的阿列克塞起初像对待父亲那样尊敬意志坚强、热情似火而又能言善辩的尼康，给了尼康一个类似于菲拉列特在他儿子米哈伊尔统治时所拥有的地位：尼康获得了"大君主"（Velikiy Gosudar）的封号，这通常只有沙皇才能享用；在政府文件上他的名字紧挨着沙皇的名字之后；1654 年，当沙皇亲莅波兰战争不在首都时，正是他被授权全面掌管政府工作。由于他那无限的野心，尤其是他想要把牧首职位置于沙皇之上的目标，他招来教士及俗人的一体憎恨。当 1658 年 7 月沙皇正式削去尼康的"大君主"封号时，他便退回了莫斯科附近的复活寺。阿列克塞赞成尼康的改革活动，他希望保留他的牧首职位，同时把他的权力限制在纯粹的教会事务内；然而尼康既不承认对他教职的任何世俗性限制，也不辞去牧首一职。这一不明朗的形势从 1658 年持续到 1667 年。在此期间，尼康更明确地将他早先关于教权高于俗权、俗权源自教权以及政教分离的观念阐述出来。这就损害了从拜占庭《诺摩法典》（Nonokanon）[①] 等继承而来的俄国传统观念，即统治者是教会的保护人，是教会和国家之间的协调者。在俄国就像在拜占庭一样，在虔诚与政治领域之间总是存在着明显的分界线，不像在西方，现实世界里信仰和行动是相互不可分割地联系在一起的。但在法律上，东方教会对教会主宰的领域有多大却没有精确的限定，而西欧在中世纪中则逐渐划定了教会的主宰范围。

587

---

　　① 诺摩法典是东方基督教于 883 年完成的一部教会法规集。——译者注

　　因此，尼康被指责为天主教分子就不足为奇了，尤其是他承认罗马教廷在维护相对于世俗统治者之地位时所取得的成就，并效仿英诺森三世把教会比作太阳，把国家比作月亮，称后者从前者获取光亮。他特别攻击根据"法典"建立"寺院部"一事，该事件的含义是让教会在非宗教事务上服从于世俗管辖权，并禁止授予教会更多的土地①。早在1660年2月，一个只有俄罗斯高级教士出席的教议会就宣布尼康已失去他的职位，但这一决议没有生效。1666年又举行了一次俄罗斯宗教会议，这次会议为一次全东正教教议会（1666年11—12月）铺平了道路。出席全教议会的有亚力山大和安蒂奥克的牧首、君士但丁堡和耶路撒冷牧首的代表以及塞尔维亚大主教。尼康被郑重地剥夺了他的牧首职位，理由是他无礼地对沙皇及其显贵委员会提出毫无根据的指责，未能履行他的职责，并以一种不合教义的方式对待属下的教士。这次教议会同意，沙皇不能改变教会的传统权利和习俗，但教会在所有世俗事务上服从沙皇。这样，俄罗斯教会再次被限制在它传统的精神领域内，而专制君主则确保了他参与决定教会世俗事务的权利。

　　第二次全东正教教议会（1667年2—6月）确认了尼康的"改革"：这些改革出于受"大动乱"经历刺激的有责任感的教士之愿望，旨在消除宗教仪式中的形式主义，教士的愚昧无知以及在俗人、教士和僧侣中的道德沦丧。此时的局势尤其严重，因为俄罗斯教会正前所未有地面临着其他基督教教派的挑战：在中部地区的挑战者主要是新教，这是俄国同来自北欧的外国人接触的后果，而在西南边陲地区，挑战者则是天主教。这些挑战使东正教徒们产生了疑惑：在俄罗斯教民中有东仪天主教徒，也有分离主义教派教徒，而基辅对君士但丁堡牧首的服从则导致了希腊影响的加强。随着1589年君士但丁堡牧首设立莫斯科主教区，莫斯科的教阶集团再也不能指控希腊教会背叛东正教了。莫斯科作为正统宗教保留地、第三罗马之地位的独特性沦落到只能宣称俄国是唯一主权东正教国家的境地。此时产生出一个引起激烈争论的问题：自俄国教会在1448年成为自立教会以来，该教会中业已发展起来的教义和教俗的独特性如何来面对希腊教会？长

588

　　① 见前边码第579、582、585页。

期以来一直受传统支配的俄罗斯教会不得不破天荒地运用更坚实的神学基础来阐述并捍卫正统教义以反对其他各派教会。所有改革者都同意需要对宗教和道德持一种更深刻的态度；他们所争论的是如何来实现这一点；是坚持在莫斯科教士传统的框架内实现之，还是通过接纳希腊教会的途径。传统主义者相信可以在旧有的莫斯科信仰内获得一种刷新。亲希腊派则认为必须追溯到他们认为是更古老的，因而也是正确的希腊传统。但传统主义者视希腊模式的任何改变为革新，而亲希腊派则认为维持莫斯科礼拜仪式似乎是一种对全体教会的挑衅行为。这两个派别都扎根于传统。国家支持向希腊教会传统同化，认为这是保持莫斯科在东正教世界领导地位的先决条件，且对于国家努力提倡的普及俄罗斯教育的目标也是必不可少的。

　　在阿列克塞周围聚集着一帮亲希腊改革家，他们向外省派遣了一些虔诚信教、严于立身的教士。他们对教士和俗人中普遍存在的风纪懈怠和素质低下状况所持的尖锐批评时常导致了迫害行为。就这些教士的神学素养而言，他们是一些坚持莫斯科传统的单纯之人，因此，他们很快就滑向了莫斯科那些受过更好教育的亲希腊改革者的对立面。牧首伊奥西夫（1642—1651 年）早已有意识地期待接近君士但丁堡，在他的任期内，从当时东正教学术中心基辅调了一些学者到莫斯科来。通过同天主教和东仪天主教丰富文献的论战，乌克兰已具备了宗教和世俗教育的因素，它把这种知识传到莫斯科，促使了一些学院的建立以及诸多教科书、布道集和教义辩护集的编辑，这是乌克兰对 17 世纪俄国历史的一大贡献。1651 年伊奥西夫被迫辞职，因为他反对改革者取消莫斯科礼拜仪式中的多音表述（mnogoglasie）要求。"多音表述"的做法也就是通过同时朗诵不同经文段落来缩短过分冗长的礼拜仪式，虽然伊奥西夫同意在寺院中取消这种毫无意义的形式，但他拒绝在普通教堂里这样做，因为如果全文朗诵的话，礼拜仪式的冗长将会吓跑常去做礼拜的教徒。意味深长的是，改革者寻求东方诸牧首们的支持，伊奥西夫的位置被尼康取代了。

　　尼康一度是传统主义者，后来是宫廷改革派的成员，此时他接过了亲希腊改革派的领导权。尼康颁布教谕、推行俄国教会同希腊教会同化的专断方法加剧了传统主义者中的对抗；但是，这种顽固的抵抗只能用莫斯科教派虔诚的形式主义特性和它看待仪式的神秘概念才能解释——因为缺乏神学理论便会赋予传统以神圣性。另外，尼康所关心的不是如何加深宗教情感，而是如何用希腊仪式来取代莫斯科的仪式，尼康用同样是形式主义的方式对希腊仪式作解释（用 3 个手指而不是用两个手指来画十字，就像 1551 年莫斯科议会所规定的那样，改唱两遍"哈利路亚"为 3 遍，把在大斋期祈祷中的 16 次屈膝减少为 4 次，取消了圣饼上的四点形长十字图案，捣毁了用拉丁方式绘制的圣像）。虔诚的教徒大惊失色，不仅是由于这些和其他一些细微的仪式变化，还因为一些古老的宗教著作（主要是祈祷书）如果同希腊文原著不符便要遭贬斥的事实；1655 年引进了一种新的礼拜仪式。尼康的改革被 1666 年和 1667 年的两次关键性教议会批准，其中第二次教议会取消了 1551 年教议会所做的决定，并将那些坚持旧式莫斯科礼拜的教徒革除了教籍。

教阶集团掀起了一场教会分裂（raskol）。由于仪式的分歧而不是教义的差异，那些后来被称为旧教徒（starovertsy）的人遭到了开除。甚至在尼康被废黜后，他们遭到教会和国家的残酷迫害。一些人不以为意，接受了加诸其身的惩罚，另一些人逃亡野外或边境，甚至纵火将其祷告场所付之一炬。有关旧教徒的最令人感动的文字纪念是牧师阿瓦库姆的生平，它是俄国文学中的第一部自传，生动地刻画了与自己心灵搏斗的受害者之情感。最为著名的实际抵抗是索罗威茨基修道院的修士们所发动的，他们 1668—1676 年坚持抗击政府。在许多地方，旧教徒的抗议甚为强烈，赋予社会不满宗教意义。在他们看来，牧首和沙皇好像是反基督派的使者，他们的统治清晰可见地已经开始。末世学的传单广为散布，宣布世界末日的来临。的确，对俄国来说，一个植根于神圣传统的世界将要结束。

这场分裂不仅仅是教会内部的冲突。直到 17 世纪，教会一直是俄国唯一的文化力量，它从拜占庭教会获得了它的纯先验倾向和寺院制度，尽管没有以某种基于古代遗产的世俗文化作为补充。俄国教会一直没有试图在神学的意义上申明其信仰或解释外部世界，既没有创造一种神学也没有设置一种标准来判断现存的历史和政治现实。结果，传统成了宗教和世俗生活的指导原则。随着俄国从孤立中崛起，有必要界定俄国的古老传统和确定它与其他信仰的关系。传统不再是被盲目地和不假思索地接受了，有关判断什么是正确的传统，怎样将

590

它与希腊人的传统相比较的问题被提了出来。对俄国旧教会的核心即礼拜仪式合理性的怀疑瓦解了传统的僵硬性，即瓦解了旧俄国生活中的保守原则。因此，这场分裂标志着旧俄国的终结。

　　这一切发生在俄国与西欧的接触愈来愈密切之际，这时的西欧在军事、技术和经济领域处于领先地位，而俄国与西欧加强接触的基础是对历史的现实予以神学上的承认，并相对而言准备好了去接受它。俄国教会既不准备明智地忍受西方优势的事实，也不打算发展自己相应的力量。因此，政府被迫接受西方的指导者和技师，并很快开始评价建立世俗初等教育的必要性。主要政治人物中受过教育的人相信，西方文化中的成果可以吸取且不会破坏东正教信仰。但是，从 17 世纪中期开始，对俄国旧传统的虔信与独立的西方思想之间的不相容可以在下述现象中更为经常地表现出来：个人逃离东正教，甚至亡命国外。然而，大量的群众也抵制得到政府支持的欧洲的影响，拒绝放弃传统的宗教圣殿；在这方面，许多人赞同旧教徒的态度。

　　教会没有能力将西方提供的价值和方法与本国传统调和起来。在历史演进迫使俄国对自己的与西欧的世俗文化而不仅仅是宗教进行比较时，俄国教会的精神纯洁便暴露出自身的致命弱点。如果要做到在实践上和理论上做出努力来让俄国在占优势的环境下与西方进行竞争，将不得不依赖西方；另外，如果通过孤立于异教的西方世界来努力维护俄国的传统，由于自身物质的落后，这又有俄国沦为西方扩张的牺牲品之虞。如何做出这一带有根本性的选择在俄国社会中缓慢扩大、倾向西方的统治阶级与仍旧忠于其传统的人民大众之间造成了分裂。本章所叙述的这一时期俄国历史之真正核心在于某种宗教不安全感，它源于对传统的挑战和与适应历史发展的西方基督教之首次接触。自我封闭、向后看以及打上教会烙印的旧俄国的生活在来自西方的压力下土崩瓦解：近代俄国历史发展的决定性因素是俄国与西方持续的交流和压力。

（计秋枫　杨冬艳　译）

索　引

（本索引中数字为原文页码，印在书中切口一边）

Aachen　亚琛，帝国直辖市　440

Abaza Hasan Pasha　阿巴札·哈桑帕夏，小亚细亚的反土耳其叛乱领袖　507—8

Abdulfatah Agung　阿甫杜尔法达·阿根，爪哇苏丹　423

Absolutism　专制主义

法国的专制主义　5；另见 Louis XIV

在欧洲的扩展　11—12，97，122，379—80

丹麦的专制主义　11，523—6

瑞典的专制主义　12，533—6

英国的专制主义　103，105，118；另见 Charles Ⅱ，James Ⅱ

德意志的专制主义　109—10；另见 Constituent States

普芬道夫阐述的专制主义　113—14

葡萄牙的专制主义　394

另见 Divine Right；State

Abyssinia　阿比西尼亚　503

Académie Royale des Sciences　皇家科学研究会　45，49，68，468

Acadia，French　法属阿卡迪亚

Accademia del Lincei　林琴科学院　49

Accademia del Cimento　试验科学院　45，49，68，468

Acts of Trade，English　英国《贸易条例》　334，335；另见《航海条例》（England 条工业与贸易分条内）

Actuarial Science，growth of　保险统计学的成长　179

Addison，Joseph　艾迪生，约瑟夫，散文家　399，410

Adolphus John，duke　阿道夫·约翰公爵，瑞典国王查理十世的兄弟　526

Afonso Ⅵ　阿丰索六世，葡萄牙国王　129，395，396

Aglionby，William　阿格林比，威廉，作家

Ágreda，sor Maria de　阿格雷达，修女玛丽亚·德，她对西班牙的腓力四世的影响　128，380

Ahlefeldt，Frederik　阿勒费尔特，弗雷德里克，丹麦国务家　538，540

Aigues-Mortes　艾格莫尔特，在该地的领事馆　204

Aix-la-Chapelle，Treaty of　艾克斯拉沙佩勒条约　213，214，463，465

Albanel, Father　阿尔巴内尔神父，和法国在赫德森湾的利益相关连的耶稣会教士　360，363

Albania　阿尔巴尼亚，反土耳其叛乱

Albemarle, Carolina　阿尔伯马尔（卡罗来纳境内）　344，345，346

Albemarle, George Monck, duke of　阿尔比马尔公爵，乔治·蒙克与两院制立法机构的恢复　301，302

封为贵族　306

与处决阿盖尔　308

Alberti, Leon Battista　阿尔贝蒂，莱翁·巴蒂斯塔，作家和艺术家　162

Albuquerque, Matias de　阿尔布克尔克，马蒂亚斯·德，葡萄牙陆军将领　394

Alembert, Jean le Rond d'　达朗伯，让·勒朗，数学家和哲学家　95

Aleppo　阿勒颇，在该地的法国领事馆

Alexander Ⅶ (Fabio chigi)　亚历山大七世（法比奥·基吉），教皇

平淡无奇的性格　124

遭受路易十四的侮辱　134，464

建筑艺术的赞助人　150，158

与修改历法　408

被排除在比利牛斯条约的谈判之外　461，464

与耶稣会教士之返回威尼斯　463—4

对扬森派教父的态度　464

组织 1664 年的神圣联盟　490，511

Alexander Ⅷ (Pietro Ottoboni)　亚历山大八世（彼得罗·奥托波克），教皇　138

Alexandria　亚历山大，在该地的法国领事馆　204，205

Alexis Michailovich　阿历克谢·米海洛维奇，沙皇

哥萨克对他的效忠　566，573—4

候选波兰王位　567

即位　571

与俄国—丹麦争端　572

与尼康宗主教　586—7

与俄国教会的改革

Algardi, Alessandro　阿尔加迪，亚历山德罗，建筑师和雕塑家　149，155

Algiers　阿尔及尔　201，504

Ali Effendi　阿里艾芬迪，大穆夫提（首席伊斯兰教教法说明官）　517

Alsace　阿尔萨斯

与《枫丹白露敕令》　141

法国对阿尔萨斯一部分的兼并　186，209，215，218；法国对阿尔萨斯全境的主权　220

与"收复属地"　219，297

Althusius, Johannes　阿尔特胡修斯，约翰内斯，加尔文派的政治哲学家　118

Amangkurat Ⅰ　阿莽古拉特一世，爪哇皇帝　423

Amangkurat Ⅱ　阿莽古拉特二世，爪哇皇帝　423

Ambassadors, development of function of　大使职能的发展　198—9

Amelia　阿米莉亚，奥兰治亲王腓特烈·亨利之妻　278

America, North　北美，与欧洲 16—17，28，330—68；另见 Dutch Republic, England, France 诸条

Ampringen, Johann Gaspar　阿普林根，约翰·加斯帕，条顿骑士团的名义大团长　493，495，496

Amsterdam　阿姆斯特丹

阿姆斯特丹银行　13，29

该地的瘟疫　20

该地的谷物价格　20，284

德耶尔在该地的货栈　29，30

城市贷款　33

该地的纺织业　41

该地的宗教宽容　142，143

该地的街道照明　187

该地的繁荣　192

对该地的威胁（1674 年）　218

和奥兰治亲王威廉二世的分歧　275

首屈一指的贵金属市场　282，375

和威廉三世的分歧　297

与北美贸易　331

该地的咖啡馆　399

Andalusia　安达卢西亚

该地的瘟疫　369

下安达卢西亚，与荷兰的贸易　375；与西印度群岛的贸易　379

Andros, Sir Edmund　安德罗斯，埃德蒙爵士

作为纽约殖民地总督　341，342—3，352

和卡特里特的争端　341，352

和教友派的争端　341，352

作为新英格兰自治领总督　352—3

Andrusovo, Treaty of　安德鲁沃索条约　512，565，568—9，570，575

Angers　昂热　224

Angola　安哥拉　384，385，386，

393，394

Anguier, Francois and Michel　安圭埃尔兄弟，弗朗索瓦和米歇尔，雕塑家　164

Anne of Austria　安娜（奥地利的），法国王后　132，222，234

Anne, princess of England　安妮，英国公主　312

Anne, princess of Prussia　安妮，普鲁士公主　544

Antilles　安的列斯群岛

法国在那里的领地　354，379

荷兰在那里的领地　379，386

那里的走私者据点　379

Antonio, Nicólas　安托尼奥，尼古拉斯，历史学家　383

Antwerp　安特卫普　26

Apafi, Mihály　阿保菲，米哈依，臣属于土耳其人的特兰西瓦尼亚邦君

被封为邦君　489，509

路易十四外交与阿保菲　496

去世　499

与沃什堡和约条款　511

Aragon　阿拉贡

与驱逐摩里斯科人　370

税收　377

与美洲西班牙殖民地　379

支持胡安·何塞叛乱　380

Argyll, Archibald Campbell　阿盖尔伯爵，阿奇博尔德·坎贝尔，第 9 代伯爵　144，308

Aristotle　亚里士多德

反亚里士多德哲学　47，77

与真实的性质　73

自然法理论　104

594

国家起源理论 106

Arlington, Henry Bennet, earl of 阿林顿伯爵, 亨利·贝内特 307, 310

Arminians 阿明尼乌派 142—3, 147—8

Arnaud, Enrico 阿尔诺, 恩里科, 韦尔多派首领 472—3

Arnauld, Antoine 阿尔诺, 安托万, 扬森派首领
发表《论真正的错误思想》 78
与尼科尔合编《逻辑学》(《思维的方法》) 79
与莱布尼茨 82
发表《论常领圣体》 132—3
被开除出巴黎索邦神学院; 得到帕斯卡的辩护 133
英诺森十一对他的敬重 135
被路易十四放逐 136
他的论战技巧 139

Arnauld, Jansenist family 阿尔诺氏, 扬森派家族 132, 135

Asam, Cosmas Damian 阿萨姆, 科斯马斯·达米安, 画家

Ascheberg, Rutger von 阿谢伯格, 鲁特格尔·冯, 瑞典南部诸省总督 536

Ashley, Lord 阿什利勋爵, 见 Shaftes-bury 条

Asia 亚洲
欧洲同亚洲的接触 398—429
英国人和荷兰人造成的亚欧贸易模式的变化 398
棉织品与其他纺织品输出 398, 399—400; 欧洲国家反对此种输出

的立法 400—2
胡椒、香料和硝石的输出 398
糖的输出 398
咖啡和茶叶的输出 398—9
欧洲人喜用印度产品的时尚 399—400
与亚洲贸易在欧洲遭到的反对 401—3
在亚洲的传教活动 403—9
欧洲输入和模仿东方产品和东方艺术 409—10
与科学的进步 411—16

Asia Minor 小亚细亚, 在那里的反土耳其叛乱 507—8, 509

Assiniboine Indians 阿西尼本印第安人 363, 364, 365

Atheism 无神论 148

Aubusson 奥比松 141

Auersperg, Count Johann 奥尔斯佩格伯爵, 约翰, 帝国枢密院议长 491

Augsburg 奥格斯堡, 帝国直辖市
人口的减少 21, 22
贸易的衰落 26, 440
奥格斯堡和约 124
奥格斯堡联盟 220, 466, 472, 473; 奥格斯堡联盟战争 221, 233
该地的谷物价格 434
该地的税收 435
该地的社会分裂 439

Augustinians 奥古斯丁会, 其传教活动 403, 407

Augustinus 《奥古斯丁书》 132, 133

Aungier Gerald 昂吉尔, 杰拉尔德, 在苏拉特的英国东印度公司总经理

424，425

Aurangzeb　奥朗则布，莫卧儿帝国
　皇帝

与耶稣会的传教活动　408

与英国的利益　425，427

Austria　奥地利

宗教：镇压新教徒　1，433，479，
　482；"改革委员会"483—4

法国的唯一劲敌　2，246

艺术　154，160，173，174

采取中央集权制　195

贵族中的从军时尚　196

幸免于三十年战争的摧残　435

地主和佃农的关系　437，480

与1657年波兰—瑞典战争　487，
　514，568

援助匈牙利反对土耳其人　488—9

土耳其入侵：（1663年）　489—90，
　510，（1683年）　497，514—17；
　沃什堡和约　490，511，513

瘟疫　494

干涉波兰国王选举（1669年）　560

与勃兰登堡的协定　563

另见 Empire, Habsburgs, Leopold Ⅰ
　诸条

Avignon　阿维尼翁，遭路易十四入侵
　（1662年）134，　（1688年）
　138，221

Azores　亚速尔群岛，葡萄牙人在那
　里的活动　386，387

Backhuyzen, Ludolf　贝克赫伊森，鲁
　道尔夫，画家　166

Bacon, Francis, Viscount St Albans
　培根，弗朗西斯，圣奥尔本斯子

爵，哲学家

法国科学家与培根　48

与自然的"统治"　73

与人犯错误的原因　79

皇家学会与培根　86，89

与神学和哲学的分离　88，90

Bacon Nathaniel　培根，纳撒尼尔，弗
　吉尼亚的叛乱总督　348

Baden-Durlach, margraviate of　巴登—
　杜拉赫侯爵领地

在三十年战争中遭受的摧残　11，455

专制主义引进该地区　11，455

Bahamas　巴哈马群岛　351

Bahia　巴伊亚　384，385，387，393

Baillet, abbé　巴耶，神父，笛卡儿传
　记作者　77

Balance of power　均势，均势概念16
　世纪在意大利产生　198，200

Balance of trade, question of　贸易差
　额问题　333

Balbin, Bohuslav　巴尔文，博胡斯拉
　夫，耶稣会教师和作家　481，482

Dissertatio apologetica pro lingua slavoni-
　ca praecipue bohemica　482

Baltic　波罗的海地区

该地区的贸易　13，24，27，38

该地区的霸权问题　14，286—7，
　519—42

Baltimore, Lord　巴尔的摩勋爵，见
　Calvert 条

Baltimore　巴尔的摩，该地的状况
　346，347

Bar duchy of　巴尔，公爵领地

路易十四对巴尔的权利要求　209，
　215，216

与"收复属地" 219

Barbados　巴巴多斯

与贸易委员会 334

该地的岁入问题 335

从巴巴多斯迁移至卡罗来纳 343—4, 345

"特许权"问题 344

Barbary states　巴巴里诸国

596　法国与巴巴里诸国 201, 203

与奥斯曼帝国的联系 504

Barcelona　巴塞罗那 204, 374

Barcsay, Ákos　包尔乔伊, 阿科什, 臣属于土耳其人的特兰西瓦尼亚邦君 488, 489, 509

Barelli, Agostino　巴雷利, 阿戈斯蒂诺, 建筑师 172—3

Barnabites　圣巴拿巴会教士, 其传教活动 406

Baroque　巴洛克风格

起源于罗马 149

其原型 151

"巴洛克古典主义" 151, 154, 155, 156

贝尔尼尼——巴洛克风格的最佳阐释者 152

罗马教堂中的装饰 154, 156—60

在奥地利和德意志 154, 160, 172, 173, 174

"路易十四风格"——巴洛克风格的一种表现 163

Barreto, Francisco　巴雷托, 弗朗西斯科, 葡萄牙陆军将领 393

Barrow, Isaac　巴罗, 伊萨克, 哲学家 87

Basque provinces　巴斯克诸省 379

Bavaria　巴伐利亚

与中央集权政府的建立 11, 12, 195, 450, 452—3

人口 20—1, 437

贵族中的从军时尚 196

与法国的同盟 217, 447—8

该地区的经济萧条 434, 440—1

贵族的破落 436, 440

农民状况的改善 435—6

巴伐利亚选侯与三级会议的关系 452—3

另见 Ferdinand Maria, Maximilian I, Max Emanuel 诸条

Bayle, Pierre　贝勒, 皮埃尔, 哲学家

与宽容思想 10, 416

他的怀疑主义 79, 80, 85, 256

与神学从哲学的分离 90

Béarn　贝阿恩, 在该地的不满运动 186

Beauvillier, duc de　博维利尔公爵 181

Becher, Johann Joachim　贝歇尔, 约翰·约阿希姆, 自然科学家和经济学家 45, 195

《关于城镇、乡村和国家兴衰之真实原因的政论》 434

Bedogni, Lorenzo　贝多尼, 罗伦佐, 建筑师 173

Beeckman, Isaac　比克曼, 伊萨克, 学校教师 48

Bega, Cornelis　贝加, 科内利斯, 画家 166, 167

Belgrade　贝尔格莱德 499

Bellori Giovanni　贝洛, 乔万尼, 《论

画家、雕塑家和建筑师的思想》一书作者　162

Bengal　孟加拉

在该地的英国东印度公司　424，426，427

Bentley, Richard　本特利，理查德，哲学家　72

Berckheyde, Gerrit　贝克海德，赫里特，画家　166

Berg, Duchy of　贝格，公爵领地，见Jülich条

Berkeley, George　伯克利，乔治，哲学家　72，79，93，94

Berkeley, Sir John　伯克利，约翰爵士，约克公爵詹姆士在新泽西向其授予土地　339，341

Berkeley, Sir William　伯克利，威廉爵士，弗吉尼亚总督　348

Berlin　柏林

在大选侯治下的发展　22，41，553，554

路德派和加尔文派1662年在柏林的会议　126

巴黎的影响　187

该地的黑麦价格　434

与三十年战争　435

作为一个艺术和科学中心　557

Bermuda　百慕大　345，351

Bernier, Francois　贝尼耶，弗朗索瓦，哲学家和旅行家　87，91，413，414，416

Bernini, Gianlorenzo　贝尔尼尼，吉安洛伦佐，雕塑家和建筑师

他的地位和影响　149，150，153，154，155—7，158—9，170

与设计卢浮宫　150—1，157，162

巴洛克风格的最佳代表　152，153，469

教廷的御用艺术家　153

他的主要建筑任务　557

Bérulle, Pierre de　贝吕勒，皮埃尔·德，红衣主教，法国奥拉托利会的创始人　131，132

Besancon　贝桑松

被路易十四占领　8，213

在该地的"收复属地议事所"　219

Bethlen, Gabor　拜特伦，加博尔，特兰西瓦尼亚邦君　478，484

Beyeren, Abraham van　贝耶伦，亚伯拉罕·范，画家　166

Bibliotheque Royale　《王家文库》　181

Birmingham　伯明翰，冶金业中心　325

"Bishops'Drag-Net", in Scotland　"主教之罗网"，在苏格兰　145

Blackwell, Captain　布莱克韦尔，船长，宾夕法尼亚总督　347

Blake, Robert, admiral　布莱克，罗伯特，海军上将　394

Blasius, Gerard　布莱修斯，杰勒德，动物学家　67

Blith, William　布利思，威廉，农业作家　24

Blondel, Nicolas-Francois　布隆代尔，尼古拉斯—弗朗索瓦，建筑师　164

Bobadilla　博瓦迪利亚，《地方长官及其僚属的政策》一书作者　375

Boccalini, Traiano　博卡利尼，特拉亚诺，讽刺散文家　468

Bodin, Jean　博丹，让，政治经济学家　96

Bohemia　波希米亚

三十年战争的影响　20，478，479

在该地区的反乞丐措施　42

农民起义　195，494，495；农民的状况　437，480—1

宗教：消灭新教　433；重新天主教化与"改革委员会"　482—3

在白山的失败　476

哈布斯堡王朝在该地区的中央集权专制试验　476—7

该地区的饥馑与瘟疫　494

Boilear-Despreaux, Nicolas　布瓦洛－德普雷奥，尼古拉斯，史官、讽刺散文家和翻译家　6

路易十四的颂扬者　245

隐退至奥特伊尔　248，262

与《灵魂》　253

翻译朗吉努斯的《论崇高》　262

发表《诗艺》　262，263

发表《经桌》　262，263

他的文学同伴　266

Boineburg, Johann Christian von　布瓦涅伯格，约翰·克里斯蒂安·冯，提供基督教会重新联合　145

Bol, Ferdinand　博尔，斐迪南，画家

Bologna　波伦亚

波伦亚教务专约　131

在该地的雕塑学校　156

Bonde, Gustav　邦德，古斯塔夫，瑞典财政大臣　527

Bongaya, Treaty of　邦加亚条约　422

Bonn　波恩　218，555

Boole, George　布尔，乔治，数学家和逻辑学家　84

Bordeaux　波尔多

波尔多财政区，重新皈依天主教　141

驻该地的外国领事的任命　204

作为省会　226

该地的骚乱　233

Borelli, Alphonso　博雷利，阿方索，自然科学家　55，67

Borromini, Francesco　博罗米尼，弗朗切斯科，建筑师

巴洛克风格大师　149，469

他的风格的发展　157，158，160

地位和影响　158—9，170

Bos, Abbé du　杜博斯神父，《诗歌和绘画评论》一书作者　175

Bosse, Abraham　博斯，亚伯拉罕，画家　250

Bossuet, Jacques Bénigne　波舒衰，雅克·贝尼涅，莫城主教，神学家、历史学家和政治理论家　6

其著述的多样性　99

旨在教导王太子的著述：《根据经文论政治》　99—102，106，261；《世界史教程》　99，261，270，415

《新教演变史》　99，260

《悼诔》　99，261

与霍布斯　100

论君主制的本质　100—1，261，318

与莱布尼茨的通信　116，146

在教士大会开幕式（1681年）上的讲道　136

起草《四条教规》　137

《论天主教信念》　139

与胡格诺派的讨论　140

讲道　Compelle intrare　141

信念和同情心　252，253，260

语言的使用　255

独特的品质　273—4

Boston　波士顿　339，350

Boswell, Sir William　鲍斯威尔，威廉
　爵士，外交家　48

Botelho　博特略，阿格拉学院院长
　413

Bothwell Brig, battle of　博思韦尔·
　布里格战役　145，315

Bouchier, Pierre　布歇，皮埃尔，在
　加拿大三河城的司令官　355

Bouclier d'Estat et de Justice（de Liso-
　la）《国家的防卫与正义》（利佐拉
　着）　296

Bouillon, duchesse de　德·布永女公
　爵，拉封丹的女赞助人　265，266

Bourbonnais　波旁内，在该地的不满
　运动　186

Bourdon, Sebastian　布尔东，塞巴斯
　蒂安，画家　161，162

Boyle, Robert　波义耳，罗伯特，物
　理学家和哲学家

他的著作的拉丁译本　51

他的理论和实验工作　58—60，65

与梅奥　66

受迦桑狄的影响　87

与洛克　91

Brahe, Tycho　布拉赫，蒂科，天文
　学家　55

Bramante（Donato d' Agnolo）布拉曼
　特（多纳托·达尼奥洛），建筑师
　170

Brandenburg　勃兰登堡

中央集权制政府的建立　11，12，
　195—7，555；三级会议权力的削弱
　546—7，548—9；总后勤管理局
　550—2；战争总金库　551；另见
　Frederick William, Elector 条和诸省
　各条

人口　20—1，196，435，437

社会结构：地主和农民的关系　25，
　196，436，437—8，543；贵族
　197，440，543，546，548—9，
　552；16 世纪的社会结构　543；各
　领地的不同性质　544—5

商业和经济的发展　39，41，43，
　441—2，551—2；贸易公司
　553—4

宗教：加尔文派和路德派的敌对
　126—7，544，549；胡格诺派逃亡
　者的流入　141，554，558；与加尔
　文派　554；宗教改革　543

陆军　176，196—7，545—6，552，
　555，558

与荷兰共和国　215，541，552，554，
　555

税收　441—2，546—7，548，550—
　1，556

与瑞典：觊觎瑞典的日耳曼诸省
　519；对瑞典政策的变化　521—2，
　540，546；在瑞典——波兰战争中
　521—2，563，567—8；与瑞典的
　联盟（1686 年）　540—563；在大
　选侯即位时的瑞典占领状况　545

与波兰：变动不定的对波政策
　521—2，546，568；要求从波兰得
　到普鲁士　544，568；华沙战役

552；试图影响 1669 年波兰王位选
举 560

与丹麦 539—40

领土范围 544—5；从威斯特伐里亚
和约所获的利益 544

艺术和科学 557

与奥地利：关于波兰的协定 563

与俄国：安全条约 574

与法国，见 Frederick，William，Elec-
tor 条

Brazil 巴西

与葡萄牙和荷兰之间的帝国主义争夺
14，16，331，384—5，393

荷兰撤出巴西 331，393，394

人口 384

糖贸易 385，386

奴隶贸易 385

烟草贸易 385，386，388

进出口 387—8

巴西贸易公司 388—9，391，393

Breda 布雷达

布雷达条约：212；关于殖民领地的
规定 17，289，309，356；与海军
致敬权利 202；关于布雷达条约
的谈判开始举行 289；瑞典的调
停 528

布雷达宣言 303，305

Breisach 布赖萨赫，在该地的"收
复属地议事所" 219

Bremen 不来梅

在 17 世纪的发展 22，435

不来梅公爵领地 430，431，
519，529

帝国自由市地位，与瑞典的权利要求
430—1，440，540

Breslau 布雷斯劳，与施普雷—奥德
运河 41

Brest 布雷斯特 40

布雷斯特联盟 565

Brinvilliers，Marquise de 布兰维利耶
侯爵夫人 268—9

Brito，Gregorio de 布里托，格雷戈里
奥，西班牙陆军将领 392

Brittany 布列塔尼 186

在该地区的起义 233

"国中之国" 237

Brömsebro，Peace of 布勒姆瑟布鲁和
约 519

Bruant，Libéral 布吕昂，利贝拉尔，
建筑师 164

Bruno，Giordano 布鲁诺，乔尔达诺，
哲学家 54，79

Brunswick，town of 不伦瑞克镇，臣
服于历代不伦瑞克—吕讷堡公爵
442

Bučać，Treaty of 布恰奇条约 569

Buckinham，George Villiers 第二代白
金汉伯爵，乔治·维利尔斯
307，310

Buenos Aires 布宜诺斯艾利斯 379，
385，386

Bunyan，John 班场，约翰，作家

Buonvisi，Francesco 布翁维西，弗朗
切斯科，驻威尼斯的教皇使节
493，496，498

Burke，Edmund 伯克，埃德蒙，英
国国会议员 121

Burlington 伯灵顿，教友派移居地
341

Burthogge，Richard 伯索吉，理查

德，哲学家　79

Bushnell, John　布什内尔，约翰，雕塑家　171

Busi, Father　布西神父，稣会传教士　408

Butler, James　见 Ormonde 条

Cadiz　加的斯，在 17 世纪的发展　22

Cairo　开罗，在该地的法国领事馆　204

Calderon, Maria　卡尔德隆，玛丽亚，女演员　380

Calderonde la Barca, Pedro　卡尔德隆·德·拉·巴尔卡，彼得罗，剧作家　382

《圣礼短剧》，《人生如梦》，《扎拉梅亚的镇长》383

Calixtus, George　加里斯都，乔治，神学家

Calonne, Charles Alexandre de　卡洛纳，夏尔·亚历山大·德，法国国务家　245

Calvert, Cecilius　卡尔弗特，塞西利厄斯，第二代巴尔的摩男爵　348, 349

Calvert, Charles　卡尔弗特，查尔斯，第三代巴尔的摩男爵　349

Calvinism　加尔文派教义　118, 124, 147, 433, 484, 544, 549

路德派教义同加尔文派教义的敌对　122, 126—7

Cambrai　康布雷，路易十四和康布雷　139, 211, 212, 296

Cambridge Platonists　剑桥柏拉图派

其主要代表　90

其成果，与沙夫茨伯里的《人的特征》　91

和阿明尼乌派的联系　142, 147—8

Camerarius, Rudolf Jakob　卡梅拉里乌斯，鲁道尔夫·雅各布，植物学家　71, 411

Campanella, Tommaso　康帕内拉，托马索，哲学家　468

Campen, Jacob van　坎彭，雅各布·范，建筑师　168

Canada　加拿大　187；另见 France, North American colony　诸条

Canal des Deux Mers　双海运河　4, 41, 244

Candia, War of　坎迪亚战争　458, 460, 461—4, 508, 510

Cano, Alonso　卡诺，阿伦索，画家、雕塑家和建筑师　173, 174

Cantanhede, count of　坎塔涅迪伯爵，葡萄牙陆军将领　394

Cape Verde　佛得角　384, 386

Cappelle, Jan van de　卡佩尔，扬·范·德，画家　166

Caprara, Aeneas Sylvius　卡普拉拉，埃涅斯，奥地利将军

Caprara, Albert, count of　卡普拉拉伯爵，阿尔伯特，出使君士坦丁堡的奥地利使节　513

Capucins　嘉布遣会，其传教活动　403, 404

Caracena　卡拉塞纳，米兰总督　459, 460, 461

Caravaggio, Polidoro da　卡拉瓦乔，

598

波利多罗·达，画家　149，151，152

Carcassonne　卡尔卡松，在该地的荷兰织布工　243

Carlisle, Charles Howard, earl of　卡莱尔伯爵，查尔斯·霍华德，西印度群岛总督　334

Carlowitz, Peace of　卡洛维茨和约　499，570

Carmelites, Italian　加尔默罗会（意大利的），其传教活动　405

Carolina　卡罗来纳

该地的特许领主　344；在遵守《航海条例》问题上和殖民者的摩擦　345—6

从巴巴多斯移居卡罗来纳问题　344

沙夫茨伯里和洛克起草卡罗来纳基本法　344—5

质询其章程的"责问令状"　351

Carracci, Annibale　卡拉齐，安尼巴莱，画家　149，151，155

Carrara　卡拉拉，西班牙对该地的控制　458

Carré, abbé　卡雷神父，传教士　403

Carreno de Miranda, Juan　卡雷尼奥·德米兰达，胡安，画家　173

Carteret, Sir George　卡特里特，乔治爵士，约克公爵詹姆士在新泽西向其授予土地　339

Carteret, Philip　卡特里特，菲利普

作为新泽西总督　340

和安德罗斯的争端　341

作为马里兰总督　349

Cartesianism　笛卡儿主义，见 Descartes, Rene　条

Casale　卡萨莱，法国兼并该地　297，459，460，471

Cassini, Jean　卡西尼，让，天文学家

Castellamonte, A medeo di　卡斯泰拉蒙特，阿梅代奥·迪，建筑师　150

Castelo Melhor, count of　卡斯特洛·梅略尔伯爵，葡萄牙国务家　390

与向阿方索交权　395

签订与法国的盟约　395

日益增长的对他的敌意　396

他的垮台　396，397

Castello, Valerio　卡斯特洛，瓦莱里奥，画家　155

Castiglione, Giovanni Benedetto　卡斯蒂廖内，乔万尼·贝内代托，画家　150

Castile　卡斯提尔　22

经济状况　372

萧条对该地商人的影响　373—4

该地工业的危急状况　376

税收　377

16 世纪和 17 世纪早期该地的领导地位　383

Castilloy Saavedra, Antonio del, Painter　卡斯蒂略·萨维德拉，安东尼奥·德尔，画家　173

Castro, Americo, historian　卡斯特罗，阿梅利科，历史学家　382

Catalonia　加泰罗尼亚

农民中的骚动　194

该地特殊地位的恢复　369

胡安·何塞（奥地利的）与加泰罗尼亚　370，374

人口　370

工资变动　372

该地的经济复兴　374，375

在该地的对君主的支持　374

税收　377

与西属美洲殖民地　379

该地的起义　380

与比利牛斯条约　381

Cateau-Cambrésis, Peace of　卡托—康布雷齐和约　458，485

Catherine of Braganza　凯瑟琳（布拉干萨的），英国王后　307，394

Catinat, Nicolas de　卡蒂纳，尼古拉斯·德，法国陆军将领　10，472，473

Caulet, Francois de　科莱，弗朗索瓦·德，帕米耶主教　135

Cavallino, Bernardo　卡瓦利诺，贝尔纳多，画家　149

Cayenne　卡宴，法国殖民地　51

Cayuga Indians　卡尤加族印第安人　354

Černin, Count Humprecht　切尔宁伯爵，胡姆普雷赫　474

Cervantes（Saavedra）, Miguel de　塞万提斯（萨阿韦德拉），米格尔·德　382，383

Céspedes del Castillo　塞斯佩德斯·德尔卡斯蒂略，作家　377

Ceylon　锡兰

与荷兰东印度公司　16，417，418，421

在该岛的天主教　404

"香料之岛"　417

Champagne　香槟，经洛林和巴尔到香槟的战略大道　209，215

Champaigne, Philippe de　尚帕涅，菲利普·德，画家　160，250

Chapelain, Jean　沙普兰，让，作家和诗人　262，266

Chardin, Jean　夏尔丹，让，旅行家　413，414

Charlemagne　查理曼　131，140，261

Charles V　查理五世，皇帝　1，474

Charles VI　查理六世，皇帝　456

Charles I　查理一世，英国国王，169，304，308，318，420

世袭君主制的殉难者，103，306，314，315

Charles II　查理二世，英国国王

与专制政府　11，12

与财政体制　31，33

加冕　143，306

改宗罗马天主教　144，310

与雷恩　170

与诸自治市　189，317

与路易十四：津贴　199，208，306—7，311；多佛密约　217，310，312—13

与葡萄牙　211

与荷兰共和国　217，219，289，303，309—10，311

与三国同盟　289，310

与《排斥法令》　290

去世　318

另见 England　条内政治与宪法发展分条

Charles II　理查二世，西班牙国王

在他统治下西班牙的衰落　26，173

与宗教改革　128—9

出生　210，380

599

他的统治时期 381

与葡萄牙独立 383

Charles X 查理十世，瑞典国王

与瑞典—丹麦战争 286—7

与反对勃兰登堡和波兰的战争 286，
486，521，566—7

去世 431，488，526

与特兰西瓦尼亚的拉科乔 486，487

对外政策 521—2

与南部诸省 536

Charles XI 查理十一世，瑞典国王
7，12，526

与不来梅 431

在 1675—1679 年战争期间掌权 529，
531—2

和路易十四的关系 530，538—
9，541

与丹麦国王克里斯蒂安五世缔约 530

关于常备军和减少王室土地的计划
532—3

逐渐承担绝对权力 533—4

他的军政管理机构 534—5

与南部诸省 536

与立窝尼亚和爱沙尼亚 537

与同吕讷堡公爵的条约 540

去世 542

Charles IV 查理四世，洛林大公，与
蒙马特尔条约 209—10

Charles 查理，洛林亲王（后为查理
五世，洛林大公）

与土耳其人对抗的基督教军队司令部
15，475，479，514，515，516

与蒙马特尔条约 209，215

波兰王位候选人 491，560，561

Charles Emanuel II 查理·伊曼纽尔

二世，萨伏依公爵

建筑艺术的赞助人 150，160

他幼年时 459

渴望与帝王同列 463，469—70

Charles Emilius 查理·埃米利乌斯，
勃兰登堡选侯，波兰王位候选人
561

Charles Leopold 查理·利奥，梅克伦
堡公爵 456

Charles Louis 查理·路易，巴拉丁选
侯 110，126，451

Charles Town 查尔斯敦（卡罗来纳境
内） 345，346

Charnock, Job 查诺克，乔布，英国
东印度公司胡格利商行首领
426，427

Charron, Pierre 沙朗，皮埃尔，哲学
家 87

Château-Renault, Francois Louis Rous-
selet, Marquis de 沙托—雷诺侯
爵，弗朗索瓦·路易·鲁斯莱，法
国海军将领 202

Cherasco, Treaty of 凯拉斯科条约
458，459，460，472

Cheshire 柴郡 352

Chigi, Mario 基吉，马里奥 465

Child, Sir Josiah 柴尔德，乔塞亚爵
士，英国东印度公司总督 398，
402，426

China 中国 407，417，572

中国的茶叶贸易 399，409

在华意大利传教士 405

与耶稣会士 406，408，409，
415—16

中国对欧洲格调、艺术和工艺的影响

409—10

欧洲对中国科学、语言和宗教的研究
414—16

Chmel'nyckyj, Bogdan　赫梅尔尼茨
基，波格丹，第涅伯河流域哥萨克
首领　565

领导反叛波兰统治、566，572—3

接受莫斯科的宗主权　566，573—4

援助瑞典　568

去世　574

Chmel'nyckyj, Yury　赫梅尔尼茨基，
尤里，哥萨克头领　575

Chotin, battle of　霍廷战役　512，
561，569

Christian IV　克里斯蒂安四世，丹麦
国王　523

Christian V　克里斯蒂安五世，丹麦
国王

与荷尔斯泰因—哥托普　529，531，
539—40，541

反荷情绪　530

与隆德条约　530，531

Christian Albert　克里斯蒂安·阿尔贝
特，荷尔斯泰因公爵　455

Christina　克里斯蒂娜，萨伏依女公
爵　459，469

Christina　克里斯蒂娜，瑞典女王
74，162

改宗天主教　464；退位　521

Churriguera, José Benito　丘里格拉，
何塞·贝尼托，建筑师　174，383

Cibber, Caius Gabriel　西伯，凯厄
斯·加布里埃尔，雕塑家　171

Civil War, in Enland　英国内战　25，
32，88，105

Claesz, Pieter　克拉斯，彼得，画家
166

Clamecy, See of　克拉姆西主教辖区
184

Clarendon, Edward Hyde　克拉伦登，
爱德华·海德，第一代伯爵　143，
303，307

流亡　306，308，332，339

殖民政策　332

Clarke, Samuel　克拉克，塞缪尔，玄
学作家　84

Classicism, in art　艺术古典主义

"巴洛克"　151，154，155，156

普桑，艺术古典主义的大师　152

马拉蒂，艺术古典主义的阐述者
154—5

路易十四风格中艺术古典主义的影响
163—4

17世纪后期对艺术古典主义的反动
174—5

Clauberg, John　克劳贝格，约翰，哲
学家　76

Claude, Jean　克洛德，让，胡格诺派
神学家　140

Clement IX (Giulio Rospigliosi)　克雷
芒九世（朱利奥·罗斯皮里奥西），
教皇

温和与正义的维护者　124，465

与葡萄牙国王佩德罗二世的婚姻　130

当选教皇　134

他为结束移归权战争的努力　463

Clement X (Emilio Altieri)　克雷芒
十世（埃米利奥·阿尔蒂里），教
皇　124，407，465

Cleves, Duchy　克莱沃，公爵领地

600

544

在该地的路德派—加尔文派争端　127

大选侯对该地的治理　196—7，547—8

该地城镇的衰落　442

贡帕茨家族与克莱沃　443

勃兰登堡对该地的权利要求　544

税收　546，556

Clifford, Thomas　克利福德，托马斯（第一代查德利男爵克利福德），查理二世的幕僚　310

Coastal, or adjacent, waters　沿岸或邻近水域，有关于此的争执　203

Coburg　科堡，三十年战争中该地遭受的损失　21

Cochin　科钦　421

Codde, Pieter　科德，彼得，画家　166，167

Coello, Claudio　科埃略，克劳迪奥，画家　150，173

Coffee-houses, institution of　在咖啡馆议论政事和文学的惯例　322—3，399

Coke, Sir Edward（Lord Coke）　柯克，爱德华爵士（柯克勋爵）　320

Colbert, Jean-Baptiste, marquis de Seignelay　科尔培尔，让－巴蒂斯特，塞涅莱侯爵，路易十四的大臣　234，374

与海军　3—4，202

与开凿双海运河　4，41，244

与工业的扩展　4，28—9，40—1，242—3，244

与艺术和科学的集中化　5，51，

161—2，175，180，181，249，412

行政改革　7，180—1，185

税制改革　30，32—3，34—5，242

财政政策　34，35，241—2

创设贸易公司　36—7，214，243—4

用关税作为抵御英国与荷兰的措施　38，39，214，219，243

社会政策　42，177；使用统计学　181

农业政策　43

重商主义理论　45—6，213—14，241

与教皇　136

去世　219，234

作为财政总监　223，241

出身　226，234

与加拿大　356，358，360，361

Cologne　科隆

科隆大主教、选侯：他的亲法情绪　211，213，215，217，218；签订莱茵同盟　431；计划对付三级会议的抵抗　450

拟议在该地举行的和会　218

帝国自由市　440

选侯领地　447—8

Colve, Anthony　科尔弗，安东尼，荷兰重新占领后的新尼德兰的总督　340

Comenius（Jan Amos Komensky）　夸美纽斯（扬·阿莫斯·考门斯基），波希米亚兄弟会的最后一任主教，教育论著作者　145，482

Compagnie du Saint-Sacrement　圣礼会，虔信者团体　132，139，257

Condé, Henri-Jules de Bourbon, prince de　孔代亲王（第五）　164

Condé, Louis II de Bourbon, Prince de
　孔代亲王（大孔代）　2，3
在移归权战争中　213
在法荷战争中　217
与路易十四的关系　234
波兰王位候选人　491，561

Condillac, Étienne Bonnot de　孔狄亚
　克，艾蒂安·博诺，哲学家　94

Confucius, translations of　孔子著述的
　翻译　409，415—16

Congregatio de Propaganda Fide　教廷
　传信部　403，406

Connecticut　康涅狄格　330
背离正统清教　336
宪法　336
特许状　336—7；质询其特许状的"责
　问令状"　351；特许状的恢复　353
与英国议会调查委员会　339
河流　341，342
与印第安人的战争　350
并入马萨诸塞　351，352

Constance, Council　康斯坦茨宗教会
　议　137

Constantine　君士坦丁，罗马皇帝
　131，139，140

Constantinople　君士坦丁堡
与海军致敬问题
坎迪亚战争中所受的威胁　462，
　504，506
奥斯曼帝国的心脏　500
全基督教会会议中的君士坦丁堡大主
　教　587
君士坦丁堡东正教会　589

Consulate　领事，领事制的起源
204—5
"海上领事"，征收海上关税　204

Conventicle Acts　《信仰划一法》
　144，306

Conversations sur lar couleur（de Piles）
　《色彩谈论录》（德皮勒著）　175

Cooper, Anthony Ashley　库珀，安东
　尼·阿什利，见 Shaftesbury 条

Copenhagen　哥本哈根
该市的瘟疫　20
在 1657 年与瑞典的战争中　286，
　522，533
哥本哈根和约　287，522
市长，与授予腓特烈三世世袭王位
　524
该市的发展　525

Copernicus, Nicolaus　哥白尼，尼古
　劳斯，天文学家　48，55，86

Cordemoy, Geraud de　科德穆瓦，热
　罗·德，笛卡儿主义哲学家　78

Cordoba　科尔多瓦　376

Corneille, Pierre　高乃依，皮埃尔，
　剧作家　262，273

Cornet, Nocolas　科尔内，尼古拉斯，
　巴黎索邦神学院理事　133

Cornwall　康沃尔，该地的锡矿　325

Coromandel coast　科罗曼德尔海岸
欧洲对该地货物的需求　399，402
在该地的传教活动　405
在该地的荷兰商行　418
英荷战争期间在该地的战斗　425
在该地的英国商行　425，427

Corporation Act　《市镇机关法》
144，305

601

Correggio, Antonio Allegri da 柯勒乔,安东尼奥·阿莱格里·达,画家 151

Correia de Sa, Salvador 科雷亚·德萨,萨尔瓦多,里约热内卢总督 385, 397

Corsican Guard, of Pope Alexander Ⅶ 教皇亚历山大七世的科西嘉卫兵 134

Corte, Josse de 科尔特,若斯·德,雕塑家 156

Cortona, Pietro da 科尔托纳,佩德罗·达,画家和建筑师 149, 164 他的风格和影响 151, 152, 157—9, 170 设计卢浮宫 158 《关于绘画的论文》 175

Cossacks 哥萨克

第涅伯河流域哥萨克:接受俄国的宗主权 15, 566, 573—4;对奥斯曼帝国领土的袭击 504;多罗森科领导的反波兰起义 512, 569, 575;在赫梅尔尼茨基领导下反叛波兰统治 566, 572—3;被克里米亚鞑靼人抛弃 566;他们当中的反俄情绪 568;寻求土耳其政府的保护 569;转而效忠波兰(1658年),重新投靠莫斯科 575

顿河流域哥萨克:袭击奥斯曼帝国领土 504;莫斯科对他们的态度 571, 573;侵入莫斯科的领土 584—5

Cotton and calico 棉花和白布,欧洲从东方输入 398, 399—400, 402

Counter-Reformation 反宗教改革 在哈布斯堡领土的反宗教改革 11, 16, 124, 432, 482—4 迫害胡格诺派 118 在法国的反宗教改革 123—4, 139 耶稣会士在反宗教改革中的活动 129 在西班牙的影响 382 反宗教改革的工具——传教机构 403 在巴拉丁领地的反宗教改革 452 被威斯特伐里亚和约终止 458 在意大利的影响 466

Country Justice, The (Dalton) 《乡村正义》(道尔顿著) 321, 324

Cours d'arechitecture enseigne a L'Academie royale (Blondel) 《王家学院建筑学教程》(布隆代尔著) 164

Court of Wards, abolition of 监护院的废除 303, 304

Coysevox, Antoine 柯塞沃克,安托万,雕塑家 164, 171, 174

Cracow 克拉科夫,瑞典人进入该城 567

Cree Indians 克里族印第安人 357, 359, 363, 364

Crequi 克雷基,法国驻教廷大使 464

Crequi de Blanchefort, François 克雷基·德布朗歇福,弗朗索瓦,法国元帅 220

Crete 克里特岛,见 Candia 条

Crimea 克里米亚 克里米亚汗 487, 488;克里米亚汗国 504 克里米亚鞑靼人:袭击乌克兰 512;向维也纳进军 513;转而效忠波

兰人　567；哥萨克人的不可靠的盟友　573

Croatia　克罗地亚　477—8

Cromwell, Oliver　克伦威尔，奥利弗

与禁止出口　39

与科学研究　48，50

他的独裁　103，105

杜利埃和克伦威尔　145

改善英俄关系的努力　283—4，285

和马扎然的联盟　381，460

与东印度公司　420

Crop failures　歉收，它在人口统计学意义上的后果，21—2

Cudworth, Ralph　卡德沃思，拉尔夫，剑桥柏拉图派学者　90—1

Cum occasione　《适逢》，教皇诏书（1653 年）　133

Cumberland　坎伯兰，该地的煤矿

Cuyp, Aelbert　克伊普，阿尔贝特，画家　166，167

Czestochowa, Jasha Gora　琴斯托霍瓦，附近的亚斯纳古拉修道院　567

Dalgarno, George　达尔加诺，乔治，哲学家　84

Dalmatia　达尔马提亚，在坎迪亚战争中　462，471，517

Dalton, Michael　道尔顿，迈克尔，法学著作家　321，324

Damascus　大马士革　503

Dampier, William　丹皮尔，威廉，作家和探险家　413

Danby, earl of　丹比伯爵，见 Leeds, duke of　条

Danckelman, Eberhard von　丹凯尔曼，埃贝哈德·冯，勃兰登堡选侯腓特烈三世的大臣　555—6

Danzig　但泽

该地的瘟疫　20

谷物贸易　21，24

17 世纪期间的衰落　22

Dardanelles　达达尼尔海峡，封锁，见 Candia 条内坎迪亚战争

Dauphiné　多菲内

该地新教教堂的毁坏　140

该地的小麦价格　224

Davenant, Charles　戴夫南特，查尔斯，政治经济学家　402

Declaration of Indulgence　《赦免宣言》，英国国王查理二世颁布　144，311，312

Defoe, Daniel　笛福，丹尼尔，讽刺作家　258，399

Deism　自然神论　148

De Jure Belli ac Pacis（Grotius）《战争与和平法》（格劳秀斯著）　201

De la Frequente Communion（Arnauld）《论常领圣体》（阿尔诺著）　132—3

Delcour, Jean　德尔库，让，雕塑家　168

Democritus　德谟克利特，古希腊哲学家　86

Demark　丹麦

社会与行政结构：专制政府（和瑞典相比）　11—12，535—6；地主与农民的关系　195，523，526，536；新旧土地贵族的政治权力　522—3，524，525—6；腓特烈三世宣布为世袭国王　524；新政体　524；行政机构改组　524—5；财政改革

602

524—5；土地丈量　525；律制改革　525；1679 年后的改革　538

与瑞典：1657 年战争　14，286—7，487，522，568；罗斯基勒和约　287，522，527；布勒姆瑟布鲁和约　519；威斯特伐里亚和约后的关系　519；争夺波罗的海霸权的斗争　519—20；对外政策方面传统的反瑞典倾向　527—8，529；1675—1679 年战争　529；政策变化与隆德和约　530—1，539；关于荷尔斯泰因—哥托普的冲突　531，540—1；武装中立条约（1691 和 1693 年）　541。

与法国：1663 年条约　38，528；1682 年条约　539；1683 年防御同盟　540

农业　43，526

与荷兰共和国：1649 年同盟　286；荷兰的海军援助　286，529；1666 年条约　528

在亚洲的传教活动　405

东部诸省：在 1658 年丧失　522；在 1675—1679 年战争中　529

陆军　524，527，538

和英国的通商条约（1661 年）　527—8

和利奥波德一世的同盟（1673—1674 年）　529

海军　538

和勃兰登堡的同盟（1682—1684 年）　539—40

与俄国：关于王家婚礼的谈判　572；进攻性同盟　574

Denonville, marquis de　德农维勒侯爵，法属加拿大总督　365，366，367，368

Derbyshire　德比郡，该地的铅矿　325

Desargues, Gérard　德扎尔格，热拉尔，数学家　48，160

De Statu Imperii Germanici（Pufendorf）《论日耳曼帝国状况》（普芬道夫著）　113—14，433

Descartes, René　笛卡儿，勒内，科学家和哲学家　18，48，73，95，153，160

《哲学原理》　47，55，63

理论（"笛卡儿主义"）　52，53；其影响和权威　47，74，79，90，92，251，273；与牛顿体系及其他理论的关系　55—64，92—4；其基本前提　57，73；其理论中的上帝概念　57，72，75—6；其阐述者　63，78，79

他的数学　54，55，76—7

被指责为鼓吹自然神论　77—8

《方法谈》　111，254

Des justes pretentions du Roy sur l'empire《王室关于帝国的公正要求》　216

Detroit　底特律　365

Devolution　移归权

与西属尼德兰相关的移归权　210—11

路易十四论移归权的文章　212

移归权战争　212—13，289，382，447

Devon　德文郡，该地的海洋捕鱼船队　327

Dévots　虔信派　131—2

Deynze　德因泽，法属战争期间在该

地进行的法西会谈　204

Dezhnev　杰日尼奥夫，俄国探险家
　　571

Dialogue sur le coloris（de piles）《色
　　彩谈论录》（德皮勒著）

Diderot, Denis　狄德罗，德尼，法国
　　百科全书派人士　95

Dientzenhofer, Johann　丁岑霍菲，约
　　翰，建筑师　172

Deipenbeeck, Abraham van　迪彭贝
　　克，亚伯拉罕·范，画家　165

Digby Sir Kenelm　迪格比，凯内尔姆
　　爵士，哲学家　90

Dijon　第戎，在该地附近的大地产
　　25，226

Divine Right　君权神授　12，123

路易十四的表述　9—10，96，97—
　　9，122

波舒哀的表述　100—1

在英国查理二世的表述　103，105，
　　106，214；詹姆士二世的表述　118

在德意志诸邦的相反情况　110

Dnieper, Cossacks of　第涅伯河流域
　　哥萨克，见 Cossacks 条

Dole　多尔，投降路易十四　213

Dollard, Adam　多拉德，亚当，蒙特
　　利尔要塞司令官　354

Domenichino（Domenico Zampieri）
　　多梅尼契诺（多梅尼科·赞皮耶
　　里），画家　150

Domestic or putting-out arrangements in
　　industry　工业中的家庭作坊制　29

Dominicans　多明我会

在亚洲的传教活动　403，406

与解释华夏礼仪和道德　409，416

Don, Cossacks of　顿河流域哥萨克，
　　见 Cossacks 条

Don Quixote（Cervates）《唐吉诃德》
　　（塞万提斯著）　382，383

Dongan, Thomas　唐甘，托马斯

出任纽约总督　343

敦促将纽约并入新英格兰殖民地联合
　　体　351—2

怀疑法国的意图　351，366—7

和易洛魁人结盟　366—7

Dormer　多默，阿拉贡作家　374，383

Dorošenko, peter　多罗森科，彼得，
　　乌克兰的哥萨克酋长

寻求土耳其政府的保护　512，
　　569，575

停止抵抗莫斯科　576

Dort, Synod of　多尔德宗教会议
　　142

Dou, Gerard　道，杰拉德，画家
　　166，167

Dover, Treaty of　多佛条约

公众对该条约的猜疑　114，312—13

英国人据此有义务进攻荷兰人
　　217，310

其他条款　310

沙夫茨伯里与该条约　333

Downing, Sir George　唐宁，乔治爵
　　士，驻海牙大使　45，290

Dragonnades　龙骑兵对新教徒的迫害
　　1，10，141

Drente　德伦特，领土，与提名执政
　　277，278

Dresden　德累斯顿，在选侯弗雷德里
　　克·奥古斯特一世治下　1，
　　146，454

Drumclog, battle of 德拉姆克洛格格战役 315

Dryden, John 德莱顿，约翰，诗人、散文家和评论家 255

与传播法国文学影响 272—3

《非凡的年代》《押沙龙与阿奇托菲尔》《牝鹿与豹》 273

与威尔斯咖啡馆 323

Du Vair, William 杜维尔，威廉，哲学家 81

Dubrovnik 杜布罗夫尼克，见 Ragusa 条

Duchesnau 杜切瑙，加拿大按察使 363

Dughet, Gaspar 杜盖，加斯帕，画家 161

Duguay-Trouin, René 迪盖—特鲁安，勒内，海军上将 204

Dujardin, Karel 迪亚丁，卡雷尔，画家 166

Dulhut, Daniel Gryolson 迪吕，达尼埃尔·格莱耶尔松，在加拿大的法国开拓者 362—3，364，365

Dundee, John Graham of Claverhouse, Viscount 邓迪子爵，约翰·格雷厄姆（克尔弗尔豪斯的） 315

Dunes, Battle of the 沙丘战役 381

Dunkirk 敦刻尔克，路易十四兼并该地 208—9

Duquesnoy, François 迪凯努瓦，弗朗索瓦，雕塑家 155，168

Durham 达勒姆，该地的煤矿 325

Durie, John 迪里耶，约翰，为基督教会的重新统一而努力 145

Dusart, Cornelis 迪萨尔特，科内利斯，画家 166

Dutch East India Company 荷兰东印度公司

与传教活动 403，404—5

与制图学 412

在爪哇 4，418，423—4，428

在马来亚：马六甲要塞 417

在摩鹿加群岛 417

在锡兰 417

在好望角 417

在台湾 417，428

征服葡萄牙人的港口 417，418，421

在南印度 418

在科罗曼德尔海岸 418

与莫卧儿帝国的关系 418

与日本的关系 418

结构和权力 419—20

在苏门答腊 422

在西里伯斯 422—3

18 世纪的发展 428

Dutch Republic 荷兰共和国

社会与行政结构：复杂性 13，17，192，275；资产阶级的"摄政"家族的权势 123，276；作为强国期间独特的文化、政治特征 192—3，291—2，299—300；公职被视作私产 276；联合省议会的构成和职能 277；省议会 277；陆军统帅和海军统帅职位 277，291，298；大议政的职能 277；执政的职能 277，279，298；自威廉二世去世（1650 年）到德维特去世（1672年）期间的近于完全的共和统治 278—94；"真自由"制度 279；共和国的宗教宽容政策 280；政

府交替过程的非暴力性 280；反政府的民众运动 281，284；奥兰治家族问题的逐渐增长的威胁 281，282，284；《排斥法令》 285，290；各省之间的政治冲突 285—6

对外政策，见 Witt, John de 条

经济发展：世纪中叶达到高峰 13，192—4，275；德维特当政期间经济扩展停顿 281—2；国债利息的减少 285；金银出口 402

与法国：1672 年战争 14，108，205—6，215—19，292—3，295—7；1662 年条约 38，211，287—8；逐渐加剧的经济紧张 38；得自路易十四的津贴 199；海军致敬事件 201—2；互换领事 204；反法宣传 208，271；关税战 213—15；尼曼根和约 219，296—7

与葡萄牙：1625—1661 年的战争 14，392—9；在巴西被葡萄牙击败 16，331，393，394；殖民冲突 384—5，386；1661 年和约 394，395；征服葡萄牙在东印度的港口 417，418，421

与丹麦：哥本哈根之解围 14，286；1649 年同盟 286，1666 年同盟 528

与英国：商业敌对 14，16，283；布雷达条约 17，38，202，212，289，309，356；1662 年条约 38；威斯敏斯特条约（1654 年） 208，285；1665—1667 年的战争 211，288—9；海牙条约 213；三国同盟（包括瑞典） 213，289，310；克伦威尔派往海牙的使团（1651 年） 283—4；英国《航海条例》（1651 年） 284；1652—1654 年的战争 284；1672—1674 年的战争 303，311；威斯敏斯特条约（1674 年） 311，340；另见下面北美殖民地分条及 English East India Company, Dutch East India Company 诸条

人口 22—3，384

工业和贸易：增加海关税（1651 年） 31—2；贸易管制 41；远洋商船队的支配地位 213—14，398；咖啡进口 398—9；东方纺织品进口 400；另见 Dutch East India Company, Dutch West India Company 诸条

宗教和教会：宗教宽容 107，141，142—3，146，193，279—80，297；罗马天主教徒、加尔文派和各小教派的地位 280；政治分歧消散于宗教中的倾向 280；法国占领期间（1672—1674 年）的宗教革命 293

艺术 165—9

海战与海军惯例 201

遭明斯特主教入侵 211，288

与瑞典：埃尔宾条约 286；1679 年和约 530，538—9；海牙条约 539

和勃兰登堡的防御性同盟 297，554

北美和西印度群岛殖民地：攫取伊比利亚国家的领地 331；英国和法国的敌意 331—2，333；新尼德兰丧失给英国 339—40

604

在东方的传教活动　403，404

脱离神圣罗马帝国　430

Dutch West India Company　荷兰西印
度公司　16，331，392，393，
553，554

Egypt　埃及，它在奥斯曼帝国中的地
位　503

Einstein，Albert　爱因斯坦，阿尔伯
特，理论物理学家　77

Elbing，Treaty of　埃尔宾条约　286

Eleonore，埃莱奥诺勒，波兰王后
561

Elizabeth　伊丽莎白，巴拉丁公主
74

Emile（Rousseau）《爱弥儿》（卢梭
著）　269

Empire，the　神圣罗马帝国

威斯特伐里亚和约有关神圣罗马帝国
的规定：关于领土的减少　15，
430—1；关于哈布斯堡家族保留帝
位　432；关于诸侯的主权　432—
3；关于帝国内部疆界　433；关于
宗教疆界　433

三十年战争的社会经济结果：复兴受
阻于通行费和消费税　26，441—2；
遣散雇佣军问题　433—4；人口的
减少　434—5；庄园农业　436—7；
各小邦内农民的状况　436—8；当
代人对农民和贵族的描述　438—
9；汉萨同盟各城镇、帝国自由市
和其他市镇的衰落　440—1；外国
商人和外国金融家的活动　442—
3；三十年战争对德意志历史的影
响程度　443—4；另见德意志诸邦

各条

与莱茵同盟　216，431

与瑞典　430—1

与法国　431，444，447，448

与反宗教改革　432，433

分裂（1648年后）　432—3；在经济
领域的后果　26，434，

帝国议会；其虚弱　444；选侯团，其
中的天主教和新教成分　444—5；
诸侯院　445；帝国自由城市院
445；与帝国税收问题　445；与选
侯和三级会议之间的冲突　445—
6，450；1654年帝国法令的规定
446，450，455；与帝国军队问题
446，448；帝国议会成为常设的
446—7；移归权战争期间的中立
447；对法国宣战　447；与帝国
"各阶层"　447，448—9；与援助
维也纳　490

宫廷会议　446，449，455，456

帝国高等法院　449—50

帝国法院　449

Empiricus，Sextus　埃姆皮里库斯，塞
克斯图，古代哲学家　87

Encyclopaedists，French　法国百科全
书派　88，95

England　英国

人口　3，22—3，207，246

宗教：天主教徒受害　10，140，306；
清教　107，143—4；无主见派教义
123，147；复辟后圣公会教义的
重建　143，305—6，317；撤开教
士会议　143；反对不从国教派和
非国教教徒的措施　143—4，305—
6，317—8；长老会教义　143—4，

301，302；《赦免宣言》　144，311，312；《宽容法》　147；教友会教义　147；教会和行政　190；对英国出现天主教王朝的恐惧　312—13；《宣誓法》体现的制度　311，312；斯图亚特王朝的宗教——政治体系　318；教会行使的教规控制　321；在东方的传教活动　403，405

政治与政体发展："天主教阴谋"　10，314；《市镇机关法》　144，305；《宗教集会法》　144，306；《五英里法》　144，306；解散长期议会和选举代表议会　301—2；议会中的长老会分子　301；议会授予查理二世终身年金　303—4；监护院被废除　303，304；复辟解决方案的目的　304—5；《航海条例》，见下面工业和贸易分条；《赔偿法》　305；土地解决问题　305；保皇党议会的构成和成就　305；使国王免受控制的立法　305；《克拉伦登法典》305—6；议会要求收回《赦免宣言》　311，312；议会反对派的端倪　311；《防止欺诈法规》　313；党派政治的出现　314；托利（亲斯图亚特）党和辉格（前乡村）党　314—16；《排斥法案》遭拒绝　317，334；牛津议会解散　317；查理二世统治期间的政治气氛　318；《诉讼时效法规》　319；《人身保护令修正法》　319—20；反对使用东方丝织品和印花布的立法　401；另见 Charles Ⅱ，James Ⅱ诸条

与荷兰共和国：商业敌对　14，16，283；布雷达条约　17，38，202，212，289，309，356；1662 年条约　38；1654 年威斯敏斯特条约　202，285；1665—1667 年的战争　211，288—9；海牙条约（1668 年）　213；三国同盟（包括瑞典）　213，289，310；1678 年防御同盟　219，296；克伦威尔派往海牙的使团　283—4；1652—1654 年的战争　284；1672—1674 年的战争　303，311；1674 年威斯敏斯特条约　311，340；另见下面殖民政策分条，并见 English East India Company，Dutch East India Company 诸条

社会组织：中产阶级的兴起　17，123，192；封建结构　25，304，321；地主　25，194，304，305；为穷人和失业者的立法　42；运用政治算术和调查方法　180，189，324；缺乏政府机构造成的困难　188—9；自治城市的自由权　189；统治阶级的保守主义和惰性　189—90，197；地方政府　190—1，320—1；商业和专门职业的专门化　191；教会、律师界和军队的地位　191—2；公共道德　313；党派政治意识的出现　318—19；法律体系　318—19；陪审制度　319；普通法　320；议会下院　320

光荣革命　18，96，118；与洛克的《政府论》　119—20

经济结构：金融界和经济界的领导　18；伦敦银行家　29；直接税　30—1；炉灶税　31，303，328；包

605

税　32—3，328—9；铸币　34；教
士的赋税　143；战争需要并非经
济负担　188；海关税与国内消费
税　303；监护院废除增设的消费
税　304；土地税　304；估定
328；人头税　328；会计方法的陈
旧　329

农业：歉收季节的谷价　21；农业著
作家　24；谷物法政策　43，324；
查理二世统治期间农业的扩展
324；水果种植　324；庭园开发和
布置　325

工业和贸易：再出口贸易　27，327—
8，403；东印度公司，见单列条；
转口贸易　28，36；美洲殖民地
（另见下面殖民政策分条）；冒险商
公司　28；利凡得公司　28，326、
7，501；伊斯特兰公司　28；俄罗
斯公司　28；皇家非洲公司　29，
34，288，326—7；1651 年《航海
条例》　35—6，305，327，337；
以后的《航海条例》（1660、1662、
1663、1664、1673 年）　36，327，
328，332，333，337，338，339，
350—1，353；航海法或旧殖民制度
36，39；《主要商品法》（1663
年）　36；贸易院　41；采矿和冶
金　325—6；纺织业　326—7，
400—1，402—3；咖啡与茶叶的进
口　399；亚洲货物的进口　399—
400；反对亚洲贸易的立法　401；
土耳其公司　401；主张自由贸易
的论据　402；《关于东印度贸易的
思考》　402

与法国：逐渐加剧的经济紧张关系

（1663—1674 年）　38，39；来自
法国的胡格诺派难民大量涌入
141；法国文学的影响　272—3；第
二次英荷战争中的英法关系
288—9，528；另见下面殖民地政分
条，并见　Charles Ⅱ条

海战和海军惯例：海军的扩充　41；
征募新兵　188；海事法问题　201；
专注于海军致敬问题　201—2

艺术　169—71

三国同盟（与瑞典、荷兰）　213，
289，310；与瑞典的条约（1665
年）　528

加入奥格斯堡同盟　221

在北美洲的殖民政策：克伦威尔政策
330—1，332；国务会议及其下属
委员会的管理　331；英法共同反
荷政策（至 1675 年）　331；此后
的竞争　331—2；重新颁布有关殖
民地产品的《航海条例》　332；
处理贸易和种植院事务的枢密院下
属委员会　332；克拉伦登的政策
332；沙夫茨伯里的政策　332—
3；贸易大臣查询《贸易法》的实
施和遵守情况　333—4，查询西印
度群岛岁入　334—5；《促进贸易
法》　334；种植园税　334；夺
取、丧失和重新征服新尼德兰
339—40；旨在各殖民地统一的步骤
351—2；新英格兰自治领建立
352；反叛与自治领政府的垮台
353；赫德森公司的建立　360；法
国扼制英国贸易的计划　364—5；
法国人夺取赫德森湾的据点　366；
赫德森湾之丧失由条约核准　336；

另见诸殖民地各条

与丹麦的商约　527

English East India Company　英国东印度公司　27，35，393

其建立　326—7，420；其管理　420—1

与生丝进口　398，401

该公司在 18 世纪的政策的预兆　399，428—9

在爪哇：在万丹的商行　418，424，426

在马德拉斯　418，424，427；建筑圣乔治堡　418

在苏拉特　419，424，425，427

在马拉巴尔海岸　419，424

在孟加拉　424；在胡格利的商行　426，427；建立威廉堡（加尔各答）　427

在孟买：从查理二世得到孟买岛　424—5；该地清教徒和保皇党人的敌对　424—5；在马拉塔——莫卧儿战争中　425；遭莫卧儿王朝的雇佣军进攻　427

与莫卧儿帝国的关系　425，426，427，429

在科罗曼德尔海岸　425，427

在苏门答腊　426

试图夺取吉大港　426—7

衰落（1688 年后）以及与"新的"东印度公司混合　427—8

Epicurus　伊壁鸠鲁，古希腊哲学家　86

Erfurt　埃尔福特，被美因茨大主教围困　442

Erlach，Fischer von　埃拉赫，菲舍尔·冯，建筑师　159，173

Ernest Augustus，duke of Luneburg　埃内斯特·奥古斯都，吕讷堡公爵，后为汉诺威选侯　127，454，540

Espinosa，Jeronimo Jacinto　埃斯皮诺萨，赫罗尼莫·哈辛托，画家　173

Essen　埃森，该地在 17 世纪的发展　22　606

Este，Francis Ⅰ d'，duke of Modena　埃斯特，弗朗西斯一世，摩德纳公爵　459，460

Este，House of　埃斯特家族　469

Estonia　爱沙尼亚，其瑞典化　537

Estrées，duc d'　德斯特公爵，法国驻罗马大使　138，465

Estrées，Cadinal d'　埃特雷红衣主教　136

Etherege，Sir George　埃瑟里奇，乔治爵士，英国驻雷蒂斯堡使节　439，445，446—7

Euclid　欧几里得，古希腊数学家　89

Eugene　欧根，萨伏依亲王　15，499

Evelyn，John　伊夫林，约翰，日记作者

与皇家学会　51，411

论荷兰人在绘画方面的投资　165

他的《森林志》　324

种植园委员会成员　333

Everdingen，Allaert van　埃弗丁根，阿拉特·范，画家　166

Exilla die　《自该日》，教皇诏书　409

Fabricius ab Aquapendente，Hieronymus　法布里齐乌斯·阿布·阿夸彭登

泰，希耶罗尼穆，解剖学家　67

Fabritius, Carel　法布里蒂厄斯，卡
　　雷尔，画家　167

Fanzago, Cosimo　凡扎戈，科西莫，
　　雕塑家和建筑师　149

Farnese, House of　法尔内塞家族
　　469

Farnese, Ranuccio II　法尔内塞，拉
　　努乔二世，帕尔马和皮亚琴察公爵
　　459，460

Farrukhsiyar　法鲁克西耶尔，莫卧儿
　　皇帝　429

Faryd'herbe, Luc　法里德赫尔贝，吕
　　克，建筑师和雕塑家　168

Fehrbellin, battle of　费尔贝林战役
　　529，552

Fen district, reclamation of　开垦沼泽
　　地区　324

Fenelon, Francois de Salignac de la
　　Mothe　费奈隆，弗朗索瓦·德沙利
　　戈纳克·德拉莫特，康布雷大主
　　教，作家　269—70

《论女子教育》　269

《泰雷马克历险记》　270

与寂静派教义　373

Fenwick, John　芬威克，约翰，新泽
　　西的教友会移居者　341

Feodor Alexeievich　费奥多尔·阿列
　　克谢耶维奇，沙皇　576

Ferdinand I　斐迪南一世，皇帝
　　474，499

Ferdinand II　斐迪南二世，皇帝　1，
　　11，479

Ferdinand III　斐迪南三世，皇帝
　　432，459，485

与奥斯纳布吕克条约　124

与继位　431，486

去世　446，486

统治范围　476—8

与政府机构　445，485

与波兰的扬·卡西米尔　486

在俄波谈判中进行调停（1656 年）
　　567

Ferdinand IV　斐迪南四世，国王
　　486

Ferdinand Charles　斐迪南·查尔斯，
　　曼图亚公爵　471

Ferdinand Charles　斐迪南·查尔斯，
　　提罗尔君主　476

Ferdinand Maria　斐迪南·玛里亚，
　　巴伐利亚选侯　452—3

Fermat, Peirre de　费马，皮埃尔·
　　德，数学家　48

Fernandez de Navarrete　费尔南迪兹·
　　德纳瓦雷特，经济学家

Ferrata, Ercole　费拉塔，埃尔科莱，
　　雕塑家　155—6

Ferrater Mora, Jose　费拉特尔·莫
　　拉，乔斯，哲学家　382

Ferry　费里，反对波舒哀的胡格诺派
　　教士　140

Figueroa, Leonardo de　菲格罗亚，莱
　　昂纳多·德，建筑师　174

Filaret　菲拉雷特，莫斯科总主教
　　587

Filmer, Sir Robert　菲尔默，罗伯特
　　爵士，他的《族长》——君权神授
　　论的宣言　105—6

Finland　芬兰，丧失在芬兰的皇家领
　　地　520

Five Mile Act 《五英里法》
144, 306

Flamsteed, John 弗拉姆斯蒂德，约
翰，天文学家 53

Flanders 佛兰德
该地区的农业 23, 24
路易十四兼并该地区若干部分
186, 212

Fleetwood, Charles 弗利特伍德，查
尔斯 陆军将官 301

Flémalle, Bertholet 弗莱马勒，贝尔
托莱，画家 165

Fleming, Herman 弗莱明，赫尔曼，
瑞典国家官员 526

Florence 佛罗伦萨 22
纺织业的衰落 26, 467
作为艺术和科学中心 49, 156, 468

Foggini, Giovanni Battista 福吉尼，
乔万尼·巴蒂斯塔，雕塑家 156

Fontainebleau, Edict of 《枫丹白露
敕令》 141, 147

Fontana, Carlo 丰塔纳，卡洛，建筑
师 149, 159

Fontenelle, Bernard le Bovier de 丰特
纳尔，贝尔纳·勒博维埃·德，哲
学家 53

Forest of Dean 福雷斯特奥夫迪安，
该地的冶金工场 325

Forgách, Ádám 福尔加奇，亚当，匈
牙利军队指挥官 488, 490

Fort Amstel 阿姆斯特尔堡，荷兰人
在该地的贸易据点 339

Fort Frontenac 弗隆德纳堡，法国人
在该地的军事据点 362, 367

Fort Orange 奥兰治堡，荷兰人在该
地的贸易据点 338, 339, 361

Fouquet, Nicolas, vicomte de Melun et
de Vaux 富凯，尼古拉斯，默伦和
沃子爵，法国财政大臣
与人头税 30, 33
与外国船税 213
他的府邸 222—3, 249
留下的欠款 241

Fox, George 福克斯，乔治，教友会
首领 346

France 法国
法国优势地位的开端 2—3；在路易
十四治下达到巅峰 18, 187,
223, 246
陆军：在勒泰利耶和卢瓦侯爵统率之
下 3, 183, 249；行动方式 10,
14, 452, 472；征募新兵 177；在
自卫队强制服役 186；部队的住
宿 233, 246
人口 3, 23—3, 177, 207, 246
海军：海军军籍登记 4, 186—7；海
军中的新教水兵 10
艺术：在欧洲的影响 4—6, 18,
150—1, 152—3, 174—5, 271,
273—4；科尔培尔之下的集中化，
见 Colbert 条；"路易十四风格"
5, 159, 163；各学院的建立 161,
249, 250, 411, 412；绘画和雕塑
学院规章 161, 174—5, 249,
250；妇女的影响 253—4, 271
文学：路易十四统治前半期内的辉煌
昌盛 248；作品检查 248—9；蒙
田、笛卡儿和帕斯卡的影响
251—3；文学沙龙的影响 253—4；
哲学家 254, 256；和凡尔赛宫关

607

系密切的莫里哀、拉辛、布瓦洛、波舒哀 256—63；其他卓越的当代作家 264—9；费奈隆——转变时期的代表 269—71；法国文学对英国文学的影响 272—3；另见作者个人条

贸易与工业：科尔培尔扩展贸易与工业，见 Colbert 条；谷物和酒的输出 24；东印度公司 27，243—4，400；和美洲移居者的贸易 28；行会组织 33，228—9；继续使用中世纪技术 228；手工业行会 228；行会外大商人的出现 228—9；咖啡进口 339；反对进口东方纺织品的立法 400；和利凡得地区的贸易 463

社会结构与行政：社会基本结构未因路易十四的统治而改变 7，245；农民的地位 25，194，另见农业、土地分条；资产阶级的社会抱负 25，185，226—8；穿袍贵族 25，184—5，199，226；关于穷人和失业者的措施 42；科尔培尔的社会政策，见 Colbert 条；各省按察使 181，183，184，185，226，235—7，239，242，246；佩剑贵族 183，199，225—6，239；竞相争取特权和国王宠信的标志 183，185，225，239—40；社会中的教士成分 184，225，239；行政法院审查官 184；出卖官职 184—5，226，227；特权者与无权者、贵族与平民之间的分裂 186，225；穷人当中的不满运动 186，230；国家和个人之间的隔绝 186—7；社会等

级 224—8；贵族证书 225，227；财政家 226—7，241；路易十四中央集权官僚体制的建立 235—7，244；最高法院和三级会议的没落 236，238，244；各省省长被剥夺权力 237；对城镇自治的限制 237，238，244；"国中之国" 237，238，244

与荷兰共和国：1672 年的战争 14，108，205—6，215—19，292—3，295—7；对荷兰商业优势的挑战 27；1662 年条约 38，211，287—8；日益紧张的经济关系 38；关于海军致敬的事件 201—2；互换领事 204；关于移归权问题的谈判 210—11，288；经济战 213—15；尼曼根和约 219，296—7

农业：歉收 21—2，223，224，246；葡萄种植 25，229；小麦价格 223—4，231—2，246；总的价格下降趋势 224；各地区在生产上的不同 229；原始耕作方式、低收益和农民的贫困 231—2，246

土地：地主和农民的关系 25，194；土地收益分成制 25，230；教士所有的土地 229；贵族所有的土地 229；农民所有的土地 229—30；农民租赁的土地 230；无地雇农 230，232；农民可支付的封建主务 229，230，231—2

经济结构：科尔培尔的税制改革，见 Colbert 条；人头税 30，32，230，231，242；盐税 32，231；间接税 32；公债 33，34；免税 183，184，185；农民的赋税负担 231—

2；造反　232—3；土地对经济的支配　224；无偿赠予　237—8，239；路易十四和科尔培尔未改变根本的经济结构　245；反对东方贸易的经济论据　401—2

与英国：日益紧张的经济关系（1663—1674 年）　38，39；占有敦刻尔克问题　208—9；第二次英荷战争中的关系　288—9，528；另见下面北美殖民地分条。

与瑞典：1663 年条约　38；1672 年条约　529，530；1679 年后的反法情绪　530；关系改善　541

与丹麦：1663 年条约　38，528；1682 年条约　539；1683 年防御同盟　540

科学运动　47，180；又见 Qescartes 条

宗教与教会：主教区的状况　128；对高卢主义的各种解释　130—2，133；关于《四条教规》的争执　130，137，465；教士大会　131，136—7，138；教皇极权主义　131；虔信派　131—2；扬森主义危机　132—6；《奥古斯丁书》的发表　132；对"五项主张"的谴责　133；批准反对扬森派教义的仪式书　133；路易十四对扬森派教义的敌意　134，136；根据教皇亚历山大七世的诏书发布敕令　134；1669 年"教会和平"　134，465；和英诺森十一的冲突　135—9，465—6；法国驻罗马大使豁免权问题　138，464；教会分裂的威胁　138；亚历山大八世和英诺森十二之下的和解与妥协　138—9；从南特敕令颁布到路易亲政期间的胡格诺派教义　139；反新教措施　139—40；说服胡格诺派教徒的尝试　140；设立"改宗基金"　140；迫害胡格诺派教徒　140—1；寂静派教义　147；教会是王室赞助的领域　183—4；科尔培尔减少教会节日数目　243；马扎然治下和教廷的关系　464；克雷芒九世和十世在位期间　465

与意大利：和教皇的关系　138，464—6（另见上面宗教与教会分条）；在意大利的政治、军事权势　458—61，470—3；短暂地干预坎迪亚战争　463；经济战　467

与西班牙：关于海军致敬的事件　202；比利牛斯条约　208，222，381，461；移归权战争　210—13，215，382；西班牙对法荷战争的干预　218；1683 年战争　297

与北美殖民地：和印第安人的友好关系　330，354，355，357，359，363；1675 年前后和英国人的关系　331—2；和易洛魁人的战争　354，355；百人公司和农民公司　354；来自法国的增援（1665 年）　355；法属美洲帝观念　355，356，358；荷兰殖民地沦入英国之手后英法竞争激化　355—6；阿卡迪亚的恢复与背风群岛重归英国　356；弗隆特纳克总督的第一任期　356，358—63；在法国招募移民以增加人口　356；西印度公司的建立　357；毛皮贸易的扩展　357—8；探寻去"南海"之路

357—9；耶稣会与圣稣尔比斯修道会的传教团体 358；最初无视赫德森湾的英国据点 360；对该地土地的正式权利要求 360—1；西印度公司的特许状被撤销 361；关于烈酒贸易的争论 361；皮货商的违禁贸易 361—2；易洛魁人的威胁再度出现 362；路易斯安那建立 362；弗隆特纳克被召回后的反扩张政策 363；混血儿童 363；赫德森湾公司 364，365；抑制英国贸易的计划 364—5；北方公司 365；对易洛魁人的预防性进攻与请求 365；夺占赫德森湾的英国据点 366；对易洛魁人的防御性战争 367—8

在亚洲的传教活动 403，405—6，407，409

Franche Comté 弗朗什孔泰 491

被路易十四夺取 212，213，219，296，382

与"收复属地" 219

Franciscans 方济各会，其传教活动 403，405，406

Francke, August Hermann 弗兰克，奥古斯特·赫尔曼，虔敬派首领 147，405

Franconia 法兰克尼亚，三十年战争中该地区的损失

Frangepán, Ferene 弗龙盖潘，费伦茨，与匈牙利民族密谋 492，493

Frankfurt 法兰克福，帝国直辖市 487

该地的瘟疫 20

该地的谷物价格 434

该地的社会差别 439

该地的发展 440

Frankfurt-on-Oder 奥得河畔法兰克福 441，553

Frederick III 腓特烈三世，勃兰登堡选侯 555—8

Frederick V 腓特烈五世，巴拉丁选侯 110，127

Frederick III 腓特烈三世，丹麦国王作为军队统帅 7，535

与采用专制政府 11，523—4

Fredrick IV 腓特烈四世，丹麦国王 195

Frederick I 腓特烈一世，普鲁士国王 556—8

Frederick II 腓特烈二世，普鲁士国王 430

Frederick VI 腓特烈六世，巴登——杜拉赫侯爵 445

Fredrick Augustus 腓特烈，奥古斯特，萨克森选侯（后为波兰国王）

成为罗马天主教徒 454

反土耳其人的基督教军队的统帅 475

波兰国王 499，556

Frederick Charles 腓特烈·查理，符腾堡公爵 456

Frederick Henry 腓特烈·亨利，奥兰治亲王，荷兰共和国陆军统帅、海军统帅

他与荷兰诸省的分歧 277—8，279，299

他的去世 278

Frederick William 腓特烈·威廉，勃兰登堡选侯（"大选侯"）和三级会议斗争与采用军事官僚制 11，32，

609

196—7，450，545—51

经济政策：进口禁令　39，441；施普雷—奥得运河　41，553；总后勤管理局与工业　551—2；重商主义　553

对宗教分歧的态度　126—7，433

与其陆军　196，197，545—6，552

将法语用作外交语言　206

对外政策：自1672年起的反法倾向　215，552，554；和皇帝的军事盟约（1672年）　217；和法国的辅助条约（1682年）　221，539，554；南特敕令废除后的反法政策　221，554；援助维也纳（1664年）　490；和瑞典查理十世的同盟（1655年）　521；和查理十一世的同盟（1686年）　540；获得普鲁士　546，554；和皇帝的反法密约（1686年）　554；《波茨坦敕令》　554

海军政策与殖民政策　443，553—4

Frederick William I　腓特烈·威廉一世，普鲁士国王　443，554，557，558

Frege, Friedrich　弗雷泽，弗里德里希，数学家　84

Freiberg　弗赖堡，三十年战争中该地的损失　20

French East India Company　法国东印度公司　27，243—4，400

French　法语，取代拉丁语为外交语言　206

Freisland　弗里斯兰省　275

与任命执政　277，278

和威廉三世的分歧　297

Fronde, the　投石党运动

扬森派与投石党运动　133

对路易十四的观点的影响　214，237，249

对民众的影响　246　　　610

Frontenac, Louis de Buade comte de　弗隆德纳克伯爵，路易·德布阿德，加拿大总督　356

他的扩张计划得不到支持　358，359

与阻挠英国贸易的措施　360，361，362，364

与同印第安人的违禁贸易　361

建筑弗隆特纳克堡　361—2

被召回　363

总督第二任期　368

Fürstenberg, Ferdinand von　菲尔斯滕贝格，费迪南德·冯，帕德博恩主教　127

Fürstenberg, Villiam von　菲尔斯滕贝格，威廉·冯，红衣主教，与在科隆的选举　138

Fuller, Isaac　富勒，伊萨克，画家　171

Furnes　菲尔讷，割让给法国

Gabel, Christoffer　加贝尔，克里斯托弗，要求在丹麦采用世袭君主制的匿名建议书的起草者　524

Galen, Christopher Bernard von　加伦，克里斯托弗·伯纳德·冯，明斯特主教　127，442

和荷兰人的战争　211，288

在法荷战争中　215，217，293

与莱茵同盟　431

Galilei, Galileo　伽利略，物理学家和
　　天文学家　48，51，53，55，72，
　　76，89
他所处时代的气氛　48—9，52
与试验科学院　49，468
与林琴科学院　49
他的天文观察　53
与用数学方法对待原初的质　73，76
Gardie, Magnus Gabriel de la　加迪
　　耶，芒努斯·加布里埃尔·德拉，
　　瑞典首相　527，531，533
Gascony　加斯科涅，在该地区的不满
　　运动　186
Gassendi, Pierre　伽桑狄，皮埃尔，
　　科学家和哲学家
一位原子论者　48，50，58
与笛卡儿　74
英国经验主义的先驱　86—8
洛克与伽桑狄　91，94
Gaulli, Giovan Battista　高利，焦万·
　　巴蒂斯塔，画家　149，150，154
Geer, Louis de　海尔，路易·德，荷
　　兰商人和金融家　29
Geneva　日内瓦
法国在该城的"驻扎官"　199
给韦尔多派逃亡者避难　472
Genoa, republic of　热那亚共和国
作为一个经济中心　29，467
教廷与该国的争端　129
在该国的艺术与雕塑学校　150，
　　156，174
和马赛的竞争　202，467
遭易十四进攻　203，471
与西班牙——天主教政治利益　458
与萨伏依的查理·埃曼努埃尔二世

470
George Louis　乔治·路易，汉诺威选
　　侯（后为英王乔治一世）　454，
　　456，555
George William　乔治·威廉，吕讷堡
　　公爵　540
Gerbais, Jean　热尔贝，让，法国教
　　士大会（1665 年）指派写作的作者
　　136
Gerhardt, paul　热拉尔，保尔，路德
　　宗讲道牧师和赞美诗写作者　126
Germany　德意志
三十年战争的影响　20—1，172，
　　433—44
农业　22，23
人口　22，246
农民和地主的关系　25，195，436—8
诸侯国的专制主义　109—10，113—
　　14，195—6，455
宗教：奥斯纳布吕克条约的影响
　　124—6；宗教疆界的稳定化　124—
　　5，433；在统治者改变宗教信仰的
　　地方为臣民作的规定　125；关于
　　天主教徒和新教徒占有土地的规则
　　125；对条约的宗教条款的支持
　　126；主教区内的贵族统治　128
艺术　154，160，172—3，174
另见　Empire 条和诸侯国各条
Geulincx, Arnold　海克林斯，阿诺
　　德，笛卡儿主义哲学家　78，79
Gibbons, Grinling　吉本斯，格林灵，
　　英国装饰木雕师　171
Gibbs, James　吉布斯，詹姆斯，建
　　筑师　159
Giordano, Luca　焦尔达诺，卢卡，画

家　149，155

Girardon, François　吉拉尔东，弗朗索瓦，雕塑家　164

Goa　果阿

作为葡萄牙帝国一部分的衰落　384

在该地的起义　397

在该地的传教活动　404，406—7

与英国东印度公司　419

荷兰东印度公司对该地的封锁　421

Gobelin tapestry works　戈布兰花毯作坊，其规模与营业　5，161，242，249，272

Godfrey, Sir Edmund Berry　戈弗雷，埃德蒙（爵士）·贝里，地方法官　314

Godolphin, Sidney　戈多尔芬，西德尼，第一代戈多尔芬伯爵　187

Goens, Rijkoff van　贡斯，里伊科弗·范，荷兰海军将领　421，423

Goethe, J. W. von　歌德，J. W. 冯，96

Golconda, Kingdom of　戈尔孔达王国　419，425

Gold Coast　黄金海岸，勃兰登堡在该地的商业冒险　553—4

Gomperz family　贡帕茨家族（在克勒弗）　443

Gonzaga, Hannibal, marquis of Mantua　贡扎加，汉尼拔，曼图亚侯爵　485

Gonzaga-Nevers　贡扎加—内维尔家族，该家族的查理二世　459，460

Gonzaga-Nevers　贡扎加—内维尔，统治曼图亚和蒙费拉托地区的公爵世家　459，469

Goyen, Jan van　戈因，扬·范，画家　166

Graaf, Regnier de　格拉夫，勒尼埃·德，解剖学家　69

Gracián, Baltasar　格拉西安，巴尔塔萨，哲学家，《爱挑剔的人》一书作者　383

Granada　格拉纳达，其衰落　376

Graunt, John　格朗特，约翰，统计学家　45

Great Elector, the　大选侯，见 Frederick William，勃兰登堡选侯

Great Island　格雷特岛的港口　353

Greece　希腊，在坎迪亚战争中　471

Green Riboon club　绿色缎带俱乐部　323

Gremonville, Jacques　格雷蒙维尔，雅克，路易十四派驻维也纳的大使　492

Grenoble　格勒诺布尔，该地的小麦价格　224

Gresham College　格雷欣学院（在伦敦）　48，50

Grew, Nehemiah　格鲁，尼赫迈亚，生理学家

论宇宙的机制　57，65

关于植物问题的实验　66，71

列文虎克与他通信　69

Griffenfeldt, Peder　格里芬菲尔德，彼泽，丹麦国务家　524

Grignan, comte de　格里尼昂伯爵，德维塞涅夫人的女婿　227

Grignan, comtesse de　格里尼昂伯爵夫人，德维塞涅夫人的女儿　248，260，268，269

611

Grimaldi, Francesco Maria　格里马尔迪，弗朗西斯科·马里亚，物理学家　61

Grisons　格里松州，在该地区的路易十四的"驻扎官"　199

Groningen　格罗宁根

与提名执政　277，278

在法荷战争中　293

与威廉三世的分歧　297

Groseilliers, Medard Chouart, Sieur des　格罗塞耶先生，梅达尔·舒阿尔

援助英国人建立赫德森湾公司　359—60

重新效忠法国　363—4

重新为英国效劳　365

Grotius（Hugo de Groot）　格劳秀斯（雨果·德格鲁特），哲学家认为伦理是一门可论证的科学　94

与自然法　111，112

与和平运动　145

论国际法　200，201

论海事法　201

论中立　205

Guarda, see of　瓜达，主教区　129

Guarini, Gurarino　瓜里尼，古拉里诺，建筑师　150，160

Guelderland　格尔代尔兰德

该地的封建习俗　25，275

与提名奥兰治亲王为执政　277

在路易十四军队的占领下（1672年）　293

向威廉三世提出给予君主地位　298，299

Guiana　圭亚耶

荷属圭亚耶　310

法属圭亚耶，310

Guidi, Domenico, sculptor, 圭迪，多梅尼科，雕塑家，156

Guido Reni, painter　圭多，雷尼，画家，149

Guinea　几内亚

人口　384

与奴隶贸易，385

与西属美洲殖民地贸易，386

Guise, Mademoiselle de, 吉斯，郡主　209

Gustavus Adolphus, king of Sweden, 吉斯塔夫，阿道尔夫，瑞典国王，145，176，553

Guyenne, admiralty of, 吉耶纳海事法庭，204

Guyon, Madame de, Quietist writer, 居伊昂夫人，德，寂静派著作家，147，373

Gyllenstierna, Johan, chief adviser of Charles XI of sweden, 于伦斯蒂纳，约翰，瑞典国王查理十一世的首席幕僚，529，530，531—2

Habsburg lands, 哈布斯堡领地，474—99

地主和农民的关系，437，480—1

各领地的重新统一，476

圣文策斯劳斯皇家领地，476—477

圣斯蒂芬皇家领地，477—478

三十年战争的影响，478—479

农业经济的转变，479—480

城镇的衰落，481

知识生活的中止，481—482

政府与行政，485

Habsburgs　哈布斯堡家族

奥地利哈布斯堡家族与西班牙哈布斯
　　堡家族的同盟，2，211，222

在威斯特伐利亚和约后的欧洲强权政
　　治中的崛起，2，432，474

与北方战争，14，527

与保卫维也纳，15，497，514—16

支配教会财产，127

和法国历代国王的冲突，140，216，
　　218，295，431，474，514

与反宗教改革，432，433，466，
　　482—5

与帝位，432，446，475，486

和威尼斯的关系，463

奥地利王朝的特征，474—5

与波兰王位继承问题，491，560，561

Hadziacz, Treaty of, 哈吉兹条约，575

Hague, The, 海牙，180，186，277，
　　278—9

Hahn, Knut 哈恩，克尼特，隆德主
　　教　536

Haies, Jacob des 埃厄斯，雅各布·
　　德，耶稣会著作家　480

Haji（Abdulkahar） 哈只（阿甫杜
　　尔卡哈尔），爪哇苏丹　423

Halberstadt 哈尔伯斯塔特，勃兰登
　　堡的一块占有地

Halifax, George Savile marquis of 哈
　　利法克斯侯爵，乔治·萨维尔　317

Halle, University of 哈雷大学
　　195，557

Halley, Edmond 哈雷，埃德蒙，天
　　文学家和统计家　51，179—80

Hals, Frans 哈尔斯，弗兰斯，画家
　　149，167

Hamburg 汉堡，帝国自由市　30，

187，439，440

该市的成长　22，27，435，442

丹麦人对该市的进攻　540

Hamilton, Earl J. 汉密尔顿伯爵，
　　J.，历史学家　369，370，371—2

Hanover 汉诺威　127，146，437，
　　454—5

另见 John Erederick, Ernest Augustus,
　　George Louis dukes of 诸条

Hanseatic towns 汉萨同盟诸城镇
　　26，440，441

Harant, Christopher, Colonel 阿朗上
　　校，克里斯托弗　495

Hardouin-Mansart, Jules 阿杜安－芒
　　萨尔，朱尔斯，建筑师　163，
　　164，170

Harlay-Chanvallon, Francois de 阿尔
　　莱－尚瓦隆，弗朗索瓦·德，巴黎
　　大主教　136，138

Haro, Don Luis de 阿罗，唐路易
　　斯·德，西班牙国王腓力四世的顾
　　问　380，381，394

Harrach, Cardinal Adalbert 哈拉赫红
　　衣主教，阿达尔贝特，布拉格大主
　　教　483

Hartlib, Samuel 哈特立伯，塞缪尔，
　　农业著作家　24

Harvey, William 哈维，威廉，生理
　　学家　18，48，66，69，72

与"有机体自然创生说"　68

对霍布斯的影响　89

Hauranne, Jean du Vergier de 奥拉
　　纳，让·迪韦吉耶·德，圣西朗修
　　道院长　132

Havart, Daniel 哈瓦特，丹尼尔，论

612

科罗曼德尔的工匠　410，413

Hawksmoor, Nicholas　霍克斯穆尔，尼古拉斯，建筑师

Heath, Sir Robert　希思，罗伯特爵士，授予他卡罗来纳境内土地　343

Heda, Willem　海达，威廉，画家，166

Hedvig Eleonora　海德维格·埃莱奥诺拉，瑞典王后　522，526

Heem, Jan de　海姆，扬·德，画家　166

Heidelberg　海德堡，被路易十四毁为废墟　452

Hellespont, battle of　赫勒斯滂战役　462

Helmont, Jean-Baptiste van　海尔蒙特，让－巴蒂斯塔·范，化学家　58，59，65

Helmstedt, University of　黑尔姆施泰特大学　127

Henrietta Maria　亨丽埃塔·玛丽亚，英国王后　318

Henry Ⅳ　亨利四世，法国国王　249

Henry Ⅷ　亨利八世，英国国王　304

Herbert, Edward　赫伯特，爱德华，第一代赫伯特（切尔伯里的）男爵，《论真理》作者　90

Hermann, paul　赫尔曼，保罗，荷兰东印度公司的医生　411

Hervart, Barthélemy　埃尔瓦，巴泰勒米，为马扎然效力的银行家　29

Hesse　黑森　21

Hesse-Cassel　黑森—卡塞尔　126

黑森—卡塞尔方伯　431，433

Hesse-Rheinfels, landgrave of　黑森—莱茵费尔方伯　146

Hessius, Willem, architect　黑西苏斯，威廉，建筑师

Het Interest van Holland（de la Court）《荷兰的利益》（德·拉·考特著）　45，402

Hevelius, Johannes　赫维笛，约翰尼斯，天文学家　53

Heyden, Jan van der　海登，扬·范·德，画家　166

Heldebrandt, Johann Lukas von　希尔德布兰特，约翰·卢卡斯·冯，建筑师　173

Hildesheim, diocese of　希尔德斯海姆教区，与奥斯纳布吕克条约的规定　125

Hobbema, Meindert　霍贝玛，迈恩德特，画家　166，167

Hobbes, Thomas　霍布斯，托马斯，哲学家　73，76，77，81，82，93

与笛卡儿　48，74，88—9

科学的概念　88—90，93，94

在《利维坦》中表述的主权概念　103—5，109，313

在英国内外的声誉　104—5，120

与斯宾诺莎　106—8

Hocher, Johann Paul　霍歇尔，约翰·保罗，画家　485

Hohenzollern rule in Brandenburg　霍亨索伦家族在勃兰登堡的统治　544—58

Holbach, paul Henri　霍尔巴赫，保尔·亨利，唯物主义哲学家　89

Holland　荷兰省

在荷兰共和国内的支配地位　13，

192，275

社会结构　17，275；"摄政家族" 276

农业　23，43

贸易与工业　24，43，282；关税的使用　39，43

经济制度：公债　33；发放终身年金179，80，276；税收　277

政治与政体发展：省议会的构成277；奥兰治亲王传统上一直担任执政　277；省议会与腓特烈·亨利之间在17世纪40年代的紧张关系　277—8；腓特烈·亨利与威廉二世之死　278；召集议事大会278—9；德维特对共和党的领导279—84；第一次英荷战争期间的骚动　284；排斥法令　285；德维特巩固其党派　285；来自其他省份的对他的政权的威胁　285—6；排斥法令被废除　290；威廉三世拒绝其祖先的职位　290；威廉三世由省议会教育　290；《永恒法令》291，294；法荷战争中的失败主义　293；威廉三世立为执政　294；德维特遇刺给予威廉三世城市行政全权　294—5；反对他接受君主地位　298，299

另见 Dutch Republic；Witt, Hohn de；William Ⅲ 诸条

Hollar, Wenceslas　霍拉尔，文来斯拉斯，画家　171，482

Holstein　荷尔斯泰因　5，11，435

荷尔斯泰因三级会议　455

Holstein-Gottorp　荷尔斯泰因—哥托普　522，528，529，531，539—40，541

Holstein-Gottorp, Christian Albrecht, duke of　荷尔斯泰因—哥托普公爵，克里斯蒂安·阿尔布雷克特

瑞典保证其独立的各项条约528，539

丹麦的侵略　529，531，538，540

恢复领地　541

Holy League　神圣联盟　130，465，471，498，514，570

Holy See　罗马教廷，见 papacy 条

Hondecoeter, Melchior d'　洪德库特，梅尔希奥·德，画家　166

Hondschoote　翁斯科特，遭法国人蹂躏　26

Hooch, Pieter de　霍赫，彼得·德，画家　166，167

Hoogstraten, Samuel van　胡格斯特拉滕，萨缪尔·范，画家　166，167

Hooke, Robert　胡克，罗伯特，科学家和哲学家

作为机械论哲学家　60，63

与光和色彩研究　61，62

作为生物学家　68，71

Hornigk, von

Horrox, Jeremiah　天文学家　56

Hudde, Johannes　数学家　179

Hudson's Bay Company　赫德森湾公司359—60，364，365—6

Huguenots　胡格诺派教徒

移居外国　4，10，17，141—2，177，297，554，558

路易十四对他们的迫害　118，140—1，184；他们在流亡中谴责路易十

四　271

南特敕令被废除以前　139

与波舒哀商议　140

613　与 Caisse del Conveuiony　140

Huizinga, J.　历史学家　300

Hume, David　休谟，大卫，哲学家
　　79，90，93

Hungary　匈牙利

哈布斯堡统治　2，11，15，477

人口　22

民族反叛　195；在韦谢莱尼之下
　　491—2；Kurucok 造反　495—6

特兰西瓦尼亚的统治　477

土耳其统治　477，479；侵入皇家领
　　地　479，488

皇家政府　477；农奴的状况　481

基督教居民所遭的苦难　479

奥地利的占领（1670 年）　493

废止政治自由后的反新教运动
　　（1673—1674 年）　493—4

政治自由的恢复（1681 年）　496

Kurucok 和土耳其人的联合战役　497

特伊克自立为王　497

驱逐土耳其人　498，517

利奥波德一世废除诸项权利和自由
　　498

Huron Indians　休伦族印第安人
　　354，357，367

Hurtado, Francisco　乌尔塔多，弗朗
　　西斯科，建筑师　174

Huygens, Christiaan　惠更斯，克里斯
　　蒂安，物理学家　51，54—5，62，
　　63，64，179

Hyde, Edward　海德，爱德华，见
　　Clarendon　条

Hyde, Thomas　海德，托马斯，东方
　　问题专家　414

Ibrahim Khan　易卜拉欣汗，孟加拉纳
　　瓦布　427

Ibrahim　易卜拉欣，土耳其帕夏
　　497

Ibrahim　易卜拉欣，土耳其苏丹
　　504—5

Ibshir Pasha　易卜西尔帕夏，奥斯曼
　　帝国宰相　506

Indonesia　印度尼西亚，在该地区的
　　贸易，见 Dutch East India
　　Company　和　English East India
　　Company 条

In eminenti　《最高训谕》，教皇诏书
　　（1643 年），133

Innocent X（Giovanni Battista Pamfili）
　　英诺森十世（乔瓦尼·巴蒂斯
　　塔·庞菲利），教皇　124

与威斯特伐里亚和约　125，460，464

和葡萄牙的关系　129

与扬森派教义　130

诏书《适逢》　133

Innocent XI（Benedetto Odescalchi）
　　英诺森十一世（贝内代托·奥特斯
　　卡尔奇），教皇　124

对扬森派教义的态度　130，135，
　　138；对寂静派教义的态度　465；
　　对高卢主义的态度　465

和路易十四的冲突　135—8，142，
　　465—6

与《四条教规》　137，465

组织神圣联盟　465，471，498，514

Innocent XII（Antonio Pignatelli）英诺

森十二世（安东尼奥·皮尼亚泰
利），教皇　138

Inns of Court, London　伦敦四法学院
323

Inter Multiplices　《纷繁之间》，教皇
公函　138

International practices　国际惯例及其
形成　200—6

Iosif　约瑟夫，莫斯科宗主教　589

Ireland　爱尔兰　24

叛乱　188，307—8

复辟时期的解决方案　307—8

与《航海条例》　328

Irene　伊林娜，沙皇阿列克谢·米海
洛维奇的姐妹　572

Iroquois confederacy　易洛魁联盟
338，362，366，368

和法国人之争的战争　354，355，
365，367

Italy　意大利

人口的相对规模　3，246；瘟疫、战
争和饥荒对意大利的影响　20，22，
466—7

社会经济状况：地主和农民的关系
25，194；城镇的衰落　467；农业
停滞不前　467；地产僵化不变
467；贵族对土地的态度　468；社
会结构　468；17世纪后期经济恢
复缓慢　468；统治家族的腐朽
469；意大利各邦缺乏内部政策
469

工商业的衰落　26，463，467

艺术和科学　48—9，149—60；不能
保持传统水平　468—9

教廷和法国的关系　138，464—6

在亚洲的传教活动　405

威斯特伐利亚和约的影响　458

西班牙帝国主义与法国帝国主义在意
大利对立　458—61，470—1；干涉
内部冲突　459

卡托—康布雷齐和约　458

凯拉斯科条约　458，459，460

法国的领土野心　460，471—3

与比利牛斯条约　461

教皇权力的衰落，见 Papacy 条

Jagellon dynasty　亚盖隆王朝　560

Jager, Herbert de　贾格尔，赫伯特·
德，语言学家　415

Jamaica　牙买加　334—5

James Ⅱ　詹姆士二世，英国国王
（约克公爵詹姆士）　12，118

与君权神授　118

与自治市　189，317

与路易十四　199

圣公会舆论的离异　221

改信罗马天主教　311

第二次婚姻　311—12

公众对他的怀疑　313

与《排斥法案》　316—17

作为查理二世的副手　317

与下院　320

与地方政府　320

与殖民事务　332，333；由查理二世
授予新尼德兰　338；关于新泽西
的争执　340，341；与威廉·佩恩
342；登基后的殖民政策　343

Janissaries, corps of　禁卫军团
501—2，506，507，509，513，516

Jansen, Cornelius, bishop of Ypres　扬

森，科内利乌斯，伊普尔主教　132

Jansenism　扬森派教义　123，129，
　416

法国和罗马教廷的关系中关于扬森派
　教义的危机　132—6，464

帕斯卡和扬森派教义　133，252

Janssens, Pieter 扬森斯，彼得，画家
　166

Japan　日本　398，402，406，407，
　408，418

Java　爪哇　16，398

荷兰东印度公司在爪哇　417，418，
　423—4，428

Jeanne-Baptiste　让娜—巴蒂斯特，萨
　伏依—内穆尔公主　472

Jeffreys, George　杰弗里斯，乔治，
　英国高等法院院长　317

Jeffreys, Herbert　杰弗里斯，赫伯特，
　弗吉尼亚总督　348

Jesuits　耶稣会士

与笛卡儿主义　63

教皇至上主义观点　124，131

传教与教育活动　129，413；在中国
　85，406，408，409，412—43，
　414；在北美　358；在西属美洲殖
　民地　378；在巴西　397；在印度
　404，408—9，在暹罗　405—6；
　在日本　407，408

和扬森派及其他教派的争端　132，
　133，407—8，408—9

与"天主教阴谋"　314

与绘制亚洲地图　412，413

被威尼斯重新接纳　463—4

在哈布斯堡领地的活动　481—2，
　483，493

Jews　犹太人，对犹太人的宗教迫害

犹太人在阿姆斯特丹和鹿特丹的自由
　143

受到大选侯欢迎　443

John Ⅳ　若昂四世，葡萄牙国王
　129，388，389，394—5，397

John Casimir（Vasa）　扬·卡西米尔
　（瓦萨），波兰国王　486，491，
　547，568

逃亡与返国　487，567，574

退位　562，564

试图改革　563—4

John Frederick　约翰·腓特烈，汉诺
　威公爵　127，145，454

John George Ⅱ　约翰·乔治二世，萨
　克森选侯　451

John George Ⅲ　约翰·乔治三世，萨
　克森选侯　514

John Philip　约翰·腓力，美因茨大主
　教，选侯　见 Schönborn 条

John Sigismund　约翰·西吉斯蒙德，
　勃兰登堡选侯　125，544

John Ⅲ Sobieski　扬三古·索比斯基，
　波兰国王

路易十四外交与扬·索比斯基
　208，496

与解救维也纳　220，465，497，514，
　516，570

和利奥波德一世的同盟　497

霍廷战役得胜　512，561，569

作为一个统治者　561，570，576

改革的企图　564

1673 年后的对外政策　569—70

与波兰和俄国之间的"永久和平"
　576

John William　约翰·威廉，诺伊堡宫伯，后为巴拉丁选侯　452，561

Johnson, Samuel　约翰逊，塞缪尔作家　262

Jolliet, Louis　若利埃，路易，五大湖地区与密西西比河的探查者　357—8，358—9，364

Jones, Inigo　琼斯，伊尼戈，建筑师　170

Jonge, Moses Jacobson de　容格，摩西·雅各布森·德，大选侯庇护下的犹太商人　443

Jordaens, Jakob　约尔丹斯，雅各布，画家　165

Joseph Ⅱ　约瑟夫二世，皇帝　474，484

Juan José de Austria　胡安·何塞（奥地利的），西班牙国王腓力二世的私生子　370，374，380，383

Jülich and Berg, duchies of　于利希和贝格公爵领地　431，442，449，544，547

Jung, Joachim　容，约阿希姆，哲学家　84

Jurieu, Pierre　朱里厄，皮埃尔，神学家　102

Juvarra, Filippo　尤瓦拉，菲利波，建筑师　159

Kaempfer, Engelbrecht　肯普弗，恩格尔布雷希特，医生和旅行家　410，411

Kalckstein, Christian Ludwig von　卡尔克斯泰因，克里斯蒂安·路德维希·冯，普鲁士的亲波兰派首领　549

Kalf, Willem　卡尔夫，威廉，画家　166

K'ang-hsi　康熙，中国皇帝　408，409，416　　615

Kant, Immanuel　康德，伊曼纽尔，哲学家　85，92

Kapudan Pasha　卡普丹帕夏，奥斯曼帝国海军统帅　503

Kara Mustafa Pasha　卡拉·穆斯塔法帕夏，奥斯曼帝国宰相　497，498，512—17

Kardis, Treaty of　卡尔迪斯条约　527，575

Kedainiai, Treaty of　凯代尼艾条约　567

Kehl　凯尔　448

Keigwin, Richard　凯格温，理查德，在孟买的英军指挥官　425

Kemény, János　凯梅尼，亚诺什，特兰西瓦尼亚的司令官　487，489，509

Kent　肯特郡，该郡的工业　324，325

Kepler, Johann　开普勒，约翰，天文学家　324，325

Keswick　凯西克，该地的铜矿　53，54，55，56，73

Keyser, Willem de　凯泽，威廉·德，雕塑家　169

Kircher, Athanasius　基歇尔，阿塔纳修斯，哲学家　84

《中国图解》　412

Kneller, Sir Godfrey　克内勒，戈弗雷爵士，画家　171

Knyff, Leonard　克尼夫，列昂纳德，画家　171

Königsberg　柯尼斯堡　441，442，556

抵抗腓特烈·威廉的统治　442，547，549—50

Königsegg, Leopold Wilhelm　柯尼希塞格，利奥波德·威廉，神圣罗马帝国副宰相　493

Köprülü, Fazil Ahmed Pasha　柯普律吕·法泽尔·艾哈迈德帕夏，奥斯曼帝国宰相　489，490，492，509，510，511，512

Köprülü, Mehmed Pasha　柯普律吕·穆罕默德帕夏，奥斯曼帝国宰相

他的政策和改革　462，487，507—8，509

与拉科齐的各次战役　487，488—9，508—9

去世　489，509

粉碎小亚细亚的叛乱　508

在达达尼尔海峡获胜　508

Köprülü, Mustafa　柯普律吕·穆斯塔法，奥斯曼帝国宰相　498，499

Kösem　克塞姆，易卜拉欣苏丹的母后，504，505，518

Kollonitsch, Leopold　科隆尼奇，利奥波德，维也纳新城主教　493—4

Koniáš, Antonín　科尼阿什，安东宁，耶稣会士　482

Koninck, Philips　科宁克，菲利普斯，画家　166

Korea　朝鲜　412

Kuǒuk, Mehmed　库楚克，穆罕默德，土耳其指挥官　489

Kyzyl Elma　《红苹果》　511，513

La Barre, Antoine Lefebvre de　拉巴尔，安托万·勒菲弗尔·德，加拿大总督　363，364—5

La Bruyère, Jean de　拉布里耶尔，让·德，著作家和翻译家　91，253，254

《品格论》　265

La Chaise, François de　拉雪兹，弗朗索瓦·德，路易十四的忏悔神父　140

La Chesnay, Aubert de　拉舍纳，奥贝尔·德，与加拿大的扩展　363—4

La Court, Pieter de　拉库尔特，彼得·德，经济学家　45，279，402

La Cruz, Sor Junana Inés de　拉克鲁兹，索尔·胡安娜·伊内斯·德，378

La Fayette, Madame de　拉斐德夫人，与拉罗什富科　264

La Fortaine, Jean de　拉封丹，让·德，诗人　5，245，248，265，273

《寓言诗》　266—8

《普叙赫的爱情》　267

La Forge, Louis de　拉福热，路易·德，笛卡儿主义哲学家　78

La Fosse, Charles de　拉福赛，夏尔·德，画家　175

Laguerre, Louis　拉盖尔，路易　画家　171

Lairesse, Gérard　莱勒塞，热拉尔，画家　165，166

Lambert, John　兰伯特，约翰，陆军将官　301

La Mettrie, Julien Offray de　拉美特利，朱利安·奥弗雷·德，唯物主义哲学家　89

Lanfranchi, Francesco　兰弗朗奇，弗兰西斯科，建筑师　150

Lanfranco, Giovanni　兰弗兰科，乔凡尼，画家　150，151，152

Langetti, Giambattista　兰杰蒂，詹巴蒂斯塔，画家　150，155

Languedoc　朗格多克，其特权　237

Lapide, Hippolythus a　拉皮德，希波利撒·阿，历史学家　433

La Reynie, Nicolas-Gabriel de　拉雷尼，尼古拉斯——加布里埃尔·德，警察总督　187

La Rochefoucauld, François, duc de　拉罗什富科公爵，弗朗索瓦，《格言》作者　6，91，264—5

La Rochelle　拉罗舍尔　140，141

La Salle, Robert Rene de　拉萨尔，若贝尔·勒内·德，五大湖地区与密西西比河的探查者　358，362

Latin　拉丁语

作为国际语言　51，199

被法语取代　206，254

Latitudinarianism　无主见派教义　91，123，147

LaTour, George de　拉图尔，乔治·德，画家　161，250

Lauderdale, John Maitland, sencond earl of　劳德代尔伯爵（第二代），约翰·梅特兰，苏格兰枢密院大臣　308

Laval-Montmorency, Francois Xavier de　拉伐尔—蒙莫朗西，弗朗索瓦·

沙勿略·德，在加拿大的法国高级教士　361

Lavardin, H. C. de Beaumanoir　拉瓦尔丹，H. C. 德. 博马努瓦尔，路易十四在罗马的大使　138，465—6

Lavisse, Ernest　拉维斯，欧内斯特，历史学家　208

Lebrun, Charles　勒布伦，夏尔，画家和建筑师　5，150，151，162，171，249

作为戈布兰工场管理人的权力　5，161

与凡尔赛宫的装饰工程　163，164，250

Le Camus, Étienne　勒卡米，艾蒂安，格勒诺布尔主教　140，141，142

Leeds, Tnomas Osborne, duke of　利兹公爵，托马斯·奥斯本，国务家　315，329

Leeuwenhoek, Antoni van　列文虎克，安东尼·范，动物学家和显微镜学家　51，68，69—70

Leeward Islands　背风群岛　335，356

Leganés, marquis of　莱加内斯侯爵，西班牙陆军将领　394

Leghorn　里窝那　22，26，467

Legros, P.　格勒罗，P.，雕塑家　156

Leibniz, Gottfried Wilhelm　莱布尼茨，戈特弗里德·威廉，科学家和哲学家　49，73，81，87，111，415

对牛顿的批评　72

地位和影响　74，85—6，95，96，127

哲学理论　77，78，83—6

与洛克　87，92

与培根　88

政治著作的背景　114—16

与和平运动　116—17，145—6

与波舒哀的通信　116，146

与汉诺威宫廷　454

与普鲁士宫廷　557

Leiden　莱顿　13，20，41，282

Leipzig　莱比锡　20，21，27，195，434，441，553

莱比锡博览会　437，442

Lely，Sir Peter　莱利，彼得爵士，画家　150，171

Le Nain，Antoine，Louis，and Matthieu，brothers　勒南兄弟，安托万，路易和马蒂厄，画家　152，250

Le Nôtre，André　勒诺特尔，安德烈，路易十四的王家工程总管　163，250

Lenzen　伦岑，该地的税卡　441，533

Leopold I　利奥波德一世，皇帝

对帝国地位的态度　140，432，475

路易十四在移归权战争前努力确保其中立　211；秘密条约　213，215，491；路易十四入侵巴拉丁领地后与法国决裂　220—1，494

与法荷战争　215；和勃兰登堡选侯的条约　217—18；加入奥格斯堡条约　220，494

与"选举条款"　216，431，446

选帝　431，450，486，487

与梅克伦堡三级会议　455

思想情趣　474，481—2

在普雷斯堡和布拉格加冕　486；在

法兰克福加冕　487

援助波兰反对瑞典　486—7，522

对匈牙利的无效援助　488—9

得到反土耳其的基督教各国援助（1663年）　490，510—11；（1683年）　497，514，516

缔结沃什堡和约　490，511

在西班牙王位继承问题上的利盖　491

和尼德兰、西班牙、勃兰登堡、不伦瑞克及萨克森缔结同盟　494

与波希米亚的农民　494—5

恢复匈牙利人的自由权　496

和特克伊休战　497

和扬·索比斯基的同盟　497

维也纳获解救后的至高地位　497—8

匈牙利王位由哈布斯堡家族世袭　498

与同土耳其的最终和平　499

从维也纳出逃　515

和丹麦的同盟

和勃兰登堡的密约　554

Leopold William　利奥波德，威廉，皇帝斐迪南三世之弟，布雷斯劳与奥洛莫乌茨主教，西属尼德兰总督　484

Leslie，Walther　莱斯利，瓦尔特，奥地利将军　496

LeSueur，Eustache　勒絮尔，厄斯塔什，画家　152，161

Le Tellier，Maurice　勒泰利耶，莫里斯，大主教　136，137

Le Tellier，Michel　勒泰利耶，米歇尔，法国国务家　136，183，215，222，234

Leti，Gregorio　莱蒂，格雷戈里奥，反教士煽动者　466

Lettres edifiantes et curieuses　《益智趣文》，关于亚洲的百科全书　414

Lettres Provinciales（Pascal）　《致外省人书简》（帕斯卡著）　133，255—6

Le Vau, Louis　勒沃，路易，建筑师　151，160，163，249

Liège　列日，主教区　206，215

Lille　里尔，该地对路易十四入侵的抵抗　212

Limberg, Andreas　林贝格，安德烈亚斯，维也纳市长　515

Linnaeus（Karl von Linne）　林奈（卡尔·冯·林耐），博物学家和植物学家　71，411

Linschoten, Jan Huyghen van　林索登，扬·惠更·范，旅行家　413

Linz, Treaty of　林茨条约　484

Linonne, Hugues de, marquis de Berny　利奥纳，于格·德，德贝尼尔侯爵，法国国务家　134，215，222，492

Lisbon　里斯本　384，387

里斯本条约　382

Lisola, François Faul de　利索拉，弗朗索瓦·德，奥地利外交家　475，491，498

Lithuania　立陶宛，见 Poland 条

Livonia　立窝尼亚　436，521，537，566

Lloyd's coffee-house　劳埃德咖啡馆　323，399

Lobkowitz, Prince Wenzel　洛布科维茨亲王，文策尔，帝国宫廷会议主席　475，485，491，493

Locke, John　洛克，约翰，哲学家　10，12，72，73，85，95
　马勒伯朗士的批评者　78
　与莱布尼茨　86
　《政府论》　91—3，119—21
　哲学观点　91—4
　与菲尔默的《旅长》　105，106
　阿明尼乌派与洛克　142
　宗教宽容理论　147
　论法国　223，230，233，238，243
　与卡罗来纳"基本法"　344

Loen, Hohann Michael von　莱昂，约翰·米夏埃尔·冯，作家　439

Loire, ehâteaux of　卢瓦尔宫　249

Lombardy　伦巴第　468

London　伦敦
　瘟疫在该市的暴发流行　20
　人口　23，246，323
　贸易都市　24，27，322
　伦敦大火灾　169，323
　雷恩修建的各个教堂　169—70，323—4
　在查理二世治下　322—4
　与威斯敏斯特有别　322
　咖啡馆　322—3，399
　海上保险与火灾保险中心　323
　黄铜器制造业　325

Long Island　长岛　339，340，356

Long, Samuel　朗，塞缪尔，牙买加议长　335

Longhena, Baldassare　隆盖纳，巴尔达萨雷，建筑师　149

Longueville, Madame de　隆格维尔夫人，扬森派的支持者　135

Lorraine, Claude Gelée　洛林，克劳

德·热莱, 画家　149, 250

Lorraine, duchy of　洛林公爵领地, 路易十四提出的该地占有权 209, 215

诸洛林公爵, 见 Charles Ⅳ；Charles, Prince of 诸条

Loth, Johann Karl　洛特, 约翰·卡尔, 画家　150

Loudun　卢丹　141

Louis, Dauphin of France　路易, 法国王太子, 为他作的《训谕》　8—9, 97—9

Louis ⅩⅢ　路易十三, 法国国王 47, 207, 222

Louis ⅩⅣ　路易十四, 法国国王

作为专制君主：1661 年亲政　2, 222, 233—4, 248；他的国王概念 6—7, 9—10, 97—9, 103；选择廷臣以及对他们的态度　6, 222—3, 234—5, 244；《回忆录》　6, 8—9, 97—9, 182, 214；与国家概念　98, 122, 181—2；通过成套的礼仪行使权力　183—4, 225, 239—40；将法国王室推向权力巅峰 187, 244—5；他那种形式的一人政府的运行, 见 France 条内社会结构与行政分条

与艺术：5, 248—51, 256, 270—1；"路易十四风格"　5, 159, 161, 163；邀请贝尔尼尼设计卢浮宫 150—1

性格与外貌　6, 9, 208, 233

与陆军　7—8, 176

外交与对外关系：其中心目的 8—9, 206—8；侮辱西班牙政府　9, 210；

和萨伏依的关系　10, 469—70, 471—3；在移归权战争中　14, 211—12, 213, 382, 491；在法荷战争中　14, 215—19, 292—6；对保卫维也纳的态度　15, 220, 490, 511；任命外交代表　198—9, 208；在外交中使用金钱　199—200, 208, 211, 310, 554；忽视宣传 208；缔结蒙特马尔条约　209；与德意志各邦　211, 216—17, 218, 221, 431；对议会制和共和制政权的态度　214；缔结多佛条约　217, 292, 310；"收复属地政策" 219—20, 554；同意雷蒂斯堡休战协议　220；在英荷战争中　309；和西班牙公主结婚的解决方案 381；和暹罗互换大使　405—6；派遣耶稣会科学家去中国　406；对墨西拿、卡萨莱和热那亚的政策 470—1；和斯堪的纳维亚的关系 528, 529, 530, 538, 539—40, 541

对宗教和教会的态度：迫害韦尔多派 10, 472—3；和罗马教廷冲突的基础　130；对高卢主义的解释 131；入侵教皇国（1664 年） 134, 120, （1684 年）　464；要求亚历山大七世支持反对扬森派 134, 136；和英诺森十一世就国王俗权和国王教权的冲突　135—8；召集 1681 年教士大会　136；使教海四条教规成为强制性的 137；与外交豁免权问题　138, 464；撤销关于四条教规的命令　138；反新教措施　140—1；迫害胡格诺派

140—1，297；废除南特敕令 220，297

作为科学的赞助人　51

海上政策：打击海盗的措施　201；专注于海军致敬问题　201—3；海事法令　203，205；《论捐税》204；Droit de Cloches 204；互换领事　204—5

对北美殖民的态度　355，356，359

Louis XVI　路易十六，法国国王　246

Louis, margrave of Baden　路易，巴登侯爵　15，475，499

Louis Maria　路易丝·玛丽亚，波兰王后　563

Louvain, University of　卢万大学　129

Louvois, Francois-Michel Le Tellier, marquis de　卢瓦侯爵，弗朗索瓦—米歇尔·勒泰利耶，法国国务家　140，183，215，219，234，249，260

Louvre　卢浮宫　150—1，157，158，249

Lower, Richard　洛厄，理查德，医生　18，65，66，67

Lubomirski, George (Jerzy)　卢博米尔斯基，乔治（耶日），波兰大司仪　563

Lucca　卢卡　458

Ludovisi, Niccolò　卢多维西，尼科洛，皮翁比诺公爵　462

Lübeck　卢卑克　20，22，440

Lüneburg, dukes of　诸吕讷堡公爵　431，442，529，540

Lugo, see of　卢戈，教区　128

Luisa　路易莎，葡萄牙太后　395

Lully, Giambattista　吕里，詹巴蒂斯塔，路易十四的乐长　264，272，469

Lund, Treaty of　隆德条约　530

Lusatia　卢萨蒂亚　453，476

Lutheranism　路德派教义

加尔文派教义与路德派教义的敌对　122，126—7

Luxembourg, François-Henri de Montmorehcy, duc de　卢森堡公爵，弗朗索瓦—亨利·德蒙莫朗西，法国元帅　3

Luxemburg　卢森堡　20，212，220

Lyon　里昂　139，204，246，282

Maastricht　马斯特里赫特　7，218，219

Macao　澳门，在该地的葡萄牙人居留地　384，418

Macedo, Sousa de　马塞多，索萨·德，葡萄牙国务家　395，396，397

Madeira　马德拉　386

Maderno, Carlo　马代尔诺，卡洛，建筑师　149

Madrid　马德里　22，173，376

Maes, Nicolaes　马斯，尼古拉斯，画家　167

Maetsuycker, Johan　马策伊克，约翰，荷属东印度总督　422，423

Magalhães, Pedro de　麦哲伦，佩德罗·德，葡萄牙陆军将领　395

Magdeburg　马格德堡

人口　20—1，435，437

617

地主和佃农的关系　436—7

勃兰登堡的一个领地　442，544

胡格诺派与加尔文派的迁入　551

618　税收　556

Maidalchini, Olimpia　马伊达尔基妮，奥林匹亚，教皇英诺森十世的嫂嫂　464

Maine　缅因　330，351，353

Maintenon, Françoise d'Aubigné, Marquise de　曼特农女侯爵，弗朗索瓦·德奥比涅，路易十四的第二个妻子　140，259，260

Mainz　美因茨，选侯领地　431，448

美因茨大主教、选侯，见 Schönborn, John Philip von 条

Maitland, John　梅特兰，约翰，见 Lauderdale 条

Malabar coast　马拉巴尔海岸　398，404，419，424，425

Malebranche, Nicolas　马勒伯朗士，尼古拉斯，笛卡儿主义哲学家　77，78—9，80

Malirsky, F. S.　马利尔斯基，F. S. 经济评论家　481

Malpighi, Marcello　马尔皮基，马尔塞洛，生理学家　51，66，68，69，411，468

Manchester　曼彻斯特，该地的棉纺织业　326

Mandeville, Bernard　曼德维尔，贝尔纳，哲学家和讽刺散文家　182—3

Manhattan island　曼哈顿岛　338，339，356，357

Mansart, François　芒萨尔，弗朗索瓦，建筑师　160

Manuel, Dom Sancho　曼努埃尔，董·桑绍，葡萄牙陆军将领　394，395

Manzano, Ramos del　曼萨诺，拉莫斯·德尔，律师　383

Maratti, Carlo　马拉蒂，卡洛，画家　149，154—5，156

Marca, Pierre de　马卡，皮埃尔·德，图卢兹大主教　133

Marcello, Lorenzo　马尔切罗，洛伦佐，意大利舰队总司令　462

Mare Clausum（Selden）　《闭海论》（塞尔顿著）　203

Mare Liberum（Grotius）　《公海自由论》（格劳秀斯著）　201，203

Maria Anna of Austria　玛丽亚·安娜（奥地利的），西班牙王后　380

Maria Anna of Neuberg　玛丽亚·安娜（诺伊贝格的）　西班牙王后　381

Maria Luisa of Orleans　玛丽亚·路易莎（奥尔良的）　西班牙王后　381

Marialva, marquis of　马里亚尔瓦侯爵，葡萄牙国务家　396

Maria Theresa　玛丽亚·特利莎，路易十四之妻，法国王后　132，381

对西属尼德兰的权利要求　210—12

Marie Françoise　玛丽·弗朗索瓦，葡萄牙国王阿丰索六世之妻，后为葡萄牙国王佩德罗二世之妻　129—30，396

Marillac, René de　马里亚克，勒内·德，普瓦图按察使

Mariotte, Edmé　马略特，厄行梅，物理学家　62

Mark, county　马克郡

腓特烈·威廉对该郡的治理　196—7, 547—8

税收　546, 566

Marquette, Father Jacques　马奎特神父, 雅克, 耶稣会教士　358

Marseilles　马塞　141, 185, 201, 202, 204, 246, 467

Mary of Modena　玛丽（摩德纳的）, 英国王后　311—12

Mary, Princess　玛丽公主, 查理一世之女, 威廉三世之母　278

Mary Ⅱ　玛丽二世, 英国女王, 威廉三世之妻　170, 219, 296, 312, 317, 410

Maryland　马里兰　330, 339, 346

烟草贸易　327, 349

该殖民地的所有权　348—9

质询其章程的"质问令状"　351

Mascarenhas, Dom Francisco　马什卡雷尼亚什, 董·弗朗西斯科与柑橘种植

Massachusetts　马萨诸塞　330, 333, 334

对其他殖民地的敌意　336, 337, 338

特许状　337, 350, 351, 353

与议会专门委员会　338, 339

证明令状　350, 351

反叛　353

Mathematics　数学, 其社会应用　179

Matthias Ⅱ　马提亚二世, 皇帝　484

Maurice of Nassau　莫里斯（拿骚的）, 奥兰治亲王　275

Max Emanuel　马克斯, 埃曼努埃尔, 巴伐里亚选侯　15, 475, 514

Maximilian Ⅰ　马克西米连一世, 巴伐利亚选侯　1, 11, 452

May, Hugh　梅, 休, 建筑师

Mayow, John　梅奥, 约翰, 医生　60, 66

Mazarin, Jules　马扎然, 朱尔, 红衣主教　29, 33, 134, 209, 234, 244, 249

与法国和教廷之间的关系　132, 464

与扬森派教义　133—4, 464

与胡格诺派教义　139

与比利牛斯条约　208, 381

路易十四冲龄期间的政策　222, 235, 241

与帝位继承问题　431

与法国对意大利的帝国图谋　459, 460, 461

Mazzoni, Sebastiano　马佐尼, 塞巴斯蒂安诺　150, 155

Mecca　麦加　500

Mecklenburg　梅克伦堡　449, 544

与三十年战争　21, 435

农民的状况　436

公爵和三级会议之间的关系　455—6

Medici, Cosimo Ⅱ de'　美第奇, 科西莫二世, 托斯卡纳大公爵　459, 460, 469

Medici, Ferdinand Ⅱ de'　美第奇, 斐迪南二世, 托斯卡纳大公爵　459, 460, 469

Medici, House of　美第奇家族　49, 459—60

Medina　麦地那　500

Medinaceli, duke of　梅迪纳塞利公爵, 西班牙国务家　376, 381

Medway　梅德韦，荷兰人对该地的袭击　289，309

Mehmed Effendi　穆罕默德埃芬迪，大穆夫提（伊斯兰教教法首席说明官）　517

Mehmed Pasha　穆罕默德帕夏，奥斯曼帝国宰相　506

Mehmed Ⅳ　穆罕默德四世，苏丹　497

在位时期　500—18

嗜好狩猎　505，506，509，517—18

与围攻维也纳　497，513，517

Meissen　迈森

该地的瓷器制造　410，454

迈森主教区　453

Melo, Dom Francisxo de　梅洛，董·弗朗西斯科·德，西班牙陆军将领　392

Mena, Pedro de　梅纳，佩德罗·德，雕塑家　174

Mendicant Orders　托钵修会　124，131

Mendonça, Luis de　门东萨，路易斯·德，葡萄牙在东方的总督　385

Mennonites　门诺派　107，127

Mercantilism　重商主义

概念　43—5

科尔培尔的重商主义理论　45—6，213—14，241

反对欧亚贸易的重商主义论据　401—2

在神圣罗马帝国　434；在勃兰登堡　553

Merchant Adventurers　冒险商公司　28

Merseburg　梅泽堡，主教区　453

Mersenne, Père Marin　梅森神父，马兰，自然哲学著作家　47，48，88

Messina　墨西拿

Metsu, Gabriel　梅齐，加布里埃尔，画家　166，167

Metz　梅斯

梅斯主教区　209

在梅斯镇的"收复属地议事所"

Michael Feodorovich　米哈依尔·费奥多罗维奇，沙皇

Michelangelo (Buonarotti)　米开朗琪罗（博纳罗蒂）　151，165，170

Mieris, Frans van　米埃里斯，弗兰斯·范，画家　167

Mignet, Francois Auguste Marie　米涅，弗朗索瓦·奥古斯特·马里，历史学家　206

Milan　米兰　22，26，129，458，467

Milton, Hohn　弥尔顿，约翰　120，461

Minanda, see of　米兰达，教区　129

Mississippi　密西西比河，对该河流的探查　357，358—9，362，363

Mocenigo, Lazaro　莫塞尼戈，拉扎罗，意大利舰队总司令　462，506

Mocha　穆哈　399，418

Mohawk Indians　莫霍克族印第安人　354，355，357

Moldavia　摩尔达维亚

Molière (J. B. Poquelin)　莫里哀（J. B. 波克兰），剧作家　5，245，249，255，266，274

《可笑的女才子》　248，256—7

《伪君子》　256，257—8

619

Molinism　莫利那派教义　416

Molinos, Miguel dé　莫利诺斯，米格尔·德，寂静派首领　147, 465

他的《灵修指南》　373

Moncada, Sancho de　蒙卡达，桑乔·德，经济学家　375, 383

Monck, George　蒙克，乔治，见 Albemarle 条

Monmouth, James Scott, duke of　蒙默思公爵，詹姆斯·斯科特

Monnot, P. S.　莫诺，P. S.，雕塑家　156

Montaigne, Michel de　蒙田，米歇尔·德，哲学家　81, 251, 252

Montbéliard　蒙贝利亚尔，被路易十四兼并　297

Montchrétien, Antoine de　蒙克雷蒂安，安托万·德，剧作家和经济学家　207

Montecuccoli, Raimondo　蒙特库科利，雷蒙多，奥地利将军　485, 494, 510, 514

与圣戈特哈德战役　15, 490, 511

在北方战争中　487, 488

与援助凯梅尼　489

Montespan, Fransois-Athénaïs, Marquise de　蒙特斯庞侯爵夫人，弗朗索瓦—阿泰纳依斯，路易十四的情妇　223, 260

Montesquieu, Charles Louis de Secondat　孟德斯鸠，夏尔·路易·德塞孔达，哲学家　270, 416

Montijo, battle of　蒙蒂茹战役　394

Montmor, Habert de　蒙莫，阿贝尔·德，与法国科学院　50

Montpellier　蒙彼利埃　141, 204, 238

Montreal　蒙特利尔　354, 356, 361, 362

Mont-Royal, fortress of　蒙罗亚尔要塞　220

Monzambano, Severinus de　蒙扎巴诺，塞维里努·德，普芬道夫的笔名

Mora, José de　莫拉，何塞·德，雕塑家　174

Moravia　摩拉维亚

与三十年战争　20, 479

农民的状况　437

政府　476—7

重新天主教化　482—3

More, Henry　莫尔，亨利，剑桥柏拉图派学者　48, 87, 90, 91

Morgenthaler, P. H.　莫根塔勒，P. H.，经济评论家　481

Morosini, Francesco　莫罗西尼，弗朗西斯科，意大利舰队司令　463, 471

Moscow, city of　莫斯科城

在该城的起义　584

作为"第三个罗马"　588

其他见 Russia 条

Moya, Pedro de　莫亚，佩德罗·德，画家　173

Mozambique　莫桑比克　384, 385, 388

Munster, bishop of　明斯特，明斯特主教　211, 215, 217, 288, 293, 431, 432

明斯特会议　200, 381

明斯特条约　216, 278

明斯特城　442

Mulgrave, John Sheffield　马尔格雷夫，约翰·谢菲尔德，第三代伯爵，《诗论》作者　273

Munich, town　慕尼黑镇　20，41，434，435，440—1

Murad Ⅲ　穆拉德三世，土耳其苏丹　502

Muralt, Johannes von　穆拉尔特，约翰内斯·冯，动物学家　67

Murillo, Blartolomé Esteban　穆利略，巴托洛梅·埃斯特万，画家　150，173—4，383

Mustafa Ⅱ　穆斯塔法二世，土耳其苏丹　499

Nádasdy, Ferenc　纳道什德伊，费伦茨，匈牙利首席大法官　492，493

Nagyszöllös, battle at　瑙吉什泽勒战役　489

Nancy　南锡　209，215

Nansen, Hans　南森，汉斯，哥本哈根市长　524

Nantes, Edict of　南特敕令，路易十四对它的态度　139
其废除　28，118；其他国家中对废除该敕令的反应　10，220—1，554；废除该敕令后出自法国的移民　23，41，297；路易十四废除该敕令的动机　140

Naples　那不勒斯　20，22，29
各艺术和雕塑学校　150，156
知识活动　468，469
与西班牙在意大利的权势　129，458

Narragansett　纳拉甘西特
河流　336

部落　350
分区　351

Natural law　自然法　104，106，110，111—12

Naumburg, bishopric of　瑙姆堡，主教区　453

Naverre　纳瓦拉　379

Neer, Aert van der　内尔，阿尔特·范·德尔，画家　166

Netherlands, Spanish　西属尼德兰　22，26，129，447
艺术　165，168
与"无害通行"　205—6，215
与移归权战争　210—13，447

Netherlands, United Provinces of　尼德兰联合省，见 Duthch Republic 条

Netscher, Caspar　内彻，卡斯珀，画家　167

Neuburg, Counts Palatine of　诺伊堡宫伯　431，451，544，560，564

Neuhäusel, fortress of　诺伊豪塞尔要塞　489，490，510，511

Neutrality, institution of　中立制度　205—6

New Amsterdam　新阿姆斯特丹，见 New York 条

Newcastle　纽卡斯尔，该地的煤炭外运　325

New Castle　纽卡斯尔（宾夕法尼亚境内）　346，347

New England　新英格兰　330；另见 Constituent colonies 条

Newfoundland　纽芬兰，与英国的贸易　327

New Hampshire　新罕布什尔

330，351

New Haven　纽黑文　330，337

New Jersey　新泽西　309，339—41，351

Newmarket　纽马基特　315

New Netherland　新尼德兰　289，330

将该地区授予约克公爵詹姆士　338—9

英国征服该地区　339

该地区的丧失和收复　340

此后的政府　340—3

Newport　纽波特，新英格兰居民点　336

Newton，Sir Isaac　牛顿，伊萨克爵士，科学家

《自然哲学的数学原理》　53，56，57，63—5

作为一名数学家　54，55—6，62

作为一名机械论哲学家　56—7，60，64—5

化学实验　59，60

与光的发散理论　61—2

New York　纽约（初为新阿姆斯特丹）

其建立　16

被英国占领　16，309

被荷兰重新夺取，然后复归英国　17，340

在斯特伊弗桑特治下　338—9

英国诸总督　342—3

《豁免与自由权章程》　343，351

与各殖民地的联合　351—2

法国获取该地的希望　367

Nicole，pierre　尼科勒，皮埃尔，扬森派首领　79，139，252

Nicolls，Richard　尼科尔斯，理查德，与新尼德兰的政府　339，340，342，355

Nieuport　尼厄波尔，割让给法国　211

Nikon　尼康，莫斯科宗主教　586—9

Nithard，Eberhard　尼塔尔，埃贝哈德，耶稣会教士　128，380

Norris，John　诺里斯，约翰，哲学家　78

North See herring fishery　北海鲱鱼捕捞业　27

North，War of（1655－60）北方战争（1655—60）14，546，554；另见Brandenburg，Denmark，poland，Sweden 诸条

Northumberland　诺森伯兰，该地的煤矿　325

Norway　挪威　23，27，522，525，527

Nové Zámky　新扎姆基，见Neuhäusel 条

Nunes da Cunha，João　努内斯·达库尼亚，若昂，葡萄牙驻果阿总督　406

Nuñez de Castro，Alfonso　努涅斯·德卡斯特罗，阿方索，社会理论家　373

Nuremberg　纽伦堡，帝国直辖市　22，26，435，439，440

纽伦堡条约　478

Nymegen，Peace of　尼曼根和约　204，206，447，552，553

对科尔培尔的政策的影响　38，243

该和约的规定　219，296—7，382

Nys, Ernest　尼斯，欧内斯特，国际法史学家　200，201

Oates, Titus　欧茨，泰特斯，"天主教阴谋"的捏造者　314，317，322

Óbidos, count of　奥比杜斯伯爵，葡萄牙驻果阿总督　397

Observation upon the United provinces (Temple)《联合省见闻》（埋普尔著）　142

Ockley, Simon　奥克利，西蒙，东方问题专家　414

Oldenbarnevelt, Johan van　奥巴登巴内费尔特，约翰·范，荷兰大议政　275

Oldenburg　奥尔登堡　435

Oléron, coûtmes d'　奥莱龙岛海关　201，204

Olier, Jean-Jacques abbé　奥利埃神父，让—雅克，圣稣尔比斯会创建人

Oliva, Treaty of　奥利瓦条约　488，527，546，552，568—9，570

Olivares Gaspar de Guzmán, count　奥利瓦雷斯伯爵，加斯珀·德古斯曼，西班牙国务家　370，371，374，377

Oneida Indians　奥内达族印第安人　354

Onondaga Indians　奥农达加族印第安人　354

Oporto　波尔图　384，387

Oratorians　奥拉托利会士　404，407

Oratory, the, in France　法国的奥拉托利会　131，132

Ordyn-Nashchokin, A. L.　奥丁—纳斯丁，A. L.，莫斯科宫廷大臣　573，577

Ormonde, James Butler, forst duke of　奥蒙德公爵（第一代），詹姆斯·巴特勒，爱尔兰总督　307

Oropesa, count of　奥罗佩萨伯爵，西班牙国务家　33，381

Osnabrück　奥斯纳布吕克

奥斯纳布吕克条约　124—6

奥斯纳布吕克会议　381

Ostade, Adriaen van　奥斯塔德，阿德里安·范，画家　166

Ottawa Indians　渥太华印第安人　354，355，367

Ottoman Empire　奥斯曼帝国　14，15

体制和社会的衰败　15，502，504，518

和法国的关系　16，203，463

坎迪亚战争　130，461—4，504，505，506，508，510

与匈牙利：在匈牙利的领土　477，479；侵入王家领土　488；支持特克伊　497；被逐出匈牙利　497，517；与特兰西瓦尼亚：征服该地区　488—90，508—9；被逐出该地区　498—9

与奥地利：在匈牙利问题上的关系　488—9；向维也纳进军（1663 年）489—90，510，（1683 年）497，514—17；沃什堡和约　490，511，513；卡洛维茨和约　499

统治范围　500

宗教　500

农业和贸易　500—1

陆军　501—2，503，506；在卡拉·穆斯塔法统率下　513，515；兵变517—18

海军　502

政府与行政　502—3；废黜易卜拉欣504—5；穆罕默德四世的母亲与祖母之间的权力斗争　505；宰相塔尔洪丘·艾哈迈德的统治505—6；柯普律吕·穆罕默德的统治　506—9；柯普律吕·法泽尔·艾哈迈德的统治　509—12；卡拉·穆斯塔法的统治　512—17

与波兰：在乌克兰打仗　512，569；布恰奇条约　569；霍廷战役　512，561，569；卡洛维茨和约　570

Ottonelli　奥托内利，达·科尔托纳的合作者　175

Ovens, Jürgen　奥芬斯，于尔根，画家　172

Overyssel　奥弗利塞尔　25，275，277，293

Oviedo, see of　奥维耶多教区　128

Oxenstierna, Axel, count　乌克森谢纳伯爵，阿克塞尔，瑞典国务家145，520，521

Oxenstierna, Benyt, Swedish statesnlan　乌克森谢纳，本特，瑞典国务家

Oxford, University of　牛津大学　48，315，414

Padua　帕多瓦，帕多瓦哲学学派89，251

Paget, William, Lord Paget　佩吉特勋爵，威廉，驻土耳其政府大使　499

Palamedesz, Anthonie　帕拉梅德兹，安东尼，画家　166，167

Palatinate　巴拉丁领地路易十四的侵入 14；（1688 年）21，220—1，452（1674 年）21，452

在三十年战争中的损失　21，435

宗教　125，126，433，445，452

在选侯查理·路易治下的局部复兴451

诺伊堡分支继承巴拉丁选侯位451—2

在天主教选侯约翰·威廉治下　452

palatinate-Neuburg　巴拉丁—诺伊堡450

Palatinate-Zweibrücken　巴拉丁—茨韦布吕肯　538，541

Palermo, battle of　巴勒莫战役　296

Palladio, Andrea　帕拉第奥，安德烈亚，建筑师　170

Papacy, the　罗马教廷道义和政治威望的衰落　124，461，464—6

和西班牙当局的摩擦　129，406

和葡萄牙的关系　129，394，406—7

任命教廷大使　198

和法国的关系，见 Louis XIV 条

兼并政策　460

Paracelsus　帕拉切尔苏斯，医生和炼金术士　59，65

Paris　巴黎　21，50，223

人口　23，246

神学界　131

作为一个艺术中心　155，161，175

城市规划　164，187

巴黎最高法院，与检查制　248

咖啡馆 399

"国王花园" 411

Parkinson, John 帕金森, 约翰, 药
剂师和草药医生 70

Parodi, Filippo 帕罗迪, 菲利波, 雕
塑家 156

Parthenios Ⅲ 帕森尼奥斯三世, 东正
教会总主教 507

Pascal, Blaise 帕斯卡, 布莱兹, 科
学家和数学家 6, 18, 47, 77—
8, 90

和扬森派教义的联系 133, 252

《论思维》的影响 252—3

《致外省人书简》 133, 255—6

paternae charitati 《父亲的爱心》,
教皇诏书 137

Patkul, Johann Reinhold 帕特库尔,
约翰·赖因霍尔德, 立窝尼亚贵族
537

Pavillon, Nicolas 帕维隆, 尼古拉
斯, 阿莱特主教 135

Pázmány, Péter 帕兹马尼红衣主教,
彼得, 埃斯泰尔戈姆大主教 484

Pedro, brother of Afonso Ⅵ of Portugal
佩德罗, 葡萄牙国王阿丰索六世
之第, 后为佩德罗二世 129, 395,
396, 397

Peirce, Benjamin 皮尔斯, 本杰明,
物理学家和数学家 84

Pellisson, paul 佩利松, 保罗, "改
宗基金" 主管官员

Penn, William 佩恩, 威廉, 教友派
首领 341—2, 346—7

Pennsylvania 宾夕法尼亚 346—
7, 351

Penya, Feliu de la 庞亚, 费利乌·
德·拉, 历史学家 374, 383

Pepper, trade in 胡椒贸易 398,
418, 419, 421, 424

Pepys, Samuel 佩皮斯, 塞缪尔, 作
家 51, 170, 309, 332

Perier, F. 佩里埃, F., 科学家 47

Permoser, Balthasar 佩尔莫泽尔, 巴
尔塔瑟尔, 雕塑家 172, 174

Pernambuco 伯南布哥 385, 387

Perpignan 佩皮尼昂, 在该地的领事
204

Perrault, Claude 佩罗, 克劳德, 医
生和建筑师 67, 151, 411

Peter Ⅰ, the Great 彼得大帝一世,
沙皇 14, 198, 456, 475

Petiver, James 佩蒂弗, 詹姆斯, 植
物学家 411

Petty, Sir William 佩第, 威廉爵士,
医生、发明家和经济学家 45, 180

Phaulkon, Constant 帕夫尔孔, 康斯
坦特, 在暹罗的希腊冒险家 405

Philadelphia 费城

Philip 菲利普, 万帕诺亚格族印第安
人之王 350

Philip Ⅳ 菲利普四世, 西班牙国王
9, 14, 26, 210, 211, 381

货币政策 34

限制教会财富和权力的措施 128

为守卫维也纳提供的援助 490

Philip William 菲利普·威廉, 诺伊
堡宫伯, 于利希和贝格公爵 211,
431, 449, 450, 560

Philippe Ⅱ 菲利普二世, 奥尔良公
爵 236

Philipppines　菲律宾　407

Philippsburg　菲利普斯堡　448

Philosophy　哲学　73—95；另见 individual philosopher

Piedmont　皮埃蒙特

对该国韦尔多派新教徒的讨伐（南特敕令废除后）10，472，（1665 年）460—1；韦尔多派的"荣归"472—3 法国占领 459

在查理·埃曼努埃尔二世治下该国的改革 469—70

Pierce, Edward　皮尔斯，爱德华，雕塑家　171

Pietism　虔敬派教义　123

Piles, Roger de　皮莱，罗歇·德，艺术理论家　175

Pineda, Bernardo Simón de　皮内达，贝尔纳多·西蒙·德，建筑师　174

Pisa, Treaty of　比萨条约　134

Pits, Jacob　皮茨，雅各布，荷兰东印度公司代表　422

Plymouth　普利茅斯，新英格兰殖民地　330，337，350，351

Pococke, Edward　波科克，爱德华，研究阿拉伯的学者　414

Pöppelmann, M. Daniel　柏培尔曼，M. 达尼埃尔，建筑师　159

Poitiers　普瓦捷　141

Poitou　普瓦图，该地的新教教堂被毁　140

Poland（-Lithuania）　波兰（—立陶宛）

在三十年战争后 20，21

与瑞典：战争（1655—1660 年）21，286，486—7，521，566—8；

奥利瓦和约 488，527，568—9，575

人口　22，559，565

农业　23，436，480，565—6

社会结构：农民 25，559，565—6；不同种族所占的比例 559；贵族所占比重大 559—60；贵族的政治权力 560，563

与俄国：安德鲁索沃和约 512，565，568—9，575—6；"永久和平" 565，575，576；战争 566—7；在乌克兰打仗 568—9

与奥斯曼帝国：在乌克兰打仗 512，569；布恰奇条约 569；霍廷战役 569；圣戈特哈德战役 570；卡洛维茨和约 570

与勃兰登堡：政策的转变 521—2，546，568；割让普鲁士 544，568；华沙战役 552

君主选举制　560—1，563—4

政府和行政：议会 560，与"自由否决权" 561—2；表决程序的改革 563—4

文学和科学　564

宗教　564—5；政治—宗教考虑 565，572

经济衰落　565—6

Political Anatomy of Ireland（petty）《爱尔兰政治解剖》（佩第著）180

Pomerania　波美拉尼亚　440，521，544，552

在三十年代战争中的损失　21，435，436

一部分割让给瑞典　430，519

人口　437，438

农民　438

Pomponazzi, Pietro　蓬波纳齐，彼得罗，哲学家　251

Pomponne, Simon Arnaud, marquis de 蓬波内侯爵，西蒙·阿尔诺，法国国务家　135，215

Port-Royal　罗亚尔港（卡罗来纳境内）　344

Port-Royal　波尔罗亚尔，该地的西多会修道院，扬森派教义的据点79，132，134，148，250，269

反对该据点的措施　134，136

帕斯卡与波尔罗亚尔　133，252

拉辛与波尔罗亚尔　258，259

Port Said　塞得港，该地的法国领事馆　205

Portsmouth　朴次茅斯（德文郡境内），查理二世在该地结婚　307

Portugal　葡萄牙

对外关系：争取脱离西班牙独立的斗争　14，129；荷兰人在巴西投降331，393，394；被西班牙国王菲利普二世兼并　392；和荷兰的战争（1625—1661 年）　392—3；和西班牙的战争（1640—1668 年）393—4，395；和荷兰的条约（1661年）　394，395；和法国的关系394，395—6；在英国内战中的态度394；葡英同盟　394

教会与国家：在若昂（布拉干萨的）与佩德罗二世治下政治争端与宗教争端的结合　129—30；宗教裁判所388，389；教廷拒绝予以承认394；在东方的传教活动　403—4，406，408；在派遣名誉主教问题上和罗马教廷的宗教——政治讨价还价　406—7；"教会赞护"　397；

农奴制的废除　194

自命为印度洋的海军霸主　201

和法国互换领事　204

海外帝国：幅员与人口　384；荷兰人侵占好望角航线384—5；王政复辟对帝国贸易的影响　385—6；荷兰人对非洲领地的压力　386；亚速尔群岛与马德拉群岛　386；帝国贸易　386—8；巴西贸易公司388—9；"巴西商业集团"　391；"印度院"　391；"海外议会"的影响　397；诸条印度港口落入荷兰人之手　417，418，421

政治与政体发展：王政复辟　385；布拉干萨公爵若昂称王　398；议会制定的关于王权的正式信条389；革命前后议会的作用　389—90；由王家会议与高等法院统治和由国王个人统治相交替　390；国务秘书处的职能　390；王家国务会议　390；国防会议与财政会议391；"三级会议"　391；殖民会议　391；司法制度　391—2；贵族、教士和法官支配国家机器392；若昂四世的统治　394—5；母后摄政，与阿丰索六世即位　395；阿丰索六世让位给佩德罗二世396；王政复辟后政府的性质396—7

经济、工业与贸易；谷物进口　386；蔬果种植　386—7；盐的输出387；造船　387；对帝国的出口

387；价格波动　387—8；通货387；采用贸易公司　388—9；财政委员会　388—91；行会（"20 $\frac{1}{4}$ 行"）　390，392；王政复辟的经济方面　392

Porzia, Prince Giovanni　波尔齐亚亲王，乔瓦尼，利奥波德一世的首席大臣　475，491

Post, Pieter　坡斯特，彼得，建筑师168

Potsdam　波茨坦　435

《波茨坦敕令》　554

Potter, Paulus　波特，保罗斯，画家166

Poussin, Nicolas　普桑，尼古拉斯，画家　149，150

古典主义　151，152，153—4，250

与贝洛里的理论　162

德皮莱与普桑　175

Power, Henry　鲍尔，亨利，动物学家　68

Poyarkov　波亚尔科夫，俄国探险家571

Pozzo Andrea　波茨措，安德烈亚，画家　154

Prague　布拉格　478，480，483，494

Pratt, Sir Roger　普拉特，罗杰爵士，建筑师　170

Pressburg　普雷斯堡　486，498，510，516

Preti, Mattia　普雷蒂，马蒂亚，画家149，155

Prisoners　俘虏，关于交换俘虏的国际协议　203—4

Probabilism　或然论　148

Providence, New England Community of　普罗维登斯，新英格兰居民点　623

Prussia, Duchy　普鲁士，公爵领地

勃兰登堡对普鲁士的统治权　14，196，544；对这一统治权的反对544—5，547，549—50

地主和农民的关系　25，436

税收　32，549—50，556

反加尔文派的情绪　126—7，544—5，549

人口　437

Prussia, kingdom of　普鲁士王国454，556—8 另见 Frederick I 和 Frederi-ck William I，Kings of 诸条

Ptolemy　托勒密，天文学家、数学家和地理学家　53，55

Pufendorf, Samuel von　普芬道夫，塞缪尔·冯，哲学家、法学家和政治著作家　109，110—14

《论日耳曼帝国状况》　113—14，433

Puget, Pierre　普杰，皮埃尔，雕塑家　164

Pulo-Run　普洛—伦岛，割让给荷兰共和国　289，309—10

Pyrenees　比利牛斯　186

比利牛斯条约　208，222，287，381，461；与洛林和巴尔　209；与玛丽亚·特利莎对西属尼德兰的权利要求　210；与西属殖民地　381；与法国和西班牙在意大利的地位461，464

Quadruple Alliance　四国同盟　297

Quakers 教支派 147，341—2，343，346—7

Quebec 魁北克 355，356，363

Quellin, Artus (the Elder) 奎林（老奎林），阿尔特斯，雕塑家 168

Quesnel, Pasquier 凯斯内尔，帕基耶，神学家 252

Quietism 寂静派教义 123，138，147，373，465，466

Racine, Jean 拉辛，让，剧作家 5，245，253，266，274

扬森派及其影响 258—9

《菲德拉》《阿达莉》《爱丝苔尔》《伊菲革涅亚》《贝蕾妮丝》 259—60

Radisson, Fierre Esprit 拉迪松，皮埃尔，埃斯普里，与英因赫德森湾公司 359—60，363—4，365，366

Radziejowski, Hieronymus 拉济耶夫斯基，希耶罗尼姆斯，波兰副首相 564

Radziwi, Janusz and Boguslaw 拉济维乌，雅努什和博古斯拉夫，立陶宛显贵 567

Raggi, Antonio 拉吉，安东尼奥，雕塑家 155—6

Ragusa 拉古萨 214

Rainaldi, Carlo 拉伊纳尔迪，卡洛，建筑师 157，159—60

Rainaldi, Girolamo 拉伊纳尔迪，吉罗拉莫，建筑师 157

RáKóczi, György Ⅰ 拉科齐，捷尔吉一世，特兰西瓦尼亚邦君 478，484，486

Rakoczi, Gyorgy Ⅱ 拉科乔，捷尔吉二世，特兰西瓦尼亚邦君 478，486—7，508，509

Rambouillet, Madame de 朗布耶夫人，及其沙龙 254，256

Randolph, Edward 伦道夫，爱德华，驻新英格兰殖民地特派专员

Raphael 拉斐尔，画家 151

Ratisbon 雷蒂斯堡，帝国直辖市 439，440

雷蒂斯堡停战协议 220，221，297，540

Raulé, Benjamin 劳勒，本杰明，勃兰登堡雇用的荷兰商人 553，554

Ravensberg 拉芬斯堡 544

Ray, John 雷，约翰，博物学家 48，70—1，72

Razin, Stepan 拉辛，斯捷潘，顿河流域哥萨克领袖 584—5

Realism 现实主义，艺术中的现实主义 151，152

Rébenac, comte de 雷伯纳克伯爵，法国驻柏林大使 451

"Red Apple" (conquest of Vienna) "红苹果" （征服维也纳） 511，513

Redei, Ferenc 雷代伊，费伦茨，特兰瓦尼亚邦君 488，508

Redi, Francesco 雷迪，弗朗切斯科，动物学家 68，71，469

Reflexions critiques sur la poesie et la peinture (du Bos) 《诗歌与画评论》（杜博斯著） 175

Regiminis apostolici 《传道制度》，

教皇诏书　134

Rembrandt（van Rijn）伦勃朗（范赖恩），画家　149，150，167，300

现实主义的主要阐释者　152，153

Restitution, Edict of　《复原敕令》（1629 年）　125

Resoration　王政复辟　29，32，42，102—3，105，301—29

Retz, Cardinal de（Jean François Paul de Gondi）　雷斯红衣主教（让·弗朗索瓦·保罗·德贡迪）　133，135，207，464

Revolution　革命，法国革命的临近　236

Rheede tot Drakenstein, H. A. van　雷代·托特·德拉肯斯泰因，H. A. 范，马拉巴尔的荷兰总督，《马拉巴尔的植物园》作者　411

Rhine, League of　莱茵联盟　126，216，431

Rhode Island　罗得岛　330，336，338

普罗维登斯殖民地的建立　336

特许状　337；质问该特许状的"责令状"　351，353

罗得岛的教友派　346

与印第安人战争　350

Ribera, José　里贝拉，何塞，画家　383

Ribera, Pedro de　里贝拉，佩德罗·德，建筑师　174

Riccioli, Giovanbattista　里齐利，焦万巴蒂斯塔，天文学家　48

Richelieu, Armand-Jean du Plessis, duc de　黎塞留公爵，阿尔芒—让·杜普莱西　222，234，235，243，244，249

与海军致敬问题　202

他的政策的基础　206，207

运用宣传　208

与凯拉斯科条约　460

Rio de Janeiro　里约热内卢　204，384，385，386，387，397

Roberval, Gilles Personne　罗贝瓦尔，吉勒·佩索纳，数学家　48

Rochefort　罗什福尔　40

Roemer, Olaus　勒默，奥劳斯，天文学家　51，53

Rogers, Abraham　罗杰斯，亚伯拉罕，荷兰教士　414

Rohault, Jacques　罗奥尔特，雅克，物理学家　63

Romans　罗芒　224

Rome　罗马　136，138，149，150，161，162，464，469

Rosa, Salvator　罗萨，萨尔瓦特，画家　149，155

Roscommon, earl of　罗斯康芒伯爵，《论译诗》　273

Roskilde, Peace　罗斯基勒和约　286，287，522

Roth, Hieronymus　罗特，希耶罗尼姆斯，哥尼斯堡的城市官员　547

Rotterdam　鹿特丹　143

Rottmayr, Johann Michael　罗特迈尔，约翰·米歇尔，画家　172

Rouen　鲁昂　141，400

Rosseau, Jean-Jacques　卢梭，让—雅克，政治理论家　121，269，270

Roussillon　鲁西永（西班牙境内）　369

Royal College of Surgeons 皇家外科医师学会 191

Royal Society 皇家学会 18，45，48，88，89，91

起源与早期特征 50—1，86

收集科学信息 180，411，412

"乔治克尔委员会" 324

Rubens, Peter Paul 鲁本斯，彼得·保罗，画家 149，150，161，165，175

Rudolph Ⅰ 鲁道夫一世，皇帝 476

Rudolph Ⅱ 鲁道夫二世，皇帝 478

Ruisdael, Jacob van 雷斯达尔，雅各布·范，画家 166，167

Ruiz Almansa 鲁伊斯·阿尔曼萨，统计家 369，370

Rumphius, G. E. 伦菲乌斯，G. E.，植物学家，《安汶岛植物志》 411，413

Rupert, Prince 鲁珀特亲王 332

Rusconi, Camillo 鲁斯科尼，卡米洛，雕塑家 156

Russell, Bertrand 罗素，伯特兰，哲学家 84，86

Russell, William（Lord Russell） 罗素勋爵，威廉，英国国务家 317

Russia 俄国 14—15

人口 3，246

对制图学的贡献 413

与瑞典：卡尔迪斯和约 527，575

与波兰：安德鲁索沃和约 512，565，568—9，575—6；"永久和平" 565，575，576；1654 年的战争 566—7，574，575—6；在乌克兰打仗 568—9；俄波接近（1646 年） 572

对策涅伯河流域哥萨克的宗主权 566，573—4

阿列克谢·米海洛维奇即位时的对外关系 571

伸入西伯利亚的扩张 571—2

泛斯拉夫主义情绪 572，577

贸易 572，580—1

与丹麦：王家婚姻谈判 572；针对瑞典的进攻性同盟 574

与勃兰登堡：安全条约 574

和西欧的接触 576—7，590—1

要求国家创设的社会各阶级效力的国家服务事项 577；兵役与组织 557—8；贵族的服务 578—9；农民的农奴状态 579—80；城镇中的服务阶级 580；教士 581

行政机器：衙门 581；各种官职 581—2；"伏叶伏大"（督军）行使的地方行政 582—3；吏部的建立 583；税收 583—4

教会与国家：修道院司 582，587；尼康限制专制的企图 586—7；国家支持按照希腊模式改革俄国教会 588—9；宗教分裂 589—90；宗教分裂的政治影响 590—1

税收和压迫激起的在莫斯科的反叛 584；拉辛所激励的起义 584—5

沙皇与杜马之间的均势 586

国民大会的衰落 586

Ruvigny, Henri de Massue, marquis de 吕维尼侯爵，亨利·德马叙，信奉新教的法国陆军将领 139

Ruyter, Michiel Adriaanzoon de 勒伊特，米歇尔·阿德里安松·德，海

军将领　296，300，470

Rye House conspiracy　144 拉伊农舍密谋

Ryswick, Treaty of　吕斯维克条约203，219，272，542

Saavedra Fajardo　萨维德拉·法哈多，法学家　383

Sablière, Madame de　萨布利埃夫人，与拉封丹　265—6

Sacchi, Andrea　萨基，安德烈亚，画家　149，155

Sacramento　萨克拉门托，葡萄牙殖民地　379

Sacred Heart of Jesus, cult of　耶稣圣心崇拜　132

Saenredam, Pieter　萨恩勒丹，彼得，画家　166

St Augustine　圣奥古斯丁　132，141

Saint-Cyr　圣西尔，在该地的神学院259，260

Saint-Denis, battle of　圣但尼战役296

Saint-Évremond, Charles de　圣埃夫勒蒙，夏尔·德　272

St Germain, Peace of　圣日耳曼和约554

St Gotthard on the Raab, battle of　拉布河畔的圣戈特哈德，圣戈特哈德战役　15，490，511

St Helena　圣赫勒拿岛　425

St Jean Eudes　圣让·厄德　132

St Omer　圣奥梅尔，割让给法国211，296

St Paul's cathedral　圣保罗大教堂169—70，323

St Peter's, piazza of　圣彼得大教堂广场　157

Saint-Simon, duc de　圣西门公爵，论路易十四　6，234

St Simon, Denis de　圣西门，德尼·德，声称赫德森湾属于法国　360

Saint-Sulpice, seminary of　圣稣尔比斯神学院　132，335

St Vincent de Paul　圣樊尚·德·保罗131—2

Salem　塞勒姆　334，353

Salvador　萨尔瓦多，见 Bahia 条

Salzburg　萨尔茨堡　435

萨尔茨堡大主教　447

Sánchez, Albornoz Claudio　桑切斯，阿尔沃诺斯·克劳迪奥，历史学家382

Sandrart, Joachim　桑德拉特，约阿希姆，画家　172

Sao Paulo　圣保罗　384，397

São Tomé　圣多美　384，386，393，394

Sardinia　撒丁　458

Sarrazin, Jacques　萨拉赞，雅克，雕塑家　164

Sarre-Louis　萨尔—路易，萨尔—路易设防区　219

Savile, George　萨维尔，乔治，哈利法克斯侯爵　269

Savoy Conference　萨伏依会议　143

Savoy　萨伏依，见 Charles Emanuel Ⅱ, duke of 和 Victor Amadeus, duke of 条

Saxony　萨克森　41

与三十年战争　20，435，453

宗教　127，195，433，454

地主和农民的关系　436，437

货物税　441，454

与法国　448

与波兰　453，454

选侯与三级会议的关系　453—4

陆军　454

Scarlatti　斯卡拉蒂，作曲家　469

Scarron, Paul　斯卡龙，保罗，诗人、小说家和剧作家　262

Schalcken, Godfried　斯沙尔肯，戈德弗里德，画家　167

Scheldt, river　斯海尔德河（些耳德河）

Schlüter, Andreas　施鲁，安德烈亚斯，雕塑家　172，174，557

Schmoller, Gustav　施莫勒，古斯塔夫，经济学家　44

Schönborn, John Philip von　申博恩，约翰·菲利普·冯，美因茨大主教，选侯　145，216—17，431，442，491

Schönfeld, Heinrich　舍恩菲尔德，海因里希，画家　172

Schomberg, Armand-Frédéric duc de　绍姆贝格公爵，阿尔曼德，弗雷德里克，为法国效劳的陆军将领　139，395

Schott, Caspar　肖特，卡斯帕，物理现象著作家　49

Schwarzenberg, Johann Adolf von　施瓦岑贝格，约翰·阿道夫·冯，帝国枢密院院长　488

Science　科学　47—72；另见科学家个人诸条

Scotland　苏格兰

复辟后对主教制度的抵抗　144—5，308；对不信奉国教的新教徒的迫害　315，317—18

在政体上同英国的联合　188—9

司法制度　308—9

难民逃往荷兰　309；逃往爱尔兰　315

"高地群盗"　315

暗杀圣安德鲁斯大主教　315

德拉姆克洛格战役与博思维尔布里格战役　145，315

抢牛者　325

和西印度群岛的贸易　328

Scott, John　斯科特，约翰，负责伸张查理二世在新尼德兰的特派专员

Scudéri, Mademoiselle de　斯居代里小姐，小说家　248，262

Seckendorff, Veit Ludwig von　泽肯多夫，法伊特·路德维希·冯，德意志国务家和历史学家　196

Segovia　塞哥维亚　376

Sehested, Hannibal　塞赫斯泰德，汉尼拔，丹麦国务家　524—5，527—8，535，536

Seignelay, Jean-Baptiste Colbert (the younger), marquis de　塞涅莱侯爵，让—巴蒂斯特·科尔培尔（小科尔培尔），法国国务家

Selden, John　塞尔登，约翰，法理学家和国际法研究者　203

Seneca Indians　塞内卡族印第安人　354

Seneffe, battle of　瑟内夫战役　218

Sergeant, John　萨金特，约翰，哲学家　93

Serlio, Sebastian　塞里奥，塞巴斯蒂安，画家和建筑师　170

Severn valley　塞文河谷，那里的水果种植　324

Sévigné, Marie de Rabutin-Chantal, marquise de　塞维尼侯爵夫人，玛丽·德拉比坦——尚塔尔，著作家　6, 248, 273

论农产品价格　224

与社会地位　226, 227

论拉辛的《爱丝苔尔》　260

《书简》　268—9

Sevilla, Juan de　塞维利亚，胡安·德，画家　173

Seville　塞维利亚　128, 374, 376

Shaftesbury, Anthony Ashley Cooper, first earl of　沙夫茨伯里，第一代伯爵，安东尼·阿什利·库珀　91, 147, 306, 314—19

与第二次荷兰战争和多佛条约　310, 311, 333, 339

与"天主教阴谋"314

流亡　317, 333

与《人身保护状修正法案》　319

在北美的殖民政策　332—3, 334, 344—5

Shaftesbury, Anthony Ashley Cooper, third earl of　沙夫茨伯里，第三代伯爵，安东尼·阿什利·库珀　91

Shaista Khan　什塔汗，孟加拉纳瓦布　425—6

Shakespeare, William　莎士比亚，威廉　77, 274

Sharp, James　夏普，詹姆斯，圣安德鲁斯大主教　145, 315

Sheffield　设菲尔德，冶金业中心　325

Sheldon, Gilbert　谢尔登，吉尔伯特，坎特伯雷大主教　143, 144

Siam　暹罗，在该国的传教活动　405—6

Siberechts, Jan　西贝雷赫特，扬，画家　171

Siberia, Russian　西伯利亚（俄国境内）　413, 571—2

Sicily　西西里　174, 458, 467

Siciński　西奇尼斯基，波兰议会议员　561—2

Sidi, Ahmed　西迪西奇尼斯基艾哈迈德，布达帕夏　488, 489

Sidney, Algernon　西德尼，阿尔杰农，英国政治家　317

Sigismund Francis, archduke　西吉斯蒙德·弗朗西斯大公，提罗尔邦君　476

Sigigsmund Ⅲ Vasa　西格蒙三世（瓦萨王朝），波兰（和瑞典）国王　527

Silanhdar Mehmed Aga　西兰达尔·穆罕默德·阿迦，土耳其军队指挥官　515

Silesia　西里西亚　553

在三十年战争中的损失　20, 435

亚麻纺织业　27, 441, 442

农民的状况　437

作为波希米亚王室的部分领地　476, 477

宗教宽容　484

Silk, trade in 丝，丝贸易 398，399—400，401，418，441

Silva, Duarte da 席尔瓦，杜阿尔特·达，金融家

Silva, Vieira da 席尔瓦，维埃拉·达，葡萄牙国务家 390，392

Sinha 辛哈，康提国王 417

Sioux Indians 苏族印第安人 357，359，362，364，365

Sivaji 西瓦吉，马拉塔首领 425

Skréta, Karel 斯克列塔，卡雷尔，画家 482

Slave trade 奴隶贸易 27，327，385，386，504

Slavonia 斯拉沃尼亚 477

Smith, Adam 斯密，亚当，经济学家 43，243

Soame, Bir W. 索姆，W.，布瓦洛著作的译者之一（和德莱顿合译）273

Smyrna 士麦那，在该地的法国领事馆 205

Sobieski, John 索比斯基，扬，见 John Ⅲ Sobieski 条

Socinians 索齐尼派 127，484，564

Sodofeita, Prior of 索多费塔修道院，院长 129

Sofu Mehmed Pasha 索富·穆罕默德帕夏，奥斯曼帝国宰相 505

Sokollu Mehmed 索科卢，穆罕默德帕夏，奥斯曼帝国宰相 510

Soleure 索勒尔，法国驻索勒尔大使 199

Solis y Ribadeneira, Antonio de 索利斯—里瓦德内拉，安东尼奥·德，历史学家 383

Solórzano Pereira 索洛萨诺，佩雷拉，法学家 383

Sophia 索菲娅，巴拉丁选侯腓特烈五世的女儿 127

Sophia Charlotte 索菲娅，夏洛特，普鲁士王后 555，557

Sorbière, Samuel 索尔比埃雷，萨米埃尔，医生和哲学家 87

Sorbonne 索邦（巴黎大学）248，416

Souches, Louis de 苏谢，路易·德，奥地利将领 489

Souza, de 索萨，德，耶稣会历史学 413—14

Spain 西班牙

与葡萄牙的关系：葡萄牙争取独立的斗争 14，129；被菲利普二世兼并 392；1640—1668 年的战争 393—4，395

人口：战争、饥馑和瘟疫造成的人口减少 20，22，369—70；人口的相对规模 207，246，369；外国侨民 374—5

农业：歉收 21，22；衰落 23，376；"牧主公会" 23，376；大庄园 25；驱逐摩里斯科人造成的后果 376

社会结构：农民的地位 25，194，375，376；特权者与穷人之间的鸿沟 370；对贵族封号的狂热追求 370，372—3；劳动和名誉之间的传统的不相称 370，372，373；财产集中于土地贵族之手 370，375；对穷困者的救济 376

工业与贸易：外国人对国内外贸易的支配　26，375，376—7；普遍萧条369；行会与"贸易和货币委员会"　375—6

货币政策：税收　32，377；使用铜币的通货膨胀时期　34，371；贵金属输入的减少　370；彼此交替的通货膨胀和通货紧缩　371；工资与物价两者的变动　371—2；用金银支付进口　402

教会和国家：教士过多　128，370；主教制度　128；菲利普四世和查理治下的限制措施　128—9，373；宗教裁判所　128，129，373；宗教宽容的缓慢出现　372；在东方的传教活动　403—4；对教廷传信部与派遣教皇特命代理主教的不满406；国王的教职人选推荐权128，406

艺术、文学和学问　173—4，382—3

与法国：海军致敬事件　202；移归权战争　210—13；干涉法荷战争218；1683年的战争　297；比利牛斯条约　381，461

加入奥格斯堡同盟　221

政治发展：中央集权倾向受挫　369，379；贵族作为行使统治的少数的失败　372—3；宪制结构未变380；在加泰罗尼亚和葡萄牙的起义　380；奥利瓦雷斯的倒台　380；菲利普四世之死　380；玛丽亚·安娜摄政　380—1；查理二世登基381

西属美洲：贸易垄断的丧失与农业的衰落　377—8；人口和社会结构377—8；殖民体系崩溃的原因　379

与意大利：战略领地　458；凯拉斯科条约缔结后的地位　459

Spandau　施潘道　435，441

Spanish Succession, question of　西班牙王位继承问题　210，491

Spankau　斯潘考，陆军将领，与匈牙利的"库鲁茨"　匈牙利十字军496

Spectator　《旁观者》　399

Speelman, Cornelis　斯佩尔曼，科内利斯，荷兰海军指挥官　422，423

Spener, Philipp Jakob　斯彭内尔，菲利普，雅各布，寂静派首领　147

Speyer　斯佩耶尔，帝国直辖市434，449

Spices, trade in　香料贸易　398，417

Spinola, Cristobal de Rojas y　斯宾诺莎，克利斯托瓦尔·德罗哈斯，他争取教会统一的努力　145，146

Spcinoza, Baruch (or Benedict) de斯宾诺莎，巴鲁赫（或本尼迪克特）·德

以几何学方式表述伦理体系　79—80，94，106—7

一元论和泛神论的实体概念　80—2，95，107

与霍布斯　106—8

《论神学政治家》与《论政治家》107—8

论国家的目的　107—9

与约翰·德维特的接触　108，279

巴拉丁选侯查里·路易授予其大学教授职位　110

Spree-Oder canal　施普雷—奥得运河

41，553

Staffordshire　斯塔福德郡，该郡的工业　325

Starhemberg, Count Rudiger von　斯塔勒姆贝格伯爵，吕迪格·冯，奥地利军队指挥官　497，515，516

State, concept of　国家，国家概念

路易十四的表述　98，122

波舒哀的表述　100—2

霍布斯的表述　103—5，109

菲尔默的表述　105—6

斯宾诺莎的表述　107—9

普芬道夫的表述　112，113—4

洛克的表述　119—20

国家主权　117—18，122

俄国的国家机器　577—86

Steen, Jan　斯滕，扬，画家　166

Stelluti　斯泰吕蒂，生物学家　68

Stendal　施滕达尔　435

Stensen (or Steno), Niels　斯滕森（或斯蒂诺），尼尔斯，博物学家　71

Stettin　斯德丁　430，544，553，554

Stillingfleet, Edward　斯蒂林弗利特，爱德华，伍斯特主教　93

Strafford, Thomas Wentworth, first earl of　斯特拉福德伯爵（第一代），托马斯·漫特沃思　187

Stralsund　施特拉尔松　20

Strassburg　斯特拉斯堡，帝国直辖市　20，205

被路易十四兼并　14，220，297

Stuyvesant, Peter　斯特伊弗桑特，彼得，新阿姆斯特丹的荷兰总督　338，339

Suleiman Ⅰ (the Magnificent)　苏莱曼一世（大帝），土耳其苏丹　15，16，477，497，502，510

Suleiman Ⅱ　苏莱曼二世，土耳其苏丹　505，518

Sumatra　苏门答腊　398，418，422

Sunderland, Robert Spencer, second earl of　桑德兰伯爵（第二代），罗伯特·斯潘塞，国务大臣　187

Surinam　苏里南，被割让给荷兰共和国　289

Surrey　萨里　326

Sussex　苏塞克斯　325

Svane, Hans　斯瓦纳，汉斯，主教，丹麦教士领袖　524

Swammerdam, Jan　斯瓦姆默丹，扬，动物学家　67，68，69

Sweden　瑞典　12

与丹麦：1657 年的战争　14，286—7，487，522，568；罗斯基勒和约　287，522，527；布勒姆瑟布鲁和约　519；1675—1679 年的战争　529；隆德条约　530—1，539；就荷尔斯泰因—哥托普的冲突　531，540—1；武装中立条约　541

在波罗的海地区：旨在称霸　14，286，519；在该地区的贸易中只占很小份额　520；在该地区的权势巅峰　527

农业　21，22，43

人口　23，519

社会和政体发展：地主与农民的关系　25，194，534—5，536；社会低等级的收回王室土地要求　25，521，532—4；为穷人和失业者的政

策　42；高级贵族及其土地所有权
和政治权力　520—1，530；克里斯
蒂娜女王退位 521；查理十世在位
时期　521—2；摄政体制　521；采
用专制政体　533—4；与丹麦的专
制主义相比较　535—6；波罗的海
沿岸诸省　536，立窝尼亚和爱沙
尼亚的瑞典化 537

贸易与工业：27；进出口税　39，
520；商务院（1651 年）　41；同
荷兰缔约（1679 年）的不利影响
539

经济结构：瑞典银行　30；财政措施
33；铸币　34—5；税收收入的下
降　520；1679 年后的财政困境
531；以恢复王家领地为基础的经
济 532—5

与法国：1663 年条约 38；在法荷战
争中的调停活动　218；对废除南
特敕令的态度　221；1672 年条约
529，530；1679 年后反法情绪的
增长 530；瑞法接近 541

陆军：196，522，532，535—6，537；
薪饷田分配制 534，535

与荷兰共和国：在法荷战争中的调停
活动　218；埃尔宾条约　286；
1679 年和约　530，538—9；海牙
条约 539

与波兰：1655—1660 年的战争　286，
486—7，521，566—8；奥利瓦条约
488，527，568—9，575；影响波
兰国王选举的企图（1669 年）560
针对不来梅的战争行动 430—1

与勃兰登堡：就德意志诸省的竞争
519，527；瑞波战争中的关系

521—2，563，567—8；费尔贝林战
役　529，552；占领波美拉尼亚
529，552；1686 年同盟 540，563
和俄国缔结的卡尔迪斯条约
527，575

与英国：1665 年条约　528；第二次
英荷战争中的关系　289，528；在
布雷达条约的谈判中　528；包括
联合省在内的三国同盟　213，
289，310

加入奥格斯堡同盟 540

在吕斯维克和约谈判中的调停活动
541—2

Swift, Jonathan　斯威夫特，齐纳森，
讽刺散文家 77

Switzerland　瑞士 12，23
胡格诺派难民的涌入 141
地主与农民的关系 195
与路易十四 199，200
1815 年后的永久中立 205
幸免于三十年战争的破坏 435

Sydenham, Thomas　西德纳姆，托马
斯，医生 91

Sylva（Evelyn）《森林志》（伊夫林
著） 324

Syncretism　信仰同化 123，127

Szelepcsényi, György　塞莱普琴伊，
捷尔吉，匈牙利首主教 493，496

Tacca, Ferdinando　塔卡，费尔迪南
多，雕塑家 156

Talman, William（the younger）小托
尔曼，威廉，建筑师 170

Talon　塔隆，法国代理检察长 138

Talon　塔隆，让，加拿大按察使　628

356，357—8

Tangier　丹吉尔　307

Tarhondju Ahmed Pasha　塔尔洪丘·
艾哈迈德帕夏，奥斯曼帝国宰相
505—6

Tavernier, Jean-Baptiste　塔韦尼耶，
让－巴蒂斯特，旅行家和作家　413

Tchelebi, Evliya　特杰莱比，埃弗尔
亚，旅行家　500

Tchelebi, Kâtib　特杰莱比，卡蒂布，
历史学家，地理学家，目录学家
500

Tea, trade in　茶叶贸易　399

Teleki, Mihaly, count　泰莱基伯爵，
米哈伊，与“库鲁茨”（匈牙利十
字军）

Temple, Sir William　坦普尔，威廉爵
士，在海牙的英国侨民　142，
143，212

Tenedos　特内多斯　504，508

Teniers, David（the younger）　小特
尼尔斯，戴维，画家　165

Teodósio　特奥多西奥，葡萄牙王储
395

Terbórch, Gerard　泰尔博什，杰拉
德，画家　166，167

Ternate　特尔纳特，该地的苏丹　417

Thst Acts　《宣誓法》　144，305，
311，312

Thutonic Knights, Order of　条顿骑士
团　549，556—7

Thutsche Academi（Sandrart）　《德
意志艺园》（桑德拉特著）　172

Theatines　塞廷会士，其传教活动
403，404，406

Theódon, G. B.　泰奥东，G. B.，雕
塑家　156

Thirty Years War　5，10，17，24，
27，379，545　三十年战争

战后专制主义的发展　11

人口与经济方面的后果　20—1，437，
478—9

战时关于教会领地的争端　125

与神圣罗马帝国　430—44

与意大利　458—9，466—8

在哈布斯堡领地　474，476，478—85

霍亨索伦家族从中的得益　544

Thököly, Imre　乔瑞伊，伊姆雷，反
奥地利占领的匈牙利造反领袖
496—7，499，516

Thomasius, Christian　托马西乌斯，
克里斯蒂安，哲学家　114，195

Thomism　托马斯主义　416

Thulden, Theodor van　蒂尔登，泰奥
多·范，画家　165

Thuringia　图林根　20，216，
441，442

Tibet　西藏　412

Titian（Tiziano Vecelli）　提香（蒂齐
亚诺·韦切利），画家　151

Tocqueville, Alexis de　托克维尔，亚
历克西·德，法国国务家　187

Toledo　托莱多，该地的丝纺织业
376

Toleration Act　《宽容法》　147

Tomé, Narciso　托梅，纳尔奇索，建
筑师　174

Torbay　托贝　246

Torre, Raffaele della　托雷，拉法埃
莱·德拉，热那冒险家　470

Torrecusa, marquis of　托雷库萨侯爵，西班牙陆军将领　394

Torricelli, Evangelista　托里拆利，埃万杰利斯塔，物理学家　49

Torture, use of　拷打，其使用　309

Toul　图尔，主教区　209，219

Toulon　土伦　40

Toulouse　图卢兹，图卢兹财政区　141

Tournay　图尔奈　179，212

Tournefort, Joseph de　图尔纳福尔，约瑟夫·德，法国植物学家　411

Tournon, Charles Maillard de　图尔农，夏尔·马亚尔·德，教皇使者　407，409

Tourville, Anne-Hilarion de Costentin, comte de　图维尔伯爵，安妮—希拉里翁·德·科斯唐蒂安，海军将领　202

Tracy, marquis de　特拉西侯爵，加拿大的法国总督　355

Traite de contributions　《论捐税》，摊派捐税的权利　205

Transylvania　特兰西瓦尼亚　14，477
宗教宽容　10，484—5
屈从于土耳其人　488—90，508—9
脱离土耳其人的统治　498—9
被规定的宪法地位　499

Treatise on Painting（de Cortone and Ottonelli）《论绘画》（达·科尔托纳和奥托内利著）　175

Treatise of Civil Government（Locke）《政府论》（洛克著）　91—3，119—21

Trembowla, battle of　特雷姆博夫拉战役　487

Trent, Council of　特伦托会议　146

Trier　特里尔　220
特里尔大主教　431，448

Triple Alliance　三国同盟　213，289，310

Tromp, Cornelis　特龙普，科内利斯，荷兰海军将领　169

Troyes, Chevalier de　特鲁瓦骑士，与夺取赫德森湾的英国据点　366

Trunajoyo　特鲁纳耶约，马都拉统治者　423

Tunis　突尼斯　22，201，504

Turenne, Henri de la Tour d'Auvergene, vicomte de　蒂雷纳子爵，亨利·德·拉图尔·德奥维涅，法国元帅　3，139，395
与胡格诺派　140
与入侵西属尼德兰　212
在法荷战争中　218
和路易十四的关系　234

Turhan　图尔汉，苏丹穆罕默德四世的母亲　505，506，507，509

Turin　都灵　150，160，459，473

Tuscany　托斯卡纳　458，459，468
罗马教廷史上来自该地区的行政官　465，469

Tyrol　提罗尔　435
提罗尔邦君　476

Tyson, Edward　泰森，爱德华，动物学家　67

Ukraine　乌克兰　14—15，496
土耳其在该地区的影响　512，569，575

629

第涅伯河流域哥萨克的反波兰起义：
　　在多罗森科领导下　512，569，
　　575；在赫梅尔尼茨基的领导下
　　566，572—3；斗争中的宗教因素
　　572
农民的反波兰起义
在该地区的俄波冲突　568—9
在俄波"永久和平"之下　575—6
另见 Cossacks 条
Ulfeldt, Korfitz, count　乌尔费尔特伯
　　爵，科尔菲特斯，丹麦大司仪　523
Ulm　乌尔姆　435，439，440
Ulrika Eleonora　乌尔丽卡·埃莱兵诺
　　拉，瑞典克里斯蒂安五世的姐妹
　　530
Ultramontanism　教皇至上主义
　　124，131
Uniformity, Act of　《信仰划一法》
　　143，306
United Dutch East India Company　荷兰
　　联合东印度公司，见 Dutch East In-
　　dia Company 条
United Provinces of the Netherlands　尼
　　德兰联合省，见 Dutch Repu-blic 条
Utrecht　乌得勒支
乌得勒支条约

Valckenier, Gillis　法尔克尼尔，希利
　　斯　291
Valdés Leal, Juan de　瓦尔德斯，莱
　　亚尔，胡安·德，画家　150，
　　173，383
Valence　瓦朗斯　400
Valencia　巴伦西亚　128
与驱逐摩里斯科人　370，375

工资与物价的跌落　372
贸易的危急状况（1655 年）　376
税收　377
Valenciennes　瓦朗西安　296
Valenzuela, Fernando de　巴伦苏埃
　　拉，费尔南多·德，西班牙廷臣和
　　国务家　370，380—1
Vanbrugh, John　范布鲁约翰，建筑
　　师　170
Van Dyck, Sir Anthony　范戴克，安
　　东尼爵士，画家　150，165，171
Vane, Sir Henry　文，亨利爵士，英
　　国国务家　305
Vasvár, Peace of　沃什堡和约　490，
　　491，511，513
Vauban, Sebastien Le Prestre, seigneur
　　de　沃邦爵爷，塞巴斯蒂安·勒普
　　雷斯特尔，法国元帅　181，183，
　　218，219，416
Vaz, Joseph　瓦兹，约瑟夫，传教士
　　404
Velásouez, Diego　贝拉斯克斯，迭
　　戈，画家　149，150，173，383
Velde, Adriaen van de　韦尔德，阿德
　　里安·范·德，画家　166
Velde, Willem van de（father and son）
　　费尔德女子，威廉·范·德，画
　　家　166，171
Vendôme, Philippe de　旺多姆，菲利
　　普，红衣主教　129—30
Venice, republic of　威尼斯共和国
　　12
人口　22
织布业　26，41，501
丧失利凡得地区贸易　26，463，467

财政 29，464

威尼斯的玻璃制品匠被吸引到法国 40

和罗马教廷的关系 129，130，460

与干地亚战争 130，458，460，461—4，504，505，506，508，510

各艺术和雕塑学校 150，156，174

与均势思想 198

与海战问题 201

和路易十四的关系 214

出版业中心 468

Verbruggen family 费尔布吕根家族，雕塑世家 168

Verden 费尔登 430，431，519，529

Verdun 凡尔登，主教区 209，219

Verhulst，Rombout 费尔许尔斯特，龙布，雕塑家 168—9

Vermeer van Delft，Jan 弗梅尔，范戴尔弗特，扬，画家 150，166，167，168，300

Veronese，Paolo 韦罗内塞，保罗，画家 151

Verrio，Antonio 韦里奥，安东尼奥，画家 171

Versailles 凡尔赛 4，5

德意志诸侯模仿凡尔赛宫廷 5，450—1

宫殿、花园和市镇的规划与建造 163，164，170，240—50

宫廷常驻于此 182

路易十四通过成套的礼仪实施的统治 183，185，225，239—40

对绘画的影响 250

对法语发展的影响 254—6

对文学的影响 256—63，270—1

Victor Amadeus 维克多，阿马戴乌斯，萨伏依公爵 10，472—3

Viegas，Pais 维埃加斯，派斯，葡萄牙国王若昂四世的秘书 395

Vieira Fernandes 维埃拉·费尔南德斯，葡萄牙军队指挥官 393

Vienna 维也纳

被围 2，15，220，432，497，515—17

人口增长 22

商务院 41，45

征服维也纳——土耳其政治野心的象征 511，513

Vingboons，Philips 芬博恩斯，菲利普斯，建筑师 168

Virginia 弗吉尼亚 327，330，339，343—4，346，348

Visconti，Primi 维斯孔蒂，普里米，威尼斯驻法国大使 6

Viseu 维塞乌，教区 129

Vistula 维斯杜拉河 282，566

Vivarais 维瓦雷，在该地的骚动 186，233

Viviani，Vicenzo 维维亚尼，维琴佐，伽利略的学生 49

Voetius，Gisbert 富蒂乌斯，希斯贝特，加尔文派神学家 143

Voisin，Madame 瓦赞夫人 269

Voltaire（François Marie Arouet） 伏尔泰（弗朗索瓦·玛丽·阿鲁埃），哲学家 72，256，270

论莱布尼茨 84，85

论英国人 86，312

对洛克的态度 93，94

Vondel，Joost van den 冯德尔，约斯

特，范登，剧作家和诗人 300

Vouet, Simon 武埃，西蒙，画家
    152, 161

Vygovsky, Ivan 维戈夫斯基，伊瓦，
    哥萨克头领 575

Walcheren 瓦尔赫伦岛 310

Waldemar 瓦尔代马尔，丹麦亲王
    572

Waldensians 韦尔多派，见 Piedmont 条

Walken, Robert 沃尔克，罗伯特，
    画家 171

Wallachia 瓦拉几亚 487, 499,
    503, 507, 508

Wallenstein, Count Albrecht von 华伦
    斯坦，阿尔布雷希特·冯，弗里德
    兰公爵 474, 478

Wallis, John 沃利斯，约翰，数学家
    48

War 战争

战争的人口统计学上的意义 20,
    176—8

从 16 世纪中叶到 17 世纪中叶的“军
    事革命” 176—8, 194

Narsaw 华沙 486, 521, 549,
    552, 567

Wartenberg, Count Colbe von 瓦滕堡
    伯爵，科尔贝·冯，勃兰登堡选侯
    腓特烈三世的大臣 555, 556

Wanwick 沃威克，新英格兰居民点
    336

Webb, John 韦布，约翰，建筑师
    170

Weenix, Jan 韦尼克斯，扬，画家
    166

Wegener, J. E. 韦格纳，J. E.，经济
    评论家 480, 481

Weigel 魏格尔，数学家和哲学家
    111

Wesel 韦瑟尔 442

Wesselényi, Ferenc 韦谢莱尼，费伦
    茨，匈牙利宫廷大臣 491, 492

Westchester County 韦斯特切斯特县
    339

Westoe Indians 韦斯托族印第安人
    345

Weston, Sir Richard 韦斯顿，理查德
    爵士，农业著作家 24

Westphalia, Peace of 威斯特伐利亚
    和约 21, 200, 222, 430, 475
    标志宗教改革和反宗教改革的结束
    1, 458
    标志法国优势地位的开始 2
    与宗教冲突 85, 122
    与德意志诸邦 109
    与罗马教廷 150, 460
    与勃兰登堡 196, 544
    标志西班牙霸权的终结 283, 369,
    371, 375, 382, 458
    与神圣罗马帝国 432
    与意大利 458, 459
    与瑞典 519
    另见 Munster, Treaty of; Osnabruck,
    Treaty of

Westphalia, district of 威斯特伐利亚
    区 22, 435, 448

Wettin, House of 韦廷家族 453

Wetzlar 韦茨拉尔 449

Wilkins, John 威尔金斯，约翰，切
    斯特主教，皇家学会创立者之一

48，84

William Ⅱ　威廉二世，奥兰治亲王
275，278，279

William Ⅲ　威廉三世，荷兰执政，英
国 国 王　　7，31，91，192，
275，278

与英国公主玛丽　170，219，296

在法荷战争中　217，218—19，296

出航英国　221，246，297—8，555

受荷兰省议会教育　290

被承认为泽兰省议会成员并进入国务
会议　291

当选为陆军统帅　292，和海军统帅
294

被立为荷兰省和泽兰省执政　294

德维特遇害后的政策　294—5

对尼曼根和约的态度　296—7

1674 年后的政策

取得君主地位的企图　298—9

William Ⅵ　威廉六世，里森—卡塞尔
方伯　126

Willis，John　威利斯，约翰，动物学
家　67

Willmann，Michael Leopold　维尔曼，
米歇尔·利奥波德，画家

Willughby，Francis　威洛比，弗朗西
斯，博物学家　70

Wiltshire　威尔特郡，该地的布匹贸
易　326

Winthrop，John　温思罗普，约翰，在
美洲的殖民地总督　337

Wismar　维斯马　430，519

Wiśnowiecki，Michael　维斯诺维埃茨
基，米海尔，波兰国王　560—1

Witt，Cornelis de　德维特，科内利

斯，荷兰大议政之弟　294

Witt，John de　德维特，约翰，荷兰
大议政　33，45，108，183，275，
276，300

与终身年金的改革　179

提议调停移归权战争　212

法荷战争前提出解决建议　217

国内政策：在威廉二世去世后领导共
和派　279—94；得到摄政家族小集
团的支持　279；成为大议政　284；
同意《排斥条令》　285；减少荷
兰省债务利息　285；处理奥兰治
问题　290—1；与《永恒法令》
291；辞去大议政职务　294

对外政策：在波罗的海战争中（1658
年）　286—7；荷兰共和国兴起为
强国后的治国才能　287—94；试图
与英法结盟　287；法荷同盟
（1662 年）　287—8；在布雷达的
谈判　289；加入三国同盟　289；
此后的消极政策　291；未能实现
同西班牙和瑞典结盟　292；敦促
议会坚持抵抗法国（1672 年）
293

个人权力衰落　291

遭奥兰治派袭击负伤　293

被暗杀　294

Witte，Emanuel de　维特，埃曼努埃
尔·德，画家　166

Wittelsbach，House of　维特尔斯巴赫
家族　127，452

Wittenberg，University of　维滕贝格大
学　127

Wladyslaw Ⅳ　费瓦迪斯瓦夫四世，
波兰国王　565

Wolff, Christian　沃尔弗，克里斯蒂安，哲学家和数学家　85，114

Wolsey, Thomas　沃尔西，托马斯，红衣主教　170

Worcestershire　伍斯特郡　325

Worledge, John　沃利奇，约翰，农业著作家　24

Wotton, William　沃顿，威廉，科学史家　71—2

Wouwermans, Philips　沃弗尔曼，菲利普斯，画家　166

Wren, Sir Christopher　雷恩，克里斯托弗爵士，建筑师　18，48，169—70

Wren　雷恩，动物学家　67

Württemberg　符腾堡　5，15，196，451

人口　21，435，437

宗教　125

符腾堡公爵与宫廷会议　449

公爵和三级会议的关系　456

Yarranton, Andrew　亚兰顿，安德鲁，经济论文作者　45

Yemen　也门　503

York, Anne, Duchess of　约克女公爵，安妮　311

Yorkshire　约克郡，该地的毛纺织业　326

Zalánkémen, battle of　扎隆凯门战役　499

Zápolyai, John　扎波利亚，扬，匈牙利和特兰西瓦尼亚部分地区的君主　478

Zeeland　泽兰　277，284，298，299

Zelo Domus Dei　《对主殿之忠诚》，教皇诏书　125

Ziegenbalg　西根巴尔，丹麦传教士

Zrínyi, Miklós　兹里尼，米克洛什，匈牙利军人、诗人　405，415

Zrínyi, Péter　兹里尼，彼得，与匈牙利民族密谋　492，493

Zuccalli, Enrico　祖卡利，恩里科，建筑师　172，173

Zuidpolsbroek, Cornelis de Graeff van　泽伊德波尔布鲁克，科内利斯·德·格雷夫·范，阿姆斯特丹市首席行政官　276，291

Zurbaran, Francisco　苏巴朗，弗朗切斯科，画家　173，383